Gesellschaftsrecht

2018

Dr. Timm Nissen
Rechtsanwalt und
Fachanwalt für Handels- und Gesellschaftsrecht

ALPMANN UND SCHMIDT Juristische Lehrgänge Verlagsges. mbH & Co. KG
48143 Münster, Alter Fischmarkt 8, 48001 Postfach 1169, Telefon (0251) 98109-0
AS-Online: www.alpmann-schmidt.de

Zitiervorschlag: Nissen, Gesellschaftsrecht, Rn.

Dr. Nissen, Timm
Gesellschaftsrecht
18., überarbeitete Auflage 2018
ISBN: 978-3-86752-565-7

Verlag Alpmann und Schmidt Juristische Lehrgänge
Verlagsgesellschaft mbH & Co. KG, Münster

Die Vervielfältigung, insbesondere das Fotokopieren der Skripten,
ist nicht gestattet (§§ 53, 54 UrhG) und strafbar (§ 106 UrhG).
Im Fall der Zuwiderhandlung wird Strafantrag gestellt.

Unterstützen Sie uns bei der Weiterentwicklung unserer Produkte.
Wir freuen uns über Anregungen, Wünsche, Lob oder Kritik an:
feedback@alpmann-schmidt.de.

INHALTSVERZEICHNIS

1. Teil: Einführung 1
   A. Der Begriff des Gesellschaftsrechts 1
   B. Die Gesellschaftsarten 1
   C. Grundlegende Unterschiede zwischen Körperschaften und
      Personengesellschaften 3
        I. Voll- und Teilrechtsfähigkeit 3
        II. Haftung der Gesellschafter für Gesellschaftsverbindlichkeiten 4
        III. Selbstorganschaft und Fremdorganschaft 4
        IV. Mehrheitserfordernisse bei der internen Willensbildung 4
        V. Anzahl der Gesellschafter 4
   D. Examensrelevanz 5
   E. Aufbau des Skriptums 6
   F. Gesetzessystematik 6

2. Teil: Der Verein 8

1. Abschnitt: Grundlagen 8
   A. Der rechtsfähige nichtwirtschaftliche Verein (e.V.) 8
   B. Der rechtsfähige Wirtschaftsverein 9
   C. Der „nichtrechtsfähige" Verein 10

2. Abschnitt: Die Organisation des Vereins 10
   A. Die Vereinsmitgliedschaft 11
   B. Die Mitgliederversammlung 12
   C. Der Vorstand 13

3. Abschnitt: Die Haftungsverfassung des Vereins 14
   A. Innenverhältnis 15
        I. Haftung des Vereins 15
        II. Haftung der Organpersonen 15
        III. Haftung der Vereinsmitglieder 15
   B. Außenverhältnis 16
        I. Haftung des Vereins 16
        II. Haftung der Organpersonen 17
        III. Haftung der Vereinsmitglieder 18

3. Teil: Die Aktiengesellschaft (AG) 19

1. Abschnitt: Grundlagen 19
   A. Juristische Person 19
   B. Kapitalgesellschaft 19
        I. Grundkapital 19

Inhalt

    II. Zerlegung in Aktien 21
        1. Nennbetrags- oder Stückaktien 21
        2. Namens- und Inhaberaktien 22
        3. Übertragung von Aktien 24
  C. Formkaufmann 24
  D. Börsennotierung 25
  E. Gesellschaftsvertrag 25

2. Abschnitt: Die Entstehung der AG 26
  A. Entstehung durch Gründung 26
  B. Entstehung durch Umwandlung 27

3. Abschnitt: Die Organisation der AG 28
  A. Aktionäre 29
  B. Hauptversammlung 30
    I. Aufgaben der Aktionäre 30
    II. Beschlussfassung durch die Aktionäre 30
    III. Fehlerhafte Beschlüsse 31
  C. Vorstand 32
    I. Grundlagen 32
    II. Haftung der Vorstandsmitglieder 34
        1. Innenhaftung 34
        2. Außenhaftung 35
  D. Aufsichtsrat 36
    I. Grundlagen 36
    II. Haftung der Aufsichtsratsmitglieder 38

4. Abschnitt: Die Finanzverfassung der AG 38
  A. Kapitalaufbringung 39
    I. Geldeinlagen 39
    II. Sacheinlagen und Sachübernahmen (§ 27 Abs. 1 u. 2 AktG) 40
    III. Verdeckte Sacheinlagen (§ 27 Abs. 3 AktG) 40
    IV. Hin- und Herzahlen (§ 27 Abs. 4 AktG) 42
    V. Her- und Hinzahlen 43
  B. Kapitalerhaltung 44
    I. Grundsatz der strengen Kapitalbindung (§§ 57, 62 AktG) 44
    II. Erwerb eigener Aktien (§ 71 AktG) 45
  C. Kapitalerhöhung und Kapitalherabsetzung 45

5. Abschnitt: Die Auflösung und Abwicklung der AG 46

6. Abschnitt: Die Kommanditgesellschaft auf Aktien 47
  ■ Zusammenfassende Übersicht: Die Aktiengesellschaft (AG) 48

4. Teil: Die Gesellschaft mit beschränkter Haftung (GmbH) 49

1. Abschnitt: Grundlagen 49
A. Juristische Person 49
B. Kapitalgesellschaft 49
    Fall 1: Trihotel 52
C. Formkaufmann 54
D. Gesellschaftsvertrag 55
    I. Mindestinhalt 55
    II. Fakultativer Inhalt 56
    III. Mängel des Gesellschaftsvertrages 56
    IV. Änderungen des Gesellschaftsvertrages 57

2. Abschnitt: Die Entstehung der GmbH 57
A. Entstehung durch Gründung 57
    I. Das Gründungsverfahren 58
    II. Haftung im Gründungsstadium 58
        1. Die Vorgründungsgesellschaft 59
        2. Die Vor-GmbH 60
            a) Das Verhältnis der Vor-GmbH zur „fertigen" GmbH 60
            b) Die Haftung bei der „fertigen" GmbH: Vorbelastungshaftung 61
            c) Die Haftung bei der Vor-GmbH 63
                aa) Verlustdeckungshaftung der Gesellschafter 63
                bb) Handelndenhaftung (§ 11 Abs. 2 GmbHG) 65
                Fall 2: Früher Geschäftsbeginn 67
    III. Vorratsgründung, Mantelverwendung 73
B. Entstehung durch Umwandlung 78

3. Abschnitt: Die Organisation der GmbH 79
A. Gesellschafter 80
    I. Rechte und Pflichten der Gesellschafter 80
    II. Änderungen im Bestand der Gesellschafter 81
        1. Abtretung des Geschäftsanteils 81
        2. Einziehung des Geschäftsanteils (Amortisation) 82
        3. Ausschluss von Gesellschaftern 84
        4. Austritt von Gesellschaftern 86
B. Gesellschafterversammlung 86
    I. Aufgaben der Gesellschafter 86
    II. Beschlussfassung durch die Gesellschafter 87
    III. Fehlerhafte Beschlüsse 88
C. Geschäftsführer 89
    I. Grundlagen 89
    II. Haftung der Geschäftsführer 90
        1. Innenhaftung 91

                a) Allgemeine Haftung nach § 43 GmbHG 91
                b) Innenhaftung bei Insolvenzverschleppung nach § 64 S. 1 GmbHG 93
                c) Insolvenzverursachungshaftung (§ 64 S. 3 GmbHG) 97
            2. Außenhaftung 98
                a) Gegenüber Gesellschaftern 98
                b) Gegenüber Gesellschaftsgläubigern 99
    D. Aufsichtsrat 101

4. Abschnitt: Die Finanzverfassung der GmbH 102
    A. Kapitalaufbringung 102
        I. Grundlagen 102
        II. Geldeinlagen 103
        III. Sacheinlagen und Sachübernahmen 106
        IV. Verdeckte Sacheinlagen (§ 19 Abs. 4 GmbHG) 107
            Fall 3: Verdeckte Sacheinlage 108
        V. Hin- und Herzahlen (§ 19 Abs. 5 GmbHG) 109
            Fall 4: Einlagenrückgewähr als Darlehen 111
        VI. Her- und Hinzahlen 113
    B. Kapitalerhaltung 113
        I. Vermögensbindung in der GmbH 114
            1. Erhaltung des Stammkapitals im Gläubigerinteresse
               (§§ 30, 31 GmbHG) 114
            2. Umfassende Vermögensbindung im Minderheitsinteresse 117
        II. Haftung wegen existenzvernichtenden Eingriffs 117
        III. Erwerb eigener Geschäftsanteile (§ 33 GmbHG) 118
    C. Kapitalerhöhung und Kapitalherabsetzung 120

5. Abschnitt: Die Auflösung und Abwicklung der GmbH 121

6. Abschnitt: Die Unternehmergesellschaft (haftungsbeschränkt) 122

■ Zusammenfassende Übersicht: Die Gesellschaft mit beschränkter
    Haftung (GmbH) 123

5. Teil: Die Gesellschaft bürgerlichen Rechts (GbR) 124

1. Abschnitt: Grundlagen 124

2. Abschnitt: Die Entstehung der GbR 126
    A. Entstehung durch Gründung 126
        I. Der Gesellschaftsvertrag der GbR 126
        II. Der gemeinsame Zweck 127
            1. Grundlagen 127
            2. Das gemeinsame Halten einer Sache 128
                Fall 5: Ein Trecker für zwei 128
            3. Partiarische Rechtsverhältnisse 130

Inhalt

        4. Die Ehegatteninnengesellschaft 131
        5. Gesellschaftsvertrag zwischen Partnern einer nichtehelichen
           Lebensgemeinschaft 132
        6. Der Inhalt des gemeinsamen Zwecks – Abgrenzung der GbR
           von der oHG/KG 133
  III. Der Name der GbR 133
  IV. Mängel des Gesellschaftsvertrages (die fehlerhafte Gesellschaft) 133
        1. Grundlagen 133
        2. Voraussetzungen und Rechtsfolgen der fehlerhaften Gesellschaft 134
        3. Einzelne Unwirksamkeitsgründe 136
           a) Scheingeschäft (§ 117 BGB) 137
           b) Offener und versteckter Einigungsmangel (§§ 154, 155 BGB) 137
           c) Formverstoß (§ 125 BGB) 137
           d) Anfechtung wegen arglistiger Täuschung oder Drohung
              (§ 123 BGB) 138
           e) Widerruf bei Haustürgeschäften und verbundenen Verträgen 138
           f) Gesetzesverstoß (§ 134 BGB) und Sittenwidrigkeit
              (§ 138 Abs. 1 BGB) 139
           g) Beteiligung nicht voll Geschäftsfähiger (§§ 104 ff. BGB) 139
              Fall 6: Minderjähriger Motorradfan 140
B. Entstehung durch Umwandlung 142

3. Abschnitt: Die Organisation der GbR 142
A. Das Gesellschaftsverhältnis 142
B. Rechte und Pflichten der Gesellschafter 142
C. Die Gesellschafterversammlung 144
D. Sozialansprüche und -verpflichtungen 147
E. Geschäftsführung und Vertretung 153
  I. Geschäftsführung 154
  II. Vertretung 155
        Fall 7: Erwerb eines Grundstücks von der GbR 158
  III. Wissenszurechnung 160
        Fall 8: Ausgeschiedener Gesellschafter 161
F. Änderungen im Bestand der Gesellschafter 164
  I. Beitritt eines neuen Gesellschafters 164
  II. Gesellschafterwechsel 164
  III. Ausscheiden eines Gesellschafters 165
  IV. Ausschluss eines Gesellschafters 166

4. Abschnitt: Die Haftungsverfassung der GbR 166
A. Die Haftung der Gesellschaft 166
    Fall 9: Nachlässiger Gesellschafter 167
B. Die Haftung der Gesellschafter 169
  I. Haftung für Neu- und Altverbindlichkeiten (§§ 128, 130 HGB analog) 169

    II. Einwendungen und Einreden 170
    III. Haftungsausschluss 171
    IV. Inhalt der Haftung 172
    V. Regress und Freistellung 172
        Fall 10: Rücksichtsloser Mitgesellschafter 174
    VI. Geltendmachung der Gesellschafterhaftung in der Insolvenz der GbR 176
  C. Gesellschafts- und Gesellschafterhaftung im Prozess und
    in der Zwangsvollstreckung 176

5. Abschnitt: Die Auflösung und Abwicklung der GbR 178
  ■ Zusammenfassende Übersicht: Die Gesellschaft bürgerlichen Rechts (GbR) 180

6. Teil: Die offene Handelsgesellschaft (oHG) 181

1. Abschnitt: Grundlagen 181

2. Abschnitt: Die Entstehung der oHG 182
  A. Entstehung durch Gründung 182
  B. Entstehung durch Umwandlung 182

3. Abschnitt: Die Organisation der oHG 183
  A. Grundlagen 183
  B. Rechte und Pflichten der Gesellschafter 183
  C. Geschäftsführung und Vertretung 185
    I. Geschäftsführung 185
    II. Vertretung 186
        Fall 11: Alleiniger „Gesamtvertreter"? 188
    III. Wissenszurechnung 189
  D. Änderungen im Bestand der Gesellschafter 189

4. Abschnitt: Die Haftungsverfassung der oHG 190
  A. Die Haftung der Gesellschaft 190
  B. Die Haftung der Gesellschafter 190
    I. Haftung der Gesellschafter für Neu- und Altverbindlichkeiten
       (§§ 128, 130 HGB) 191
       Fall 12: Mietforderung 192
    II. Einwendungen und Einreden 193
    III. Haftungsausschluss 194
    IV. Inhalt der Haftung 195
    V. Regress und Freistellung 198
       Fall 13: Zahlender Gesellschafter 200
       Fall 14: Finanzschwache oHG 202
    VI. Geltendmachung der Gesellschafterhaftung in der
       Insolvenz der oHG 204

5. Abschnitt: Die Auflösung und Abwicklung der oHG 204

7. Teil: Die Kommanditgesellschaft (KG) 206

1. Abschnitt: Grundlagen 206

2. Abschnitt: Die Entstehung der KG 206
A. Entstehung durch Gründung 206
B. Entstehung durch Umwandlung 207

3. Abschnitt: Die Organisation der KG 207
A. Grundlagen 207
B. Rechte und Pflichten der Gesellschafter 208
C. Geschäftsführung und Vertretung 209
D. Änderungen im Bestand der Gesellschafter 210

4. Abschnitt: Die Haftungsverfassung der KG 211
A. Die Haftung der KG 211
B. Die Haftung der Komplementäre 211
C. Die Haftung der Kommanditisten 211
    I. Die Haftung des Kommanditisten nach § 171 Abs. 1 HGB 212
        1. Außenhaftung nach § 171 Abs. 1 Hs. 1 HGB 212
        2. Haftungsausschluss nach § 171 Abs. 1 Hs. 2 HGB 214
    II. Haftung in der Insolvenz, § 171 Abs. 2 HGB 215
    III. Haftung nach § 172 Abs. 4 HGB 218
        1. § 172 Abs. 4 S. 1 HGB 218
        2. § 172 Abs. 4 S. 2 HGB 219
        3. § 172 Abs. 5 HGB 220
        4. Sonderfall: Ausschüttung von Liquiditätsüberschüssen als Darlehen 220
    IV. Haftung der Kommanditisten nach § 176 HGB 221
        1. Haftung vor Eintragung der KG (§ 176 Abs. 1 HGB) 221
        2. Haftung bei nicht eingetragenem Neueintritt (§ 176 Abs. 2 HGB) 222
    V. Die Haftung bei Änderungen des Gesellschafterbestandes 223
        1. Eintritt (§ 173 HGB) 223
        2. Ausscheiden (§ 160 HGB) 224
        3. Übertragung des Kommanditanteils 224
            Fall 15: Einrückende Kommanditisten 225

5. Abschnitt: Auflösung und Abwicklung der KG 227

6. Abschnitt: Sonderformen 227
A. Die GmbH & Co. KG 227
    I. Grundlagen 227
    II. Die Entstehung der GmbH & Co. KG 229
    III. Die Organisation der GmbH & Co. KG 230
    IV. Die Finanzverfassung der GmbH & Co. KG 232
        1. Kapitalaufbringung 232

2. Kapitalerhaltung 233
      Fall 16: Kapitalerhaltung in der GmbH & Co. KG 234
   V. Die Haftungsverfassung der GmbH & Co. KG 236
   VI. Die Auflösung und Abwicklung der GmbH & Co. KG 236
   B. Die Publikums-KG 237

■ Zusammenfassende Übersicht: Die offene Handelsgesellschaft (oHG) und die Kommanditgesellschaft (KG) 241

8. Teil: Die stille Gesellschaft 242

1. Abschnitt: Grundlagen 242

2. Abschnitt: Voraussetzungen der stillen Gesellschaft 242
   A. Kaufmann 242
   B. Stiller Gesellschafter 243
   C. Gesellschaftsvertrag 243
      Fall 17: Fehlerhafte stille Gesellschaft 246
   D. Beteiligung mit einer Einlage 248
   E. Gewinnbeteiligung 249

3. Abschnitt: Rechte und Pflichten des Geschäftsinhabers 249

4. Abschnitt: Rechte und Pflichten des stillen Gesellschafters 251

5. Abschnitt: Verfügung über Gesellschafterrecht 251

6. Abschnitt: Das Außenverhältnis zu Dritten 251

7. Abschnitt: Die Beendigung der stillen Gesellschaft 252

8. Abschnitt: Die atypische stille Gesellschaft 254

9. Teil: Die Partnerschaftsgesellschaft (PartG) 255

10. Teil: Die Grundzüge des Umwandlungsrechts 257

1. Abschnitt: Umwandlungen nach dem UmwG 257
   A. Umwandlungsarten nach dem UmwG 257
      I. Verschmelzung 257
      II. Spaltung 258
         1. Aufspaltung 259
         2. Abspaltung 259
         3. Ausgliederung 260
      III. Vermögensübertragung 260
      IV. Formwechsel 261

- B. Das Verfahren nach dem UmwG 261
  - I. Vorbereitungsphase 261
  - II. Beschlussfassung 262
  - III. Vollzugsphase 262
  - IV. Wirkungen der Eintragung 263

2. Abschnitt: Umwandlungen außerhalb des UmwG 263
- A. Gesetzliche Umwandlungstatbestände außerhalb des UmwG 263
- B. Umwandlungen mit den Mitteln des allgemeinen Gesellschafts- und Sachenrechts 264
- C. Grenzüberschreitende Umwandlungen 264

Stichwortverzeichnis 267

LITERATURVERZEICHNIS

Baumbach/Hopt	HGB, 37. Aufl. 2016 (zitiert: Baumbach/Hopt/Bearbeiter)
Baumbach/Hueck	GmbHG, 21. Aufl. 2017 (zitiert: Baumbach/Hueck/Bearbeiter)
Bitter/Heim	Gesellschaftsrecht, 3. Aufl. 2016
Ensthaler	HGB, 8. Aufl. 2015 (zitiert: Ensthaler/Bearbeiter)
Erman	BGB, 15. Aufl. 2017 (zitiert: Erman/Bearbeiter)
Gehrlein/Ekkenga/Simon	GmbHG, 2. Aufl. 2015 (zitiert: G/E/S/Bearbeiter)
Gehrlein/Witt	GmbH-Recht in der Praxis, 3. Aufl. 2015
Hk-BGB	Nomos-Handkommentar zum BGB, hrsg. von Schulze, 8. Aufl. 2014 (zitiert: Hk-BGB/Bearbeiter)
Hk-InsO	Heidelberger Kommentar zur InsO, hrsg. von Kayser/Thole, 8. Aufl. 2016 (zitiert: Hk-InsO/Bearbeiter)
Hüffer/Koch	AktG, 12. Aufl. 2016
Jacoby/v. Hinden	Studienkommentar BGB, begründet von Kropholler, 15. Aufl. 2015
Kallmeyer	UmwG, 5. Aufl. 2013 (zitiert: Kallmeyer/Bearbeiter)
Lutter/Hommelhoff	GmbHG, 19. Aufl. 2016 (zitiert: Lutter/Hommelhoff/Bearbeiter)
MünchKomm-BGB	Münchener Kommentar zum BGB Band 6: §§ 705–853, 7. Aufl. 2017 (zitiert: MünchKomm-BGB/Bearbeiter)
MünchKomm-GmbHG	Münchener Kommentar zum GmbHG Band 1: §§ 1–34, 2. Aufl. 2015 Band 2: §§ 35–52, 2. Aufl. 2016 Band 3: §§ 53–85, 2. Aufl. 2016 (zitiert: MünchKomm-GmbHG/Bearbeiter)

Literatur

MünchKomm-HGB	Münchener Kommentar zum HGB Band 2: §§ 105–160, 4. Aufl. 2016 Band 3: §§ 161–237, 3. Aufl. 2012 (zitiert: MünchKomm-HGB/Bearbeiter)
Oetker	HGB, 5. Aufl. 2017 (zitiert: Oetker/Bearbeiter)
Palandt	BGB, 76. Aufl. 2017 (zitiert: Palandt/Bearbeiter)
Scholz	GmbHG Band 1: §§ 1–34, 11. Aufl. 2012 Band 2: §§ 35–52, 11. Aufl. 2014 Band 3: §§ 53–85, 11. Aufl. 2015 (zitiert: Scholz/Bearbeiter)
Schmidt, K.	Gesellschaftsrecht, 4. Aufl. 2002 (zitiert: K. Schmidt, GesR)
Staudinger	Kommentar zum Bürgerlichen Gesetzbuch Erstes Buch, Allgemeiner Teil, §§ 21–79 (2005) Zweites Buch, Recht der Schuldverhältnisse, §§ 705–740 (Gesellschaftsrecht), 2003 (zitiert: Staudinger/Bearbeiter)
Thomas/Putzo	ZPO, 38. Aufl. 2017 (zitiert: T/P-Bearbeiter)
Uhlenbruck	InsO, 14. Aufl. 2015 (zitiert: Uhlenbruck/Bearbeiter)
Windbichler	Gesellschaftsrecht, 24. Aufl. 2017
Zöller	ZPO, 31. Aufl. 2016 (zitiert: Zöller/Bearbeiter)

1. Teil: Einführung

A. Der Begriff des Gesellschaftsrechts

Das **Gesellschaftsrecht** ist das Recht der privatrechtlichen Personenvereinigungen, die zur Erreichung eines bestimmten gemeinsamen Zwecks durch Rechtsgeschäft begründet werden.[1]

Gesellschaften sind vertragliche Zusammenschlüsse grundsätzlich[2] mehrerer Personen zu einer gemeinschaftlichen Zweckverfolgung.[3] Charakteristisch für eine Gesellschaft ist das ziel- und zweckgerichtete Zusammenwirken aufgrund eines privatrechtlichen[4] Vertrags[5].

Von der Gesellschaft zu trennen ist das **Unternehmen**.[6] Das Unternehmen ist eine wirtschaftliche Einheit aus sachlichen und personellen Mitteln. Es kann nicht Träger von Rechten und Pflichten sein, ist also nicht rechtsfähig. Die rechtliche Zuordnung erfolgt zur Gesellschaft als Trägerin des Unternehmens. Das Unternehmen ist mit anderen Worten die wirtschaftliche Einheit, die Gesellschaft hingegen das rechtliche Zuordnungssubjekt. Dementsprechend wird die Gesellschaft aus unternehmensbezogenen Geschäften berechtigt und verpflichtet.

B. Die Gesellschaftsarten

Das Recht, Gesellschaften zu gründen, ist mit Verfassungsrang in Art. 9 Abs. 1 GG gewährleistet **(Gründungsfreiheit)**. Dieses Recht ist jedoch beschränkt auf die im Gesetz bestimmten Gesellschaftsformen **(numerus clausus)**.[7]

Zwischen den Gesellschaftstypen können die Gründer grundsätzlich frei wählen **(Freiheit der Rechtsformwahl)**.[8] Ausnahmsweise zwingt das Gesetz sie jedoch in eine andere als die von ihnen gewünschte Rechtsform **(Rechtsformzwang)**.[9]

Beispiel: Wollen die Gesellschafter eine GbR gründen, zielen dabei aber auf den Betrieb eines Handelsgewerbes (§ 1 Abs. 2 HGB), ist die Gesellschaft trotz entgegenstehenden Willens der Gründer eine oHG (§ 105 Abs. 1 HGB).

---

1 K. Schmidt, GesR, § 1 I 1.
2 Nicht alle Gesellschaftsformen setzen mehrere Gesellschafter voraus. Insbesondere die AG (§ 2 AktG) und die GmbH (§ 1 GmbHG) können auch als Einpersonen-Gesellschaft existieren.
3 Hier und zum Folgenden: Bitter/Heim § 1 Rn. 4.
4 Öffentlich-rechtliche Organisationen (z.B. Körperschaften und Anstalten sowie Stiftungen des öffentlichen Rechts) sind keine Gesellschaften, weil sie nicht dem Privatrecht zuzuordnen sind.
5 Die Erbengemeinschaft (§ 2032 BGB) ist beispielsweise keine Gesellschaft, weil sie kraft Gesetzes nicht durch Vertragsschluss entsteht. Sie ist zudem nur auf Auseinandersetzung gerichtet und deshalb nicht rechtsfähig (BGH, Urt. v. 11.09.2002 – XII ZR 187/00, NJW 2002, 3389, 3390; BGH, Beschl. v. 17.10.2006 – VIII ZB 94/05, NJW 2006, 3715).
6 Zum Folgenden: Bitter/Heim § 1 Rn. 22.
7 Bitter/Heim § 1 Rn. 5.
8 Bitter/Heim § 1 Rn. 5.
9 Einen Rechtsformzwang gibt es grundsätzlich nur bei Personengesellschaften (Bitter/Heim § 1 Rn. 7).

6 Für welche Rechtsform sich die Gründungsgesellschafter entscheiden, hängt jeweils im Einzelfall von verschiedenen Faktoren ab.[10] Von Bedeutung sind dabei insbesondere

- der Gesellschaftszweck und die in Aussicht genomme Unternehmenstätigkeit[11];
- die Kosten und das Verfahren der Gründung;
- die angestrebte Zahl der Gesellschafter und ihr Verhältnis zueinander;
- das benötigte Kapital;
- die Übertragbarkeit der Anteile;
- die Haftungsverfassung;
- die Publizitätspflichten;
- die steuerlichen Auswirkungen.

7 Die Gesellschaften lassen sich grundlegend in Körperschaften auf der einen Seite und Personengesellschaften auf der anderen Seite einteilen.[12]

Grundform der **Körperschaften** ist der Verein (§§ 21 ff. BGB). Daneben gibt es die Kapitalgesellschaften i.S.v. §§ 264 ff. HGB – AG (§§ 1 ff. AktG) einschließlich KGaA (§§ 278 ff. AktG), GmbH (§§ 1 ff. GmbHG) einschließlich UG (§ 5 a GmbHG) und Genossenschaft (GenG) – sowie als besondere Rechtsform für Versicherer den VVaG (§§ 7, 15 ff. VAG).[13]

Grundform der **Personengesellschaften** ist die GbR (§§ 705 ff. BGB). Daneben gibt es die oHG (§§ 105 ff. HGB) und die KG (§§ 161 ff. HGB), Letztere auch in der Sonderform der GmbH & Co. KG,[14] sowie die stille Gesellschaft (§§ 230 ff. HGB) und die Partnerschaft (PartGG).

8 Nach § 489 Abs. 1 HGB a. F. bestand eine sog. **Partenreederei**, wenn von mehreren Personen ein ihnen gemeinschaftlich zustehendes Schiff zum Erwerb durch die Seefahrt für gemeinschaftliche Rechnung verwendet wurde. Die Partenreederei wurde zwar nicht mehr als bloße Bruchteilsgemeinschaft, sondern als Gesamthandsgemeinschaft angesehen; gleichwohl wurde ihr mehrheitlich die Fähigkeit, Kaufmann zu sein und sich in das Handelsregister eintragen zu lassen, abgesprochen.[15] Durch das Gesetz zur Reform des Seehandels[16] wurde diese Rechtsform abgeschafft. Für Partenreedereien, die vor dem Tag des Inkrafttretens dieses Reformgesetzes entstanden sind, bleiben die §§ 489–509 HGB a.F. in der bis zu diesem Tag gültigen Fassung anwendbar. Wegen fehlender Examensrelevanz wird auf die Darstellung dieser Gesellschaftsform dennoch verzichtet.

---

10 Hier und zum Folgenden: Bitter/Heim § 1 Rn. 6.
11 Der Gesellschaftszweck kann zugleich Zugangsvoraussetzung für bestimmte Gesellschaftsformen sein. So können beispielsweise eine oHG oder KG nur für (handels-)gewerbliche und vermögensverwaltende Zwecke gegründet werden (vgl. § 105 Abs. 1 u. 2 HGB); eine PartG steht nur Freiberuflern offen (vgl. § 1 PartGG).
12 Zum Folgenden: Bitter/Heim § 1 Rn. 9 ff.
13 Der VVaG ist ein durch Gesetz besonders ausgestalteter Fall eines Wirtschaftsvereins, der durch Verleihung (Konzession) die Rechtsfähigkeit erlangt (vgl. § 22 BGB; Erman/Westermann § 22 Rn. 1).
14 Die GmbH & Co. KG ist eine KG, deren persönlich haftende Gesellschafterin (Komplementärin) eine GmbH ist.
15 Oetker/Körber § 1 Rn. 79 m.w.N.
16 Gesetz zur Reform des Seehandels vom 20.04.2013, BGBl. I, S. 831.

Die nationalen Gesellschaftsformen lassen sich in folgender Übersicht zusammenfassen: 9

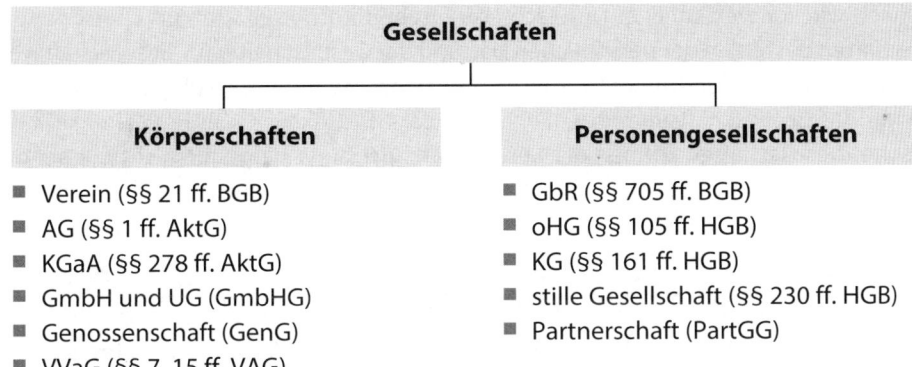

Neben die nationalen Gesellschaftstypen treten **supranationale Rechtsformen**. Zu nennen sind die Europäische Wirtschaftliche Interessenvereinigung (EWIV) als Personengesellschaft und die Europäische Aktiengesellschaft (SE = Societas Europaea) sowie die Europäische Genossenschaft (SCE = Societas Cooperative Europaea) als Körperschaften. Auf die supranationalen Rechtsformen wird in diesem Skriptum wegen fehlender Klausurrelevanz nicht näher eingegangen. Gleiches gilt für ausländische Gesellschaftsformen.

C. Grundlegende Unterschiede zwischen Körperschaften und Personengesellschaften

Die grundlegende Zweiteilung der Gesellschaften in Körperschaften und Personengesellschaften lässt sich verschiedentlich begründen:[17] 10

I. Voll- und Teilrechtsfähigkeit

Körperschaften sind juristische Personen. Sie haben eine eigene Rechtspersönlichkeit, sind selbst Inhaber des Gesellschaftsvermögens und werden berechtigt und verpflichtet (vgl. § 1 Abs. 1 S. 1 AktG, § 13 Abs. 1 GmbHG). Man spricht insoweit von einer **„Vollrechtsfähigkeit"**. 11

Bei den Personengesellschaften existierte hingegen nach traditionellem Verständnis keine von den Gesellschaftern strikt zu trennende Rechtsperson. Als Träger von Rechten und Pflichten wurden die Gesellschafter angesehen, nicht die Gesellschaft. Das Gesellschaftsvermögen stand den Gesellschaftern nach diesem Verständnis „zur gesamten Hand" (Gesamthandsvermögen) als eine Art Sondervermögen zu, welches vom übrigen Privatvermögen der Gesellschafter zu trennen war. Dennoch wurden seit jeher jedenfalls die oHG und die KG im Hinblick auf § 124 HGB als „teilrechtsfähig" angesehen. Mit Urteil vom 29.01.2011[18] hat der BGH auch seine Rechtsprechung zur GbR geändert und ausgesprochen, dass auch eine (Außen-)GbR rechtsfähig ist, soweit sie durch die Teilnahme am Rechtsverkehr eigene Rechte und Pflichten begründet (**„Teilrechtsfähigkeit"**). Seitdem ist die Rechtsfähigkeit kein entscheidendes Kriterium zur Unterscheidung von Körperschaften und Personengesellschaften mehr.

---

17 Zum Folgenden: Bitter/Heim § 1 Rn. 14 ff.
18 BGH, Urt. v. 29.01.2001 – II ZR 331/00, NJW 2001, 1056– „ARGE Weißes Ross".

II. Haftung der Gesellschafter für Gesellschaftsverbindlichkeiten

12 Ein nach wie vor wesentlicher Unterschied zwischen Körperschaften und Personengesellschaften besteht in der persönlichen Haftung der Gesellschafter für Gesellschaftsverbindlichkeiten. Bei den Körperschaften haftet den Gesellschaftsgläubigern grundsätzlich nur das Gesellschaftsvermögen (vgl. § 1 Abs. 1 S. 2 AktG, § 13 Abs. 2 GmbHG). Bei Personengesellschaften können die Gesellschaftsgläubiger hingegen nicht nur auf das Gesellschaftsvermögen, sondern auch auf das Privatvermögen der nach § 128 HGB (analog) persönlich haftenden Gesellschafter zugreifen.

III. Selbstorganschaft und Fremdorganschaft

13 Ein weiterer Unterschied betrifft die Geschäftsführung und Vertretung. Während diese Aufgaben bei Personengesellschaften zwingend (auch) von den Gesellschaftern selbst wahrzunehmen sind (Selbstorganschaft), können sie bei Körperschaften auch Nichtgesellschaftern anvertraut werden (Fremdorganschaft).

IV. Mehrheitserfordernisse bei der internen Willensbildung

14 Körperschaften und Personengesellschaften lassen sich in ihrer gesetzlichen Grundkonzeption auch anhand der Mehrheitserfordernisse bei Gesellschafterbeschlüssen unterscheiden: Während bei Körperschaften für eine wirksame Beschlussfassung grundsätzlich[19] ein Mehrheitsbeschluss erforderlich ist (vgl. § 32 Abs. 1 S. 3 BGB, § 133 AktG, § 47 Abs. 1 GmbHG), gilt bei Personengesellschaften das (freilich dispositive) Einstimmigkeitsprinzip (vgl. § 709 Abs. 1 BGB, § 119 Abs. 1 HGB).

V. Anzahl der Gesellschafter

15 Im Grundsatz unterscheiden sich Körperschaften und Personengesellschaften ferner dadurch, dass Körperschaften in ihrer Grundstruktur auf eine Vielzahl von Gesellschaftern ausgerichtet sind, während Personengesellschaften meist durch eine personalistische Struktur mit einigen wenigen Gesellschaftern geprägt sind. Dies gilt aber nur für die gesetzlichen Grundtypen. In der Praxis gibt es auch personalistisch geprägte Körperschaften mit nur wenigen Gesellschaftern (z.B. „Einmann-GmbH") und Personengesellschaften, die auf eine Vielzahl von Gesellschaftern ausgelegt sind (sog. Publikumspersonengesellschaften).

Der Unterschied zwischen Körperschaften und Personengesellschaften wird aber jedenfalls im „minimalistischen Extremfall" deutlich: Während insbesondere die AG und die GmbH derart rechtlich verselbständigt sind, dass sie auch mit nur einem einzigen Gesellschafter bestehen können („Einpersonengesellschaft"), müssen bei Personengesellschaften zwingend immer mindestens zwei Gesellschafter vorhanden sein. Dies führt dazu, dass Personengesellschaften beim Austritt ihres vorletzten Gesellschafters liquidationslos erlöschen und ihr gesamtes Vermögen auf den letztverbleibenden Gesellschafter übergeht.

---

19 Beim Verein bedarf es grundsätzlich der Mehrheit der abgegebenen Stimmen (§ 32 Abs. 2 S. 3 BGB). Es kann aber auch eine qualifizierte Mehrheit erforderlich sein (§ 33 Abs. 1 S. 1 BGB: ¾ der abgegebenen Stimmen; ebenso § 41 S. 2 BGB). Zudem ist eine abweichende Regelung in der Satzung möglich (vgl. § 40 BGB). Auch § 133 Abs. 1 AktG ordnet die einfache Stimmenmehrheit nur an, „soweit nicht Gesetz oder Satzung eine größere Mehrheit oder weitere Erfordernisse bestimmen". Entsprechendes gilt für die GmbH (Lutter/Hommelhoff/Bayer § 47 Rn. 7).

D. Examensrelevanz

Das Gesellschaftsrecht genießt nicht in allen Bundesländern gleiche Examensrelevanz. Vereinzelt sind lediglich Grundkenntnisse des Personengesellschaftsrechts gefordert.

16

***Hamburg** (§ 1 Abs. 1 Nr. 5 Prüfungsgegenständeverordnung: oHG, KG, stille Gesellschaft)

Einige Bundesländer setzen Grundkenntnisse zum Recht der Personenhandelsgesellschaften (oHG und KG) und in den Bereichen der Errichtung, Vertretung und Geschäftsführung der GmbH voraus.

****Hierzu zählen: Baden-Württemberg** (§ 8 Abs. 2 Nr. 3 JAPrO [1. Staatsexamen], § 51 Abs. 1 Nr. 3 JAPrO [2. Staatsexamen]); **Berlin** und **Brandenburg** (§ 3 Abs. 4 Nr. 1 c) JOA, § 27 Abs. 2 Nr. 1 JAO i.V.m. § 3 Abs. 4 Nr. 1 c) JAO); **Hessen** (§ 7 Nr. 2 g) JAG, 2. Staatsexamen nicht gesondert ausgewiesen); **Mecklenburg-Vorpommern** (§ 11 Abs. 2 Nr. 1 d) JAPO, § 45 Abs. 3 i.V.m. § 11 Abs. 2 Nr. 1 d) JAPO); **Nordrhein-Westphalen** (§ 11 Abs. 2 Nr. 4 JAW NRW); **Sachsen** § 14 Abs. 3 Nr. 2 b) JAPO, § 43 Abs. 2 Nr. 1 c) JAPO: im 2. Staatsexamen auch Grundzüge im (gesamten) Kapitalgesellschaftsrecht, also Recht der AG).

Andere Bundesländer gehen darüber hinaus und verlangen zudem Grundkenntnisse im gesamten Bereich des Personengesellschaftsrechts und/oder des Rechts der Körperschaften.

*****Hierzu zählen: Bayern** (§ 18 Abs. 2 Nr. 2 JAPO, § 58 Abs. 2 Nr. 1 i.V.m. § 18 Abs. 2 Nr. 2 JAPO); **Rheinland-Pfalz** (Anlage zu § 1 Abs. 2 Nr. 1 JAPO); **Niedersachsen** (§ 16 Abs. 1 Nr. 2 b) NJAVO); **Sachsen-Anhalt** (§ 14 Abs. 2 Nr. 2 JAPrVO); **Schleswig-Holstein** (§ 14 Abs. 2 Nr. 2 JAPrVO); **Thüringen** (§ 14 Abs. 2 Nr. 2 JAPrVO); wohl auch **Bremen** (§ 5 Abs. 1 Nr. 1 d) JAPG: „Gesellschaftsrecht im Überblick") und **Saarland** (§ 8 Abs. 2 Nr. 2 JAG: „Grundzüge des Gesellschaftsrechts").

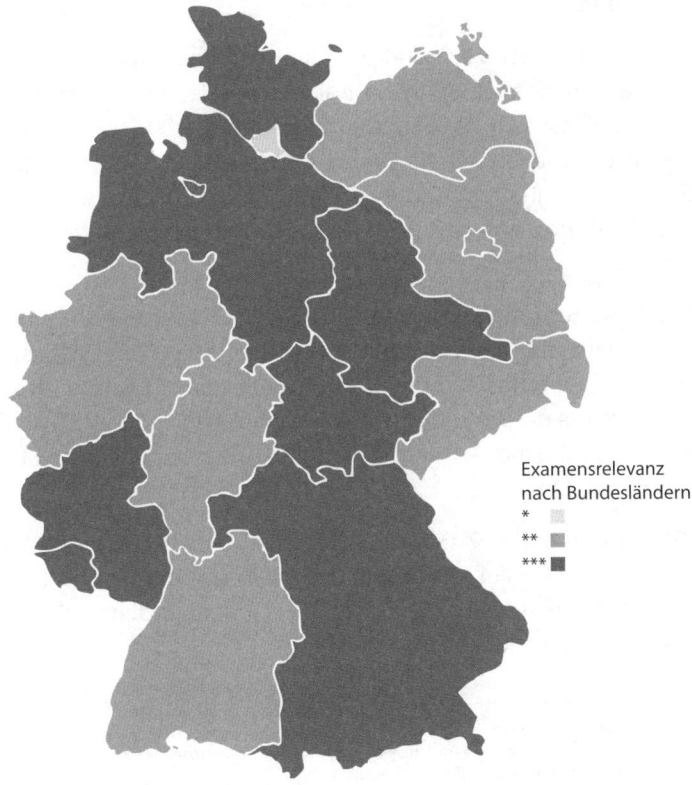

Examensrelevanz nach Bundesländern
*
**
***

E. Aufbau des Skriptums

17 Ein gutes Skriptum muss den unterschiedlichen Bedürfnissen von Studierenden bei der Examensvorbereitung gerecht werden und ihnen einen **gezielten Zugriff auf die** für sie **relevanten Bereiche** ermöglichen. Die meisten Lehrbücher und Skripten zum Gesellschaftsrecht befassen sich zunächst mit dem Recht der Personengesellschaften und wenden sich erst in einem zweiten Schritt den Körperschaften zu. Diesen Weg wählte auch das vorliegende Skriptum bis zu seiner Vorauflage.[20] Die Erfahrung der letzten Jahre hat aber gezeigt, dass insbesondere das Recht der GmbH in vielen Bundesländern zunehmend an Examensrelevanz gewinnt und Studierenden deshalb in diesem Bereich ein „Mut zur Lücke" nicht angeraten werden kann. Zudem sind Körperschaften aufgrund ihrer rechtlichen Verselbstständigung (juristische Person) von der Struktur her leichter zu erfassen. Deshalb folgt dieses Skriptum in seinem Aufbau einem nur selten vorgeschlagenen Weg[21] und befasst sich in einem ersten Schritt mit den Körperschaften und erst im Anschluss hieran mit den Personengesellschaften. Dies wird dem Leser den Zugang zu dieser speziellen Rechtsmaterie erleichtern. Um Studierenden **feste Lernabschnitte** zu präsentieren und gleichzeitig **sinnvolle Wiederholungen des examensrelevanten Lernstoffs** einzubauen, widmet sich jeder Abschnitt immer nur einer Gesellschaftsform. Parallelen in der gesetzlichen Ausgestaltung der einzelnen Gesellschaftsformen werden dabei kenntlich und durch entsprechende Verweisungen nachvollziehbar gemacht. Zudem sind zahlreiche Beispielsfälle eingebaut, um aufzuzeigen, an welchen Stellen das Gesellschaftsrecht in der Examensklausur auftaucht.

F. Gesetzessystematik

18 Der Verein (§§ 21 ff. BGB) ist die Grundform der **Körperschaften**; mit ihm muss die Darstellung beginnen, um dem Leser die Grundlagen des Rechts der Körperschaften zu vermitteln. Danach befasst sich das Skript zunächst mit der AG (einschließlich der KGaA) und erst im Anschluss hieran mit der GmbH (einschließlich der UG), weil das GmbHG an manchen Stellen lückenhaft ist und ergänzend auf das Recht der AG zurückgegriffen werden muss. Die Genossenschaft und der VVaG werden wegen fehlender Examensrelevanz ausgespart.

19 Auch bei den **Personengesellschaften** folgt aus der Gesetzessystematik eine logische Reihenfolge der Darstellung. Das Recht der GbR, der oHG und der KG ist nicht in voneinander unabhängigen, selbstständigen Abschnitten des BGB oder des HGB geregelt. Vielmehr sind auch die oHG und die KG Gesellschaften i.S.d. §§ 705 ff. BGB, sodass auch für die oHG und die KG neben den §§ 105 ff. HGB bzw. 161 ff. HGB ergänzend die §§ 705 ff. BGB eingreifen:

- Für die GbR gelten die §§ 705 ff. BGB. Daneben finden durch gesetzlichen Verweis (z.B. in § 736 Abs. 2 BGB auf § 160 HGB) und im Wege der Analogie (insbesondere der §§ 128 ff. HGB) einige Regelungen über die Personenhandelsgesellschaften des HGB entsprechende Anwendung.

---

20 Alpmann/Nissen, Gesellschaftsrecht, 17. Aufl. 2015.
21 Beispielhaft sei auf das sehr gelungene und zur ergänzenden Lektüre wärmstens empfohlene Lern- und Fallbuch von Bitter/Heim, Gesellschaftsrecht, 3. Aufl. 2016, verwiesen.

- Für die oHG gelten die §§ 105 ff. HGB als Sondervorschriften. Da die oHG aber auch eine „Gesellschaft" i.S.d. §§ 705 ff. BGB ist, greifen die BGB-Vorschriften ein, soweit das oHG-Recht keine spezielle Regelung enthält (§ 105 Abs. 3 HGB).
- Für die KG gelten vorrangig die §§ 161 ff. HGB. Soweit diese keine spezielle Regelung enthalten, greifen die §§ 105 ff. HGB ein (§ 161 Abs. 2 HGB); ist auch in den §§ 105 ff. HGB nichts geregelt, gelten die §§ 705 ff. BGB (§ 105 Abs. 3 HGB).

Dieser Gesetzesaufbau führt dazu, dass einzelne Rechtsfragen für alle drei Gesellschaften gleich geregelt sind, während in anderen Bereichen unterschiedliche Regelungen bestehen.

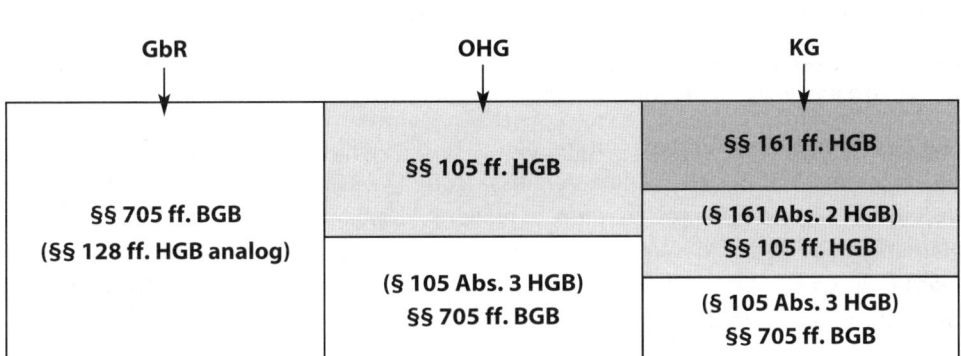

Anwendbare Vorschriften

Beispiele:
1. Für den Abschluss des Gesellschaftsvertrages gilt für alle drei Gesellschaften § 705 BGB. Die Gesellschafter müssen sich zur Verfolgung eines gemeinsamen Zwecks i.S.d. § 705 BGB zusammenschließen. Unterschiede bestehen nur insoweit, als dass bei der oHG und KG der gemeinsame Zweck auf den Betrieb eines Handelsgewerbes unter einer gemeinsamen Firma gerichtet ist (vgl. § 105 Abs. 1 HGB).
2. Die Vertretung der Gesellschaft bzw. der Gesellschafter ist unterschiedlich geregelt. In der GbR gelten die §§ 714, 709 BGB; für die oHG und KG gelten die §§ 125 ff. HGB; gemäß § 170 HGB ist der Kommanditist einer KG nicht zur organschaftlichen Vertretung berechtigt (er kann aber gemäß § 167 BGB bevollmächtigt werden).

2. Teil: Der Verein

20 Ein Verein ist eine auf Dauer berechnete Verbindung einer größeren Anzahl von Personen zur Erreichung eines gemeinsamen Zweckes, die nach ihrer Satzung körperschaftlich organisiert ist, einen Gesamtnamen führt und auf einen wechselnden Mitgliederbestand angelegt ist.[22] Er ist die **Grundform privatrechtlicher Körperschaften**.[23]

1. Abschnitt: Grundlagen

21 Das Gesetz unterscheidet rechtsfähige (§§ 21–53 BGB) und nicht rechtsfähige (§ 54 BGB) Vereine. Zu den rechtsfähigen Vereinen zählen nicht wirtschaftliche Vereine (Idealvereine, § 21 BGB) und wirtschaftliche Vereine (§ 22 BGB).

A. Der rechtsfähige nichtwirtschaftliche Verein (e.V.)

22 Ein Verein, dessen Zweck nicht auf einen wirtschaftlichen Geschäftsbetrieb gerichtet ist, wird in § 21 BGB als nichtwirtschaftlicher Verein bezeichnet.

23 Die **Gründung** eines Vereins erfolgt dadurch, dass mindestens sieben Gründer (vgl. §§ 56, 59 Abs. 3 BGB) sich auf eine Vereinssatzung (§ 25 BGB) einigen und erklären, den Verein als Mitglieder ins Leben rufen zu wollen.[24] Die Satzung muss[25] den Zweck, den Namen und den Sitz[26] des Vereins enthalten und ergeben, dass der Verein eingetragen werden soll (§ 57 Abs. 1 BGB). Darüber hinaus soll die Satzung die in § 58 BGB genannten Bestimmungen enthalten.

24 Der nichtwirtschaftliche Verein erlangt die Rechtsfähigkeit erst mit der Eintragung in das Vereinsregister (§§ 55 ff. BGB). Die **Eintragung** hat also konstitutive Wirkung.[27] Sie erfolgt nur auf Antrag des Vorvereins (dazu gleich), vertreten durch den Vorstand (§ 59 Abs. 1 BGB).[28] Mit der Eintragung erhält der Name des Vereins den Zusatz „eingetragener Verein" oder kurz „e.V." (§ 65 BGB).

25 Bis zur Eintragung besteht der nicht rechtsfähige Verein als sog. **Vorverein**.[29] Dies setzt aber voraus, dass zumindest seine Satzung bereits beschlossen ist (sonst entsteht bei entsprechendem Bindungswillen der Gründer einstweilen eine GbR). Da der Vorverein mit dem späteren rechtsfähigen Verein identisch ist, gehen die für den Vorverein begründeten Rechte und Pflichten ipso iure auf den späteren Verein über. Nach der Eintragung haftet der eingetragene Verein für alle Verbindlichkeiten des Vorvereins.[30] Gleichzeitig erlischt die bis dahin bestehende persönliche Haftung der Handelnden gemäß § 54 S. 2 BGB.

---

22 RG, Urt. v. 18.01.1934 – IV 369/33, RGZ 143, 212, 213.
23 Bitter/Heim § 2 Rn. 1.
24 Jacoby/v. Hinden § 21 Rn. 4.
25 Enthält die Satzung diesen Mindestinhalt nicht, ist sie nichtig und es besteht die Möglichkeit der Amtslöschung (Erman/Westermann § 57 Rn. 1).
26 Als Sitz eines Vereins gilt, wenn nicht ein anderes bestimmt ist („Satzungssitz"), der Ort, an welchem die Verwaltung geführt wird (§ 24 BGB). Der Sitz hat Bedeutung für die Zuständigkeit zur Eintragung (§ 55 BGB) und für den allgemeinen Gerichtsstand (§ 17 ZPO).
27 Vgl. hierzu Erman/Westermann § 21 Rn. 1.
28 Erman/Westermann § 59 Rn. 1.
29 Zum Folgenden: Jacoby/v. Hinden § 21 Rn. 6.
30 BGH, Urt. v. 16.06.1955 – II ZR 300/53, NJW 1955, 1229.

Die Eintragung ist unzulässig, wenn der Verein einen **wirtschaftlichen Geschäftsbetrieb** bezweckt.[31] Das ist der Fall, wenn er eine planmäßige, auf Dauer angelegte und nach außen gerichtete, über den vereinsinternen Bereich hinausgehende, eigenunternehmerische Tätigkeit ausübt, die auf die Verschaffung vermögenswerter Vorteile zugunsten des Vereins oder seiner Mitglieder abzielt.[32] Letzteres ist etwa dann der Fall, wenn der Verein ohne eigenes Entgelt eine ausgelagerte unternehmerische Teilfunktion für seine Mitglieder wahrnimmt.

Beispiel: Eine „Taxi-Zentrale", die telefonische Bestellungen entgegennimmt und die Fahrer per Funk zu den Fahrgästen schickt, ist kein Idealverein, sondern ein Wirtschaftsverein i.S.v. § 22 BGB.[33]

Eine wirtschaftliche Nebentätigkeit nimmt einem Idealverein jedoch nicht seinen Charakter (sog. **Nebenzweckprivileg**).[34]

Beispiel: Ein Sportverein bleibt auch dann ein Idealverein, wenn er eine Gaststätte betreibt.[35] Große Sportvereine, die im Zuge der Professionalisierung des Leistungssports oft Umsätze in beträchtlicher Höhe machen (z.B. solche der ersten oder zweiten Fußballbundesliga), lassen sich aber nicht als Idealvereine klassifizieren.[36] Dem wird in der Praxis teilweise dadurch begegnet, dass die Profi-Abteilungen als Kapitalgesellschaften ausgegliedert und der Idealverein als „Dachverein" erhalten bleibt.[37] Bei Vereinen im Bereich des Amateursports sind hingegen auch der gelegentliche Empfang oder die Zahlung von Aufwandsentschädigungen an Sportler bzw. von Transferentschädigungen bei Vereinswechseln für § 21 BGB unschädlich.[38]

Die Maßstäbe der **steuerrechtlichen Gemeinnützigkeit** eines Vereins[39] sind mit denen für das Vorliegen eines wirtschaftlichen Geschäftsbetriebs nicht deckungsgleich. Nichtwirtschaftliche Vereine sind nicht per se gemeinnützig; wohl aber sind gemeinnützige Vereine i.d.R. nichtwirtschaftlich.[40]

B. Der rechtsfähige Wirtschaftsverein

Ein Verein, dessen Zweck auf einen wirtschaftlichen Geschäftsbetrieb gerichtet ist, erlangt seine Rechtsfähigkeit durch staatliche Verleihung (§ 22 S. 1 BGB). Seine Rechtsfähigkeit beruht nicht auf einer konstitutiven Eintragung im Vereinsregister (so in den Fällen des § 21 BGB), sondern auf einer **Konzession** durch das Land, in dessen Gebiet der Verein seinen Sitz hat (§ 22 S. 2 BGB).

Die Verleihung der Rechtsfähigkeit nach § 22 BGB ist wirtschaftlichen Vereinen vorbehalten.[41] Sie kommt gemäß § 22 S. 1 BGB nur „in Ermangelung besonderer bundesgesetzlicher Vorschriften" in Betracht. Mit dieser Formulierung drückt das Gesetz die **Subsidiarität** des Weges über § 22 BGB gegenüber der Verwendung anderer Gesellschaftsformen aus.[42] Die Verleihung kommt nur dann in Betracht,

---

31 Erman/Westermann § 21 Rn. 2.
32 BGH, Urt. v. 29.09.1982 – I ZR 88/80, NJW 1983, 569, 571 – ADAC-Verkehrsrechtsschutz.
33 BGH, Beschl. v. 14.07.1966 – II ZB 2/66, NJW 1966, 2007.
34 BGH, Urt. v. 29.09.1982 – I ZR 88/80, NJW 1983, 569, 570 u. 572 – ADAC-Verkehrsrechtsschutz.
35 KG, Beschl. v. 26.01.1979 –1 W 3792/77, OLGZ 1979, 279, 282.
36 K. Schmidt AcP 182, 1, 29.
37 Zu den damit einhergehenden verbands- und kapitalgesellschaftsrechtlichen Problemen siehe Westermann Sport und Recht 2001, 42 ff.
38 Erman/Westermann § 21 Rn. 7.
39 Hierzu Reuter NZG 2008, 881 ff.
40 Erman/Westermann § 21 Rn. 6.
41 Einem Idealverein kann die Rechtsfähigkeit nur durch konstitutive Eintragung (§ 21 BGB), nicht über § 22 BGB verliehen werden (BVerwG, Urt. v. 24.04.1979 – 1 C 8/74, NJW 1979, 2261, 2265).
42 Erman/Westermann § 22 Rn. 1.

wenn dem Verein wegen der atypischen Umstände des Einzelfalls die Verwendung sonstiger Rechtsformen nicht zumutbar ist.[43]

Beispiele für konzessionierte Wirtschaftsvereine sind die Verwertungsgesellschaft Wort (VG Wort)[44] und der – als besonderer Typus gesetzlich geregelte – VVaG (§§ 7, 15 ff. VAG).[45]

C. Der „nichtrechtsfähige" Verein

30 Erlangt der Verein weder durch Eintragung (§ 21 BGB) noch durch Konzession (§ 22 BGB) Rechtsfähigkeit, finden auf ihn gemäß § 54 S. 1 BGB die Vorschriften über die GbR (§§ 705 ff. BGB) Anwendung. Die im Namen des „nichtrechtsfähigen" Vereins handelnden Personen haften dann persönlich (§ 54 S. 2 BGB).

31 Seitdem der BGH die (Teil-)Rechtsfähigkeit der (Außen-)GbR anerkannt hat,[46] stehen der Verweis in § 54 S. 1 BGB auf die Vorschriften über die Gesellschaft und die gleichzeitige Aberkennung der Rechtsfähigkeit solcher Vereine im offenen Widerspruch. Der BGH hat diesem neuen Gesetzesverständnis Rechnung getragen und auch die **Rechtsfähigkeit des nicht rechtsfähigen Vereins** bejaht.[47] Er selbst ist Träger des Vereinsvermögens und sowohl aktiv als auch passiv parteifähig (§ 50 Abs. 2 ZPO).

32 Soweit der Zweck des „nichtrechtsfähigen" Vereins nicht auf einen wirtschaftlichen Geschäftsbetrieb gerichtet ist, finden – entgegen § 54 S. 1 BGB – nicht die Vorschriften über die GbR (§§ 705 ff. BGB), sondern die des e.V. Anwendung, soweit sie keine Eintragung im Vereinsregister voraussetzen.[48] Dementsprechend haften die Mitglieder des nicht wirtschaftlich tätigen „nichtrechtsfähigen" Vereins nicht persönlich für die Vereinsschulden.[49] Die **Haftung der Mitglieder eines Idealvereins** ist regelmäßig auf das Vereinsvermögen beschränkt.[50] Neben dem Vereinsvermögen haften nur die Handelnden nach Maßgabe des § 54 S. 2 BGB, und zwar unabhängig von ihrer Stellung innerhalb des Vereins und von der Vertretungsmacht.[51]

Der Anwendungsbereich des § 54 BGB erstreckt damit in erster Linie auf wirtschaftlich tätige Vereine, die nicht durch staatliche Verleihung (§ 22 BGB) rechtsfähig sind. Über den Verweis in § 54 S. 1 BGB auf das Recht der GbR gilt eine **volle Haftung der Mitglieder nicht rechtsfähiger wirtschaftlicher Vereine**.[52]

2. Abschnitt: Die Organisation des Vereins

33 In organisatorischer Hinsicht ist zwischen der Ebene der Mitglieder und der Ebene des Vereins zu unterscheiden. Auf Letzterer sind die Organe des Vereins angesiedelt: Die Mitgliederversammlung und der Vorstand.

---

43 BVerwG, Urt. v. 24.04.1979 – 1 C 8/74, NJW 1979, 2261 für die handelsrechtlichen Formen.
44 Bitter/Heim § 2 Rn. 10.
45 Erman/Westermann § 22 Rn. 1.
46 BGH, Urt. v. 29.01.2001 – II ZR 331/00, NJW 2001, 1056 – „ARGE Weißes Ross".
47 BGH, Urt. v. 02.07.2007 – II ZR 111/05, NJW 2008, 69, Rn. 55: Dort wird dem Verein noch vor Einführung des § 50 Abs. 2 ZPO n.F. die aktive Prozessfähigkeit und damit mittelbar auch die Rechtsfähigkeit zuerkannt.
48 Die Publizitätsvorschriften der §§ 68 ff. BGB, die ihrem Inhalt nach eine Eintragung voraussetzen, finden auf den „nichtrechtsfähigen" Verein, der nicht wirtschaftlich tätig ist, keine Anwendung (Bitter/Heim § 2 Rn. 13).
49 Erman/Westermann § 54 Rn. 9.
50 Jacoby/v. Hinden § 54 Rn. 3.
51 Erman/Westermann § 54 Rn. 11.
52 BGH, Urt. v. 18.12.2000 – II ZR 385/98, NJW 2001, 748, 750.

A. Die Vereinsmitgliedschaft

Mitgliedschaft bezeichnet im Gesellschaftsrecht die auf einer Zugehörigkeit zu einem Verband beruhende Rechtsstellung einer Person. Die Mitgliedschaft bündelt demgemäß alle (subjektiven) Rechte und Pflichten eines Gesellschafters, ist darüber hinaus aber ein absolutes subjektives Recht, das Gegenstand von Verfügungen sein kann und deliktischen Schutz genießt.[53]

34

Die Vereinsmitgliedschaft ist ein **personenrechtliches Verhältnis**, aus dem sich wechselseitig Rechte und Pflichten zwischen dem Mitglied und dem Verein sowie der Mitglieder untereinander ergeben.[54] Neben den allgemeinen Mitgliedschaftsrechten können kraft Satzung Sonderrechte für einzelne Mitglieder bestehen (§ 35 BGB).

35

Mitgliedsfähig sind natürliche und juristische Personen sowie Gesellschaften ohne Rechtspersönlichkeit (vgl. § 11 Abs. 2 S. 1 InsO).[55]

36

Nach § 38 BGB ist die Mitgliedschaft grundsätzlich eine **höchstpersönliche Rechtsstellung**. Soweit die Satzung nichts Abweichendes regelt (§ 40 S. 1 BGB), kann die Mitgliedschaft nicht durch Rechtsgeschäft übertragen[56] oder vererbt werden (§ 38 S. 1 BGB). Unübertragbar und nicht vererblich sind grundsätzlich auch die aus der Mitgliedschaft entspringenden Rechte, soweit sie nicht auf Zahlung einer Geldsumme gerichtet sind (z.B. Anspruch auf Beitragsrückerstattung).[57] Die Ausübung der Mitgliedschaftsrechte kann nicht einem anderen überlassen werden (§ 38 S. 2 BGB).

37

Ein **Anspruch auf Aufnahme** besteht im Grundsatz auch dann nicht, wenn die Vereinssatzung die Mitgliedschaft für jedermann öffnet und eine möglichst große Mitgliederzahl anstrebt.[58] Dem Verein ist ein Ermessensspielraum eingeräumt, Bewerber nicht aufzunehmen.[59] Ein **Aufnahmezwang** besteht nur dann, wenn die Ablehnung durch einen „Monopolverband" zu einer im Verhältnis zu bereits aufgenommenen Mitgliedern sachlich nicht zu rechtfertigenden Ungleichbehandlung des Bewerbers führt.[60]

38

Die **Mitgliedschaftsrechte** lassen sich einteilen in Mitverwaltungsrechte (Recht auf Teilnahme an den Mitgliederversammlungen, Stimmrecht etc.) und Teilhaberechte (Rechte auf Gebrauch von Vereinseinrichtungen oder Diensten, die der Verein seinen Mitgliedern gewährt; Gewinnbeteiligung und Auseinandersetzungsansprüche bei Auflösung).[61]

39

Die **Mitgliedschaftspflichten** umfassen spiegelbildlich Mitverwaltungspflichten (z.B. Teilnahme an Mitgliederversammlungen) und Beitragspflichten.[62]

40

---

53 Bitter/Heim § 3 Rn. 31.
54 Hier und zum Folgenden: Hk-BGB/Dörner § 38 Rn. 1.
55 Erman/Westermann § 38 Rn. 5.
56 Die Mitgliedschaft ist dementsprechend auch nicht pfändbar (Hk-BGB/Dörner § 38 Rn. 6); vgl. auch § 1250 Abs. 1 S. 2 BGB.
57 Hk-BGB/Dörner § 38 Rn. 6.
58 Hier und zum Folgenden: Erman/Westermann § 38 Rn. 6.
59 BGH, Urt. v. 01.10.1984 – II ZR 292/83, NJW 1985, 1214, 1214 f. (zum möglichen Anspruch einer geschlossenen Gruppe auf Aufnahme in eine Gewerkschaft).
60 BGH, Urt. v. 02.12.1974 – II ZR 78/72, NJW 1975, 771 – „Deutscher Sportbund".
61 Jacoby/v. Hinden § 38 Rn. 1.
62 Jacoby/v. Hinden § 38 Rn. 2.

41 Weiterhin bestehen zwischen Verein und Mitglied wechselseitig **Treuepflichten**.[63] Der Verein muss auf die Einhaltung von Mitgliedschaftsrechten achten und dafür sorgen, dass ein Mitglied bei der Teilnahme am Vereinsleben nicht zu Schaden kommt. Das Mitglied ist gehalten, die Satzung zu beachten, den Vereinszweck zu fördern und den Verein nicht zu schädigen. Entsprechende Treuepflichten können auch zwischen den Vereinsmitgliedern bestehen.[64]

42 Alle Rechte und Pflichten der Mitglieder unterliegen dem **Grundsatz der Gleichbehandlung**.[65] Eine willkürliche Ungleichbehandlung der Mitglieder in Satzung und Beschlussfassung ist unzulässig. Sachliche Differenzierungen sind hingegen gestattet.

43 Die **Mitgliedschaft endet** durch Austritt (§ 39 BGB), Ausschluss aus wichtigem Grund,[66] Tod (§ 38 S. 1 BGB) oder Eintritt eines satzungsmäßigen Tatbestandes (z.B. Wohnsitzwechsel, Verzug mit Beitragszahlung).[67] Zulässig sind auch Satzungsbestimmungen, nach denen die Mitgliedschaft bei Eintritt bestimmter Voraussetzungen ruht.[68]

B. Die Mitgliederversammlung

44 Die Mitgliederversammlung ist das **oberste Vereinsorgan**.[69] Sie ist als **Willensbildungsorgan** des Vereins[70] zuständig für

- die Bestellung und Abberufung des Vorstands (§ 27 Abs. 1 u. 2 BGB);[71]

- Satzungsänderungen (§ 33 BGB);

- die Auflösung des Vereins (§ 41 BGB);

- die Bestellung und Abberufung von Liquidatoren (§ 48 Abs. 1 S. 2 Hs. 2 BGB).

45 Alle Mitglieder haben nach Maßgabe der §§ 32 ff. BGB das Recht, an der durch den Vorstand geleiteten Mitgliederversammlung teilzunehmen und dort ihr **Stimmrecht** auszuüben. Nach dem Gleichbehandlungsgrundsatz haben alle Mitglieder gleiches Stimmrecht, sofern durch die Satzung nichts Abweichendes vorgeschrieben ist.[72] Die Willensbildung erfolgt durch Beschluss mit der einfachen Mehrheit der abgegebenen Stimmen (§ 32 Abs. 1 S. 3 BGB), sofern nicht durch das Gesetz[73] oder die Satzung eine höhere Mehrheit vorausgesetzt ist.

---

[63] Hier und zum Folgenden: Hk-BGB/Dörner § 38 Rn. 4.
[64] Vgl. BGH, Urt. v. 20.03.1995 – II ZR 205/94, NJW 1995, 1739, 1741 (Girmes) – zu Treuepflichten der Aktionäre untereinander.
[65] Hier und zum Folgenden: Hk-BGB/Dörner § 38 Rn. 5.
[66] Hierzu Erman/Westermann § 39 Rn. 4 ff.
[67] Erman/Westermann § 38 Rn. 8.
[68] Palandt/Ellenberger § 38 Rn. 5.
[69] Erman/Westermann § 32 Rn. 1.
[70] Bitter/Heim § 2 Rn. 4.
[71] Die Mitgliederversammlung kann dem Vorstand Weisungen erteilen (§§ 27 Abs. 3 S. 1, 665 BGB), Bitter/Heim § 2 Rn. 4.
[72] Erman/Westermann § 32 Rn. 5.
[73] Bei Satzungsänderungen und Auflösung des Vereins sind ¾ der abgegebenen Stimmen erforderlich (§§ 33 Abs. 1 S. 1, 41 S. 2 BGB), bei Zweckänderungen sogar die Zustimmung aller Mitglieder (§ 33 Abs. 1 S. 2 BGB).

C. Der Vorstand

Der Verein muss einen Vorstand haben (§ 26 Abs. 1 S. 1 BGB). Dieser kann aus einer oder mehreren Personen bestehen (§ 26 Abs. 2 S. 1 BGB). Die Satzung kann Bestimmungen über die Anzahl der Vorstandsmitglieder und auch die Organisation des Vorstands enthalten (§ 58 Nr. 3 BGB). Vorbehaltlich einer einschränkenden Satzungsbestimmung kann auch ein Nichtmitglied Vereinsvorstand sein **(Drittorganschaft)**.[74]

46

Die **Bestellung des Vorstands** erfolgt durch Beschluss der Mitgliederversammlung (§ 27 Abs. 1 BGB). Da die Bestellung auch pflichtenbegründend ist, muss sie von dem Bestellten angenommen werden.[75] Durch die wirksame Vorstandsbestellung wird ein organschaftliches Verhältnis zwischen Verein und bestellter Person begründet.[76]

47

Das Organschaftsverhältnis ist von dem **Anstellungsverhältnis** zu trennen. Grundsätzlich sind die Mitglieder des Vorstands unentgeltlich tätig (§ 27 Abs. 3 S. 2 BGB). Zwischen dem Verein und dem Vorstand kann aber auch (insbesondere bei einer Drittorganschaft) eine Vergütungsvereinbarung getroffen werden, sofern dies in der Satzung vorgesehen ist (vgl. § 40 BGB).[77] Der Sache nach handelt es sich hierbei um einen Geschäftsbesorgungsvertrag (§ 675 BGB) mit auftrags- und/oder dienstvertraglichem Charakter.

48

Das **Amt des Vorstands endet** durch Widerruf (§ 27 Abs. 2 BGB), Ablauf der Amtszeit, Amtsniederlegung, Tod oder Geschäftsunfähigkeit des Amtsträgers sowie bei Wegfall laut Satzung erforderlicher persönlicher Voraussetzungen.[78]

49

Auf dem Bestellungsakt beruhen im Innenverhältnis zum Verein das Recht und die Pflicht zur **Geschäftsführung**. Dafür gelten nach § 27 Abs. 3 BGB die Regeln des Auftrags (§§ 664 bis 670 BGB) entsprechend, sofern die Satzung nichts Abweichendes bestimmt (§ 40 BGB). Hieraus folgt insbesondere, dass der Vorstand gegenüber der Mitgliederversammlung weisungsgebunden ist (§ 665 BGB), soweit die Satzung keine entgegenstehende Regelung enthält oder das Gesetz ihm zwingende Verpflichtungen auferlegt (vgl. §§ 42 Abs. 2, 48 ff. BGB).[79] Die Geschäftsführung umfasst alle Tätigkeiten, die der Vorstand im Interesse des Vereins vornimmt. Der Umfang von Geschäftsführungsbefugnis (Innenverhältnis) und Vertretungsmacht (Außenverhältnis) ist im Zweifel deckungsgleich;[80] jedoch sind Beschränkungen der Geschäftsführungsbefugnis bei fortbestehender weiter gehender Vertretungsmacht möglich (dazu gleich).

50

Im Außenverhältnis vertritt der Vorstand den Verein gerichtlich wie außergerichtlich; er hat die Stellung eines gesetzlichen Vertreters (§ 26 Abs. 1 S. 2 BGB). Besteht der Vorstand aus mehreren Personen, wird der Verein – vorbehaltlich einer abweichenden Regelung in der Satzung (§ 40 BGB) – durch die Mehrheit (vgl. §§ 28, 32 Abs. 1 S. 3 BGB) der Vorstandsmitglieder vertreten (§ 26 Abs. 2 S. 1 BGB).[81]

51

---

74 Hk-BGB/Dörner § 26 Rn. 2.
75 OLG Düsseldorf, Beschl. v. 22.02.2016 – I-3 Wx 35/16, NZG 2016, 698.
76 Hk-BGB/Dörner § 27 Rn. 1.
77 Zum Erfordernis einer Satzungsregelung siehe BT-Drucks. 17/11316, S. 16, und Erman/Westermann § 27 Rn. 6.
78 Hk-BGB/Dörner § 27 Rn. 3.
79 Hk-BGB/Dörner § 27 Rn. 6.
80 BGH, Urt. v. 12.10.1992 – II ZR 208/91, NJW 1993, 191, 192.
81 Zum Folgenden: Hk-BGB/Dörner § 26 Rn. 4 f.

Die **Vertretungsmacht** des Vorstands erstreckt sich grundsätzlich auf alle Vereinsangelegenheiten. Sie ist prinzipiell unbeschränkt, kann aber durch Satzungsbestimmung mit Wirkung gegenüber Dritten eingeschränkt werden (§ 26 Abs. 1 S. 3 BGB). Interne Beschränkungen wirken also – anders als bei der AG und der GmbH – auch im Außenverhältnis.[82] Für die Entgegennahme von Willenserklärungen ist jedoch zwingend Einzelvertretung vorgeschrieben (§ 26 Abs. 2 S. 2 BGB). Setzt sich der Vorstand über eine satzungsmäßige Beschränkung seiner Vertretungsmacht hinweg, handelt er als Vertreter ohne Vertretungsmacht (§§ 177 ff. BGB).

52 Die Kenntnis und das Kennenmüssen des Vorstands werden dem Verein über § 166 Abs. 1 BGB zugerechnet. Bei mehrköpfigem Vorstand reicht die Kenntnis eines Mitglieds aus (arg. § 26 Abs. 2 S. 2 BGB).[83] Juristische Personen müssen sich das Wissen aller ihrer vertretungsberechtigten Organwalter zurechnen lassen. Das Wissen schon eines vertretungsberechtigten Organmitglieds ist als Wissen des Organs anzusehen und damit auch der juristischen Person zuzurechnen. Dies gilt auch dann, wenn das Organmitglied an dem betreffenden Rechtsgeschäft nicht selbst mitgewirkt hat. Die **Wissenszurechnung** kommt selbst dann in Betracht, wenn der Organvertreter von dem zu beurteilenden Rechtsgeschäft nichts gewusst hat. Sie dauert auch nach dem Ausscheiden des Organvertreters aus seinem Amt fort.

53 Beim e.V. sind die Mitglieder des Vorstands und ihre Vertretungsmacht im Vereinsregister einzutragen (§ 64 BGB).[84] Bei Rechtsgeschäften mit einem im **Vereinsregister** eingetragenen Vorstandsmitglied muss sich ein Dritter[85] eine Änderung der Zusammensetzung des Vorstands (§ 68 S. 1 BGB) oder eine Beschränkung der Vertretungsmacht des Vorstandsmitglieds nur entgegenhalten lassen, wenn diese Vorgänge zum Zeitpunkt des Geschäftsabschlusses in das Vereinsregister eingetragen oder ihm positiv bekannt waren. Schweigt das Register zu diesen Punkten, kann der Dritte darauf vertrauen, dass eine (zunächst existente) Vertretungsmacht weiterhin und im bisherigen Umfang besteht **(negative Publizität)**. Selbst eine im Register eingetragene Änderung muss der Dritte nicht gegen sich gelten lassen, wenn sie ihm unbekannt ist und seine Unkenntnis nicht auf Fahrlässigkeit beruht (§ 68 S. 2 BGB). Ein guter Glaube des Dritten, dass eine im Register von vornherein unrichtig eingetragene Vorstandsbestellung auch gültig ist (positive Publizität), wird dagegen durch die §§ 68, 70 BGB nicht geschützt.

3. Abschnitt: Die Haftungsverfassung des Vereins

54 Es ist grundlegend zwischen dem Verhältnis des Vereins zu seinen Mitgliedern und dem Verhältnis der Mitglieder untereinander („Innenverhältnis") und dem Verhältnis des Vereins und seiner Mitglieder zu Dritten („Außenverhältnis") zu differenzieren.

---

82 Bitter/Heim § 2 Rn. 6.
83 Zum Folgenden: BGH, Urt. v. 08.12.1989 – V ZR 246/87, NJW 1990, 975, 976.
84 Zum Folgenden: Hk-BGB/Dörner § 70 Rn. 2.
85 Dritter kann auch ein Vereinsmitglied sein (Hk-BGB/Dörner § 70 Rn. 3).

A. Innenverhältnis

I. Haftung des Vereins

Der Verein haftet seinen Mitgliedern aus § 280 Abs. 1 BGB und ggf. auch gemäß §§ 823 ff. BGB. Die Vereinsmitgliedschaft ist ein sonstiges Recht i.S.v. § 823 Abs. 1 BGB.[86] Der Verein muss sich das Handeln des Vorstands und weiterer Personen nach § 31 BGB zurechnen lassen (dazu näher bei der Haftung im Außenverhältnis).

55

II. Haftung der Organpersonen

Auf die Geschäftsführung des Vorstands finden die für den Auftrag geltenden Vorschriften der §§ 664 bis 670 BGB entsprechende Anwendung (§ 27 Abs. 3 S. 1 BGB), sofern die Satzung nichts Abweichendes regelt (§ 40 S. 1 BGB). Gegenüber dem Verein besteht deshalb grundsätzlich eine **Schadensersatzpflicht nach § 280 Abs. 1 BGB**, wenn die Interessenswahrungspflicht schuldhaft verletzt wird.[87]

56

Werden ein Vorstand (§ 26 BGB) oder besonderer Vertreter (§ 30 BGB) unentgeltlich tätig – dies ist der Fall, sofern die Satzung nichts Abweichendes regelt (§§ 27 Abs. 3 S. 2, 40 S. 1 BGB) – oder übersteigt ihre jährliche Vergütung[88] den Betrag von 720 €[89] nicht **(ehrenamtliche Tätigkeit)**, so haften sie bei Verletzung ihrer dem Verein und dessen Mitgliedern gegenüber bestehenden Pflichten für Schäden, die bei der Wahrnehmung dieser Pflichten entstehen, im Innenverhältnis gegenüber dem Verein und den Vereinsmitgliedern[90] nur für Vorsatz und grobe Fahrlässigkeit (§ 31a Abs. 1 S. 1 u. 2 BGB). Die Beweislast tragen insoweit der Verein bzw. das Mitglied (§ 31a Abs. 1 Nr. 3 BGB).

Wird dem Vorstand oder besonderen Vertreter durch das zuständige Vereinsorgan (i.d.R. die Mitgliederversammlung) **Entlastung** erteilt, liegt darin ein Verzicht auf alle Schadensersatz- und etwa konkurrierende Bereicherungsansprüche des Vereins, soweit diese bei sorgfältiger Prüfung erkennbar waren.[91] Einen Anspruch auf Entlastung hat der Vorstand nur, sofern eine entsprechende satzungsmäßige Grundlage oder ein Vereinsbrauch besteht.[92]

III. Haftung der Vereinsmitglieder

Die Verletzung von Mitgliedschaftspflichten wird bei entsprechender Satzungsbestimmung häufig durch ein hierfür zuständiges Vereinsorgan (z.B. Vereinsgericht) mit **Vereinsstrafen** (z.B. Geldbuße, Sperre, Ausschluss von Ämtern) geahndet.[93]

57

---

86 BGH, Urt. v. 12.03.1990 – II ZR 179/89, NJW 1990, 2877, 2878. Vereinsmitglieder sind jedoch nur vor dem Entzug der Mitgliedschaft und nicht vor deren vermögensmäßiger Entwertung geschützt (Hk-BGB/Staudinger § 823 Rn. 41).
87 Palandt/Ellenberger § 27 Rn. 4 u. § 31a Rn. 4.
88 Eine Vergütung kann auch in Gestalt von Sachleistungen erfolgen (Jacoby/v. Hinden § 31 Rn. 2).
89 Dieser Betrag entspricht dem Steuerfreibetrag in § 3 Nr. 26a EStG.
90 Diese Haftungsbeschränkung gegenüber den Vereinsmitgliedern ist durch Satzung abdingbar (§ 40 S. 1 BGB).
91 Hk-BGB/Dörner § 27 Rn. 7.
92 OLG Köln, Beschl. v. 29.03.1996 – 16 W 20/96, NJW-RR 1997, 483; Palandt/Ellenberger § 27 Rn. 8.
93 Hk-BGB/Dörner § 38 Rn. 11.

Bei einem Verstoß gegen Treuepflichten haften die Mitglieder dem Verein nach § 280 Abs. 1 BGB und ggf. auch nach §§ 823 ff. BGB auf **Schadensersatz**.[94] Eine Schadensersatzhaftung kommt auch dann in Betracht, wenn das Mitglied auf Grundlage eines besonderen Vertrags für den Verein tätig wird. Bei einmaligen Tätigkeiten gelten dann regelmäßig die allgemeinen Haftungsregeln.

Beispiel: Wird ein Vereinsmitglied mit der Reparatur des Vereinsheims beauftragt, unterliegt es dem gleichen Haftungsregime wie ein „externer" Werkunternehmer, und zwar auch bei Schädigung anderer Vereinsmitglieder oder Außenstehender.[95]

Übt das Vereinsmitglied hingegen eine längerfristige Tätigkeit für den Verein aus und hat diese Tätigkeit die Wahrnehmung satzungsmäßiger Vereinsaufgaben, die dem Mitglied durch den Verein übertragen worden sind, zum Gegenstand, darf das Mitglied im Verhältnis zum Verein haftungsrechtlich nicht schlechter gestellt werden als Organmitglieder und besondere Vertreter. Deshalb ist bei Vereinsmitgliedern, die unentgeltlich für den Verein tätig sind oder für ihre Tätigkeit eine Vergütung von jährlich nicht über 720 € erhalten **(ehrenamtliche Tätigkeit)**, die Haftung gegenüber dem Verein (nicht gegenüber anderen Vereinsmitgliedern[96]) für Schäden, die sie bei Wahrnehmung der ihnen übertragenen satzungsmäßigen Vereinsaufgaben verursachen, auf Vorsatz und grobe Fahrlässigkeit beschränkt (§ 31 b Abs. 1 S. 1 BGB). Die Beweislast trägt dabei zwingend[97] der Verein (§§ 31b Abs. 1 S. 2, 31 a Abs. 1 S. 3 BGB).

Für die **Schädigung anderer Vereinsmitglieder** gelten dieselben Grundsätze wie für die Schädigung außenstehender Dritter.[98] Deshalb wird dieser Fall bei der Haftung im Außenverhältnis dargestellt.

B. Außenverhältnis

I. Haftung des Vereins

58 Der rechtsfähige Verein ist als juristische Person von seinen Mitgliedern getrennt.[99] Schließt der Vorstand im Namen des Vereins mit Vertretungsmacht (§ 26 BGB) einen Vertrag mit einem Dritten, kommt der Vertrag zwischen diesem und dem Verein als juristischer Person zustande.[100] Dementsprechend haftet dem Dritten der Verein mit dem Vereinsvermögen. Die Mitglieder haften für die Verbindlichkeiten des Vereins nicht persönlich mit ihrem Privatvermögen, sofern die **Vermögenstrennung** nicht ausnahmsweise missbräuchlich ausgenutzt wird (sog. Durchgriffshaftung).[101]

---

94 Hk-BGB/Dörner § 38 Rn. 9.
95 Erman/Westermann § 31b Rn. 2.
96 Palandt/Ellenberger § 31b Rn. 1.
97 Da § 31 b BGB in § 40 S. 1 BGB nicht als disponible Vorschrift genannt ist, darf von ihr auch im Hinblick auf die Verweisung in § 31 b Abs. 1 S. 2 BGB nicht durch eine Satzungsregelung abgewichen werden (Palandt/Ellenberger § 31 b Rn. 3; Erman/Westermann § 31 b Rn. 4).
98 Palandt/Ellenberger § 31 b Rn. 1.
99 Hier und zum Folgenden: Bitter/Heim § 2 Rn. 3.
100 Bitter/Heim § 2 Rn. 6.
101 BGH, Urt. v. 10.12.2007 – II ZR 239/05, NZG 2008, 670 („Kolpingwerk": Durchgriffshaftung der Mitglieder eines eingetragenen Idealvereins).

Die Haftungsverfassung des Vereins — 3. Abschnitt

Neben die Haftung für wirksam im Namen des Vereins begründete Verbindlichkeiten tritt die **Haftung des Vereins für Organverschulden**.[102] Nach § 31 BGB haftet der Verein für Schäden, die der Vorstand, ein Mitglied des Vorstands oder ein sonstiger verfassungsmäßig berufener Vertreter (§ 30 BGB) des Vereins einem Dritten durch eine „in Ausführung der ihm zustehenden Verrichtungen" begangene Handlung zuführen. In Ausführung der zustehenden Verrichtungen geschieht eine Handlung, die noch in den Kreis der Maßnahmen fällt, welche die Ausführung der dem Vertreter zustehenden Verrichtungen darstellen. Es muss ein enger objektiver Zusammenhang mit diesen Maßnahmen bestehen.[103]

59

Über den Wortlaut der §§ 30, 31 BGB hinaus hat die Rechtsprechung eine **Repräsentantenhaftung** für solche Personen entwickelt, denen durch die allgemeine Betriebsregelung und Handhabung bedeutsame, wesensmäßige Funktionen der juristischen Person zur selbstständigen, eigenverantwortlichen Erfüllung zugewiesen sind, sodass sie die juristische Person im Rechtsverkehr repräsentieren.[104] Diese Haftung wird insbesondere dann relevant, wenn eine deliktische Haftung des Vereins für das Handeln seiner Verrichtungsgehilfen ausscheidet, weil er sich gemäß § 831 Abs. 2 S. 2 BGB exkulpieren kann, da § 31 BGB eine strikte Haftung ohne Entlastungsmöglichkeit begründet.[105] Dabei ist zu beachten, dass § 31 BGB keine Anspruchsgrundlage, sondern eine Zurechnungsnorm ist.[106] Sie gilt nach h.M. gleichermaßen für die Verletzung vertraglicher, vorvertraglicher und deliktischer Pflichten[107] und ist dabei inzident im Rahmen der jeweiligen Anspruchsgrundlage (z.B. § 280 oder § 823 BGB) zu prüfen.

60

II. Haftung der Organpersonen

Neben der Vereinshaftung kommt eine (ggf. gesamtschuldnerische) **Eigenhaftung der Organperson** nach allgemeinen Grundsätzen (§§ 823 ff., 840, 421 BGB) in Betracht.[108] Verein und Organperson haften dann ggf. als Gesamtschuldner. Haftet ein Organ als Vertreter ohne Vertretungsmacht nach § 179 BGB, kann diese Haftung nicht über § 31 BGB auf den Verein abgewälzt werden, weil dies dem Sinn der Eigenhaftung des Vertreters ohne Vertretungsmacht zuwiderliefe.[109]

61

Werden ein Vorstand (§ 26 BGB) oder besonderer Vertreter (§ 30 BGB) unentgeltlich tätig oder übersteigt ihre jährliche Vergütung[110] den Betrag von 720 € nicht, haften sie bei Verletzung ihrer dem Verein gegenüber bestehenden Pflichten für Schäden, die bei der Wahrnehmung dieser Pflichten entstehen, im Innenverhältnis gegenüber dem Verein

---

102 Hier und zum Folgenden: Bitter/Heim § 2 Rn. 7.
103 BGH, Urt. v. 14.03.2013 – III ZR 296/11, NJW 2013, 3366, Rn. 17.
104 BGH, Urt. v. 14.03.2013 – III ZR 296/11, NJW 2013, 3366, Rn. 12.
105 Bitter/Heim § 2 Rn. 7.
106 Jacoby/v. Hinden § 31 Rn. 1.
107 BGH, Urt. v. 08.12.1989 – V ZR 246/87, BGHZ 109, 327, 332; **a.A.** Jacoby/v. Hinden § 31 Rn. 1: Die Zurechnung schuldhafter Schadenszufügung durch Organe innerhalb schuldrechtlicher Sonderbeziehungen (Vertrag, vorvertragliches Schuldverhältnis) erfolgt über § 278 BGB. Der Unterschied besteht lediglich darin, dass nach der a.A. ein Haftungsausschluss für vorsätzliches Handeln der Organe möglich ist (§§ 278 S. 2, 276 Abs. 3 BGB).
108 Vgl. BGH, Urt. v. 12.03.1996 – VI ZR 90/95, NJW 1996, 1535, 1536 (zur persönlichen Haftung eines GmbH-Geschäftsführers für eine Eigentumsverletzung).
109 Jacoby/v. Hinden § 31 Rn. 3.
110 Eine Vergütung kann auch in Gestalt von Sachleistungen erfolgen (Jacoby/v. Hinden § 31 Rn. 2).

(§ 31a Abs. 1 S. 1 BGB) und den Vereinsmitgliedern (§ 31a Abs. 1 S. 2 BGB)[111] nur für Vorsatz und grobe Fahrlässigkeit. Die Beweislast tragen der Verein bzw. das Vereinsmitglied (§ 31a Abs. 1 Nr. 3 BGB). Haftet die Organperson im Außenverhältnis gegenüber Dritten, kann sie von dem Verein die Befreiung von der Verbindlichkeit verlangen, wenn sie den Schaden nicht vorsätzlich oder grob fahrlässig herbeigeführt hat (§ 31a Abs. 2 BGB).

III. Haftung der Vereinsmitglieder

62 Haften Vereinsmitglieder gegenüber anderen Vereinsmitgliedern oder Dritten für einen Schaden, den sie bei der Wahrnehmung der ihnen übertragenen satzungsmäßigen Vereinsaufgaben verursacht haben, können sie in den Fällen des § 31b Abs. 1 S. 1 BGB – unentgeltliche Tätigkeit oder Entgelt nicht über 720 € jährlich – von dem Verein die Befreiung von der Verbindlichkeit verlangen, sofern sie den Schaden nicht vorsätzlich oder grob fahrlässig verursacht haben.

---

[111] Diese Haftungsbeschränkung gegenüber den Vereinsmitgliedern ist durch Satzung abdingbar (§ 40 S. 1 BGB).

3. Teil: Die Aktiengesellschaft (AG)

1. Abschnitt: Grundlagen

A. Juristische Person

Die AG ist eine Gesellschaft mit eigener Rechtspersönlichkeit (§ 1 Abs. 1 S. 1 AktG). Sie ist eine Kapitalgesellschaft und ab ihrer Eintragung im Handelsregister (vgl. § 41 Abs. 1 S. 1 AktG) eine **juristische Person**.

63

Als juristische Person ist die AG selbst Trägerin von Rechten und Pflichten. Soweit es um Rechtsbeziehungen zu Dritten geht, ist nur die AG das Zuordnungssubjekt, nicht auch ihre Aktionäre **(Trennungsprinzip)**.[112] Für die Verbindlichkeiten der Gesellschaft haftet den Gläubigern grundsätzlich[113] nur das Gesellschaftsvermögen (§ 1 Abs. 1 S. 2 AktG) und nicht die Aktionäre persönlich mit ihrem Privatvermögen.

Als juristische Person hat die AG zahlreiche **Fähigkeiten**. Sie ist konto-, grundbuch-, beteiligungs- und besitzfähig.[114] In prozessualer Hinsicht ist die AG sowohl aktiv als auch passiv parteifähig (§ 50 ZPO) und insolvenzfähig (§ 11 Abs. 1 S. 1 InsO). Solange sie durch den Vorstand vertreten wird, ist sie auch prozessfähig (§§ 51, 52 ZPO).[115]

B. Kapitalgesellschaft

I. Grundkapital

Die AG hat ein in Aktien zerlegtes Grundkapital (§ 1 Abs. 2 AktG), das auf einen Nennwert in Euro lauten und mindestens 50.000 € betragen muss (§§ 6, 7 AktG). Das Grundkapital bietet einen Ausgleich für den in § 1 Abs. 2 AktG angeordneten Haftungsausschluss. Es dient dem **Schutz der Gläubiger** und künftiger Aktionäre.[116]

64

Das Grundkapital ist eine in der Satzung (§ 23 Abs. 3 Nr. 3 AktG)[117] zahlenmäßig festgelegte **Rechengröße** (Nominalwert), die auf der Passivseite der Bilanz gebucht wird (§ 266 Abs. 3 A. I. HGB).[118] Dem steht auf der Aktivseite jedenfalls zu Beginn eine Buchung gegenüber, die sich aus den bereits erbrachten Einlagen und den Forderungen auf die noch ausstehenden Einlagen zusammensetzt.

Vom Grundkapital zu trennen ist das **Gesellschaftsvermögen**. Sein Wert ändert sich durch Gewinne und Verluste ständig. Deshalb kann das Gesellschaftsvermögen – im Gegensatz zum Grundkapital als feste Rechengröße – nicht als Gesamtgröße in die Satzung aufgenommen werden; es sind vielmehr die einzelnen ansatzfähigen Vermögensbestandteile zu bilanzieren.[119]

65

---

112 Hüffer/Koch § 1 Rn. 4.
113 Zu den Fallgruppen der sog. Durchgriffshaftung – bezogen auf die GmbH – siehe Bitter, ZInsO 2010, 1561, 1578 ff.
114 Hüffer/Koch § 1 Rn. 5 f.
115 BGH, Urt. v. 25.10.2010 – II ZR 115/09, NZG 2011, 26, Rn. 11 ff. – zur GmbH und dem Verlust der Prozessfähigkeit, wenn der einzige Geschäftsführer sein Amt niederlegt.
116 Bitter/Heim § 3 Rn. 6; Hüffer/Koch § 1 Rn. 10.
117 Als notwendiger Satzungsbestandteil kann das Grundkapital nicht ohne Satzungsänderung verändert werden (Bitter/Heim § 3 Rn. 5).
118 Hier und zum Folgenden: Bitter/Heim § 3 Rn. 5.
119 Hüffer/Koch § 1 Rn. 10.

Die von den Aktionären auf das Grundkapital eingezahlten Mittel werden nicht vom sonstigen Vermögen der AG separiert. Die AG kann diese Mittel im Rahmen des laufenden Geschäftsbetriebs verwenden. Dementsprechend können diese Mittel durch Verluste auch verloren gehen. Infolgedessen kann das Gesellschaftsvermögen unter den Betrag des Grundkapitals sinken oder sogar negativ werden. Es wäre also falsch zu glauben, den Gläubigern stünde – speziell in der Insolvenz der AG – stets eine effektive Befriedigungsmasse in Höhe des satzungsmäßigen Grundkapitals zur Verfügung.[120] Das Grundkapital ist nicht nur Haftungsfonds, sondern zugleich auch **Betriebsvermögen** der AG. Dies führt zu einem Spannungsverhältnis zwischen den Zielsetzungen des Grundkapitals, das zum einen dem Schutz der Gläubiger dienen und zugleich für den Geschäftsbetrieb der AG eingesetzt werden soll. Dieses Spannungsverhältnis soll durch die Regeln der Kapitalaufbringung und -erhaltung aufgelöst werden.[121]

66 Den Gläubigern der AG ist durch das Grundkapital nur gedient, wenn ein der Grundkapitalziffer entsprechendes Vermögen auch tatsächlich aufgebracht und der Gesellschaft zugeführt wird **(Prinzip der Kapitalaufbringung)**.[122] Diesem Prinzip sind zahlreiche Vorschriften zuzuordnen:

- §§ 2, 29 AktG (Verbot der Stufengründung),
- § 9 Abs. 1 AktG (Verbot der Unterpariemission),
- §§ 26, 27 AktG (Satzungspublizität von Sondervorteilen, Gründungsaufwand, Sacheinlagen und Sachübernahmen),
- §§ 32, 33, 34 AktG (Gründungsbericht und Gründungsprüfung),
- §§ 36 Abs. 2, 54 Abs. 3; § 36 a AktG (Vorschriften zur Einlageleistung),
- § 38 Abs. 2 S. 2 AktG (gerichtliche Prüfung des Gründungshergangs),
- §§ 46 ff. AktG (Gründerhaftung),
- § 52 AktG (Nachgründungserfordernis).

67 Seine Schutzfunktion kann das Grundkapital nur dann erfüllen, wenn ein der Grundkapitalziffer entsprechendes Vermögen nicht nur tatsächlich aufgebracht, sondern auch erhalten bleibt **(Prinzip der Kapitalerhaltung)**.[123] Da das Grundkapital zugleich auch Betriebsvermögen ist (s.o.), kann das Ziel der Kapitalerhaltung nur begrenzt in der Weise realisiert werden, dass kein Rückfluss an die Aktionäre erfolgt. In diesem Umfang dienen der Kapitalerhaltung

- § 57 Abs. 1 und 2 AktG (Verbot der Einlagenrückgewähr),
- § 57 Abs. 3 AktG (Verbot, vor Auflösung der AG mehr Dividende auszuschütten, als es dem Bilanzgewinn entspricht) und
- §§ 71 bis 71e AktG (grundsätzliches Verbot des derivativen[124] Erwerbs eigener Aktien).

---

120 Bitter/Heim § 3 Rn. 6.
121 Hüffer/Koch § 1 Rn. 10.
122 Hier und zum Folgenden: Hüffer/Koch § 1 Rn. 11. Näher zur Kapitalaufbringung unter Rn. 101 ff.
123 Hier und zum Folgenden: Hüffer/Koch § 1 Rn. 12. Näher zur Kapitalerhaltung unter Rn. 107 ff.
124 Für den originären Erwerb gilt das uneingeschränkte Erwerbsverbot des § 56 AktG (Hüffer/Koch § 71 Rn. 1).

II. Zerlegung in Aktien

Das Grundkapital der AG ist in Aktien zerlegt (§ 1 Abs. 2 AktG). Der Begriff der Aktie hat drei unterschiedliche Bedeutungen.[125] Er kann (i) die Mitgliedschaft des Aktionärs, (ii) das verbriefte Wertpapier oder (iii) die Beteiligungsquote ausdrücken. In § 1 Abs. 2 AktG ist die Beteiligungsquote gemeint; sie kann durch Nennbetrags- oder Stückaktien zum Ausdruck gebracht werden. Die wertpapiermäßige Verbriefung der Aktie ist in Gestalt einer Inhaber- oder Namensaktie möglich.

1. Nennbetrags- oder Stückaktien

Aktien sollen die Beteiligungsquote ihres Inhabers an der AG ausdrücken. Zu diesem Zweck können sie entweder als Nennbetrags- oder als Stückaktien begründet werden (§ 8 Abs. 1 AktG). Eine Kombination beider Aktienformen ist unzulässig („entweder … oder", vgl. auch § 23 Abs. 3 Nr. 4 AktG).[126] Bei Nennbetragsaktien ergibt sich die Beteiligungshöhe aus dem Verhältnis ihres Nennbetrags zum Grundkapital, bei Stückaktien aus der Zahl der Aktien (§ 8 Abs. 4 AktG).

Nennbetragsaktien lauten auf einen bestimmten Betrag,[127] der einen Euro nicht unterschreiten darf (§ 8 Abs. 2 S. 1 AktG). Für einen geringeren Betrag darf die Aktie nicht ausgegeben werden (§ 9 Abs. 1 AktG: Verbot der Unterpariemission).[128] Aktien über einen geringeren Nennbetrag sind nichtig (§ 8 Abs. 2 S. 2 AktG).[129] Das gilt auch bei Kapitalerhöhungen (§§ 182 ff. AktG).[130] Die Summe der Nennbeträge aller Aktien entspricht der Grundkapitalziffer. Das Verhältnis des Nennbetrags zum Grundkapital bestimmt die Beteiligungsquote.

Beispiel: 50 € (Nennbetrag der Aktie) zu 50.000 € (Grundkapital) = 0,1 % (Beteiligungsquote).

Stückaktien lauten demgegenüber auf keinen Nennbetrag (§ 8 Abs. 3 S. 1 AktG). Bei ihnen handelt es sich um Anteile am Grundkapital, die durch seine Zerlegung (vgl. § 1 Abs. 2 AktG) entstehen und notwendig den gleichen Umfang haben (§ 8 Abs. 3 S. 2 AktG).[131] Weil sie Anteile am Grundkapital sind, entfällt auf sie auch ein anteiliger Betrag, der – wie bei Nennbetragsaktien – einen Euro nicht unterschreiten darf (§ 8 Abs. 3 S. 3 AktG).[132] Der Betrag am Grundkapital, den eine Stückaktie verkörpert („rechnerischer Nennbetrag"), ergibt sich aus dem Verhältnis zwischen dem Grundkapital und der Zahl der Aktien.[133]

---

125 Hier und zum Folgenden: Hüffer/Koch § 1 Rn. 13.
126 BT-Drucks. 13/9573, S. 11; LG München, Urt. v. 06.11.2014 – 5 HK O 679/14, AG 2015, 639, 640; Hüffer/Koch § 8 Rn. 4.
127 Die Stückelung des Grundkapitals in Aktien verschiedenen Nennbetrags ist erlaubt (vgl. § 23 Abs. 3 Nr. 4 AktG).
128 Eine Überpariemission ist dagegen zulässig (§ 9 Abs. 2 AktG). Höhere Nennbeträge müssen aber auch auf volle Euro lauten (§ 8 Abs. 2 S. 4 AktG).
129 Vor Eintragung der AG bewirkt ein Verstoß der Satzung gegen § 8 Abs. 2 S. 1 AktG nicht nur die Nichtigkeit der Aktie (vgl. bereits § 41 Abs. 4 S. 2 AktG), sondern auch der Satzung einschließlich der Übernahmeerklärungen, so dass die AG nicht, auch nicht als Vor-AG, entsteht. Nach der Eintragung ist die AG hingegen wirksam; in diesem Fall bezieht sich die Nichtigkeitsfolge des § 8 Abs. 2 S. 2 AktG nur auf die Aktie als Wertpapier (Hüffer/Koch § 8 Rn. 7–9).
130 Dazu unter Rn. 110.
131 Hüffer/Koch § 8 Rn. 17.
132 Eine Unterpariemission ist verboten (§ 9 Abs. 1 AktG), eine Überpariemission hingegen erlaubt (§ 9 Abs. 2 AktG). Bei Unterschreitung des Minimums von 1 € findet § 8 Abs. 2 S. 2 u. 3 AktG entsprechende Anwendung (§ 8 Abs. 3 S. 4 AktG).
133 Bitter/Heim § 3 Rn 30.

Beispiel: Bei einem Grundkapital von 50.000 € und 1.000 ausgegebenen Aktien repräsentiert jede Aktie 50 € des Grundkapitals und damit einen prozentualen Anteil von 0,1 %.

72 Aktien sind **unteilbar** (§ 8 Abs. 5 AktG). Weder die Aktionäre noch die AG können eine Realteilung vornehmen, also eine Aktie in mehrere je für sich bestehende Mitgliedschaftsrechte aufspalten.[134] Entsprechende Rechtsgeschäfte wären nichtig.[135] Unzulässig und nichtig ist auch die Trennung der Verwaltungsrechte (z.B. Stimmrechte, Anfechtungsbefugnis) von der Mitgliedschaft. Ausgeschlossen ist ferner die Abspaltung des Rechts auf Gewinnteilnahme; abtretbar sind lediglich entstandene oder künftige Dividendenzahlungsansprüche.

2. Namens- und Inhaberaktien

73 Aktien können die Mitgliedschaft an der AG wertmäßig verbriefen (Mitgliedschaftspapier).[136] Die **Verbriefung** (= Ausstellung und Aushändigung der Aktienurkunde) ist aber keine Voraussetzung dafür, dass die Mitgliedschaft entsteht. Gesellschaft und Mitgliedschaft entstehen auch dann rechtlich fehlerfrei, wenn die Verbriefung weder vorgesehen noch tatsächlich erfolgt ist.[137] Werden Aktienurkunden ausgestellt und ausgehändigt („begeben"), ist die Mitgliedschaft untrennbar mit der Aktienurkunde verknüpft. Hieraus folgt dann, dass Aktionär ist, wer Eigentümer der Urkunde ist (und umgekehrt) und dass die Mitgliedschaft nur gegen Vorlage der Urkunde ausgeübt werden kann.[138]

Der Aktionär hat einen aus der Mitgliedschaft resultierenden **Anspruch auf Verbriefung**. Dieser Anspruch kann jedoch durch die Satzung eingeschränkt oder ganz ausgeschlossen werden (vgl. § 10 Abs. 5 AktG). Stattdessen wird eine Sammelurkunde begeben, die sämtliche Aktien einer Gesellschaft oder jedenfalls einen Großteil davon verbrieft (§ 9 a DepotG). In diesem Fall entsteht für jeden Aktionär Miteigentum nach Bruchteilen (§§ 741 ff., 1008 ff. BGB) an der Sammelurkunde (§§ 9 a Abs. 2, 6 Abs. 1 S. 1 DepotG).[139] Auch ohne entsprechende Satzungsregelung hat die AG dann die Wahl, ob sie Namensaktien (§ 10 Abs. 1 AktG), Zwischenscheine[140] (§ 10 Abs. 3 AktG) oder – nach Maßgabe des § 10 Abs. 2 S. 1 AktG – Inhaberaktien ausgeben will.

Als **Verbriefungsarten** kommen Namens- und Inhaberaktien in Betracht. Die Unterscheidung ist wichtig für die Frage, wie der berechtigte Aktionär durch die Aktie ausgewiesen wird. In beiden Fällen ist die Aktie ein Wertpapier.

---

134 Seibt ZGR 2010, 795, 814 ff.
135 Hier und zum Folgenden: Hüffer/Koch § 8 Rn. 26.
136 Nach der Art des verbrieften Rechts lassen sich drei Kategorien von Wertpapieren unterscheiden: Mitgliedschaftspapiere (z.B. Aktien), forderungsrechtliche Wertpapiere (z.B. Inhaberschuldverschreibung, § 793 BGB) und sachenrechtliche Wertpapiere (z.B. Grundschuldbrief); Jacoby/v. Hinden Vor § 793 Rn. 1.
137 Die Übertragung der Mitgliedschaft erfolgt dann durch Abtretung gemäß §§ 398, 413 BGB (Hüffer/Koch § 10 Rn. 2). Ein gutgläubiger Erwerb ist dann nicht möglich (BGH, Urt. v. 05.04.1993 – II ZR 195/91, NJW 1993, 1983).
138 Bitter/Heim § 3 Rn. 32.
139 BGH, Urt. vom 24.09.2015 – IX ZR 272/13, NZG 2016, 187, Rn. 14 – Schmid/MobilCom. Der Bruchteil bestimmt sich bei Nennbetragsaktien nach dem Nennbetrag, bei Stückaktien nach der Stückzahl (§ 6 Abs. 1 S. 2 DepotG; Bitter/Heim § 3 Rn. 34).
140 Zwischenscheine sind Wertpapiere, die Mitgliedschaftsrechte wie Aktien verbriefen, allerdings nur vorläufig bis zur Ausgabe der Aktienurkunden, weil diese vor voller Leistung des Ausgabebetrags nicht erfolgen darf (§ 10 Abs. 2 S. 1 AktG; Hüffer/Koch § 8 Rn. 28).

Exkurs: Wertpapiere

Ein **Wertpapier** ist eine Urkunde, die ein subjektives Recht derart verbrieft, dass es nur mit Vorlage der Urkunde geltend gemacht werden kann.[141] Nach der Art, den aus dem Papier Berechtigten zu bestimmen, wird zwischen Inhaberpapieren, Namenspapieren, Orderpapieren und (qualifizierten) Legitimationspapieren unterschieden.

Bei einem **Inhaberpapier** steht das in der Urkunde verbriefte Recht ihrem Besitzer zu. Dieser muss nicht namentlich bezeichnet werden. Ohne den Besitz der Urkunde kann das Recht nicht geltend gemacht werden. Die Übertragung des verbrieften Rechts erfolgt gleichsam mit der Übertragung des Papiers nach §§ 929 ff. BGB: *„Das Recht aus dem Papier folgt dem Recht am Papier."*

Beispiele für Inhaberpapiere sind die Inhaberschuldverschreibung (§ 793 BGB) und kleine Inhaberpapiere (§ 807 BGB: Inhaberkarten und -marken wie Eintrittskarten, Einzelfahrscheine und Geschenkgutscheine).

Bei einem **Namenspapier** (auch Rektapapier genannt) steht das verbriefte Recht nur der namentlich genannten Person zu. Die Übertragung dieses Papiers findet gemäß § 952 BGB durch Abtretung (§§ 398 ff. BGB) des in der Urkunde verbrieften Rechts statt: *„Das Recht am Papier folgt dem Recht aus dem Papier."*

Beispiele für Namenspapiere sind die in § 808 BGB geregelten qualifizierten Legitimationspapiere.

Bei einem **Orderpapier** wird einem namentlich genannten Berechtigten eine zu erbringende Leistung versprochen. Um die verbriefte Forderung zu übertragen, muss neben der Einigung und Übergabe des Papiers (§§ 929 ff. BGB) die Einigung über den Rechtsübergang auf dem Papier aufgezeichnet werden (Indossament). Der Begriffsbestandteil „Order" meint in diesem Kontext, dass jemand den Auftrag zur Übertragung erteilt. Zu unterscheiden sind geborene und gekorene Orderpapiere. Bei geborenen Orderpapieren ist die Eigenschaft als Orderpapier bereits gesetzlich vorgesehen. Bei gekorenen Orderpapieren wird dem Papier diese Eigenschaft erst durch Hinzufügung einer Orderklausel verliehen.

Beispiele für geborene Orderpapiere sind Scheck (Art. 14 ScheckG) und Wechsel (Art. 11 Abs. 1 WG), Beispiele für gekorene Orderpapiere sind die sechs in § 363 HGB genannten kaufmännischen Orderpapiere.

Bei einem qualifizierten **Legitimationspapier** handelt es sich um ein Wertpapier in Gestalt einer Urkunde, die ihren Austeller (den Schuldner) berechtigt, an jeden Inhaber der Urkunde mit befreiender Wirkung zu leisten. Ohne Vorlage des qualifizierten Legitimationspapiers braucht der Schuldner nicht an den Gläubiger zu leisten. Der Inhaber der Urkunde ist aber nicht allein durch die Vorlage der Urkunde legitimiert, die verbriefte Leistung zu fordern (einseitige Legitimationswirkung). Die verbriefte Forderung wird durch Abtretung (§§ 398 ff. BGB) übertragen. Das Recht am Papier folgt dann gemäß § 952 BGB dem Recht aus dem Papier. Keine Wertpapiere sind demgegenüber einfache Legitimationspapiere, weil sie kein Recht verbriefen, sondern lediglich der Beweiserleichterung dienen.

Beispiel des qualifizierten Legitimationspapiers ist das Sparbuch (vgl. § 808 BGB), Beispiele für einfache Legitimationspapiere sind Garderobenmarken und Gepäckscheine.

Exkurs Ende

---

[141] Zum Folgenden: Jacoby/v. Hinden Vor § 793 Rn. 1–5.

75 Namens- und Inhaberaktien sind Wertpapiere. Die mitgliedschaftlichen Befugnisse können nur von dem ausgeübt werden, der Inhaber der Urkunde ist.[142] Die Namensaktie ist als gekorenes Orderpapier einzuordnen (§ 68 AktG), die Inhaberaktie ist analog §§ 793 ff. BGB als Inhaberpapier zu behandeln.

§ 10 Abs. 1 S. 1 AktG sieht die Namensaktie als Regelfall vor. Inhaberaktien werden nach § 10 Abs. 1 S. 2 AktG nur bei Erfüllung weiterer Voraussetzungen zugelassen, nämlich wenn die AG börsennotiert oder der Anspruch auf Einzelverbriefung gemäß § 10 Abs. 5 AktG ausgeschlossen ist. Die **Wahl der Aktienform** kann nur und muss **durch die Satzung** erfolgen (§ 23 Abs. 3 Nr. 5 AktG). Bei einem Verstoß gegen § 10 Abs. 2 AktG entsteht gleichwohl eine gültig wertpapiermäßige Verbriefung; Vorstand und Aufsichtsrat können sich dann aber gemäß §§ 93 Abs. 2 Nr. 4, 116 AktG schadensersatzpflichtig machen.[143]

3. Übertragung von Aktien

76 Die Mitgliedschaft in einer AG ist frei veräußerlich und vererblich. Die Aktienform hat dabei Auswirkungen auf die Übertragung von Aktien.[144]

Die in **Inhaberaktien** verkörperte Mitgliedschaft wird durch Übereignung der Aktienurkunde gemäß §§ 929 ff. BGB übertragen. Der Eigentümer der Urkunde ist Aktionär. Es gilt der für Inhaberpapiere geltende Grundsatz: „Das Recht aus dem Papier folgt dem Recht am Papier". Inhaberaktien können deshalb mit geringem Aufwand rechtssicher übertragen werden und sind dementsprechend besonders verkehrsfähig.

Bei **Namensaktien** erfolgt die Übertragung gemäß § 68 Abs. 1 AktG durch schriftliche Übertragungserklärung auf der Aktienurkunde („Indossament") und Übereignung der Urkunde gemäß §§ 929 ff. BGB.[145]

Sowohl bei Inhaber- als auch bei Namensaktien kommt als weitere Übertragungsvariante eine formlose Abtretung der Mitgliedschaft gemäß §§ 398, 413 BGB in Betracht.[146] Mit der Abtretung geht dann gemäß § 952 BGB auch das Eigentum an der Aktienurkunde über. Es gilt der Grundsatz: „Das Recht am Papier folgt dem Recht aus dem Papier".

Ist gemäß § 9 a DepotG eine **Sammelurkunde** über die Inhaber- oder Namensaktie ausgestellt, besteht Miteigentum nach Bruchteilen jedes einzelnen Aktionärs an der Sammelurkunde. Über seinen Miteigentumsanteil kann jeder Aktionär frei verfügen (§ 747 S. 1 BGB). Die Übertragung erfolgt nach §§ 929 ff. BGB oder durch formlose Abtretung der Mitgliedschaft gemäß §§ 398, 413 BGB.

C. Formkaufmann

77 Die AG gilt als Handelsgesellschaft, auch wenn der Gegenstand des Unternehmens nicht im Betrieb eines Handelsgewerbes besteht (§ 3 Abs. 1 AktG). Sie ist – wie auch die

---

142 Hier und zum Folgenden: Hüffer/Koch § 10 Rn. 4.
143 Ein Schaden kann sich insbesondere daraus ergeben, dass ein gutgläubiger Erwerber nicht einlagepflichtig ist. Verstöße gegen § 10 Abs. 2 AktG sind überdies nach § 405 Abs. 1 Nr. 1 AktG bußgeldbewehrte Ordnungswidrigkeiten.
144 Zum Folgenden: Bitter/Heim § 3 Rn. 43 ff.
145 Ein gutgläubiger Erwerb ist möglich (§ 68 Abs. 1 S. 2 AktG i.V.m. Art. 16 Abs. 2 WG).
146 Bei dieser Übertragungsvariante scheidet ein gutgläubiger Erwerb aus.

GmbH (§ 13 Abs. 3 GmbHG) und die Genossenschaft (§ 17 Abs. 2 GenG) – sog. Formkaufmann (§ 6 HGB), d.h., die Vorschriften des HGB für Kaufleute sind anwendbar, ohne dass die §§ 1 ff. HGB geprüft werden müssen.[147]

D. Börsennotierung

Manche Regeln des AktG gelten nur für börsennotierte AG.[148] Dies gilt etwa für die Frauenquote in der Unternehmensleitung und im Aufsichtsrat (§§ 76 Abs. 4, 96 Abs. 2 u. 3, 111 Abs. 5 AktG)[149] und die Verpflichtungen, die Struktur der Vergütung des Vorstands auf eine nachhaltige Unternehmensentwicklung auszurichten (§ 87 Abs. 1 S. 2 AktG) und eine Entsprechenserklärung zum Deutschen Corporate Governance Kodex (DCGK)[150] abzugeben (§ 161 AktG). Für börsennotierte AG gelten zudem längere Verjährungsfristen – zehn statt fünf Jahre – für Schadensersatzansprüche gegen Vorstand und Aufsichtsrat bei pflichtwidrigem Verhalten (§§ 93 Abs. 6, 116 AktG). Außerdem haben nicht börsennotierte Gesellschaften in manchen Bereichen Gestaltungsspielräume, die der Gesetzgeber börsennotierten AG nicht zugesteht (z.B. §§ 130 Abs. 1 S. 3, 134 Abs. 1 S. 2 AktG).

78

Der Begriff der Börsennotierung ist in § 3 Abs. 2 AktG definiert. Danach sind solche Gesellschaften börsennotiert, deren Aktien zu einem Markt zugelassen sind, der von staatlich anerkannten Stellen geregelt und überwacht wird, regelmäßig stattfindet und für das Publikum mittelbar oder unmittelbar zugänglich ist.[151] Entscheidendes Kriterium ist der **Handel im regulierten Markt** (§§ 32 ff. BörsG).[152] Ein Handel an der deutschen Börse ist nicht erforderlich, es reicht eine vergleiche Auslandsnotierung.[153]

E. Gesellschaftsvertrag

Der Gesellschaftsvertrag der AG wird in § 2 AktG als Satzung bezeichnet. Der Mindestinhalt der Satzung ergibt sich aus § 23 Abs. 2 bis 4 AktG. Weitere Regelungen sind möglich. Die Satzung kann von den Vorschriften des AktG allerdings nur dann abweichen oder diese ergänzen, wenn es ausdrücklich zugelassen ist und das Gesetz keine abschließende Regelung vorsieht (§ 23 Abs. 5 AktG: **Grundsatz der Satzungsstrenge**). Hintergrund dieser die Gestaltungsfreiheit der Aktionäre einschränkenden Regelung ist die Kapitalsammelfunktion der AG: Investoren sollen keine Zeit und Mühen (Kosten) in die Prüfung individueller Satzungsregelungen investieren müssen und darauf vertrauen dürfen, dass alle AG im Wesentlichen gleich organisiert sind.[154]

79

---

147 Bitter/Heim § 3 Rn. 4.
148 Zum Folgenden: Bitter/Heim § 3 Rn. 10.
149 Die sog. Flexiquote des § 76 Abs. 4 AktG (zwei Führungsebenen unter dem Vorstand) und des § 111 Abs. 5 AktG (Vorstand und Aufsichtsrat) gilt auch für Gesellschaften, die der Mitbestimmung (dazu unter Rn. 97 ff.) unterliegen. Die starre Quote in § 96 Abs. 2 u. 3 AktG gilt nur für den Aufsichtsrat einer börsennotierten und voll mitbestimmten AG.
150 Der DCGK enthält Leitlinien einer ordnungsgemäßen Unternehmensführung und -organisation, die von einer Regierungskommission herausgegeben werden. Die Befolgung dieser Leitlinien ist nicht zwingend, ihre Nichtbeachtung aber offenzulegen (Bitter/Heim § 3 Rn. 58).
151 Diese Begriffsumschreibung lehnt sich an die Definition des organisierten Marktes in § 2 Abs. 5 WpHG an.
152 Hüffer/Koch § 3 Rn. 6. Der Freiverkehr nach § 48 BörsG ist nicht umfasst (OLG München, Beschl. v. 21.05.2008 – 31 Wx 62/07, NZG 2008, 755, 786).
153 BT-Drucks. 13/9712, S. 12; Hüffer/Koch § 3 Rn. 6.
154 Bitter/Heim § 3 Rn. 16.

80 Inhaltlich ist zwischen materiellen (korporativen) und formellen (nicht korporativen) Satzungsbestimmungen zu differenzieren:[155] **Materielle Satzungsbestimmungen** sind Regelungen, die die Gesellschaft und ihre Beziehungen zu den Aktionären betreffen. Bei ihnen geht es um die Organisation der Gesellschaft sowie ihr Verhältnis zu allen gegenwärtigen und künftigen Mitgliedern. Alle übrigen Regelungen im Gesellschaftsvertrag sind **formelle Satzungsbestimmungen**. Bei ihnen handelt es sich um schuldrechtliche Abreden,[156] die nur äußerlich mit den materiellen Satzungsbestimmungen verbunden sind. Nur für die materiellen Satzungsbestimmungen gelten die Regelungen über Satzungsänderungen (§§ 179 ff. AktG). Formelle Satzungsbestimmungen sind nach allgemeinen Grundsätzen primär subjektiv und nur hilfsweise aus dem objektiven Empfängerhorizont auszulegen (§§ 133, 157 BGB); bei materiellen Satzungsbestimmungen kommt es hiervon abweichend – im Hinblick auf die Kapitalsammelfunktion der AG (s.o.) – von vornherein nur auf den objektiven Erklärungswert der Klausel an.

2. Abschnitt: Die Entstehung der AG

81 Eine AG entsteht durch Gründung oder durch Umwandlung.

A. Entstehung durch Gründung

82 Das Gründungsverfahren gestaltet sich im Überblick wie folgt:[157]

(1) Die künftigen Aktionäre beschließen formlos oder durch schriftlichen Vertrag, eine AG zu gründen (Gründungsentschluss). Hierdurch entsteht eine **Vorgründungsgesellschaft**.

(2) Die künftigen Aktionäre stellen die Satzung (§ 2 AktG) durch notarielle Beurkundung fest (§ 23 Abs. 1 S. 1 AktG) und werden hierdurch zu den Gründern der Gesellschaft (§ 28 AktG). Gleichzeitig müssen die Gründer sämtliche Aktien gegen Einlagen übernehmen, d.h. sich zur Leistung der Einlagen verpflichten (Zeichnung). Mit der Übernahme aller Aktien ist die AG errichtet (§ 29 AktG). Es entsteht eine **Vor-AG**, die eine rechtsfähige Gesellschaft eigener Art (sui generis) ist.

(3) Die Gründer bestellen den ersten Aufsichtsrat und den Abschlussprüfer für das erste Voll- oder Rumpfgeschäftsjahr (§ 30 Abs. 1 S. 1 AktG). Die Bestellung bedarf der notariellen Beurkundung (§ 30 Abs. 1 S. 2 AktG).

(4) Der Aufsichtsrat bestellt den ersten Vorstand (§ 30 Abs. 4 AktG).

(5) Die Gründer leisten die Mindesteinlagen gemäß § 36 a AktG.

(6) Die Gründer erstellen einen schriftlichen Bericht über den Hergang der Gründung (§ 32 Abs. 1 AktG: Gründungsbericht). Der Hergang der Gründung wird durch die Mitglieder des Vorstands und Aufsichtsrats (§ 33 Abs. 1 AktG) und ggf. auch durch weitere Gründungsprüfer (§ 33 Abs. 2 AktG) im Umfang des § 34 AktG geprüft (Gründungsprüfung).

---

[155] Zum Folgenden: Bitter/Heim § 3 Rn. 17–24.
[156] Dementsprechend sind formelle Satzungsbestimmungen nur für die Vertragsparteien bindend. Sie erlangen gegenüber neuen Aktionären grundsätzlich nur Wirkung, wenn diese sie gesondert akzeptieren.
[157] Zum Folgenden: Bitter/Heim § 3 Rn. 13 f.

(7) Alle Gründer, Mitglieder des Vorstands und des Aufsichtsrats melden die Gesellschaft zur Eintragung in das Handelsregister an (§ 36 Abs. 1 AktG). Der Inhalt der Anmeldung ergibt sich aus § 37 AktG.

(8) Das Registergericht prüft, ob die Gesellschaft ordnungsgemäß errichtet und angemeldet ist (§ 38 Abs. 1 S. 1 AktG). Ist dies nicht der Fall, so hat es die Eintragung abzulehnen (§ 38 Abs. 1 S. 2 AktG). Ist das Prüfungsergebnis hingegen positiv, wird die AG in das Handelsregister eingetragen. Hierdurch entsteht die AG als solche (§ 41 Abs. 1 S. 1 AktG). Die Eintragung wirkt also konstitutiv. Die **„fertige" AG** ist mit der Vor-AG identisch (gleicher Rechtsträger); es findet ein identitätswahrender Wechsel der Rechtsform statt.

Bei der Gründung der AG lassen sich demnach im Wesentlichen **drei Phasen** unterscheiden:

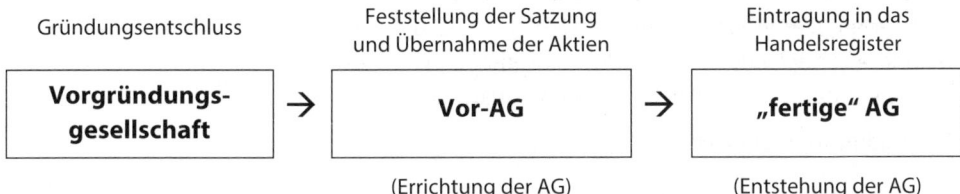

Bezüglich der **Haftung im Gründungsstadium** wird auf die diesbezüglichen Ausführungen zur GmbH verwiesen, die für die AG entsprechend gelten.[158] Die Handelndenhaftung ergibt sich dabei aus § 41 Abs. 1 S. 2 AktG (bei der GmbH: § 11 Abs. 2 GmbH).

Auch in Bezug auf die **Aktivierung einer Vorrats- bzw. Mantel-AG** wird auf die diesbezüglichen Ausführungen zur GmbH verwiesen, die für die AG entsprechend gelten.[159]

B. Entstehung durch Umwandlung

Eine AG kann nicht nur durch Neugründung, sondern als verschmelzungsfähiger Rechtsträger (§ 3 Abs. 1 Nr. 2 UmwG) auch durch Umwandlung nach dem UmwG entstehen. Zu denken ist insbesondere an den **Formwechsel** (§§ 190 ff. UmwG) einer anderen Gesellschaftsform in die Rechtsform einer AG:[160]

Von:	in: AG
GbR	nur Neugründung gegen Sacheinlage möglich
oHG	§§ 214–225 UmwG
KG	§§ 214–225 UmwG
PartG	§§ 225 a–225 c UmwG
GmbH	§§ 226, 238–250 UmwG
KGaA	§§ 226, 238–250 UmwG

---

158 Siehe Rn. 135 ff.
159 Siehe Rn. 144 ff.
160 Zum nachstehenden Schaubild siehe Kallmeyer/Meister/Klöcker § 191 Rn. 9.

Von:	in: AG
e.G.	§§ 258–271 UmwG
e.V.	§§ 272, 273–282 UmwG
Körperschaft/AöR	§§ 301–304 UmwG

Ebenfalls praktisch relevant ist die **Spaltung zur Neugründung** einer AG (§§ 123 ff., 135 ff. UmwG) und die **Ausgliederung** des von einem Einzelkaufmann betriebenen Unternehmens, dessen Firma im Handelsregister eingetragen ist, zur Neugründung einer AG (§§ 152, 158 ff. UmwG).

3. Abschnitt: Die Organisation der AG

84 In organisatorischer Hinsicht ist zwischen der Ebene der Aktionäre als Gesellschafter und der AG als Gesellschaft zu differenzieren. Auf der Ebene der AG sind deren Organe angesiedelt: Der Vorstand, der Aufsichtsrat und die Hauptversammlung. Während die Aktionäre in der Hauptversammlung ihren Willen zu grundsätzlichen Fragen bilden, besorgen Vorstand und Aufsichtsrat die Verwaltung der Gesellschaft.[161]

Die Organisation der AG:[162]

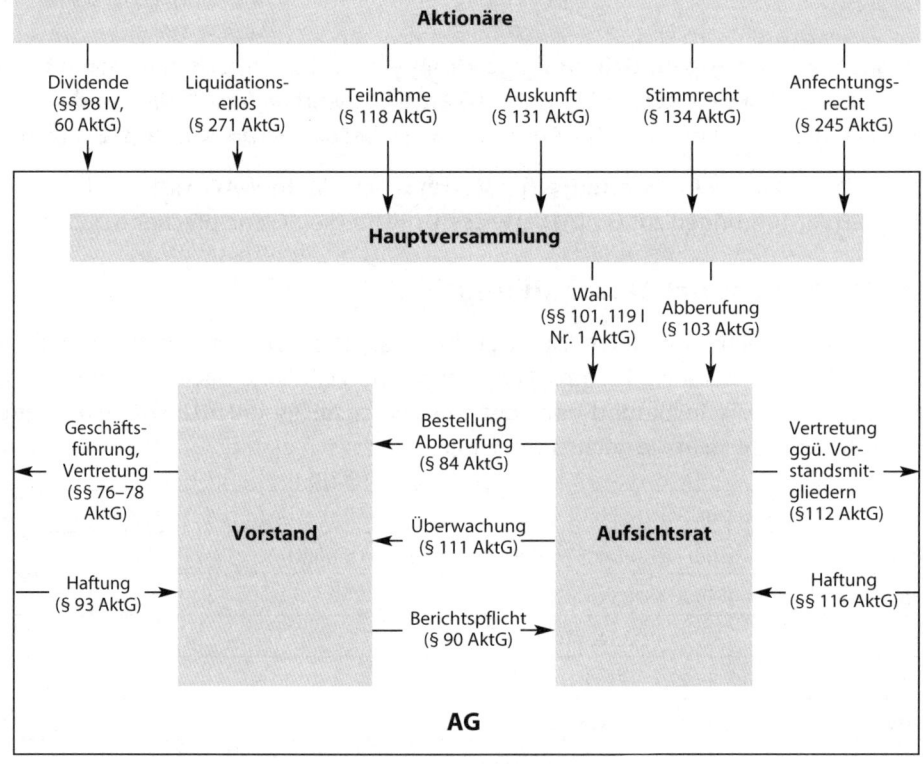

---

[161] Die Trennung der Verwaltung in Vorstand und Aufsichtsrat ist typisch für das dualistische System im deutschen Aktienrecht. Das US-amerikanische Aktienrecht sieht hingegen ein monistisches Leitungssystem mit nur einem einheitlichen Leitungsorgan, dem Board of Directors (= Verwaltungsrat), vor (Bitter/Heim § 3 Rn. 48).
[162] Vgl. Bitter/Heim § 3 Rn. 27.

A. Aktionäre

Die Aktionäre sind die Gesellschafter (**„Eigentümer"**) **der AG**.[163]

85

Die **Rechte der Aktionäre** lassen sich in Verwaltungs- und Vermögensrechte unterteilen:[164]

86

Verwaltungsrechte	Vermögensrechte
■ Teilnahme an der Hauptversammlung (§ 118 AktG)	■ Teilhabe am Bilanzgewinn („Dividendenrecht", §§ 58 Abs. 4, 60 AktG)
■ Auskunft in der Hauptversammlung (§ 131 AktG)	■ Bezugsrecht bei Kapitalerhöhung (§ 186 AktG)
■ Stimmrecht (§ 134 AktG)	■ Teilnahme am Liquidationserlös (§ 271 AktG)
■ Anfechtungsrecht (§ 245 AktG)	

Zu den **Pflichten der Aktionäre** zählt insbesondere die Pflicht zur Leistung der versprochenen Sach- oder Bareinlage (§ 54 AktG); diese Pflicht entsteht bei der Gründung durch die Übernahme der Aktien (§ 29 AktG) und bei der Kapitalerhöhung durch die Zeichnung (§ 185 AktG).[165] Daneben bestehen Treuepflichten des Aktionärs. Er darf sein Stimmrecht in der Hauptversammlung nicht zur Erlangung eines Sondervorteils für sich oder einen Dritten zum Schaden der Gesellschaft oder der anderen Aktionäre ausüben (vgl. § 243 Abs. 2 AktG). Darüber hinaus kann sich der Aktionär nach § 117 AktG der AG und den weiteren Aktionären gegenüber schadensersatzpflichtig machen, wenn er *vorsätzlich* unter Benutzung seines Einflusses auf die Gesellschaft ein Mitglied des Vorstands oder des Aufsichtsrats, einen Prokuristen oder einen Handlungsbevollmächtigten dazu bestimmt, zum Schaden der Gesellschaft oder ihrer Aktionäre zu handeln.

87

Beachte: Anders als bei der GmbH und den Personengesellschaften wird bei der AG nicht für jede fahrlässige Schädigung der Mitgesellschafter gehaftet, weil es eine umfassende Treuepflicht bei der AG nicht gibt. Die Haftung auf Schadensersatz bei negativer Einflussnahme ist im Grundsatz auf Vorsatz beschränkt. Es können jedoch begrenzte Treuepflichten der Aktionäre gegenüber der AG und den weiteren Aktionären bestehen.[166]

Nach § 53 a AktG sind Aktionäre unter gleichen Voraussetzungen gleich zu behandeln. Dieses **Gleichbehandlungsgebot** verlangt aber nicht schlechthin Gleichberechtigung der Aktionäre.[167] Aktien können insbesondere verschiedene Rechte gewähren (§ 11 S. 1 AktG), sofern dafür eine Grundlage in der Satzung besteht. Aktien mit gleichen Rechten bilden eine Gattung (§ 11 S. 2 AktG).[168]

88

Beispiel:[169] **Vorzugsaktien** (vgl. §§ 139 ff. AktG) verleihen Vorrechte, etwa einen Anspruch auf eine Vorzugsdividende. Im Gegenzug ist regelmäßig das Stimmrecht ausgeschlossen. Im Übrigen gelten meist die gewöhnlichen Aktionärsrechte. Demgegenüber sind **Stammaktien** solche Aktien, die keinerlei Vorrechte gewähren.

---

163 Bitter/Heim § 3 Rn. 28.
164 Zum Folgenden: Bitter/Heim § 3 Rn. 35 ff.
165 Hier und zum Folgenden: Bitter/Heim § 3 Rn. 39 ff.
166 BGH, Urt. v. 20.03.1995 – II ZR 205/94, NJW 1995, 1739.
167 Hier und zum Folgenden: Hüffer/Koch § 11 Rn. 2.
168 Aktiengattungen und deren Anzahl sind in der Satzung anzugeben (§ 23 Abs. 3 Nr. 4 AktG).
169 Bitter/Heim § 3 Rn. 31.

B. Hauptversammlung

89 Die Aktionäre üben ihre Rechte in den Angelegenheiten der Gesellschaft – gemeint sind die Verwaltungsrechte – grundsätzlich in der Hauptversammlung aus (§ 118 Abs. 1 S. 1 AktG). Die Hauptversammlung – und nicht die Gesamtheit der Aktionäre – ist ein Organ der AG mit der Aufgabe interner Willensbildung in dem vom Gesetz geordneten Zuständigkeitsbereich.[170] Die Willensbildung der Aktionäre vollzieht sich durch das Organ Hauptversammlung; es handelt sich also um ein **Willensbildungsorgan**. Der in einem Beschluss der Hauptversammlung gebildete Wille ist kraft organschaftlicher Zurechnung zugleich ein Wille der Gesellschaft selbst.[171]

I. Aufgaben der Aktionäre

90 Anders als bei der GmbH besteht in der AG kein Subordinationsverhältnis zwischen der Hauptversammlung (bei der GmbH: Gesellschaftsversammlung) und dem Vorstand (bei der GmbH: Geschäftsführer); es gilt vielmehr das Prinzip der **Teilung der Zuständigkeiten**.[172] Die Hauptversammlung hat keine Allzuständigkeit. Sie beschließt nur in den im Gesetz[173] und in der Satzung ausdrücklich bestimmten Fällen (§ 119 Abs. 1 AktG). Da der Vorstand die Geschäfte eigenverantwortlich führt (§ 76 Abs. 1 AktG), entscheidet die Hauptversammlung grundsätzlich nicht über Geschäftsführungsmaßnahmen. Über Fragen der Geschäftsführung kann die Hauptversammlung nur entscheiden, wenn der Vorstand es verlangt (§ 119 Abs. 2 AktG).

Darüber hinaus kann nach der **Holzmüller-Entscheidung** des BGH[174] als Ergebnis offener Rechtsfortbildung[175] eine ungeschriebene Kompetenz der Hauptversammlung und eine korrespondierende Vorlagepflicht des Vorstands bei tiefgreifenden, strukturändernden Maßnahmen bestehen. Eine ungeschriebene Hauptversammlungszuständigkeit ist jedoch nur in engen Grenzen anzuerkennen.[176] Sie betreffen das Innenverhältnis zwischen Vorstand und Gesellschaft und kommen nur ausnahmsweise in Fallgestaltungen in Betracht, in denen das Handeln des Vorstands zwar durch seine im Außenverhältnis uneingeschränkte Vertretungsmacht, den Wortlaut der Satzung und die im Innenverhältnis begrenzte Geschäftsführungsbefugnis (§ 82 Abs. 2 AktG) formal noch gedeckt ist, die Maßnahmen aber so tief in die Mitgliedschaftsrechte der Aktionäre und deren Vermögensinteressen eingreifen, dass die Auswirkungen an die Notwendigkeit einer Satzungsänderung heranreichen.[177] In solchen Fällen bedarf es der Zustimmung der Hauptversammlung mit einer Mehrheit von ¾ des vertretenen Grundkapitals.[178]

II. Beschlussfassung durch die Aktionäre

91 Die Aktionäre fassen ihre Beschlüsse in der Hauptversammlung. Diese ist neben den durch das Gesetz oder die Satzung bestimmten Fällen[179] immer dann **einzuberufen**, wenn das Wohl der Gesellschaft es fordert (§ 121 Abs. 1 AktG). Zuständig ist der Vor-

---

170 Hüffer/Koch § 118 Rn. 2.
171 Hüffer/Koch § 118 Rn. 3.
172 Bitter/Heim § 3 Rn. 92.
173 Bei den gesetzlich vorgesehenen Zuständigkeiten handelt es sich meist um sog. Grundlagengeschäfte: §§ 119 Abs. 1, 120 Abs. 4, 147, 179 a Abs. 1, 293 Abs. 1 S. 1, 319, 327 a AktG.
174 BGH, Urt. v. 25.02.1982 – II ZR 174/80, NJW 1982, 1703 – Holzmüller: Ausgliederung eines Betriebs, der den wertvollsten Teil des Gesellschaftsvermögens bildet, auf eine dazu gegründete 100%-ige Tochtergesellschaft.
175 BGH, Urt. v. 26.04.2004 – II ZR 155/02, NJW 2004, 1860, 1863 – Gelatine: keine Analogie zu § 119 Abs. 2 AktG.
176 BGH, Urt. v. 26.04.2004 – II ZR 155/02, NJW 2004, 1860, Ls. 1 – Gelatine.
177 BGH, Urt. v. 26.04.2004 – II ZR 155/02, NJW 2004, 1860, 1862 f. – Gelatine.
178 BGH, Urt. v. 26.04.2004 – II ZR 155/02, NJW 2004, 1860, 1864 – Gelatine.
179 Vgl. etwa §§ 92, 122 Abs. 1 AktG.

stand (§ 121 Abs. 2 S. 1 AktG)[180] und ggf. auch der Aufsichtsrat (§ 111 Abs. 3 AktG). Die Einberufungsfrist beträgt mindestens dreißig Tage (§ 123 Abs. 1 S. 1 AktG). In der Regel hält eine AG nur eine Hauptversammlung pro Geschäftsjahr ab (ordentliche Hauptversammlung), die in den ersten acht Monaten des jeweiligen Geschäftsjahres stattzufinden hat (vgl. §§ 120 Abs. 1 S. 1, 175 Abs. 1 S. 2 AktG).[181]

Der **Ablauf der Hauptversammlung** ist im Gesetz (insbesondere in den §§ 129, 130 AktG) nur rudimentär geregelt.[182] Er kann durch die Satzung und eine Geschäftsordnung, die sich die Hauptversammlung gibt, näher ausgestaltet werden. Besondere praktische Relevanz hat das Auskunftsrecht der Aktionäre gegenüber dem Vorstand, welches nur in der Hauptversammlung ausgeübt werden kann (§ 131 AktG).[183]

Die Beschlüsse der Hauptversammlung werden grundsätzlich mit der Mehrheit der abgegebenen Stimmen (einfache Mehrheit) gefasst, soweit nicht Gesetz[184] oder Satzung eine größere Mehrheit oder weitere Erfordernisse bestimmen (§ 133 Abs. 1 AktG). Jede Aktie gewährt das **Stimmrecht** (§ 12 Abs. 1 S. 1 AktG). Vorzugsaktien können als Aktien ohne Stimmrecht ausgegeben werden (§§ 12 Abs. 1 S. 2, 139 ff. AktG). Damit ist zum Ausdruck gebracht, dass es im Grundsatz keine Aktie ohne Stimmrecht und kein Stimmrecht ohne Aktie gibt.[185] Mehrstimmrechte sind unzulässig (§ 12 Abs. 2 AktG), d.h. grundsätzlich gewährt jede Aktie das gleiche Stimmrecht. In den Fällen des § 136 AktG ist das Stimmrecht ausgeschlossen. Stimmverbote bestehen danach namentlich bei (i) der Entlastung eines Aktionärs, (ii) der Befreiung eines Aktionärs von einer Verbindlichkeit und (iii) der Verfolgung eines Anspruchs gegen den Aktionär. Diese Stimmverbote beruhen – ebenso wie bei der Parallelvorschrift des § 47 Abs. 4 GmbHG – auf zwei allgemeinen Grundgedanken, nämlich dass (1) niemand Richter in eigener Sache sein darf und (2) Insichgeschäfte verboten sind.[186]

III. Fehlerhafte Beschlüsse

Fehlerhafte Beschlüsse lassen sich nach der Art des Fehlers in formell fehlerhafte Beschlüsse (**Form- und Verfahrensfehler**) und materiell fehlerhafte Beschlüsse (**Inhaltsfehler**) einteilen.[187] Während sich formelle Fehler auf die Art und Weise des Zustandekommens des Beschlusses beziehen, liegt ein materieller Inhaltsfehler vor, wenn die Aussage des Beschlusses rechtswidrig ist. Hinsichtlich der Rechtsfolgen eines Fehlers lassen sich im Aktienrecht drei Konstellationen unterscheiden: unwirksame, nichtige und anfechtbare Beschlüsse. Ein Beschluss kann jedoch an mehreren Fehlern leiden und daher gleichzeitig unwirksam, nichtig und anfechtbar sein.

92

---

180 Personen, die in das Handelsregister als Vorstand eingetragen sind, gelten als befugt (§ 121 Abs. 2 S. 2 AktG). Auf die Einberufungsbefugnis des Geschäftsführers einer GmbH ist die Vorschrift nicht analog anwendbar (BGH, Urt. v. 08.11.2016 – II ZR 304/15, NJW 2017, 1471 = RÜ 2017, 157 (Nissen), Ls.
181 Bitter/Heim § 3 Rn. 107.
182 Hier und zum Folgenden: Bitter/Heim § 3 Rn. 109.
183 Wie sich aus § 131 Abs. 4 AktG ergibt, ist eine Auskunftserteilung außerhalb der Hauptversammlung aber nicht unzulässig (Bitter/Heim § 3 Rn. 112 Fn. 165).
184 Bei Satzungsänderungen muss eine Mehrheit von ¾ des bei der Beschlussfassung vertretenen Grundkapitals erreicht werden (§ 179 Abs. 2 S. 1 AktG). In anderen Fällen ist eine qualifizierte Mehrheit der abgegebenen Stimmen vorausgesetzt (z.B. §§ 103 Abs. 1 S. 2, 111 Abs. 4 S. 4, 141 Abs. 3 S. 2 AktG: ¾ der abgegebenen Stimmen); die Mehrheit der abgegebenen Stimmen wird nicht nach Köpfen, sondern nach Kapitalbeträgen gemessen (vgl. § 134 Abs. 1 S. 1 AktG).
185 Hüffer/Koch § 12 Rn. 1.
186 Bitter/Heim § 3 Rn. 100.
187 Hier und zum Folgenden: Bitter/Heim § 3 Rn. 116 ff.

Unwirksam sind Beschlüsse, zu deren Wirksamkeit es (noch) der Zustimmung eines Gesellschafters oder eines Dritten bedarf.[188]

Nichtig sind Beschlüsse, die an einem so gravierenden Mangel leiden, dass sie von Anfang an keinerlei Rechtswirkung haben. Ein Nichtigkeitsgrund liegt nur vor, wenn einer der in den §§ 241, 250, 253, 256 AktG geregelten Tatbestände eingreift und keine Heilung gemäß § 242 AktG eintritt. Nichtigkeitsgründe können im Rahmen einer **Nichtigkeitsklage** eines Aktionärs, des Vorstands, eines Vorstandsmitglieds oder eines Aufsichtsratsmitglieds gegen die Gesellschaft mit Wirkung für und gegen jedermann (*inter omnes*) festgestellt werden (§ 249 AktG).[189]

Alle anderen formell oder materiell fehlerhaften Beschlüsse führen (nur) zur Anfechtbarkeit des Beschlusses (vgl. § 243 Abs. 1 AktG). **Anfechtbar** sind rechtswidrige Beschlüsse, die durch eine **Anfechtungsklage** (§ 246 AktG) beseitigt werden können, aber trotz des Fehlers vorerst wirksam sind. Die Anfechtungsklage ist durch eine nach § 245 AktG anfechtungsbefugte Partei innerhalb eines Monats nach der Beschlussfassung zu erheben und gegen die AG, vertreten durch Vorstand und Aufsichtsrat, zu richten (§ 246 Abs. 1 u. 2 AktG). Ein rechtskräftiges, der Klage stattgebendes Urteil bewirkt die Nichtigkeit des fehlerhaften Beschlusses und gestaltet die Rechtslage rückwirkend (*ex tunc*) auf den Zeitpunkt der Beschlussfassung um (vgl. §§ 248 Abs. 1 S. 1, 241 Nr. 5 AktG).[190] Begründet ist die Anfechtungsklage, wenn das Gesetz oder die Satzung verletzt sind (§ 243 Abs. 1 AktG). Dies gilt erst recht (auch) dann, wenn der Verstoß zugleich Nichtigkeitsgrund ist und daher auch im Wege der Nichtigkeitsklage hätte geltend gemacht werden können. Bei Verfahrensfehlern ist zusätzliche Voraussetzung für die Begründetheit der Anfechtungsklage, dass sie von Relevanz für das Mitgliedschaftsrecht sind; maßgebend ist insoweit ein dem Beschluss anhaftendes Legitimationsdefizit, das bei einer wertenden, am Schutzzweck der verletzten Norm orientierten Betrachtung die Rechtsfolge der Anfechtbarkeit gem. § 243 Abs. 1 AktG rechtfertigt.[191]

C. Vorstand

I. Grundlagen

93 Der Vorstand leitet die Gesellschaft „unter eigener Verantwortung" (§ 76 Abs. 1 AktG). Im Gegensatz zu den Geschäftsführern einer GmbH (vgl. §§ 37 Abs. 1, 45, 46 Nr. 6 GmbHG) unterliegt er keinem Weisungsrecht der Gesellschafter (Aktionäre). Er entscheidet vielmehr selbstständig und unabhängig über die **Leitung der AG** (§ 76 AktG) und die ihm obliegende **Geschäftsführung** (§ 77 AktG).

Der Vorstand **vertritt die AG** gerichtlich und außergerichtlich (§ 78 Abs. 1 S. 1 AktG). Besteht der Vorstand aus mehreren Personen, sind die Vorstandsmitglieder grundsätzlich[192]

---

188 Vgl. etwa § 141 Abs. 1, Abs. 2 S. 1 AktG; § 179 Abs. 3 S. 1 AktG.

189 Trotz dieser Wirkung ist die Nichtigkeitsklage nach ganz h.M. ein Sonderfall der Feststellungsklage (§ 256 ZPO) und keine Gestaltungsklage (Hüffer/Koch § 249 Rn. 10 m.w.N.; **a.A.** [Gestaltungsklage] K. Schmidt AG 1977, 205, 207 f.).

190 Die Anfechtungsklage ist eine Gestaltungsklage (Hüffer/Koch § 246 Rn. 8).

191 BGH, Urt. v. 21.06.2010 – II ZR 24/09, NZG 2010, 943, Rn. 20 – Aufsichtsratsbericht.

192 Die Satzung kann etwas anderes bestimmen (§ 78 Abs. 2 S. 1 AktG), beispielsweise, dass einzelne Vorstandsmitglieder allein oder in Gemeinschaft mit einem Prokuristen zur Vertretung der Gesellschaft befugt sind (§ 78 Abs. 3 S. 1 AktG).

nur gemeinsam zur Vertretung berechtigt (Gesamtvertretung, § 78 Abs. 2 S. 1 AktG). Im Außenverhältnis kann die Vertretungsbefugnis des Vorstands grundsätzlich[193] nicht beschränkt werden (§ 82 Abs. 1 AktG). Ob der Vorstand seine Befugnisse im Innenverhältnis (vgl. § 82 Abs. 2 AktG) überschreitet, ist für die Wirksamkeit im Außenverhältnis unerheblich. Übertritt der Vorstand durch eine wirksame Handlung im Außenverhältnis (Vertretung) seine Befugnisse im Innenverhältnis (Geschäftsführung), liegt darin eine Pflichtverletzung, aus der Schadensersatzansprüche der Gesellschaft gemäß § 93 Abs. 2 AktG resultieren können.[194]

Mitglied des Vorstands kann nur eine natürliche, unbeschränkt geschäftsfähige Person sein (§ 76 Abs. 3 S. 1 AktG), bei der keiner der in § 76 Abs. 3 S. 2 AktG genannten Ausschlusstatbestände einschlägig ist. Bei der Besetzung der Vorstandsposten und der zwei darunter befindlichen Leitungsebenen gilt eine Frauenquote für AG, die börsennotiert sind oder der Unternehmensmitbestimmung unterliegen (§ 76 Abs. 4 AktG, sog. Flexiquote).[195]

Vorstandsmitglieder werden vom Aufsichtsrat für die Dauer von höchstens fünf Jahren **bestellt** (§ 84 Abs. 1 S. 1 AktG). Eine wiederholte Bestellung oder Verlängerung der Amtszeit sind zulässig, können aber ebenfalls nur für maximal fünf Jahre erfolgen (§ 84 Abs. 1 S. 2 AktG). Werden mehrere Personen zu Vorstandsmitgliedern bestellt, kann der Aufsichtsrat ein Mitglied zum Vorsitzenden des Vorstands ernennen (§ 84 Abs. 2 AktG).

Von der Bestellung, durch die das Vorstandsmitglied zum Organ der AG ernannt wird, ist der **Anstellungsvertrag** zu trennen. Dieser wird durch den Aufsichtsrat im Namen der AG mit dem Vorstandsmitglied geschlossen (vgl. § 112 AktG). Es handelt sich regelmäßig um einen Dienstvertrag (§§ 611 ff. BGB), der eine Geschäftsbesorgung zum Gegenstand hat.[196] Aus dem Anstellungsvertrag entstammt der Vergütungsanspruch des Vorstandsmitglieds. Bei der Ausgestaltung der Bezüge sind die Vorgaben des § 87 AktG zu beachten.

Der Aufsichtsrat kann die Bestellung von Vorstandsmitgliedern vor Ablauf der regulären Amtszeit nur aus wichtigem Grund widerrufen (§ 84 Abs. 3 S. 1 AktG). Ein solcher Grund ist namentlich eine grobe Pflichtverletzung, die Unfähigkeit zur ordnungsmäßigen Geschäftsführung oder der (nicht offenbar unsachliche) Vertrauensentzug durch die Hauptversammlung (§ 84 Abs. 3 S. 2 AktG). Durch eine solche **Abberufung** endet jedoch nur die Organstellung des Vorstandsmitglieds; die Ansprüche aus dem Anstellungsvertrag richten sich nach den allgemeinen Vorschriften (§ 84 Abs. 3 S. 5 AktG).

Obwohl gesetzlich nicht geregelt, können die Vorstandsmitglieder ihre Organstellung auch durch eine **Amtsniederlegung** selbst beenden.[197] Amtsniederlegung ist die einseitige Erklärung des Vorstandsmitglieds, aus dem Organverhältnis ausscheiden zu wollen; diese Erklärung ist an die AG, vertreten durch den Aufsichtsrat (vgl. § 112 AktG) zu

---

[193] Etwas anderes gilt nur in Fällen der Kollusion und des evidenten Missbrauchs der Vertretungsmacht.
[194] Bitter/Heim § 3 Rn. 52.
[195] Entsprechendes gilt für den Aufsichtsrat (vgl. § 111 Abs. 5 AktG).
[196] Bitter/Heim § 3 Rn. 55.
[197] Bitter/Heim § 3 Rn. 56.

richten, wobei der Zugang bei einem Aufsichtsratsmitglied genügt.[198] Eines wichtigen Grundes bedarf es nach zutreffender Auffassung nicht, weil ein Zwang zur Amtsführung wenig sinnvoll ist.[199] Die Grenze bildet nur der Rechtsmissbrauch, etwa bei Amtsniederlegung zur Unzeit. Liegt ein wichtiger Grund zur Amtsniederlegung vor, endet mit dieser nicht zugleich der Anstellungsvertrag, da das Vorstandsmitglied in der Lage sein muss, sein Amt aus wichtigem Grund aufzugeben, ohne sich hierdurch selbst die Vertragsrechte abzuschneiden. Fehlt es an einem wichtigen Grund, kann die AG die Amtsniederlegung zum Anlass nehmen, den Anstellungsvertrag nach § 626 BGB außerordentlich zu kündigen.

II. Haftung der Vorstandsmitglieder

94 Bei der Haftung der Vorstandsmitglieder ist zwischen der Innenhaftung gegenüber der AG und der Außenhaftung gegenüber Dritten (Gläubiger, Aktionäre, Unbeteiligte) zu unterscheiden:[200]

1. Innenhaftung

95 Die Vorstandsmitglieder haben bei ihrer Geschäftsführung die Sorgfalt eines ordentlichen und gewissenhaften Geschäftsleiters anzuwenden (§ 93 Abs. 2 S. 1 AktG). Verletzen sie anhand dieses Maßstabs ihre Pflichten, sind sie **der Gesellschaft gegenüber** zum Ersatz des daraus entstehenden Schadens als Gesamtschuldner verpflichtet (§ 93 Abs. 2 S. 1 AktG). § 93 Abs. 3 AktG enthält eine nicht abschließende Aufzählung von Pflichtverletzungen, bei denen zudem eine Schädigung der AG vermutet wird.[201] Bei unternehmerischen Entscheidungen liegt keine Pflichtverletzung vor, wenn das Vorstandsmitglied im Zeitpunkt der Entscheidung (Betrachtung *ex ante*) vernünftigerweise annehmen durfte, auf der Grundlage angemessener Informationen zum Wohle der Gesellschaft zu handeln (§ 93 Abs. 1 S. 2 AktG, sog. *Business Judgement Rule*). Ist streitig, ob sie die Sorgfalt eines ordentlichen und gewissenhaften Geschäftsleiters angewandt haben, so trifft die Vorstandsmitglieder insoweit die Beweislast (§ 93 Abs. 2 S. 2 AktG: Haftung für widerleglich vermutetes Verschulden).

Zur Darlegungs- und Beweislast: Die AG muss eine möglicherweise pflichtwidrige Handlung des Vorstandsmitglieds, den Eintritt und die Höhe des Schadens sowie die Kausalität zwischen Handlung und Schaden darlegen und beweisen. Gelingt dies, muss das Vorstandsmitglied darlegen und beweisen, dass die Handlung nicht pflichtwidrig war oder es die Pflichtverletzung nicht zu vertreten hat. Die h.M. bezieht § 93 Abs. 2 S. 2 AktG also nicht nur auf das Verschulden, sondern auch auf die Pflichtverletzung.[202]

Der Gesellschaft gegenüber tritt die Ersatzpflicht nicht ein, wenn die die Ersatzpflicht begründende Handlung des Vorstandsmitglieds auf einem gesetzmäßigen Beschluss der Hauptversammlung beruht (§ 93 Abs. 4 S. 1 AktG). Eine Billigung der Handlung durch den Aufsichtsrat begründet hingegen keinen Haftungsausschluss (§ 93 Abs. 4 S. 2 AktG).

---

198 Hüffer/Koch § 84 Rn. 44.
199 Hier und zum Folgenden: Hüffer/Koch § 84 Rn. 45.
200 Bitter/Heim § 3 Rn. 61.
201 Bitter/Heim § 3 Rn. 61; ähnlich BGH, Urt. vom 20.09.2011 – II ZR 234/09, NZG 2011, 1271, Rn. 29: „keine schadensrechtliche Gesamtsaldierung" erforderlich.
202 Bitter/Heim § 3 Rn. 66.

Die Durchsetzung von Haftungsansprüchen gegen Vorstandsmitglieder obliegt grundsätzlich[203] dem Aufsichtsrat (vgl. §§ 111, 112 AktG). Ist dieser nach eingehender Prüfung zu dem Ergebnis gelangt, dass die Ansprüche vermutlich bestehen und durchsetzbar sind, muss er diese verfolgen, wenn nicht ausnahmsweise gewichtige Gründe des Gesellschaftswohls dagegen sprechen.[204] Die Gesellschaft kann grundsätzlich[205] erst drei Jahre nach der Entstehung des Anspruchs und nur dann auf Ersatzansprüche verzichten oder sich über sie vergleichen, wenn die Hauptversammlung zustimmt und nicht eine Minderheit, deren Anteile zusammen 10% des Grundkapitals erreichen, zur Niederschrift Widerspruch erhebt (§ 93 Abs. 4 S. 3 AktG).[206] Ein Verstoß gegen diese Vorschrift führt zur Nichtigkeit, weil die Vertretungsbefugnis des Aufsichtsrats insoweit begrenzt ist.[207]

2. Außenhaftung

Eine Haftung der Vorstandsmitglieder gegenüber Dritten kann aus allgemeinen Haftungstatbeständen folgen:[208]

96

Eine Haftung **gegenüber Gläubigern der Gesellschaft** kommt zunächst in Gestalt einer vorvertraglichen Haftung in Betracht (§§ 280 Abs. 1, 311 Abs. 3, 241 Abs. 2 BGB).[209] Auch eine deliktische Haftung (§§ 823 ff. BGB) ist denkbar. Allerdings ist § 93 AktG kein Schutzgesetz zugunsten der Gesellschaftsgläubiger.[210] Etwas anderes gilt aber für § 15 a InsO: Verstößt der Vorstand gegen seine Insolvenzantragspflicht, kann er gemäß § 823 Abs. 2 BGB i.V.m. § 15 a InsO gegenüber den Gläubigern der AG haften (Insolvenzverschleppungshaftung).

Gläubigern, die bereits vor dem Zeitpunkt, in dem der Insolvenzantrag hätte gestellt werden müssen, einen Anspruch gegen den späteren Insolvenzschuldner hatten (**„Altgläubiger"**), ist der Quotenschaden zu ersetzen; dieser Anspruch wird durch den Insolvenzverwalter geltend gemacht. Demgegenüber ist das Vorstandsmitglied gegenüber Personen, die erst nach Eintritt der Insolvenzreife zu Gläubigern wurden (**„Neugläubiger"**), unmittelbar zum Ersatz des negativen Interesses verpflichtet.

Auch bei der Haftung **gegenüber den Aktionären** stehen deliktische Haftungstatbestände im Vordergrund.[211] Allerdings ist § 93 AktG auch kein Schutzgesetz zugunsten der Aktionäre.[212] Die Mitgliedschaft der Aktionäre wird aber als „sonstiges Recht" geschützt und kann zu persönlichen Ersatzansprüchen gegen die Vorstandsmitglieder gemäß § 823 Abs. 1 BGB führen. Dabei ist jedoch zu beachten, dass § 823 Abs. 1 BGB das Vermögen als solches nicht schützt und insoweit allenfalls ein Anspruch aus § 826 BGB

---

203 Ausnahmen: §§ 93 Abs. 5, 147 Abs. 2 S. 1 AktG.
204 BGH, Urt. v. 21.04.1997 – II ZR 175/95, NJW 1997, 1926, 1927 f. – ARAG/Garmenbeck.
205 Ausnahme: § 93 Abs. 4 S. 4 AktG.
206 Zur Frage der analogen Anwendbarkeit des § 93 Abs. 4 S. 3 AktG im Falle der Übernahme von Geldsanktionen für Delikte des Vorstands zulasten der Gesellschaft siehe BGH, Urt. v. 08.07.2014 – II ZR 174/13, NZG 2014, 1058 = RÜ 2015, 89 (Nissen).
207 BGH, Urt. v. 08.07.2014 – II ZR 174/13, NZG 2014, 1058 = RÜ 2015, 89 (Nissen), Rn. 32.
208 Zum Folgenden: Bitter/Heim § 3 Rn. 70 ff.
209 BGH, Urt. vom 02.06.2008 – II ZR 210/06, NZG 2008, 661, Rn. 11 ff.: c.i.c.-Haftung der Vorstände einer kapitalsuchenden AG für fehlerhafte Informationen der Anlageinteressenten.
210 BGH, Urt. vom 10.07.2012 – VI ZR 341/10, NJW 2012, 3439, Rn. 23: „Pflicht ... nur der Gesellschaft gegenüber".
211 Eine (vor-)vertragliche Haftung scheidet in aller Regel aus, weil zwischen Vorstandsmitgliedern und Aktionären kein Schuldverhältnis besteht und die Voraussetzungen des § 311 Abs. 3 BGB gegenüber Aktionären kaum vorliegen (Bitter/Heim § 3 Rn. 71).
212 BGH, Urt. vom 10.07.2012 – VI ZR 341/10, NJW 2012, 3439, Rn. 23.

in Betracht kommt. Weiterhin ist zu beachten, dass Aktionäre nur einen unmittelbar in ihrer Person entstandenen Schaden ersetzt verlangen können, nicht aber einen Schaden, der sie durch Schädigung der AG nur mittelbar trifft, weil ihre Aktien entwertet bzw. im Wert gemindert wurden (sog. Reflexschaden).[213]

Gegenüber Unbeteiligten kann sich eine Haftung der Vorstandsmitglieder (nur) aus Deliktsrecht ergeben. Bei der Prüfung von Ansprüchen aus § 823 Abs. 2 BGB i.V.m. strafrechtlichen Schutzgesetzen (etwa § 266 StGB) ist dabei zu beachten, dass aus der Stellung als Vorstandsmitglied keine Garantenpflicht gegenüber außenstehenden Dritten folgt, eine Schädigung ihres Vermögens zu verhindern.[214] Begeht ein Vorstandsmitglied eine unerlaubte Handlung in Ausführung seiner Aufgaben, führt dies analog § 31 BGB zugleich zu einer deliktischen Haftung der AG; das Vorstandsmitglied und die AG haften dann als Gesamtschuldner (§ 840 BGB).

D. Aufsichtsrat

I. Grundlagen

97 Der Aufsichtsrat ist ein notwendiges Organ der AG. Das ist in den §§ 95 ff. AktG vorausgesetzt.[215] Er ist von der Leitung der Gesellschaft, die dem Vorstand zugewiesen ist (§ 76 Abs. 1 AktG), ausgeschlossen; Maßnahmen der Geschäftsführung können dem Aufsichtsrat nicht übertragen werden (§ 111 Abs. 4 S. 1 AktG).

Die Satzung oder der Aufsichtsrat hat jedoch zu bestimmen, dass bestimmte Arten von Geschäften nur mit seiner Zustimmung vorgenommen werden dürfen (§ 111 Abs. 4 S. 2 AktG).

Dem Aufsichtsrat ist vielmehr eine **Überwachungsaufgabe** zugewiesen; er hat die Geschäftsführung des Vorstands zu überwachen (§ 111 Abs. 1 AktG). Die Hauptaufgabe des Vorstand besteht mithin in der Kontrolle und daneben auch der Beratung[216] der Vorstandsmitglieder, für deren Bestellung und Abberufung der Aufsichtsrat zuständig ist (§ 84 AktG) und denen gegenüber er die AG vertritt (§ 112 AktG). Damit der Aufsichtsrat diese Aufgabe effektiv erfüllen kann, besteht eine Berichtspflicht des Vorstands (§ 90 AktG) und ein Einsichtsrecht des Aufsichtsrats (§ 111 Abs. 2 S. 1 AktG).

Der Aufsichtsrat besteht aus drei Mitgliedern, sofern die Satzung nicht eine bestimmte höhere Zahl festsetzt (§ 95 S. 1 u. 2 AktG) und dabei die nach der Höhe des Grundkapitals gestaffelten Obergrenzen des § 95 S. 4 AktG beachtet. Bei der **Besetzung der Aufsichtsratsposten** gilt eine flexible, im Unternehmen selbst festzulegende Frauenquote für jede AG, die börsennotiert ist *oder* der Unternehmensmitbestimmung unterliegt (sog. Flexiquote des § 111 Abs. 5 AktG). Bei einer AG, die börsennotiert ist und der (quasi-)paritätischen Unternehmensmitbestimmung unterliegt, gilt eine starre Geschlechterquote von jeweils mindestens 30 % Frauen und Männern (§ 96 Abs.2. u. 3 AktG).[217]

---

213 Bitter/Heim § 3 Rn. 72.
214 BGH, Urt. vom 10.07.2012 – VI ZR 341/10, NJW 2012, 3439 (Ls.).
215 Hüffer/Koch § 95 Rn. 1.
216 Bitter/Heim § 3 Rn. 77.
217 Bitter/Heim § 3 Rn. 80.

Exkurs: Unternehmensmitbestimmung

Als **Unternehmensmitbestimmung** bezeichnet man eine deutsche Besonderheit, nämlich die Beteiligung von Arbeitnehmervertretern am Aufsichtsrat und Vorstand.[218] Bei Unternehmen, die der Unternehmensmitbestimmung unterliegen, setzt sich der Aufsichtsrat aus Mitgliedern der Anteilseigner (Aktionäre) und solchen der Arbeitnehmer zusammen (vgl. § 96 AktG). Es gibt drei unterschiedliche Modelle der Unternehmensmitbestimmung:

98

Gesetz	Anwendungsbereich	Anteil AG-Vertreter	Anteil AN-Vertreter
Drittelbeteiligungsgesetz	Kapitalgesellschaft mit i.d.R. 500 – 2.000 AN	2/3	1/3
Mitbestimmungsgesetz	Kapitalgesellschaft mit i.d.R. über 2.000 AN	1/2	1/2
		Stichentscheid des Vorsitzenden (vgl. § 29 Abs. 2 S. 1 MitbestG)	
Montanmitbestimmung	Eisen- und Stahlindustrie + Bergbau	1/2	1/2
		+ 1 neutrales Mitglied	

Die Unternehmensmitbestimmung (= gesellschaftsrechtliche Mitbestimmung) ist von der betrieblichen Mitbestimmung (= arbeitsrechtliche Mitbestimmung) zu trennen; Letztere ist im Betriebsverfassungsgesetz (BetrVG) geregelt und betrifft die Zusammenarbeit zwischen Arbeitgebern und Arbeitnehmern im Betrieb, indem den Arbeitnehmervertretungen (den sog. Betriebsräten) verschiedene Informations-, Anhörungs-, Beratungs-, Veto- und Initiativrechte eingeräumt werden.

Exkurs Ende

Die Aufsichtsratsmitglieder können ihre Aufgaben nicht durch andere wahrnehmen lassen (§ 111 Abs. 6 AktG); sie sind zur **persönlichen Amtswahrnehmung** verpflichtet.

Die **persönlichen Voraussetzungen** für Aufsichtsratsmitglieder sind in § 100 AktG geregelt: Mitglied des Aufsichtsrats kann nur eine natürliche, unbeschränkt geschäftsfähige Person sein (§ 100 Abs. 1 S. 1 AktG), für die keiner der in § 100 Abs. 2 AktG genannten Ausschlusstatbestände einschlägig ist. Zudem darf das Aufsichtsratsmitglied nicht zugleich Mitglied des Vorstands sein (§ 105 AktG).

Die Mitglieder des Aufsichtsrats werden **von der Hauptversammlung gewählt** (§§ 101 Abs. 1 S. 1, 119 Abs. 1 Nr. 1 AktG), soweit sie nicht nach Verfahren in einschlägigen Gesetzen über die Unternehmensmitbestimmung bestimmt werden oder die Satzung bestimmte Entsenderechte vorsieht (vgl. § 101 Abs. 2 AktG). Für die Wahl soll der derzeitige Aufsichtsrat einen Vorschlag unterbreiten (§ 124 Abs. 3 S. 1 AktG).

Die **Amtszeit** beträgt maximal vier Geschäftsjahre, wobei das Geschäftsjahr, in dem die Amtszeit beginnt, nicht mitgerechnet wird (§ 102 Abs. 1 AktG). Eine vorzeitige Abberu-

---

[218] Hier und zum Folgenden: Bitter/Heim § 3 Rn. 81 f.

fung ist mit einer Mehrheit von ¾ der abgegebenen Stimmen möglich; die Satzung kann eine andere Mehrheit und weitere Erfordernisse bestimmen (§ 103 Abs. 1 AktG). Liegt ein wichtiger Grund vor, ist auch eine gerichtliche Abberufung auf Antrag des Aufsichtsrats möglich (§ 13 Abs. 3 AktG).

Die §§ 107 ff. AktG enthalten (grobe) Vorgaben zur **inneren Ordnung** des Aufsichtsrats, die meist durch die Satzung der AG und/oder eine Geschäftsordnung für deren Aufsichtsrat ergänzt bzw. präzisiert werden.[219] Der Aufsichtsrat hat nach näherer Bestimmung der Satzung aus seiner Mitte einen Vorsitzenden und mindestens einen Stellvertreter zu wählen (§ 107 Abs. 1 S. 1 AktG). In Sitzungen, über die eine Niederschrift anzufertigen ist (§ 107 Abs. 2 AktG), entscheidet der Aufsichtsrat durch ausdrücklichen[220] Beschluss (§ 108 Abs. 1 AktG). § 108 AktG enthält in seinem Absatz 2 nur grobe Vorgaben zur Beschlussfähigkeit des Aufsichtsrats und überlässt die konkrete Ausgestaltung der Satzung. Zu Mehrheitserfordernissen schweigt sich § 108 AktG aus. Es genügt für die Beschlussfassung eine Mehrheit der abgegebenen Stimmen (einfache Mehrheit), wenn sich aus Gesetz oder Satzung keine abweichenden Mehrheiten ergeben.[221]

Den Aufsichtsratsmitgliedern kann für ihre Tätigkeit eine **Vergütung** gewährt werden (§ 113 Abs. 1 S. 1 AktG).

II. Haftung der Aufsichtsratsmitglieder

99 Stellt der Aufsichtsrat fest, dass die AG insolvenzreif – zahlungsunfähig (§ 17 InsO) oder überschuldet (§ 19 InsO) – ist, hat er darauf hinzuwirken, dass der Vorstand rechtzeitig einen Insolvenzantrag stellt[222] und keine Zahlungen mehr leistet, die mit der Sorgfalt eines ordentlichen und gewissenhaften Geschäftsleiters unvereinbar sind. Verstößt er hiergegen schuldhaft, kann er der Gesellschaft gegenüber zum Schadensersatz verpflichtet sein.

4. Abschnitt: Die Finanzverfassung der AG

100 Für die Verbindlichkeiten der AG haftet den Gläubigern nur das Gesellschaftsvermögen (§ 1 Abs. 1 S. 2 AktG). Die Gläubiger der Gesellschaft können sich also grundsätzlich[223] nicht an die Aktionäre halten.[224] Diese Haftungsregelung folgt nicht schon zwingend aus der Rechtspersönlichkeit (§ 1 Abs. 1 S. 1 AktG) der AG; denn neben deren Haftung könnten – wie bei Personengesellschaften – akzessorische Verbindlichkeiten der Aktionäre (oder auch der Organmitglieder) bestehen. Auch die körperschaftliche Struktur der AG ist zwar auf eine Loslösung von Gesellschaftern ausgerichtet, aber – wie der nicht eingetragene Verein zeigt (§ 54 S. 2 BGB) – nicht zwangsläufig mit einem Haftungsausschluss für die Gesellschafter verbunden. Sobald die rechtliche Loslösung der AG von ihren Gesellschaftern **mit der Eintragung** der Gesellschaft „als solcher" im Handelsregis-

---

219 Bitter/Heim § 3 Rn. 87.
220 Hüffer/Koch § 108 Rn. 4)
221 Hüffer/Koch § 108 Rn. 6 f.
222 Bei Führungslosigkeit der AG ist der Aufsichtsrat selbst zur Stellung des Insolvenzantrags verpflichtet (§ 15 a Abs. 3 InsO).
223 Zu den Fallgruppen der sog. Durchgriffshaftung – bezogen auf die GmbH – siehe Bitter, ZInsO 2010, 1561, 1578 ff.
224 Zum Folgenden: Hüffer/Koch § 1 Rn. 8.

ter endgültig vollzogen ist (§ 41 Abs. 1 S. 1 AktG), geht damit nach der gedanklichen Konzeption des Gesetzgebers eine **Haftungskonzentration auf das Gesellschaftsvermögen** einher.

Der Mindestnennbetrag des Grundkapitals beträgt 50.000 € (§ 7 AktG). Dieser Mindestbetrag darf nicht unterschritten werden, weder bei der Gründung noch nachträglich bei einer Kapitalherabsetzung, es sei denn, dass zugleich eine Barkapitalerhöhung beschlossen wird (§§ 228 Abs. 1, 229 Abs. 3 AktG).[225] Wird er unterschritten, ist die Eintragung der AG abzulehnen (§ 38 Abs. 1 S. 2 AktG). Das Grundkapital darf aber höher festgesetzt werden und wird dies in der Praxis auch häufig.

Das Aktienrecht sieht für die Aufbringung des Grundkapitals bei der Gründung der Gesellschaft und dessen Erhaltung während ihrer laufenden Tätigkeit strenge Regeln vor, die das Recht der Personengesellschaften gar nicht und das Recht der GmbH zumindest nicht in dieser Schärfe kennt.[226]

A. Kapitalaufbringung

Die Gründer der AG verpflichten sich im Rahmen der Feststellung der Satzung (§ 2 AktG) zur Übernahme der Aktien und begründen hierdurch eine körperschaftliche Einlageverpflichtung.[227] Diese haben sie durch Einzahlung zu erfüllen, soweit in der Satzung keine Sacheinlagen[228] festgesetzt sind (§ 54 Abs. 2 AktG). Die Gründer sollen sich dabei nicht nur formal zur Einlage verpflichten, sondern die versprochenen Werte der Gesellschaft auch tatsächlich (real) zuführen (**Grundsatz der realen Kapitalaufbringung**). Dementsprechend dürfen die Inferenten[229] nicht von ihrer Einlagepflicht befreit werden (§ 66 Abs. 1 S. 1 AktG).

101

I. Geldeinlagen

Ist eine Geldeinlage vereinbart, muss der vereinbarte und vom Vorstand eingeforderte Betrag – mindestens ein Viertel des geringsten Ausgabebetrags und bei Ausgabe der Aktien für einen höheren Betrag als diesen der Mehrbetrag (Agio[230]) in voller Höhe (§ 36 a Abs. 1 AktG) – vor der Anmeldung der AG zur Eintragung ins Handelsregister ordnungsgemäß und endgültig zur freien Verfügung des Vorstands eingezahlt werden (§ 36 Abs. 2 AktG). Dies ist bei der Anmeldung der AG zum Handelsregister anzugeben und nachzuweisen (§ 37 Abs. 1 S. 2 AktG).[231] **Ordnungsgemäß** ist die Einzahlung nur, wenn sie in gesetzlichen Zahlungsmitteln oder durch Gutschrift auf ein Konto der Gesellschaft oder des Vorstands zu seiner freien Verfügung erfolgt (§ 54 Abs. 3 AktG). **Endgültig zur freien Verfügung des Vorstand** steht der Betrag, wenn das Geld aus dem Herrschafts-

102

---

225 Hüffer/Koch § 7 Rn. 5.
226 Bitter/Heim § 3 Rn. 132.
227 Hier und zum Folgenden: Bitter/Heim § 3 Rn. 134, 136.
228 Unter einer Sacheinlage ist jede andere Form der Einlage als eine Geldzahlung zu verstehen (vgl. § 27 Abs. 1 S. 1 AktG).
229 Der Begriff des „Inferenten" bezeichnet im Gesellschaftsrecht denjenigen, der eine Einlage zu leisten hat (lat. inferre = hineinbringen, opfern).
230 Werden Aktien zu einem höheren Betrag als dem Nennbetrag oder bei Stückaktien als anteiligem Betrag des Grundkapitals ausgegeben (vgl. § 9 Abs. 2 AktG), spricht man von einer Überpariemission. Die Differenz ist das Agio (Hüffer/Koch § 9 Rn. 8).
231 Zum Folgenden: Bitter/Heim § 3 Rn. 147.

bereich des Inferenten ausgesondert und dem Vorstand ohne Vorbehalte so übergeben wurde, dass er nach eigenem Ermessen unter Berücksichtigung seiner Verantwortung für die Gesellschaft (vgl. §§ 76, 93 Abs. 1 AktG) über die Einlage verfügen kann.[232]

Die über die Mindesteinzahlung hinausgehende Einlage (**Resteinzahlung**) ist (erst) nach der Anmeldung und Eintragung der AG auf Aufforderung des Vorstands zu zahlen (§ 63 Abs. 1 S. 1 AktG). Wie sich aus dem Wortlaut und der Systematik ergibt, gelten die strengen Vorgaben der §§ 36 Abs. 2 S. 1, 37 Abs. 1 S. 2, 54 Abs. 3 AktG insoweit nicht mehr.[233] Die Leistung muss aber nach wie vor eine Zahlung sein (§ 54 Abs. 2 AktG), die nur dann Erfüllungswirkung hat, wenn die geschuldeten Beträge ohne jede Bedingung, Einschränkung oder Verwendungsbindung gezahlt werden (Grundsatz der realen Kapitalaufbringung).

II. Sacheinlagen und Sachübernahmen (§ 27 Abs. 1 u. 2 AktG)

103 Bei Sacheinlagen und Sachübernahmen (vgl. § 27 Abs. 1 S. 1 AktG) ist die reale Kapitalaufbringung besonders gefährdet, weil der Wert einer Sache oftmals nur schwer zu bestimmen ist.[234] Deshalb können nur solche Vermögensgegenstände Sacheinlagen oder -übernahmen sein, deren wirtschaftlicher Wert feststellbar ist; Dienstleistungen und die Verpflichtung zu solchen zählen nicht dazu (§ 27 Abs. 2 AktG). Ist der Wert der Sache hingegen feststellbar, müssen die Sacheinlagen und -übernahmen in der Satzung festgeschrieben und genau dokumentiert sein (§ 27 Abs. 1 S. 1 AktG), im Gründungsbericht explizit erwähnt werden (§ 32 Abs. 2 AktG) und grundsätzlich[235] zum Gegenstand der Untersuchung eines externen Prüfers gemacht werden (§ 33 Abs. 2 Nr. 4 AktG). Fehlt es auch nur an einer dieser Komponenten, ist die Eintragung der AG abzulehnen (§ 38 Abs. 1 AktG). Bleibt der Sachwert hinter dem Ausgabebetrag zurück (Überbewertung), ohne dass dies die Eintragung der AG ins Handelsregister verhindert (vgl. § 38 Abs. 2 u. 3 AktG), besteht eine Pflicht des Inferenten zur Deckung der Wertdifferenz in Geld (**Differenzhaftung analog § 9 Abs. 1 GmbHG**).

III. Verdeckte Sacheinlagen (§ 27 Abs. 3 AktG)

104 Die Geldeinlage eines Aktionärs kann bei wirtschaftlicher Betrachtung und auf Grund einer im Zusammenhang mit der Übernahme der Geldeinlage getroffenen Abrede vollständig oder teilweise als Sacheinlage zu bewerten sein. Das Gesetz definiert dies in § 27 Abs. 3 S. 1 AktG als verdeckte Sacheinlage. Erfasst sind Fälle, in denen die Satzung der AG eine Geldeinlagepflicht des Aktionärs vorsieht, auf die dieser zunächst auch Geld einzahlt; allerdings haben die Aktionäre verabredet, dass die AG mit dem eingezahlten Geld später Sachen oder Rechte des Inferenten erwirbt (**Austauschgeschäft**).[236] Dieser Vorgang ist vor dem Hintergrund der grundsätzlichen Unterscheidung zwischen Bareinlagen einerseits und Sacheinlagen bzw. -übernahmen andererseits rechtlich deshalb problematisch, weil wirtschaftlich eine Sacheinlage erbracht wird, bei dieser aber die

---

232 Hüffer/Koch § 36 Rn. 7.
233 Hier und zum Folgenden: Bitter/Heim § 3 Rn. 149.
234 Hier und zum Folgenden: Bitter/Heim § 3 Rn. 138 ff.
235 Ausnahme: § 33 a AktG.
236 Bitter/Heim § 3 Rn. 152.

besonderen Vorschriften für Sacheinlagen bzw. -übernahmen – insbesondere die strenge Prüfung der Werthaltigkeit der Sache und die Differenzhaftung bei einer Überbewertung – nicht eingehalten werden.[237] Bei einer verdeckten Sacheinlage werden die Regeln über die Kapitalaufbringung durch eine Sacheinlage dadurch umgangen, dass eine Bareinlage vereinbart wird, die Gesellschaft aber bei wirtschaftlicher Betrachtung vom Einleger aufgrund einer im Zusammenhang mit der Übernahme der Einlage getroffenen Absprache einen Sachwert erhalten soll.[238] Eine solche Umgehung der gesetzlichen Regeln über Sacheinlagen kommt allerdings nur in Betracht, wenn der mutmaßlich verdeckt eingelegte Gegenstand im Wege einer regulären Sacheinlage hätte eingebracht werden können. Gegenstand einer verdeckten Sacheinlage kann deshalb nur eine sacheinlagefähige Leistung sein.[239] Dienstleistungen bzw. die Verpflichtung zu solchen sind nicht sacheinlagefähig (§ 27 Abs. 2 Hs. 2 AktG) und deshalb kein tauglicher Gegenstand verdeckter Sacheinlagen.

Nach der **Legaldefinition des § 27 Abs. 3 S. 1 AktG** setzt eine verdeckte Sacheinlage tatbestandlich voraus, dass die Geldeinlage des Aktionärs bei wirtschaftlicher Betrachtung *und* aufgrund einer im Zusammenhang mit der Übernahme der Geldeinlage getroffenen Abrede vollständig oder teilweise als Sacheinlage zu bewerten ist. Das objektive wirtschaftliche Ergebnis muss also auch subjektiv gewollt sein. Eine solche (Vor-)Absprache wird nach der Rechtsprechung vermutet, wenn zwischen der Gründung und der damit verbundenen Leistung der Geldeinlage und dem Abschluss des Austauschgeschäfts, also dem Rückfluss der Geldeinlage im Rahmen der Abwicklung, ein enger zeitlicher und sachlicher Zusammenhang steht.[240] Dies ist der Fall, wenn nicht mehr als sechs Monate zwischen den Vorgängen liegen.[241]

Ist der Tatbestand der verdeckten Sacheinlage verwirklicht, wird der Aktionär nicht von seiner Einlageverpflichtung befreit (§ 27 Abs. 3 S. 1 AktG). Jedoch sind die Verträge über die Sacheinlage und die Rechtshandlungen zu ihrer Ausführung nicht unwirksam (§ 27 Abs. 3 S. 2 AktG). Auf die fortbestehende Geldeinlagepflicht des Aktionärs wird der Wert des verdeckt eingelegten Vermögensgegenstandes im Zeitpunkt der Anmeldung der Gesellschaft zur Eintragung in das Handelsregister oder im Zeitpunkt seiner Überlassung an die Gesellschaft, falls diese später erfolgt, angerechnet (§ 27 Abs. 3 S. 3 AktG: **Anrechnungslösung**). Die Gesellschaft behält also den verdeckt eingelegten Vermögensgegenstand und hat zudem einen Geldzahlungsanspruch gegen den Inferenten in Höhe der Differenz zwischen dem vereinbarten Geldeinlagebetrag und dem Wert des Vermögensgegenstandes; sonstige Ansprüche des Aktionärs und der AG begründet der Vorgang der verdeckten Sacheinlage nicht[242] Die Anrechnung erfolgt nicht vor Eintragung der Gesellschaft in das Handelsregister (§ 27 Abs. 3 S. 4 AktG). Damit ist zum Ausdruck gebracht, dass die Geldeinlagepflicht des Aktionärs auch in Höhe des Wertes des verdeckt eingelegten Vermögensgegenstandes bis zur Eintragung fortbesteht.

---

237 Bitter/Heim § 3 Rn. 154.
238 BGH, Urt. v. 01.02.2010 – II ZR 173/08, NJW 2010, 1747, Rn. 15 – Eurobike.
239 BGH, Urt. v. 01.02.2010 – II ZR 173/08, NJW 2010, 1747, Rn. 15 – Eurobike.
240 BGH, Urt. v. 16.01.2006 – II ZR 76/04, NJW 2006, 1736, Rn. 13 – zur Parallelvorschrift des § 19 Abs. 5 GmbHG.
241 Bitter/Heim § 3 Rn. 160.
242 Bitter/Heim § 3 Rn. 163.

Aus diesem Grund ist es falsch, wenn die Gründer, der Vorstand und der Aufsichtsrat bei der Anmeldung erklären, der eingeforderte Betrag auf die Geldeinlage sei ordnungsgemäß eingezahlt und stehe zur freien Verfügung des Vorstands (vgl. § 37 Abs. 1 S. 1 AktG); sie machen sich strafbar (§ 399 Abs. 1 Nr. 1 AktG) und haften zivilrechtlich auf Schadensersatz (§§ 46, 48 AktG).[243]

Die **Darlegungs- und Beweislast** für die Werthaltigkeit des Vermögensgegenstandes trägt der Aktionär (§ 27 Abs. 3 S. 5 AktG). Dies wirft für ihn namentlich dann Probleme auf, wenn zwischen der Leistung des verdeckt eingelegten Vermögensgegenstandes und Insolvenz der AG – in der Regel werden derartige Ansprüche erst dann durch den Insolvenzverwalter thematisiert – ein langer Zeitraum liegt und der Beweis des Wertes des Gegenstandes nur noch schwer zu führen ist.[244]

Es bestehen also durchaus Unsicherheiten für die Gesellschafter.[245] Diese können sie durch eine **Heilung der verdeckten Sacheinlage mit Wirkung ex nunc** begegnen, die wie folgt verläuft:

(1) Änderung der Satzung dahingehend, dass der betreffende Gesellschafter eine Sacheinlage erbracht hat;

(2) Bezeichnung des verdeckt eingelegten Vermögensgegenstandes als Einlagegegenstand und Bestimmung seines Wertes im Zeitpunkt der Satzungsänderung;

(3) Sachgründungsbericht und Gründungsprüfung analog §§ 32 Abs. 2 S. 1, 33 Abs. 2 Nr. 4, 34 Abs. 1 Nr. 2 AktG;

(4) Prüfung durch das Registergericht analog § 38 Abs. 1 AktG;

(5) Eintragung im Handelsregister gemäß § 181 Abs. 3 AktG und damit verbundener Eintritt der heilenden Wirkung.

IV. Hin- und Herzahlen (§ 27 Abs. 4 AktG)

105 Ist vor der Einlage eine Leistung an den Aktionär vereinbart worden, die wirtschaftlich einer Rückzahlung der Einlage entspricht und die nicht als verdeckte Sacheinlage zu beurteilen ist, so befreit dies den Aktionär von seiner Einlageverpflichtung nur dann, wenn die Leistung durch einen vollwertigen Rückgewähranspruch gedeckt ist, der jederzeit fällig ist oder durch fristlose Kündigung durch die Gesellschaft fällig werden kann (§ 27 Abs. 4 S. 1 AktG). Es geht also um Fälle, in denen der Aktionär oder eine ihm nahestehende Person[246] bei wirtschaftlicher Betrachtung die in Geld erbrachte Einlage zurückerhält, etwa weil ihm die AG die geleistete Einlage im Wege eines Darlehens wieder zur Verfügung stellt, sodass – zumindest vorübergehend – nicht die AG, sondern der Aktionär auf die Mittel zugreifen kann.[247] Eine solcher Vorgang ist in der Anmeldung nach § 37 AktG anzugeben (§ 27 Abs. 4 S. 2 AktG).

---

243 Hier und zum Folgenden: Bitter/Heim § 3 Rn. 165.
244 Bitter/Heim § 3 Rn. 167.
245 Zum Folgenden: Bitter/Heim § 3 Rn. 168.
246 Hüffer/Koch § 27 Rn. 47.
247 Bitter/Heim § 3 Rn. 171.

§ 27 Abs. 4 AktG lässt die **Erfüllungswirkung** der Geldeinlage nur eintreten,[248] wenn

(1) die Geldeinlage gezahlt ist,

(2) aufgrund einer vor der Einzahlung getroffenen Abrede wirtschaftlich eine Rückzahlung der Einlage vorliegt,

(3) dieser Vorgang keine verdeckte Sacheinlage i.S.v. § 27 Abs. 3 S. 1 AktG darstellt, die AG aus dem Rückzahlungsvorgang einen einredefreien, vollwertigen[249] und liquiden[250] Rückgewähranspruch gegen den voraussichtlich erfüllungsbereiten Inferenten erlangt hat, und

(5) dieser Vorgang in der Anmeldung gemäß § 27 Abs. 4 S. 2 AktG offengelegt wurde.[251]

Aus der negativen Formulierung des § 27 Abs. 4 S. 1 AktG folgt die **Darlegungs- und Beweislast** des Inferenten bzgl. der Vollwertigkeit und Liquidität;[252] ansonsten gelten die allgemeinen Beweislastregeln.[253]

Sind die Tatbestandsvoraussetzungen des § 27 Abs. 4 S. 1 AktG erfüllt, tritt unmittelbar mit der Einzahlung der Einlage durch den Inferenten an die AG die **Erfüllung der Einlageschuld** ein. Ohne diese Privilegierung ist die Hinzahlung des Aktionärs bei vereinbarter Rückgewähr durch die AG (Herzahlung) hingegen als Nichtleistung des Inferenten zu bewerten, weil der zunächst an die AG gezahlte Betrag nicht zur freien Verfügung des Vorstands (vgl. § 36 Abs. 2 AktG) steht.[254] Nach der Rückgewähr kann die AG also erneut Zahlung der Geldeinlage fordern. Zahlt der Aktionär allerdings ein zweites Mal – Rückführung des Darlehens –, so ist die Zahlung auf die offene Einlageschuld zu verrechnen, sodass die AG keinen Anspruch auf eine dritte Zahlung hat.[255]

V. Her- und Hinzahlen

Umgekehrter Fall mit ähnlichen Rechtsfolgen ist das Her- und Hinzahlen von Beträgen aus dem Gesellschaftsvermögen:[256] Die AG zahlt unter Verstoß gegen § 57 Abs. 1 S. 1 AktG (also ohne Privilegierung gemäß § 57 Abs. 1 S. 3, Hs. 2 AktG) an den Aktionär und dieser anschließend an die AG zwecks angeblicher Erfüllung seiner Einlageschuld. Die Erfüllung der Einlageschuld scheitert hier am Rechtsgedanken des § 66 Abs. 1 S. 2 AktG; die Zahlung tilgt aber i.d.R. den Rückgewähranspruch aus § 62 Abs. 1 S. 1 AktG.[257]

106

---

248 Zum Folgenden: Hüffer/Koch § 27 Rn. 48.
249 Vollwertigkeit ist zu bejahen, wenn nach den Vermögensverhältnissen des Inferenten damit zu rechnen ist (Prognose), dass er im Zeitpunkt der Rückgewähr imstande ist, seine Verbindlichkeiten vollständig zu erfüllen. Nur ein vollwertiger Anspruch darf in der Bilanz der AG in voller Höhe aktiviert werden (Hüffer/Koch § 27 Rn. 50).
250 Liquide ist der Anspruch der AG, wenn er jederzeit fällig ist (§ 271 BGB) oder es nur von ihr abhängt, ihn durch fristlose Kündigung fällig zu machen (Hüffer/Koch § 27 Rn. 50).
251 Ob die in § 27 Abs. 4 S. 2 AktG vorgeschriebene Offenlegung in der Anmeldung Voraussetzung der ausnahmsweise eintretenden Befreiungswirkung ist, wird unterschiedlich beurteilt (bejahend: BGH, Urt. v. 16.02.2009 – II ZR 120/07, NJW 2009, 2375, Rn. 16 – Qivive; verneinend: Altmeppen ZIP 2009, 1545, 1548).
252 BGH, Urt. v. 20.07.2009 – II ZR 273/07, NJW 2009, 3091, Rn. 25 – Cash Pool II zu § 19 Abs. 5 GmbHG.
253 Heckschen DStR 2009, 166, 173 f.; Hüffer/Koch § 27 Rn. 50.
254 BGH, Urt. v. 21.11.2005 – II ZR 140/04, NJW 2006, 509, Rn. 7.
255 BGH, Urt. v. 21.11.2005 – II ZR 140/04, NJW 2006, 509, Rn. 9.
256 Zum Folgenden: Hüffer/Koch § 27 Rn. 51.
257 BGH, Urt. v. 26.01.2009 – II ZR 217/07, NJW 2009, 1418, Rn. 10 f. – zu §§ 30, 31 GmbHG.

B. Kapitalerhaltung

107 Die Gläubiger der AG müssen davor geschützt werden, dass das aufgebrachte Grundkapital wieder an die Aktionäre zurückfließt. Zu diesem Zweck begrenzt das Gesetz die Möglichkeit von Ausschüttungen an Aktionäre und gestattet den Erwerb eigener Aktien nur in besonderen Fällen.

I. Grundsatz der strengen Kapitalbindung (§§ 57, 62 AktG)

108 Den Aktionären dürfen die Einlagen nicht zurückgewährt werden (§ 57 Abs. 1 S. 1 AktG). Insbesondere dürfen ihnen Zinsen auf Einlagen weder zugesagt[258] noch ausgezahlt werden (§ 57 Abs. 2 AktG). Dieses Ausschüttungsverbot wirkt umfassend:[259] Anders als im Recht der GmbH (vgl. § 30 Abs. 1 GmbHG) knüpft das Ausschüttungsverbot nicht an das zur Erhaltung des Grundkapitals erforderliche Gesellschaftsvermögen an. Das **Ausschüttungsverbot betrifft** vielmehr **das gesamte Vermögen der AG**. Auch eine Leistung an Aktionäre aus Aktiva, der freie Rücklagen gegenüberstehen, ist eine verbotene Einlagenrückgewähr, wenn sie nur mit Rücksicht auf die Mitgliedschaft von Aktionären bewirkt wird und keine Verteilung des Bilanzgewinns ist.[260] Dementsprechend ist der Wortlaut des § 57 Abs. 1 S. 1 AktG insofern missverständlich, als er die Rückgewähr der „Einlagen" verbietet: Ob das Zurückgewährte eine Einlage i.S.v. § 54 AktG ist, spielt keine Rolle; es kommt überhaupt nicht auf den ursprünglichen Gegenstand der Einlagenleistung oder auf die Person des Leistenden an, sondern ausschließlich auf eine wertmäßige Beeinträchtigung des Gesellschaftsvermögens.[261]

Vor der Auflösung der Gesellschaft[262] darf nur der **Bilanzgewinn** der AG an die Aktionäre ausgeschüttet werden (§ 57 Abs. 3 AktG); jede andere Ausschüttung ist verboten. Weil ein etwaiges Agio[263] nicht Teil des Bilanzgewinns ist, sondern in die Kapitalrücklage einzustellen ist (§ 272 Abs. 2 Nr. 1 HGB), nimmt auch dieses Aufgeld an der Kapitalbindung teil.[264]

Das Gesetz ordnet einige **Ausnahmen** von dem in § 57 Abs. 1 S. 1, Abs. 3 AktG verankerten Verbot der Einlagenrückgewähr an:[265] Es gilt nicht für die Zahlung des Erwerbspreises beim zulässigen Erwerb eigener Aktien (§ 57 Abs. 1 S. 2 AktG) und für Leistungen, die bei Bestehen eines Beherrschungs- oder Gewinnabführungsvertrags (§ 291 AktG) erfolgen oder durch einen vollwertigen Gegenleistungs- oder Rückgewähranspruch gegen den Aktionär gedeckt sind (§ 57 Abs. 1 S. 3 AktG). Ferner ist § 57 Abs. 1 S. 1 AktG nicht anzuwenden auf die Rückgewähr eines Aktionärsdarlehens und Leistungen auf Forderungen aus Rechtshandlungen, die einem Aktionärsdarlehen wirtschaftlich entsprechen (§ 57 Abs. 1 S. 4 AktG). Nicht als Verstoß gegen die strenge Kapitalbindung gelten weiterhin die Rückzahlung nach einer ordentlichen Kapitalherabsetzung (§ 222 Abs. 3 AktG) und die Einziehung von Aktien (§ 237 Abs. 2 AktG).

---

258 Gleichwohl geschlossene Verpflichtungsverträge sind nicht nach § 134 BGB nichtig, weil § 57 AktG zwar ein Verbotsgesetz enthält, ein Verstoß gegen diese gesetzliche Regelung aber die Rechtsfolgen des § 62 AktG – „ein anderes" i.S.v. § 134 BGB – auslöst (BGH, Urt. v. 12.03.2013 – II ZR 179/12, NJW 2013, 1742, Rn. 14 ff.
259 Zum Folgenden: Bitter/Heim § 3 Rn. 189.
260 Hüffer/Koch § 57 Rn. 2.
261 Bitter ZHR 168 (2004), 302, 308 ff.; Hüffer/Koch § 57 Rn. 2.
262 Siehe hierzu Rn. 111 ff.
263 Zum Begriff des Agios siehe Rn. 102.
264 Bitter/Heim § 3 Rn. 189.
265 Bitter/Heim § 3 Rn. 190.

Verbotswidrige Ausschüttungen lösen einen verschuldensunabhängigen **Rückgewähranspruch der AG gegen den Aktionär** aus (§ 62 Abs. 1 S. 1 AktG), soweit die Beträge nicht gutgläubig als Gewinnanteile bezogen wurden (§ 62 Abs. 1 S. 2 AktG). § 62 Abs. 1 S. 1 AktG begründet einen spezifisch aktienrechtlichen Rückgewähranspruch, der als spezialgesetzliche Regelung das Bereicherungsrecht und dessen Privilegierungen (§§ 814, 817 S. 2, 818 Abs. 3 BGB) verdrängt.[266] In keinem Fall kann sich der Aktionär auf Entreicherung berufen.[267] Das Gesellschaftsvermögen ist grundsätzlich so herzustellen, wie es ohne die verbotswidrige Leistung bestanden hätte.[268]

II. Erwerb eigener Aktien (§ 71 AktG)

Der (entgeltliche) Erwerb eigener Aktien durch die AG stellt wirtschaftlich eine Ausschüttung an die Aktionäre in Gestalt der Kaufpreiszahlung und damit im Grundsatz ebenfalls einen **Verstoß gegen das Ausschüttungsverbot des § 57 Abs. 1 S. 1 AktG** dar. Kommt es mit der Insolvenz der AG zum Ernstfall für die Gläubiger, sind die erworbenen eigenen Aktien – im Gegensatz zu sonstigen Beteiligungen – wertlos und taugen deshalb nicht zur Gläubigerbefriedigung.[269] Der Erwerb eigener Aktien ist kein bloßer Aktiventausch (Geld gegen Wertpapiere). Aus diesem Grund verbietet § 71 AktG den Erwerb eigener Aktien, wenn nicht einer der dort abschließend aufgezählten, hier nicht näher thematisierten Ausnahmetatbestände vorliegt. In den meisten dieser Fälle ist der Erwerb eigener Aktien gemäß § 71 Abs. 2 S. 2 AktG nur zulässig, wenn der Rückkauf aus dem ausschüttungsfähigen Vermögen der AG finanziert werden kann.

109

Ein Verstoß gegen § 71 Abs. 1 u. 2 AktG macht den (dinglichen) Erwerb eigener Aktien nicht unwirksam (§ 71 Abs. 4 S. 1 AktG), führt aber zur **Nichtigkeit des Kausalgeschäfts** (§ 71 Abs. 4 S. 2 AktG) und verpflichtet die AG dazu, die Aktien binnen Jahresfrist zu veräußern (§ 71 c Abs. 1 AktG). Ferner verstößt die Kaufpreiszahlung gegen § 57 Abs. 1 S. 1 AktG, weil kein zulässiger Erwerb i.S.v. § 57 Abs. 1 S. 2 AktG vorliegt, sodass der Aktionär zur Rückerstattung verpflichtet ist (§ 62 Abs. 1 S. 1 AktG) und seinerseits aus Bereicherungsrecht die Rückübertragung der Aktien verlangen kann.[270]

C. Kapitalerhöhung und Kapitalherabsetzung

Es kann aus unterschiedlichen Gründen das Bedürfnis entstehen, das Grundkapital zu erhöhen oder – bis zur Untergrenze des § 7 AktG – herabzusetzen. Dies stellt eine **Satzungsänderung** darf und erfordert daher einen Beschluss der Hauptversammlung (§ 119 Abs. 1 Nr. 6 AktG), der neben einer Stimmenmehrheit nach § 133 Abs. 1 AktG teilweise einer qualifizierten Mehrheit von ¾ des bei der Beschlussfassung vertretenen Grundkapitals (vgl. § 182 Abs. 1 S. 1 AktG) bedarf. Das Gesetz unterscheidet jeweils grundlegend die Fälle der effektiven und der nominellen Kapitalerhöhung bzw. -herabsetzung.[271]

110

---

[266] Hüffer/Koch § 62 Rn. 2.
[267] Bitter/Heim § 3 Rn. 192.
[268] BGH, Urt. v. 12.03.2012 – II ZR 179/12, NJW 2013, 1742, Rn. 19.
[269] Hier und zum Folgenden: Bitter/Heim § 3 Rn. 194 f.
[270] Bitter/Heim § 3 Rn. 195.
[271] Zum Folgenden: Bitter/Heim. § 3 Rn. 199 ff.

Unter einer **effektiven Kapitalerhöhung** versteht man die Kapitalerhöhung gegen Einlagen. Bei ihr sind auf neu ausgegebene Aktien (vgl. § 182 Abs. 1 S. 4 AktG) Einlagen zu leisten. Es kommt daher zu einer tatsächlichen Mittelzuführung an die AG. Dabei sind drei Möglichkeiten zu unterscheiden: die ordentliche Kapitalerhöhung gegen Einlagen (§§ 182 ff. AktG), die bedingte Kapitalerhöhung (§§ 192 ff. AktG) und das genehmigte Kapital (§§ 202 ff. AktG).

Die **nominelle Kapitalerhöhung** ist demgegenüber eine Kapitalerhöhung aus Gesellschaftsmitteln (§§ 207 ff. AktG). Bei ihr werden vorhandene Rücklagen in Grundkapital umgewandelt. Das Sollkapital (= Grundkapital) wird an das Istkapital (= bisheriges Grundkapital + Rücklagen) angepasst.

Eine **effektive Kapitalherabsetzung** erfolgt im Wege einer ordentlichen Kapitalherabsetzung (§§ 222 ff. AktG) oder durch Einziehung von Aktien (§§ 237 ff. AktG). In beiden Fällen wird das Grundkapital herabgesetzt, indem Aktien eingezogen und Einlagen an die Aktionäre zurückgezahlt werden. Es kommt also zu einem tatsächlichen Mittelabfluss aus der AG.

Eine **nominelle Kapitalherabsetzung** erfolgt regelmäßig als vereinfachte Kapitalherabsetzung gemäß §§ 229 ff. AktG. Ziel dieser Maßnahme ist eine Reduzierung des Grundkapitals, um nach Verlusten der AG zukünftige Dividendenauszahlungen zu ermöglichen. Zu diesem Zweck wird das Sollkapital (= Grundkapital) bilanziell an das Istkapital (= Grundkapital – Verluste) angepasst.

Als **Kapitalschnitt** bezeichnet man die Kombination aus nomineller Kapitalherabsetzung und effektiver Kapitalerhöhung. Diese Maßnahme wird insbesondere in Sanierungsfällen ergriffen: Die bisherigen Aktionäre tragen den Verlust der AG durch die nominelle Herabsetzung des Grundkapitals auf den Betrag des nach Verlusten tatsächlich noch vorhandenen Kapitals. Anschließend bringen neue Aktionäre – die freilich mit den alten Aktionären personenidentisch sein können – frisches Kapital im Wege der Einlage ein. Werden anschließend wieder Gewinne (Jahresüberschüsse) erzielt, führen diese zu einem ausschüttungsfähigen Bilanzgewinn (§§ 57 Abs. 3, 58 Abs. 4 AktG), weil infolge der Kapitalherabsetzung frühere Verluste eliminiert und daher nicht gemäß § 158 Abs. 1 Nr. 1 AktG vom Jahresüberschuss in Abzug zu bringen sind.

5. Abschnitt: Die Auflösung und Abwicklung der AG

111 Im Rahmen der Beendigung einer AG sind drei Schritte zu unterscheiden:[272]

112 Zunächst wird die AG in den Fällen des § 262 AktG **aufgelöst**. Die AG bleibt als Rechtsträger und juristische Person bestehen. Es ändert sich aber der Zweck der Gesellschaft, der nicht mehr auf den Betrieb eines Unternehmens (werbende Gesellschaft), sondern nunmehr auf die Abwicklung der AG (Abwicklungsgesellschaft) gerichtet ist. Damit der Rechtsverkehr diese Änderung des Unternehmenszwecks erkennen kann, ist die Auflösung zur Eintragung ins Handelsregister anzumelden (§ 263 AktG) und ein klarstellender Zusatz zur Firma („in Liquidation" bzw. kurz „i. L.") zu verwenden.

---

272 Zum Folgenden: Bitter/Heim § 3 Rn. 219 ff.

Den zweiten Schritt bildet die **Abwicklung** (Liquidation) der Gesellschaft. Sie dient dazu, das Vermögen der AG zu Geld zu machen (zu liquidieren) und die Gläubiger der AG zu befriedigen. Erst wenn alle Gläubiger befriedigt sind, wird das verbleibende Vermögen unter den Aktionären aufgeteilt (§ 271 AktG). Damit die Gläubiger genügend Zeit zur Anmeldung ihrer Forderungen haben, darf dies frühestens ein Jahr (sog. Sperrjahr) nach der Bekanntmachung des Aufrufs der Gläubiger (§ 267 AktG) erfolgen (§ 272 Abs. 1 AktG). Mit der Verteilung an die Aktionäre endet die Abwicklung. Dies haben die Abwickler (§ 265 AktG) zur Eintragung ins Handelsregister anzumelden (§ 273 Abs. 1 S. 1 AktG).

113

Auf die Anmeldung der Abwickler hin ist die Gesellschaft zu löschen (§ 273 Abs. 1 S. 2 AktG). Eine **Vollbeendigung** der Gesellschaft als Rechtsträger und juristische Person setzt jedoch neben der Löschung im Handelsregister noch deren Vermögenslosigkeit voraus (sog. Lehre vom Doppeltatbestand).[273]

114

6. Abschnitt: Die Kommanditgesellschaft auf Aktien

Die Kommanditgesellschaft auf Aktien (KGaA) ist eine Mischform mit Elementen der AG und der KG. Sie ist – wie die AG – juristische Person, unterscheidet sich von dieser jedoch dadurch, dass es neben den (Kommandit-)Aktionären mindestens einen persönlich haftenden Gesellschafter gibt, dessen Stellung der eines Komplementärs in einer KG ähnlich ist. Auf die KGaA finden die Vorschriften des ersten Buches des Aktiengesetzes Anwendung, soweit sich nicht aus den §§ 278 ff. AktG etwas anderes ergibt.

115

Es ist auch zulässig, dass der persönlich haftende Gesellschafter einer KGaA eine juristische Person (z.B. eine GmbH) sein kann. Die danach zulässige GmbH & Co. KGaA ist für viele Unternehmen eine interessante Alternative zur AG.

---

[273] Scholz/K. Schmidt/Bitter, § 60 Rn. 56 ff.; vgl. auch § 394 FamFG: Löschung wegen Vermögenslosigkeit.

Die Aktiengesellschaft (AG)

Grundlagen

- Juristische Person (§ 1 Abs. 1 S. 1, 41 Abs. 1 S. AktG), Einpersonengesellschaft möglich
- Kapitalgesellschaft: In Aktien zerlegtes Grundkapital (§ 1 Abs. 2 AktG)
- Formkaufmann (§ 3 Abs. 1 AktG)

Entstehung

- Gründung in drei Schritten:
  - Gründungsentschluss: Vorgründungsgesellschaft
  - Feststellung der Satzung und Übernahme der Aktien: Vor-AG
  - Eintragung in das Handelsregister: „fertige" AG
- Umwandlung

Organisation

- Aktionäre: „Eigentümer" der AG
- Hauptversammlung (§§ 118 ff. AktG): Willensbildungsorgan der Aktionäre
- Vorstand (§§ 76 ff. AktG): Leitung und Geschäftsführung sowie (organschaftliche) Vertretung der AG; frei von Weisungen der Aktionäre
- Aufsichtsrat (§§ 95 ff. AktG): notwendiges Organ der AG; Überwachung, Kontrolle und Beratung des Vorstands

Finanzverfassung

- Für Verbindlichkeiten der AG haftet nur das Gesellschaftsvermögen (§ 1 Abs. 1 S. 2 AktG).
- Haftungskonzentration auf Gesellschaftsvermögen ab Eintragung der AG (§ 41 Abs. 1 S. 1 AktG).
- Grundsatz der realen Kapitalaufbringung: Ein der Grundkapitalziffer entsprechendes Vermögen muss tatsächlich aufgebracht und der Gesellschaft zugeführt werden.
  - Inferent darf nicht von seiner Einlagepflicht befreit werden (§ 66 Abs. 1 S. 1 AktG).
- Grundsatz der Kapitalerhaltung: Ein der Grundkapitalziffer entsprechendes Vermögen muss nicht nur tatsächlich aufgebracht werden, sondern auch erhalten bleiben.
  - Grundsatz der strengen Kapitalbindung (§§ 57, 62 AktG)
  - Verbot des Erwerbs eigener Aktien (§ 71 AktG)

Auflösung und Abwicklung

- Auflösung (§§ 262, 263 AktG)
- Abwicklung (Liquidation, §§ 264 ff. AktG)
- Vollbeendigung: Löschung im Handelsregister und Vermögenslosigkeit (Lehre vom Doppeltatbestand)

4. Teil: Die Gesellschaft mit beschränkter Haftung (GmbH)

1. Abschnitt: Grundlagen

A. Juristische Person

Eine GmbH kann zu jedem gesetzlich zulässigen Zweck durch eine oder mehrere Personen errichtet werden (§ 1 GmbHG). Wie bei der AG gibt es also auch bei der GmbH die Möglichkeit einer Einpersonengesellschaft. Die GmbH ist – ebenso wie die AG – eine **juristische Person** mit eigener Rechtspersönlichkeit (§ 13 Abs. 1 GmbHG).[274] Sie kann „als solche" Träger aller Rechten und Pflichten sein, die sich nicht notwendigerweise auf natürliche Personen beziehen,[275] ist also rechtsfähig und damit auch parteifähig (§ 50 Abs. 1 ZPO), prozessfähig (§ 52 ZPO) und insolvenzfähig (§ 11 Abs. 1 S. 1 InsO).

116

B. Kapitalgesellschaft

Die GmbH ist – ebenso wie die AG – eine Kapitalgesellschaft. Das **Kapital** verschafft der GmbH die finanzielle Grundlage für die unternehmerische Tätigkeit und sichert den Bestands- und den Gläubigerschutz.[276]

117

Das **Stammkapital** ist eine in der Satzung ausdrücklich festgelegte, auf volle Euro lautende Ziffer und bestimmt die Summe von Geld oder geldwerten Einlagen, die von den Gesellschaftern der GmbH mindestens zu erbringen sind.[277] Das Stammkapital der Gesellschaft, das ihren Gläubigern als Haftungsfonds zum Ausgleich für die fehlende persönliche Haftung der Gesellschafter und der Gesellschaft zugleich als Betriebsvermögensreserve zu dienen bestimmt ist,[278] muss mindestens 25.000 € betragen (§ 5 Abs. 1 GmbHG). Dieser Mindestbetrag darf auch durch spätere Kapitalherabsetzung grundsätzlich nicht unterschritten werden (§ 58 Abs. 2 S. 1 GmbHG). Jenseits des Mindeststammkapitals steht die Form der Finanzierung den Gesellschaftern frei; sie kann z.B. auch durch Rücklagen oder Gesellschafterdarlehen erfolgen.[279]

118

In der Bilanz der GmbH ist das Stammkapital auf der Passivseite als gezeichnetes Kapital auszuweisen (§ 42 Abs. 1 GmbHG i.V.m. § 266 Abs. 3 A.I. HGB).

Der **Geschäftsanteil** ist der mitgliedschaftliche Anteil des einzelnen Gesellschafters. Er kann – anders als Aktien – nicht in einem handelbaren Wertpapier verbrieft werden, ist aber – wie Aktien – Ausdruck der Mitgliedschaft in der GmbH und bündelt alle aus ihr folgenden Rechte und Pflichten.[280] Der Nennwert des Geschäftsanteils, der auf volle Euro lauten muss (§ 5 Abs. 2 S. 1 GmbHG),[281] bestimmt – von Sonderregeln in der Satzung abgesehen – die Summe seiner Rechte und Pflichten im Verhältnis zur GmbH und

119

---

[274] Bitter/Heim § 4 Rn. 1.
[275] MünchKomm-GmbHG/Merkt § 13 Rn. 4.
[276] Lutter/Hommelhoff/Bayer § 5 Rn. 1.
[277] Lutter/Hommelhoff/Bayer § 5 Rn. 2.
[278] MünchKomm-GmbHG/Schwandtner § 5 Rn. 27.
[279] Lutter/Hommelhoff/Bayer § 5 Rn. 5.
[280] Bitter/Heim § 4 Rn. 15. Der Geschäftsanteil ist u. a. für die Gewinnverteilung (§ 29 Abs. 3 S. 1 GmbHG), das Stimmrecht (§ 47 Abs. 2 GmbHG) und die Verteilung des Liquidationserlöses (§ 72 S. 1 GmbHG) maßgeblich.
[281] Es gilt analog § 9 Abs. 1 AktG das Verbot der Unterpariemission (Lutter/Hommelhoff/Bayer § 5 Rn. 8).

zu den anderen Gesellschaftern.²⁸² Jeder Gesellschafter muss mindestens einen Geschäftsanteil und damit die Verpflichtung zu einer Leistung auf das Stammkapital an die GmbH übernehmen (§§ 3 Abs. 1 Nr. 4, 14 S. 1 GmbHG), denn die Mitgliedschaft in der GmbH als Kapitalgesellschaft ist zwingend mit einer Beteiligung an der Aufbringung des Stammkapitals verbunden.²⁸³ Die Höhe der Nennbeträge der einzelnen Geschäftsanteile kann verschieden bestimmt werden (§ 5 Abs. 3 S. 1 GmbHG); ihre Summe muss mit der Ziffer des Stammkapitals übereinstimmen (§ 5 Abs. 3 S. 2 GmbHG). Ein Gesellschafter kann bei Errichtung der Gesellschaft mehrere Geschäftsanteile übernehmen (§ 5 Abs. 2 S. 2 GmbHG). Sämtliche Geschäftsanteile sind in der Gesellschafterliste zu nummerieren (§§ 8 Abs. 1 Nr. 3, 40 Abs. 1 S. 1 GmbHG).

Die GmbH kann im Rahmen der Gründung keinen Geschäftsanteil an sich selbst übernehmen (**Verbot der Selbstzeichnung**).²⁸⁴ Hierfür fehlt zwar eine § 56 AktG entsprechende ausdrückliche Bestimmung im Gesetz. Die Leistung einer Einlage an sich selbst würde jedoch das Vermögen der Gesellschaft nicht erhöhen und widerspräche dem Gebot der realen Kapitalaufbringung. Nach der Gründung richtet sich die Zulässigkeit des Erwerbs eigener Anteile nach § 33 GmbHG.

120 **Stammeinlage** ist der in Euro ausgedrückte Betrag, den der einzelne Gesellschafter als Einlage auf das Stammkapital zu erbringen hat. Der Begriff der „Stammeinlage" ist im Zuge des MoMiG²⁸⁵ weitgehend durch den Begriff „Nennbetrag des Geschäftsanteils" ersetzt worden (vgl. §§ 3 Abs. 1 Nr. 4; 5; 14 GmbHG).²⁸⁶

121 Für die Verbindlichkeiten der GmbH haftet den Gläubigern der Gesellschaft nur das Gesellschaftsvermögen (§ 13 Abs. 2 GmbHG). Eine persönliche Haftung der Gesellschafter für Verbindlichkeiten der Gesellschaft ist grundsätzlich ausgeschlossen (sog. **Trennungsprinzip**).²⁸⁷

Die Beschränkung der Haftung auf das Vermögen der Gesellschaft ist keine notwendige Folge der Rechtspersönlichkeit der GmbH, wie das Beispiel der KGaA²⁸⁸ zeigt, sondern beruht allein auf der gesetzlichen Anordnung in § 13 Abs. 2 GmbHG.

Den durch das Trennungsprinzip erforderlichen **Schutz der Gläubiger** der Gesellschaft versucht das Gesetz dadurch zu gewährleisten, dass es eine ausreichende Haftungssubstanz bei der unbeschränkt mit ihrem gesamten Vermögen haftenden GmbH sichert. Hierzu dienen insbesondere Maßnahmen zur Kapitalaufbringung und -erhaltung (§§ 7–9 c, 19–28, 30–32 GmbHG sowie § 39 InsO) und die Insolvenzantragspflicht der Geschäftsführer bei Zahlungsunfähigkeit und/oder Überschuldung der Gesellschaft (§ 15 a InsO).

Die Gesellschafter einer GmbH haften für Gesellschaftsverbindlichkeiten im Außenverhältnis gegenüber den Gesellschaftsgläubigern – anders als im Aktienrecht (§§ 57, 58, 60, 62 AktG) – auch dann nicht, wenn sie der Gesellschaft Vermögen entnehmen. Dies gilt selbst dann, wenn das (entnommene) Vermögen gemäß § 30 Abs. 1 GmbHG zur Er-

---

282 Lutter/Hommelhoff/Bayer § 5 Rn. 3.
283 MünchKomm-GmbHG/Schwandtner § 5 Rn. 39.
284 Hier und zum Folgenden: MünchKomm-GmbHG/Schwandtner § 5 Rn. 40.
285 Gesetz zur Modernisierung des GmbH-Rechts und zur Bekämpfung von Missbräuchen (MoMiG) vom 23.10.2008, BGBl. I S. 2026.
286 Lutter/Hommelhoff/Bayer § 5 Rn. 4.
287 Hierzu und zum Folgenden: MünchKomm-GmbHG/Merkt § 13 Rn. 332 ff.
288 Zu dieser unter Rn. 115.

haltung des Stammkapitals erforderlich ist. In diesem Fall **haften die Gesellschafter** ebenso wie für rückständige Stammeinlagen oder Nachschüsse **nur der Gesellschaft gegenüber** nach den §§ 19, 24, 26, 31 GmbHG. Gläubiger der GmbH haben nur mittelbar durch Pfändung in das Gesellschaftsvermögen gemäß §§ 829, 835 ff. ZPO Zugriff auf diese Ansprüche der Gesellschaft gegen ihre Gesellschafter.

Eine unmittelbare **Haftung der Gesellschafter aus selbstständigem Verpflichtungsgrund** wird durch § 13 Abs. 2 GmbHG aber nicht ausgeschlossen. Jeder Gesellschafter kann beispielsweise die Mithaftung für Verbindlichkeiten der Gesellschaft durch Bürgschaft, Garantieversprechen, Schuldbeitritt und dergleichen übernehmen. Teilweise wird in diesem Zusammenhang von einem „unechten Haftungsdurchgriff" gesprochen.[289] Auch aus allgemeinen Rechtsscheinsgrundsätzen kann sich die unmittelbare Haftung eines Gesellschafters ergeben.

Beispiel: Handeln unter der Firma der Gesellschaft ohne Verwendung des gesetzlich vorgeschriebenen GmbH-Zusatzes.

Das Trennungsprinzip zwischen GmbH als selbstständiger juristischer Person und den Gesellschaftern gilt jedoch nicht ausnahmslos. Einschränkungen und Ausnahmen werden unter dem Schlagwort **Durchgriff** diskutiert.[290] Dabei werden die Durchgriffskonstellationen grob in zwei Kategorien geteilt, nämlich den (echten) Haftungsdurchgriff (auch Durchgriffshaftung genannt) und den Zurechnungsdurchgriff.[291]

122

Beim (echten) **Haftungsdurchgriff** geht es um Fälle, in denen ein Gesellschafter auch ohne besonderen Verpflichtungsgrund wegen Missbrauchs der Rechtsform der GmbH[292] oder Vermischung von Gesellschafts- und Privatvermögen durch undurchsichtige Buchführung oder auf sonstige Weise für Verbindlichkeiten der Gesellschaft neben dieser haftet. Nach diesem höchst umstrittenen Haftungsansatz[293] wird in Einzelfällen das in § 13 Abs. 2 GmbHG angeordnete Prinzip der haftungsrechtlichen Trennung zwischen Gesellschaft (GmbH) und Gesellschafter durchbrochen, dem Gesellschafter also das Privileg der Haftungsbeschränkung abgesprochen. Hierdurch kommt es zu einem „Durchgriff" auf die „hinter" der GmbH stehenden Gesellschafter, die persönlich für die Gesellschaftsverbindlichkeiten einzustehen haben.

Beim **Zurechnungsdurchgriff** geht es um die Frage, ob und unter welchen Voraussetzungen bestimmte Eigenschaften, Kenntnisse oder sonst rechtserhebliche Umstände aufseiten des Gesellschafters der Gesellschaft zugerechnet werden können oder müssen bzw. inwieweit sich der Gesellschafter umgekehrt das Vorliegen solcher Umstände aufseiten der Gesellschaft zurechnen lassen kann oder muss. Der Sache nach geht es hierbei um die Auslegung von Zurechnungsnormen.

Beispiel 1: Ein die GmbH beherrschender Gesellschafter, der Vertragspartner der Gesellschaft täuscht, steht „im Lager" der Gesellschaft und ist nicht Dritter i.S.v. § 123 Abs. 2 BGB.[294]

Beispiel 2: Auch über einen gutgläubigen Fremdgeschäftsführer kann ein Gesellschafter seiner GmbH einen ihm tatsächlich nicht gehörenden Gegenstand nicht wirksam im Wege des gutgläubigen Eigentumserwerbs (§§ 892, 932 ff. BGB, 366 HGB) übereignen, weil es an einem Verkehrsgeschäft fehlt.[295]

---

289 Scholz/Bitter § 13 Rn. 73, 90.
290 Zu den Fallgruppen der sog. Durchgriffshaftung siehe Bitter ZInsO 2010, 1561, 1578 ff.
291 Hierzu und zum Folgenden: Scholz/Bitter § 13 Rn. 55 ff.; MünchKomm-GmbHG/Merkt § 13 Rn. 343 ff.
292 BGH, Urt. v. 10.12.2007 – II ZR 239/05, NZG 2008, 670, Rn. 15; BGH, Urt. v. 28.04.2008 – II ZR 264/06, NJW 2008, 2437, Rn. 21.
293 Der BGH hat die Durchgriffshaftung auf eine analoge Anwendung des § 128 HGB gestützt (BGH, Urt. v. 14.11.2005 – II ZR 178/03, NJW 2006, 1344, Ls. 1; BGH, Urt. v. 07.01.2008 – II ZR 314/05, NZG 2008, 187, Rn. 16).
294 MünchKomm-GmbHG/Merkt § 13 Rn. 347.
295 MünchKomm-GmbHG/Merkt § 13 Rn. 351.

Der BGH hat eine Durchgriffshaftung wegen **materieller Unterkapitalisierung** abgelehnt.[296] Für eine solche im Wege richterlicher Rechtsfortbildung zu begründende Haftung sei mangels einer im gesetzlichen System des GmbHG bestehenden Gesetzeslücke kein Raum. Eine über die Aufbringung des gesetzlichen Stammkapitals und die anschließende Gewährleistung seiner Erhaltung hinausgehende Finanzausstattungspflicht des Gesellschafters sei systemwidrig und würde letztlich die Gesellschaftsform der GmbH selbst infrage stellen. Überdies habe der Gesetzgeber bei der Unternehmergesellschaft die Möglichkeit eines geringen Stammkapitals geschaffen und weiterhin bewusst auf eine gesetzlich normierte Unterkapitalisierungshaftung verzichtet.

In der früheren Rechtsprechung hat der BGH eine Durchgriffshaftung gemäß § 826 BGB wegen eines **existenzvernichtenden Eingriffs** bejaht. Die Existenzvernichtungshaftung besteht für missbräuchliche, zur Insolvenz der GmbH führende oder diese vertiefende kompensationslose Eingriffe in das Gesellschaftsvermögen. Die neuere Rechtsprechung verneint eine Außenhaftung der Gesellschafter wegen existenzvernichtenden Eingriffs. Diese **Fallgruppe des § 826 BGB** führt danach nur zu einer **Innenhaftung** des Gesellschafters gegenüber der GmbH.

> **Fall 1: Trihotel**
>
> Die A-GmbH pachtete von dem B ein mit einem Hotel bebautes Grundstück und betrieb das Hotel. Gesellschafter der A-GmbH waren B zu 52% und dessen Ehefrau F zu 48%. B war zugleich der alleinige, von den Beschränkungen des § 181 BGB befreite Geschäftsführer. Im Jahr 2014 erwarb die M, die Mutter des B, sämtliche Geschäftsanteile an der J-GmbH und bestellte den B zum alleinigen, von den Beschränkungen des § 181 BGB befreiten Geschäftsführer. Auf die J-GmbH übertrug der B noch in dem gleichen Jahr seine Beteiligung an der A-GmbH. Später übertrug die M dem B sämtliche Anteile an der J-GmbH.
>
> Am 20.03.2016 kündigte der B als Verpächter den Pachtvertrag mit der A-GmbH. Das Grundstück verpachtete er an die J-GmbH. Die J-GmbH und die A-GmbH, beide vertreten durch den B, schlossen einen Geschäftsbesorgungsvertrag dahingehend, dass die A-GmbH die Management- und Organisationsaufgaben des Hotelbetriebs zu erledigen hatte und hierfür als Pauschalhonorar eine Umsatzbeteiligung von 40% der Hotelumsätze erhalten sollte.
>
> Im Lauf des Jahres 2016 verschlechterte sich die wirtschaftliche Situation der A-GmbH. Im Januar 2017 wurde das Insolvenzverfahren über ihr Vermögen eröffnet. Der Insolvenzverwalter verlangt von B Zahlung der zur Insolvenztabelle angemeldeten und anerkannten Forderungen in Höhe von 713.000 €. Er ist der Ansicht, mit der Kündigung der Pachtverträge und der Vereinbarung eines zu geringen Pauschalhonorars habe der B die Insolvenz der A-GmbH verursacht.

A. Der Insolvenzverwalter kann gemäß § 93 InsO die Ansprüche der Gläubiger aufgrund der persönlichen Haftung der Gesellschafter einer Gesellschaft ohne Rechtspersönlichkeit (GbR, oHG, KG) oder einer KGaA geltend machen. **Analog § 93 InsO** ist der

---

[296] BGH, Urt. v. 28.04.2008 – II ZR 264/06, NJW 2008, 2437, Rn. 17 ff.

Insolvenzverwalter befugt, eine etwaige **Durchgriffshaftung** der Gesellschafter einer GmbH für die Gläubiger geltend zu machen.[297]

I. Eine Durchgriffshaftung wegen Rechtsformmissbrauchs besteht nicht. Es ist nicht ersichtlich, dass B bei der Gründung oder der Geschäftsführung der GmbH deren Rechtsform missbraucht hat. Der ihm vorgeworfene Eingriff in das Gesellschaftsvermögen ist kein Missbrauch der Rechtsform der GmbH.[298] Auch eine Vermögensvermischung ist nicht ersichtlich.

II. In Betracht kommt eine Durchgriffshaftung wegen eines existenzvernichtenden Eingriffs.

1. Nach der früheren Rechtsprechung des BGH hatte ein existenzvernichtender Eingriff in das Gesellschaftsvermögen zur Folge, dass dem handelnden Gesellschafter der Einwand des § 13 Abs. 2 GmbHG versagt wurde und er den Gläubigern der GmbH unmittelbar haftete.[299]

2. In der neueren Rechtsprechung lehnt der BGH eine Durchgriffshaftung wegen existenzvernichtenden Eingriffs ab. Diese Fallgruppe einer vorsätzlichen sittenwidrigen Schädigung (§ 826 BGB) führe nicht zu einer Außenhaftung der Gesellschafter den Gläubigern gegenüber, sondern zu einer **Innenhaftung gegenüber der Gesellschaft**. Die Existenzvernichtungshaftung schließe eine Lücke im Kapitalschutzrecht der GmbH in Bezug auf Eingriffe, die nicht durch die §§ 30, 31 GmbH ausgeglichen werden können, weil sie in der für § 30 GmbHG maßgeblichen Stichtagsbilanz nicht oder nur ungenügend abgebildet werden oder bei denen eine Rückgewähr gemäß § 31 GmbHG eine Insolvenz nicht mehr verhindern kann. Schutzobjekt der Existenzvernichtungshaftung sei das Gesellschaftsvermögen selbst und nicht „mittelbar" die durch den Haftungsfonds geschützten Forderungen der Gläubiger. Eine Durchgriffshaftung des B scheidet danach aus.

B. Gemäß **§ 80 Abs. 1 InsO** kann der Insolvenzverwalter die **Rechte der Gesellschaft** geltend machen.

I. Der A-GmbH könnte gegen B ein Anspruch aus § 826 BGB wegen **existenzvernichtenden Eingriffs** zustehen.

1. Die Existenzvernichtungshaftung soll eine Lücke im Kapitalschutz für Eingriffe schließen, die nicht durch die §§ 30, 31 GmbHG ausgeglichen werden können. Die Haftung ist aber **nicht subsidiär** im Verhältnis zu den Ansprüchen aus §§ 30, 31 GmbHG. Die Haftung knüpft an einen einheitlichen, zur Insolvenz führenden Eingriff an. Deswegen kann sie nicht auf die Schließung von Haftungslücken beschränkt werden. Vielmehr umfasst der zu ersetzende Schaden auf der Rechtsfolgenseite einen nach §§ 30, 31 GmbHG bestehenden Erstattungsanspruch.[300]

---

297 BGH, Urt. v. 14.11.2005 – II ZR 178/03, NJW 2006, 1344, Ls. 1.
298 BGH, Urt. v. 16.07.2007 – II ZR 3/04, NJW 2007, 2689, Rn. 28 – Trihotel.
299 BGH, Urt. v. 20.09.2004 – II ZR 302/02, NJW 2005, 145.
300 BGH, Urt. v. 16.07.2007 – II ZR 3/04, NJW 2007, 2689, Rn. 39 – Trihotel.

2. **Adressaten** der Haftung sind zunächst die Gesellschafter der GmbH. Darüber hinaus trifft die Haftung auch denjenigen, der zwar nicht an der geschädigten GmbH, wohl aber an einer Gesellschaft beteiligt ist, die ihrerseits Gesellschafter der GmbH ist (Gesellschafter-Gesellschafter). Dies gilt jedenfalls dann, wenn er einen beherrschenden Einfluss auf die geschädigte Gesellschaft ausüben kann.[301] B war bei Abschluss des Geschäftsbesorgungsvertrages zwischen der A-GmbH und der J-GmbH alleiniger Gesellschafter der J-GmbH. Da diese einen 52%-Anteil an der A-GmbH hielt, war er Adressat der Existenzvernichtungshaftung. Auf eine eventuelle Haftungszurechnung gemäß § 830 BGB wegen einer Beteiligung kommt es nicht an.

3. Haftungsbegründend ist der **missbräuchliche, zur Insolvenz der GmbH führende** oder diese vertiefende kompensationslose **Eingriff** in das Gesellschaftsvermögen. Ein existenzvernichtender Eingriff könnte in dem Abschluss des Geschäftsbesorgungsvertrages zwischen der J-GmbH und der A-GmbH liegen. Er wäre zu bejahen, wenn die im Vertrag vorgesehene Umsatzbeteiligung von 40% derart unvertretbar niedrig war, dass eine Insolvenz der A-GmbH als Folge einer solchen Unangemessenheit bereits bei Vertragsschluss praktisch unausweichlich war.[302] Das ist jedoch im vorliegenden Fall nicht festgestellt (der BGH hat zur weiteren Prüfung an das Berufungsgericht zurückverwiesen).

Es liegt hier also kein existenzvernichtender Eingriff vor. Der A-GmbH steht kein Anspruch gegen B aus § 826 BGB zu.

II. Für einen Anspruch der A-GmbH gegen B aus §§ 30, 31 GmbHG wegen Rückzahlung der Einlage bestehen keine Anhaltspunkte.

III. Da B Geschäftsführer der A-GmbH war, kommt eine Haftung gemäß § 43 Abs. 2 GmbHG in Betracht. B müsste seine Pflichten als Geschäftsführer verletzt haben. Die Pflichtverletzung könnte in dem Abschluss des Geschäftsbesorgungsvertrages mit der J-GmbH liegen. Es steht aber nicht fest, dass die Umsatzbeteiligung von 40% unvertretbar niedrig war. Deshalb scheidet auch ein solcher Anspruch aus.

C. Formkaufmann

123 Die GmbH gilt gemäß **§ 13 Abs. 3 HGB** als Handelsgesellschaft im Sinne des HGB. Damit wird auf § 6 Abs. 1 HGB verwiesen, wonach die für Kaufleute geltenden Vorschriften auch auf Handelsgesellschaften Anwendung finden. Der Status der GmbH als Handelsgesellschaft wird damit unabhängig von dem eigentlichen Gegenstand des Unternehmens unwiderleglich vermutet. Auch eine GmbH mit ausschließlich ideeller oder sozialer Zwecksetzung ist somit Handelsgesellschaft und Kaufmann. Die GmbH ist deshalb ein sog. Formkaufmann.[303]

---

301 BGH, Urt. v. 16.07.2007 – II ZR 3/04, NJW 2007, 2689, Rn. 44 – Trihotel.
302 BGH, Urt. v. 16.07.2007 – II ZR 3/04, NJW 2007, 2689, Rn. 50 – Trihotel.
303 MünchKomm-GmbHG/Merkt § 13 Rn. 80.

§ 13 Abs. 3 GmbHG bezieht sich nur auf die GmbH als solche. Gesellschafter und Geschäftsführer der GmbH werden dadurch nicht zu Kaufleuten. Dies gilt selbst für den Alleingesellschafter einer Einpersonen-GmbH, der zugleich alleiniger Geschäftsführer ist.[304]

D. Gesellschaftsvertrag

I. Mindestinhalt

124 Der Gesellschaftsvertrag der GmbH (die „Satzung") muss gemäß **§ 3 Abs. 1 GmbHG** folgenden Mindestinhalt umfassen:

125 ■ Firma und Sitz der Gesellschaft (Nr. 1)

Die **Firma** der GmbH muss die Bezeichnung „Gesellschaft mit beschränkter Haftung" oder eine allgemein verständliche Abkürzung dieser Bezeichnung („GmbH") enthalten (§ 4 S. 1 GmbHG), damit die Haftungsbeschränkung (§ 13 Abs. 2 GmbHG) für den Rechtsverkehr erkennbar ist. Wird der die Haftungsbeschränkung kennzeichnende Zusatz weggelassen, trifft den in dieser Weise für die GmbH Auftretenden eine Rechtsscheinshaftung, weil für den Rechtsverkehr der Eindruck einer unbegrenzten persönlichen Haftung entstanden ist.[305]

126 **Sitz** der Gesellschaft ist der Ort im Inland, den der Gesellschaftsvertrag bestimmt (§ 4a GmbHG: Satzungssitz).

Von diesem Satzungssitz, der stets in Deutschland („im Inland") liegen muss, um die Gesellschaft in der deutschen Rechtsordnung zu verankern,[306] zu unterscheiden ist der Verwaltungssitz (= Ort der Geschäftsleitung) der GmbH, der auch im Ausland liegen kann.[307] Fallen Satzungs- und Verwaltungssitz auseinander, ist der Verwaltungssitz als Zweigniederlassung zu qualifizieren auch wenn es sich tatsächlich um die Hauptniederlassung handelt.[308] Die Sitzverlegung (= Verlegung des Satzungssitzes) ist eine Satzungsänderung und damit erst mit der Eintragung im Handelsregister wirksam (§ 54 GmbHG); das Verfahren richtet sich nach § 13 h HGB.[309]

127 ■ Gegenstand des Unternehmens (Nr. 2)

Unter dem **Gegenstand des Unternehmens** ist der konkrete Tätigkeitsbereich der GmbH zu verstehen. Dieser muss in der Satzung so exakt und individuell wiedergegeben werden, dass sich die beteiligten Verkehrskreise ein Bild vom Schwerpunkt der Tätigkeit machen können;[310] allgemeine Umschreibungen genügen nicht.[311] Als Satzungsbestandteil kann der Unternehmensgegenstand mit einer Mehrheit von ¾ der abgegebenen (und nach § 47 Abs. 2 GmbHG berechneten[312]) Stimmen geändert werden (§ 53 Abs. 2 S. 1 GmbHG); im Gesellschaftsvertrag können die Anforderungen an die Mehrheit nicht abgeschwächt, wohl aber verschärft werden (arg. § 53 Abs. 2 S. 2 GmbHG).[313]

---

304 BGH, Urt. v. 08.05.2005 – XI ZR 34/05, BGHZ 165, 43, 47 ff.; MünchKomm-GmbHG/Merkt § 13 Rn. 82.
305 Bitter/Heim § 4 Rn. 10; vgl. auch BGH, Urt. v. 12.06.2012 – II ZR 256/11, ZIP 2012, 1659 = RÜ 2012, 628 (Alpmann), Rn. 9 ff.: Rechtsscheinhaftung des Handelnden bei Zeichnung mit dem Rechtsformzusatz „GmbH" für UG (haftungsbeschränkt).
306 Franz/Laeger BB 2008, 678, 679; Preuß GmbHR 2007, 57, 58 f.
307 Bitter/Heim § 4 Rn. 11.
308 Lutter/Hommelhoff/Bayer § 4a Rn. 1; Heckschen, DStR 2009, 166, 168.
309 Lutter/Hommelhoff/Bayer § 4a Rn. 7.
310 BGH, Beschl. v. 16.03.1992 – II ZB 17/91, NJW 1992, 1824, 1826.
311 Lutter/Hommelhoff/Bayer § 3 Rn. 9.
312 Lutter/Hommelhoff/Bayer § 53 Rn. 13.
313 Lutter/Hommelhoff/Bayer § 53 Rn. 13.

Der Unternehmensgegenstand ist abzugrenzen vom **Zweck der Gesellschaft** (§ 1 GmbHG), der im Innenverhältnis die Geschäftsgrundlage der Gesellschaft bildet und das Endziel beschreibt, das die Gesellschafter durch die Gründung der GmbH erreichen wollen. Der Zweck der Gesellschaft muss nicht im Gesellschaftsvertrag festgelegt werden.[314] Einer Zweckänderung müssen alle Gesellschafter zustimmen (allgemeiner Rechtsgedanke aus § 33 Abs. 1 S. 2 BGB).[315]

- Betrag des Stammkapitals (Nr. 3)

- die Zahl und die Nennbeträge der Geschäftsanteile, die jeder Gesellschafter gegen eine Einlage auf das Stammkapital (Stammeinlage) übernimmt (Nr. 4)

II. Fakultativer Inhalt

128 Über den in § 3 Abs. 1 GmbHG aufgeführten zwingenden Mindestinhalt hinaus können die Gesellschafter als Ausfluss der Privatautonomie[316] eine Vielzahl von weiteren Fragen im Gesellschaftsvertrag regeln.[317] Zu unterscheiden ist der fakultative Satzungsinhalt gemäß § 3 Abs. 2 GmbHG vom weiteren fakultativen Satzungsinhalt außerhalb von § 3 Abs. 2 GmbHG.[318]

Soll das Unternehmen auf eine gewisse Zeit beschränkt sein[319] oder sollen den Gesellschaftern außer der Leistung von Kapitaleinlagen noch andere Verpflichtungen gegenüber der Gesellschaft auferlegt werden,[320] so bedürfen auch diese Bestimmungen der Aufnahme in den Gesellschaftsvertrag (**§ 3 Abs. 2 GmbHG**).

Über den Anwendungsbereich des § 3 Abs. 2 GmbHG hinaus können in den Gesellschaftsvertrag auch Sonderrechte für einzelne Gesellschafter sowie allgemeine Regelungen zur Organisation der GmbH aufgenommen werden.[321] Dabei gilt – anders als bei der AG (§ 23 Abs. 5 AktG) – nicht der Grundsatz der Satzungsstrenge. Die Gesellschafter können also in der Satzung der GmbH grundsätzlich von den Vorgaben des Gesetzes abweichen. Ausnahmsweise können aber auch Vorschriften des GmbHG zwingend sein;[322] diese unterliegen dann nicht der **grundsätzlichen Gestaltungsfreiheit** der Gesellschafter.

III. Mängel des Gesellschaftsvertrages

129 Wird eine GmbH in das Handelsregister eingetragen, obwohl im Gesellschaftsvertrag eine nach § 3 GmbHG zwingend erforderliche Bestimmung fehlt oder eine Satzungsregelung nichtig ist, kann dies zur Auflösung der Gesellschaft führen.[323]

---

314 Bitter/Heim § 4 Rn. 12, a.A. Lutter/Hommelhoff/Bayer § 3 Rn. 8.
315 Bitter/Heim § 4 Rn. 13.
316 Lutter/Hommelhoff/Bayer § 3 Rn. 21.
317 Hier und zum Folgenden: Bitter/Heim § 4 Rn. 16.
318 Lutter/Hommelhoff/Bayer § 3 Rn. 21.
319 Eine Zeitbeschränkung führt gemäß § 60 Abs. 1 Nr. 1 GmbHG bei Fristablauf zur Auflösung der Gesellschaft.
320 Im Gegensatz zum Aktienrecht (§§ 54, 55 AktG) bestehen bei der GmbH keine besonderen Schranken für Nebenleistungspflichten der Gesellschafter (Lutter/Hommelhoff/Bayer § 3 Rn. 24).
321 Lutter/Hommelhoff/Bayer § 3 Rn. 38.
322 Dies betrifft insbesondere Regelungen, die dem Schutz Dritter dienen, etwa § 30 GmbHG (Gläubigerschutz) und § 51 a GmbHG (Schutz von Minderheitsgesellschaftern).
323 Bitter/Heim § 4 Rn. 18.

Enthält der Gesellschaftsvertrag keine Bestimmungen über die Höhe des Stammkapitals (§ 3 Abs. 1 Nr. 3 GmbHG) oder über den Gegenstand des Unternehmens (§ 3 Abs. 1 Nr. 2 GmbHG) oder sind die Bestimmungen des Gesellschaftsvertrages über den Gegenstand des Unternehmens nichtig, so kann jeder Gesellschafter, jeder Geschäftsführer und, wenn ein Aufsichtsrat bestellt ist, jedes Mitglied des Aufsichtsrats im Wege der Klage beantragen, dass die Gesellschaft für nichtig erklärt wird (§ 75 Abs. 1 GmbHG: **Nichtigkeitsklage**). Wird einer solchen Klage stattgegeben, ist die Gesellschaft nicht von Anfang an unwirksam, sondern wird nach den Vorschriften über die Auflösung der Gesellschaft (§§ 65 ff. GmbHG)[324] abgewickelt (§ 77 GmbHG). Tatsächlich ist die „Nichtigkeitsklage" also eine Auflösungsklage.[325] Daneben kommt in den Fällen des § 75 Abs. 1 GmbHG eine Löschungsverfügung des Registergerichts gemäß § 397 FamFG in Betracht.

Fehlt eine Bestimmung über die Firma und/oder den Sitz der Gesellschaft (§ 3 Abs. 1 Nr. 1 GmbHG) oder die Geschäftsanteile (§ 3 Abs. 1 Nr. 4 GmbHG) oder ist eine hierzu getroffene Bestimmung oder eine solche über das Stammkapital (§ 3 Abs. 1 Nr. 3 GmbHG) nichtig, kann dies nach § 60 Abs. 1 Nr. 6 GmbHG i.V.m. einer **Feststellungsverfügung** des Registergerichts gemäß § 399 Abs. 1 u. 4 FamFG zur Auflösung der Gesellschaft führen.[326]

Niemals führt ein Mangel dazu, dass die eingetragene GmbH inexistent wird. Vielmehr ist sie durch ihre konstitutive Eintragung in das Handelsregister (§ 11 Abs. 1 GmbHG) wirksam und rechtsfähig; der Fehler kann – den **Grundsätzen der fehlerhaften Gesellschaft**[327] entsprechend – nur mit Wirkung für die Zukunft geltend gemacht werden.[328]

IV. Änderungen des Gesellschaftsvertrages

Eine Änderung des Gesellschaftsvertrages kann nur durch Beschluss der Gesellschafterversammlung erfolgen (§ 53 Abs. 1 GmbHG). Der Beschluss muss notariell beurkundet werden und mit einer Mehrheit von ¾ der abgegebenen Stimmen gefasst werden (§ 53 Abs. 2 S. 1 GmbHG). Der Gesellschaftsvertrag kann weitere Erfordernisse aufstellen (§ 53 Abs. 2 S. 2 GmbHG); insbesondere kann er die Mehrheitserfordernisse verschärfen (nicht absenken).[329] Die Änderung hat keine rechtliche Wirkung, bevor sie in das Handelsregister eingetragen ist (§ 54 Abs. 3 GmbHG). **130**

2. Abschnitt: Die Entstehung der GmbH

Eine GmbH entsteht – wie die AG – durch Gründung oder durch Umwandlung. **131**

A. Entstehung durch Gründung

Die Gründung kann durch eine oder mehrere Personen erfolgen (§ 1 GmbHG). **132**

---

[324] Siehe hierzu Rn. 209 ff.
[325] Bitter/Heim § 4 Rn. 19.
[326] Bitter/Heim § 4 Rn. 21.
[327] Hierzu ausführliche unter Rn. 228 ff. (zur GbR).
[328] Bitter/Heim § 4 Rn. 22.
[329] Bitter/Heim § 4 Rn. 23.

I. Das Gründungsverfahren

133 Das Gründungsverfahren gestaltet sich im Überblick wie folgt:[330]

(1) Die künftigen Gesellschafter beschließen formlos oder durch schriftlichen Vertrag, eine GmbH zu gründen (Gründungsentschluss). Hierdurch entsteht eine **Vorgründungsgesellschaft**.

(2) Die Gesellschafter schließen den Gesellschaftervertrag in notariell beurkundeter Form (§ 2 Abs. 1 S. 1 GmbHG). Hierdurch ist die GmbH errichtet. Es entsteht eine **Vor-GmbH**, die eine rechtsfähige Gesellschaft eigener Art (sui generis) ist.

(3) Die Gesellschafter bestellen die Geschäftsführer entweder im Gesellschaftsvertrag (§ 6 Abs. 3 S. 2 GmbHG) oder in einer Gesellschafterversammlung (§ 46 Nr. 5 GmbHG).

(4) Die Gesellschafter leisten die Mindesteinlagen gemäß § 7 Abs. 2 u. 3 GmbHG.

(5) Sämtliche Geschäftsführer (vgl. § 78 GmbHG) melden die Gesellschaft zur Eintragung ins Handelsregister an (§ 7 Abs. 1 GmbHG); der Inhalt der Anmeldung ergibt sich aus § 8 GmbHG.

(6) Das Registergericht prüft, ob die Gesellschaft ordnungsgemäß errichtet und angemeldet ist und ob Sacheinlagen nicht unwesentlich überbewertet wurden; ist dies nicht der Fall, so hat es die Eintragung abzulehnen (§ 9 c Abs. 1 GmbHG). Ist das Prüfungsergebnis hingegen positiv, wird die GmbH nach Maßgabe des § 10 GmbHG in das Handelsregister eingetragen. Hierdurch entsteht die GmbH als solche (§ 11 Abs. 1 GmbHG). Die Eintragung wirkt also konstitutiv. Die **„fertige" GmbH** ist mit der Vor-GmbH identisch (gleicher Rechtsträger); es findet ein identitätswahrender Wechsel der Rechtsform statt.

Bei der Gründung der AG lassen sich demnach im Wesentlichen **drei Phasen** unterscheiden:

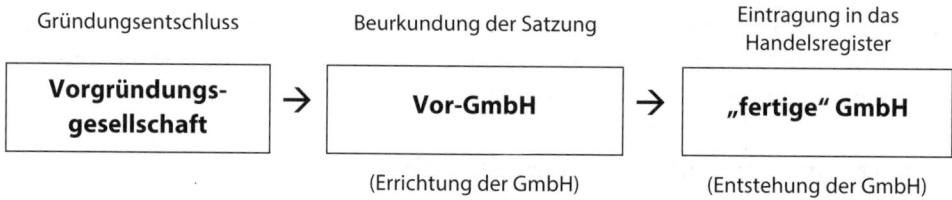

II. Haftung im Gründungsstadium

134 Für die Verbindlichkeiten der „fertigen" GmbH, die durch die Eintragung in das Handelsregister entstanden ist (§ 11 Abs. 1 GmbHG), haftet den Gläubigern der Gesellschaft (Außenverhältnis) grundsätzlich nur (noch) das Gesellschaftsvermögen (§ 13 Abs. 2 GmbHG). Für die Zeit vor der Entstehung der GmbH enthält das Gesetz – mit Ausnahme von § 11 Abs. 2 GmbHG – keine Vorgaben zu den Haftungsverhältnissen. Es war daher

---

330 Zum Folgenden: Bitter/Heim § 4 Rn. 7.

die Aufgabe der Rechtsprechung, ein Haftungskonzept zu entwickeln.[331] Den Ausgangspunkt der Überlegung bildet der Umstand, dass die Haftungsverfassung der (fertigen) GmbH vor deren Eintragung im Handelsregister nicht zur Anwendung kommen kann, weil die Gesellschaft noch nicht „also solche" (also als GmbH) besteht. Das bedeutet aber nicht, dass es bis zur Eintragung keine Gesellschaft geben kann. Im Gegenteil:

1. Die Vorgründungsgesellschaft

Sobald sich mehrere Gesellschafter mit dem Ziel, eine GmbH zu gründen, zusammenschließen, entsteht eine Vorgründungsgesellschaft.[332] Bei dieser handelt es sich um eine **GbR** (§§ 705 ff. BGB),[333] deren alleiniger Zweck in der Gründung einer GmbH besteht und die grundsätzlich reine Innengesellschaft ist.[334] Da der Gesellschaftsvertrag dieser GbR eine Verpflichtung zur Gründung einer GmbH enthält, ist er nur wirksam, wenn er notariell beurkundet ist (§ 2 GmbHG); andernfalls ist der Gründungsentschluss für die Gesellschafter nicht verpflichtend.[335]

135

Wenn die GmbH mit einem Gesellschafter als „Einmann-GmbH" gegründet werden soll, entsteht keine Vorgründungsgesellschaft, da es weder eine GbR noch eine oHG mit nur einem Gesellschafter gibt.[336] Die Vorgründungsgesellschaft ist also **keine notwendige Vorstufe** zur GmbH.

Die Frage nach der persönlichen Haftung der Gesellschafter für Verbindlichkeiten der Vorgründungsgesellschaft stellt sich – mit Ausnahme der Gründungskosten – nur, wenn diese Gesellschaft bereits vor der Eintragung der GmbH im Handelsregister rechtsgeschäftlich verpflichtet worden ist. Wird im Vorgründungsstadium ein Rechtsgeschäft im Namen einer „GmbH", einer „GmbH i. G." oder eine „Vor-GmbH" getätigt, wird nach den **Grundsätzen des unternehmensbezogenen Geschäfts**[337] grundsätzlich die Vorgründungsgesellschaft und nicht etwa die zukünftige Vor-GmbH oder GmbH berechtigt und verpflichtet.[338]

Eine derart nach außen hin in Erscheinung tretende Vorgründungsgesellschaft ist entweder als **(Außen-)GbR oder**, falls der Zweck der Gesellschaft auf den Betrieb eines Handelsgewerbes (§ 1 Abs. 2 HGB) gerichtet und die Geschäfte im Verhältnis zu Dritten bereits aufgenommen worden sind (vgl. § 123 Abs. 2 HGB), als **oHG** (§§ 105 ff. HGB) teilrechtsfähig. In beiden Fällen haften die Gesellschafter für die Verbindlichkeiten der Vorgründungsgesellschaft akzessorisch neben dieser gemäß **§ 128 HGB (analog)** persönlich als Gesamtschuldner.[339] Eine Handelndenhaftung gemäß § 11 Abs. 2 GmbHG[340] gibt es im Stadium der Vorgründungsgesellschaft aber nicht.[341]

---

331 Bitter/Heim § 4 Rn. 25.
332 MünchKomm-GmbHG/Merkt § 11 Rn. 103.
333 BGH, Urt. v. 07.05.1984 – II ZR 276/83, NJW 1984, 2164.
334 Bitter/Heim § 4 Rn. 26.
335 Bitter/Heim § 4 Rn. 27.
336 BGH, Urt. v. 10.07.1975 – II ZR 154/72, NJW 1975, 1774, 1775.
337 Nach diesen Grundsätzen wird das Handeln eines Vertreters dem Unternehmensträger grundsätzlich auch dann zugerechnet, wenn das Unternehmen nicht richtig bezeichnet wurde (G/E/S/Link § 11 Rn. 14).
338 BGH, Urt. v. 07.05.1984 – II ZR 276/83, NJW 1984, 2164.
339 Siehe Rn. 267 ff. (GbR) und Rn. 301 ff. (oHG).
340 Siehe hierzu Rn. 142.
341 BGH, Urt. v. 07.05.1984 – II ZR 276/83, NJW 1984, 2164, 2164 f.; Bitter/Heim § 4 Rn. 33.

Die Unterscheidung zwischen GbR und oHG ist im Hinblick auf die unterschiedlichen Vertretungsverhältnisse wichtig:[342] Während die GbR grundsätzlich nur durch alle Gesellschafter gemeinsam wirksam vertreten werden kann (§§ 709, 714 BGB), haben die Gesellschafter bei der oHG grundsätzlich Einzelvertretungsbefugnis (§ 125 HGB). Liegt eine GbR vor, kann außerdem der Umfang der Vertretungsmacht beschränkt sein; ist die Geschäftsführungsbefugnis (konkludent) auf bestimmte Geschäfte begrenzt, gilt dies gemäß § 714 BGB auch für die Vertretungsmacht. Bei der oHG ist eine Beschränkung der Vertretungsmacht im Außenverhältnis hingegen unwirksam (§ 126 Abs. 2 HGB).

Für die **Beendigung der Vorgründungsgesellschaft** gilt das Personengesellschaftsrecht. Wird die Satzung der GmbH beurkundet, hat die Vorgründungsgesellschaft ihren Zweck erreicht und wird gemäß § 726 BGB aufgelöst. Wurden im Namen der Vorgründungsgesellschaft Rechte und Pflichten begründet, muss sie gemäß §§ 730 ff. BGB liquidiert werden. Die Rechte und Pflichten gehen nicht automatisch auf die Vor-GmbH bzw. die spätere GmbH über, weil die **Vorgründungsgesellschaft nicht mit der Vor-GmbH und der späteren GmbH identisch** ist.

Eine Gestaltung, die eine sonst erforderliche Einzelübertragung von Aktiva und Passiva vermeidet, liegt darin, dass sämtliche Anteile an der Vorgründungsgesellschaft auf die Vor-GmbH übertragen werden: Weil es eine Personengesellschaft mit nur einem Gesellschafter nicht gibt, erlischt die Vorgründungsgesellschaft hierdurch ohne Liquidation und ihr gesamtes Vermögen geht im Wege der Gesamtrechtsnachfolge auf die Vor-GmbH als einzig verbleibende Gesellschafterin über („anwachsende Verschmelzung").[343]

Da die Vorgründungsgesellschaft nicht mit der Vor-GmbH und der späteren GmbH identisch ist, besteht die Haftung für die Verbindlichkeiten der Vorgründungsgesellschaft auch dann fort, wenn später eine Vor-GmbH bzw. GmbH entsteht.[344] Dies gilt sowohl für die Haftung der Vorgründungsgesellschaft als auch für die persönliche Haftung ihrer Gesellschafter. Etwas anderes gilt nur dann, wenn dies mit dem konkreten Gläubiger vertraglich vereinbart wurde.[345]

2. Die Vor-GmbH

136 Die Haftungsverfassung der Vor-GmbH versteht man am besten, wenn man sich ihr gedanklich in drei Schritten nähert. In einem ersten Schritt muss man sich das Verhältnis der Vor-GmbH zur späteren („fertigen") GmbH verdeutlichen. Sodann sollte man sich zunächst mit der für die „fertige" GmbH geltenden (Innen-)Haftung befassen, um anschließend in einem dritten und letzten Schritt die Haftung bei der Vor-GmbH erfassen zu können.

a) Das Verhältnis der Vor-GmbH zur „fertigen" GmbH

137 Die Vor-GmbH entsteht mit Abschluss des notariellen Gesellschaftsvertrages.[346] Sie ist eine **Gesellschaft eigener Art** (*sui generis*), auf die neben den Bestimmungen der Satzung auch die Vorschriften des GmbHG entsprechend anwendbar sind, soweit sie nicht gerade die Eintragung der GmbH voraussetzen oder aus einem sonstigen Grund mit

---

342 Hier und zum Folgenden: Bitter/Heim § 4 Rn. 31.
343 Bitter/Heim § 4 Rn. 36.
344 MünchKomm-GmbHG/Merkt § 11 Rn. 108.
345 Bitter/Heim § 4 Rn. 35.
346 Zum Folgenden: Bitter/Heim § 4 Rn. 38.

dem Gründungsstadium unvereinbar sind.[347] Die Vor-GmbH ist rechtsfähig; sie kann Träger von Rechten und Pflichten sein. Deshalb ist ihr Vermögen auch strikt von demjenigen ihrer Gesellschafter zu trennen. Sie hat im Rechtsverkehr einen auf das Gründungsstadium hindeutenden Zusatz zu führen („in Gründung"" bzw. „i. G."). Die Grundsätze des unternehmensbezogenen Geschäfts gelten auch in diesem Stadium der GmbH-Gründung, d.h. Erklärungen für die Gesellschaft gelten im Zweifel als für die Vor-GmbH abgegeben, auch wenn diese fälschlicherweise bereits als „GmbH" bezeichnet wird.[348]

Die **„fertige" GmbH ist mit der Vor-GmbH identisch** (Kontinuitätsprinzip).[349] Die „fertige" GmbH ist dieselbe juristische Person, derselbe Rechtsträger wie die Vor-GmbH. Nur die Rechtsform (das „Rechtskleid") wandelt sich. Hieraus folgt, dass alle Aktiva und Passiva der Vor-GmbH im Wege der Gesamtrechtsnachfolge auf die „fertige" GmbH übergehen.

Es handelt sich hierbei nicht um eine Umwandlung im Sinne des UmwG. Von der Wirkung her ist der Vorgang aber mit einem Formwechsel gemäß §§ 190 ff. UmwG vergleichbar.

Die **Vor-GmbH endet** demnach normalerweise mit der Wandlung zur „fertigen" GmbH, ohne dass es einer Liquidation bedarf.[350] Etwas anderes gilt nur dann, wenn die Eintragung der GmbH scheitert, weil über das Vermögen der Vor-GmbH das Insolvenzverfahren eröffnet wird,[351] das Registergericht die Eintragung der GmbH (endgültig) ablehnt oder die Gesellschafter die Eintragungsabsicht aufgeben. In all diesen Fällen ist die Vor-GmbH nach Maßgabe der §§ 66 ff. GmbHG zu liquidieren.

b) Die Haftung bei der „fertigen" GmbH: Vorbelastungshaftung

Die „fertige" GmbH haftet für ihre Verbindlichkeiten mit ihrem gesamten Vermögen; eine Haftung der Gesellschafter im Außenverhältnis gegenüber den Gesellschaftsgläubigern gibt es grundsätzlich nicht (vgl. § 13 Abs. 2 GmbHG). Es kommt aber eine Innenhaftung der Gesellschafter gegenüber der GmbH in Betracht.[352] Weil die „fertige" GmbH mit der Vor-GmbH identisch ist, ist auch das Nettovermögen (= Aktivvermögen – Verbindlichkeiten) beider Gesellschaften identisch. Da schon bei der Vor-GmbH Verluste entstanden sein können, kann es dazu kommen, dass die „fertige" GmbH im Zeitpunkt ihrer Entstehung durch Eintragung im Handelsregister ein Nettovermögen unterhalb ihrer Stammkapitalziffer hat. In Höhe der Differenz zwischen Nettovermögen und Stammkapitalziffer besteht dann eine sog. **Unterbilanz**.

138

Beispiel: Bei einer GmbH mit einer Stammkapitalziffer von 25.000 € haben die Gesellschafter 12.500 € eingezahlt (vgl. § 7 Abs. 2 S. 1 GmbHG). Mit diesen Mitteln wird im Stadium der Vor-GmbH eine Sache im Wert von 5.000 € zum Preis von 10.000 € angeschafft. Es entsteht eine Unterbilanz in Höhe von 5.000 €, da das Aktivvermögen lediglich 20.000 € (Barmittel [2.500 €] + Wert der Sache [5.000 €] + Resteinlageforderungen [12.500 €]) beträgt.

---

347 BGH, Urt. v. 02.05.1966 – II ZR 219/63, BGHZ 45, 338, 347.
348 G/E/S/Link § 11 Rn. 6 ff.
349 Hier und zum Folgenden: Bitter/Heim § 4 Rn. 39.
350 Hier und zum Folgenden: Bitter/Heim § 4 Rn. 40.
351 Die Vor-GmbH ist rechtsfähig und damit auch insolvenzfähig (Uhlenbruck/Hirte § 11 Rn. 37).
352 Hier und zum Folgenden: Bitter/Heim § 4 Rn. 41 ff.

Eine solche Unterbilanz widerspricht der Garantiefunktion des Stammkapitals. Die Gläubiger der GmbH sollen darauf vertrauen dürfen, dass die Gesellschaft im Zeitpunkt ihrer Eintragung in das Handelsregister jedenfalls ein Vermögen in Höhe der Stammkapitalziffer hat. Die GmbH darf im Zeitpunkt ihrer Entstehung durch Eintragung – mit Ausnahme eines etwaig in der Satzung übernommenen notwendigen Gründungsaufwandes – nicht „vorbelastet" sein. Deshalb hat die Rechtsprechung in Analogie zu § 9 Abs. 1 GmbHG die sog. **Vorbelastungshaftung**[353] der GmbH-Gesellschafter entwickelt.[354] Danach sind die Gesellschafter verpflichtet, der GmbH die im Zeitpunkt der Eintragung bestehende Unterbilanz auszugleichen, indem sie dem Gesellschaftsvermögen einen Betrag in Höhe der Differenz zwischen dem Nettovermögen am Tag der Eintragung und der Stammkapitalziffer (abzüglich eines satzungsgemäß durch die Gesellschaft übernommenen notwendigen Gründungaufwandes) zuführen. Der hierauf gerichtete Anspruch gegen die GmbH-Gesellschafter steht nicht den Gesellschaftsgläubigern, sondern der GmbH zu **(Innenhaftung)**. Die Gesellschafter haften der GmbH für den Ausgleich der Unterbilanz **der Höhe nach unbegrenzt**,[355] jedoch nicht als Gesamtschuldner, sondern anteilig entsprechend ihrer Beteiligung **(pro-rata-Haftung)**. Allerdings gilt bei der Vorbelastungshaftung § 24 GmbHG analog, sodass die übrigen Gesellschafter den Fehlbetrag, der durch Uneinbringlichkeit bei einem Gesellschafter entsteht, anteilig nach dem Verhältnis der Geschäftsanteile aufzubringen haben **(anteilige Ausfallhaftung)**.

In der Insolvenz der GmbH ist der Anspruch aus der Vorbelastungshaftung Bestandteil der Insolvenzmasse (§ 35 InsO) und wird dementsprechend durch den Insolvenzverwalter geltend gemacht. Außerhalb der Insolvenz müssen die Gläubiger zunächst einen Titel gegen die GmbH erwirken und sodann die Ausgleichsansprüche der GmbH gegen die Gesellschafter pfänden (§§ 829, 835 ZPO). Dies gilt auch dann, wenn die GmbH vermögenslos ist oder nur einen Gesellschafter hat.[356]

Nach Auffassung des BGH ist weitere Haftungsvoraussetzung für die Vorbelastungshaftung, dass der betreffende Gesellschafter der Geschäftsaufnahme vor Eintragung zugestimmt hat.[357] Soweit es um Verluste der Vor-GmbH aus Rechtsgeschäften geht, fehlt es ohne eine solche Zustimmung jedoch bereits an einer wirksamen Vertretung der Vor-GmbH durch den Geschäftsführer (§ 35 GmbHG analog) und damit an auszugleichenden Verlusten:[358] Mit Abschluss des Gesellschaftsvertrages stimmen die Gesellschafter jedenfalls der Durchführung gründungsnotwendiger Rechtsgeschäfte zu. Für alle übrigen Geschäfte besteht nur dann Vertretungsmacht, wenn sämtliche Gesellschafter sie entsprechend erweitert haben.[359] Dann liegt zwingend auch die erforderliche Zustimmung des betreffenden Gesellschafters vor, sodass die **Zustimmung zur Geschäftsaufnahme** eigentlich keine eigenständige Haftungsvoraussetzung, sondern vielmehr

---

[353] Teilweise wird diese Haftung auch als „Unterbilanzhaftung" oder als „Differenzhaftung" bezeichnet.
[354] Grundlegend: BGH, Urt. v. 09.03.1981 – II ZR 54/80, NJW 1981, 1373, 1374 ff.
[355] Die Gesellschafter müssen die Unterbilanz also unabhängig von ihrer Höhe anteilig ausgleichen. Ist das Nettovermögen negativ, besteht also eine bilanzielle Überschuldung bzw. ein nicht durch Eigenkapital gedeckter Fehlbetrag i.S.v. § 268 Abs. 3 HGB, ist nicht nur der Betrag der Stammkapitalziffer aufzuwenden, sondern auch der Betrag, um den das Nettovermögen im Minus ist (Bitter/Heim § 4 Rn. 49).
[356] BGH, Urt. vom 24.10.2005 – II ZR 129/04, NZG 2006, 64, Ls.
[357] BGH, Urt. v. 06.03.2012 – II ZR 56/10, NJW 2012, 1875, Rn. 36.
[358] Bitter/Heim § 4 Rn. 61.
[359] BGH, Urt. v. 16.03.1981 – II ZR 59/80, NJW 1981, 1452, 1453; in diesem Sinne auch BGH, Urt. v. 14.06.2004 – II ZR 47/02, ZIP 2004, 1409, 1410 zur AG.

eine Voraussetzung für die Entstehung von Verlusten bzw. einer „Vorbelastung" der Gesellschaft ist.

Die einmal entstandene Haftung des Gesellschafters wegen einer Unterbilanz der Vor-GmbH geht durch anschließende Gewinne der Gesellschaft nicht wieder unter. Nur die Erfüllung durch den Gesellschafter lässt die Unterbilanzhaftung erlöschen.[360]

Die **Darlegungs- und Beweislast** für das Bestehen von Unterbilanzhaftungsansprüchen trifft grundsätzlich die Gesellschaft und damit im Fall der Eröffnung des Insolvenzverfahrens über ihr Vermögen den Insolvenzverwalter, wobei insbesondere Letzterer im Einzelfall wegen einer den Gesellschafter treffenden sekundären Darlegungslast Erleichterungen für sich in Anspruch nehmen kann.[361]

c) Die Haftung bei der Vor-GmbH

Die rechtsfähige Vor-GmbH haftet selbst mit ihrem Vermögen für ihre Verbindlichkeiten. Daneben kommt eine Haftung der Gesellschafter und eine Haftung der Handelnden gemäß § 11 Abs. 2 GmbHG in Betracht.

139

aa) Verlustdeckungshaftung der Gesellschafter

Eine Gesellschafterhaftung bei der GmbH wird nur relevant, wenn es nicht zur Eintragung der GmbH kommt, denn nur dann kommt es nicht zur Vorbelastungshaftung.[362] Die Gesellschafterhaftung bei der Vor-GmbH wird als Verlustdeckungshaftung bezeichnet.[363] Sie ist – wie die Vorbelastungshaftung – eine **anteilige Innenhaftung gegenüber der Gesellschaft, die der Höhe nach unbeschränkt ist.**[364] Verlustdeckungs- und Vorbelastungshaftung müssen aber der Höhe nach nicht identisch sein; zudem können die Gesellschafter unter dem Gesichtspunkt der Verlustdeckungshaftung ausnahmsweise im Außenverhältnis gegenüber den Gläubigern der GmbH haften.

140

Die Verlustdeckungshaftung ist nicht auf den Ausgleich einer Unterbilanz gerichtet.[365] Die Gesellschafter müssen vielmehr anteilig die zur Tilgung ihrer Verbindlichkeiten erforderlichen Mittel zur Verfügung stellen.[366] Dabei haften sie nur insoweit, wie infolge von Verlusten Verbindlichkeiten der Vor-GmbH nicht durch ihr Aktivvermögen gedeckt sind, also eine Überschuldung der GmbH vorliegt.[367] **Nur in Höhe der Überschuldung, nicht aber in Höhe der Unterbilanz sind Mittel zur Tilgung der Verbindlichkeiten der Vor-GmbH aufzubringen**; im Übrigen kann die Gesellschaft die Tilgung ihrer Verbindlichkeiten aus eigenen Mitteln finanzieren. Eine Herstellung des satzungsmäßigen Stammkapitals durch die Gesellschafter ist deshalb entbehrlich, weil die Gesellschaft im

---

360 BGH, Urt. v. 16.01.2006 – II ZR 65/04, BGHZ 165, 391, 396.
361 BGH, Urt. v. 06.03.2012 – II ZR 56/10, NZG 2012, 539, Rn. 41.
362 Das Scheitern der Eintragung ist nach h.M. Voraussetzung der Verlustdeckungshaftung (BGH, Urt. v. 27.01.1997 – II ZR 123/94, NJW 1997, 1507, 1509; a.A. Ulmer ZIP 1996, 733, 738 (Haftung entsteht im Zeitpunkt des Verlustes und besteht anschließend als Innenhaftung fort); vermittelnd: Baumbach/Hueck/Fastrich § 11 Rn. 26 (Entstehung mit Verlusteintritt, Fälligkeit erst mit Scheitern der Eintragung).
363 Hier und zum Folgenden: Bitter/Heim § 4 Rn. 52 ff.
364 BGH, Urt. v. 27.01.1997 – II ZR 123/94, NJW 1997, 1507, 1507 f.
365 BGH, Urt. v. 06.02.2012 – II ZR 56/10, NJW 2012, 1875, Rn. 15.
366 Hier und zum Folgenden: Bitter/Heim § 4 Rn. 55 ff.
367 BGH, Urt. v. 06.02.2012 – II ZR 56/10, NJW 2012, 1875, Rn. 15: „durch das Gesellschaftsvermögen nicht gedeckte Verluste".

Falle des Scheiterns ihrer Eintragung ohnehin aufgelöst und zu liquidieren ist. Die Unterschiede zur Vorbelastungshaftung können danach beträchtlich sein.

Beispiel:[368] Eine Gesellschaft erhält die kompletten Geldeinlagen auf ihr satzungsmäßiges Stammkapital von 25.000 €, nimmt ein Darlehen in Höhe von 15.000 € auf und kauft von diesen 40.000 € in bar eine Sache im Wert von 10.000 €. Danach betragen ihr Aktivvermögen 10.000 € (Wert der Sache) und ihre Verbindlichkeiten 15.000 € (Darlehen), das Nettovermögen also -5.000 €. Die Unterbilanz beträgt im Hinblick auf die Stammkapitalziffer 30.000 €. Die Gesellschaft hat auch einen „Verlust" von 30.000 € gemacht, weil sie von einem anfänglichen Vermögen von 25.000 € (Bareinlagen) zu einem negativen Nettovermögen von -5.000 € gelangt ist. Nach der Eintragung müssen die Gesellschafter die Unterbilanz von 30.000 € ausgleichen (Vorbelastungshaftung). Scheitert die Eintragung hingegen, müssen sie der Gesellschaft lediglich die Differenz zwischen Aktivvermögen und Verbindlichkeiten (5.000 €) zuwenden, weil die Verluste nur in dieser Höhe zu einer Unterdeckung der Verbindlichkeiten geführt haben (Verlustdeckungshaftung).

Die Gesellschafter haften nicht gesamtschuldnerisch, sondern (nur) anteilig entsprechend dem Verhältnis ihrer Geschäftsanteile (**„pro-rata-Haftung"**); allerdings besteht eine Ausfallhaftung gemäß § 24 GmbHG.[369]

141 An die Stelle der Verlustdeckungs*innen*haftung tritt **ausnahmsweise** eine **Außenhaftung der Gesellschafter gemäß § 128 HGB analog**, und zwar in folgenden Fällen:[370]

- Die Gesellschaft hat nur einen Gläubiger;
- die Gesellschaft hat nur einen Gesellschafter (Einpersonen-Vor-GmbH);
- die Gesellschaft ist – außer dem Verlustdeckungsanspruch – vermögenslos;
- die Gesellschafter haben von Anfang an nicht beabsichtigt, die Gesellschaft ins Handelsregister eintragen zu lassen, oder geben die zunächst bestehende Eintragungsabsicht auf, ohne sofort die Geschäftstätigkeit einzustellen und die Vor-GmbH zu liquidieren.[371] Bei einer solchen Gesellschaft handelt es sich gar nicht (mehr) um eine Vor-GmbH als notwendiges Durchgangsstadium auf dem Weg zur Eintragung der „fertigen" GmbH, sondern um eine Personengesellschaft (GbR oder oHG). Man spricht von einer **„unechten" Vor-GmbH**, auf die die personengesellschaftsrechtliche Einstandspflicht der Gesellschafter Anwendung findet. Auch wenn die Gesellschafter die Eintragungsabsicht erst später aufgeben, erstreckt sich ihre persönliche Haftung auf alle Verbindlichkeiten der Vor-GmbH, auch solche, die bereits vor der Aufgabe der Eintragungsabsicht begründet worden sind.[372]

Die Verlustdeckungshaftung setzt das Scheitern der Eintragung voraus. Kommt es hingegen zur Eintragung der GmbH, **erlischt** die Verlustdeckungshaftung und wird durch die Vorbelastungshaftung bei der „fertigen" GmbH ersetzt. Diese Vorbelastungshaftung ist dann ausnahmslos eine Innenhaftung, insbesondere auch dann, wenn die GmbH vermögenslos ist oder nur einen Gesellschafter oder einen Gläubiger hat.[373]

---

368 Bitter/Heim § 4 Rn. 56.
369 G/E/S/Link § 11 Rn. 24.
370 Zum Folgenden: Bitter/Heim § 4 Rn. 58.
371 Im zweitgenannten Fall (Aufgabe der Eintragungsabsicht) erfolgt kraft Rechtsformzwanges ein identitätswahrender Wechsel der Rechtsform (des „Rechtskleides") von der Vor-GmbH in die Personengesellschaft (GbR oder oHG); vgl. BGH, Urt. v. 31.03.2008 – II ZR 308/06, ZIP 2008, 1025, Rn. 6.
372 BGH, Urt. v. 04.11.2002 – II ZR 204/00, NJW 2003, 429, Ls.
373 Bitter/Heim § 4 Rn. 60.

Als Zusammenfassung dient folgende Passage aus einem Urteil des BGH:[374]

"Bei der rechtlichen Gründung einer GmbH haften die Gesellschafter der vor der Eintragung bestehenden Vor-GmbH für die Verbindlichkeiten dieser Gesellschaft der Höhe nach unbeschränkt. Nach dem vom erkennenden Senat entwickelten Haftungsmodell besteht eine einheitliche Gründerhaftung in Form einer bis zur Eintragung der GmbH andauernden Verlustdeckungshaftung und einer an die Eintragung geknüpften Vorbelastungs-(Unterbilanz-)haftung (…). Kommt es zur Eintragung, haften die Gesellschafter für die Verbindlichkeiten aus der mit ihrer Zustimmung vor der Eintragung aufgenommenen Geschäftstätigkeit für die Differenz zwischen dem (statutarischen) Stammkapital abzüglich des satzungsmäßig festgelegten Gründungsaufwands und dem Wert des Gesellschaftsvermögens im Zeitpunkt der Eintragung (…) entsprechend ihrer Beteiligungsquote (…). Unterbleibt die Eintragung der GmbH, haften die Gesellschafter (der Vor-GmbH) ebenfalls unbeschränkt für die durch das Gesellschaftsvermögen nicht gedeckten Verluste. Im Gegensatz zur Unterbilanzhaftung bedarf es keiner Auffüllung des Stammkapitals (…). Beide Haftungsinstrumente sind als Innenhaftung ausgestaltet. Bei der Verlustdeckungshaftung ist eine Durchbrechung des Innenhaftungsprinzips im Einzelfall anerkannt (…)."

bb) Handelndenhaftung (§ 11 Abs. 2 GmbHG)

Ist vor der Eintragung im Namen der Gesellschaft gehandelt worden, so haften die Handelnden persönlich und solidarisch (§ 11 Abs. 2 GmbHG). Diese sog. Handelndenhaftung erfasst nur die Phase der Vor-GmbH[375] und besteht **nur außenstehenden Dritten** (nicht auch Gesellschaftern) gegenüber.[376] Sie hat folgende Voraussetzungen:

Handelndenhaftung gemäß § 11 Abs. 2 GmbHG
1. Anspruchsgegner ist **Handelnder**, also (auch faktischer) Geschäftsführer.
2. Erforderlich ist ein rechtsgeschäftliches **Handeln im Namen der Gesellschaft**.
3. Der Handelnde darf **keine Vertretungsmacht** haben.

Handelnder ist nur, wer als Geschäftsführer oder wie ein solcher (faktischer Geschäftsführer) tätig wird.[377] Nicht Handelnder sind Hilfspersonen, derer sich der Geschäftsführer bedient, auch nicht Bevollmächtigte, die für den Geschäftsführer handeln;[378] wohl aber der Geschäftsführer, der einen Bevollmächtigten für sich handeln lässt.[379] Ebenfalls nicht Handelnde sind Gesellschafter, auch wenn sie dem vom Geschäftsführer getätigten Geschäft zugestimmt haben.[380]

Erforderlich ist immer ein rechtsgeschäftliches[381] **Handeln im Namen der Gesellschaft**. Dabei schließt nach den Grundsätzen des unternehmensbezogenen Vertreterhandelns[382] ein Handeln im Namen der Vor-GmbH ein solches im Namen der künftigen GmbH ein und umgekehrt.[383]

---

374 BGH, Urt. v. 06.03.2012 – II ZR 56/10, NZG 2012, 539, Rn. 15.
375 Bitter/Heim § 4 Rn. 66.
376 Lutter/Hommelhoff/Bayer § 11 Rn. 33.
377 BGH, Urt. v. 07.05.984 – II ZR 276/83, NJW 1984, 2164; Lutter/Hommelhoff/Bayer § 11 Rn. 30.
378 BGH, Urt. v. 31.05.1976 – II ZR 185/74, NJW 1976, 1685.
379 BGH, Urt. v. 09.02.1970 – II ZR 182/68, NJW 1970, 1043; Lutter/Hommelhoff/Bayer § 11 Rn. 30.
380 MünchKomm-GmbHG/Merkt § 11 Rn. 31.
381 Gesetzliche und deliktische Ansprüche fallen nicht unter § 11 Abs. 2 GmbHG (MünchKomm-GmbHG/Merkt § 11 Rn. 131).
382 Lutter/Hommelhoff/Bayer § 11 Rn. 32.
383 Lutter/Hommelhoff/Bayer § 11 Rn. 34; Bitter/Heim § 4 Rn. 68.

Die Handelndenhaftung ist auf Fälle begrenzt, in denen der Handelnde **keine Vertretungsmacht** hatte, weil es sich nicht um ein Gründungsgeschäft handelte und keine Ermächtigung sämtlicher Gesellschafter zu außerhalb des Gründungszwecks liegenden Geschäften vorlag; der Schutzzweck der Handelndenhaftung besteht darin, dem Vertragspartner der Vorgesellschaft einen Schuldner zu verschaffen, wenn die Vorgesellschaft mangels wirksamer Verpflichtung nicht haftet und damit auch die Verlustdeckungs- und Vorbelastungshaftung der Gesellschafter ausscheidet.[384] Die Handelndenhaftung nach § 11 Abs. 2 GmbHG ist damit auf Fälle des Vertreters ohne Vertretungsmacht begrenzt.[385]

§ 11 Abs. 2 GmbHG verdrängt § 179 BGB als *lex specialis*.[386] Dies hat zur Folge, dass die Haftungsbeschränkung des § 179 Abs. 2 BGB und der Haftungsausschluss des § 179 Abs. 3 BGB nicht gelten. Bei positiver Kenntnis des Geschäftsgegners ist die Haftung allerdings nach § 242 BGB ausgeschlossen, weil sich der Geschäftsgegner widersprüchlich verhält, wenn er zunächst bei Vertragsschluss erklärt, dass das Fehlen der Vertretungsmacht für ihn irrelevant ist, er aber anschließend dennoch den Handelnden in Anspruch nehmen will (Fall des *„venire contra factum proprium"*).

Liegen die Voraussetzungen des § 11 Abs. 2 GmbHG vor, haften die Handelnden unbeschränkt[387] persönlich und solidarisch (gesamtschuldnerisch[388]). Für den **Umfang der Haftung** gilt, dass der Gläubiger nicht schlechter, aber auch nicht besser gestellt werden soll, als wenn die Gesellschaft bei Vertragsschluss bereits eingetragen gewesen wäre.[389] Die Handelndenhaftung ist akzessorisch zur Haftung der Gesellschaft; sie entspricht nach Inhalt und Umfang der Verbindlichkeit der Gesellschaft.[390] Der Handelnde kann deshalb alle Einwendungen und Einreden der Gesellschaft geltend machen.[391]

Da die Haftung nach § 11 Abs. 2 GmbHG akzessorisch ist, können Regressansprüche des Handelnden gegen die Gesellschaft bestehen.[392] Der in Anspruch genommene Handelnde besitzt einen Erstattungsanspruch (§§ 675, 670 BGB) und einen Freistellungsanspruch (§ 257 BGB) gegen die Gesellschaft, wenn seine im Außenverhältnis haftungsbegründende Handlung im Innenverhältnis zur Gesellschaft nicht pflichtgemäß ist. Bestand keine Befugnis des (faktischen) Geschäftsführers zur Abgabe der haftungsbegründenden Erklärungen, können Regressansprüche nach den Grundsätzen der Geschäftsführung ohne Auftrag (§§ 677 ff. BGB) bestehen.

Die **Handelndenhaftung erlischt nicht mit der Eintragung** der GmbH in das Handelsregister, weil auch die mit der Vor-GmbH identische „fertige" GmbH nicht für das rechtsgeschäftliche Handeln ohne Vertretungsmacht einstehen muss.[393]

---

384 BGH, Urt. v. 14.06.2004 – II ZR 47/02, ZIP 2004, 1409 zur AG (§ 41 Abs. 1 S. 2 AktG).
385 Bitter/Heim § 4 Rn. 69.
386 Hier und zum Folgenden: Bitter/Heim § 4 Rn. 70.
387 Die Haftung ist insbesondere nicht auf die Stammkapitalziffer begrenzt (G/E/S/Link § 11 Rn. 56).
388 G/E/S/Link § 11 Rn. 56.
389 BGH, Urt. v. 13.06.1977 – II ZR 232/75, NJW 1977, 1683, 1685; Lutter/Hommelhoff/Bayer § 11 Rn. 35.
390 MünchKomm-GmbHG/Merkt § 11 Rn. 137 f.
391 Lutter/Hommelhoff/Bayer § 11 Rn. 35.
392 Zum Folgenden: G/E/S/Link § 11 Rn. 58 m.w.N.
393 Bitter/Heim § 4 Rn. 71.

Fall 2: Früher Geschäftsbeginn

A und B schließen am 15.01. einen notariellen Vertrag über die Gründung der A-GmbH und ernennen X zum Geschäftsführer. Vom Stammkapital i. H. v. 25.000 € zahlen sie je 6.250 € ein. Am 30.01. bestellt X im Namen der Gesellschaft mit Zustimmung von A und B bei G einen Kleinbagger zum Preis von 18.000 €, der am 15.02. geliefert wird. Die Eintragung der Gesellschaft verzögert sich, wird aber von A und B noch gewünscht und von X betrieben. G will gegen die A-GmbH i. G. sowie gegen X, A und B vorgehen.

A. Ein Zahlungsanspruch des G aus dem Kaufvertrag gemäß § 433 Abs. 2 BGB gegen die A-GmbH scheidet aus, da diese mangels Eintragung „als solche" nicht besteht, § 11 Abs. 1 GmbHG.

B. Es kommt aber ein Anspruch des G gegen die Vor-GmbH aus § 433 Abs. 2 BGB in Betracht.

Die Vor-GmbH kann als solche Trägerin von Rechten und Pflichten sein. Die Gesellschaft müsste von X wirksam **vertreten** worden sein.

   I. Eine Einigung zwischen G und X über den zu übereignenden Kleinbagger gegen Zahlung von 18.000 € ist erzielt worden.

   II. Diese Einigung wirkt für und gegen die Vor-GmbH, wenn X **im Namen** der Vorgesellschaft gehandelt hat. X hat im Namen der Gesellschaft gehandelt. Ob er dabei ausdrücklich auf die Vor-GmbH hingewiesen oder im Namen der – noch nicht entstandenen – GmbH gehandelt hat, ist gleichgültig. Bei unternehmensbezogenen Geschäften ist es typischer Sinn der unter der Angabe der Firma abgegebenen Erklärung, dass der jeweilige Inhaber des Geschäfts verpflichtet werden soll. Es ist daher zumindest konkludent auch im Namen der Vor-GmbH gehandelt worden. Will der Geschäftsführer nur die künftige GmbH nach ihrer Eintragung verpflichten, muss er dies deutlich zum Ausdruck bringen. In diesem Fall ist das Geschäft aufschiebend bedingt durch die Eintragung der GmbH.[394]

   III. X müsste auch **Vertretungsmacht** gehabt haben. Auch die Vor-GmbH wird durch ihren Geschäftsführer vertreten. Umstritten ist der Umfang der Vertretungsmacht des Geschäftsführers der Vor-GmbH.

   1. Teilweise wird angenommen, dem Geschäftsführer der Vor-GmbH stehe die uneingeschränkte Vertretungsmacht aus §§ 35, 37 GmbHG zu. Eine Beschränkung der Vertretungsmacht durch die Zwecke der Vor-GmbH sei nicht anzuerkennen. Überdies sei der Zweck der Vorgesellschaft nicht auf die Herbeiführung der Eintragung beschränkt, sondern mit dem Gesellschaftszweck der späteren GmbH identisch. Die Gesellschafter könnten die Geschäftsführungsbefugnis beschränken. Das Risiko der Überschreitung der Geschäftsführungsbefugnis hätten die Gesellschafter (außer im Falle des Missbrauchs der Vertre-

---

[394] BGH, Urt. v. 08.10.1984 – II ZR 223/83, NJW 1985, 136; Scholz/K. Schmidt § 11 Rn. 61.

tungsmacht) zu tragen.[395] Nach dieser Ansicht handelte X mit Vertretungsmacht.[396]

2. Nach h.M. ist die Vertretungsmacht des Geschäftsführers der Vor-GmbH grundsätzlich auf die notwendigen Gründungsgeschäfte beschränkt. Der Zweck der Vorgesellschaft beschränke sich darauf, die Eintragung herbeizuführen. Dies sei auch für den Rechtsverkehr regelmäßig erkennbar. Eine unbeschränkte Vertretungsmacht des Geschäftsführers sei auch im Hinblick auf die unbeschränkte Haftung der Gesellschafter der Vor-GmbH insbesondere bei einer Fremdorganschaft nicht gerechtfertigt. Die Vertretungsmacht sei jedoch **mit Zustimmung aller Gesellschafter** erweiterbar.[397] Auch nach dieser Ansicht handelte X mit Vertretungsmacht, denn die Gesellschafter der A-GmbH waren mit der Bestellung des Kleinbaggers einverstanden.

Die Vor-GmbH ist bei dem Kauf des Baggers wirksam vertreten worden. Sie ist zur Zahlung des Kaufpreises verpflichtet.

C. Anspruch des G gegen X aus § 11 Abs. 2 GmbHG

I. Der Anspruch richtet sich gegen den Handelnden. Handelnder i.S.d. § 11 Abs. 2 GmbHG ist, wer rechtsgeschäftlich als (faktischer) Geschäftsführer aufgetreten ist. X hat als Geschäftsführer einen Vertrag geschlossen.

II. Der Handelnde muss „im Namen der Gesellschaft" aufgetreten sein.

1. Jedenfalls nach der früheren Rechtsprechung liegt ein Handeln im Namen der Gesellschaft nur vor, wenn **im Namen der künftigen GmbH** gehandelt wird. Der Grund der Haftung aus § 11 Abs. 2 GmbHG liege darin, dass die GmbH vor ihrer Eintragung noch nicht existiere und deshalb für den Fall, dass sie nicht entstehe, dem Geschäftsgegner ein Schuldner gegeben werden müsse.[398] § 11 Abs. 2 GmbHG liegt danach nur vor, wenn die vertretene Gesellschaft (noch) nicht existiert. In aller Regel wird jedoch nach den Grundsätzen über unternehmensbezogene Geschäfte die Vor-GmbH und damit ein existierender Rechtsträger verpflichtet. Die Haftung der Vor-GmbH und die Haftung des Handelnden aus § 11 Abs. 2 GmbHG schlössen sich gegenseitig aus.[399]

2. In der Literatur wird diese Rechtsprechung überwiegend abgelehnt. Ein Handeln „im Namen der Gesellschaft" liegt danach auch vor, wenn im Namen der Vor-GmbH gehandelt wird. Der Wortlaut des § 11 Abs. 2 GmbHG sehe eine Einengung auf ein Handeln im Namen der künftigen GmbH nicht vor. Überdies seien die Vor-GmbH und die spätere GmbH identisch. Es sei auch gerechtfertigt, dem Gläubiger neben der Vor-GmbH einen zusätzlichen Schuldner zu geben, da die Gesellschaft noch nicht endgültig auf die Einhaltung der Eintragungsvoraussetzungen hin geprüft sei.[400]

---

395 Scholz/K. Schmidt § 11 Rn. 64; Beuthien NJW 1997, 565.
396 BGH, Urt. v. 09.03.1981 – II ZR 54/80, NJW 1981, 1373.
397 Lutter/Hommelhoff/Bayer § 11 Rn. 11; Lutter JuS 1998, 1076; Lachmann NJW 1998, 2264.
398 BGH, Urt. v. 15.12.1975 – II ZR 95/73, NJW 1976, 419; BGH, Urt. v. 17.03.1980 – II ZR 11/79, NJW 1980, 1630.
399 LAG Köln, Urt. v. 17.03.2000 – 11 Sa 1060/99, NZA-RR 2001, 129.
400 Lutter/Hommelhoff/Bayer § 11 Rn. 24; Drygala Jura 2003, 433, 434; Scholz/K. Schmidt § 11 Rn. 107.

Die Entstehung der GmbH — 2. Abschnitt

3. Mit der Rechtsprechung ist davon auszugehen, dass § 11 Abs. 2 GmbHG ein Handeln im Namen der künftigen GmbH erfordert. Der Gesetzgeber verfolgte mit der Schaffung des § 11 Abs. 2 GmbHG ursprünglich den Zweck, jegliche Geschäftätigkeit im Gründungsstadium zu unterbinden, um Vorbelastungen der GmbH zu vermeiden. Mit der Aufgabe des Vorbelastungsverbots ist dieser Zweck überholt. Die auf einer überholten gesetzlichen Grundlage beruhende Vorschrift des § 11 Abs. 2 GmbHG sollte man einschränkend auslegen. Es ist nicht erforderlich, den Gläubigern neben der Vor-GmbH mit dem Handelnden einen weiteren Schuldner zu geben.

X haftet dem G nicht aus § 11 Abs. 2 GmbHG.

D. Ein Anspruch des G gegen die Gesellschafter A und B aus § 11 Abs. 2 GmbHG scheidet aus, da „Handelnder" i.S.d. Norm nur derjenige ist, der als Organ rechtsgeschäftlich für die Gesellschaft auftritt, also entweder zum Geschäftsführer bestellt ist oder Angelegenheiten der Gesellschaft faktisch wie ein Gesellschafter wahrnimmt. Allein die Zustimmung zu einem Geschäft der Vor-GmbH reicht nicht aus.

E. Andere Ansprüche des G gegen die Gesellschafter A und B

I. Nach der früheren Rechtsprechung hafteten die Gesellschafter der Vor-GmbH rechtsgeschäftlich **aufgrund einer Vertretung** durch den Geschäftsführer. Die Haftung war jedoch auf die Höhe der jeweiligen Stammeinlage beschränkt. Dadurch, dass der Geschäftsführer im Namen der GmbH gehandelt habe, sei der Wille der Gründer deutlich zum Ausdruck gekommen, nur bis zur Höhe ihrer Einlage zu haften und die Vertretungsmacht des Geschäftsführers entsprechend zu begrenzen.[401]

II. Nach heute h.M. haften die Gesellschafter der Vor-GmbH **im Außenverhältnis grundsätzlich nicht**. Regelmäßig bestehe nur eine unbeschränkte Innenhaftung der Gesellschafter gegenüber der Vor-GmbH.[402]

Unbeschränkt sei diese Haftung, weil nach allgemeinen Grundsätzen des bürgerlichen Rechts und des Handelsrechts derjenige, der als Einzelperson oder in Gemeinschaft mit anderen Geschäfte betreibt, für die daraus entstehenden Verpflichtungen unbeschränkt hafte. Dieser Grundsatz gelte solange, wie er nicht durch Gesetz oder Vereinbarung abgeändert werde.

Es handele sich dabei **grundsätzlich** nur um eine **Innenhaftung** der Gesellschaft gegenüber, da eine Außenhaftung den Gläubigern gegenüber zu deren Schutz nicht erforderlich sei, weil mit der Eintragung alle Pflichten der Vor-GmbH automatisch auf die GmbH übergingen. Es sei von einer einheitlichen Gründerhaftung auszugehen, die sich aus einer Verlustdeckungs- und einer Vorbelastungshaftung zusammensetze.

Die Vorbelastungshaftung (Unterbilanzhaftung) besteht, wenn bei Eintragung der Gesellschaft das Nettovermögen der Gesellschaft weniger als die Kapitalziffer

---

401 BGH, Urt. v. 15.06.1978 – II ZR 205/76, NJW 1978, 1978; BGH, Urt. v. 13.12.1982 – II ZR 282/81, NJW 1983, 876.
402 BGH, Urt. v. 27.01.1997 – II ZR 123/94, NJW 1997, 1507; BAG, Urt. vom 22.01.1997 – 10 AZR 908/94, ZIP 1997, 1544; BFH Urt. vom 07.04.1998 – VII R 82/97, ZIP 1998, 1149; Ulmer ZIP 1996, 73.

beträgt. Die Gesellschafter sind dann entsprechend § 9 GmbHG der Gesellschaft gegenüber anteilig verpflichtet, den Differenzbetrag einzuzahlen.[403] Die Vorbelastungshaftung ist unstreitig eine Innenhaftung, die mit der Eintragung der Gesellschaft entsteht.

Eine **Außenhaftung** der Gesellschafter besteht danach nur **ausnahmsweise**. Dies soll insbesondere dann der Fall sein, wenn die Vor-GmbH **vermögenslos** ist, wenn weitere Gläubiger nicht vorhanden sind, wenn es sich um eine **Einmann-Vor-GmbH** oder wenn es sich um eine **unechte Vor-GmbH** handelt.[404]

Eine unechte Vor-GmbH liegt vor, wenn die Gesellschafter einer Vor-GmbH nach Aufgabe der Eintragungsabsicht den Geschäftsbetrieb fortführen.[405]

Für das Vorliegen einer der genannten Ausnahmefälle bestehen hier keine Anhaltspunkte. Nach der Rechtsprechung des BGH hat G keine Ansprüche gegen A und B.

III. In der Literatur und teilweise auch in der Rechtsprechung einiger Instanzgerichte wird eine **unbeschränkte Außenhaftung** der Gesellschafter der Vor-GmbH befürwortet.[406]

Zutreffend sei der Ausgangspunkt des BGH, wonach nach dem gesetzlichen Regelfall die Haftung unbeschränkt sei. Nach der gesetzlichen Konzeption sei aber auch regelmäßig eine Außenhaftung gegeben. Eine bloße Innenhaftung der Gesellschafter stelle eine Beschränkung der grundsätzlich gegebenen unbegrenzten persönlichen Haftung dar, für die eine gesetzliche Grundlage nicht gegeben sei. Nach dem Binnenhaftungskonzept müssten Gläubiger der Gesellschaft erst einen Titel gegen die Gesellschaft erwirken und dann in deren Forderungen gegen die Gründer vollstrecken. Einstweiliger Rechtsschutz direkt gegen die Gesellschafter sei nicht zu erlangen.

IV. Stellungnahme: Mit der Rechtsprechung des BGH ist von einer unbeschränkten Innenhaftung auszugehen. Eine unbeschränkte Außenhaftung ist kapitalgesellschaftsfremd. Wesentliches Merkmal der Kapitalgesellschaft ist, dass die Gesellschafter nur intern und anteilig und für die Aufbringung und Erhaltung des Stammkapitals haften. Da sich nur hierauf das Vertrauen der Gläubiger richtet, ist eine Außenhaftung auch bei einer noch nicht eingetragenen GmbH nicht erforderlich.

Somit haften die Gesellschafter A und B dem G gegenüber nicht.

---

403 Lutter/Hommelhoff/Bayer § 11 Rn. 30; Scholz/K. Schmidt § 11 Rn. 124.
404 BGH, Urt. v. 19.03.2001 – II ZR 249/99, NJW 2001, 2092; BGH, Urt. v. 04.11.2002 – II ZR 204/00, NJW 2003, 429; BAG, Urt. v. 22.01.1997 – 10 AZR 908/94, NJW 1997, 3331; BSG, Urt. vom 08.12.1999 – B 12 KR 10/98 R, ZIP 2000, 494.
405 BGH, Urt. v. 04.11.2002 – II ZR 204/00, NJW 2003, 429.
406 OLG Jena, Urt. v. 03.03.1999 – 2 U 540/98, NZG 1999, 461; Scholz/K. Schmidt § 11 Rn. 82.

Die Entstehung der GmbH — 2. Abschnitt

> **Abwandlung:**
> Am 20.03. wird die A-GmbH in das Handelsregister eingetragen. Sie beantragt bald darauf die Eröffnung des Insolvenzverfahrens. Der Antrag wird mangels Masse abgelehnt, weil keine Geldbeträge oder sonst verwertbaren Gegenstände vorhanden sind.

A. Anspruch des G gegen die GmbH

   I. Aus dem Kaufvertrag war zunächst die Vor-GmbH verpflichtet (vgl. Ausgangsfall).

   II. Durch die Eintragung der Gesellschaft in das Handelsregister ist jedoch zwischenzeitlich die GmbH als solche entstanden (§ 11 Abs. 1 GmbHG); die Vorgesellschaft und die spätere GmbH sind identisch. Mit der Eintragung in das Handelsregister wird aus der Vorgesellschaft eine GmbH, ohne dass es irgendwelcher Übertragungsakte oder einer Liquidation der Vorgesellschaft bedarf. Um dieser Identität gerecht zu werden, müssen danach auch sämtliche Aktiva und Passiva der Vorgesellschaft nahtlos auf die GmbH übergehen. Die Haftung für die Verbindlichkeiten der Vorgesellschaft trifft daher nach der Eintragung ohne Weiteres die GmbH.[407] G kann also seinen Anspruch gegen die GmbH geltend machen. Er wird jedoch hiermit keinen Erfolg haben, weil die GmbH zahlungsunfähig bzw. überschuldet ist.

B. Auch eine Haftung des Handelnden gemäß § 11 Abs. 2 GmbHG erlischt mit der Eintragung der Gesellschaft.[408]

   Beachte: Nach der Ansicht, die im Ausgangsfall eine Haftung des X aus § 11 Abs. 2 GmbHG bejaht hat, ist dieser Anspruch mit Eintragung der GmbH erloschen.

C. Haftung der Gesellschafter

   I. Durch die Eintragung der GmbH in das Handelsregister ist die Haftungsbeschränkung nach § 13 Abs. 2 GmbHG wirksam geworden.

      1. Das bedeutet zunächst nur, dass eine persönliche Haftung der Gesellschafter gegenüber den Gläubigern für solche Verbindlichkeiten ausgeschlossen ist, die nach Eintragung der GmbH begründet worden sind. Für Schulden, die schon in der Vorgesellschaft entstanden sind, vertritt die h.M. in der Literatur die Ansicht, dass diese Haftung durch die Eintragung der Gesellschaft auflösend bedingt ist.[409]

      2. Nach der oben genannten neueren Rspr. bleibt die Pflicht gegenüber der Gesellschaft, die bei Eintragung der Gesellschaft in das Handelsregister bereits eingetretenen Verluste auszugleichen (Verlustdeckungshaftung), bestehen. Die Gesellschafter müssen dafür sorgen, dass das gesamte Stammkapital vorhanden ist. Sie haften also auch für Verluste, die über die Stammkapitalziffer hinausgehen. Aus der Verlustdeckungshaftung wird nach der Eintragung der

---

[407] BGH, Beschl. v. 12.11.1984 – II ZB 2/84, NJW 1985, 736, 737; Scholz/K. Schmidt § 11 Rn. 133.
[408] Scholz/K. Schmidt § 11 Rn. 118.
[409] Scholz/K. Schmidt § 11 Rn. 88.

Gesellschaft eine **Vorbelastungs- bzw. Unterbilanzhaftung**. Allerdings ist zu beachten, dass die bei der Verlustdeckungshaftung vom BGH anerkannte ausnahmsweise Durchbrechung des Innenhaftungsprinzips nicht auf die **Unterbilanzhaftung** übertragen werden kann. Nach Eintragung der GmbH bleibt es also **ausnahmslos** bei der **Innenhaftung**, unabhängig davon, ob die GmbH vermögenslos ist oder diese nur einen Gesellschafter hat.[410] Denn mit der Eintragung der GmbH entsteht ein vom Gesellschafter zu trennender Vermögensträger. Das gerade in der Insolvenz der Gesellschaft wirksam werdende Trennungsprinzip (§ 13 Abs. 2 GmbHG) darf aber nicht dadurch durchbrochen werden, dass dem Gesellschaftsgläubiger der unmittelbare Zugriff auf den Gesellschafter gestattet wird. Ebenso wenig rechtfertigt die Tatsache, dass die GmbH nur einen Gesellschafter besitzt, dessen unmittelbare Inanspruchnahme. Denn für die eingetragene GmbH gilt nach § 1 GmbHG das sonst für die GmbH geltende Haftungsregime auch dann, wenn nur ein Gesellschafter vorhanden ist.[411]

Der Gläubiger der Gesellschaft, der unmittelbar gegen einen Gesellschafter vorgehen möchte, ist demnach darauf angewiesen, im Wege der Forderungspfändung den Anspruch der GmbH gegen den Gesellschafter aus der Unterbilanzhaftung geltend zu machen.

Beachte: Der Anspruch aus Unterbilanzhaftung ist grundsätzlich wie ein Anspruch der Gesellschaft auf Leistung fehlender Bareinlagen zu behandeln und unterliegt daher denselben strengen Regeln der Kapitalaufbringung wie die ursprüngliche Einlageschuld. Beispielsweise kann der aus der Unterbilanz haftende Gesellschafter nach dem entsprechend geltenden § 19 GmbHG nicht einseitig mit Forderungen, die er gegen die GmbH besitzt, aufrechnen.[412]

Weil es sich bei der Unterbilanzhaftung nur um eine Innenhaftung handelt, kann G nicht unmittelbar gegen A und B vorgehen.

II. Da dem G jedoch ein Anspruch aus § 433 Abs. 2 BGB gegen die GmbH selbst zusteht, kann er nach einem obsiegenden Urteil Ansprüche der GmbH gegen ihre Gesellschafter pfänden und an sich überweisen lassen (§§ 829, 835 ZPO).

1. A und B schulden der Gesellschaft aus ihrer Einlageverpflichtung noch je 6.250 €, weil sie bisher nur die Hälfte ihrer Stammeinlage eingezahlt haben. Sollte sich einer der beiden als zahlungsunfähig erweisen, so kann der Anspruch gegen den anderen geltend gemacht werden, § 24 GmbHG.

2. Ein weitergehender Anspruch der Gesellschaft, den G pfänden kann, könnte sich daraus ergeben, dass die Vorgesellschaft bereits vor ihrer Eintragung Verpflichtungen eingegangen ist, für die nunmehr die GmbH haftet. Für den Fall, dass im Zeitpunkt der Eintragung der Gesellschaft das eingezahlte Kapital schon ganz oder teilweise verbraucht ist, findet der Gedanke des § 9 GmbHG entsprechende Anwendung, nämlich das Prinzip der **Differenzhaftung**. Die Gesellschafter einer GmbH schulden in solchen Fällen gegenüber der Gesellschaft den Betrag, der notwendig ist, um der GmbH den vollen Haftungsfonds für den Zeitpunkt der Eintragung zur Verfügung zu stellen. Soweit daher der

---
410 BGH, Urt. v. 24.10.2005 – II ZR 129/04, NZG 2006, 64, Rn. 6.
411 BGH, Urt. v. 24.10.2005 – II ZR 129/04, NZG 2006, 64, Rn. 6.
412 BGH, Urt. v. 16.01.2006 – II ZR 65/04, NJW 2006, 1594, Rn. 24.

Betrag von 6.250 €, den A und B jeweils eingezahlt hatten, bei der Eintragung in das Handelsregister schon nicht mehr zu Verfügung stand und auch nicht durch andere Vermögenswerte ersetzt worden ist, sind A und B verpflichtet, den Differenzbetrag an die Gesellschaft zu zahlen. Notfalls kommt auch hier die Ausfallhaftung des § 24 GmbHG zum Zuge, sodass bei Zahlungsunfähigkeit eines Gesellschafters der andere die ganze Differenz tragen muss.

Die GmbH ist mangels Masse illiquide. A und B schulden ihr je 6.250 € Einlagen. Diesen Anspruch auf insgesamt 12.500 € kann G an sich ziehen. Da die gezahlten Einlagen in Höhe von je 6.250 € bei Eintragung verbraucht waren, müssen A und B auch für die Differenz von 5.500 € (bis zur Höhe der Forderung des G) einstehen, und zwar wegen § 19 Abs. 1 GmbHG jeder in Höhe von 2.750 €.

Aus den vorstehenden Ausführungen ergibt sich damit in Bezug auf die Haftungsverhältnisse im Gründungsstadium der GmbH folgende Übersicht: **143**

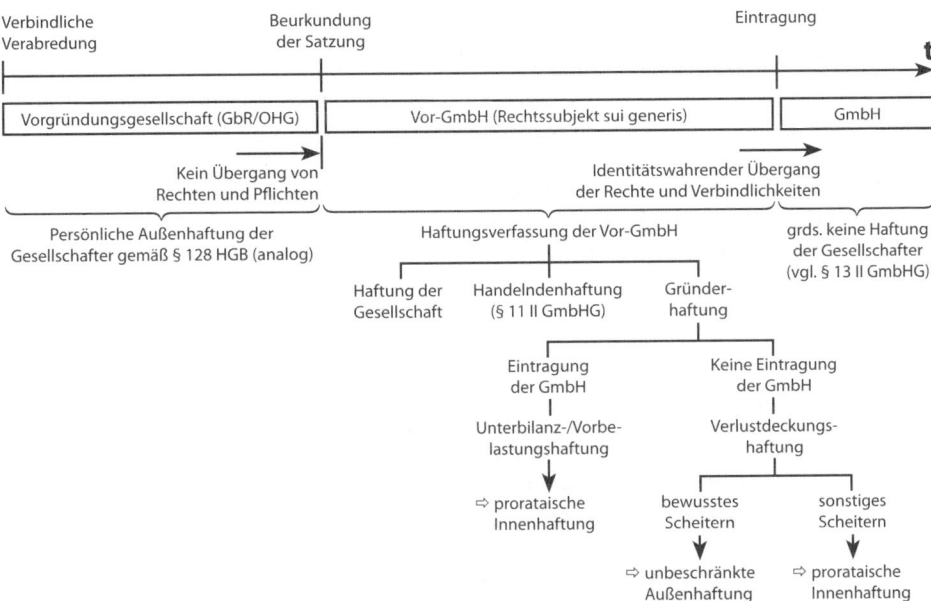

III. Vorratsgründung, Mantelverwendung

Von dem **Mantel einer GmbH** spricht man, wenn diese über ihre bloße Existenz hinaus keinen weitergehenden Zweck verfolgt und sich ihre Tätigkeit allein auf die Verwaltung des eigenen Vermögens beschränkt. Zu einer solchen Konstellation kann es zum einen dadurch kommen, dass die GmbH von vornherein auf Vorrat gegründet wurde, um erst zu einem späteren Zeitpunkt ein (ggf. noch ungewisses) Unternehmen aufzunehmen („Vorratsgesellschaft"), zum anderen dadurch, dass die Gesellschaft ihren bisherigen Geschäftsbetrieb einstellt und die dann zumeist vermögenslose Gesellschaft als „leere Hülse" bestehen bleibt.[413] **144**

---

[413] MünchKomm-GmbHG/Wicke § 3 Rn. 24.

Kommt es zur Verwendung der „leeren Hülse", spricht man von einer **„Mantelverwendung"**. Die Verwendung des Mantels kann zum einen dadurch geschehen, dass die Gesellschafter die inaktive GmbH durch Aufbau eines neuen oder durch die Einbringung eines vorhandenen Unternehmens nutzbar machen, zum anderen dadurch, dass die Gesellschafter ihre Geschäftsanteile an Erwerber veräußern (sog. „Mantelkauf").

Unter einer **Vorratsgründung** versteht man die Gründung einer Gesellschaft ohne konkrete Absicht der Gründer, in absehbarer Zeit mit der GmbH am Geschäftsverkehr teilzunehmen.[414] Die Tätigkeit einer solchen Vorratsgesellschaft beschränkt sich so lange auf die Verwaltung ihres eigenen Vermögens, bis sich für sie ein „echter" Verwendungszweck findet. Die Gründung dient dem Zweck, eine juristische Person auf Vorrat zu schaffen, die erst später bei Bedarf im Wege der Mantelverwendung – vielfach, aber nicht notwendigerweise nach Erwerb durch andere Gesellschafter und unter Auswechselung ihrer Organmitglieder sowie unter Änderung des in der Satzung angegebenen Unternehmensgegenstandes und ihres Sitzes – unternehmerischer Verwendung zugeführt werden soll. Dahinter steht regelmäßig die Absicht der Gründer, einem späteren Nutzer bei Bedarf sofort für den angegebenen oder jeden beliebigen anderen Zweck eine Kapitalgesellschaft zur Verfügung stellen zu können, um ihm die mit der (Neu-)Gründung einer Kapitalgesellschaft verbundenen, oftmals zeitraubenden Gründungsformalitäten einschließlich dabei auftretender Haftungsgefahren zu ersparen.[415]

145 Nach ganz h.M. ist eine **offene Vorratsgründung** zulässig. Sie liegt vor, wenn der Charakter der Gesellschaft, als Mantel für die spätere Aufnahme eines Geschäftsbetriebs zu dienen, bei der Bezeichnung des Unternehmensgegenstandes deutlich zum Ausdruck gebracht wird (z.B. „Verwaltung eigenen Vermögens").[416] Im Hinblick auf § 18 Abs. 2 HGB darf die Firma zudem nicht irreführend auf eine aktive Geschäftstätigkeit hindeuten.

Die Bedenken gegen die Zulassung von Vorratsgründungen beruhen in erster Linie auf der Befürchtung, dass bei einer späteren Verwendung des Mantels die Gründungsvorschriften umgangen werden könnten. Diese Besorgnis rechtfertigt nach Auffassung des BGH[417] jedoch kein generelles, präventiv wirkendes Verbot der Gründung von Vorratsgesellschaften. Zweck der Gründungsvorschriften sei es in erster Linie, die reale Aufbringung der gesetzlich vorgeschriebenen Mindestkapitalausstattung der Gesellschaft im Zeitpunkt ihres Entstehens als Ausgleich für die Beschränkung ihrer Haftung auf das Gesellschaftsvermögen sicherzustellen. Diesem Anliegen werde aber auch bei einer Vorratsgründung in dem vom Gesetz geforderten Umfang Rechnung getragen. Die Gesellschaft erhalte wie jede andere den ihr nach Gesetz und Satzung zustehenden Haftungsfonds und müsse sich wie jede andere Kapitalgesellschaft gleichen Typs darauf sowie auf die Einhaltung der gesetzlichen Gründungsvorschriften im Übrigen vom Registergericht kontrollieren lassen. Gegen die Annahme einer allgemeinen Unzulässigkeit von Vorratsgründungen spreche ferner der Umstand, dass das Anliegen, das mit der Gründung derartiger Gesellschaften verfolgt wird, nicht von vornherein als unberechtigt und

---

414 Hierzu und zum Folgenden: Scholz/Emmerich § 3 Rn. 21.
415 BGH, Beschl. v. 16.03.1992 – II ZB 17/91, NJW 1992, 1824, 1825.
416 Statt vieler: MünchKomm-GmbHG/Wicke § 3 Rn. 28.
417 Hierzu und zum Folgenden: BGH, Beschl. v. 16.03.1992 – II ZB 17/91, NJW 1992, 1824, 1825 f. (zur Vorrats-AG).

missbräuchlich gelten könne. Angesichts des vor allem bei der AG, aber auch bei der GmbH komplizierten Gründungsverfahrens und der Dauer des Eintragungsvorgangs sei das Bedürfnis, den damit verbundenen Zeitverlust zu vermeiden oder doch mindestens abzukürzen und erforderlichenfalls über eine Kapitalgesellschaft verfügen zu können, die ihren Geschäftsbetrieb umgehend aufnehmen kann, wirtschaftlich anzuerkennen. Auch der Wunsch, die mit einer Aufnahme des Geschäftsbetriebs vor Eintragung der Gesellschaft verbundenen Gefahren persönlicher Haftung nach Möglichkeit zu vermeiden, sei jedenfalls nicht von vornherein unberechtigt, da es sich um ein Haftungsrisiko handele, das zu wesentlichen Teilen erst durch die Dauer der Bearbeitung der Anmeldung beim Handelsregister geschaffen werde.

Unzulässig ist hingegen die **verdeckte Vorratsgründung** unter Angabe eines fiktiven Unternehmensgegenstandes, der in absehbarer Zeit gar nicht verwirklicht werden soll.[418] Die Zulassung der Gründung von Vorratsgesellschaften hat zur unabdingbaren Voraussetzung, dass auch bei ihnen die gesetzlichen Gründungsvorschriften ohne Abstriche beachtet werden. Zu den bei der Gründung einzuhaltenden Anforderungen gehört insbesondere auch die Angabe des Unternehmensgegenstandes (§ 3 Abs. 1 Nr. 2 GmbHG; vgl. auch § 23 Abs. 3 Nr. 2 AktG). Ist der in der Satzung bezeichnete Unternehmensgegenstand fiktiv, weil die Gesellschaft in Wahrheit zur Verwendung für einen späteren, zur Zeit ihrer Anmeldung noch nicht feststehenden Zweck vorrätig gehalten werden soll und es deshalb an der ernsthaften Absicht fehlt, den angegebenen Unternehmensgegenstand tatsächlich zu verwirklichen, d.h. mit der Gesellschaft eine ihrer Satzung entsprechende Geschäftstätigkeit aufzunehmen, so sind dieser Teil der Satzung und infolgedessen die gesamte Satzung sowie die Gründung der Gesellschaft nichtig. Die Gesellschaft darf dann nicht eingetragen werden.

146

Erfolgt dennoch eine Eintragung im Handelsregister, weil das Registergericht die (verdeckte) Vorratsgründung nicht erkannt hat, wird der Gründungsmangel nicht geheilt.[419] Die Gesellschaft ist auf Klage hin aufzulösen, besteht bis dahin aber fort (§ 75 GmbHG, § 275 AktG, § 397 S. 2 FamFG).[420]

Wird eine noch oder wieder unternehmenslose GmbH aktiviert, spricht man von einer **Mantelverwendung**. Praktische Bedeutung hat insbesondere der Fall des **Mantelkaufs**. Die grundsätzliche Zulässigkeit einer Mantelverwendung ist heute unbestritten.[421] Es stellt sich aber die Frage, ob bei „wirtschaftlicher Neugründung" der Gesellschaft die Gründungsvorschriften des GmbHG einschließlich der registergerichtlichen Kontrolle entsprechend anzuwenden sind.

147

In einem ersten Schritt stellt sich zunächst die Frage, ob überhaupt eine **„wirtschaftliche Neugründung"** vorliegt. Nach Auffassung des BGH ist dies dann der Fall, wenn eine durch Eintragung in das Handelsregister als juristische Person (§§ 11 Abs. 1, 13 Abs. 1 GmbHG) bereits entstandene GmbH als unternehmensloser Rechtsträger besteht und sodann mit einem Unternehmen ausgestattet wird. Hierbei macht es keinen Unter-

---

418 Hierzu und zum Folgenden: MünchKomm-GmbHG/Wicke § 3 Rn. 28.
419 Hierzu und zum Folgenden: Scholz/Emmerich, § 3 Rn. 26.
420 K. Schmidt NJW 2004, 1345, 1352.
421 MünchKomm-GmbHG/Wicke § 3 Rn. 29.

schied, ob eine bewusst für eine spätere Verwendung „auf Vorrat" gegründete Gesellschaft mit einem Unternehmen ausgestattet wird und erstmals ihren Geschäftsbetrieb aufnimmt, oder ob der „alte Mantel" einer im Rahmen ihres früheren Unternehmensgegenstandes tätig gewesenen, dann aber unternehmenslos gewordenen GmbH wiederverwendet wird.[422] Eine als wirtschaftliche Neugründung anzusehende Mantelverwendung liege immer dann vor, wenn eine GmbH eine „leere Hülse" geworden ist, also kein aktives Unternehmen mehr betreibt, an das die Fortführung des Geschäftsbetriebs – sei es auch unter wesentlicher Umgestaltung, Einschränkung oder Erweiterung seines Tätigkeitsgebiets in irgendeiner wirtschaftlich noch gewichtbaren Weise – anknüpfen kann.

Schwierigkeiten kann die **Abgrenzung der wirtschaftlichen Neugründung von einer (bloßen) Umorganisation oder Sanierung** bereiten.[423] Nach Auffassung des BGH ist entscheidend, ob die Gesellschaft noch ein aktives Unternehmen betreibt, an das die Fortführung des Geschäftsbetriebs in irgendeiner wirtschaftlich noch gewichtbaren Weise anknüpft, oder ob es sich tatsächlich um einen leer gewordenen Gesellschaftsmantel ohne Geschäftsbetrieb handelt, der seinen – neuen oder alten – Gesellschaftern nur dazu dient, unter Vermeidung der rechtlichen Neugründung einer die beschränkte Haftung gewährleistenden Kapitalgesellschaft eine gänzlich neue Geschäftstätigkeit – ggf. wieder – aufzunehmen.[424]

Die Grundsätze der wirtschaftlichen Neugründung finden auch in der **Liquidation der Gesellschaft** Anwendung.[425] Die dargestellten Abgrenzungsgrundsätze bedürfen allerdings für den Fall der wirtschaftlichen Neugründung in der Liquidation der Anpassung. Allein die mit der Fortführung beabsichtigte Zweckänderung von einer Abwicklungs- hin zu einer werbenden Gesellschaft ist als solche keine wirtschaftliche Neugründung, weil die aufgelöste Gesellschaft nicht per se ein unternehmensleerer Mantel ist. Dass während der Liquidation Geschäfte allenfalls noch im Rahmen des Abwicklungszwecks betrieben werden (vgl. § 70 S. 1 und 2 GmbHG) und nach Beendigung der laufenden Geschäfte mit der weiteren Abwicklung die nach außen gerichtete Geschäftstätigkeit zum Erliegen kommt, reicht zur Annahme einer leeren Hülse nicht aus.[426]

Steht nach den vorstehenden Kriterien fest, dass eine wirtschaftliche Neugründung vorliegt, führt dies zunächst **auf formeller Ebene** zur analogen **Anwendung der Gründungsvorschriften des GmbHG** einschließlich der registergerichtlichen Kontrolle.[427] Analog § 78 GmbHG[428] haben sämtliche Geschäftsführer der GmbH die Tatsache der wirtschaftlichen Neugründung gegenüber dem Registergericht offenzulegen und die am satzungsmäßigen Stammkapital auszurichtende Versicherung gemäß § 8 Abs. 2 GmbHG abzugeben.[429] Danach ist zu versichern, dass die in § 7 Abs. 2 und 3 GmbHG bezeichneten Leistungen auf die Geschäftsanteile bewirkt sind und dass der Gegenstand

---

422 BGH, Urt. v. 06.03.2012 – II ZR 56/10, NZG 2012, 539, Rn. 9.
423 Hierzu: Scholz/Emmerich, § 3 Rn. 39; MünchKomm-GmbHG/Wicke § 3 Rn. 41.
424 BGH, Versäumnisurt. v. 10.12.2013 – II ZR 53/12, NZG 2014, 264, Rn. 12.
425 BGH, Versäumnisurt. v. 10.12.2013 – II ZR 53/12, NZG 2014, 264, Ls.
426 BGH, Versäumnisurt. v. 10.12.2013 – II ZR 53/12, NZG 2014, 264, Rn. 13 ff.
427 BGH, Urt. v. 06.03.2012 – II ZR 56/10, NZG 2012, 539, Rn. 9.
428 Bärwaldt/Balda GmbHR 2004, 50, 52; Heidinger ZGR 2005, 101, 108; MünchKomm-GmbHG/Wicke § 3 Rn. 38.
429 BGH, Urt. v. 06.03.2012 – II ZR 56/10, NZG 2012, 539, Rn. 13.

der Leistungen sich – weiterhin oder jedenfalls wieder – endgültig in der freien Verfügung der Geschäftsführer befindet.[430]

Das Registergericht hat dann entsprechend § 9 c GmbHG i.V.m. § 26 FamFG in eine Gründungsprüfung einzutreten, die sich auf die Erbringung der Mindeststammeinlagen und im Falle von Sacheinlagen auf deren Werthaltigkeit zu beziehen hat.[431] Nicht abschließend geklärt ist, welche Handlungsmöglichkeiten aufseiten des Registergerichts außerhalb der §§ 394 ff. FamFG eröffnet sind, wenn eine Offenlegung der wirtschaftlichen Neugründung nicht erfolgt ist oder das Stammkapital nicht ordnungsgemäß aufgebracht wurde.[432]

Neben diesem registergerichtlichen Präventivschutz ist die reale Kapitalaufbringung nach Ansicht des BGH zudem **auf der materiell-rechtlichen Haftungsebene** durch eine entsprechende **Anwendung der Grundsätze der Unterbilanzhaftung** (Vorbelastungshaftung) sicherzustellen und, wenn die Geschäfte vorher ohne Zustimmung sämtlicher Gesellschafter aufgenommen werden, eine **Handelndenhaftung analog § 11 Abs. 2 GmbHG** in Betracht zu ziehen.[433] Dieses Haftungsmodell für die rechtliche Gründung einer GmbH lässt sich allerdings nicht uneingeschränkt auf die Situation der wirtschaftlichen Neugründung übertragen. Anders als bei der rechtlichen Gründung einer GmbH besteht im Zeitpunkt der wirtschaftlichen Neugründung bereits eine eingetragene GmbH als ein von seinen Gesellschaftern zu trennender Rechtsträger, für den grundsätzlich die Haftungsbeschränkung auf das Gesellschaftsvermögen nach § 13 Abs. 2 GmbHG gilt.[434] Deshalb findet insbesondere die Unterbilanzhaftung in Fällen der wirtschaftlichen Neugründung eine modifizierte Anwendung:

148

Maßgeblicher **Stichtag** für die Unterbilanzhaftung der Gesellschafter ist nach Auffassung des BGH die Offenlegung der wirtschaftlichen Neugründung gegenüber dem Registergericht.[435] Diese Beschränkung der Unterbilanzhaftung wird in der Literatur überwiegend befürwortet,[436] teilweise aber auch abgelehnt.[437] Die Unterbilanzhaftung scheidet danach aus, wenn das satzungsmäßige Stammkapital der Gesellschaft bei Aufnahme der Geschäftstätigkeit noch unverbraucht vorhanden war.[438] Eine Gewährleistung der Unversehrtheit des Stammkapitals über diesen Zeitpunkt hinaus kommt nicht in Betracht.[439] Unterbleibt die Offenlegung gegenüber dem Registergericht, haften die Gesellschafter nach neuerer Rechtsprechung des BGH nur, wenn und soweit in dem Zeitpunkt, zu dem die wirtschaftliche Neugründung durch Anmeldung der Satzungsänderungen oder durch Aufnahme der wirtschaftlichen Tätigkeit erstmals nach außen in Erscheinung tritt, eine Unterbilanz besteht.[440]

---

430 BGH, Urt. v. 12.07.2011 – II ZR 71/11, ZIP 2011, 1761 = RÜ 2011, 701 (Nissen), Rn. 9.
431 BGH, Urt. v. 06.03.2012 – II ZR 56/10, NZG 2012, 539, Rn. 17.
432 MünchKomm-GmbHG/Wicke § 3 Rn. 35.
433 BGH, Beschl. v. 09.12.2002 – II ZB 12/02, NZG 2003, 170; BGH, Beschl. v. 07.07. 2003 – II ZB 4/02, NZG 2003, 972, 974 f.; ebenso OLG Hamburg, Urt. v. 19.11.2004 – 11 U 45/04, ZIP 2004, 2431.
434 BGH, Urt. v. 06.03.2012 – II ZR 56/10, NZG 2012, 539, Rn. 16.
435 BGH, Urt. v. 06.03.2012 – II ZR 56/10, NZG 2012, 539, Rn. 19.
436 Habersack AG 2010, 845, 849 f.; Hermanns ZNotP 2010, 242, 244 f.; Herresthal/Servatius ZIP 2012, 197, 200 f.; Peetz GmbHR 2011, 178, 181; K. Schmidt ZIP 2010, 857, 861; Wahl/Schult NZG 2010, 611, 613; Werner GmbHR 2010, 804, 807.
437 Lutter/Hommelhoff/Bayer § 3 Rn. 21; Hüffer NJW 2011, 1772, 1773; Wachter BB 2010, 1242, 1243.
438 MünchKomm-GmbHG/Wicke § 3 Rn. 38.
439 BGH, Urt. v. 06.03.2012 – II ZR 56/10, NZG 2012, 539, Rn. 19.
440 BGH, Urt. v. 06.03.2012 – II ZR 56/10, NZG 2012, 539, Rn. 14 ff.; BGH, Versäumnisurt. v. 10.12.2013 – II ZR 53/12, NZG 2014, 264, Rn. 8.

149 Bei der Offenlegung tragen die Gesellschafter die **Darlegungs- und Beweislast** dafür, dass zum Zeitpunkt der Aktivierung der GmbH keine Differenz zwischen dem (statutarischen) Stammkapital und dem Wert des Gesellschaftsvermögens bestanden hat.[441] Die Unterbilanzhaftung entfällt zudem nur dann, wenn die Gesellschafter ihrer Verpflichtung zur Erbringung der Einlagen nachträglich nachkommen und nicht etwa schon dann, wenn das satzungsmäßige Stammkapital bis zur Offenlegung durch erfolgreiche Geschäftstätigkeit wieder aufgefüllt wird.[442]

Die Darlegungs- und Beweislast für das Bestehen von Unterbilanzhaftungsansprüchen trifft grundsätzlich die Gesellschaft.[443] Diese Beweislastverteilung hält der BGH bei unterlassener Offenlegung einer wirtschaftlichen Neugründung für nicht sach- und interessengerecht:[444] Der Begrenztheit der Erkennbarkeit wirtschaftlicher Neugründungen trägt der BGH dadurch Rechnung, dass er deren Offenlegung gegenüber dem Registergericht verlangt. Unterbleibt die gebotene Offenlegung, wird es den Gesellschaftern ermöglicht, mit einer inaktiven haftungsbeschränkten Gesellschaft, deren Vermögen das statutarische Stammkapital nicht deckt, von einer registergerichtlichen Kontrolle unbehelligt (wieder) am Wirtschaftsleben teilzunehmen. Ungeachtet dessen, dass die Offenlegung in den Aufgabenbereich des Geschäftsführers fällt, haben die Gesellschafter, die der Geschäftsaufnahme zugestimmt haben, die haftungsrechtlichen Folgen fehlender Offenlegung zu verantworten. Die Umgehung des der Aufbringung des statutarischen Stammkapitals – an dem sich das Vertrauen des Rechtsverkehrs orientiert – dienenden registergerichtlichen Präventivschutzes rechtfertigt eine **Beweislastumkehr**. In den Fällen fehlender Offenlegung einer wirtschaftlichen Neugründung tragen die Gesellschafter daher die Darlegungs- und Beweislast dafür, dass zu dem Zeitpunkt, zu dem die wirtschaftliche Neugründung nach außen in Erscheinung getreten ist, keine Differenz zwischen dem (statutarischen) Stammkapital und dem Wert des Gesellschaftsvermögens besteht.

Der Unterbilanzhaftungsanspruch setzt tatbestandlich keine (schuldhafte) Mitwirkung des Gesellschafters am Unterlassen der Offenlegung gegenüber dem Registergericht voraus. Bei dem Unterbilanzhaftungsanspruch im Fall einer wirtschaftlichen Neugründung handelt es sich um eine auf den Geschäftsanteil rückständige Leistung. Für dessen Erfüllung haftet gemäß § 16 Abs. 2 GmbHG neben dem Veräußerer auch der **Erwerber eines Geschäftsanteils**.[445]

B. Entstehung durch Umwandlung

150 Eine GmbH kann nicht nur durch Neugründung, sondern als verschmelzungsfähiger Rechtsträger (§ 3 Abs. 1 Nr. 2 UmwG) auch durch Umwandlung nach dem UmwG entstehen. Zu denken ist insbesondere an den **Formwechsel** (§§ 190 ff. UmwG) einer anderen Gesellschaftsform in die Rechtsform einer GmbH:[446]

---

441 MünchKomm-GmbHG/Wicke § 3 Rn. 30, 38.
442 MünchKomm-GmbHG/Wicke § 3 Rn. 38.
443 BGH, Urt. v. 17.02.2003 – II ZR 281/00, ZIP 2003, 625, 627.
444 BGH, Urt. v. 06.03.2012 – II ZR 56/10, NZG 2012, 539, Rn. 42.
445 BGH, Urt. v. 06.03.2012 – II ZR 56/10, NZG 2012, 539, Rn. 7, 31 ff.
446 Zum nachstehenden Schaubild siehe Kallmeyer/Meister/Klöcker § 191 Rn. 9.

Von:	in: GmbH
GbR	nur Neugründung gegen Sacheinlage möglich
oHG	§§ 214–225 UmwG
KG	§§ 214–225 UmwG
PartG	§§ 225 a–225 c UmwG
AG	§§ 226, 238–250 UmwG
KGaA	§§ 226, 238–250 UmwG
e.G.	§§ 258–271 UmwG
e.V.	§§ 272, 273–282 UmwG
Körperschaft/ AöR	§§ 301–304 UmwG

Ebenfalls praktisch relevant sind die **Spaltung zur Neugründung** einer GmbH (§§ 123 ff., 135 ff. UmwG) und die **Ausgliederung** des von einem Einzelkaufmann betriebenen Unternehmens, dessen Firma im Handelsregister eingetragen ist, zur Neugründung einer GmbH (§§ 152, 158 ff. UmwG).

3. Abschnitt: Die Organisation der GmbH

In organisatorischer Hinsicht ist – wie bei der AG – zwischen der Gesellschafterebene und der Ebene der Gesellschaft zu differenzieren. Auf der Ebene der Gesellschaft sind deren Organe angesiedelt: Die Gesellschafterversammlung und die Geschäftsführer. Daneben kann die GmbH einen Aufsichtsrat haben (§ 52 GmbHG), der jedoch im Gegensatz zur AG grundsätzlich[447] kein obligatorischer, sondern ein fakultativer ist.

151

---

447 Zwingend ist die Bildung eines Aufsichtsrats bei der GmbH nur bei (i) i.d.R. mehr als 500 Arbeitnehmern nach dem DrittelbG, (ii) i.d.R. mehr als 1.000 Arbeitnehmern und Tätigkeit im Montanbereich (MontanMitbestG) und (iii) i.d.R. mehr als 2.000 Arbeitnehmern nach dem MitbestG sowie (iv) bei sog. Kapitalverwaltungs-GmbH (§ 18 Abs. 2 S. 1 KAGB); vgl. Lutter/Hommelhoff § 52 Rn. 1.

Die Organisation der GmbH:[448]

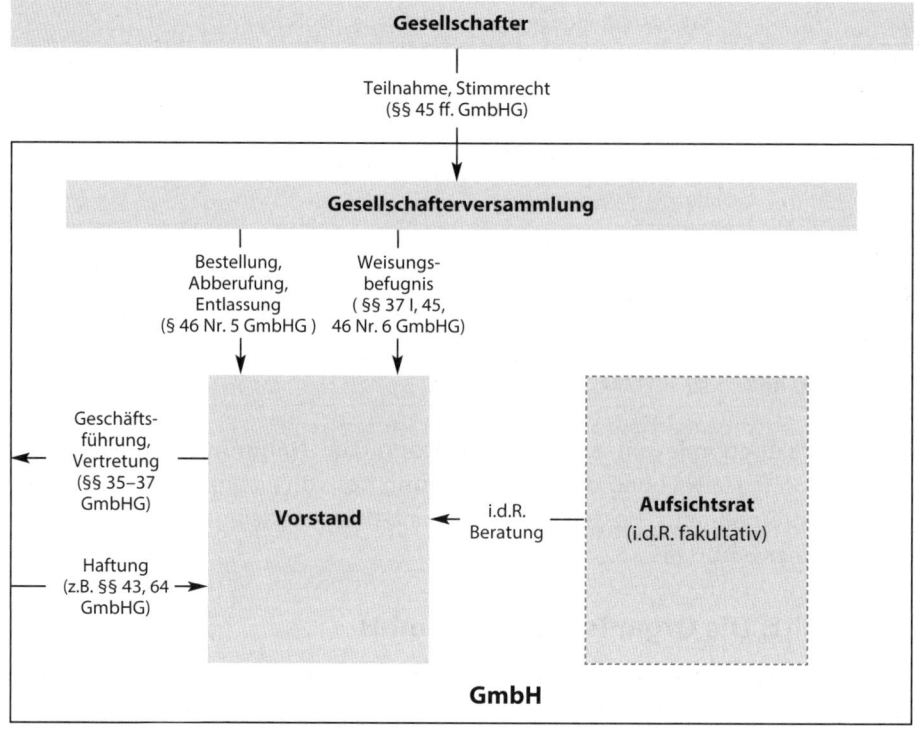

A. Gesellschafter

152 Die Gesellschafter sind die **„Eigentümer" der GmbH** und daher mit den Vereinsmitgliedern und den Aktionären vergleichbar.[449] Sie halten eine Mitgliedschaft in der GmbH, die als subjektives Recht Rechte und Pflichten zusammenfasst. Ausdruck der Mitgliedschaft ist der von jedem Gesellschafter gehaltene Geschäftsanteil.

I. Rechte und Pflichten der Gesellschafter

153 Die **Rechte der Gesellschafter** lassen sich in Verwaltungs- und Vermögensrechte unterteilen:[450]

Verwaltungsrechte	Vermögensrechte
■ Teilnahme an der Gesellschafterversammlung und Stimmrecht (§§ 45 ff. GmbHG) ■ Auskunfts- und Einsichtsrecht (§ 51a GmbHG) ■ Anfechtungsrecht (§ 245 AktG analog)	■ Teilhabe am Jahresüberschuss (§ 29 GmbHG) ■ Bezugsrecht bei Kapitalerhöhung (§ 186 AktG analog) ■ Teilnahme am Liquidationserlös (§ 72 GmbHG)

---

448 Vgl. Bitter/Heim § 4 Rn. 81.
449 Hier und zum Folgenden: Bitter/Heim § 4 Rn. 82.
450 Zum Folgenden: Bitter/Heim § 4 Rn. 83 ff.

Die Organisation der GmbH — 3. Abschnitt

Zu den **Pflichten der Gesellschafter** zählt insbesondere die Pflicht zur Erbringung der auf den Geschäftsanteil versprochenen Stammeinlage (§ 14 S. 1 GmbHG).[451] Daneben kann der Gesellschaftsvertrag den Gesellschaftern weitere Pflichten auferlegen (§ 3 Abs. 2 GmbHG). Eine Nachschusspflicht trifft die Gesellschafter nur, wenn sie im Gesellschaftsvertrag vereinbart ist (§ 26 GmbHG); nachträglich kann sie nur mit Zustimmung aller Gesellschafter begründet werden (vgl. § 53 Abs. 3 GmbHG). Daneben bestehen Treuepflichten der Gesellschafter. Diese sind bei der GmbH tendenziell stärker ausgeprägt als bei der AG, weil die GmbH in der Regel stärker personalistisch ausgestaltet ist. Die Treuepflichten umfassen insbesondere ein Verbot, die Gesellschaft und die Mitgesellschafter zu schädigen, die Pflicht der Mehrheit, bei Abstimmungen auch die Interessen der Minderheit zu berücksichtigen und vereinzelt auch die Pflicht zur Anpassung des Gesellschaftsvertrages an geänderte Umstände.

154

Obwohl im GmbHG nicht ausdrücklich geregelt, gilt auch im Recht der GmbH das für die AG in § 53 a AktG festgeschriebene **Gleichbehandlungsgebot**.[452] Der Gleichbehandlungsgrundsatz verbietet es den Gesellschaftern aber nicht, einzelnen Gesellschaftern im Gesellschaftsvertrag Sonderrechte (Vorzugsrechte) einzuräumen, etwa ein Vetorecht oder ein Recht, Geschäftsführer der GmbH zu sein; solche Sonderrechte können dem Begünstigten dann nicht ohne dessen Zustimmung wieder entzogen werden (§ 35 BGB analog).

155

II. Änderungen im Bestand der Gesellschafter

Änderungen im Bestand der Gesellschafter können sich durch Erbgang oder verschiedentlich durch Rechtsgeschäft vollziehen. Nach § 15 Abs. 1 GmbHG sind Geschäftsanteile an einer GmbH grundsätzlich[453] veräußerlich und vererblich.

156

1. Abtretung des Geschäftsanteils

Ein rechtsgeschäftlicher Gesellschafterwechsel vollzieht sich durch Abtretung (§§ 413, 398 BGB) des Geschäftsanteils.[454] Unter den Voraussetzungen des § 33 GmbHG kann auch die GmbH selbst Erwerber sein (sog. Erwerb eigener Anteile). Zur Abtretung des Geschäftsanteils durch Gesellschafter bedarf es eines in notarieller Form geschlossenen Vertrages (§ 15 Abs. 3 GmbHG). Auch eine Vereinbarung, durch welche die Verpflichtung eines Gesellschafters zur Abtretung eines Geschäftsanteils begründet wird, bedarf der notariellen Form (§ 15 Abs. 4 S. 1 GmbHG); ein ohne diese Form getroffenes Verpflichtungsgeschäft wird jedoch durch eine formgerechte Abtretung des Geschäftsanteils (= Verfügungsgeschäft) geheilt (§ 15 Abs. 4 S. 2 GmbHG). Der Erwerber gilt im Verhältnis zur Gesellschaft erst dann als Inhaber des Geschäftsanteils, wenn er in die aus Anlass der Abtretung neu erstellte Gesellschafterliste (§ 40 GmbHG) eingetragen und diese in das Handelsregister aufgenommen ist (§ 16 Abs. 1 S. 1 GmbHG).

157

---

451 Hier und zum Folgenden: Bitter/Heim § 4 Rn. 88.
452 Hier und zum Folgenden: Bitter/Heim § 4 Rn. 86 f.
453 Ausnahmen für Freiberufler-GmbH: §§ 59 e Abs. 1 BRAO, 50 a Abs. 1 Nr. 1 u. 3 StBerG, 28 Abs. 4 S. 1 Nr. 1 WPO. Die Vererblichkeit ist in diesen Fällen nicht ausgeschlossen; jedoch ist in angemessener Frist der ordnungsgemäße Zustand herbeizuführen, da andernfalls die Zulassung der GmbH zur Berufsausübung widerrufen werden kann (Lutter/Hommelhoff/Bayer § 15 Rn. 14).
454 Hier und zum Folgenden: Bitter/Heim § 4 Rn. 91 f.

Grundsätzlich ist der Gesellschafter in der Abtretung frei. Er muss weder die Zustimmung der GmbH noch diejenige seiner Mitgesellschafter einholen. Durch den Gesellschaftsvertrag kann die Abtretung der Geschäftsanteile aber an weitere Voraussetzungen geknüpft, insbesondere von der Genehmigung der Gesellschaft abhängig gemacht werden (§ 15 Abs. 5 GmbHG). Solche Verfügungsbeschränkungen nennt man **Vinkulierung**.[455]

158 Unter den Voraussetzungen des § 16 Abs. 3 GmbHG kommt ein **gutgläubiger Erwerb** eines Geschäftsanteils vom Nichtberechtigten in Betracht. Rechtsscheinsträger ist dabei die im Handelsregister aufgenommene Gesellschafterliste (§§ 8 Abs. 1 Nr. 3, 40 GmbHG)

Voraussetzungen des gutgläubigen Erwerbs gemäß § 16 Abs. 3 GmbHG
1. Der Veräußerer ist zwar nicht Inhaber des Geschäftsanteils, als solcher aber in der im Handelsregister aufgenommenen Gesellschafterliste eingetragen (Satz 1).
2. Die Gesellschafterliste muss mindestens seit drei Jahren unrichtig sein; ist dies (noch) nicht der Fall, genügt es, wenn die Unrichtigkeit dem wahren Berechtigten zurechenbar ist (Satz 2).
3. Der Erwerber darf nicht bösgläubig sein; dies ist der Fall, wenn er die mangelnde Berechtigung kennt oder infolge grober Fahrlässigkeit nicht kennt (Satz 3).
4. Der Liste darf im Handelsregister kein Widerspruch zugeordnet sein (Sätze 3 u. 4).

Die umstrittene Frage, ob ein aufschiebend bedingt abgetretener Geschäftsanteil vor Bedingungseintritt von einem Zweiterwerber gemäß § 161 Abs. 3 BGB i.V.m. § 16 Abs. 3 GmbHG gutgläubig erworben werden kann, hat der BGH verneint:[456] Die Reichweite des Gutglaubensschutzes der Gesellschafterliste erfasse nur den guten Glauben an die Rechtsinhaberschaft des eingetragenen Gesellschafters. Wer einen Geschäftsanteil erwirbt, solle darauf vertrauen dürfen, dass die in der Gesellschafterliste verzeichnete Person Gesellschafter ist. Die Gesellschafterliste begründe dagegen keinen Vertrauenstatbestand für die Freiheit des Geschäftsanteils von Belastungen oder dafür, dass der Gesellschafter in seiner Verfügungsmacht über den Geschäftsanteil nicht durch den Gesellschaftsvertrag beschränkt ist. Gleiches gelte für die Beschränkung der Verfügungsmacht nach § 161 Abs. 1 GmbHG.

2. Einziehung des Geschäftsanteils (Amortisation)

159 Ein Geschäftsanteil kann eingezogen werden, **soweit** dies **im Gesellschaftsvertrag zugelassen** ist (§ 34 Abs. 1 GmbHG). Ohne Zustimmung des Anteilsberechtigten darf dies zudem nur erfolgen, wenn die Voraussetzungen der Einziehung vor dem Zeitpunkt, in welchem der Berechtigte den Geschäftsanteil erworben hat, im Gesellschaftsvertrag festgesetzt waren (§ 34 Abs. 2 GmbHG).[457] Weitere – ungeschriebene – Wirksamkeits-

---

[455] Bitter/Heim § 4 Rn. 93.
[456] Zum Folgenden: BGH, Beschl. v. 20.09.2011 – II ZB 17/10, NZG 2011, 1268 = RÜ 2011, 762 (Nissen), Rn. 14 ff.
[457] Vgl. auch BGH, Urt. v. 24.09.2013 – II ZR 216/11, NZG 2013, 1344 = RÜ 2014, 23 (Nissen), Rn. 13. Nachträglich kann eine Zwangseinziehung für bestehende Anteile nur wirksam eingeführt werden (Satzungsänderung), wenn die betroffenen Gesellschafter zustimmen (Bitter/Heim § 4 Rn. 96).

voraussetzung der Einziehung ist, dass die Einlagen auf den eingezogenen Geschäftsanteil vollständig eingezahlt sind.[458]

Durch die Einziehung **geht der Geschäftsanteil** des betroffenen Gesellschafters **unter**.[459] Dies führt dazu, dass die Summe der Nennbeträge der verbliebenen Geschäftsanteile nicht mehr dem Stammkapital entspricht. Genau dies fordert aber § 5 Abs. 3 S. 2 GmbHG nicht nur für die Gründung, sondern während des Bestehens der GmbH. Die daran anschließende Frage, ob ein Einziehungsbeschluss nichtig oder jedenfalls anfechtbar ist, wenn er zu einer vom Gesetzgeber nicht gewollten Divergenz zwischen der Summe der Nennbeträge der verbliebenen Geschäftsanteile und dem Stammkapital führt,[460] hat der BGH verneint und insbesondere damit begründet, dass es weder aus Gläubiger- noch aus Gesellschaftersicht einen hinreichenden Grund gibt, die Rechtmäßigkeit des Einziehungsbeschlusses hiervon abhängig zu machen.[461] Wollen die Gesellschafter eine solche Divergenz dennoch verhindern, können sie (i) das Stammkapital auf die Summe der verbliebenen Geschäftsanteile herabsetzen, (ii) die Summe der Nennbeträge der verbliebenen Geschäftsanteile bis zur Höhe des Stammkapitals (nominell) aufstocken oder (iii) einen neuen Geschäftsanteil bilden.

Zuständig für die Einziehung ist die Gesellschafterversammlung (§ 46 Nr. 4 GmbHG). Ist der Einziehungsbeschluss weder nichtig noch durch Urteil im Anfechtungsprozess für nichtig erklärt worden, wird die Einziehung bereits durch die Mitteilung des Beschlusses gegenüber dem betroffenen Gesellschafter wirksam und nicht erst mit der Zahlung einer etwaigen Abfindung.[462]

Der betroffene Gesellschafter hat Anspruch auf eine vollwertige **Abfindung** in Höhe des wahren Verkehrswertes des eingezogenen Anteils, soweit im Gesellschaftsvertrag nicht wirksam etwas Anderes (insbesondere andere Berechnung) vereinbart ist. Im Gläubigerinteresse darf eine Abfindung nicht aus dem zur Erhaltung des Stammkapitals erforderlichen Vermögen gezahlt werden (§ 34 Abs. 3 i.V.m. 30 Abs. 1 GmbHG). Steht fest, dass die Abfindung durch die einziehende Gesellschaft nur unter Beeinträchtigung ihres Stammkapitals gezahlt werden kann, ist der Einziehungsbeschluss analog § 241 Nr. 3 AktG nichtig.[463] Steht dies im Zeitpunkt der Beschlussfassung hingegen nicht sicher fest, ist die Einziehung unabhängig von der Abfindungszahlung wirksam; da der eingezogene Anteil wirtschaftlich betrachtet den verbliebenen Gesellschaftern zuwächst – ihre Anteile werden proportional aufgewertet –, haften diese dem Ausgeschiedenen für die Abfindung, wenn eine spätere Zahlung der Abfindung durch die Gesellschaft an § 30 GmbHG scheitert und sie nicht für die Zulässigkeit der Zahlung sorgen.[464]

160

---

458 Diese Voraussetzung wird aus § 19 Abs. 2 S. 1 GmbHG abgeleitet (Bitter/Heim § 4 Rn. 95).
459 Hier und zum Folgenden: Bitter/Heim § 4 Rn. 95.
460 BT-Drucks. 16/6140, S. 31.
461 BGH, Versäumnisurt. v. 02.12.2014 – II ZR 322/13, NJW 2015, 1385, Rn. 26 f.
462 BGH, Urt. v. 24.01.2012 – II ZR 109/11, NZG 2012, 259, Ls. 1 und Rn. 9 ff.
463 BGH, Urt. v. 24.01.2012 – II ZR 109/11, NZG 2012, 259, Rn. 7.
464 BGH, Urt. v. 24.01.2012 – II ZR 109/11, NZG 2012, 259, Ls. 2 und Rn. 21 ff.; Bitter/Heim § 4 Rn. 97.

3. Ausschluss von Gesellschaftern

161 Auch wenn der Gesellschaftsvertrag keine Einziehungsklausel vorsieht und eine Amortisation deshalb im Hinblick auf § 34 Abs. 1 GmbHG ausgeschlossen ist, besteht die Möglichkeit des Ausschlusses eines Gesellschafters aus wichtigem Grund, auch wenn dies im Gesetz als Grundsatz[465] nicht ausdrücklich geregelt ist.[466] Dies gilt selbst dann, wenn der Gesellschaftsvertrag keine Regelung über Ausschlussmöglichkeiten von Gesellschaftern enthält.[467] Die anderen Gesellschafter müssen sich und die Gesellschaft nämlich schützen können, wenn ein Gesellschafter untragbar geworden ist.[468]

Ein **wichtiger Grund** liegt vor, wenn die Person oder das Verhalten des auszuschließenden Gesellschafters die Erreichung des Gesellschaftszwecks erheblich gefährden oder unmöglich machen und deswegen sein Verbleib in der Gesellschaft untragbar erscheint.[469] Ein Verschulden des Betroffenen ist nicht vorausgesetzt. Zu beachten ist jedoch, dass der Ausschluss aus wichtigem Grund als letztes reguläres Mittel (*ultima ratio*) nur dann zulässig ist, wenn der den wichtigen Grund bildende Anlass nicht auf andere Weise beseitigt werden kann.[470]

Im Falle eines tiefgreifenden Zerwürfnisses der Gesellschafter setzt ein wichtiger Grund zum Ausschluss eines Gesellschafters zudem voraus, dass das Zerwürfnis von dem betroffenen Gesellschafter zumindest überwiegend verursacht worden ist und in der Person des oder der die Ausschließung betreibenden Gesellschafter keine Umstände vorliegen, die deren Ausschließung oder die Auflösung der Gesellschaft rechtfertigen.[471] Nach verbreiteter obergerichtlicher Rechtsprechung ist zudem erforderlich, dass sich die Spannung zwischen den Gesellschaftern auf den Geschäftsbetrieb auswirkt.[472]

162 Der Ausschluss des Gesellschafters setzt einen entsprechenden **Gesellschafterbeschluss und** – sofern in der Satzung nichts Gegenteiliges geregelt ist – eine **Ausschlussklage** mit entsprechendem Gestaltungsurteil voraus.[473] Der Beschluss der Gesellschafterversammlung muss in Anlehnung an § 60 Abs. 1 Nr. 2 GmbHG mit einer Mehrheit von ¾ der abgegebenen Stimmen gefasst werden, wobei der ausgeschlossene Gesellschafter analog § 47 Abs. 4 GmbHG[474] kein Stimmrecht hat.[475] Die Ausschlussklage, deren Erhebung ebenfalls mit einer Mehrheit von ¾ der abgegebenen Stimmen durch die Gesellschafterversammlung zu beschließen ist,[476] wird durch die GmbH, vertreten durch ihren Geschäftsführer, erhoben.[477]

---

465 Der Ausschluss eines Gesellschafters ist im Gesetz lediglich als Kaduzierung bei Säumnis der Einlageleistung (§ 21 Abs. 2 S. 1 GmbHG) sowie bei Säumnis der Leistung im Falle einer Nachschusspflicht (§ 28 Abs. 1 GmbHG) vorgesehen.
466 Hoffmann/Rüppell BB 2016, 1026, 1027; MünchKomm-GmbHG/Strohn § 34 Rn. 103.
467 Hierzu grundlegend: BGH, Urt. v. 01.04.1953 – II ZR 235/52, NJW 1953, 780.
468 In BGH, Urt. v. 01.04.1953 – II ZR 235/52, NJW 1953, 780, ist vom „Störenfried" die Rede.
469 Bitter/Heim § 4 Rn. 98.
470 Lutter/Hommelhoff/Lutter/Kleindiek, § 34 Rn. 57.
471 BGH, Urt. v. 10.06.1991 – II ZR 234/89, GmbHR 1991, 362, 363; BGH, Urt. v. 24.02.2003 – II ZR 243/02, ZIP 2003, 759, 761; BGH, Urt. v. 24.09.2013 – II ZR 216/11, NZG 2013, 1344 = RÜ 2014, 23 (Nissen), Rn. 17.
472 OLG Brandenburg, Urt. v. 28.01.2015 – 7 U 170/13, GmbHR 2016, 357; OLG Dresden, Urteil vom 05.02.2001 – 2 U 2422/00, NZG 2001, 809; OLG Hamm, Urt. v. 01.04.1998 – 8 U 72/97, GmbHR 1998, 1081, 1083; OLG München, Urt. v. 08.10.1993 – 23 U 3365/93, GmbHR 1994, 251, 252; OLG Naumburg, Urt. v. 21.11.2013 – 1 U 105/13, GmbHR 2014, 714, 716.
473 Lutter/Hommelhoff/Lutter/Kleindiek § 34 Rn. 52 und 59: zweistufiges Verfahren, angelehnt an § 140 HGB.
474 Hoffmann/Rüppell, BB 2016, 1026, 1028.
475 BGH, Urt. v. 13.01.2003 – II ZR 227/00, NJW 2003, 2314, 2315.
476 Hoffmann/Rüppell, BB 2016, 1026, 1028.
477 Lutter/Hommelhoff/Lutter/Kleindiek § 34 Rn. 63.

Nach älterer Rechtsprechung[478] sollte auf die Ausschlussklage hin ein bedingtes Gestaltungsurteil ergehen: Der Urteilsspruch war an die Bedingung zu knüpfen, dass der betroffene Gesellschafter von der GmbH oder durch sie binnen einer für den Einzelfall angemessen festzusetzenden Frist den Gegenwert für seinen Gesellschaftsanteil erhält. In einer neueren Entscheidung hat der BGH die Geltung dieser „Bedingungslösung" für den Fall der Zwangseinziehung abgelehnt, sich im Übrigen aber eines Hinweises enthalten, ob er für den Fall des Ausschlusses durch Urteil (und ohne Satzungsgrundlage) an seiner bisherigen Rechtsprechung festhalten will.[479] In der Literatur wird hierzu die Auffassung vertreten, das Gestaltungsurteil ergehe nunmehr als unbedingtes, mit der Folge, dass der Ausgeschlossene seine Gesellschafterstellung mit Rechtskraft des Urteils verliert; dem Schutz des Ausscheidenden diene allein eine persönliche und anteilsmäßige Haftung der verbleibenden Gesellschafter auf die Abfindung, wenn der Ausgeschlossene sie nicht fristgerecht von der Gesellschaft erhält.[480]

163 Zum **Vollzug** des Ausschlusses bedarf es der Verwertung des Geschäftsanteils des Betroffenen durch Einziehung des Anteils oder durch Abtretung an einen oder mehrere Gesellschafter, Dritte oder die Gesellschaft selbst.[481] Insoweit besteht ein Wahlrecht der Gesellschaft, das durch – mit einfacher Mehrheit zu treffenden[482] – Gesellschafterbeschluss ausgeübt wird.[483] In den Fällen der Einziehung und der Abtretung des Anteils an die Gesellschaft ist Wirksamkeitsvoraussetzung des betreffenden Beschlusses, dass die Abfindung aus dem freien, die Stammkapitalziffer nicht beeinträchtigenden Vermögen der Gesellschaft gezahlt werden kann (§ 34 Abs. 3 i.V.m. § 30 Abs. 1 GmbHG); ist dies nicht der Fall, ist der betreffende Gesellschafterbeschluss analog § 241 Nr. 3 AktG nichtig.[484]

164 Auch in Ausschlussfällen hat der betroffene Gesellschafter – ebenso wie bei der Einziehung – einen Anspruch auf **Abfindung**. Die im Ausschließungsurteil zu regelnde Abfindung bemisst sich – vorbehaltlich einer abweichenden wirksamen Regelung im Gesellschaftsvertrag[485] – nach dem Verkehrswert des Anteils.[486] Zwar mag es auf den ersten Blick ungerecht erscheinen, dass der betroffene Gesellschafter unbeschadet der Schwere der Vorwürfe gegen ihn einen Anspruch auf eine Abfindung hat; Grundgedanke des Ausschlusses ist aber nicht dessen Bestrafung, sondern allein die Wiederherstellung der gedeihlichen Zusammenarbeit im Gesellschafterkreis.[487]

Ob der BGH die Zahlung der Abfindung zur (aufschiebenden) Bedingung für die Wirksamkeit des Ausschlusses macht, nachdem er dies für den Fall der Einziehung verneint hat, bleibt abzuwarten.[488]

---

478 BGH, Urt. v. 01.04.1953 – II ZR 235/52, NJW 1953, 780.
479 BGH, Urt. v. 24.01.2012 – II ZR 109/11, ZIP 2012, 422, Rn. 16.
480 Altmeppen, ZIP 2012, 1685, 1692; Lutter/Hommelhoff/Lutter/Kleindiek § 34 Rn. 65; a.A. Scholz/Seibt, Anh. zu § 34 Rn. 46: dem Betroffenen ist auf Antrag eine nach § 287 Abs. 2 ZPO vom Gericht zu schätzende vorläufige Abfindung zu zahlen; diese mache eine persönliche pro-rata-Haftung der übrigen Gesellschafter entbehrlich.
481 Lutter/Hommelhoff/Lutter/Kleindiek § 34 Rn. 1a und 52.
482 MünchKomm-GmbHG/Strohn § 34 Rn. 118.
483 BGH, Urt. v. 01.04.1953 – II ZR 235/52, NJW 1953, 780, 782; MünchKomm-GmbHG/Strohn § 34 Rn. 118.
484 BGH, Urt. v. 24.01.2012 – II ZR 109/11, NZG 2012, 259, Rn. 7.
485 Ein vollständiger Abfindungsausschluss im Gesellschaftsvertrag ist grundsätzlich sittenwidrig und unwirksam, BGH, Urt. v. 29.04.2014 – II ZR 216/13, NZG 2014, 820 = RÜ 2014, 698 (Nissen).
486 Bitter/Heim § 4 Rn. 101.
487 Hoffmann/Rüppell BB 2016, 1026, 1029.
488 Eine solche Bedingung noch annehmend: BGH, Urt. v. 01.04.1953 – II ZR 235/52, BGHZ 9, 157, 174; für die Einziehung verneinend, für die Ausschließung hingegen offen lassend: BGH, Urt. v. 24.01.2012 – II ZR 109/11, NZG 2012, 259, Rn. 16.

4. Austritt von Gesellschaftern

165 Ein Gesellschafter kann nicht nur aus wichtigem Grund aus der Gesellschaft ausgeschlossen werden, sondern auch seinerseits – **auch ohne Satzungsgrundlage**[489] – aus wichtigem Grund aus der Gesellschaft austreten.[490] Dies setzt voraus, dass ihm der weitere Verbleib in der Gesellschaft unzumutbar ist.[491] Als letztes reguläres Mittel (*ultima ratio*) ist der Austritt gegenüber anderen, weniger einschneidenden Problemlösungen (z.B. Anteilsveräußerung) subsidiär. Der Austritt ist ein Notrecht, das nur dann ausgeübt werden kann, wenn weder eine Fortsetzung der Mitgliedschaft noch eine andere Form der Beendigung derselben zumutbar und möglich sind.

Ein ordentliches Kündigungsrecht analog § 723 BGB gibt es bei der GmbH nicht. Es kann aber durch die Satzung geschaffen werden. Auch können die anderen Gesellschafter eine in der Satzung nicht vorgesehene Kündigung akzeptieren.[492]

Der Austritt erfolgt durch eine einseitige empfangsbedürftige **Willenserklärung** des Austretenden **gegenüber der GmbH**.[493] Diese Erklärung ist nicht formbedürftig.[494] Einer Klage bedarf es nicht.

Zum **Vollzug** des Austritts bedarf es – wie beim Ausschluss – der Verwertung des Geschäftsanteils des Austretenden, indem die GmbH – nach ihrer Wahl – den Anteil einzieht oder die Abtretung an einen Gesellschafter, einen Dritten oder an sich selbst verlangt.[495] Nicht voll eingezahlte Geschäftsanteile darf die GmbH auch hier nicht erwerben oder einziehen.

Der Austretende hat einen Anspruch auf **Abfindung**, der sich – vorbehaltlich wirksamer abweichender Satzungsregelungen – gegen die GmbH richtet und nach dem Verkehrswert bemisst.[496]

B. Gesellschafterversammlung

166 Die Gesellschafterversammlung ist das **oberste Willensbildungsorgan** der GmbH. Sie besteht aus der Gesamtheit der Gesellschafter und kann nicht durch ein anderes, insbesondere durch kein externes Gremium ersetzt werden.

I. Aufgaben der Gesellschafter

167 Bestimmte Beschlussgegenstände (sog. **Grundlagenentscheidungen**) sind der Gesellschafterversammlung zwingend zugewiesen. Dazu gehören

- die Einforderung von Nachschüssen (§ 26 Abs. 1 GmbHG),
- Satzungsänderungen (§ 53 Abs. 1 GmbHG),

---

[489] Das Austrittsrecht kann durch die Satzung weder ausgeschlossen noch eingeschränkt, sondern nur erweitert werden und im Hinblick auf seine Durchführung geordnet werden (Lutter/Hommelhoff/Lutter/Kleindiek § 34 Rn. 70).
[490] BGH, Urt. v. 18.02.2014 – II ZR 174/11, NZG 2014, 541, Ls. 1.
[491] Hier und zum Folgenden: Bitter/Heim § 4 Rn. 102.
[492] Lutter/Hommelhoff/Lutter/Kleindiek § 34 Rn. 70.
[493] Hier und zum Folgenden: Bitter/Heim § 4 Rn. 102.
[494] Lutter/Hommelhoff/Lutter/Kleindiek § 34 Rn. 75.
[495] Hier und zum Folgenden: Lutter/Hommelhoff/Lutter/Kleindiek § 34 Rn. 75 a.
[496] Lutter/Hommelhoff/Lutter/Kleindiek § 34 Rn. 76a.

- die Auflösung der Gesellschaft (§ 60 Abs. 1 Nr. 2 GmbHG) und
- Umwandlungsmaßnahmen nach dem UmwG.

Welche sonstigen Gegenstände der Gesellschafterversammlung zugewiesen sind, bestimmt sich vorrangig nach dem Gesellschaftsvertrag (§ 45 Abs. 1 GmbHG) und im Übrigen nach der dispositiven Vorschrift des § 46 GmbHG (§ 45 Abs. 2 GmbHG). Die Aufzählung in § 46 GmbHG ist nicht abschließend; die **Zuständigkeit** der Gesellschafterversammlung ist vielmehr grundsätzlich **allumfassend**.[497] Dies ergibt sich aus § 37 Abs. 1 GmbHG, der ein Weisungsrecht der Gesellschafter gegenüber der Geschäftsführung statuiert.

II. Beschlussfassung durch die Gesellschafter

168 In der Gesellschafterversammlung werden Beschlüsse der Gesellschafter gefasst (§ 48 Abs. 1 GmbHG). Der Abhaltung einer Versammlung bedarf es nur dann nicht, wenn sich sämtliche Gesellschafter in Textform mit der zu treffenden Bestimmung oder mit der schriftlichen Abgabe der Stimmen einverstanden erklären (§ 48 Abs. 2 GmbHG).

Die **Einberufung** der Versammlung richtet sich primär nach den Regelungen der Satzung (§ 45 Abs. 1 GmbHG) und im Übrigen nach den §§ 49–51 GmbHG. Die Versammlung wird durch die Geschäftsführer mittels eingeschriebener Briefe mit einer Mindestfrist von einer Woche einberufen (§§ 49 Abs. 1, 51 Abs. 1 GmbHG). Sie ist außer den ausdrücklich bestimmten Fällen (§§ 49 Abs. 3, 50 GmbHG) immer dann einzuberufen, wenn es im Interesse der Gesellschaft erforderlich erscheint (§ 49 Abs. 2 GmbHG). Jede Einberufung sollte eine Tagesordnung enthalten (§ 51 Abs. 2 GmbHG: „Zweck der Versammlung"). Ist die Versammlung nicht ordnungsgemäß berufen, so können Beschlüsse nur gefasst werden, wenn sämtliche Gesellschafter anwesend oder wirksam vertreten[498] sind (§ 51 Abs. 3 GmbHG). Über die bloße Anwesenheit hinaus müssen die Gesellschafter zudem mit der Abhaltung der Versammlung zum Zwecke der Beschlussfassung einverstanden sein.[499]

Die **Willensbildung** in der Gesellschafterversammlung erfolgt durch Beschluss, also durch mehrseitiges Rechtsgeschäft.[500] Beschlussfähig ist die Versammlung bereits dann, wenn nur ein einziger Gesellschafter anwesend ist. Für eine wirksame Beschlussfassung genügt grundsätzlich[501] eine einfache Kapitalmehrheit der abgegebenen Stimmen (§ 47 Abs. 1 u. 2 GmbHG). Der Beschluss kann formlos gefasst werden, sofern das Gesetz keine Form vorschreibt (§§ 48 Abs. 3, 53 Abs. 2 S. 1 GmbHG). In der Stimmabgabe ist der Gesellschafter grundsätzlich frei; nur ausnahmsweise kann sich aus der Treuepflicht ergeben, in einer bestimmten Weise abstimmen zu müssen.

Das Stimmrecht eines Gesellschafters kann im Einzelfall ausgeschlossen sein, wenn eine Beschlussfassung aufgrund ihres Gegenstandes auch seine persönlichen Interessen be-

---

[497] Bitter/Heim § 4 Rn. 107.
[498] Lutter/Hommelhoff/Bayer § 51 Rn. 32.
[499] BGH, Beschl. v. 04.05.2009 – II ZR 169/07, NZG 2009, 1307, Rn. 9; Lutter/Hommelhoff/Bayer § 51 Rn. 33.
[500] Hier und zum Folgenden: Bitter/Heim § 4 Rn. 111 ff.
[501] Bei Satzungsänderungen ist eine Mehrheit von ¾ der abgegebenen Stimmen erforderlich (§ 53 Abs. 2 S. 1 GmbHG).

rührt.[502] Ein **Stimmverbot** besteht jedoch erst dann, wenn aufgrund des konkreten Interessenkonflikts im Hinblick auf den in Frage stehenden Abstimmungsgegenstand *typischerweise* damit zu rechnen ist, dass der Gesellschafter bei der Stimmabgabe die Gesellschaftsinteressen hintanstellen wird und sich stattdessen von seinen persönlichen Interessen leiten lässt.[503] Dabei gibt es zwei Grundtatbestände: Zum einen, wenn die Beschlussfassung eine Maßnahme betrifft, bei der der Gesellschafter (auch) als „andere Seite" beteiligt ist (**Verbot des Insichgeschäfts**, vgl. § 181 BGB).[504] Zum anderen gibt der Gesellschafter seinen persönlichen Interessen typischerweise den Vorrang, wenn er in eigener Sache richtet (**Verbot, „Richter in eigener Sache" zu sein**).

In diese beiden Grundtatbestände lassen sich auch die Fälle des § 47 Abs. 4 GmbHG einordnen: Bei der Befreiung von einer Verbindlichkeit und der Vornahme eines Rechtsgeschäfts handelt es sich um Anwendungsfälle des Verbots des Insichgeschäfts, bei der Entlastung des Gesellschafters um einen Fall des Verbots, Richter in eigener Sache zu sein; die Entscheidung über die Einleitung oder Erledigung eines Rechtsstreits gegenüber einem Gesellschafter ist von beiden Gedanken getragen.[505] Nach K. Schmidt ist das Verbot des Insichgeschäfts disponibel, das Verbot, Richter in eigener Sache zu sein, hingegen zwingend.[506]

III. Fehlerhafte Beschlüsse

169 Das GmbHG enthält keine Regelung über fehlerhafte Gesellschafterbeschlüsse. Daher werden bei der GmbH die Vorschriften über die Nichtigkeit und Anfechtbarkeit von Beschlüssen der Hauptversammlung einer AG (**§§ 241 ff. AktG**) **analog** angewandt. Insoweit gilt das vorstehend zur AG Gesagte entsprechend.[507] Dabei sind jedoch stets die Besonderheiten der GmbH und ihre Unterschiede zur AG zu beachten.[508] Wenn Beschlüsse der Gesellschafterversammlung fehlerhaft sind, führt dies grundsätzlich nicht zu ihrer Nichtigkeit, sondern nur zu ihrer Anfechtbarkeit. Soweit keine Sonderregeln bestehen, tritt die Nichtigkeit nur unter besonderen Voraussetzungen ein, welche in Anlehnung an § 241 AktG zu ermitteln sind. Verstöße gegen Gesetz und Gesellschaftsvertrag, die nicht die besonderen Voraussetzungen der Nichtigkeit erfüllen, führen analog § 243 AktG zur Anfechtbarkeit.

Nichtige Beschlüsse sind unwirksam gegenüber jedermann. Die gerichtliche Geltendmachung der Nichtigkeit ist durch jedermann, der ein Rechtsschutzbedürfnis vorweisen kann, mittels **Nichtigkeitsfeststellungsklage** möglich. Nichtige Beschlüsse dürfen grundsätzlich nicht zur Ausführung gebracht, insbesondere auch nicht zum Handelsregister angemeldet werden.[509]

Die Anfechtung ist im Klagewege geltend zu machen (**Anfechtungsklage**). Die Anfechtungsfrist beträgt dabei etwa einen Monat, wobei mangels Regelung im GmbHG

---

502 Hier und zum Folgenden: Bitter/Heim § 4 Rn. 116 ff.
503 BGH, Urt. v. 21.06.2010 – II ZR 230/08, NJW 2010, 3027, Rn. 16.
504 Das Verbot des Insichgeschäfts gilt nicht, wenn das Geschäft, bei dem der Gesellschafter die andere Seite bildet, ein korporatives, auf die Mitgliedschaft in der Gesellschaft bezogenes Geschäft ist (sog. Sozialakte). In diesen Fällen ist § 47 Abs. 4 GmbHG teleologisch zu reduzieren, wenn sein Wortlaut einschlägig ist (Bitter/Heim § 4 Rn. 120).
505 Bitter/Heim § 4 Rn. 119.
506 Scholz/K. Schmidt § 47 Rn. 173.
507 Siehe Rn. 92.
508 Bitter/Heim § 4 Rn. 125.
509 Lutter/Hommelhoff/Bayer Anh zu § 47 Rn. 29 ff.

die Monatsfrist des § 246 Abs. 1 AktG als Leitbild entsprechend heranzuziehen ist. Dabei handelt es sich jedoch nicht um eine starre Ausschlussfrist, sondern besondere Umstände, insbesondere Verhandlungen unter den Gesellschaftern zur gütlichen Beilegung von Streitigkeiten, können die Frist verlängern. Eine Verkürzung der Frist ist jedoch ausgeschlossen. Die Versäumung dieser Frist führt ebenso wie die Versäumung einer im Gesellschaftsvertrag ausdrücklich enthaltenen Anfechtungsfrist nicht zur Unzulässigkeit, sondern zur Unbegründetheit der Klage, da es sich insoweit um eine materielle Ausschlussfrist handelt.[510]

Nichtigkeitsfeststellungs- und Anfechtungsklagen verfolgen dasselbe materielle Ziel. Denn **Streitgegenstand** der Anfechtungsklage ist ebenso wie bei einer Nichtigkeitsfeststellungsklage die Rechtsbehauptung, dass ein Gesellschafterbeschluss aufgrund der ihm anhaftenden Mängel für nichtig zu erklären sei. Die Klage auf Feststellung der Nichtigkeit schließt die Klage auf Erklärung der Nichtigkeit des Beschlusses mit ein. Dies hat zur Folge, dass bei rechtskräftiger Abweisung einer der beiden Klagen als unbegründet die Erhebung der anderen Klage wegen entgegenstehender Rechtskraft unzulässig ist.

C. Geschäftsführer

I. Grundlagen

Die GmbH muss einen oder mehrere Geschäftsführer haben (§ 6 Abs. 1 GmbHG). Geschäftsführer kann nur eine natürliche, unbeschränkt geschäftsfähige Person sein (§ 6 Abs. 2 S. 1 GmbHG), bei der keiner der in § 6 Abs. 2 S. 2 GmbHG aufgeführten Ausschlusstatbestände einschlägig ist. Zu Geschäftsführern können nicht nur Gesellschafter ("Gesellschafter-Geschäftsführer"), sondern oder andere Personen ("Fremdgeschäftsführer") bestellt werden (§ 6 Abs. 3 S. 1 GmbHG). Es gilt der **Grundsatz der Selbstorganschaft**.[511]

170

Die **Bestellung** als Organ der Gesellschaft erfolgt entweder im Gesellschaftsvertrag (§ 6 Abs. 3 S. 2 GmbHG) oder durch Beschluss der Gesellschafterversammlung (§ 46 Nr. 5 GmbHG).[512] Der Geschäftsführer muss die Bestellung annehmen. Die Bestellung des Geschäftsführers ist eine in das Handelsregister einzutragende Tatsache (§§ 10 Abs. 1, 39 GmbHG).

Die Organstellung des Geschäftsführers endet, wenn er durch die Gesellschafterversammlung abberufen wird (§ 46 Nr. 5 GmbHG). Die **Abberufung** ("Widerruf der Bestellung") ist zu jeder Zeit möglich (§ 38 Abs. 1 GmbHG). Sie bedarf keines wichtigen Grundes, sofern der Gesellschaftsvertrag dies nicht vorsieht (§ 38 Abs. 2 GmbHG). Neben der Abberufung kommt jederzeit auch eine Niederlegung des Amtes des Geschäftsführers in Betracht.[513] Ist die Organstellung wirksam erloschen, ist auch dies in das Handelsregister einzutragen (§ 39 GmbHG).

Von der Organstellung des Geschäftsführers zu trennen ist der **Anstellungsvertrag** zwischen der Person des Geschäftsführers und der GmbH.[514] Der Anstellungsvertrag ist

---

510 BGH, Urt. v. 15.06.1998 – II ZR 40–97, WM 1998, 1580, 1581.
511 Siehe hierzu Rn. 13.
512 Zur Anwendung des AGG auf GmbH-Geschäftsführer siehe BGH, Urt. v. 23.04.2012 – II ZR 163/10, NJW 2012, 2346 = RÜ 2012, 564 (Haack).
513 Bitter/Heim § 4 Rn. 130.
514 Hier und zum Folgenden: Bitter/Heim § 4 Rn. 131 ff.

in der Regel ein Geschäftsbesorgungsvertrag, der eine Dienstleistung zum Gegenstand hat (§§ 675, 611 ff. BGB). Arbeitsvertrag ist der Anstellungsvertrag grundsätzlich[515] nicht (§ 5 Abs. 1 S. 3 ArbGG); somit ist auch das KSchG nicht anwendbar (§ 14 Abs. 1 Nr. 1 KSchG). Der Anstellungsvertrag bildet die Grundlage des Vergütungsanspruchs des Geschäftsführers. Zuständig für den Abschluss und die Kündigung des Geschäftsführeranstellungsvertrags ist durch sog. Annexkompetenz dasjenige Organ, welches auch zur Bestellung und Abberufung der Geschäftsführer befugt ist,[516] mangels abweichender Regelung im Gesellschaftsvertrag also die Gesellschafterversammlung (§ 46 Nr. 5 GmbHG). Die Abberufung beinhaltet nicht ohne Weiteres auch die Kündigung des Anstellungsverhältnisses;[517] diese muss separat erfolgen.

Der Geschäftsführer ist zunächst für die (interne) **Geschäftsführung** zuständig.[518] Darüber hinaus **vertritt** er **die Gesellschaft** gerichtlich und außergerichtlich (§ 35 Abs. 1 S. 1 GmbHG). Die Geschäftsführung im Innenverhältnis kann von den Gesellschaftern beliebig beschränkt werden (vgl. § 37 Abs. 1 GmbHG).[519] Anders als bei der AG hat die Gesellschafterversammlung eine umfassende Weisungsbefugnis gegenüber den Geschäftsführern (vgl. auch § 46 Nr. 6 GmbHG). Die Gesellschafterversammlung als oberstes Organ der GmbH befindet sich in einem Subordinationsverhältnis zu der ihr unterstellten Geschäftsführung. Allerdings wirken die Beschränkungen durch Weisungen, die der Geschäftsführer im Innenverhältnis beachten muss, nicht im Außenverhältnis gegenüber Dritten (§ 37 Abs. 2 GmbHG). Der Geschäftsführer vertritt die GmbH in der Regel auch dann wirksam im Außenverhältnis, wenn er damit seine Befugnisse im Innenverhältnis überschreitet. Etwas anderes gilt nur dann, wenn er bewusst mit dem Dritten zusammenwirkt (Kollusion) oder wenn sein Handeln im Außenverhältnis für den Dritten ersichtlich über seine internen Befugnisse hinausgeht und sich dem Dritten deshalb aufdrängen musste, dass der Geschäftsführer seine internen Befugnisse überschreitet (evidenter Missbrauch der Vertretungsmacht).

II. Haftung der Geschäftsführer

171 Bei der (persönlichen) Haftung der Geschäftsführer ist zwischen der Innenhaftung gegenüber der GmbH und der Außenhaftung gegenüber Dritten (Gesellschafter[520], Gesellschaftsgläubiger) zu differenzieren. Den Grundtatbestand der Innenhaftung bildet § 43 GmbHG, der freilich in seinem Absatz 3 auch den Schutz der Interessen außenstehender Dritter umfasst. Daneben gibt es zahlreiche Sondertatbestände der Innen- und Außenhaftung.

---

515 Zu Ausnahme siehe Palandt/Weidenkaff Einf. v. § 611 Rn. 23.
516 MünchKomm-GmbHG/Jaeger, § 35 Rn. 254 (Abschluss) und Rn. 415 (Kündigung).
517 MünchKomm-GmbHG/Stephan/Tieves § 38 Rn. 51.
518 Hier und zum Folgenden: Bitter/Heim § 4 Rn. 134 ff.
519 Dort ist allerdings missverständlich von einer Beschränkung der Vertretungsbefugnis die Rede, obwohl interne Beschränkungen gerade nicht im Außenverhältnis wirken.
520 Zum Schadensersatzanspruch eines Gesellschafters gegen die GmbH-Geschäftsführung wegen Minderung des Werts seiner Gesellschaftsbeteiligung (Stichwort: „Reflexschaden") siehe BGH, Urt. v. 14.05.2013 – II ZR 176/10, NJW 2013, 2586 = RÜ 2013, 493 (Nissen).

1. Innenhaftung

Neben einigen Spezialtatbeständen, die im jeweiligen Kontext erläutert werden – z.B. die Differenzhaftung gemäß § 9 a Abs. 1 GmbHG bei der Gründung der GmbH – kommt eine Innenhaftung des Geschäftsführers gegenüber der Gesellschaft vor allem nach der allgemeinen Organhaftungsvorschrift des § 43 GmbHG und in Fällen der Insolvenzverschleppung nach § 64 GmbHG in Betracht.

a) Allgemeine Haftung nach § 43 GmbHG

Geschäftsführer haben in den Angelegenheiten der Gesellschaft die Sorgfalt eines ordentlichen Geschäftsmannes anzuwenden (§ 43 Abs. 1 GmbHG). Verletzen sie diese „Obliegenheiten"[521], haften sie der Gesellschaft gegenüber (**Innenhaftung**) als Gesamtschuldner („solidarisch") für den entstandenen Schaden (§ 43 Abs. 2 GmbHG). In dieser Vorschrift kommt ein Grundsatz zum Ausdruck, der nicht nur im Gesellschaftsrecht auch für andere Organpersonen – z.B. den Vorstand einer AG (§ 93 AktG) –, sondern auch im allgemeinen Zivilrecht gilt: Derjenige, der fremdes Vermögen verwaltet, hat für Schäden aus unsorgfältiger Vermögensverwaltung einzustehen (§ 280 BGB).[522] Da in der GmbH das Vermögen der Gesellschafter gebunden ist, dient § 43 Abs. 2 GmbHG in erster Linie dem **Schutz der Gesellschafter**. Folgerichtig ergibt sich allein aus der Stellung als Geschäftsführer auch keine (strafrechtliche) Garantenpflicht gegenüber außenstehenden Dritten, eine Schädigung ihres Vermögens zu verhindern. Die schuldhafte Verletzung der Pflicht zur ordnungsgemäßen Geschäftsführung führt grundsätzlich (nur) zur Innenhaftung gegenüber der Gesellschaft.[523]

Ausnahmsweise werden durch die Innenhaftung der Geschäftsführer gegenüber der GmbH auch die **Interessen der Gläubiger geschützt**. Dies zeigt der besondere Haftungstatbestand des § 43 Abs. 3 GmbHG: Der Geschäftsführer ist zum Ersatz verpflichtet, wenn er unter Verstoß gegen § 30 GmbHG Zahlungen aus dem zur Erhaltung des Stammkapitals erforderlichen Vermögen der Gesellschaft tätigt oder unter Verstoß gegen § 33 GmbHG eigene Geschäftsanteile der GmbH erwirbt.

Allgemeine Geschäftsführerhaftung nach § 43 Abs. 2 GmbHG
1. Anspruchsgegner ist (auch faktischer) **Geschäftsführer**
2. **Pflichtverletzung**: Pflichtwidriges Geschäftsführerverhalten
3. **Verschulden**: Geschäftsführer hat vorsätzlich oder fahrlässig gehandelt
4. **Kausaler** (durch die Pflichtverletzung hervorgerufener) **Schaden**
5. **Gesellschafterbeschluss** über die Geltendmachung (§ 46 Nr. 8 GmbHG)

Der Anspruch richtet sich gegen den **Geschäftsführer**. Dieser unterliegt der Organhaftung mit der Annahme des Amtes, nicht erst mit der Eintragung ins Handelsregister, und unabhängig von der Wirksamkeit seiner Bestellung.[524] Auch der sog. „faktische"

---

521 Damit sind die Organpflichten des Geschäftsführers gegenüber der Gesellschaft gemeint, die vor dem Hintergrund des Verschuldensmaßstabs nach § 43 Abs. 1 GmbHG zu konkretisieren sind (Lutter/Hommelhoff/Kleindiek § 43 Rn. 11).
522 Hier und zum Folgenden: Bitter/Heim § 4 Rn. 140.
523 BGH, Urt. v. 10.07.2012 – VI ZR 341/10, NJW 2012, 3439, Ls.
524 Lutter/Hommelhoff/Kleindiek § 43 Rn. 2.

Geschäftsführer, der tatsächlich Geschäftsführungsaufgaben übernimmt, ohne formell zum Geschäftsführer bestellt worden zu sein, ist Haftungsadressat.[525]

Der Geschäftsführer ist **zur ordnungsgemäßen Unternehmensleitung verpflichtet** und hat dabei den Gesellschaftszweck unter Einhaltung des durch Gesetz, Satzung und Anstellungsvertrag sowie Weisungen der Gesellschafter[526] gesteckten Rahmens bestmöglich zu fördern.[527] Als Verwalter fremder Vermögensinteressen unterliegt er dabei einer besonderen Treuepflicht.[528] Bei unternehmerischen Entscheidungen, die nicht durch Gesetz, Satzung oder Vorgaben der Gesellschafter determiniert sind, steht dem Geschäftsführer ein der gerichtlichen Kontrolle entzogener Handlungsspielraum zu, der durch geschäftliches Entscheidungsermessen geprägt ist; die in der ARAG/Garmenbeck-Entscheidung des BGH[529] für den AG-Vorstand aufgestellten – und nunmehr in § 93 Abs. 1 S. 2 AktG kodifizierten – Grundsätze (*„Business Judgement Rule"*)[530] gelten für die GmbH-Geschäftsführer analog; bewegen sich die Geschäftsführer im Rahmen dieses Handlungsspielraums, handeln sie nicht pflichtwidrig.[531]

Grundlage der Haftung nach § 43 Abs. 2 GmbHG ist eine **schuldhafte Pflichtverletzung** des Geschäftsführers. Verschuldensmaßstab ist der typisierte Maßstab der „Sorgfalt eines ordentlichen Geschäftsmannes" gemäß § 43 Abs. 1 GmbHG, wonach der Geschäftsführer für vorsätzliche und (auch einfach) fahrlässige Pflichtverletzungen einzustehen hat.[532]

Ein ehrenamtlich tätiger Geschäftsführer (z.B. einer gemeinnützigen GmbH) kann sich nicht auf die für den Vereinsvorstand zugeschnittene Haftungsmilderung nach § 31 a BGB (analog) berufen.[533] Auch die (arbeitsrechtlichen) Grundsätze des innerbetrieblichen Schadensausgleichs (Haftungsfreistellung des Arbeitnehmers bei leichtester Fahrlässigkeit, einzelfallbezogene Schadensteilung bei mittlerer Fahrlässigkeit) finden auf den GmbH-Geschäftsführer und seine Haftung nach § 43 GmbHG keine Anwendung.[534]

Der Ersatzanspruch gegen den Geschäftsführer setzt in jedem Fall einen durch die Pflichtverletzung des Geschäftsführers verursachten (kausalen) **Schaden** der GmbH voraus.[535] Zu ersetzen ist jede Minderung des Gesellschaftsvermögens, die ursächlich auf der Pflichtverletzung des in Anspruch genommenen Geschäftsführers beruht. Zur Berechnung des Schadens ist der Zustand mit und ohne Pflichtverletzung (Differenzhypothese) zu vergleichen.[536] Soweit die Pflichtverletzung des Geschäftsführers zu adäquat kausalen Vorteilen der GmbH geführt hat, sind diese bei der Schadensberechnung nach

---

525 Lutter/Hommelhoff/Kleindiek § 43 Rn. 3.
526 Die Weisung und Billigung der Geschäftsführungsmaßnahme durch die Gesellschafterversammlung hat haftungsausschließende Wirkung (Lutter/Hommelhoff/Kleindiek § 43 Rn. 40 f.). Zum Einwand des hypothetischen Einverständnisses siehe BGH, Urt. v. 18.06.2013 – II ZR 86/11, NJW 2013, 3636, Rn. 31 ff.
527 Lutter/Hommelhoff/Kleindiek § 43 Rn. 12.
528 Lutter/Hommelhoff/Kleindiek § 43 Rn. 19.
529 BGH, Urt. v. 21.04.1997 – II ZR 175/95, NJW 1997, 1926 – ARAG/Garmenbeck.
530 Siehe hierzu Rn. 95.
531 Lutter/Hommelhoff/Kleindiek § 43 Rn. 19.
532 Lutter/Hommelhoff/Kleindiek § 43 Rn. 38.
533 Lutter/Hommelhoff/Kleindiek § 43 Rn. 39; Leuschner NZG 2014, 281, 287.
534 BGH, Urt. v. 25.06.2001 – II ZR 38/99, GmbHR 2001, 771, 773; Joussen GmbHR 2005, 441, 442 ff.; **a.A.** Koch AG 2014, 513, 515 ff.
535 Hier und zum Folgenden: Lutter/Hommelhoff/Kleindiek § 43 Rn. 45 f.
536 BGH, Beschl. v. 18.02.2008 – II ZR 62/07, GmbHR 2008, 488, 489; vgl. auch BGH, Urt. v. 15.01.2013 – II ZR 90/11, NZG 2013, 293, Rn. 21 (zur Haftung des AG-Vorstands gemäß § 93 AktG).

den Grundsätzen der Vorteilsausgleichung zu berücksichtigen, sofern die Anrechnung nicht Sinn und Zweck der Schadensersatzpflicht widerspricht.[537]

Zur Geltendmachung von Schadensersatzansprüchen gegen Geschäftsführer bedarf es in der werbend tätigen Gesellschaft eines **Gesellschafterbeschlusses** (§ 46 Nr. 8 GmbHG),[538] der materielle Voraussetzung auch im Außenverhältnis ist.[539] Ein überstimmter Gesellschafter muss einen die Verfolgung des Haftungsanspruchs ablehnenden Beschluss der Gesellschafterversammlung anfechten und kann ihn nicht selbst für die Gesellschaft im Wege einer Gesellschafterklage (*actio pro socio*)[540] selbst geltend machen.[541] In den Fällen des § 43 Abs. 3 GmbHG ist die Disponibilität eingeschränkt, weil hier nicht der Schutz der Gesellschafter, sondern der Schutz der Gesellschaftsgläubiger bezweckt ist. In der Insolvenz der GmbH wird der Haftungsanspruch gegen den Geschäftsführer vom Insolvenzverwalter geltend gemacht (§ 92 InsO); eines Gesellschafterbeschlusses nach § 46 Nr. 8 GmbHG bedarf es nach der Eröffnung des Insolvenzverfahrens nicht.[542]

Die Ansprüche aus § 43 Abs. 2 und Abs. 3 GmbHG **verjähren** in fünf Jahren (§ 43 Abs. 4 GmbHG). Die Frist beginnt mit der Entstehung des Anspruchs; der Entstehungszeitpunkt bestimmt sich danach, wann der Anspruch erstmals (notfalls im Wege einer Feststellungsklage) geltend gemacht werden konnte.[543]

Die **Darlegungs- und Beweislast** ist entsprechend § 93 Abs. 2 S. 2 AktG erleichtert:[544] Die GmbH hat den Eintritt eines Schades[545] und dessen Verursachung durch ein Verhalten (Tun oder Unterlassen) des Geschäftsführers, das sich als „möglicherweise pflichtwidrig" darstellt, darzulegen und zu beweisen. Demgegenüber muss der Geschäftsführer Umstände dafür darlegen und beweisen, dass das schadensauslösende Verhalten nicht pflichtwidrig gewesen war oder ihn zumindest kein Schuldvorwurf hinsichtlich der Pflichtverletzung trifft.

In der **GmbH & Co. KG** ist jeder Geschäftsführer der Komplementär-GmbH nach den Maßstäben des § 43 Abs. 1 GmbH auch der KG gegenüber verantwortlich.[546] Dies gilt selbst dann, wenn sein Dienstvertrag allein mit der Komplementär-GmbH besteht, weil dieser drittschützende Wirkung zugunsten der KG entfaltet.[547]

b) Innenhaftung bei Insolvenzverschleppung nach § 64 S. 1 GmbHG

Ist die Gesellschaft zahlungsunfähig (§ 17 InsO) oder überschuldet (§ 19 InsO), müssen die Geschäftsführer spätestens drei Wochen nach Eintritt der Insolvenzreife einen Insol-

174

---

537 BGH, Urt. v. 15.01.2013 – II ZR 90/11, NZG 2013, 293, Rn. 26 (zur Haftung des AG-Vorstands gemäß § 93 AktG).
538 Bayer GmbHR 2014, 897, 901 f.; Liederer NZG 2015, 569, 577 f.
539 BGH, Urt. v. 04.11.2002 – II ZR 224/00, NJW 2003, 358; Bitter ZInsO 2010, 1505, 1510.
540 Zu dieser siehe Mock JuS 2015, 590 ff.
541 Lutter/Hommelhoff/Kleindiek § 43 Rn. 50.
542 BGH, Urt. v. 14.07.2004 – VIII ZR 224/02, GmbHR 2004, 1279, 1281; Lutter/Hommelhoff/Kleindiek § 43 Rn. 51.
543 Lutter/Hommelhoff/Kleindiek § 43 Rn. 67.
544 Hier und zum Folgenden: Lutter/Hommelhoff/Kleindiek § 43 Rn. 52.
545 Dabei gelten indes die Erleichterungen des § 287 ZPO (BGH, Urt. v. 04.11.2002 – II ZR 224/00, NJW 2003, 358, 359).
546 Lutter/Hommelhoff/Kleindiek § 43 Rn. 48.
547 BGH, Urt. v. 18.06.2013 – II ZR 86/11, NJW 2013, 3636, Rn. 15.

venzantrag stellen (§ 15 a InsO).[548] Versäumen sie diese Pflicht, unterliegen sie einerseits einer Innenhaftung gegenüber der GmbH nach § 64 GmbHG,[549] andererseits einer Außenhaftung gegenüber den Gläubigern nach § 823 Abs. 2 i.V.m. § 15 a InsO.[550]

An dieser Stelle soll auf die Innenhaftung eingegangen werden. Der Erstattungsanspruch aus § 64 S. 1 GmbHG ist ein **„Ersatzanspruch eigener Art"**.[551] Sein Zweck besteht in der Erhaltung der verteilungsfähigen Insolvenzmasse im Interesse der Gläubigergesamtheit.[552] Deshalb ist § 64 GmbHG als insolvenzrechtliche Vorschrift zu qualifizieren.[553] Gläubiger des Anspruchs ist die GmbH.[554] Die Geltendmachung des Anspruchs – setzt die Eröffnung des Insolvenzverfahrens oder die Abweisung des Eröffnungsantrags mangels Masse voraus[555] und erfolgt deshalb regelmäßig durch den Insolvenzverwalter.[556]

Der Anspruch besteht unter folgenden Tatbestandsvoraussetzungen:

Geschäftsführerhaftung nach § 64 S. 1 GmbHG

1. Anspruchsgegner ist (auch faktischer) **Geschäftsführer**
2. **„Zahlungen"** nach Eintritt der Insolvenzreife der GmbH
3. Die Zahlung muss dem Geschäftsführer **zurechenbar** sein.
4. Die Zahlung darf **keine erlaubte,** mit der Sorgfalt eines ordentlichen Geschäftsmanns vereinbare **Zahlung** i.S.v. § 64 S. 2 GmbHG sein.
5. **Verschulden**: Der Geschäftsführer hat mindestens fahrlässig die Insolvenzreife der Gesellschaft verkannt.
6. Liegen die unter 1. bis 5. genannten Voraussetzungen vor, hat der Geschäftsführer die pflichtwidrigen Zahlungen ungekürzt zur Masse zu erstatten.

Nach § 64 S. 1 GmbHG sind die Geschäftsführer[557] der GmbH zum Ersatz solcher **Zahlungen** verpflichtet, die **nach Eintritt der Insolvenzreife** geleistet werden. Erfasst sind nicht nur Zahlungen im engeren Sinn (Barzahlungen oder Auszahlungen von einem kreditorischen Konto), sondern alle Leistungen, die das Gesellschaftsvermögen schmälern.[558]

---

548 Zum Folgenden: Bitter/Heim § 4 Rn. 146 ff.
549 Hierzu ausführlich Bitter ZInsO 2010, 1505, 1511 ff.
550 Hierzu ausführlich Bitter ZInsO 2010, 1561, 1572 ff.
551 BGH, Urt. v. 20.09.2010 – II ZR 78/09, NJW 2011, 221, Rn. 14.
552 Lutter/Hommelhoff/Kleindiek § 64 Rn. 5.
553 BGH, Beschl. vom 02.12.2014 – II ZR 119/14, NZG 2015, 101, Rn. 8 u. 14 ff.
554 Auf den Direktor einer private company limited by shares, über deren Vermögen in Deutschland das Insolvenzverfahren eröffnet worden ist, kommt § 64 S. 1 GmbHG ebenfalls zur Anwendung (BGH, Urt. v. 15.03.2016 – II ZR 119/14, NJW 2016, 2660 = RÜ 2016, 501 [Nissen], Ls.).
555 BGH, Beschl. v. 23.09.2010 – IX ZB 204/09, NZI 2011, 73, Rn. 14; Lutter/Hommelhoff/Kleindiek § 64 Rn. 40; ähnlich BGH, Beschl. vom 02.12.2014 – II ZR 119/14, NZG 2015, 101, Rn. 8: „Haftung".
556 Lutter/Hommelhoff/Kleindiek § 64 Rn. 42.
557 Auch faktische Geschäftsführer sind Normadressat; Gesellschafter werden von der Haftung hingegen nicht erfasst (Lutter/Hommelhoff/Kleindiek § 64 Rn. 6 u. 8).
558 BGH, Urt. v. 06.06.1994 – II ZR 292/91, BGHZ 126, 181, 194. Hierzu zählen z.B. die Lieferung von Waren, Übertragung von Rechten und Leistung von Diensten (Lutter/Hommelhoff/Kleindiek § 64 Rn. 16).

Der Zahlung von einem kreditorischen, also im Haben geführten Bankkonto der GmbH soll nach Auffassung des BGH die **Einzahlung** eines Gesellschaftsschuldners *auf ein debitorisches*, also im Soll geführtes **Bankkonto** der GmbH gleichstehen; der Geschäftsführer müsse im Hinblick auf seine Massesicherungspflicht nach Eintritt der Insolvenzreife sicherstellen, dass Zahlungen von Drittschuldnern nicht nur der kontoführenden Bank im Rahmen der Kontokorrentverrechnung, sondern allen Gläubigern der Gesellschaft gleichermaßen zugutekommen; zu diesem Zweck müsse der Geschäftsführer nach Eintritt der Insolvenzreife notfalls ein neues, im Haben geführtes Konto einrichten und die Drittschuldnern zur Zahlung auf dieses Konto anweisen.[559]

Zahlungen *von* einem debitorischen Konto an einzelne Gesellschaftsgläubiger führen, soweit die Bank über keine Gesellschaftssicherheiten verfügt, die zu einer abgesonderten Befriedigung (§§ 49 ff. InsO) berechtigen, nicht zur Erstattungspflicht, weil sie als Zahlungen mit Kreditmitteln zu einem bloßen Gläubigertausch führen und die verteilungsfähige Vermögensmasse nicht schmälern.[560]

Eine „Zahlung" ist nach neuerer Rechtsprechung des BGH ausgeschlossen, wenn eine mit ihr zusammenhängende Gegenleistung in das Vermögen der Gesellschaft gelangt und die durch sie verursachte Schmälerung der Masse in unmittelbarem wirtschaftlichem Zusammenhang ausgeglichen wird (**Aktivtausch**).[561] Die Konkretisierung jenes „unmittelbaren wirtschaftlichen Zusammenhangs" steht indes noch aus.[562]

Der Vermögensabfluss muss dem Geschäftsführer **zurechenbar**, d.h. von ihm veranlasst oder pflichtwidrig nicht verhindert worden sein.[563]

Die Erstattungspflicht ist ausgeschlossen, wenn die konkrete Zahlung auch nach dem Eintritt der Insolvenzreife mit der Sorgfalt eines ordentlichen Geschäftsmanns vereinbar war (§ 64 S. 2 GmbHG). Ob die Zahlung dann nicht pflichtwidrig ist (**„erlaubte Zahlungen"**)[564] oder das Verschulden des Geschäftsführers entfällt,[565] kann letztlich dahinstehen. So oder so trifft den Geschäftsführer die Darlegungs- und Beweislast.[566]

Privilegiert sind beispielsweise Zahlungen, durch welche größere Nachteile für die Masse abgewendet werden[567] oder die auch vom pflichtgemäß handelnden (vorläufigen) Insolvenzverwalter geleistet würden;[568] dies gilt in engen Grenzen auch nach Ablauf der maximal dreiwöchigen Frist des § 15 a Abs. 1 S. 1 InsO.[569] Auch die Nichtabführung von Arbeitnehmeranteilen zur Sozialversicherung und die Begleichung von Steuerschulden sind wegen der bestehenden Pflichtenkollision haftungsprivilegiert.[570]

Der Ersatzanspruch aus § 64 S. 1 GmbHG setzt ein **Verschulden** des Geschäftsführers voraus. Fahrlässigkeit genügt.[571] Ausreichend ist die Erkennbarkeit des Insolvenzein-

---

559 Grundlegend: BGH, Urt. v. 26.03.2007 – II ZR 310/05, NZG 2007, 462, Rn. 12; bestätigend: BGH Urt. v. 03.06.2014 – II ZR 100/13, NZG 2014, 1069, Rn. 16; BGH, Urt. v. 23.06.2015 – II ZR 366/13, NJW 2015, 2806, Rn 11.
560 BGH, Urt. v. 23.06.2015 – II ZR 366/13, NJW 2015, 2806, Rn. 32; BGH, Urt. v. 26.01.2016 – II ZR 394/13, NZG 2016, 658, Rn. 38.
561 BGH, Urt. v. 18.11.2014 – II ZR 231/13, NZG 2015, 149, Rn. 9 (zu § 130 a Abs. 1 HGB); BGH, Urt. v. 23.06.2015 – II ZR 366/13, NJW 2015, 2806, Rn. 26.
562 Lutter/Hommelhoff/Kleindiek § 64 Rn. 18.
563 OLG Hamm, Urt. v. 22.12.2008 – 8 U 65/01, NZG 2009, 1116, 1117; OLG München, Urt. v. 13.02.2013 – 7 U 2831/12, NJW 2013, 1747, 1748; Lutter/Hommelhoff/Kleindiek § 64 Rn. 7.
564 Habersack/Foerste ZHR 178 (2014), 387, 397 f.
565 BGH, Urt. v. 23.06.2015 – II ZR 366/13, NJW 2015, 2806, Rn. 24.
566 BGH, Beschl. v. 05.02.2007 – II ZR 51/06, NZG 2007, 678, Rn. 4; Lutter/Hommelhoff/Kleindiek § 64 Rn. 18.
567 BGH, Urt. v. 23.06.2015 – II ZR 366/13, NJW 2015, 2806, Rn. 24 (allgemein: Erhalt konkreter Sanierungs- und Fortführungschancen); BGH, Beschl. v. 05.11.2007 – II ZR 262/06, NZG 2008, 75, Rn. 6 (speziell: Wasser-, Strom- und Heizrechnungen); OLG Hamburg, Urt. v. 25.06.2010 – 11 U 133/06, NZG 2010, 1225, 1226 (speziell: Löhne und Gehälter, Versicherungsprämien, Miete).
568 OLG München, Urt. v. 06.11.2013 – 7 U 571/13, GmbHR 2014, 139, 141 f.; Knittel/Schwall NZI 2013, 782, 783 ff.
569 OLG Hamburg, Urt. v. 25.06.2010 – 11 U 133/06, NZG 2010, 1225, 1226; **a.A.** Geißler ZInsO 2013, 167 ff.
570 Lutter/Hommelhoff/Kleindiek § 64 Rn. 35.
571 BGH, Urt. v. 27.03.2012 – II ZR 171/10, NZG 2012, 672, Rn. 13.

tritts, die vermutet wird; die Darlegungs- und Beweislast mangelnder Erkennbarkeit trägt der Geschäftsführer.[572]

Mit Beginn der Krise der Gesellschaft trifft jeden Geschäftsführer – losgelöst von einer etwaigen **Ressortaufteilung** – individuell eine Beobachtungspflicht.[573] Verdichtet sich diese Krise zur Insolvenz, entstehen zusätzlich Kontroll- und Überwachungspflichten gegenüber jedem Mitgeschäftsführer.[574]

An der Erkennbarkeit des Eintritts der Insolvenzreife fehlt es, wenn der Geschäftsführer mangels eigener Sachkunde zur Klärung der Insolvenzreife den **Rat einer unabhängigen, fachlich qualifizierten Person** eingeholt und diese – ordnungsgemäß und vollständig informiert – die Insolvenzreife im Ergebnis plausibel (wenn auch objektiv unzutreffend) verneint hat;[575] dabei verlangt der BGH vom Geschäftsführer eine eigene sorgfältige Plausibilitätskontrolle des eingeholten Rats.[576]

Der Geschäftsführer hat **Zahlungen**, die er entgegen § 64 GmbHG geleistet hat, **ungekürzt** (d.h. ohne Abzug einer fiktiven Insolvenzquote, die der befriedigte Gesellschaftsgläubiger erhalten hätte), in die Masse **zu erstatten**.[577] Nach Erfüllung seiner Erstattungspflicht tritt der Geschäftsführer in Rang und Höhe der Forderung des befriedigten Gesellschaftsgläubigers an dessen Stelle; im Urteil ist ein Vorbehalt hinsichtlich seines Verfolgungsrechts gegen den Insolvenzverwalter von Amts wegen aufzunehmen.[578] Dies lässt sich auf § 144 Abs. 1 InsO bzw. § 255 BGB stützen.[579]

Besteht eine **Anfechtungsmöglichkeit (§§ 129 ff. InsO)**, wird die Erstattungspflicht nach § 64 S. 1 GmbHG davon nicht berührt.[580] Zwar entfällt die Erstattungspflicht des Geschäftsführers, wenn die Zahlung an den Empfänger erfolgreich angefochten und durch die Rückgewähr (§ 143 Abs. 1 InsO) die masseschmälernde Leistung ausgeglichen wird.[581] Der auf Erstattung in Anspruch genommene Geschäftsführer kann dem Insolvenzverwalter aber nicht im Sinne eines aufschiebenden Leistungsverweigerungsrechts entgegenhalten, diese müsse zunächst den Anfechtungsgegner in Anspruch nehmen. Der Insolvenzverwalter kann vielmehr wahlweise aus Insolvenzanfechtung oder nach § 64 GmbHG vorgehen; jedoch hat der in Anspruch genommene Geschäftsführer nach § 255 BGB einen Anspruch auf Abtretung des anfechtungsrechtlichen Rückgewähranspruchs aus § 143 InsO.[582]

Erstattungsansprüche nach § 64 S. 1 GmbHG **verjähren** gemäß § 64 S. 4 i.V.m. § 43 Abs. 4 GmbHG in fünf Jahren. § 43 Abs. 4 GmbHG trifft keine Aussage zum Beginn der Verjährungsfrist. Dieser wird durch die Entstehung des Anspruchs ausgelöst (§ 200 S. 1 BGB).[583] Jede Zahlung begründet einen neuen Anspruch und ist daher gesondert zu betrachten, d.h., jede Zahlung setzt eine selbständige Verjährungsfrist in Gang.[584]

---

572 BGH, Urt. v. 18.10.2010 – II ZR 151/09, NZG 2010, 1393, Rn. 14; OLG Hamburg, Urt. v. 08.11.2013 – 11 U 192/11, ZInsO 2013, 2447, 2451.
573 BGH, Versäumnisurt. v. 19.06.2012 – II ZR 243/11, NZG 2012, 940, Rn. 11.
574 BGH, Urt. v. 01.03.1993 – II ZR 81/94, NJW 1994, 2149, 2150 f.; Lutter/Hommelhoff/Kleindiek § 64 Rn. 39.
575 BGH, Urt. v. 14.05.2007 – II ZR 48/06, NJW 2007, 2118, Rn. 18; OLG Hamburg, Urt. v. 20.06.2013 – 11 U 107/11, ZInsO 2013, 1517, 1521; OLG Schleswig, Urt. v. 11.0.2010 – 5 U 60/09, ZIP 2010, 516, 519; Lutter/Hommelhoff/Kleindiek § 64 Rn. 37.
576 BGH, Urt. v. 26.01.2016 – II ZR 394/13, NZG 2016, 658, Rn. 34 ff.; BGH, Urt. v. 28.04.2015 – II ZR 63/14, NZG 2015, 792, Rn. 28.
577 BGH, Urt. v. 08.01.2001 – II ZR 88/99, NJW 2001, 1280, Ls. 3.
578 BGH, Urt. v. 26.01.2016 – II ZR 394/13, NZG 2016, 658, Rn. 49; OLG Hamburg, Urt. v. 25.05.2007 – 11 U 116/06, GmbHR 2007, 1036, 1040 ff.
579 Lutter/Hommelhoff/Kleindiek § 64 Rn. 46.
580 Hier und zum Folgenden: Lutter/Hommelhoff/Kleindiek § 64 Rn. 43.
581 BGH, Urt. v. 18.11.2014 – II ZR 231/13, NZG 2015, 149, Rn. 9; BGH, Urt. v. 23.06.2015 – II ZR 366/13, NJW 2015, 2806, Rn. 30; Bangha-Szabo KTS 2015, 165, 169 f.
582 Flöther/Korb ZIP 2012, 2333, 2334 ff.
583 BGH, Urt. v. 29.09.2008 – II ZR 234/07, NJW 2009, 68, Rn. 16; MünchKomm-GmbHG/Fleischer § 43 Rn. 331.
584 BGH, Urt. v. 16.03.2009 – II ZR 32/08, NJW 2009, 1598, Rn. 20.

c) Insolvenzverursachungshaftung (§ 64 S. 3 GmbHG)

175 Die Erstattungspflicht nach § 64 S. 1 GmbHG trifft den Geschäftsführer nur für Zahlungen, die *nach* dem Eintritt der Insolvenzreife (Zahlungsunfähigkeit oder Überschuldung) geleistet werden. § 64 S. 3 GmbHG erstreckt diese Erstattungspflicht auf Zahlungen an Gesellschafter, soweit diese zur Zahlungsunfähigkeit (nicht Überschuldung[585]) der Gesellschaft führen mussten.[586] § 64 S. 3 GmbHG erfasst nur solche Zahlungen an Gesellschafter[587] oder gleichgestellte Dritte[588], durch die eine **Zahlungsunfähigkeit** der GmbH **herbeigeführt** wird, nicht hingegen solche Zahlungen, die bei bereits bestehender Zahlungsunfähigkeit geleistet werden und diese dadurch vertiefen.[589]

§ 64 S. 3 GmbHG normiert – ebenso wie § 64 S. 1 GmbHG – einen Ersatzanspruch eigener Art, keinen Schadensersatzanspruch wegen Insolvenzverursachung.[590] Es handelt sich um einen Ausnahmetatbestand, der eine bestimmte Lücke in § 64 S. 1 GmbHG schließt und im Übrigen dem Normkonzept des § 64 S. 1 GmbHG treu bleibt,[591] weshalb auf die obigen Ausführungen zu diesem Grundtatbestand verwiesen werden kann.

Bei der Beurteilung der Zahlungsunfähigkeit sind **fällige Gesellschafterforderungen in der Liquiditätsbilanz zu berücksichtigen**.[592] Deshalb fällt bei bestehender Liquiditätsunterdeckung eine Zahlung auf eine fällige Forderung eines Gesellschafters regelmäßig in den Anwendungsbereich des § 64 S. 1 GmbHG. Als Anwendungsfälle des § 64 S. 3 GmbHG verbleiben nur Zahlungen, die auf nicht bestehende oder (noch) nicht fällige Ansprüche eines Gesellschafters erfolgen.[593] Die Rede von der „Herbeiführung der Zahlungsunfähigkeit" im Text des § 64 S. 3 GmbHG zielt mithin auf später fällig werdende, im aktuellen Liquiditätsstatus noch gar nicht zu buchende Drittverbindlichkeiten: Die zu ihrer Bedienung benötigte Liquidität soll nicht heute an die Gesellschafter abfließen, auch nicht zur Erfüllung einer aktuell fälligen Gesellschafterforderung.[594]

Beispiel: Bei Tilgung eines zur Jahresmitte fälligen Gesellschafterdarlehens würde die verbleibende Liquidität nicht mehr ausreichen, um eine zum Jahresende fällige Anleihe zu bedienen.[595]

Die Erstattungspflicht nach § 64 S. 3 GmbHG wird dabei nur durch solche Zahlungen ausgelöst, die „zur Zahlungsunfähigkeit führen mussten". Mit dieser Formulierung ist der vom Haftungstatbestand vorausgesetzte **enge Kausalzusammenhang** zum Ausdruck gebracht. Erforderlich ist, dass die Zahlung ohne Hinzutreten weiterer Kausalbeiträge zur Zahlungsunfähigkeit der GmbH führt; es muss sich im Moment der Leistung klar abzeichnen, dass die Gesellschaft unter normalem Verlauf der Dinge ihre Verbindlichkeiten nicht wird erfüllen können, wenn die fragliche Zahlung nicht unterbleibt.[596]

---

585 Auf die Verursachung (nur) der Überschuldung findet § 64 S. 3 GmbHG keine (auch keine analoge) Anwendung (Lutter/Hommelhoff/Kleindiek § 64 Rn. 54).
586 Zum Folgenden: Bitter/Heim § 4 Rn. 152.
587 Entscheidend ist die Gesellschaftereigenschaft zum Zeitpunkt der Zahlung oder, wenn der Empfänger dann schon kein Gesellschafter mehr ist, bei Begründung des Rechtsgrundes für die Zahlung (Lutter/Hommelhoff/Kleindiek § 64 Rn. 52).
588 Siehe hierzu Lutter/Hommelhoff/Kleindiek § 64 Rn. 53.
589 BGH, Urt. v. 09.10.2012 – II ZR 298/11, NZG 2012, 1379, Rn. 11.
590 Lutter/Hommelhoff/Kleindiek § 64 Rn. 47.
591 Lutter/Hommelhoff/Kleindiek § 64 Rn. 47.
592 BGH, Urt. v. 09.10.2012 – II ZR 298/11, NZG 2012, 1379, Rn. 7 u. 10.
593 BGH, Urt. v. 09.10.2012 – II ZR 298/11, NZG 2012, 1379, Rn. 13.
594 Lutter/Hommelhoff/Kleindiek § 64 Rn. 59.
595 Müller, FS Winter, 2011, S. 487, 490 f.
596 BT-Drucks. 16/6140, S. 46 f.; Lutter/Hommelhoff/Kleindiek § 43 Rn. 62.

Die später eingetretene Zahlungsunfähigkeit löst die Erstattungspflicht aus, wenn die auf den Leistungszeitpunkt bezogene Prognose eines objektiven Betrachters zu dem Ergebnis führen musste, dass nach dem Vollzug der Leistung an den Gesellschafter der Eintritt der Zahlungsunfähigkeit überwiegend wahrscheinlich ist.[597]

Würde die betreffende Zahlung an den Gesellschafter zur Zahlungsunfähigkeit führen, muss der Geschäftsführer sie unterlassen; § 64 S. 3 GmbHG statuiert ein **Auszahlungsverbot**.[598] Dem Gesellschafter gegenüber besteht dann ein korrespondierendes **Leistungsverweigerungsrecht**, d.h., die Vorschrift gibt der Gesellschaft eine Einrede.[599]

Trotz dieses Leistungsverweigerungsrechts sind fällige Forderungen des Gesellschafters, so lange es an einer zureichenden Rangrücktrittsvereinbarung fehlt, im Liquiditätsstatus zur Prüfung der Zahlungsunfähigkeit zu berücksichtigen.[600] Bestehen fällige Forderungen mehrerer Gesellschafter, die nicht alle ohne Verletzung des Auszahlungsverbots nach § 64 S. 3 GmbHG bedient werden können, ist eine quotale, an der jeweiligen Forderungshöhe gemessene Befriedigung geboten.[601]

2. Außenhaftung

176 Von der in § 43 GmbHG normierten Organhaftung gegenüber der Gesellschaft (Innenhaftung) ist die Geschäftsführerhaftung gegenüber Dritten (Außenhaftung) zu unterscheiden. Sie kann auf vertraglicher oder gesetzlicher Grundlage beruhen. Das damit verbundene Haftungsrisiko realisiert sich typischerweise in der Krise der Gesellschaft.[602] Eine Außenhaftung des Geschäftsführers kann gegenüber den Gesellschaftern der GmbH und gegenüber den Gesellschaftsgläubigern bestehen.

a) Gegenüber Gesellschaftern

177 Es besteht keine unmittelbare Haftung der Geschäftsführer gegenüber den Gesellschaftern nach § 43 Abs. 2 GmbH.[603] Dies folgt aus dem sog. **Grundsatz der Haftungskonzentration**, wonach organschaftliche Pflichtverletzungen grundsätzlich nur zu einer Verantwortung der Geschäftsführer gegenüber der Gesellschaft führen. Der Anstellungsvertrag des Geschäftsführers mit der GmbH hat grundsätzlich[604] keine Schutzwirkung zugunsten der Gesellschafter. Auch im Übrigen besteht zwischen Geschäftsführern und Gesellschaftern kein haftungsbegründendes Sonderverhältnis.[605]

Ausnahmsweise kann eine **unmittelbare Geschäftsführerhaftung gegenüber den Gesellschaftern** bestehen.[606] Einen Sondertatbestand enthält § 31 Abs. 6 GmbHG.[607] Über diese gesellschaftsrechtliche Sondervorschrift hinaus kann eine (vor-)vertragliche

---

597 Lutter/Hommelhoff/Kleindiek § 43 Rn. 63; Spliedt ZIP 2009, 149, 160.
598 Lutter/Hommelhoff/Kleindiek § 64 Rn. 59; Spliedt ZIP 2009, 149, 160.
599 BGH, Urt. v. 09.10.2012 – II ZR 298/11, NZG 2012, 1379, Rn. 18.
600 Lutter/Hommelhoff/Kleindiek § 43 Rn. 60.
601 Hoffmann GmbHR 2010, 203, 204; Wintsel/Skauradzun GmbHR 2011, 185, 187 ff.
602 Lutter/Hommelhoff/Kleindiek § 43 Rn. 71.
603 Hier und zum Folgenden: MünchKomm-GmbHG/Fleischer § 43 Rn. 335 m.w.N.
604 Etwas anderes gilt in der Einheits-GmbH & Co. KG, bei der alleinige Gesellschafterin der Komplementär-GmbH die KG ist, vgl. BGH, Urt. v. 18.06.2013 – II ZR 86/11, NJW 2013, 3636, Ls. 1.
605 BGH, Urt. v. 25.02.1982 – II ZR 174/80, BGHZ 83, 122, 134 (zur AG).
606 Zum Folgenden: MünchKomm-GmbHG/Fleischer § 43 Rn. 336 ff.
607 Siehe hierzu Rn. 196.

Haftung bestehen.[608] In Betracht kommt darüber hinaus eine deliktische Haftung nach § 823 Abs. 1 BGB, weil das Mitgliedschaftsrecht der Gesellschafter ein sonstiges Recht ist.[609] Denkbar sind auch Ansprüche aus § 823 Abs. 2 BGB i.V.m. einem Schutzgesetz zugunsten der Gesellschafter[610] und aus § 826 BGB.[611]

b) Gegenüber Gesellschaftsgläubigern

Eine Haftung des Geschäftsführers gegenüber den Gläubigern der GmbH kann zunächst auf einem (vertraglichen) **Haftungsversprechen** beruhen, etwa auf einem selbstständigen Garantieversprechen, einer Bürgschaft oder einem Beitritt zur Schuld der Gesellschaft.

178

Der BGH unterwirft den Schuldbeitritt bei Kreditverträgen selbst des mehrheitlich oder sogar allein beteiligten Gesellschafter-Geschäftsführers den Regelungen des Verbraucherkreditrechts (§§ 355 ff., 488 ff. BGB), weil die Geschäftsführung der GmbH keine selbstständige, sondern eine angestellte Tätigkeit sei und auch das Halten eines GmbH-Geschäftsanteils keine gewerbliche Tätigkeit darstelle.[612]

Unter engen Voraussetzungen kommt neben der Einstandspflicht der GmbH auch eine Haftung des Geschäftsführers für **Verschulden bei Vertragsschluss** (§§ 280 Abs. 1, 311 Abs. 2 u. 3, 241 Abs. 2 BGB) in Betracht, wenn er einen Vertragspartner der Gesellschaft schuldhaft nicht auf deren Zahlungsunfähigkeit und/oder Überschuldung hinweist und den Dritten zu einer (nicht insolvenzfesten) Vorleistung veranlasst; eine persönliche Haftung des Geschäftsführers kommt dann allerdings nur in Betracht, wenn er zurechenbar einen qualifizierten Vertrauenstatbestand geschaffen hat.[613]

Im Übrigen kommt eine **Außenhaftung des Geschäftsführers auf deliktischer Grundlage** in Betracht. Einer solchen Haftung lassen sich weder das in § 43 Abs. 2 GmbHG zum Ausdruck kommende Prinzip der Haftungskonzentration über die Gesellschaft noch das Trennungsprinzip im Sinne der Haftungsbeschränkung auf das Gesellschaftsvermögen für Verbindlichkeiten der GmbH (§ 13 Abs. 2 GmbHG) entgegenhalten.[614] Neben einer Haftung nach § 823 Abs. 1 BGB und § 826 BGB[615] kommt insbesondere eine Außenhaftung des Geschäftsführers aus § 823 Abs. 2 BGB wegen Verletzung eines Schutzgesetzes in Betracht. Zu den relevantesten Schutzgesetzen zählen neben § 246 StGB[616], § 263 StGB[617], § 266 StGB[618] und §§ 283 ff. StGB[619] insbesondere:

179

---

608 Beispiel: Vertragliches Anbahnungsverhältnis zwischen Geschäftsführern und verkaufswilligen Gesellschaftern beim Management Buyout (MBO); vgl. hierzu Weber ZHR 155 (1991), 120, 126.
609 BGH, Urt. v. 12.03.1990 – II ZR 179/89, BGHZ 110, 323, 327 ff. – Schärenkreuzer (zum Verein); K. Schmidt JZ 1991, 157, 158 f.
610 Hierzu zählen etwa §§ 9 a, 82 GmbHG (OLG München, Urt. v. 07.10.1987 – 3 U 3138/87, NJW-RR 1988, 290) und § 51a GmbHG (Berg NZG 2008, 641, 643 ff.; str.), nicht hingegen §§ 30, 33, 43 a GmbHG (G/E/S/Buck-Heeb § 43 Rn. 115) und § 43 Abs. 2 GmbHG (OLG Stuttgart, Beschl. v. 23.01.2006 – 14 U 64/05, GmbHR 2006, 760, 761).
611 OLG Nürnberg, Beschl. v. 12.03.2001 – 22 W 17/01, GmbHR 2001, 629.
612 BGH, Urt. v. 08.11.2005 – XI ZR 34/05, NJW 2006, 431, Rn. 15 (GmbH); BGH, Urt. v. 24.07.2007 – XI ZR 208/06, NZG 2007, 820, Rn. 15 (GmbH & Co. KG); anders für die Bürgschaft: BGH, Urt. v. 21.04.1998 – IX ZR 258/97, NJW 1998, 1939, 1940 f.
613 Lutter/Hommelhoff/Kleindiek § 43 Rn. 73 ff. m.w.N.
614 Lutter/Hommelhoff/Kleindiek § 43 Rn. 79.
615 Siehe hierzu MünchKomm-GmbHG/Fleischer § 43 Rn. 354.
616 BGH, Urt. v. 12.03.1996 – VI ZR 90/95, GmbHR 1996, 453, 454.
617 BGH, Urt. v. 09.07.1979 – II ZR 118/77, BGHZ 75, 96, 115.
618 BGH, Urt. v. 19.07.2012 – VI ZR 341/10, NJW 2012, 3439, Rn. 13.
619 MünchKomm-GmbHG/Fleischer § 43 Rn. 353.

- **§ 15 a Abs. 1 S. 1 InsO**;[620]

   Durch eine Insolvenzverschleppung geschädigte Gläubiger haben gegenüber dem Geschäftsführer der GmbH einen Anspruch aus § 823 Abs. 2 BGB i.V.m. § 15 a InsO auf Ersatz desjenigen Schadens, der ihnen bei rechtzeitiger Insolvenzantragstellung nicht entstanden wäre.[621]

   Gläubigern, die erst nach Eintritt der Insolvenzreife in geschäftlichen Kontakt zur Gesellschaft getreten sind oder die erst nach diesem Zeitpunkt eine Vorleistung an die Gesellschaft erbracht haben (sog. **Neugläubiger**), ist das negative Interesse zu ersetzen; jeder Neugläubiger macht seinen Anspruch selbst direkt gegenüber dem Geschäftsführer geltend.

   Gläubigern, die zu jenem Zeitpunkt ihre Vermögensdisposition bereits getroffen hatten (sog. **Altgläubiger**), ist hingegen nur derjenige Schaden zu ersetzen, der sich daraus ergibt, dass ihre im späteren Insolvenzverfahren realisierte Quote aufgrund der Insolvenzverschleppung geringer ausgefallen ist, als sie bei rechtzeitiger Insolvenzbeantragung ausgefallen wäre; diesen sog. *Quotenschaden* macht der Insolvenzverwalter für alle Altgläubiger geltend (§ 92 InsO).

- **§ 266 a StGB**;[622]

   Nach der Rechtsprechung des BGH haftet der Geschäftsführer für nicht abgeführte Arbeitnehmeranteile an den Sozialversicherungsbeiträgen persönlich im Außenverhältnis nach § 823 Abs. 2 BGB i.V.m. § 266 a Abs. 1 StGB.[623] Normadressat des § 266 a StGB ist der Arbeitgeber, also die GmbH; da juristische Personen jedoch nicht selbst, sondern nur durch ihre Organe handeln können, obliegt die Pflicht zur Abführung der Sozialversicherungsbeiträge den Geschäftsführern, die dafür nach §§ 266 a, 14 Abs. 1 Nr. 1 StGB auch strafrechtlich verantwortlich sind.[624] Die Tathandlung des § 266 a Abs. 1 StGB besteht im Vorenthalten von nach § 23 Abs. 1 SGB IV fälligen Arbeitnehmeranteilen am Gesamtsozialversicherungsbeitrag nach § 28 d SGB IV gegenüber der Einzugsstelle i.S.v. §§ 28 h, 28 i SGB IV; die Arbeitgeberanteile zur Sozialversicherung und etwaige Säumniszuschläge sind von § 266 a Abs. 1 StGB hingegen nicht erfasst.[625] Ist der GmbH die Erfüllung ihrer sozialversicherungsrechtlichen Verbindlichkeiten unmöglich, scheidet eine Strafbarkeit nach § 266 a StGB aus; eine tatsächliche Unmöglichkeit kann in der Zahlungsunfähigkeit (§ 17 InsO) der GmbH begründet sein.[626] Führt der Geschäftsführer (zur Vermeidung seiner Strafbarkeit gemäß § 266 a Abs. 1 StGB) nach Eintritt der Insolvenzreife der Gesellschaft die Arbeitnehmeranteile zur Sozialversicherung ab, sind dies erlaubte Zahlungen i.S.v. § 64 S. 2 GmbHG, die von einer Haftung des Geschäftsführers nach § 64 S. 1 GmbHG ausgenommen sind;[627] umgekehrt macht sich der Geschäftsführer nach § 823 Abs. 2 BGB i.V.m. § 266 a StGB schadensersatzpflichtig, wenn er nach Ablauf der längstens dreiwöchigen Frist des § 15 a Abs. 1 S. 1 InsO zur Stellung des Insolvenzantrags seine Pflicht zur Abführung der Arbeitnehmeranteile zur Sozialversicherung nicht erfüllt.[628] Diese Haftung setzt einen kausalen Schaden voraus; an der Kausalität zwischen Beitragsvorenthaltung und Schaden fehlt es, wenn der Insolvenzverwalter die Zahlungen an die Sozialkasse nach §§ 129 ff. InsO voraussichtlich mit Erfolg hätte anfechten können.[629]

- **§ 69 AO**[630]

   Nach § 69 S. 1 i.V.m. § 34 Abs. 1 AO haften die Geschäftsführer, soweit Ansprüche aus dem Steuerverhältnis zwischen GmbH und Fiskus infolge vorsätzlicher oder grob fahrlässiger Verletzung der ihnen obliegenden Pflichten nicht oder nicht rechtzeitig festgesetzt oder erfüllt oder soweit infolgedessen Steuervergütungen und Steuererstattungen ohne rechtlichen Grund gezahlt werden. Es gilt kein objektiver, sondern ein subjektiver Sorgfaltsmaßstab: Grobe Fahrlässigkeit liegt (nur) vor, wenn

---

620 BGH, Urt. v. 19.02.1990 – II ZR 268/88, BGHZ 110, 342, 360 (zu § 64 Abs. 1 GmbHG a. F.).
621 Zum Folgenden: Bitter/Heim § 4 Rn. 150.
622 Zum Folgenden: MünchKomm-GmbHG/Fleischer § 43 Rn. 355 ff.
623 Vgl. statt vieler: BGH, Urt. v. 11.06.2013 – II ZR 389/12, NJW 2013, 3303, Rn. 13 ff. u. 23 ff.
624 BGH, Urt. v. 15.10.1996 – VI ZR 319/95, BGHZ 133, 370, 374.
625 BGH, Urt. v. 08.06.2009 – II ZR 147/08, NJW 2009, 2599, Rn. 6 (Arbeitgeberanteile); BGH, Hinweisbeschl. v. 14.07.2008 – II ZR 238/07, NJW 2008, 3557 (Säumniszuschläge).
626 BGH, Beschl. v. 28.05.2002 – 5 StR 16/02, BGHSt 47, 318, 320.
627 BGH, Urt. v. 14.05.2007 – II ZR 48/06, NJW 2007, 2118, Ls. 1.
628 BGH, Urt. v. 29.09.2008 – II ZR 162/07, NJW 2009, 295.
629 BGH, Urt. v. 18.04.2005 – II ZR 61/03, NJW 2005, 2546.
630 Zum Folgenden: MünchKomm-GmbHG/Fleischer § 43 Rn. 355 ff.

der Geschäftsführer die Sorgfalt, zu der er nach den Umständen verpflichtet und nach seinen persönlichen Kenntnissen und Fähigkeiten imstande ist, in ungewöhnlich hohem Maße verletzt.[631] Die Haftung umfasst nach § 69 S. 2 AO auch die infolge der Pflichtverletzung zu zahlenden Säumniszuschläge. § 69 AO bildet einen Fall der Außen und Fremdhaftung. Die Haftungsschuld des Geschäftsführers tritt akzessorisch neben die Steuerschuld der Gesellschaft. Ziel dieser Regelung ist es, Steuerausfälle zu auszugleichen, die durch schuldhafte Pflichtverletzungen der Geschäftsführer verursacht worden sind.[632] Auch wenn der BFH eine Übernahme schadensersatzrechtlicher Grundsätze, insbesondere die Berücksichtigung hypothetischer Kausalverläufe (bislang) ablehnt,[633] hat die Haftung nach § 69 AO Schadensersatzcharakter.[634] Nach Eintritt der Insolvenzreife der Gesellschaft kann ebenso wie im Rahmen der Haftung nach § 823 Abs. 2 BGB i.V.m. § 266 a StGB eine Pflichtenkollision entstehen, die dahingegen aufgelöst wird, dass innerhalb der höchsten dreiwöchigen Frist des § 15 a Abs. 1 S. 1 InsO ein haftungsbegründendes Verschulden ausgeschlossen sein kann[635] und im Übrigen die Abführung von Steuern durch den Geschäftsführer erlaubte Zahlungen i.s.v. § 64 S. 2 GmbHG sind. Entgegen der Rechtsprechung des BGH zu § 823 Abs. 2 BGB i.V.m. § 266 a StGB soll die Haftung nach § 69 AO nach Auffassung des BFH nicht dadurch entfallen, dass der Insolvenzverwalter die vor Eröffnung des Insolvenzverfahrens (hypothetisch) geleisteten Steuerzahlungen unter dem Gesichtspunkt der Insolvenzanfechtung (§§ 129 ff. InsO) hätte zurückfordern können.[636]

D. Aufsichtsrat

180 Die GmbH kann einen Aufsichtsrat haben. Dabei kann es sich um einen freiwilligen (fakultativen) Aufsichtsrat und um einen zwingenden (obligatorischen) Aufsichtsrat nach den Regeln der Unternehmensmitbestimmung handeln.

Im Unterschied zum AktG kennt das GmbHG keinen obligatorischen Aufsichtsrat. Es erlaubt jedoch ausdrücklich seine Bildung durch die Satzung und verweist hinsichtlich seiner Ordnung – vorbehaltlich abweichender Gestaltungen in der Satzung – in § 52 GmbHG auf einige Vorschriften aus dem AktG. Dieser **fakultative Aufsichtsrat** ist auf die Gesellschafter bezogen, besteht mithin nicht im Allgemeininteresse.[637] In der Praxis anzutreffen sind etwa Beiräte, Verwaltungsräte und Gesellschafterausschüsse, die beratende und überwachende Aufgaben ausüben und teilweise auch Entscheidungsfunktionen wahrnehmen können. Der Gestaltungsfreiheit der Gesellschafter sind dabei Grenzen durch das gesetzliche Grundmodell der Kompetenzverteilung gesetzt: Dem Aufsichtsrat können nicht zwingend den Geschäftsführern obliegende Geschäftsführungs- und Vertretungsaufgaben (z.B. Buchführung, Aufstellung des Jahresabschlusses) oder Kompetenzen der Gesellschafterversammlung zur Änderung der Satzung übertragen werden.[638]

Die GmbH muss einen **obligatorischen Aufsichtsrat** bilden, wenn sie i.d.R. mehr als

- 500 Arbeitnehmer beschäftigt nach dem DrittelbG;

- 1.000 Arbeitnehmer beschäftigt und im Montanbereich tätig ist nach dem Montan-MitbestG;

- 2.000 Arbeitnehmer beschäftigt nach dem MitbestG 1976.

---

631 BFH, Urt. v. 22.11.2005 – VII R 21/05, DStR 2006, 181, 182. Eine Zurechnung von Drittverschulden (etwa des Steuerberaters) findet im Rahmen des § 69 AO nicht statt; vgl. BFH, Urt. v. 30.08.1994 – VII R 101/92, DStR 1995, 180.
632 BFH, Urt. v. 05.06.2007 – VII R 65/05, DStR 2007, 1722, 1723.
633 BFH, Urt. v. 05.06.2007 – VII R 65/05, DStR 2007, 1722, 1723.
634 BFH, Urt. v. 26.08.1992 – VII R 50/71, DStR 1992, 1584, 1585.
635 BFH, Urt. v. 23.09.2008 – VII R 27/07, ZIP 2009, 122; BFH, Urt. v. 27.02.2007 – VII R 67/05, NJW 2007, 350.
636 BFH, Urt. v. 05.06.2007 – VII R 65/05, DStR 2007, 1722 – zur hypothetischen Anfechtbarkeit von Lohnsteuerzahlungen nach § 130 InsO.
637 Lutter/Hommelhoff § 52 Rn. 1.
638 Bitter/Heim § 4 Rn. 156.

Obligatorisch ist der Aufsichtsrat außerdem gemäß § 18 Abs. 2 S. 1 KAGB für Kapitalverwaltungs-GmbH.[639] Bei einem obligatorischen Aufsichtsrat ist die Gestaltungsfreiheit der Gesellschafter deutlich geringer. Im Wesentlichen bestimmen sich Besetzung und Stellung des Aufsichtsrats nach den insoweit einschlägigen Gesetzen (DrittelbG, MontanMitbestG, MitbestG 1976).[640] Anders als bei der AG ist jedoch auch in der mitbestimmten GmbH die Gesellschafterversammlung das oberste Organ und gegenüber den Geschäftsführern weisungsbefugt.

4. Abschnitt: Die Finanzverfassung der GmbH

181 Für die Verbindlichkeiten der GmbH haftet deren Gläubigern nur das Gesellschaftsvermögen (§ 13 Abs. 2 GmbHG).[641] Die Gläubiger der Gesellschaft können sich also grundsätzlich[642] nicht an die Gesellschafter halten (sog. **Trennungsprinzip**). Sobald die rechtliche Loslösung der GmbH von ihren Gesellschaftern **mit der Eintragung** der Gesellschaft „als solcher" im Handelsregister vollzogen ist (§ 11 Abs. 1 GmbHG),[643] erfolgt eine **Haftungskonzentration auf das Gesellschaftsvermögen**.

Gläubiger der GmbH können ab diesem Zeitpunkt aber gegebenenfalls mittelbar auf das Vermögen der Gesellschafter zugreifen, indem sie Ansprüche der GmbH gegen die Gesellschafter pfänden (§§ 829, 835 ff. ZPO).[644] Zudem werden eine rechtsgeschäftliche Schuld und Haftung eines Gesellschafters von der Regelung des § 13 Abs. 2 GmbHG nicht erfasst:[645] Jeder Gesellschafter kann für Verbindlichkeiten der GmbH die **Mitschuld** oder **Bürgschaft** übernehmen oder garantieren. Ist ein Gesellschafter aus der für die GmbH gegebenen Sicherheit in Anspruch genommen worden, so kann er diese in Regress nehmen.[646]

Das GmbH-Recht sieht – ebenso wie das Aktienrecht, wenn auch nicht in derselben Intensität – für die Aufbringung des Stammkapitals bei der Gründung der Gesellschaft (dazu nachstehend Rn. 182 ff.) und dessen Erhaltung während ihrer laufenden Tätigkeit (dazu nachstehend Rn. 192 ff.) strenge Regeln vor.

A. Kapitalaufbringung

I. Grundlagen

182 Die Gründer der GmbH verpflichten sich im Rahmen der Feststellung der Satzung zur Übernahme der Geschäftsanteile und begründen hierdurch eine körperschaftliche Einlageverpflichtung (§§ 3 Abs. 1 Nr. 4, 14 S. 2 GmbHG). Diese haben sie durch Einzahlung zu erfüllen, soweit in der Satzung keine Sacheinlagen festgesetzt sind (§ 5 Abs. 4 GmbHG). Die Gründer sollen sich dabei nicht nur formal zur Einlage verpflichten, sondern die versprochenen Werte der Gesellschaft auch tatsächlich (real) zuführen **(Grund-**

---

[639] Lutter/Hommelhoff § 52 Rn. 1.
[640] Hier und zum Folgenden: Bitter/Heim § 4 Rn. 157.
[641] Für die AG gilt die Parallelvorschrift § 1 Abs. 1 S. 2 AktG.
[642] Zu den Fallgruppen der sog. **Durchgriffshaftung** siehe Bitter, ZInsO 2010, 1561, 1578 ff.
[643] Für die AG gilt die Parallelvorschrift § 41 Abs. 1 S. 1 AktG.
[644] Lutter/Hommelhoff/Bayer § 13 Rn. 5.
[645] Zum Folgenden: Lutter/Hommelhoff/Bayer § 13 Rn. 7 f.
[646] Zum Gesamtschuldner-Innenausgleich bei Gesellschafter-Mitbürgen gemäß §§ 426, 765, 769, 774 BGB siehe BGH, Urt. v. 27.09.2016 – XI ZR 81/15, NJW 2017, 557 = RÜ 2017, 82 (Nissen).

satz der realen Kapitalaufbringung). Dementsprechend dürfen die Inferenten[647] nicht von ihrer Einlagepflicht befreit werden (§ 19 Abs. 2 S. 1 GmbHG).[648] Der Einlageanspruch verjährt in zehn Jahren ab seiner Entstehung, bei Eröffnung des Insolvenzverfahrens über das Vermögen der GmbH jedoch nicht vor Ablauf von sechs Monaten ab der Eröffnung (§ 19 Abs. 6 GmbHG).

Der **Mindestnennbetrag des Stammkapitals** beträgt 25.000 € (§ 5 Abs. 1 GmbHG).[649] Er darf nicht unterschritten werden, weder bei der Gründung noch bei einer Kapitalherabsetzung. Wird er unterschritten, ist die Eintragung der GmbH abzulehnen (§ 9 c Abs. 1 S. 1 GmbHG).[650] Auch bei gleichzeitiger Kapitalerhöhung darf der Mindestnennbetrag – im Gegensatz zur AG (vgl. § 228 Abs. 1 AktG) – nur in Fällen der vereinfachten Kapitalherabsetzung vorübergehend unterschritten werden (§§ 58 Abs. 2 S. 1, 58 a Abs. 4 GmbHG).[651]

Kommt ein Gesellschafter seiner Einlagepflicht nicht nach, droht ihm die **Kaduzierung** seines Geschäftsanteils (§ 21 GmbHG).[652] Er wird dann aus der Gesellschaft ausgeschlossen und verliert geleistete Teilzahlungen (§ 21 Abs. 2 GmbHG). Gleichwohl haftet er weiter für die Einlage (§ 21 Abs. 3 GmbHG). Auch etwaige Rechtsvorgänger des ausgeschlossenen Gesellschafters haften nach Maßgabe des § 22 GmbHG. Ist der ausstehende Einlagebetrag weder von dem ausgeschlossenen Gesellschafter noch von dessen Rechtsvorgängern zu erlangen, kann die GmbH den Geschäftsanteil öffentlich versteigern (§ 23 GmbHG). Soweit die Einlage auch hierdurch nicht zu erlangen ist, trifft die Mitgesellschafter eine zwingende Ausfallhaftung (§§ 24, 25 GmbHG). Hat ein Gesellschafter seinen Geschäftsanteil veräußert, so haftet neben ihm auch der Erwerber für ausstehende Einlagen (§ 16 Abs. 2 GmbHG).

II. Geldeinlagen

Die Anmeldung der Gesellschaft zur Eintragung ins Handelsregister darf erst erfolgen, wenn auf jeden Geschäftsanteil, soweit nicht Sacheinlagen vereinbart sind, ein Viertel des Nennbetrags eingezahlt ist (§ 7 Abs. 2 S. 1 GmbHG, **Mindesteinzahlung**). Insgesamt muss auf das Stammkapital mindestens so viel eingezahlt sein, dass der Gesamtbetrag der eingezahlten Geldeinlagen zuzüglich des Gesamtnennbetrags der Geschäftsanteile, für die Sacheinlagen zu leisten sind, die Hälfte des Mindeststammkapitals gemäß § 5 Abs. 1 GmbH, also 12.500 €, erreicht (§ 7 Abs. 2 S. 2 GmbHG). Dabei ist zu beachten, dass die Einzahlungen auf die Geschäftsanteile nach dem Verhältnis der Geldeinlagen zu leisten sind (§ 19 Abs. 1 GmbHG). Die Gesellschaft muss die Gesellschafter also gleich behandeln, wenn sie die Geldeinlagen einfordert: Fehlt eine abweichende Vereinbarung, muss sie von jedem Gesellschafter den gleichen prozentualen Anteil des übernommenen Geschäftsanteils verlangen.[653] In der Anmeldung zum Handelsregister haben die

183

---

647 Der Begriff des „Inferenten" bezeichnet im Gesellschaftsrecht denjenigen, der eine Einlage zu leisten hat (lat. inferre = hineinbringen, opfern).
648 Für die AG gilt die Parallelvorschrift § 66 Abs. 1 S. 1 AktG.
649 Der Mindestnennbetrag des Grundkapitals der AG beträgt 50.000 € (§ 7 AktG).
650 Für die AG gilt die Parallelvorschrift § 38 Abs. 1 S. 2 AktG.
651 MünchKomm-GmbHG/Vetter § 58 Rn. 7.
652 Hier und zum Folgenden: Bitter/Heim § 4 Rn. 163.
653 Bitter/Heim § 4 Rn. 175.

Geschäftsführer u. a. zu versichern, dass sich die Mindesteinzahlungen gemäß § 7 Abs. 2 GmbHG **endgültig in der freien Verfügung der Geschäftsführer** befinden (§ 8 Abs. 2 S. 1 GmbHG). Für die Mindesteinzahlung ist die „endgültige freie Verfügung" eine die §§ 362 ff. BGB ergänzende und teilweise verdrängende, spezifisch kapitalgesellschaftsrechtliche Erfüllungsvoraussetzung.[654] Sie ist erfüllt, wenn das Geld aus dem Vermögen des Gesellschafters endgültig ausgeschieden und ebenso endgültig in das Vermögen der GmbHG übergegangen ist.[655] Ferner folgt aus dem Wortlaut des § 7 Abs. 2 S. 1 GmbHG („eingezahlt"), dass der Mindestbetrag nur durch bare oder bargeldgleiche Zahlung *an die Gesellschaft* erbracht werden kann. Dementsprechend bewirkt die Zahlung an einen Gläubiger der Gesellschaft nicht die Erfüllung der Pflicht zur Einlage der Mindestzahlung.[656]

184 Der Teil der Geldeinlage, der noch nicht bei der Anmeldung geleistet sein muss **(Resteinzahlung)**, ist grundsätzlich erst nach Einforderung durch die Gesellschafterversammlung (§ 46 Nr. 2 GmbHG) fällig.[657] Ein solcher Beschluss ist ausnahmsweise in der Insolvenz bzw. Liquidation der GmbH entbehrlich: Der Insolvenzverwalter oder Liquidator können die restlichen Einlagen auch ohne Gesellschafterbeschluss einfordern und fällig stellen, soweit es der Insolvenz- bzw. Liquidationszweck – insbesondere die Befriedigung der Gesellschaftsgläubiger (§§ 1 InsO, 70 GmbHG) – erfordert.[658] Für die Resteinzahlung gelten die Erfordernisse der endgültigen freien Verfügung und der baren oder bargeldgleichen Zahlung nicht.[659] Im Hinblick auf den Grundsatz der realen Kapitalaufbringung ist ein vollwertiger und unbeschränkter Vermögenszufluss an die Gesellschaft aber auch bei Resteinzahlungen Voraussetzung der Erfüllungswirkung; auch bei Resteinzahlungen muss eine Verfügungsfreiheit der Geschäftsführer hergestellt und die Einlage real aufgebracht werden.[660] Anders als bei der Mindesteinzahlung kann der Gesellschafter die Verpflichtung zur Leistung der Resteinlage grundsätzlich auch durch Tilgung einer Gesellschaftsschuld erfüllen.[661] Im Hinblick auf die Verfügungsfreiheit der Geschäftsführer und eine reale Kapitalaufbringung ist dabei aber Erfüllungsvoraussetzung, dass die Zahlung (1) auf Veranlassung der Gesellschaft erfolgt und (2) ihr einen vollwertigen Vermögensvorteil verschafft. Letzteres ist nur dann der Fall, wenn die getilgte Gläubigerforderung im Zeitpunkt der Leistung vollwertig, fällig und liquide (= unstreitig) ist. Liegen diese Erfüllungsvoraussetzungen nicht vor, wird die Gesellschaft zwar von ihrer Verbindlichkeit gegenüber dem Gläubiger befreit (§ 267 Abs. 1 BGB), aber ihre Einlageforderung gegen den Gesellschafter besteht fort. Als Kompensation für die Schuldtilgung erwirbt der Gesellschafter einen Regressanspruch gegen die Gesellschaft (§§ 683, 670, 684, 812 BGB). Soweit dieser Regressanspruch werthaltig ist, kann sich der Gesellschafter durch Aufrechnung von seiner Einlageschuld befreien. Im wirtschaftlichen Ergebnis wird der Gesellschafter infolge einer solchen Aufrechnung in dem Um-

---

[654] Bitter/Heim § 4 Rn. 177.
[655] Lutter/Hommelhoff/Bayer § 7 Rn. 19.
[656] Bitter/Heim § 4 Rn. 182.
[657] Hier und zum Folgenden: Bitter/Heim § 4 Rn. 166.
[658] Für den Insolvenzverwalter: OLG Jena, Beschl. v. 08.06.2007 – 6 U 311/07, ZIP 2007, 1571, Ls. 1 (zur Kaduzierung eines Geschäftsanteils in der Insolvenz der GmbH).
[659] BGH, Urt. v. 16.02.2009 – II ZR 120/07, NJW 2009, 2375, Rn. 176 – Qivive.
[660] Bitter/Heim § 4 Rn. 178.
[661] Hier und zum Folgenden: Bitter/Heim § 4 Rn. 183.

fang von seiner Einlageschuld befreit, in dem die von ihm getilgte Gläubigerforderung werthaltig war.

Bei erheblichen Zweifeln an der Richtigkeit der Versicherung nach § 8 Abs. 2 S. 1 GmbHG kann das Registergericht Nachweise (u.a. Einzahlungsbelege) verlangen (§ 8 Abs. 2 S. 2 GmbHG). Falsche Angaben können **Ersatzansprüche der Gesellschaft** auflösen. Werden zum Zwecke der Errichtung[662] der Gesellschaft falsche Angaben gemacht, so haben die Gesellschafter bzw. ihre verdeckten Stellvertreter („Strohmänner", vgl. § 9 a Abs. 4 S. 1 GmbHG) und die Geschäftsführer der Gesellschaft[663] als Gesamtschuldner fehlende Einzahlungen zu leisten, eine Vergütung, die nicht unter den Gründungsaufwand aufgenommen ist, zu ersetzen und für den sonst entstehenden Schaden Ersatz zu leisten (**§ 9 a Abs. 1 GmbHG**). Gesellschafter und Geschäftsführer müssen sich ihre falschen Angaben wechselseitig zurechnen lassen. Eine Haftung des Einzelnen entfällt jedoch, wenn er die die Ersatzpflicht begründenden Tatsachen weder kannte noch bei der Anwendung der Sorgfalt eines ordentlichen Geschäftsmannes kennen musste (§ 9 a Abs. 3 GmbHG). § 9 a Abs. 1 GmbHG enthält mithin einen Tatbestand der Haftung für vermutetes Verschulden, wobei Fahrlässigkeit genügt. Die Beweislast für das Vorliegen eines kausalen Schadens trägt hingegen nach allgemeinen Grundsätzen die GmbH.[664] Bei diesem „Schaden" handelt es sich um die Differenz zwischen behaupteter und wirklicher Einzahlung.[665] Ihrem Inhalt nach ist diese Differenzhaftung eine Einlageschuld, die neben die inhaltsgleiche Einlageschuld des Inferenten tritt und mit dieser eine (unechte) Gesamtschuld bildet; die Haftung nach § 9 a Abs. 1 GmbHG entfällt mit der (Nach-)Zahlung der Differenz durch den (eigentlichen) Einlageschuldner.[666] Im Innenverhältnis ist der betreffende Gesellschafter abweichend von § 426 Abs. 1 S. 1 BGB für den auf der Verletzung seiner Einlagepflicht beruhenden „Schaden" allein verantwortlich; dies hat zur Folge dass der nach § 9 a Abs. 1 GmbHG Erstattungspflichtige nach Leistung des Differenzbetrages neben dem Ausgleichsanspruch nach § 426 Abs. 1 S. 1 BGB auch die Einlageforderung erwirbt (§ 426 Abs. 2 S. 1 BGB). Ein Verzicht der Gesellschaft auf Ersatzansprüche nach § 9 a GmbHG oder ein Vergleich über diese Ansprüche ist – außer in den Fällen des § 9 b Abs. 1 S. 2 GmbHG – unwirksam, soweit der Ersatz zur Befriedigung der Gesellschaftsgläubiger erforderlich ist (§ 9 b Abs. 1 S. 1GmbHG). Auch sonst ist die Vorschrift zwingend; sie kann von den Gesellschaftern nicht abbedungen werden.[667] Ersatzansprüche der Gesellschaft nach § 9 a GmbHG verjähren in fünf Jahren ab Eintragung der Gesellschaft in das Handelsregister oder, wenn die zum Ersatz verpflichtende Handlung (in den Fällen des § 9 a Abs. 2 u. 4 GmbHG) später begangen worden ist, der Vornahme der Handlung (§ 9 b Abs. 2 GmbHG).

Wird die Gesellschaft von Gesellschaftern durch Einlagen oder Gründungsaufwand vorsätzlich oder grob fahrlässig geschädigt, sind ihr alle Gesellschafter (nicht: Geschäftsführer!) als Gesamtschuldner zum Ersatz verpflichtet (**§ 9 a Abs. 2 GmbHG**). Dieser Haftungstatbestand entspricht demjenigen in § 46 Abs. 2 AktG für die AG. Er erfasst schuldhaftes Fehlverhalten, das gerade nicht in falschen Angaben nach § 9 a Abs. 1 GmbHG besteht; insofern ist § 9 a Abs. 2 GmbHG subsidiär zu § 9 a Abs. 1 GmbHG.[668]

---

662 Bei Kapitalerhöhungen gilt § 9 a Abs. 1 GmbHG entsprechend (§ 57 Abs. 4 GmbHG).
663 Gläubiger des Anspruchs ist nur die entstandene GmbH, nicht die Vor-GmbH (Lutter/Hommelhoff/Bayer § 9 a Rn. 1).
664 Bayer/Illhardt GmbHR 2011, 505, 508.
665 Hier und zum Folgenden: Lutter/Hommelhoff/Bayer § 9 a Rn. 7.
666 OLG Düsseldorf, Urt. v. 10.03.1995 – 17 U 130/94, GmbHR 1995, 582, 583.
667 Lutter/Hommelhoff/Bayer § 9 a Rn. 14.
668 Lutter/Hommelhoff/Bayer § 9 a Rn. 9 u. 15.

III. Sacheinlagen und Sachübernahmen

186 Das GmbHG geht im Grundsatz davon aus, dass die in Geld ausgedrückten Nennbeträge der Geschäftsanteile auf das ebenfalls in Euro lautende Stammkapital in Geld geleistet werden, erlaubt aber unter bestimmten Voraussetzungen auch die Leistung anderer Gegenstände statt Geld.[669]

187 Unter einer **Sacheinlage** versteht man jede befreiende Leistung auf das Stammkapital, die nicht in Geld besteht. Eine solche Leistung befreit nur, wenn sie nach den Regeln des § 5 Abs. 4 GmbHG festgelegt ist. Soll eine Sacheinlage geleistet werden, so müssen ihr Gegenstand und der Nennbetrag des Geschäftsanteils, auf den sie sich bezieht, im Gesellschaftsvertrag festgesetzt werden (§ 5 Abs. 4 S. 1 GmbHG).[670] Vor dem Hintergrund einer an sich bestehenden Pflicht zur Geldleistung setzt jede wirksame Festlegung einer Sacheinlage eine besondere Erfüllungsvereinbarung voraus, die einen körperschaftlichen Anspruch der GmbH auf Leistung der Einlage begründet und zur Folge hat, das die Leistung anderer Gegenstände keine ordnungsgemäße Einlagenerbringung ist.[671] Einlagefähig sind in analoger Anwendung des § 27 Abs. 2 AktG alle Vermögensgegenstände, deren wirtschaftlicher Wert feststellbar ist.[672] Wie bei der AG sind auch bei der GmbH weder Forderungen gegen Gesellschafter noch Dienstleistungen und Verpflichtungen zu solchen sacheinlagefähig.[673] Die für die Angemessenheit der Leistungen für Sacheinlagen wesentlichen Umstände haben die Gesellschafter in einem Sachgründungsbericht darzulegen (§ 5 Abs. 4 S. 2 GmbHG). Sacheinlagen müssen vor der Anmeldung komplett und endgültig zur freien Verfügung[674] der Geschäftsführer geleistet werden (§ 7 Abs. 3 GmbHG). Ihre Bewertung erfolgt nach objektiven Kriterien. Bewertungsstichtag ist der Zeitpunkt der Anmeldung der Gesellschaft zum Handelsregister.[675] Einen Beurteilungsspielraum für Überbewertungen gibt es im Hinblick auf das Verbot der Unterpariemission (§ 9 Abs. 1 AktG analog) nicht.[676] Sind Sacheinlagen nicht unwesentlich überbewertet worden, hat das Registergericht die Eintragung der Gesellschaft in das Handelsregister abzulehnen (§ 9 c Abs. 1 S. 2 GmbHG). Erfolgt die Eintragung dennoch, ist die GmbH wirksam entstanden und der betreffenden Gesellschafter haftet nach § 9 Abs. 1 S. 1 GmbHG auf die Differenz in Geld.

188 Die von der Sacheinlage begrifflich zu unterscheidende **Sachübernahme** ist im GmbHG nicht ausdrücklich geregelt.[677] § 19 Abs. 2 S. 2 GmbHG zeigt aber, dass diese Rechtsfigur auch im GmbH-Recht Anwendung findet. Gemeint sind eine Bargründung und eine von ihr getrennte schuldrechtliche Vereinbarung zwischen der Gesellschaft und einem Gesellschafter und/oder einem Dritten, nach der die Gesellschaft einen bestimmten Gegenstand in Anrechnung auf die Bareinlagepflicht entgeltlich erwirbt.

---

669 Hier und zum Folgenden: Lutter/Hommelhoff/Bayer § 5 Rn. 12.
670 Über den Gesetzeswortlaut hinausgehend sind auch die Person des Inferenten und der Einlagewert anzugeben (Lutter/Hommelhoff/Bayer § 5 Rn. 31).
671 Lutter/Hommelhoff/Bayer § 5 Rn. 13.
672 Hier und zum Folgenden: Bitter/Heim § 4 Rn. 169.
673 Die Pflicht zur Erbringung von Dienstleistungen kann aber als Nebenleistungspflicht im Gesellschaftsvertrag begründet werden (vgl. § 3 Abs. 2 GmbHG).
674 Zum Begriff der „freien Verfügung" siehe Rn. 183.
675 Lutter/Hommelhoff/Bayer § 5 Rn. 284.
676 Lutter/Hommelhoff/Bayer § 5 Rn. 24.
677 Zum Folgenden: Lutter/Hommelhoff/Bayer § 5 Rn. 38.

Beispiel: Die GmbH erwirbt von dem Gesellschafter ein Grundstück zum Preis von 100.000 € und verrechnet die Kaufpreisforderung mit der Einlageschuld des Gesellschafters in Höhe von 10.000 €. Anschließend zahlt sie dem Gesellschafter den Differenzbetrag von 90.000 € aus.

In einem solchen Fall sind nach § 19 Abs. 2 S. 2 GmbHG nahezu[678] alle Regeln über die Sacheinlage zu beachten.[679] Das bedeutet: Es muss sich um einen einlagefähigen Gegenstand handeln; dessen Gegenstand und Preis müssen im Gesellschaftsvertrag festgelegt werden. Der Gegenstand darf nicht überbewertet werden und er muss bereits vor der Eintragung der Gesellschaft im Handelsregister geleistet werden (§ 7 Abs. 3 GmbHG). Der begünstigte Gesellschafter wird nur insoweit von seiner Bareinlagepflicht frei, als der Gegenstand den festgelegten Wert hat; besteht eine Differenz zu Ungunsten der Gesellschaft, haftet der Gesellschafter nach Maßgabe des § 9 Abs. 1 GmbHG.

Erhält der Inferent für die Erbringung eines Vermögenswerts sowohl einen Geschäftsanteil als auch eine sonstige Leistung (z.B. eine Barzahlung), liegt eine sog. **gemischte Sacheinlage** vor.[680] Auf eine gemischte Sacheinlage, die eine Sacheinlage mit einer Sachübernahme verknüpft, finden die Vorschriften über die Sacheinlage Anwendung, und zwar nicht nur, soweit die Sacheinlage teilbar ist, sondern nach (wohl) h.M. auch bei deren Teilbarkeit.

IV. Verdeckte Sacheinlagen (§ 19 Abs. 4 GmbHG)

189 Für verdeckte Sacheinlagen gelten bei der GmbH die zur AG dargelegten Grundsätze entsprechend, da § 27 Abs. 3 AktG der früher eingeführten Regelung des § 19 Abs. 4 GmbHG zu verdeckten Sacheinlagen bei der GmbH nachempfunden ist.[681] Es kann also zunächst grundlegend auf die obigen Ausführungen zu verdeckten Sacheinlagen bei der AG verwiesen werden.[682]

Eine verdeckte Sacheinlage liegt gemäß § 19 Abs. 4 S. 1 GmbHG vor, wenn eine Geldeinlage bei wirtschaftlicher Betrachtung und aufgrund einer im Zusammenhang mit der Übernahme der Geldeinlage getroffenen Abrede vollständig oder teilweise als Sacheinlage zu bewerten ist.[683] Wie § 27 Abs. 3 AktG sieht auch § 19 Abs. 4 GmbHG in der Rechtsfolge vor, dass die Geldeinlagepflicht trotz einer Geldzahlung an die Gesellschaft fortbesteht (Satz 1), soweit der Sachwert hinter dem Betrag der übernommenen Verpflichtung zurückbleibt und daher eine Anrechnung im Zeitpunkt der Eintragung (Sätze 3 und 4) ausscheidet. Die Beweislast für die Werthaltigkeit der verdeckt eingelegten Sache trägt der Gesellschafter (Satz 5).[684]

Auch wenn gemäß § 19 Abs. 4 S. 3 GmbHG eine Anrechnung des Sachwertes stattfindet, bleibt die verdeckte Sacheinlage im Vergleich mit der aufgedeckten, im Gesellschaftsvertrag festgesetzten Sacheinlage keineswegs folgenlos. Der Inferent muss die Werthaltigkeit gemäß § 19 Abs. 4 S. 5 GmbHG beweisen. Daneben kommt eine Haftung wegen fehlerhafter Angaben gemäß § 9 a GmbHG in Betracht. Weiterhin darf der Geschäftsführer bei der Anmeldung nicht gemäß §§ 7 Abs. 2, 8 Abs. 2 GmbHG die Versicherung abgeben, dass der Einlagebetrag endgültig zur freien Verfügung der Gesellschaft geleis-

---

678 § 19 Abs. 2 S. 2 GmbHG verweist nur auf § 5 Abs. 4 S. 1 GmbHG, nicht hingegen auf § 5 Abs. 4 S. 2 GmbHG.
679 Zum Folgenden: Lutter/Hommelhoff/Bayer § 5 Rn. 39.
680 Hier und zum Folgenden: Lutter/Hommelhoff/Bayer § 5 Rn. 41 m. w. N.
681 Bitter/Heim § 4 Rn. 187.
682 Siehe Rn. 104.
683 Zur verdeckten Sacheinlage einer Altforderung des Gesellschafters siehe BGH, Urt. v. 19.01.2016 – II ZR 61/15, GmbHR 2016, 479 = RÜ 2016, 295 (Nissen).
684 Bitter/Heim § 4 Rn. 187.

tet wurde. Denn die Anrechnung des Wertes des Sachgegenstandes erfolgt gemäß § 19 Abs. 4 S. 4 GmbHG nicht vor Eintragung in das Handelsregister. Die fehlerhafte Geschäftsführerversicherung ist gemäß § 82 Abs. 1 Nr. 1 GmbHG strafbar.

> **Fall 3: Verdeckte Sacheinlage**
>
> A und B gründen mit Gesellschaftsvertrag vom 10. Februar als gleichberechtigte Gesellschafter eine GmbH mit einem Stammkapital von 25.000 €. A und B überweisen jeweils 12.500 € auf das Konto der Gesellschaft. A verkauft dann im Mai der GmbH seinen Pkw, der für verschiedene Tätigkeiten in der Gesellschaft benötigt wird, zu einem Kaufpreis von 11.000 €, der noch im Mai gezahlt wird. Im Dezember wird über das Vermögen der GmbH das Insolvenzverfahren eröffnet. Der Insolvenzverwalter verlangt von A Zahlung von 11.000 €, da er der Ansicht ist, A habe seine Stammeinlage nicht voll erbracht. A weist nach, dass der Pkw im Mai einen Wert von 10.000 € hatte.

Der Insolvenzverwalter kann gemäß § 80 Abs. 1 InsO die Ansprüche der Gesellschaft geltend machen. Dieser könnte ein Anspruch auf Zahlung der Stammeinlage gegen den Gesellschafter A aus dem Gesellschaftsvertrag i.V.m. § 19 Abs. 1 GmbHG zustehen.

I. Der Anspruch der Gesellschaft auf Leistung einer Bareinlage in Höhe von 12.500 € ist mit Abschluss des Gesellschaftsvertrages am 10.02. entstanden.

II. Der Anspruch könnte durch **Erfüllung** nach § 362 BGB erloschen sein. Dann müsste die „geschuldete Leistung" bewirkt sein. Geschuldet war eine Bareinlage, da sich aus dem Gesellschaftsvertrag nichts anderes ergibt. A hat 12.500 € überwiesen. Damit ist (zunächst) Erfüllung eingetreten.

Die **Erfüllungswirkung** könnte jedoch **gemäß § 19 Abs. 4 S. 1 GmbHG entfallen** sein. Dann müsste eine verdeckte Sacheinlage vorliegen.

1. Bei **wirtschaftlicher Betrachtungsweise** müsste eine **Sacheinlage** vorliegen. Im Mai zahlte die GmbH für den Kauf seines Pkw 11.000 € an den A. Die Gesellschaft hatte statt des vorgesehenen (anteiligen) Barkapitals von 12.500 € nur ein Barkapital von 1.500 € und den erworbenen Pkw, d.h., sie stand kurz nach der Gründung so, als wenn A den Pkw als Sacheinlage eingebracht hätte.

Nach teilweise vertretener Ansicht sollen „gewöhnliche Umsatzgeschäfte" nicht als verdeckte Sacheinlagen anzusehen sein.[685] Der Sinn und Zweck der Regelung über die Kapitalaufbringung gebiete keine Einbeziehung dieser Geschäfte, da der Wert solcher Gegenstände leicht und zuverlässig zu ermitteln sei. Der BGH hat es abgelehnt, gewöhnliche Umsatzgeschäfte aus dem Anwendungsbereich der Regeln über verdeckte Sacheinlagen auszuklammern.[686] Für den Anwendungsbereich sei nicht die Werthaltigkeit des Gegenstandes, sondern die Umgehung der Sacheinlagevorschriften entscheidend. Für die Ansicht des BGH spricht auch, dass sich „gewöhnliche Umsatzgeschäfte" schwer definieren und von anderen Geschäften abgrenzen lassen. Im vorliegenden Fall liegt bei wirtschaftlicher Betrachtungsweise eine Sacheinlage vor.

---

685 OLG Hamm, Urt. v. 17.08.2004 – 27 U 189/03, NZG 2005, 184; Henze ZHR 154 (1990) 104, 112.
686 BGH, Urt. v. 20.11.2006 – II ZR 176/05, NJW 2007, 765, Rn. 22; BGH, Urt. v. 11.02.2008 – II ZR 171/06, NZG 2008, 311, Rn. 13.

2. Die Vergleichbarkeit mit einer Sacheinlage müsste sich aufgrund einer im Zusammenhang mit der Geldeinlage getroffenen **Abrede** ergeben. Nach dem vorliegenden Sachverhalt ist im Zusammenhang mit der Leistung der Einlage keine Abrede darüber getroffen worden, dass A später der Gesellschaft seinen Pkw verkaufen sollte. Bei einem engen zeitlichen Zusammenhang zwischen Bareinlage und Gegengeschäft besteht eine tatsächliche Vermutung für das Vorliegen einer entsprechenden Abrede.[687] Ein enger zeitlicher Zusammenhang wird innerhalb einer Frist von bis zu sechs Monaten bejaht.[688]

A hat den Pkw drei Monate nach Erbringung der Bareinlage verkauft. Wegen des engen zeitlichen Zusammenhangs wird vermutet, dass die spätere Erbringung der Sachleistung bereits bei Einzahlung der Bareinlage verabredet war. Es liegt eine verdeckte Sacheinlage vor.

3. Nach § 19 Abs. 4 S. 1 GmbHG ist die Erfüllungswirkung der Bareinlage in Höhe der verdeckten Sacheinlage entfallen. Da 11.000 € an A zurückgeflossen sind, ist er weiterhin in dieser Höhe zur Einlageleistung verpflichtet.

Auf die fortbestehende Einlagepflicht des Gesellschafters wird der Wert des Vermögensgegenstandes gemäß § 19 Abs. 4 S. 3 GmbHG angerechnet. Die Beweislast für den Wert trägt gemäß § 19 Abs. 4 S. 5 GmbHG der Gesellschafter. A hat nachgewiesen, dass der Pkw im Zeitpunkt der Überlassung an die Gesellschaft im Mai einen Wert von 10.000 € besaß. Auf die fortbestehende Einlageverpflichtung von 11.000 € sind damit 10.000 € anzurechnen.

Der Insolvenzverwalter kann von A Zahlung von 1.000 € verlangen.

V. Hin- und Herzahlen (§ 19 Abs. 5 GmbHG)

Greift der vorrangige Tatbestand der verdeckten Sacheinlage gemäß § 19 Abs. 4 GmbHG nicht ein, kann die Geldeinlagepflicht des Gesellschafters gleichwohl nach der insoweit subsidiären Vorschrift des § 19 Abs. 5 GmbHG fortbestehen.[689] Ist vor der Einlage eine Leistung an den Gesellschafter vereinbart worden, die wirtschaftlich einer Rückzahlung der Einlage entspricht und die nicht als verdeckte Sacheinlage im Sinne von § 19 Abs. 4 GmbHG zu beurteilen ist, so befreit dies den Gesellschafter von seiner Einlagepflicht nur dann, wenn die Leistung durch einen vollwertigen Rückgewähranspruch gedeckt ist, der jederzeit fällig ist oder durch fristlose Kündigung durch die Gesellschaft fällig werden kann (§ 19 Abs. 5 S. 1 GmbHG). In Übereinstimmung mit § 30 Abs. 1 S. 2 GmbHG ist eine **bilanzielle Betrachtungsweise maßgebend**.[690] Erfasst sind Fälle des „Hin- und Herzahlens", in denen die Geldeinlage aufgrund vorheriger Abspra-

190

---

687 BGH, Urt. v. 19.01.2016 – II ZR 61/15, GmbHR 2016, 479 = RÜ 2016, 295 (Nissen), Rn. 31.
688 BGH, Urt. v. 04.03.1996 – II ZR 89/95, NJW 1996, 1286, 1288.
689 § 19 Abs. 5 ist gegenüber § 19 Abs. 4 GmbHG formell subsidiär (Lutter/Hommelhoff/Bayer § 19 Rn. 105).
690 Lutter/Hommelhoff/Bayer § 19 Rn. 114.

che wieder an die Gesellschafter zurückfließt.[691] Eine solche Leistung ist in der Anmeldung nach § 8 GmbHG anzugeben (§ 19 Abs. 5 S. 2 GmbHG).

Die Vorschrift des § 19 Abs. 5 GmbHG entspricht der Regelung in § 27 Abs. 4 AktG.[692] Wie diese lässt sie die **Erfüllungswirkung** der Geldeinlage nur eintreten,[693] wenn

(1) die Geldeinlage ordnungsgemäß an die Gesellschaft geleistet worden ist,

(2) aufgrund einer vor der Einzahlung getroffenen Abrede wirtschaftlich eine Rückzahlung der Einlage vorliegt,[694]

(3) dieser Vorgang keine verdeckte Sacheinlage i.S.v. § 19 Abs. 4 S. 1 AktG darstellt,

(4) die GmbH aus dem Rückzahlungsvorgang nach objektiven Maßstäben einen einredefreien, vollwertigen[695] und liquiden[696] Rückgewähranspruch gegen den voraussichtlich erfüllungsbereiten Inferenten erlangt hat, der jederzeit fällig ist oder durch Kündigung durch die Gesellschaft fällig werden kann, und

(5) dieser Vorgang in der Anmeldung gemäß § 19 Abs. 5 S. 2 GmbHG offengelegt wurde.[697]

Aus der negativen Formulierung des § 19 Abs. 5 S. 1 GmbH folgt die **Darlegungs- und Beweislast** des Inferenten bzgl. der Vollwertigkeit und Liquidität.[698]

Sind sämtliche Tatbestandsvoraussetzungen des § 19 Abs. 5 S. 1 GmbHG erfüllt, tritt mit der Einzahlung der Einlage durch den Inferenten an die GmbH die **Erfüllung der Einlageschuld** ein.[699] Ist hingegen nur eine dieser Voraussetzungen nicht erfüllt, bleibt die Einlageforderung der Gesellschaft in voller Höhe bestehen.[700] Sie erlischt also nicht etwa, soweit die Forderung der GmbH den Auszahlungsbetrag abdeckt und werthaltig ist (Alles-oder-nichts-Prinzip[701]). Die Rechtsfolge des § 19 Abs. 5 GmbHG ist mithin schärfer als diejenige bei einer verdeckten Sacheinlage, bei der § 19 Abs. 4 GmbHG eine Anrechnung des Wertes auf die Geldeinlageforderung anordnet.

Liegen die Erfüllungsvoraussetzungen nach § 19 Abs. 5 GmbHG nicht vor, tilgt der Inferent durch eine **spätere Rückzahlung** gleichwohl die noch offene Einlageschuld, und

---

691 Bitter/Heim § 4 Rn. 192.
692 Siehe Rn. 105.
693 Zum Folgenden: Lutter/Hommelhoff/Bayer § 19 Rn. 106.
694 Eine Vorabsprache wird bei Vorliegen eines engen sachlichen und zeitlichen Zusammenhangs zwischen Einlageleistung und Rückgewähr vermutet (Lutter/Hommelhoff/Bayer § 19 Rn. 108).
695 Vollwertig ist der Rückgewährsanspruch nach bilanziellen Grundsätzen (vgl. § 253 HGB), wenn das Vermögen des Inferenten im Zeitpunkt der Rückgewähr (Blasche GmbHR 2010, 288, 293) zur Erfüllung aller Verbindlichkeiten ausreicht und auch nicht damit zu rechnen ist, dass zum Zeitpunkt der späteren Fälligkeit der Leistung die Rückgewähr nicht mehr möglich ist (OLG Schleswig, Beschl. v. 09.05.2012 – 2 W 37/12, GmbHR 2012, 908 Rn. 31; Lutter/Hommelhoff/Bayer § 19 Rn. 115). Zur Vollwertigkeit gehört nach h.M. auch eine angemessene Verzinsung (Altmeppen ZIP 2009, 49, 52; Heckschen DStR 2009, 166, 173; Lieder GmbHR 2009, 1177, 1181; **a.A.** Schall ZGR 2009, 126, 11).
696 Die Forderung muss nach Grund und Höhe unstreitig sein (Lieder GmbHR 2009, 1177, 1183).
697 Auch die Angabe bei der Anmeldung gemäß § 19 Abs. 5 S. 2 GmbHG ist Voraussetzung für die Erfüllung der Einlageforderung durch die Geldzahlung (BGH, Urt. v. 16.02.2009 – II ZR 120/07, NJW 2009, 2375, Rn. 16 – Qivive; BGH, Urt. v. 20.07.2009 – II ZR 273/07, NJW 2009, 3091, Rn. 25 – Cash Pool II.
698 BGH, Urt. v. 20.07.2009 – II ZR 273/07, NJW 2009, 3091, Rn. 25 – Cash Pool II.
699 Lutter/Hommelhoff/Bayer § 19 Rn. 121.
700 Hier und zum Folgenden: Bitter/Heim § 4 Rn. 200.
701 Lutter/Hommelhoff/Bayer § 19 Rn. 124.

zwar auch dann, wenn er nicht (ausdrücklich) auf die Einlageschuld, sondern auf den vermeintlichen Rückgewähranspruch leistet.[702] Voraussetzung ist allerdings, dass sich die Zahlung der Einlageschuld objektiv zuordnen lässt.[703]

> **Fall 4: Einlagenrückgewähr als Darlehen**
>
> Bei der PT-GmbH wird am 03.02. formwirksam eine Kapitalerhöhung durchgeführt, durch die Gesellschafter G Eigenkapital i. H. v. 50.000 € zuführen sollte. Am 05.02. zahlte G vereinbarungsgemäß diesen Betrag auf das Konto der Gesellschaft ein. Am 12.02. gewährte die PT-GmbH dem G ein Darlehen in Höhe von 50.000 €. Mit Überweisungen, die mit „Darlehensrückzahlung" überschrieben waren, zahlte G den Darlehensbetrag im Laufe des Jahres zurück. Anfang Dezember gerät die GmbH in finanzielle Schwierigkeiten. Der Insolvenzverwalter verlangt von G 50.000 € auf die Einlageschuld. Zu Recht?

Der Insolvenzverwalter kann die Ansprüche der Gesellschaft auf Zahlung von Einlageschulden gegen G gemäß § 80 Abs. 1 InsO geltend machen.

I. Die Einlageschuld des G ist mit der formwirksamen Kapitalerhöhung am 03.02. entstanden.

II. Die Stammeinlageforderung könnte jedoch durch die Zahlung vom 05.02. durch Erfüllung erloschen sein, § 362 BGB.

1. Die Erfüllung tritt gemäß § 56 Abs. 2 i.V.m. § 19 Abs. 4 GmbHG nicht ein, wenn eine **verdeckte Sacheinlage** vorliegt. Eine verdeckte Sacheinlage ist gemäß § 19 Abs. 4 S. 1 GmbHG gegeben, wenn eine Geldeinlage bei wirtschaftlicher Betrachtung und aufgrund einer im Zusammenhang mit der Übernahme der Geldeinlage getroffenen Abrede vollständig oder teilweise als Sacheinlage zu bewerten ist. Gegenstand einer Sacheinlage kann nur eine sacheinlagefähige Leistung sein.[704] Als Sacheinlage könnte der Anspruch der Gesellschaft auf Rückzahlung des Darlehens zu bewerten sein.

    a) In der Literatur wird teilweise angenommen, dass auch Forderungen der Gesellschaft gegen die Gesellschafter sacheinlagefähig sind.[705] Die Regelung in § 19 Abs. 5 GmbHG gestatte de facto den Austausch einer Einlageforderung gegen eine Darlehensforderung. Dann sei es folgerichtig, die Sacheinlagefähigkeit von Forderungen der Gesellschaft gegen den Gesellschafter anzuerkennen. Wenn der Gesetzgeber den Austausch einer Einlageforderung gegen eine Darlehensforderung ermöglichen wolle, sei diese Intention am besten umgesetzt, wenn die Darlehensforderung als Sacheinlage anerkannt werde. Eine besondere Regelung des Hin- und Herzahlens sei überflüssig.

---

702 BGH, Urt. v. 21.11.2005 – II ZR 140/04, NJW 2006, 509, Ls. 2 und Rn. 9 ff.
703 BGH, Beschl. v. 15.10.2007 – II ZR 263/06, NZG 2008, 511. Ls. 2 und Rn. 6.
704 BGH, Urt. v. 16.02.2009 – II ZR 120/07, NJW 2009, 2375, Rn. 9 – Qivive.
705 Gehrlein/Witt Kap. 6 Rn. 21.

b) Die h.M. nimmt jedoch zu Recht an, dass **Forderungen** der Gesellschaft gegen einen Gesellschafter **nicht Gegenstand einer Sacheinlage** sein können.[706] Es widerspräche dem Grundsatz der realen Kapitalaufbringung, wenn die Einlagepflicht durch bloßes Eingehen einer rein schuldrechtlichen und damit weniger abgesicherten Verpflichtung erfüllt werden könnte. Insbesondere Darlehensverpflichtungen seien nicht einlagefähig.[707]

c) Für die letztgenannte Ansicht spricht, dass der Gesetzgeber die Regelung in § 19 Abs. 5 GmbHG getroffen hat, weil Forderungen der Gesellschaft gegen den Gesellschafter nicht sacheinlagefähig sind. Dass § 19 Abs. 5 GmbHG de facto die Einbringung eines Rückgewähranspruchs gestattet, ist eine eng begrenzte Ausnahme vom Grundsatz der realen Kapitalaufbringung. Überdies kann eine Forderung allenfalls dann sacheinlagefähig sein, wenn sie gemäß § 19 Abs. 5 S. 2 GmbHG in der Handelsregisteranmeldung angegeben wird. Unterbleibt diese Angabe, ist die Vereinbarung eines Darlehens, mit dem eine Einlage zurückgewährt wird, gemäß § 134 BGB i.V.m. § 19 Abs. 2 S. 1 GmbHG unwirksam.[708] Einlagezahlungen, die dem Gesellschafter sofort wieder zurückgewährt werden, sind mit dem Grundsatz der realen Kapitalaufbringung unvereinbar, weil sie wirtschaftlich einer verbotenen Befreiung von der Einlageschuld gleichstehen. Es liegt keine verdeckte Sacheinlage vor.

2. Die Erfüllungswirkung tritt grundsätzlich gemäß § 56 a i.V.m. § 19 Abs. 5 GmbHG nicht ein, wenn der Tatbestand des **Hin- und Herzahlens** gegeben ist.

a) Dieser setzt zunächst voraus, dass eine Leistung an den Gesellschafter erfolgt ist, die wirtschaftlich einer Rückzahlung der Einlage entspricht. Vorliegend ist die durch G am 05.02. eingezahlte Summe innerhalb einer Woche darlehensweise wieder an ihn zurückgezahlt worden. Bei wirtschaftlicher Betrachtung hat die GmbH die Einlage zurückgezahlt, auch wenn ihr ein Anspruch auf Rückzahlung des Darlehensbetrages zusteht.

b) Die Leistung ist nicht als verdeckte Sacheinlage zu bewerten.

c) Die Rückzahlung müsste aufgrund einer vor der Einlageleistung getroffenen Abrede erfolgt sein. Eine solche Vereinbarung wird vermutet, wenn die Rückzahlung im engen zeitlichen Zusammenhang mit der Einlageleistung erfolgt. Die PT-GmbH hat die Einlage eine Woche nach Erhalt als Darlehen zurückgewährt. Es ist daher zu vermuten, dass die Rückzahlung vor Erbringung der Einlage vereinbart wurde.

d) Der Gesellschafter G ist gemäß § 19 Abs. 5 GmbHG von der Einlageverpflichtung nur dann befreit, wenn die Leistung durch einen vollwertigen Rückgewähranspruch gedeckt ist, der jederzeit fällig ist oder durch fristlose Kündigung fällig werden kann. Die Erfüllung der Einlageverpflichtung setzt weiterhin voraus, dass die Rückgewähr gemäß § 19 Abs. 5 S. 2 GmbHG in der

---

[706] BGH, Urt. v. 16.02.2009 – II ZR 120/07, NJW 2009, 2375, Rn. 10 ff. – Qivive.
[707] Bormann/Urlichs GmbHR Sonderheft 10/2008, 37, 45.
[708] BGH, Urt. v. 21.11.2005 – II ZR 140/04, NJW 2006, 509, Rn. 8; BGH, Urt. v. 09.01.2006 – II ZR 72/05, NJW 2006, 906, Rn. 9; BGH, Urt. v. 12.06.2006 – II ZR 334/04, NZG 2007, 428, Rn. 12.

Handelsregisteranmeldung angegeben worden ist.[709] Hier tritt die Erfüllungswirkung schon deswegen nicht ein, weil die Gewährung des Darlehens an G nicht in der Handelsregisteranmeldung am Sitz der PT-GmbH angemeldet wurde.

III. Möglicherweise ist die Einlageschuld aber durch die „Darlehensrückzahlung" getilgt worden. Dagegen könnte sprechen, dass G keine Tilgungsbestimmung gemäß § 366 Abs. 1 BGB getroffen hat, die auf Erfüllung der Einlagepflicht gerichtet ist. Nach h.M. wird gleichwohl die Einlageschuld durch die irrig als „Darlehensrückzahlung" bezeichneten Leistungen erfüllt. Dadurch werden der Gesellschaft die von ihr als Einlage zu beanspruchenden Barmittel endgültig zugeführt und der Zweck der Kapitalaufbringungsregeln erreicht. Es gilt nichts anderes als für einen Gesellschafter, der die von ihm eingezahlte Einlage ohne vereinbarten Rechtsgrund vorübergehend zurückerhält und sie hiernach ohne besondere Tilgungsbestimmung wieder einzahlt. Auch dieser erfüllt damit seine (bis dahin fortbestehende) Einlagepflicht und schuldet danach nicht nochmalige Zahlung. Bei unwirksamer Vereinbarung eines Darlehens kann er aber nicht schlechter stehen.[710] Demnach ist die Einlageschuld durch die Zahlungen auf die vermeintliche Darlehensverbindlichkeit getilgt worden.

Der Insolvenzverwalter hat keinen Anspruch gegen G.

VI. Her- und Hinzahlen

Die Vorschrift des § 19 Abs. 5 S. 1 GmbHG erfasst nach ihrem Wortlaut nur den Fall, dass zunächst die Einlage geleistet wird und danach eine Rückzahlung erfolgt.[711] Für den Normzweck der Vorschrift (inklusive der wirtschaftlichen Folgen) ist es aber ohne Belang, in welcher Reihenfolge die Zahlungsströme zwischen der Gesellschaft und den Gesellschaftern fließen. Soweit der Zahlungsanspruch der Gesellschaft vollwertig, fällig und liquide ist, sind keine Gründe ersichtlich, warum der Inferent nicht ebenso privilegiert werden sollte wie beim Hin- und Herzahlen. **In analoger Anwendung erfasst § 19 Abs. 5 S. 1 GmbHG** deshalb **auch das absprachegemäße „Her- und Hinzahlen"**.[712] Damit werden auch die Fälle der Vorfinanzierung der Einlage durch die GmbH erfasst. Die Vermutung der Vorabsprache gilt auch hier, wobei die Vorabsprache entweder bereits im Zeitpunkt der Herzahlung (Leistung der GmbH) oder auch noch im Zeitpunkt der Hinzahlung (Einlageleistung) getroffen werden kann.

B. Kapitalerhaltung

Ist das Kapital wirksam aufgebracht, greift anschließend das System der Kapitalerhaltung ein.[713] Dieses ist bei der GmbH komplexer als bei der AG. Grundlegend zu unter-

---

709 BGH, Urt. v. 16.02.2009 – II ZR 120/07, NJW 2009, 2375, Rn. 16 – Qivive; Bormann/Urlichs GmbHR Sonderheft 10/2008, 37, 45.
710 BGH, Urt. v. 21.11.2005 – II ZR 140/04, NJW 2006, 509, Rn. 9; BGH, Urt. v. 09.01.2006 – II ZR 72/05, NJW 2006, 906, Rn. 10; BGH, Urt. 12.06.2006 – II ZR 334/04, NZG 2007, 428, Rn. 13; Bayer GmbHR 2004, 445, 452.
711 Hier und zum Folgenden: Lutter/Hommelhoff/Bayer § 19 Rn. 128.
712 BGH, Urt. v. 01.02.2010 – II ZR 173/08, NJW 2010, 1747, Rn. 24 – Eurobike.
713 Hier und zum Folgenden: Bitter/Heim § 4 Rn. 224.

scheiden ist zwischen der Vermögensbindung, dem Verbot existenzvernichtender Eingriffe und dem Verbot des Erwerbs eigener Geschäftsanteile (§ 33 GmbHG). Während die Vermögensbindung sowohl Gläubiger- als auch Mitgesellschafterinteressen schützt, dienen das Verbot existenzvernichtender Eingriffe und das Verbot des Erwerbs eigener Geschäftsanteile allein den Interessen der Gläubiger.

I. Vermögensbindung in der GmbH

193 Die Vermögensbindung in der GmbH unterscheidet sich von derjenigen bei der AG.[714] Während bei der AG eine umfassende, auf das gesamte Gesellschaftsvermögen bezogene Vermögensbindung vorherrscht, die gleichzeitig dem Gläubiger- und Minderheitenschutz dient (§ 57 AktG mit der Rechtsfolge des § 62 AktG), ist bei der GmbH zwischen der auf das Stammkapital beschränkten Vermögensbindung im Gläubigerinteresse (§§ 30, 31 GmbHG; dazu nachstehend Rn. 194 ff.) und einer umfassenden Vermögensbindung im Interesse der Mitgesellschafter (dazu nachstehend Rn. 198) zu differenzieren.

1. Erhaltung des Stammkapitals im Gläubigerinteresse (§§ 30, 31 GmbHG)

194 Die dem Gläubigerinteresse dienenden Vorschriften des GmbH-Rechts (§§ 30, 31 GmbHG) sind weniger streng als diejenigen des Aktienrechts (insbesondere § 57 AktG).[715] Nach § 30 Abs. 1 S. 1 GmbHG darf (nur) das zur Erhaltung des Stammkapitals erforderliche Vermögen der Gesellschaft nicht an die Gesellschafter ausgezahlt werden. Nur soweit eine offene oder verdeckte Ausschüttung von Vermögen das Stammkapital angreift, trifft den Gesellschafter im Interesse der auf das Stammkapital vertrauenden Gläubiger eine verschuldensunabhängige Rückgewährpflicht nach § 31 Abs. 1 GmbHG. Zu erstatten sind ausschließlich solche Zuwendungen, die auf **Basis des Gesellschaftsverhältnisses** (*causa societatis*) erfolgen und eine **Unterbilanz** herbeiführen oder eine solche vertiefen.[716] Letzteres ist der Fall, wenn das Nettovermögen der GmbHG (also die Differenz zwischen Aktivvermögen und Verbindlichkeiten) durch die Zuwendung unter die Stammkapitalziffer fällt oder die Lücke vergrößert wird.

Beispiel 1: Eine GmbH mit einem Stammkapital von 50.000 € hat ein Nettovermögen von 60.000 €. Ein Gesellschafter erhält ohne Gegenleistung *causa societatis* eine Zuwendung in Höhe von 30.000 €. Hierdurch sinkt das Nettovermögen auf 30.000 €. Die Zuwendung an den Gesellschafter hat eine Unterbilanz von 20.000 € herbeigeführt und ist insoweit verboten.

Beispiel 2: Wie Beispiel 1, nur beträgt das Nettovermögen der GmbH vor der Zuwendung 40.000 €. In diesem Fall vertieft die Zuwendung die Unterbilanz um 30.000 € und ist in voller Höhe zu erstatten.

Das Auszahlungsverbot ist nicht auf den Betrag des Stammkapitals beschränkt. Es greift erst recht ein, wenn das zur Deckung des Stammkapitals erforderliche Vermögen bereits aufgebraucht ist und das Nettovermögen der GmbH durch die Zuwendung negativ wird (bilanzielle Überschuldung bzw. nicht durch Eigenkapital gedeckter Fehlbetrag

---

[714] Hier und zum Folgenden: Bitter/Heim § 4 Rn. 225.
[715] Hier und zum Folgenden: Bitter/Heim § 4 Rn. 226.
[716] Hier und zum Folgenden: Bitter/Heim § 4 Rn. 227 ff.

i.S.v. § 268 Abs. 3 HGB). Im Zustand der (bilanziellen) Überschuldung kann die Zuwendung an den Gesellschafter nur noch aus Fremdmitteln auf Kosten der Gesellschaftsgläubiger erfolgen.[717]

Beispiel 3: Wie Beispiel 1, nur beträgt die Zuwendung 100.000 €. In diesem Fall ist das Nettovermögen nach der Zuwendung in Höhe von 40.000 € negativ. Dann erfasst das Auszahlungsverbot nicht nur den Betrag des verlorenen Stammkapitals (50.000 €), sondern erst recht auch die weiteren 40.000 €, um die das Nettovermögen negativ ist. Der Gesellschafter hat also 90.000 € zu erstatten.

Nach § 30 GmbHG verbotene Leistungen sind der GmbH vom Gesellschafter zu erstatten. § 31 Abs. 1 GmbHG ordnet insoweit einen **verschuldensunabhängigen Erstattungsanspruch** an. Dieser Erstattungsanspruch ist unmittelbar mit seiner Entstehung und nicht etwa erst mit einem Gesellschafterbeschluss nach § 46 Nr. 2 GmbHG fällig.[718] Er kann auch nicht erlassen werden (§ 31 Abs. 4 GmbHG) und verjährt in zehn Jahren ab der jeweiligen verbotswidrigen Leistung (§ 31 Abs. 5 S. 1 u. 2 GmbHG); wird das Insolvenzverfahren über das Vermögen der Gesellschaft eröffnet, so tritt die Verjährung nicht vor Ablauf von sechs Monaten ab dem Zeitpunkt der Eröffnung ein (§ 31 Abs. 5 S. 3 i.V.m. § 19 Abs. 6 S. 2 GmbHG).

195

War der **Empfänger** allerdings **in gutem Glauben**, so kann die Erstattung nur insoweit verlangt werden, als sie zur Befriedigung der Gesellschaftsgläubiger erforderlich ist (§ 31 Abs. 2 GmbHG). Der gute Glaube bezieht sich auf die Unversehrtheit des Stammkapitals.[719] Der Empfänger darf im Zeitpunkt des Leistungsempfangs weder wissen noch grob fahrlässig verkennen (vgl. § 932 Abs. 2 BGB), dass die Auszahlung eine Unterbilanz herbeiführt oder vertieft. Hierfür trägt der Empfänger die Beweislast.

Ist die Erstattung von dem Empfänger nicht zu erlangen, so haften für den zu erstattenden Betrag, soweit er zur Befriedigung der Gesellschaftsgläubiger erforderlich ist, die übrigen Gesellschafter nach dem Verhältnis ihrer Geschäftsanteile; Beiträge, welche von einzelnen Gesellschaftern nicht zu erlangen sind, werden nach dem bezeichneten Verhältnis auf die übrigen Gesellschafter verteilt (§ 31 Abs. 3 GmbHG). Diese **Ausfallhaftung der übrigen Gesellschafter** ist auf den Betrag der Stammkapitalziffer begrenzt; sie erstreckt sich nicht auf den Betrag, um den das Nettovermögen durch eine verbotene Auszahlung negativ geworden ist (bilanzielle Überschuldung).[720]

Im **Beispiel 3** muss nur der die Zuwendung erhaltende Gesellschafter 90.000 € erstatten. Die Ausfallhaftung aller weiteren Gesellschafter zusammen beschränkt sich auf das verlorene Stammkapital von 50.000 €.

Der Erstattungsanspruch gegen die Mitgesellschafter **verjährt** in fünf (statt zehn) Jahren ab der Zahlung (§ 31 Abs. 5 S. 1 GmbHG). Die Gesellschafter, die aus der Solidarhaftung nach § 31 Abs. 3 GmbHG in Anspruch genommen worden sind und Beträge erstattet haben, können von den Geschäftsführern, die ein Verschulden[721] an den Zahlungen trifft, **Ersatz des Haftbeitrags** verlangen (§ 31 Abs. 6 GmbHG). Mehrere schuldhaft han-

196

---

717 BGH, Urt. v. 05.02.1990 – II ZR 114/89, NJW 1990, 1730, 1732.
718 Lutter/Hommelhoff/Hommelhoff § 31 Rn. 11.
719 Hier und zum Folgenden: Lutter/Hommelhoff/Hommelhoff § 31 Rn. 17.
720 BGH, Urt. v. 25.02.2002 – II ZR 196/00, NJW 2002, 1803, Ls. 1.
721 Auch hier gilt der Sorgfaltsmaßstab des § 43 Abs. 1 GmbHG (Lutter/Hommelhoff/Hommelhoff § 31 Rn. 34).

delnde Geschäftsführer haften dabei als Gesamtschuldner.[722] Sie können ihrerseits den Erstattungsschuldner (§ 31 Abs. 1 GmbHG) in Regress nehmen. Nach Eintritt der Fälligkeit, aber vor Erfüllung des Solidaranspruchs, hat der Mitgesellschafter gegen die Geschäftsführer einen Freistellungsanspruch. Der Regressanspruch aus § 31 Abs. 6 GmbHG verjährt in fünf Jahren (§ 31 Abs. 6 S. 2 i.V.m. § 43 Abs. 4 GmbHG, beginnend mit der Zahlung der auf Solidarhaftung in Anspruch genommenen Mitgesellschafter.

197 Wie bei der AG (§ 57 Abs. 1 S. 3 u. 4 AktG) ist der Anwendungsbereich des Kapitalerhaltungsgebots auch bei der GmbH in drei **Ausnahmefällen** eingeschränkt. Das Auszahlungsverbot nach § 30 Abs. 1 S. 1 GmbHG gilt nicht für

- Leistungen bei Bestehen eines Beherrschungs- oder Gewinnabführungsvertrages i.S.v. § 291 AktG (**§ 30 Abs. 1 S. 2 Alt. 1 GmbHG**);

  In diesen Fällen sind die GmbH, ihre Gläubiger und die außenstehenden Gesellschafter durch den Anspruch auf Verlustausgleich entsprechend § 302 AktG geschützt.[723] Zu beachten ist, dass bereits solche Leistungen privilegiert sind, die *bei Bestehen* eines solchen Unternehmensvertrages erfolgen. Damit sind auch Leistungen vom Auszahlungsverbot des § 30 Abs. 1 S. 1 GmbHG entzogen, die an andere, mit dem herrschenden Unternehmen i.S.v. §§ 15 ff. AktG verbundene Konzerngesellschafter erfolgen.

  Beispiel: Die Tochtergesellschaft 1 (= beherrschtes Unternehmen) zahlt nicht an die Muttergesellschaft (= herrschendes Unternehmen), sondern auf deren Anweisung an die Tochtergesellschaft 2, also eine Schwestergesellschaft.

- Leistungen, die durch einen vollwertigen Gegenleistungs- oder Rückgewähranspruch gegen den Gesellschafter gedeckt sind (**§ 30 Abs. 1 S. 2 Alt. 2 GmbHG**);

  In diesen Fällen ist das Vermögen der GmbH bilanziell betrachtet nicht reduziert, sondern es hat lediglich ein Aktiventausch (Bargeld gegen vollwertige Forderung) stattgefunden.[724] Dies verdeutlicht, dass § 30 Abs. 1 GmbHG eine rein bilanzielle (vermögensmäßige) Ausschüttungssperre enthält.[725] Ist der Rückzahlungsanspruch gegen den Gesellschafter im Zeitpunkt der Auszahlung an diesen nicht (voll) werthaltig, erfüllt dieser den Anspruch später aber dennoch, erlischt mit der Rückzahlung auch der Anspruch aus § 31 GmbHG (wechselseitige Erfüllung analog § 422 Abs. 1 S. 1 BGB).

- die Rückgewähr eines Gesellschafterdarlehens und Leistungen auf Forderungen aus Rechtshandlungen, die einem Gesellschafterdarlehen wirtschaftlich entsprechen (**§ 30 Abs. 1 S. 3 GmbHG**).

  Durch diese Regelung soll in Fällen, in denen Gesellschafter ihre GmbH nicht durch Eigenkapital, sondern durch Gesellschafterdarlehen oder vergleichbare Mittelzuführungen finanzieren, vermieden werden, dass dieses Fremdkapital in Eigenkapital umqualifiziert wird, sodass eine Rückzahlung der Finanzierung eine Leistung *causa societatis* i.S.v. § 30 GmbHG wird und daher einen Erstattungsanspruch nach § 31 GmbHG auslöst, wenn sie aus dem gebundenen Gesellschaftsvermögen erfolgt.[726] Für Gesellschafterdarlehen und gleichgestellte Leistungen gelten seit dem MoMiG[727] nur noch die Vorgaben der §§ 39, 135 InsO.

---

[722] Hier und zum Folgenden: Lutter/Hommelhoff/Hommelhoff § 31 Rn. 34.
[723] Hier und zum Folgenden: Lutter/Hommelhoff/Hommelhoff § 30 Rn. 47.
[724] Bitter/Heim § 4 Rn. 242.
[725] Hier und zum Folgenden: Bitter/Heim § 4 Rn. 243.
[726] Hier und zum Folgenden: Bitter/Heim § 4 Rn. 248.
[727] Gesetz zur Modernisierung des GmbH-Rechts und zur Bekämpfung von Missbräuchen (MoMiG) vom 23.10.2008, BGBl. I S. 2026.

2. Umfassende Vermögensbindung im Minderheitsinteresse

198 Über die Erhaltung des Stammkapitals nach Maßgabe des § 30 GmbHG hinaus besteht auch bei der GmbH eine umfassende Vermögensbindung, wenn Minderheitsgesellschafter vorhanden sind.[728] Verschafft sich ein Gesellschafter durch eine Vermögensverlagerung zulasten seiner Mitgesellschafter einen Sondervorteil, löst dies (i) einen verschuldensunabhängigen, aus dem Gesellschaftsvertrag abgeleiteten Anspruch auf Rückgewähr des Sondervorteils und (ii) einen verschuldensabhängigen Schadensersatzanspruch wegen Treuepflichtverletzung nach §§ 280, 241 Abs. 2 BGB aus.

Diesem Anspruch liegt die Wertung zugrunde, dass das Vermögen der GmbH aufgrund gemeinsamer Zweckbindung im Grundsatz allen Gesellschaftern in gleicher Weise zusteht und die Gesellschafter deshalb Anspruch auf Gleichbehandlung haben.

II. Haftung wegen existenzvernichtenden Eingriffs

199 Den Gesellschaftern ist es nicht gestattet, der GmbH durch **missbräuchliche Eingriffe in das Gesellschaftsvermögen** Mittel zu entziehen, die sie zur Befriedigung ihrer Verbindlichkeiten benötigt. Ein zur Haftung der Gesellschafter führendes missbräuchliches Verhalten liegt insbesondere vor, wenn Gesellschafter die GmbH durch Abzug aller Ressourcen „auf kaltem Wege", also ohne Durchführung eines ordentlichen Liquidationsverfahrens gemäß §§ 66 ff. GmbHG, liquidieren,[729] etwa dadurch, dass die Vermögenswerte der GmbH auf eine neu gegründete GmbH übertragen werden (sog. GmbH-Stafette) oder risikoreiche Projekte auf eine unterkapitalisierte Tochter-GmbH ausgelagert werden.[730] In diesen Fällen erfolgt eine „einseitige Spekulation auf Kosten der Gläubiger", die verboten ist.[731]

Mittlerweile erblickt der BGH in solchen existenzvernichtenden Eingriffen der Gesellschafter in das Gesellschaftsvermögen eine besondere **Fallgruppe der vorsätzlichen sittenwidrigen Schädigung (§ 826 BGB)** der GmbH, die eine schadensersatzrechtliche **Innenhaftung der Gesellschafter gegenüber der Gesellschaft** auslösen.[732]

Der Anspruch der GmbH gegen den Gesellschafter aus § 826 BGB auf Ersatz des durch einen existenzvernichtenden Eingriff entstandenen Schadens besteht unter folgenden **Tatbestandsvoraussetzungen**:[733]

---

728 Hier und zum Folgenden: Bitter/Heim § 4 Rn. 249.
729 Die Existenzvernichtungshaftung kommt aber nicht nur bei einer werbenden Gesellschaft, sondern auch im Stadium der Liquidation der Gesellschaft in Betracht (BGH, Urt. v. 09.02.2009 – II ZR 292/07, NJW 2009, 2127, Ls. 1 – Sanitary; Bitter/Heim § 4 Rn. 259).
730 Hier und zum Folgenden: Bitter/Heim § 4 Rn. 253.
731 BGH, Urt. v. 13.12.1993 – II ZR 89/93, NJW 1994, 446, 447; BGH, Urt. v. 31.01.2000 – II ZR 189/99, NJW 2000, 1571, 1572.
732 BGH, Urt. v. 16.07.2007 – II ZR 3/04, NJW 2007, 2689, Ls. 2 – Trihotel.
733 Bitter/Heim § 4 Rn. 260.

> **Haftung wegen existenzvernichtenden Eingriffs nach § 826 BGB**
>
> 1. Anspruchsgegner ist **Gesellschafter**
> 2. **Entziehung von Gesellschaftsvermögen** durch einen Eingriff von außen
> 3. Der Eingriff führt dazu, dass die GmbH ihre Verbindlichkeiten nicht mehr bedienen kann (**Insolvenzverursachung**) oder eine bereits eingetretene Insolvenz verschärft wird (**Insolvenzvertiefung**)
> 4. Die Gesellschafter haben **zumindest bedingt vorsätzlich** gehandelt
> 5. Liegen die unter 1. bis 4. genannten Voraussetzungen vor, hat der Gesellschafter den der GmbH entstandenen **Schaden zu ersetzen** (§§ 249 ff. BGB).

Die **Rechtsfolgen** existenzvernichtender Eingriffe sind denen eines Verstoßes gegen die Kapitalerhaltungsvorschriften angeglichen; zwischen den Erstattungsansprüchen aus §§ 30, 31 GmbHG und Schadensersatzansprüchen aus § 826 BGB besteht, soweit sie sich überschneiden, Anspruchsgrundlagenkonkurrenz.[734] Letztere führt aber nicht dazu, dass der Gesellschafter doppelt zahlen muss, weil ein Schaden (§ 826 BGB) nur insoweit bestehen kann, wie der Gesellschafter den erlangten Vermögensvorteil nicht schon nach §§ 30, 31 GmbHG zurückgeführt hat.[735]

III. Erwerb eigener Geschäftsanteile (§ 33 GmbHG)

200 Ein **originärer Erwerb** eigener Geschäftsanteile durch die GmbH bei der Gründung oder bei der Kapitalerhöhung ist generell **ausgeschlossen**; die Übernahme ist unwirksam, eine Eintragung im Handelsregister darf nicht erfolgen.[736]

Ein **derivativer Erwerb** eigener Geschäftsanteile durch die GmbH ist als Art der Einlagenrückgewähr[737] im Hinblick auf die reale Kapitalaufbringung und -erhaltung ebenfalls problematisch. § 33 GmbHG lässt ihn deshalb **nur in engen Grenzen** zu:

201 Nach **§ 33 Abs. 1 GmbHG** kann die GmbH eigene Geschäftsanteile, auf welche die Einlagen noch nicht vollständig geleistet sind, nicht erwerben. Dies dient dem Schutz der realen **Kapitalaufbringung**; denn die GmbH kann sich selbst nichts schulden oder leisten, also auch nicht die restliche Einlage.[738] Das Verbot des § 33 Abs. 1 GmbHG gilt ohne Ausnahme, also auch dann, wenn der Erwerb zur Abwendung eines schweren Schadens für die Gesellschaft (vgl. § 71 Abs. 1 Nr. 1 AktG) erfolgen soll;[739] es erstreckt sich grundsätzlich auf alle Formen des Erwerbs, auch auf den unentgeltlichen Erwerb, weil es allein auf das Erlöschen des Anspruchs auf die restliche Einlagepflicht durch Konfusion ankommt.[740] Ist auch nur ein geringer Teil der Einlage offen, so ist der Erwerb gemäß § 134

---

734 BGH, Urt. v. 16.07.2007 – II ZR 3/04, NJW 2007, 2689, Ls. 3 – Trihotel.
735 Bitter/Heim § 4 Rn. 257.
736 Lutter/Hommelhoff § 33 Rn. 1.
737 Bitter/Heim § 4 Rn. 261.
738 Lutter/Hommelhoff § 33 Rn. 1.
739 Lutter/Hommelhoff § 33 Rn. 8.
740 Lutter/Hommelhoff § 33 Rn. 10.

BGB insgesamt nichtig,[741] d.h. beim rechtsgeschäftlichen Erwerb sowohl das Verpflichtungsgeschäft als auch das dingliche Geschäft.[742] Der Gesellschafter bleibt Schuldner der Einlage und ist Rückgewährschuldner des durch die GmbH etwa gezahlten Kaufpreises (§ 812 BGB). Für einen etwaigen Ausfall (§ 818 BGB) haftet der Geschäftsführer nach § 43 GmbHG und – wenn gleichzeitig gegen § 33 Abs. 2 GmbHG verstoßen wurde – aus § 31 GmbHG. Die GmbH wird nicht Inhaberin des Geschäftsanteils; veräußert sie ihn dennoch weiter, kommt ein gutgläubiger Erwerb nach § 16 Abs. 3 GmbHG in Betracht.[743]

Ausgenommen vom Erwerbsverbot des § 33 Abs. 1 GmbHG ist nur der Erwerb bei der **Kaduzierung**.[744] Die §§ 21 ff. GmbHG sind insoweit *leges speciales*.[745]

202 Ist die Einlage hingegen voll geleistet, steht der Erwerb eigener Anteile bei der GmbH – im Gegensatz zur AG (§ 71 AktG) – nur unter der Bedingung, dass die Gesellschaft für den Erwerb weder ihr gesetzliches noch ihr statutarisch gebundenes Vermögen einsetzen muss. Nach **§ 33 Abs. 2 GmbHG,** der der **Kapitalerhaltung** dient,[746] darf die GmbH eigene Geschäftsanteile, auf welche die Einlage vollständig geleistet ist, erwerben, sofern sie im Zeitpunkt des Erwerbs[747] eine Rücklage in Höhe der Aufwendungen für den Erwerb bilden könnte[748], ohne das Stammkapital oder eine nach dem Gesellschaftsvertrag zu bildende Rücklage, die nicht zur Zahlung an die Gesellschafter verwandt werden darf, zu mindern (§ 33 Abs. 2 S. 1 GmbHG). Dieses Gebot ist bei allen unentgeltlichen Erwerben (Schenkung, Vermächtnis, Übertragungspflicht gemäß Satzung) per se erfüllt,[749] weil die GmbH dann keine „Aufwendungen für den Erwerb" i.S.v. § 33 Abs. 2 S. 1 GmbHG hat.[750] Bei jedem entgeltlichen Erwerb hingegen lautet die Kontrollfrage: Könnte die GmbH in Höhe der Gegenleistung auch eine Ausschüttung an die Gesellschafter tätigen (vgl. §§ 29, 30 GmbHG), verfügt sie insoweit über ausschüttungsfähige Rücklagen oder einen festgestellten, noch nicht verteilten Bilanzgewinn? Maßgebend für diese Feststellung ist die fortgeschriebene Ertragsbilanz nach §§ 264 ff. HGB.[751] Ist dies zu verneinen, ist der (dingliche) Erwerb der Geschäftsanteile – im Gegensatz zu § 33 Abs. 1 GmbHG – dennoch wirksam; jedoch ist das schuldrechtliche Geschäft über einen verbotswidrigen Erwerb nichtig (§ 33 Abs. 2 S. 3 GmbHG).[752] Fehlt die Voraussetzung ausreichend freien Vermögens, so darf die GmbH nicht zahlen – dies wäre ein Verstoß gegen § 30 Abs. 1 S. 1 GmbHG – und muss das etwa bereits Gezahlte nach § 31 GmbHG zurückfordern.[753] Zur Rückabtretung des Geschäftsanteils an den Gesellschafter ist die

---

741 Hier und zum Folgenden: Lutter/Hommelhoff § 33 Rn. 11.
742 BFH, Urt. v. 20.01.2015 – II R 8/13, NZG 2015, 526, 527.
743 Siehe hierzu Rn. 158.
744 Siehe hierzu Rn. 182.
745 MünchKomm-GmbHG/Löwisch § 33 Rn. 15; Lutter/Hommelhoff § 33 Rn. 10.
746 Lutter/Hommelhoff § 33 Rn. 2.
747 Gemeint ist der Zeitpunkt der schuldrechtlichen Einigung mitsamt ihrem Wirksamwerden, weil dann die Pflicht zur Zahlung des Erwerbspreises entsteht, die nur aus freien Mitteln der GmbH wirksam entstehen soll (Lutter/Hommelhoff § 33 Rn. 16).
748 § 33 Abs. 2 S. 1 GmbHG spricht nur davon, dass die GmbH die Rücklage bilden „könnte", und nicht davon, dass diese auch tatsächlich gebildet wird. Hintergrund ist, dass der Geschäftsanteil in der Bilanz der GmbH nach § 272 HGB nicht aktiviert wird, sodass auch kein passiver Gegenposten gebildet werden muss (Lutter/Hommelhoff § 33 Rn. 19).
749 OLG Hamm, Urt. v. 09.12.1992 – 8 U 183/91, GmbHR 1994, 179, 180.
750 Hier und zum Folgenden: Lutter/Hommelhoff § 33 Rn. 15.
751 BGH, Urt. v. 30.09.1996 – II ZR 51/95, NJW 1997, 196, Ls. 2.
752 Zum Folgenden: Lutter/Hommelhoff § 33 Rn. 21 f.
753 BGH, Urt. v. 23.06.1997 – II ZR 220/95, NJW 1997, 2599, Ls.

Gesellschaft nur Zug um Zug gegen Zahlung des Geleisteten verpflichtet (§ 273 BGB). Hat die GmbH den Geschäftsanteil (wirksam, sie ist Inhaberin geworden) weiter übertragen, so gilt § 818 Abs. 2 BGB, nicht aber die Saldotheorie, weil § 31 GmbHG Vorrang hat und eine Aufrechnung nach § 19 Abs. 2 S. 2 GmbHG grundsätzlich nur der Gesellschaft erlaubt ist. Der Geschäftsführer, der das Gebot des § 33 Abs. 2 GmbH missachtet, haftet der GmbH aus § 43 GmbHG für den Ausfall und den Gesellschaftern ggf. aus § 31 Abs. 6 GmbHG.[754]

Der Erwerb eigener Anteile (§ 33 GmbHG) ist von der Einziehung (§ 34 GmbHG)[755] zu unterscheiden: Hier bleibt der Geschäftsanteil existent, dort geht er unter.[756]

203 C. Kapitalerhöhung und Kapitalherabsetzung

Ebenso wie bei der AG kann auch bei der GmbH im Laufe ihres Lebens das Bedürfnis entstehen, das Stammkapital zu erhöhen oder herabzusetzen. Auch bei der GmbH ist jeweils die Unterscheidung zwischen nomineller und effektiver Kapitalerhöhung bzw. -herabsetzung zu beachten. In beiden Fällen liegt eine **Satzungsänderung** vor, bezüglich derer die Vorgaben der §§ 53, 54 GmbHG – notariell beurkundeter Gesellschafterbeschluss mit einer Mehrheit von ¾ der abgegebenen Stimmen und Anmeldung zur Eintragung in das Handelsregister – zu beachten sind.[757]

204 Unter einer **effektiven Kapitalerhöhung** versteht man die Kapitalerhöhung gegen Einlagen.[758] Sie ist in den §§ 55 ff. GmbHG geregelt. Bei ihr sind auf neu ausgegebene Geschäftsanteile an die Gesellschaft Einlagen zu leisten. Es kommt daher zu einer tatsächlichen Mittelzuführung an die GmbH. Dabei sind zwei Möglichkeiten zu unterscheiden: die ordentliche Kapitalerhöhung gegen Einlagen (§§ 55–57 a GmbHG) und das genehmigte Kapital (§ 55 a GmbHG).

205 Die **nominelle Kapitalerhöhung** ist demgegenüber eine Kapitalerhöhung aus Gesellschaftsmitteln (§§ 57 c – 57 o GmbHG). Bei ihr werden vorhandene Rücklagen in Grundkapital umgewandelt („bilanzielle Umschichtung"; das Sollkapital (= Stammkapital) wird an das Istkapital (= Stammkapital + Rücklagen) angepasst.

206 Eine **effektive Kapitalherabsetzung** erfolgt als ordentliche Kapitalherabsetzung (§§ 58 ff. GmbHG) in der Weise, dass die Nennbeträge der Geschäftsanteile herabgesetzt und Einlagen an die Gesellschafter zurückgezahlt werden. Es kommt also zu einem tatsächlichen Mittelabfluss aus der GmbH.

207 Eine **nominelle Kapitalherabsetzung** erfolgt regelmäßig als vereinfachte Kapitalherabsetzung gemäß § 58 a GmbHG. Ziel dieser Maßnahme ist eine Reduzierung des Grundkapitals, um nach Verlusten der GmbH zukünftige Gewinnausschüttungen zu ermöglichen. Es erfolgt also keine Ausschüttung an die Gesellschafter, sondern das Sollkapital (= Stammkapital) wird bilanziell an das Istkapital (= Stammkapital – Verluste) angepasst.

---

754 Siehe hierzu Rn. 173.
755 Siehe hierzu Rn. 159 f.
756 Lutter/Hommelhoff § 33 Rn. 2.
757 Lutter/Hommelhoff/Bayer § 55 Rn. 3 (zur Kapitalerhöhung); Lutter/Hommelhoff/Lutter/Kleindiek § 58 Rn. 5 (zur Kapitalherabsetzung).
758 Hier und zum Folgenden: Bitter/Heim § 4 Rn. 277 ff.

Als **Kapitalschnitt** bezeichnet man die Kombination aus nomineller Kapitalherabsetzung und effektiver Kapitalerhöhung. Diese Maßnahme wird insbesondere in Sanierungsfällen ergriffen: Die bisherigen Gesellschafter tragen den Verlust der GmbH durch die nominelle Herabsetzung des Stammkapitals auf den Betrag des nach Verlusten tatsächlich noch vorhandenen Kapitals. Anschließend bringen neue Gesellschafter – die freilich mit den alten personenidentisch sein können – frisches Kapital im Wege der Einlage ein. Werden anschließend wieder Gewinne (Jahresüberschüsse) erzielt, führen diese zu einem ausschüttungsfähigen Gewinn, weil infolge der Kapitalherabsetzung frühere Verluste eliminiert und daher nicht vom Jahresüberschuss in Abzug zu bringen sind. 208

5. Abschnitt: Die Auflösung und Abwicklung der GmbH

Auch bei der GmbH ist zwischen der Auflösung, Abwicklung (Liquidation) und Vollbeendigung der Gesellschaft zu unterscheiden:[759] 209

Die GmbH wird in den Fällen des § 60 GmbHG **aufgelöst**.[760] Die GmbH bleibt als Rechtsträger und juristische Person bestehen. Es ändert sich aber ihr Zweck, der nicht mehr auf den Betrieb eines Unternehmens (werbende Gesellschaft), sondern nunmehr auf die Abwicklung der GmbH (Abwicklungsgesellschaft) gerichtet ist. Damit der Rechtsverkehr diese Änderung des Unternehmenszwecks erkennen kann, ist die Auflösung zur Eintragung ins Handelsregister anzumelden (§ 65 GmbHG[761]) und ein klarstellender Zusatz zur Firma („in Liquidation" bzw. kurz „i. L.") zu verwenden. 210

Eine **Fortsetzung der Gesellschaft nach Auflösung** ist möglich. Gemeint ist damit eine Rückverwandlung der Abwicklungsgesellschaft in eine werbende Gesellschaft.[762] Eine solche Fortsetzung (nach Auflösung und vor Beendigung) ist in § 60 GmbH zwar nur für den Auflösungsfall nach § 60 Abs. 1 Nr. 4 GmbHG (Einstellung oder Aufhebung des Insolvenzverfahrens)[763] ausdrücklich ausgesprochen, auf diesen aber nicht beschränkt.[764] Für die Fortsetzung sind regelmäßig ein Beschluss der Gesellschafter und eine Beseitigung des Auflösungsgrundes erforderlich.

Die **Abwicklung** (Liquidation) der GmbH richtet sich nach den §§ 66 ff. GmbHG. Sie dient dazu, das Vermögen der Gesellschaft zu Geld zu machen (zu liquidieren) und die Gläubiger der GmbH zu befriedigen. Erst wenn alle Gläubiger befriedigt sind, wird das verbleibende Vermögen unter den Gesellschaftern aufgeteilt (§ 72 GmbHG). Damit die Gläubiger genügend Zeit zur Anmeldung ihrer Forderungen haben, darf dies frühestens ein Jahr (sog. Sperrjahr) nach der Bekanntmachung des Aufrufs der Gläubiger (§ 65 Abs. 2 S. 1 GmbHG) erfolgen (§ 73 Abs. 1 GmbHG). Mit der Verteilung an die Gesellschafter endet die Abwicklung. Dies haben die Liquidatoren (§ 66 GmbHG) zur Eintragung ins Handelsregister anzumelden (§ 74 Abs. 1 S. 1 GmbHG). 211

Auf die Anmeldung hin ist die Gesellschaft zu löschen (§ 74 Abs. 1 S. 2 GmbHG). Eine **Vollbeendigung** der Gesellschaft als Rechtsträger und juristische Person setzt jedoch 212

---

759 Hier und zum Folgenden: Bitter/Heim § 4 Rn. 285 ff.
760 Bei der AG gilt die Parallelvorschrift § 262 AktG.
761 Bei der AG gilt die Parallelvorschrift § 263 AktG.
762 Lutter/Hommelhoff/Kleindiek § 60 Rn. 28.
763 Zur Fortsetzung einer insolvenzbedingt aufgelösten GmbH siehe BGH, Beschl. v. 28.04.2015 – II ZB 13/14, NZG 2015, 872 = RÜ 2015, 706 (Nissen).
764 Hier und zum Folgenden: Lutter/Hommelhoff/Kleindiek § 60 Rn. 28.

neben der Löschung im Handelsregister noch deren Vermögenslosigkeit voraus (sog. Lehre vom Doppeltatbestand).[765]

6. Abschnitt: Die Unternehmergesellschaft (haftungsbeschränkt)

213 Durch das MoMiG[766] wurde die Unternehmergesellschaft (haftungsbeschränkt) eingeführt **(§ 5 a GmbHG)**.[767] Bei ihr handelt es sich im Grundsatz um eine ganz normale GmbH. Allerdings kann die UG mit einem geringeren Stammkapital als 25.000 € gegründet werden (§ 5 a Abs. 1 S. 1 GmbHG). Theoretisch reicht bereits 1 €. Das Stammkapital muss aber mindestens den von der Gesellschaft ggf. zu übernehmenden Gründungsaufwand decken, weil eine bereits bei ihrer Gründung überschuldete Gesellschaft nicht eintragungsfähig ist.[768] Aufgrund dieser geringeren Kapitalausstattung der UG im Vergleich zur „echten" GmbH macht § 5 a GmbHG einige besondere Vorgaben:

- Die Firma der Gesellschaft muss abweichend von § 4 GmbHG die Bezeichnung „Unternehmergesellschaft (haftungsbeschränkt) oder „UG (haftungsbeschränkt) enthalten (§ 5 a Abs. 1 GmbHG);[769]

- abweichend von § 7 Abs. 2 GmbHG darf die Anmeldung der Gesellschaft zum Handelsregister erst erfolgen, wenn das Stammkapital in voller Höhe eingezahlt ist; Sacheinlagen sind ausgeschlossen (§ 5 a Abs. 2 GmbHG);

- es besteht die Verpflichtung, aus dem Jahresüberschuss kontinuierlich eine gesetzliche Rücklage zu bilden (§ 5 a Abs. 3 S. 1 GmbHG);

- abweichend von § 49 Abs. 3 GmbHG muss die Gesellschafterversammlung bei drohender Zahlungsunfähigkeit (§ 18 InsO) unverzüglich einberufen werden (§ 5 a Abs. 4 GmbHG).

Die vorstehenden Sonderregeln finden keine Anwendung mehr, wenn die Gesellschaft ihr Stammkapital auf den Betrag des Mindeststammkapitals oder einen höheren Betrag erhöht hat (§ 5 a Abs. 5 GmbHG). Dies ist durch Umwandlung der gebildeten Rücklage in Stammkapital oder eine effektive Kapitalerhöhung[770] möglich. Mit der Kapitalerhöhung wird die UG zu einer in jeder Hinsicht regulären GmbH.[771] Gleichwohl darf die Gesellschaft ihre Firma nach § 5 a Abs. 1 GmbHG beibehalten (§ 5 a Abs. 5 GmbHG a. E.).

---

765 Scholz/K. Schmidt/Bitter, § 60 Rn. 56 ff.; vgl. auch § 394 FamFG: Löschung wegen Vermögenslosigkeit; die nach § 394 FamFG gelöschte GmbH ist grundsätzlich weder rechts- noch parteifähig (BGH, Beschl. v. 20.05.2015 – VII ZB 53/13, NJW 2015, 2424 = RÜ 2015, 576 (Nissen).
766 Gesetz zur Modernisierung des GmbH-Rechts und zur Bekämpfung von Missbräuchen (MoMiG) vom 23.10.2008, BGBl. I S. 2026.
767 Zum Folgenden: Bitter/Heim § 4 Rn. 295.
768 KG, Beschl. v. 31.07.2015 – 22 W 67/14, NJW 2015, 3175.
769 Zur Rechtsscheinhaftung des Handelnden analog § 179 BGB bei unrichtiger Firmierung der UG als „GmbH" siehe BGH, Urt. v. 12.06.2012 – II ZR 256/11, NJW 2012, 2871 = RÜ 2012, 628 (Alpmann).
770 Siehe hierzu Rn. 203 ff.
771 Bitter/Heim § 4 Rn. 296.

Die Gesellschaft mit beschränkter Haftung (GmbH)

Grundlagen

- Juristische Person (§ 13 Abs. 1 GmbHG), Einpersonengesellschaft möglich
- Kapitalgesellschaft (§§ 5 Abs. 1, 13 Abs. 2 GmbHG)
- Formkaufmann (§ 13 Abs. 3 GmbHG)

Entstehung

- Gründung in drei Schritten:
  - Gründungsentschluss: Vorgründungsgesellschaft
  - Beurkundung der Satzung: Vor-GmbH
  - Eintragung in das Handelsregister: „fertige" GmbH
- Umwandlung

Organisation

- Gesellschafter: „Eigentümer" der GmbH
- Gesellschafterversammlung (§§ 48 ff. GmbHG): Willensbildungsorgan der Aktionäre
- Geschäftsführer (§§ 35 ff. GmbHG): Geschäftsführung und (organschaftliche) Vertretung der GmbHG; Weisungsbefugnis der Gesellschafterversammlung
- Aufsichtsrat (§ 52 GmbHG): i.d.R. fakultativ, nur ausnahmsweise obligatorisch (Mitbestimmung); Überwachung, Kontrolle und Beratung der Geschäftsführung

Finanzverfassung

- Für Verbindlichkeiten der GmbH haftet nur das Gesellschaftsvermögen (§ 13 Abs. 2 GmbHG).
- Haftungskonzentration auf Gesellschaftsvermögen ab Eintragung der GmbH (§ 11 Abs. 1 GmbHG).
- Grundsatz der realen Kapitalaufbringung: Einlagen müssen dem Gesellschaftsvermögen tatsächlich zugeführt werden.
  - Inferent darf nicht von seiner Einlagepflicht befreit werden (§ 19 Abs. 2 S. 1 GmbHG).
- Grundsatz der Kapitalerhaltung: Komplexer als bei der AG.
  - Vermögensbindung (§§ 30, 31 GmbHG)
  - Verbot existenzvernichtender Eingriffe (§ 826 BGB)
  - Verbot des Erwerbs eigener Geschäftsanteile (§ 33 GmbHG)

Abwicklung, Auflösung und Abwicklung

- Auflösung (§§ 60 ff. GmbHG)
- Abwicklung (Liquidation, §§ 66 ff. AktG)
- Vollbeendigung: Löschung im Handelsregister und Vermögenslosigkeit (Lehre vom Doppeltatbestand)

5. Teil: Die Gesellschaft bürgerlichen Rechts (GbR)

214 Die in den §§ 705 ff. BGB geregelte Gesellschaft bürgerlichen Rechts (GbR) ist die **Grundform der Personengesellschaften**.[772] Für die oHG verweist § 105 Abs. 3 HGB ergänzend auf die §§ 705 ff. BGB, für die KG § 161 Abs. 2 i.V.m. § 105 Abs. 3 HGB.

1. Abschnitt: Grundlagen

215 Bei einer GbR verpflichten sich die Gesellschafter im Gesellschaftsvertrag gegenseitig, die Erreichung eines gemeinsamen Zweckes in der durch den Vertrag bestimmten Weise zu fördern, insbesondere die vereinbarten Beträge zu leisten (§ 705 BGB).

Am Vertragsschluss müssen stets **wenigstens zwei Gesellschafter** beteiligt sein. Eine Gesellschaft mit nur einem Gesellschafter gibt es im Bereich der Personengesellschaften – anders als bei der AG und der GmbH – nicht. Beteiligen können sich alle natürlichen und juristischen Personen sowie rechtsfähige Personengesellschaften i.S.v. § 14 BGB. Die auf Auflösung gerichtete und u. a. deshalb weder rechts- noch parteifähige[773] Erbengemeinschaft kann hingegen nicht Gesellschafterin einer GbR sein.

Jeder Gesellschafter kann nur einen Gesellschaftsanteil an der GbR halten. Anders als bei Kapitalgesellschaften gilt bei Personengesellschaften der **Grundsatz der Einheitlichkeit der Mitgliedschaft**.[774]

Die GbR ist eine **Gesamthandsgemeinschaft**. Zu diesen zählen neben der GbR aus dem BGB noch die eheliche Gütergemeinschaft (§ 1419 BGB) und die Erbengemeinschaft (§ 2032 BGB). Von beiden unterscheidet sich die (Außen-)GbR allerdings durch ihre Rechtsfähigkeit.[775]

Ebenso wie die Personenhandelsgesellschaften ist die GbR **keine juristische Person**, sondern eine rechtsfähige Personengesellschaft i.S.v. § 14 BGB, die mit der Fähigkeit ausgestattet ist, Rechte zu erwerben und Verbindlichkeiten einzugehen.

Zu den rechtsfähigen Personengesellschaften i.S.v. § 14 BGB zählen neben der (Außen-)GbR die oHG (§ 124 Abs. 1 HGB), die KG (§§ 124 Abs. 1, 161 Abs. 2 HGB), die Partnerschaft (§ 7 Abs. 2 PartGG) und die EWIV.[776]

Die GbR nimmt regelmäßig durch ihre Vertreter am Rechtsverkehr teil. Man spricht dann von einer **Außengesellschaft**. Fehlt hingegen die Vertretungsnacht nach außen und tritt im Rechtsverkehr lediglich ein Gesellschafter im eigenen Namen auf, liegt eine **Innengesellschaft** vor.

Beispiel:[777] Eine unter eigenem Namen nach außen im Rechtsverkehr auftretende Arbeitsgemeinschaft („ARGE") ist eine Außengesellschaft, eine nach außen hin nicht in Erscheinung tretende Tippgemeinschaft hingegen eine Innengesellschaft.

---

772 Hier und zum Folgenden: Bitter/Heim § 5 Rn. 1.
773 BGH, Beschl. v. 17.10.2006 – VIII ZB 94/05, NJW 2006, 3715, Ls. und Rn. 7.
774 Erman/Westermann § 705 Rn. 23.
775 Jacoby/v. Hinden § 705 Rn. 2.
776 Hk-BGB/Dörner § 14 Rn. 4.
777 Bitter/Heim § 5 Rn. 29.

Grundlagen — 1. Abschnitt

Die (Außen-)GbR ist nach dem Grundlagenurteil des BGH vom 29.01.2011[778] **rechts-** **216**
fähig, soweit sie durch Teilnahme am Rechtsverkehr eigene Rechte und Pflichten begründen kann. In diesem Rahmen ist sie zugleich **aktiv und passiv parteifähig**.[779] Infolge der Anerkennung einer eigenen Rechtssubjektivität der GbR erklärt sich zwanglos, dass ein Wechsel im Mitgliederbestand keinen Einfluss auf den Fortbestand der mit der GbR bestehenden Rechtsverhältnisse hat, dass ein neu in die GbR eintretender Gesellschafter auch mit seinem Privatvermögen analog § 130 HGB für Altverbindlichkeiten haftet[780] und dass eine identitätswahrende Umwandlung der GbR in andere Gesellschaftsformen (z.B. kraft Gesetzes in eine oHG durch Betrieb eines Handelsgewerbes i.S.v. § 1 Abs. 2 HGB) möglich ist.[781] Ferner wird die Rechtsfähigkeit der GbR beispielsweise in § 11 Abs. 2 Nr. 1 InsO (Insolvenzfähigkeit der GbR) und § 191 Abs. 2 Nr. 1 UmwG (GbR als neuer „Rechtsträger" nach Umwandlung) vorausgesetzt.[782]

Die GbR ist infolge ihrer Teilrechtsfähigkeit wechsel- und scheckfähig[783] sowie erbfähig.[784] Sie kann Inhaberin einer Marke[785] und Arbeitgeberin[786] sein und sich als Gesellschafterin an anderen Gesellschaften beteiligen.[787]

Die GbR ist „formell" **grundbuchfähig**, weil sie aufgrund ihrer Rechtsfähigkeit „materiell" grundbuchfähig ist, also Eigentümerin eines Grundstücks sein kann, und sich die formelle nach der materiellen Grundbuchfähigkeit richtet.[788] Damit die hinter der GbR stehenden Personen erkennbar sind, müssen neben der GbR auch deren Gesellschafter im Grundbuch eingetragen werden (§ 47 Abs. 2 S. 1 GBO).

Trotz ihrer Rechtsfähigkeit kann die (Außen-)GbR aber **nicht Verwalter einer Wohnungseigentümergemeinschaft** (WEG) sein.[789] Der WEG-Verwalter muss die in § 27 Abs. 2 WEG genannten Aufgaben erfüllen, insbesondere Zahlungen entgegennehmen und Willenserklärungen, die für und gegen die Gemeinschaft wirken, abgeben und empfangen. Diese Vertrauensposition kann eine GbR anders als eine juristische Person nicht wahrnehmen, da für sie kein Register geführt wird, dem entnommen werden kann, wer für die Gesellschaft vertretungsberechtigt ist. Dies zeigt, dass die GbR nur teilrechtsfähig ist. Die „vollrechtsfähigen" juristischen Personen können diese Aufgabe wahrnehmen.

Die (Außen-)GbR ist jedenfalls dann **keine Verbraucherin i.S.v. § 13 BGB**, wenn zu den Gesellschaftern neben natürlichen Personen auch zumindest eine juristische Person zählt; dann kann das Handeln der GbR nicht als gemeinschaftliches Handeln natürlicher Personen angesehen werden.[790] Ob eine GbR einem Verbraucher hingegen gleichzustellen ist, wenn Gesellschafter ausschließlich natürliche Personen sind, wird unterschiedlich beurteilt.[791]

---

778 BGH, Urt. v. 29.01.2001 – II ZR 331/00, NJW 2001, 1056 – „ARGE Weißes Ross".
779 Bitter/Heim § 5 Rn. 30.
780 BGH, Versäumnisurt. v. 07.04.2003 – II ZR 56/02, NJW 2003, 1803, 1804 f.
781 Jacoby/v. Hinden § 705 Rn. 5.
782 Bitter/Heim § 5 Rn. 31.
783 BGH, Urt. v. 15.07.1997 – XI ZR 154, 96, NJW 1997, 2754, Ls.
784 Ulmer ZIP 2001, 585, 596.
785 BPatG, Beschl. v. 12.06.2007 – 27 W (pat) 40/05, GRUR 2008, 448.
786 LAG Köln, Urt. v. 20.03.2003 – 6 Sa 82/03, NZA-RR 2004, 491.
787 BGH, Beschl. v. 04.11.1991 – II ZB 10/91, NJW 1992, 499, Ls.: GbR als Mitglied einer Genossenschaft; BGH, Urt. v. 13.04.1992 – II ZR 277/90, NJW 1992, 2222, Ls. 4: GbR als Mitglied einer Aktiengesellschaft; BGH, Urt. v. 02.10.1997 – II ZR 249/96, NJW 1998, 376, Ls. 1: GbR als Gesellschafterin einer anderen GbR; BGH, Urt. v. 16.07.2002 – II ZB 23/00, NJW 2001, 3121, Ls. 1: GbR als Kommanditistin einer KG.
788 Zur Grundbuchfähigkeit der GbR siehe BGH, Beschl. v. 04.12.2008 – V ZB 74/08, NJW 2009, 594 = RÜ 2009, 147 (Alpmann), Rn. 9 ff. und nunmehr § 899 a BGB.
789 BGH, Beschl. v. 26.01.2006 – V ZB 132/05, NJW 2006, 2189, Ls.
790 BGH, Urt. v. 30.03.2017 – VII ZR 269/15, NZG 2017, 696 = RÜ 2017, 485 (Nissen), Rn. 25.
791 Die Verbrauchereigenschaft in einem solchen Fall bejahend BGH, Urt. v. 23.10.2001 – XI ZR 63/01, NJW 2002, 368 = RÜ 2002, 74; zum Meinungsstand siehe Erman/Saenger § 13 Rn. 6.

217 Das **Gesellschaftsvermögen** ist nach dem Wortlaut des Gesetzes „gemeinschaftliches Vermögen der Gesellschafter" (§ 718 Abs. 1 BGB) und unterliegt einer gesamthänderischen Bindung (§ 719 Abs. 1 BGB).[792] Rechtsträgerin dieses Vermögens ist infolge der Anerkennung ihrer Rechtsfähigkeit demnach die (Außen-)GbR.[793] Das Gesamthandsvermögen ist ein gebundenes Sondervermögen, das von dem Privatvermögen der Gesellschafter zu trennen ist und ausschließlich der Verwirklichung des Gesellschaftszwecks dient. Der dem einzelnen Gesellschafter zustehende Anteil am Gesellschaftsvermögen ist ein Bestandteil seiner Mitgliedschaft. Nur über diese, nicht aber über einen Anteil am Gesellschaftsvermögen oder gar über einzelne dazu gehörende Gegenstände kann der einzelne Gesellschafter verfügen (vgl. § 719 Abs. 1 BGB).

Bei der GbR existieren – wie grundsätzlich[794] bei allen Personengesellschaften und anders als bei Kapitalgesellschaften[795] – keine Kapitalerhaltungsvorschriften.[796] Der Gläubigerschutz erfolgt stattdessen über eine betragsmäßig unbegrenzte **Außenhaftung der Gesellschafter** analog §§ 128 ff. HGB.[797]

2. Abschnitt: Die Entstehung der GbR

218 Eine GbR kann durch Gründung oder durch Umwandlung entstehen.

A. Entstehung durch Gründung

219 Bei der Gründung einer AG oder GmbH müssen die Gründer ein formalisiertes Verfahren durchlaufen, bevor die Kapitalgesellschaft entsteht. Für die Gründung einer GbR ist ein förmliches Gründungsverfahren hingegen nicht vorgesehen.[798] Sie entsteht schlicht durch den **Abschluss des Gesellschaftsvertrages** i.S.v. § 705 BGB.[799]

I. Der Gesellschaftsvertrag der GbR

220 Der Gesellschaftsvertrag begründet die Pflicht der Gesellschafter, einen gemeinsamen Zweck in der vereinbarten Weise zu fördern (§ 705 BGB).[800] Der Zeitpunkt der Entstehung der GbR entspricht dann dem Zeitpunkt, in dem der Gesellschaftsvertrag voll wirksam wird.

Eine Entstehung der Gesellschaft durch Außenhandeln in Verfolgung eines kaufmännischen Zwecks wie bei der oHG gemäß § 123 Abs. 2 HGB[801] ist bei der GbR nicht möglich; allerdings kann durch eine einverständliche Aufnahme der Zweckverfolgung ein bis dahin noch nicht finalisierter Vertragsschluss vollendet werden.

---

792 Hier und zum Folgenden: Bitter/Heim § 5 Rn. 37 f.
793 Vor diesem Rechtsprechungswandel im Jahr 2001 galten die Gesellschafter in ihrer gesamthänderischen Verbundenheit als Träger des Gesellschaftsvermögens.
794 Bei der KG trifft diese betragsmäßig unbegrenzte Außenhaftung nur die Komplementäre, während die Haftung der Kommanditisten auf ihre Einlage beschränkt ist (siehe hierzu Rn. 333 ff.)
795 Siehe Rn. 107 ff. für die AG und Rn. 192 ff. für die GmbH.
796 Auszahlungen an Kommanditisten können jedoch deren Haftung im Außenverhältnis wiederaufleben lassen (siehe hierzu Rn. 341 ff.
797 Siehe hierzu Rn. 268 ff.
798 Erman/Westermann § 705 Rn. 1.
799 Bitter/Heim § 5 Rn. 7.
800 Zum Folgenden: Erman/Westermann § 705 Rn. 1.
801 Siehe hierzu Rn. 286.

Für den Abschluss des Gesellschaftsvertrages gelten die allgemeinen Regeln des Vertragsrechts.[802] Für seine Wirksamkeit gelten insbesondere die Vorschriften des Allgemeinen Teils des BGB über die Geschäftsfähigkeit (§§ 104 ff.), den Irrtum (§§ 119 ff.), die Sittenwidrigkeit (§ 138) und die Stellvertretung (§§ 164 ff.).[803] Leidet der Gesellschaftsvertrag an einem Mangel, liegt eine fehlerhafte Gesellschaft vor.[804] Der Gesellschaftsvertrag ist, wie sich aus der Systematik des BGB ergibt, ein **Schuldvertrag**, der zu wechselseitigen Verpflichtungen der Gesellschafter führt.[805] Gleichwohl ist er aber **kein gegenseitiger Vertrag i.S.v. §§ 320 ff. BGB**.[806] Die dortigen Regeln über das Synallagma bei Vertragsschluss, Erfüllung und Abwicklung des Vertrages können allenfalls partiell zur Anwendung kommen.[807]

Der Gesellschaftsvertrag kann grundsätzlich **formlos und konkludent** geschlossen werden. Ausnahmsweise ist seine notarielle Beurkundung erforderlich, wenn sich ein Gesellschafter dazu verpflichtet, der GbR ein Grundstück zu übereignen (§ 311 b Abs. 1 BGB) oder ihr einen GmbH-Anteil abzutreten (§ 15 Abs. 4 GmbHG).[808]

Die **Auslegung** des Gesellschaftsvertrages einer Personengesellschaft richtet sich – anders als bei Satzungen von Kapitalgesellschaften – grundsätzlich nach den allgemeinen Regeln der §§ 133, 157 BGB.[809] Im Grundsatz ist eine subjektive Auslegung im Sinne einer Ermittlung des wirklichen Willens aller Beteiligten geboten.[810] Lediglich bei einer GbR mit einer körperschaftlichen Struktur, insbesondere bei einer sog. Publikumsgesellschaft, richtet sich die Auslegung nach dem objektiven Erklärungstatbestand und ohne Rücksicht auf individuelle Vorstellungen einzelner Beteiligter.[811]

II. Der gemeinsame Zweck

1. Grundlagen

Die Gesellschafter müssen sich darüber einigen, dass sie einen gemeinsamen Zweck fördern wollen. Der gemeinsame Zweck ist die **Grundvoraussetzung der Gesellschaft** und grenzt den Gesellschaftsvertrag von sonstigen vertraglichen Schuldverhältnissen, namentlich von den Austauschverträgen ab.[812]

221

Jeder erlaubte Zweck kann Gegenstand eines Gesellschaftsvertrages sein. Gemeinsamer Zweck i.S.d. § 705 BGB kann ein dauernder oder vorübergehender sein; er kann vermögensrechtlicher oder ideeller Natur sein; er braucht nicht notwendig ein eigennütziger der Gesellschafter zu sein, vielmehr ist auch die gemeinsame Förderung der Interessen anderer möglich.[813]

---

[802] Erman/Westermann § 705 Rn. 6.
[803] Jacoby/v. Hinden § 705 Rn. 2.
[804] Hierzu ausführlich Rn. 228 ff.
[805] Bitter/Heim § 5 Rn. 7.
[806] Jacoby/v. Hinden § 705 Rn. 8.
[807] Erman/Westermann § 705 Rn. 43 ff.
[808] Bitter/Heim § 5 Rn. 9.
[809] Bitter/Heim § 5 Rn. 7.
[810] Erman/Westermann § 705 Rn. 34.
[811] BGH, Urt. v. 16.02.2016 – II ZR 348/14, NZG 2016, 424, Rn. 12; Erman/Westermann § 705 Rn. 38.
[812] K. Schmidt, GesR, § 4 I 2.
[813] Palandt/Sprau § 705 Rn. 20.

Der Zweck muss von allen Gesellschaftern **gemeinsam verfolgt** werden. Die Gemeinsamkeit des Zwecks ist gegeben, wenn jeder Vertragspartner vom anderen seine Förderung verlangen kann und die fördernde Tätigkeit des einen dem anderen zugutekommen soll. Ein bloß gleichgerichtetes Interesse der Beteiligten genügt nicht.

In der Regel wird die Gesellschaft zur Erreichung des gemeinsamen Zwecks nach außen hin auftreten **(Außengesellschaft)**. Ein gemeinsamer Zweck kann aber auch in der Weise verfolgt werden, dass die Gesellschafter lediglich im Innenverhältnis, d. h. im Verhältnis untereinander, eine Gesellschaft bilden, die nach außen im Rechtsverkehr nicht in Erscheinung tritt **(Innengesellschaft)**. Innengesellschaften sind die BGB-Innengesellschaft („Innen-GbR") und die stille Gesellschaft (§§ 230–236 HGB).

Wenn die Parteien **ausdrücklich** und eindeutig einen gemeinsamen Zweck verfolgen wollen, ist die Vereinbarung ohne Weiteres als Gesellschaftsvertrag anzusehen. Bei nicht eindeutigen Abreden – insbesondere bei **konkludenten** Vereinbarungen – ist im Einzelfall durch Auslegung zu ermitteln, ob eine gemeinsame Zweckverfolgung und damit ein Gesellschaftsvertrag vorliegt:

2. Das gemeinsame Halten einer Sache

222 Halten die Parteien gemeinsam eine Sache, kann eine Gesellschaft oder eine Bruchteilsgemeinschaft (§§ 741 ff. BGB) gegeben sein.

> **Fall 5: Ein Trecker für zwei**
>
> Die Holzhändler A und B benötigen zur Holzabfuhr aus versumpften Gebieten hin und wieder einen besonders schweren Trecker. Sie erwerben zusammen ein ihnen zusagendes Fahrzeug; jeder zahlt die Hälfte des Kaufpreises. Die Unterhaltungskosten sollen geteilt werden; außerdem wird bestimmt, zu welchen Zeiten jeder den Trecker in seinem Betrieb benutzen darf. Später kommt es zu Unstimmigkeiten. A möchte seinen Anteil an dem Trecker auf den Landwirt L übertragen.

A kann seinen Anteil an dem Trecker gemäß § 747 i.V.m. § 929 BGB auf L übertragen, wenn der Trecker i.S.d. §§ 741 ff. BGB im gemeinschaftlichen Eigentum (Miteigentum) von A und B steht.

Das Miteigentum ist ein Sonderfall der Bruchteilsgemeinschaft. Für das Miteigentum gelten die §§ 1008-1011 BGB neben den §§ 741 ff. BGB.[814]

I. Da A und B den Trecker gemeinsam erworben haben, könnten sie dessen Bruchteilseigentümer geworden sein. Das Recht der Bruchteilsgemeinschaft (§§ 741 ff. BGB) findet nach § 741 BGB indes nur Anwendung, „sofern sich nicht aus dem Gesetz ein anderes ergibt"; die §§ 741 ff. BGB sind also subsidiär gegenüber den Einzelregelungen anderer Gemeinschaften, insbesondere gegenüber denen der Gesamthandsberechtigungen (GbR, §§ 705 ff. BGB; eheliche Gütergemeinschaft, §§ 1415 ff. BGB; Erbengemeinschaft, §§ 2032 ff. BGB).

---

[814] Palandt/Sprau § 741 Rn. 3.

Nicht § 747 BGB, sondern § 719 BGB fände somit Anwendung, wenn zwischen A und B mit der Anschaffung des Treckers eine Gesellschaft i.S.d. §§ 705 ff. BGB begründet worden ist. In diesem Fall könnte A seinen Anteil an dem Trecker nicht auf L übertragen (§ 719 Abs. 1 BGB). A wäre gemäß § 719 Abs. 1 Hs. 2 BGB nicht einmal berechtigt, von B Teilung zu verlangen, sondern könnte lediglich die Gesellschaft unter den Voraussetzungen der §§ 723 ff. BGB kündigen und versuchen, den Trecker bei der Auseinandersetzung gemäß §§ 730 ff. BGB zu erwerben.

Sinn und Zweck des § 719 BGB ist es, bei einer Gesellschaft das Erreichen des gemeinsamen Zwecks nicht dadurch zu gefährden, dass das für die Zweckerreichung erforderliche Gesellschaftsvermögen in fremde Hände gelangt.[815] Gesellschafterstellung und Vermögensbeteiligung sind untrennbar.

Mit der Einigung über den gemeinsamen Erwerb, die Benutzung und die Unterhaltung des Treckers ist ein Gesellschaftsvertrag i.S.d. §§ 705 ff. BGB zustande gekommen, wenn A und B damit einen gemeinsamen Zweck verfolgten.

1. Die Parteien können durch ausdrückliche Abrede auch das Anschaffen, Halten und Verwalten einer Sache als gemeinsamen Zweck vereinbaren.[816] Hier fehlt eine solche ausdrückliche Vereinbarung, die eindeutig als Gesellschaftsvertrag anzusehen wäre.

2. Es ist deshalb durch Auslegung zu ermitteln, ob A und B einen gemeinsamen Zweck i.S.d. § 705 BGB verfolgen wollten. Da die Zielsetzungen der Parteien – das Anschaffen, Halten und Verwalten – gemäß §§ 744, 748 BGB für die Gemeinschaft charakteristisch sind, ist zwischen Gesellschaft (§§ 705 ff. BGB) und Bruchteilsgemeinschaft (§§ 741 ff. BGB) eine Abgrenzung erforderlich. Erschöpft sich die „Gemeinsamkeit" im Anschaffen, Halten und Verwalten, und will jede Partei die Sache ansonsten für eigene Zwecke verwenden, sodass sie nur Mittel zur Verwirklichung jeweils eigener Zwecke ist, so liegt ohne ausdrückliche Vereinbarung keine Gesellschaft i.S.d. §§ 705 ff. BGB vor. Die bloße gleichartige Beteiligung mehrerer an einem Gegenstand ohne verabredete Förderung eines weiteren Zwecks stellt dann eine bloße Bruchteilsgemeinschaft i.S.d. §§ 741 ff. BGB dar. Ohne ausdrückliche Vereinbarung ist im Falle des gemeinsamen Haltens, Verwaltens und Instandhaltens eines Gegenstandes eine Gesellschaft i.S.d. §§ 705 ff. BGB nur dann anzunehmen, wenn ein darüber hinausgehender Zweck verfolgt werden soll.[817]

Im vorliegenden Fall verhält es sich so, dass jede Partei den Trecker im eigenen Betrieb verwenden wollte. Sein zweckentsprechender Einsatz sollte nur dem jeweiligen Betriebsinhaber zugutekommen. Die Vertragspartner wollten also mit der ihnen gemeinsam gehörenden Sache keinen weitergehenden gemeinsamen Zweck fördern; vielmehr wollte jeder für sich die Vorteile des Treckers nutzen. Es besteht daher zwischen A und B keine Gesellschaft i.S.d. §§ 705 ff. BGB, sondern (nur) eine Bruchteilsgemeinschaft gemäß §§ 741 ff. BGB. Nicht § 719 BGB, sondern § 747 BGB findet Anwendung. A kann deshalb seinen Anteil an dem Trecker auf L übertragen.

---

815 K. Schmidt, GesR, § 45 III 2 a.
816 K. Schmidt, GesR, § 59 I 3 a.
817 K. Schmidt, GesR, § 59 I 3 a.

II. Die Übertragung vollzieht sich nach den Bestimmungen, die für die Übertragung des Vollrechts gelten, hier also nach §§ 929 ff. BGB. A kann sich beispielsweise mit L darüber einigen, dass sein Miteigentumsanteil am Trecker auf L übergehen soll und in Vollziehung dieser Einigung dem L den Mitbesitz daran verschaffen.

§ 929 BGB erfordert zwar grundsätzlich Alleinbesitzverschaffung, doch genügt im Rahmen von § 747 BGB die Verschaffung von Mitbesitz.[818]

Sollte B nicht damit einverstanden sein, dass anstelle von A nunmehr der L Miteigentümer des Treckers wird, so kann er gemäß § 749 Abs. 1 BGB jederzeit Aufhebung der Gemeinschaft verlangen.

3. Partiarische Rechtsverhältnisse

223 Liegt das gemeinsame Interesse der Beteiligten in einer Gewinnbeteiligung, ist abzugrenzen, ob eine Gesellschaft oder ein partiarisches Rechtsverhältnis vorliegt.

Der Zweck einer Gesellschaft i.S.d. § 705 BGB muss von allen Gesellschaftern **gemeinsam** verfolgt werden. Ein lediglich gleichgerichtetes Interesse der Beteiligten genügt nicht. Liegt das gemeinsame Interesse in einer Gewinnbeteiligung, so kann eine Gesellschaft, aber auch (nur) ein partiarisches Rechtsverhältnis vorliegen.

Partiarische Rechtsverhältnisse sind Austauschverträge, die dadurch gekennzeichnet sind, dass das Entgelt einer Partei ganz oder zum Teil in einer Gewinnbeteiligung liegt. Zwar hat der am Gewinn Beteiligte dann ein eigenes Interesse am Gewinn des anderen. Die Erzielung dieses Gewinns durch den anderen wird aber nicht als gemeinsamer Zweck des Vertrages gemeinsam verfolgt. Vielmehr wird jeder in eigener Verantwortung und auf eigene Rechnung tätig. Der Gewinn stellt vertraglich nur eine Berechnungsgröße dar.[819]

Beispiele: Darlehen mit Gewinnbeteiligung, Dienstvertrag mit Umsatzbeteiligung.

Bei Vereinbarungen über Gewinnbeteiligungen in der Form einer Gesellschaft wird es sich in aller Regel um Innengesellschaften (bei der Beteiligung an einem Handelsgewerbe um stille Gesellschaften) handeln. Derjenige, der sich beteiligt, hat häufig kein Interesse daran, nach außen in Erscheinung zu treten.

Partiarische Rechtsverhältnisse und Gesellschaften unterscheiden sich dadurch, dass bei den Gesellschaften die Verfolgung eines gemeinsamen Zwecks vereinbart wird, wohingegen bei den partiarischen Rechtsverhältnissen die Parteien ausschließlich unterschiedliche eigene Interessen verfolgen. Die Abgrenzung hat durch Auslegung unter Berücksichtigung des Vertragszwecks und der wirtschaftlichen Interessenlage zu erfolgen. Dabei können folgende Indizien zu berücksichtigen sein:

- Ist eine Verlustbeteiligung vereinbart, liegt regelmäßig eine Gesellschaft vor.[820]

    Das Fehlen einer Verlustbeteiligung spricht allerdings nicht notwendig für ein partiarisches Rechtsverhältnis, da auch bei einer stillen Gesellschaft der Ausschluss der Verlustbeteiligung vereinbart werden kann (§ 231 Abs. 2 HGB).

---

818 Erman/Aderhold § 747 Rn. 1.
819 K. Schmidt, GesR, § 62 II 1 c bb.
820 OLG Hamm, Urt. v. 10.01.1994 – 8 U 106/93, NJW-RR 1994, 1382; OLG Schleswig, Urt. v. 18.02.2000 – 1 U 97/99, NZG 2000, 1176, Ls. 1.

- Auch die Vereinbarung von Kontroll- und Mitwirkungsrechten spricht für ein Gesellschaftsverhältnis.[821]

4. Die Ehegatteninnengesellschaft

Die Vermögensverhältnisse zwischen Ehegatten sind im ehelichen Güterrecht geregelt. Es kann im Einzelfall zweifelhaft sein, ob die Eheleute es bei dieser Regelung belassen oder (darüber hinausgehend) einen Gesellschaftsvertrag abschließen wollen.

224

Ehegatten können miteinander eine Gesellschaft gründen. Dies wird weder durch die Natur der Ehegemeinschaft noch durch die Vorschriften über den ehelichen Güterstand ausgeschlossen. Gesellschaften unter Ehegatten sind häufig Innengesellschaften, die nach außen hin nicht in Erscheinung treten. Voraussetzung für eine Gesellschaft unter Ehegatten ist eine **Zweckvereinbarung** i.S.d. § 705 BGB.

- Ehegatten können **ausdrücklich** einen Gesellschaftsvertrag schließen. Als Gesellschaftszweck kann jeder erlaubte wirtschaftliche oder ideelle Zweck in Betracht kommen. Es spielt keine Rolle, „ob dadurch gleichzeitig Verpflichtungen berührt werden, die sich im Prinzip bereits aus den Vorschriften des Familienrechts (§§ 1353, 1360 BGB) ergeben".[822]

  Beispiel: Ehegatten können durch ausdrückliche Vereinbarung eine Gesellschaft bilden, die den Zweck hat, ein Familienheim zu schaffen und zu erhalten.[823]

- Fehlt eine ausdrückliche Vereinbarung, so kann der Abschluss eines Gesellschaftsvertrages durch **schlüssiges Verhalten** in Betracht kommen. Leben die Ehegatten im gesetzlichen Güterstand der Zugewinngemeinschaft, ist dies ein Indiz gegen das Zustandekommen einer Innengesellschaft, da der im Fall einer Scheidung gebotene Vermögensausgleich regelmäßig bereits durch die Vorschriften über den Zugewinnausgleich gesichert ist.[824]

- Für einen **konkludent** abgeschlossenen Gesellschaftsvertrag muss sich feststellen lassen, dass die Eheleute einen über den typischen Rahmen der ehelichen Lebensgemeinschaft hinausgehenden Zweck verfolgen. Dieser weitergehende Zweck kann vor allem darin bestehen, dass die Ehegatten gemeinsam ein Unternehmen aufbauen oder gemeinsam gleichberechtigt eine berufliche oder gewerbliche Tätigkeit ausüben.[825]

  Beispiele: Ohne ausdrückliche Vereinbarung kommt durch den Erwerb und Ausbau eines Familienheims keine Gesellschaft zustande.[826] Ein weitergehender Zweck wurde aber bejaht beim gemeinsamen Bau und der Vermietung von Apartmentwohnungen.[827] Ein konkludent abgeschlossener Gesellschaftsvertrag wurde auch angenommen in einem Fall, in dem die Eheleute gemeinsam eine Gaststätte betrieben, als Mitpächter den Pachtvertrag schlossen, als Gesamtschuldner Darlehen aufnahmen und beide ihre Arbeitskraft im Betrieb einsetzten.[828]

---

821 BGH, Urt. v. 29.06.1992 – II ZR 284/91, NJW 1992, 2696; BGH, Urt. v. 10.10.1994 – II ZR 32/94, NJW 1995, 192.
822 BGH, Beschl. v. 20.05.1981 – V ZB 25/79, NJW 1982, 170, 171.
823 BGH, Beschl. v. 20.05.1981 – V ZB 25/79, NJW 1982, 170.
824 BGH, Urt. v. 28.09.2005 – XII ZR 189/02, NJW 2006, 1268, Rn. 12.
825 BGH, Urt. v. 30.06.1999 – XII ZR 230/96, BGHZ 142, 137, 144; BGH, Urt. v. 28.09.2005 – XII ZR 189/02, NJW 2006, 1268, Rn. 14.
826 BGH, Urt. v. 08.07.1982 – IX ZR 99/80, NJW 1982, 2236.
827 BGH, Urt. v. 09.10.1974 – IV ZR 164/73, NJW 1974, 2278.
828 BGH, Urt. v. 14.03.1990 – XII ZR 98/88 NJW-RR 1990, 736.

Die Ehegatten müssen zudem den – über die Verwirklichung der Lebensgemeinschaft hinausgehenden – Zweck gemeinsam verfolgen. Die Tätigkeit des mitarbeitenden Ehegatten muss von ihrer Funktion her als gleichberechtigte Mitarbeit anzusehen sein.[829]

Eine Gesellschaft ist daher z. B. zu verneinen, wenn ein Ehegatte als Arzt, der andere als Sprechstundenhilfe tätig wird[830] oder wenn ein Ehegatte einen Großmarkt betreibt, in dem der andere nur gelegentlich Aushilfstätigkeiten verrichtet.[831]

Ein konkludent zustande gekommener Gesellschaftsvertrag ist zu verneinen, wenn dies zu ausdrücklich getroffenen Vereinbarungen im Widerspruch steht. Ausdrückliche Erklärungen gehen einem lediglich konkludent zum Ausdruck gekommenen Parteiwillen vor.[832]

5. Gesellschaftsvertrag zwischen Partnern einer nichtehelichen Lebensgemeinschaft

225 In einer nichtehelichen Lebensgemeinschaft wollen die Partner grundsätzlich keine rechtlich verbindlichen Regelungen treffen, weder in persönlicher noch in wirtschaftlicher Hinsicht. Sie können aber ausdrücklich oder stillschweigend einen Gesellschaftsvertrag schließen. Anders als in einer Ehe ist bei einer nichtehelichen Lebensgemeinschaft für die Annahme einer Gesellschaft nicht zwingend erforderlich, dass ein über die Verwirklichung der Lebensgemeinschaft hinausgehender Zweck verfolgt wird. Im Unterschied zu Ehegatten sind die Partner einer nichtehelichen Lebensgemeinschaft nämlich nicht gesetzlich zur Lebensgemeinschaft und zum Unterhalt der Familie verpflichtet. Allerdings wird ohne einen über die Verwirklichung der Lebensgemeinschaft hinausgehenden Zweck regelmäßig kein Gesellschaftsvertrag anzunehmen sein.[833] Denn die Partner haben im Regelfall keine über die Ausgestaltung ihrer Gemeinschaft hinausgehenden rechtlichen Vorstellungen. Der Abschluss eines Gesellschaftsvertrages durch schlüssiges Verhalten „kann in Betracht kommen"[834], wenn die Parteien mit dem Erwerb eines Vermögensgegenstandes die Absicht gemeinschaftlicher Wertschöpfung gehabt haben. Diese liegt vor, wenn die Partner die Absicht verfolgt haben, mit dem Erwerb bestimmter Vermögensgegenstände einen – wenn auch nur wirtschaftlich – gemeinschaftlichen Wert zu schaffen, der von ihnen für die Dauer der Partnerschaft nicht nur gemeinsam benutzt werden, sondern ihnen nach ihrer Vorstellung auch gemeinsam gehören sollte. Indizien dafür können sich aus Planung, Umfang und Dauer des Zusammenwirkens ergeben. Das formale Alleineigentum eines Partners schließt die Absicht gemeinschaftlicher Wertschöpfung nicht notwendig aus.[835]

Beachte: Nach der Rechtsprechung des BGH kommen nach der Beendigung einer nichtehelichen Lebensgemeinschaft nicht nur gesellschaftsrechtliche Ausgleichsansprüche, sondern auch Ansprüche

---

829 BGH, Urt. v. 30.06.1999 – XII ZR 230/96, BGHZ 142, 137, 144; BGH, Urt. v. 28.09.2005 – XII ZR 189/02, NJW 2006, 1268, Rn. 14.
830 BGH, Urt. v. 05.07.1974 – IV ZR 203/72, NJW 1974, 2045.
831 BGH, Urt. v. 08.04.1987 – IV b ZR 43/86, NJW-RR 1988, 260.
832 BGH, Urt. v. 28.09.2005 – XII ZR 189/02, NJW 2006, 1268, Rn. 15.
833 BGH, Urt. v. 09.07.2008 – XII ZR 179/05, NJW 2008, 3277 = RÜ 2008, 630 (Haack), Rn. 20; BGH, Urt. v. 06.07.2011 – XII ZR 190/08, NJW 2011, 2880 = RÜ 2011, 621 (Haack), Rn. 16; BGH, Urt. v. 19.09.2012 – XII ZR 136/10, NJW 2012, 342, Rn. 16 ff.
834 BGH, Urt. v. 09.07.2008 – XII ZR 179/05, NJW 2008, 3277 = RÜ 2008, 630 (Haack), Rn. 18.
835 BGH, Urt. v. 21.07.2003 – II ZR 249/01, NZG 2003, 1015, Ls. 1.

aus ungerechtfertigter Bereicherung (§ 812 Abs. 1 S. 2 Alt. 2 BGB) sowie nach den Grundsätzen über die Störung der Geschäftsgrundlage (§ 313 BGB) in Betracht.[836]

6. Der Inhalt des gemeinsamen Zwecks – Abgrenzung der GbR von der oHG/KG

Der gemeinsame Zweck, zu dessen Förderung sich die Gesellschafter verpflichten, kann ideeller oder materieller Natur sein.[837] Für das Vorliegen einer GbR darf der gemeinsame Zweck aber nicht auf den Betrieb eines (vollkaufmännischen) Handelsgewerbes i.S.v. § 1 Abs. 2 HGB gerichtet sein. Liegt der gemeinsame Zweck im Betrieb eines Handelsgewerbes, ist die Gesellschaft qua Gesetz (also unabhängig vom Willen der Gesellschafter) keine GbR, sondern eine oHG oder KG (§§ 105 Abs. 1, 161 Abs. 1 HGB). Ändert sich der Zweck einer GbR hin zum Betrieb eines Handelsgewerbes, bleibt die Gesellschaft zwar dieselbe (Identitätswahrung), weshalb Rechte und Pflichten nicht (einzeln) übertragen werden müssen; die Gesellschaft ändert aber ihr „Rechtskleid", ist von nun an entweder eine oHG oder eine KG.[838]

226

Der gemeinsame Zweck einer KG entspricht dem der oHG. Aufgrund der Verweisung des § 161 Abs. 2 HGB ist § 105 HGB anwendbar. Die KG unterscheidet sich von der oHG nicht durch den mit der Gesellschaft verfolgten Zweck, sondern durch die beschränkte Haftung der Kommanditisten.

III. Der Name der GbR

Für die GbR existiert kein dem Handelsregister (für die AG, GmbH, oHG und KG) vergleichbares Register.[839] Ihre Gesellschafter müssen die GbR daher nicht zur Eintragung in ein Register anmelden. Gleichwohl kann die GbR einen eigenen Namen führen, der allerdings **nicht Firma im Sinne des HGB** ist.

227

IV. Mängel des Gesellschaftsvertrages (die fehlerhafte Gesellschaft)

1. Grundlagen

Nach den allgemeinen Regeln der §§ 104 ff. BGB besteht grundsätzlich keine Bindung an nichtige Willenserklärungen. Soweit aufgrund eines nichtigen Vertrages Leistungen erbracht werden, können diese gemäß §§ 812 ff. BGB zurückgefordert werden. Ist eine Gesellschaft in Vollzug gesetzt worden, so ist die uneingeschränkte Anwendung der §§ 104 ff. BGB – und die damit verbundene Rückabwicklung nach den §§ 812 ff. BGB – jedoch nicht sachgerecht:

228

- Die Gesellschafter, die über eine längere Zeit ausschließlich für die Gesellschaft tätig geworden sind und über keine andere Einkommensquelle verfügen, dürfen untereinander darauf vertrauen, dass sich ihre gegenseitigen Rechte und Pflichten nach dem fehlerhaften Gesellschaftsvertrag richten, der ihre Absichten im Zweifel auch für den Fall ausdrückt, dass sich ihr Vertrag als ungültig erweist.

---

[836] BGH, Urt. v. 06.07.2011 – XII ZR 190/08, NJW 2011, 2880 = RÜ 2011, 621 (Haack), Rn. 18 ff.; BGH, Urt. v. 19.09.2012 – XII ZR 136/10, NJW 2012, 3374, Rn. 23.
[837] Hier und zum Folgenden: Jacoby/v. Hinden, § 705 Rn. 9 f.
[838] Bitter/Heim § 5 Rn. 4.
[839] Hier und zum Folgenden: Bitter/Heim § 5 Rn. 8.

- Für die Verteilung des im Vertrauen auf das Bestehen der Gesellschaft gebildeten Gesellschaftsvermögens enthalten die Vorschriften über die Auseinandersetzung (§§ 730 ff.) die interessengerechteren Regelungen.

- Dritte, mit denen im Namen der Gesellschaft Rechtsgeschäfte getätigt werden, müssen auf den Bestand der Gesellschaft unabhängig davon vertrauen dürfen, ob sie von der Unwirksamkeit des Gesellschaftsvertrages Kenntnis hatten oder hätten haben können.

Mit Rücksicht auf diese Interessenlage ist allgemein anerkannt, dass die §§ 104 ff. BGB mit den sich daran anknüpfenden Rechtsfolgen aus §§ 812 ff. BGB nicht uneingeschränkt auf gesellschaftsvertragliche Erklärungen angewandt werden dürfen. Bei Mängeln des Gesellschaftsvertrags finden die **Grundsätze über die fehlerhafte Gesellschaft** Anwendung. Danach löst die Nichtigkeit gesellschaftsvertraglicher Erklärungen gemäß §§ 104 ff. BGB regelmäßig nur die Rechtsfolge aus, dass ein Auflösungs- bzw. Kündigungsgrund besteht. Die allgemeine Nichtigkeitsfolge der §§ 104 ff. BGB wird also mit der Folge beschränkt, dass die fehlerhafte Gesellschaft bis zu ihrer Auflösung bzw. Kündigung grundsätzlich wie eine fehlerfreie behandelt wird.[840]

Begründet wird die Lehre von der fehlerhaften Gesellschaft vor allem mit dem **Bestandsschutz** der Gesellschaft und mit dem **Verkehrsschutz**. Nichtigkeits- und Anfechtungsfolgen würden wegen ihrer Rückwirkung auf den Abschluss des Rechtsgeschäfts für Gesellschaftsverhältnisse im Allgemeinen nicht passen und eine Rückabwicklung nach den §§ 812 ff. BGB sei i.d.R. nicht möglich oder zumindest nicht interessengerecht.[841]

Das Institut der fehlerhaften Gesellschaft galt ursprünglich nur für Kapitalgesellschaften. Später wurden diese Grundsätze auch auf die Personengesellschaften übertragen. Sie gelten nach h.M. auch für typische und atypische stille Gesellschaften.[842] Heute sind die Grundsätze für die Kapitalgesellschaften gesetzlich normiert, §§ 275 ff. AktG, §§ 75 ff. GmbHG und §§ 94 ff. GenG.[843]

2. Voraussetzungen und Rechtsfolgen der fehlerhaften Gesellschaft

229 Eine bereits **in Vollzug gesetzte Gesellschaft**[844] aus Rechtsgründen als inexistent zu behandeln, würde nach Auffassung des BGH zu „unerträglichen und mit dem richtig verstandenen Zweck der Vorschriften über die rückwirkende Kraft der Nichtigkeit von Verträgen nicht mehr zu vereinbarenden Ergebnissen führen".[845] Dies gilt nicht nur für die Gründung einer Gesellschaft, sondern auch für nachträgliche Vertragsänderungen, den Beitritt in eine Gesellschaft, den Austritt aus einer Gesellschaft und bei der Abtretung eines Gesellschaftsanteils. In all diesen Fällen sind die Regeln über die Rechtsfolgen der Nichtigkeit von Verträgen zu modifizieren.[846]

---

840 BGH, Urt. v. 02.04.2001 – II ZR 331/99, NJW-RR 2001, 1450, Ls. 2, K. Schmidt § 6 I 1.
841 BGH, Urt. v. 25.04.2006 – XI ZR 193/04, NJW 2006, 1788, Rn. 19.
842 BGH, Urt. v. 29.11.2004 – II ZR 6/03, NZG 2005, 261, 262; BGH, Urt. v. 21.05.2005 – II ZR 140/03, NZG 2005, 472, Ls. 1 – Göttinger Gruppe; **a.A.** Hey NZG 2004, 1097, 1098 f.; MünchKomm-BGB/Ulmer/Schäfer § 705 Rn. 359.
843 Kummer Jura 2006, 331.
844 Ein Involluzugsetzen liegt jedenfalls dann vor, wenn die Gesellschaft ihre Tätigkeit im Rechtsverkehr nach außen aufgenommen hat, sei es auch nur im Rahmen von Vorbereitungsgeschäften (BGH, Urt. v. 12.05.1954 – II ZR 167/53, BGHZ 13, 320, 321: zur GmbH-Gründungsgesellschaft).
845 BGH, Urt. v. 30.09.1982 – III ZR 58/81, NJW 1983, 748.
846 Hier und zum Folgenden: Bitter/Heim § 5 Rn. 18.

Von der fehlerhaften Gesellschaft abzugrenzen ist die sog. **Scheingesellschaft**.[847] Bei ihr fehlt es bereits an einem (fehlerhaften) Vertragsschluss der Gesellschafter. Handelt ein (scheinbarer) Gesellschafter im Namen einer (scheinbaren) Gesellschaft, muss er sich nach allgemeinen Rechtsscheinsgrundsätzen so behandeln lassen, als wäre er tatsächlich Gesellschafter. Er kann für die Verbindlichkeiten der vermeintlichen Gesellschaft persönlich in Anspruch genommen werden.[848] Die fehlerhafte Gesellschaft setzt demgegenüber wie jede Gesellschaft einen – wenn auch fehlerhaften – Gesellschaftsvertrag voraus.[849]

230 Leidet der Vertrag an einem **Fehler**, setzen die Gesellschafter die Gesellschaft aber gleichwohl zurechenbar[850] in Vollzug, wird sie nach der Lehre von der fehlerhaften Gesellschaft für die Vergangenheit wie eine fehlerfreie, nach innen und außen insgesamt[851] wirksam gegründete Gesellschaft behandelt, die nicht rückwirkend (*ex tunc*) beseitigt, sondern nur für die Zukunft (*ex nunc*) aufgelöst werden kann.[852]

Die Fehlerhaftigkeit bildet einen wichtigen Grund zur Kündigung nach § 723 BGB,[853] die zur Auflösung und Auseinandersetzung der Gesellschaft nach §§ 730 ff. BGB bzw. zum Ausscheiden des kündigenden Gesellschafters nach § 736 BGB führt.[854]

Die Grundsätze über die fehlerhafte Gesellschaft schließen allerdings nicht aus, dass ein Schadensersatzanspruch des Gesellschafters besteht, der auf Naturalrestitution und damit auf Rückgewähr der Einlage gerichtet ist.[855]

231 Ausnahmsweise gelten die Grundsätze der fehlerhaften Gesellschaft nicht, wenn die Wirksamkeit der Gesellschaft mit **vorrangigen Interessen der Allgemeinheit oder schutzwürdiger Personen** unvereinbar wäre.[856] Dies ist etwa dann der Fall, wenn der Gesellschaftszweck gegen ein Verbotsgesetz (§ 134 BGB) verstößt oder sittenwidrig (§ 138 BGB) ist.[857] Dann sind die erbrachten Einlagen und erfüllten Verträge nach Bereicherungsrecht (§§ 812 ff. BGB) rückabzuwickeln. Auch darf unter Anwendung der Grundsätze der fehlerhaften Gesellschaft der Schutz nicht voll Geschäftsfähiger nicht umgangen werden, weshalb eine fehlerhafte Gesellschaft jedenfalls nicht unter Einschluss des nicht voll Geschäftsfähigen zustande kommen kann.[858] Demgegenüber sind die Grundsätze der fehlerhaften Gesellschaft anzuwenden, wenn ein Gesellschafter seine auf Abschluss des Gesellschaftsvertrags gerichtete Willenserklärung wegen arglistiger Täuschung anficht (§§ 123 Abs. 1, 142 Abs. 1 BGB).[859] Auch der Umstand, dass ein Gesellschafter den Gesellschaftsvertrag außerhalb von Geschäftsräumen (§§ 13, 312 b BGB) abgeschlossen hat, rechtfertigt keine Ausnahme.[860]

---

847 Hier und zum Folgenden: Jacoby/v. Hinden § 705 Rn. 7.
848 Zur Rückforderung einer rechtsgrundlos an eine Scheingesellschaft erbrachten Leistung siehe BGH, Urt. v. 01.06.2010 – XI ZR 389/09, NJW 2011, 66.
849 BGH, Urt. v. 13.09.2011 – VI ZR 229/09, NZG 2011, 1225 = RÜ 2011, 760 (Alpmann), Rn. 12.
850 Bitter/Heim § 5 Rn. 25; MünchKomm-HGB/K. Schmidt § 105 Rn. 236.
851 Bitter/Heim § 5 Rn. 25.
852 BGH, Urt. v. 29.06.1970 – II ZR 158/69, NJW 1971, 375, 376 (zur Anwendung der Grundsätze der fehlerhaften typischen stillen Gesellschaft).
853 BGH, Urt. v. 19.12.1974 – II ZR 27/73, NJW 1975, 1022, 1023 (zur KG). Bei der oHG kommt statt der Kündigung eine Auflösungsklage (§ 133 HGB) oder, wenn der Nichtigkeitsgrund nur einzelnen Gesellschaftern gegenüber anderen zur Last fällt, eine Ausschließungs- bzw. Übernahmeklage (§ 140 Abs. 1 HGB) in Betracht (Bitter/Heim § 5 Rn. 21).
854 Jacoby/v. Hinden § 705 Rn. 3.
855 BGH, Urt. v. 21.05.2005 – II ZR 140/03, NZG 2005, 472, Ls. 1 – Göttinger Gruppe.
856 Hier und zum Folgenden: Bitter/Heim § 5 Rn. 24; Jacoby/v. Hinden § 705 Rn. 6.
857 BGH, Urt. v. 24.09.1979 – II ZR 95/78, NJW 1980, 638 ff.
858 BGH, Urt. v. 30.09.1982 – III ZR 58/81, NJW 1983, 748.
859 BGH, Urt. v. 06.02.1958 – II ZR 210/56, NJW 1958, 668 (zur durch Täuschung entstandenen KG).
860 BGH, Urt. vom 12.07.2010 – II ZR 292/06, NJW 2010, 3096, Ls. 1 – Friz II (zum früheren „Haustürgeschäft").

232 Nach dem Vorgesagten sind die Grundsätze der fehlerhaften Gesellschaft unter den folgenden **Voraussetzungen** anzuwenden:

> **Grundsätze der fehlerhaften Gesellschaft**
>
> 1. Es wurde ein **Gesellschaftsvertrag** abgeschlossen (Abgrenzung zur Scheingesellschaft).
> 2. Die **Gesellschaft** wurde **in Vollzug gesetzt**.
> 3. Der Gesellschaftsvertrag leidet an einem **rechtlichen Mangel,** der ihn insgesamt unwirksam macht (Abgrenzung zur Teilnichtigkeit).
> 4. Es bestehen **keine vorrangigen Interessen der Allgemeinheit oder schutzwürdiger Personen**, mit denen eine Anwendbarkeit der Grundsätze der fehlerhaften Gesellschaft unvereinbar wäre.
> 5. Liegen die unter 1. bis 4. genannten Voraussetzungen vor, kann die **nach innen und außen voll wirksame Gesellschaft** nur *ex tunc* aufgelöst werden.

233 Die Grundsätze der fehlerhaften Gesellschaft gelten auch dann, wenn ein zunächst fehlerfrei geschlossener Gesellschaftsvertrag nachträglich geändert wird, erst dann ein Unwirksamkeitsgrund nach §§ 104 ff. BGB auftritt und die fehlerhafte Vertragsänderung in Vollzug gesetzt wurde.[861] Dies gilt insbesondere für den fehlerhaften **Beitritt zu einer Gesellschaft**.[862] Der fehlerhaft Beigetretene ist voll wirksam Gesellschafter mit allen Rechten und Pflichten im Innen- und Außenverhältnis, sofern sein Beitritt in Vollzug gesetzt wurde. Seine Gesellschafterstellung kann nur ex nunc beendet werden.

Auch das fehlerhafte **Ausscheiden aus der Gesellschaft** ist nicht *ex tunc* unwirksam, sondern wird nur *ex nunc* berichtigt:[863] Der fehlerhaft ausgetretene voll geschäftsfähige[864] Gesellschafter gilt im Verhältnis zu Dritten bis zu seiner wirksamen Wiederaufnahme in die Gesellschaft als ausgeschieden. Im Innenverhältnis ist der Ausgetretene hingegen so zu stellen, als wäre er die ganze Zeit Gesellschafter gewesen.

Der BGH wendet die Grundsätze der fehlerhaften Gesellschaft ferner auf die fehlerhafte **Übertragung eines Gesellschaftsanteils** durch Verfügung über die Mitgliedschaft gemäß §§ 413, 398 BGB an.[865] Der Verkehrsschutz gebiete es, den Erwerber vorläufig als Gesellschafter und den Veräußerer als ausgeschieden zu behandeln.

3. Einzelne Unwirksamkeitsgründe

234 Die Grundsätze der fehlerhaften Gesellschaft sind häufig Gegenstand von Examensklausuren, weil hier eine Verknüpfung von allgemeinen zivilrechtlichen Problemen (BGB AT,

---

[861] Hier und zum Folgenden: Bitter/Heim § 5 Rn. 26.
[862] BGH, Urt. v. 06.02.1958 – II ZR 210/56, NJW 1958, 668; BGH, Urt. v. 19.12.1974 – II ZR 27/73, NJW 1975, 1022.
[863] Hier und zum Folgenden: Bitter/Heim § 5 Rn. 27.
[864] Ist der ausgetretene Gesellschafter nicht voll geschäftsfähig, ist und bleibt sein Austritt unwirksam.
[865] BGH, Urt. vom 20.07.2010 – XI ZR 465/07, NZG 2010, 991 = RÜ 2010, 565 (Alpmann), Ls. (nichtige Übertragung von Geschäftsanteilen an einer Fonds-GbR); auf fehlerhafte Geschäftsanteilsübertragungen einer GmbH finden die Grundsätze der Lehre von der fehlerhaften Gesellschaft hingegen wegen § 16 Abs. 1 GmbHG keine Anwendung (BGH, Beschl. v. 17.07.2012 – II ZR 217/10, ZIP 2013, 118, Rn. 9).

Schuldrecht) mit einem speziellen Rechtsgebiet (Gesellschaftsrecht) möglich ist. Deshalb sollen nachstehend einige wichtige Unwirksamkeitsgründe genauer dargestellt werden.

a) Scheingeschäft (§ 117 BGB)

Bei Scheingeschäften fehlt es bereits am äußeren Tatbestand einer Willenserklärung. Erklärungen, die mit dem Einverständnis des Erklärungsempfängers nur zum Schein abgegeben werden, lassen nicht auf einen Rechtsbindungswillen schließen. Ist der Gesellschaftsvertrag nur zum Schein abgeschlossen worden, liegt kein Vertrag, nicht einmal ein fehlerhafter Gesellschaftsvertrag vor, weil dann die Gesellschafter ihre Rechtsbeziehungen zueinander gerade nicht dem Gesellschaftsrecht unterstellen wollten.[866] In diesem Fall entsteht keine fehlerhafte Gesellschaft. Im Innenverhältnis gilt nach § 117 Abs. 2 BGB das Gewollte. Die Abwicklung richtet sich nach den allgemeinen Grundsätzen. Gutgläubige Dritte, etwa Gläubiger, werden in solchen Fällen nur durch die Rechtsscheinshaftung der „Gesellschafter" geschützt, die zurechenbar den Rechtsschein einer wirksamen Gesellschaft geschaffen haben. Ein Anspruch gegen die Scheingesellschaft selbst kann nicht bestehen.

235

b) Offener und versteckter Einigungsmangel (§§ 154, 155 BGB)

Auch wenn der Gesellschaftsvertrag wegen Dissenses nicht zustande gekommen ist, können die Regeln über die fehlerhafte Gesellschaft eingreifen.

236

Beim offenen Dissens ist der Vertrag „im Zweifel" nicht geschlossen, solange sich die Parteien nicht über alle Punkte geeinigt haben, über die eine Vereinbarung getroffen werden soll (§ 154 Abs. 1 S. 1 BGB). Die Zweifelsregel gilt auch, wenn eine vereinbarte Beurkundung nicht erfolgt ist (§ 154 Abs. 2 BGB). Wird der Vertrag vollzogen, sind die Zweifel regelmäßig widerlegt. Der Vertrag ist dann wirksam geschlossen. Es liegt keine fehlerhafte Gesellschaft vor.[867]

Bei einem versteckten Dissens kann hingegen eine fehlerhafte Gesellschaft vorliegen. Der übereinstimmende Wille der Parteien, ihre Rechtsbeziehungen nach gesellschaftsrechtlichen Gesichtspunkten zu regeln, reicht aus. Dieser Wille ist auch dann zu bejahen, wenn der Vertrag wegen Dissenses nicht zustande kommt.[868]

c) Formverstoß (§ 125 BGB)

Der Gesellschaftsvertrag einer Personengesellschaft bedarf grundsätzlich[869] keiner Form. Ein Gesellschaftsvertrag ist aber dann formbedürftig, wenn er ein Leistungsversprechen (Beitragsverpflichtung) enthält, das seinerseits formbedürftig ist. Der wichtigste Fall ist das Versprechen eines Gesellschafters, ein Grundstück einzubringen (§ 311 b Abs. 1 BGB). In einem solchen Fall muss der gesamte Gesellschaftsvertrag notariell beurkundet werden, weil er eine Einheit bildet.[870]

237

---

866 BGH, Urt. v. 28.11.1953 – II ZR 188/52, NJW 1954, 231; K. Schmidt, GesR, § 6 III 1.
867 OLG Schleswig, Urt. v. 10.09.2002 – 3 U 10/01, MedR 2004, 56; OLG Hamburg, Urt. v. 13.07.2001 – 4 U 6/01, NZG 2002, 176.
868 BGH, Urt. v. 14.10.1991 – NJW 1992, 1501, 1502; Leenen AcP 188 (1988), 381, 392.
869 Ausnahme: Der Partnerschaftsvertrag bedarf der Schriftform (§ 3 Abs. 1 PartGG).
870 OLG Köln, Urt. v. 13.04.2000 – 8 U 40/99, NZG 2000, 930.

Beachte: Wenn es der Zweck einer Gesellschaft ist, *nach* ihrer Gründung Grundstücke zu erwerben, ist der Gesellschaftsvertrag nicht formbedürftig nach § 311 b Abs. 1 BGB, weil sich die Gesellschafter weder unmittelbar noch mittelbar zum Erwerb oder zur Veräußerung eines bestimmten Grundstücks verpflichten.[871]

Auch auf einen formnichtigen Gesellschaftsvertrag finden die Grundsätze der fehlerhaften Gesellschaft Anwendung. Die Formzwecke stehen dem nicht entgegen.

d) Anfechtung wegen arglistiger Täuschung oder Drohung (§ 123 BGB)

238 Ist die Anfechtung nicht oder nicht fristgerecht erklärt, ist der Gesellschaftsvertrag wirksam. Ist die Anfechtung (fristgerecht) erklärt, ist zu unterscheiden:

Haftet ein Anfechtungsgrund nur einer einzelnen gesellschaftsvertraglichen Bestimmung an, bleibt der Vertrag aufrechterhalten. Es tritt lediglich an die Stelle der mangelhaften Bestimmung eine angemessene Regelung.[872]

Betrifft der Anfechtungsgrund den gesamten Vertrag, würde die Anfechtungserklärung zur Nichtigkeit des Vertrages führen. Es greifen aber die Regeln über die fehlerhafte Gesellschaft ein.[873] Bis zu ihrer Auflösung wird die Gesellschaft als wirksam behandelt. Der getäuschte Gesellschafter hat ein Kündigungsrecht.[874]

Selbst bei einer Anfechtung wegen arglistiger Täuschung bleibt eine fehlerhafte Gesellschaft bestehen. Eine Nichtigkeit *ex tunc* würde sowohl die Gläubigerinteressen vernachlässigen als auch diejenigen der übrigen Gesellschafter.[875] Bis zur Auflösung der Gesellschaft ist diese nicht nur im Außenverhältnis, sondern auch im Innenverhältnis als wirksam zu behandeln. Auch der arglistig Getäuschte bleibt grundsätzlich zur Erfüllung seiner Verpflichtungen aus dem Innenverhältnis, etwa zur Erbringung seiner Einlage, verpflichtet. Wegen der im Einzelfall möglichen groben Unbilligkeiten kann dem arglistig Getäuschten allerdings ein Leistungsverweigerungsrecht zustehen. Dies gilt vor allem dann, wenn angenommen werden muss, dass die Leistung im Wesentlichen oder ausschließlich (zunächst) dem Täuschenden selbst zugutekommt und der Getäuschte bei der Abwicklung keinen entsprechenden Ausgleich mehr erwarten kann.[876]

e) Widerruf bei Haustürgeschäften und verbundenen Verträgen

239 Die Vorschriften über außerhalb von Geschäftsräumen geschlossene Verträge sind gemäß § 312 Abs. 1 BGB nur auf Verbraucherverträge anwendbar, die eine entgeltliche Leistung des Unternehmers zum Gegenstand haben. Eine entgeltliche Leistung des Unternehmers ist bei einem Gesellschaftsvertrag grundsätzlich nicht gegeben. Anders ist dies bei einem **Beitritt zu einer Anlagegesellschaft**, bei dem eine Einlage zur Erlan-

---

[871] BGH, Urt. v. 02.10.1997 – II ZR 249/96, NJW 1998, 376; Ulmer/Löbbe DNotZ 1998, 711, 741.
[872] BGH, Urt. v. 30.03.1967 – II ZR 102/65, BGHZ 47, 293, 301.
[873] BGH, Urt. v. 21.07.2003 – II ZR 387/02, BGHZ 156, 46, 52 ff.
[874] BGH, Urt. v. 25.04.2006 – XI ZR 106/05, NJW 2006, 1955, Rn. 27.
[875] BGH, Beschl. v. 05.05.2008 – II ZR 292/06, NZG 2008, 460, Rn. 14.
[876] BGH, Urt. v. 06.02.1958 – II ZR 210/56, BGHZ 26, 330, 335; BGH, Urt. v. 19.12.1974 – II ZR 27/73, BGHZ 63, 338, 347; K. Schmidt, GesR, § 6 III 3 c.

gung entgeltlicher Leistungen der Gesellschaft erbracht wird.[877] Da der Zweck des Beitritts vorrangig in der Anlage von Kapital besteht und nicht darin, Mitglied einer Gesellschaft zu werden, ist der Beitrittsvertrag einem Vertrag über eine entgeltliche Leistung wertungsmäßig gleichzustellen.[878] Auch für außerhalb von Geschäftsräumen geschlossene Verträge gelten die Grundsätze über die fehlerhafte Gesellschaft.[879] Überwiegende Interessen der Allgemeinheit oder einzelner schutzwürdiger Personen stehen dem nicht entgegen. Der Anleger ist bei einem außerhalb von Geschäftsräumen geschlossenen Vertrag nicht schutzwürdiger als derjenige, der durch arglistige Täuschung zu einem Vertragsschluss bestimmt worden ist.[880]

Ein **Verbraucherdarlehensvertrag** kann mit einem Gesellschaftsvertrag gemäß § 358 Abs. 3 BGB verbunden sein. In diesen Fällen wird es sich regelmäßig um einen Beitritt zu einer Anlagegesellschaft (insbesondere Immobilienfonds) handeln. Wird der Darlehensvertrag gemäß §§ 495 Abs. 1, 355 BGB widerrufen, ist gemäß § 358 Abs. 2 BGB auch der Gesellschaftsvertrag unwirksam.[881] Bei der Rückabwicklung des Darlehensvertrages hat der Kreditgeber keinen Anspruch auf Rückzahlung der Darlehensvaluta gegen den Kreditnehmer. Die Rückabwicklung erfolgt unmittelbar zwischen dem Kreditgeber und dem Partner des finanzierten Geschäfts.

f) Gesetzesverstoß (§ 134 BGB) und Sittenwidrigkeit (§ 138 Abs. 1 BGB)

Bezieht sich der Gesetzesverstoß oder die Sittenwidrigkeit nur auf einzelne Klauseln des Gesellschaftsvertrages, so sind nur diese nichtig. Der Gesellschaftsvertrag bleibt im Übrigen wirksam. Die durch die Nichtigkeit entstandene Lücke ist durch das dispositive Recht, ggf. durch ergänzende Vertragsauslegung, zu schließen.[882]

240

Verstößt der Gesellschaftsvertrag hingegen insgesamt, insbesondere der Gesellschaftszweck, gegen ein gesetzliches Verbot oder die guten Sitten, so ist der Vertrag nichtig. Nach h. M. greifen die Regeln über die fehlerhafte Gesellschaft in diesem Fall nicht ein, da überwiegende Interessen der Allgemeinheit entgegenstehen. Vielmehr erfolge eine Rückabwicklung nach den allgemeinen Vorschriften, vor allem nach Bereicherungsrecht (beachte § 817 BGB).[883] In der Literatur werden teilweise auch in diesen Fällen die Grundsätze über die fehlerhafte Gesellschaft für anwendbar gehalten.[884]

g) Beteiligung nicht voll Geschäftsfähiger (§§ 104 ff. BGB)

Beteiligen sich nicht voll Geschäftsfähige ohne Mitwirkung ihres gesetzlichen Vertreters an einer Gesellschaft, ist die Beitrittserklärung bei Geschäftsunfähigkeit nichtig (§ 105

241

---

877 Armbrüster ZIP 2006, 406, 407 ff.; Erman/Koch § 312 Rn. 12.
878 BGH, Urt. v. 18.10.2004 – II ZR 352/02, NZG 2005, 35: Beitritt zu Kapitalanlage-KG in Haustürsituation.
879 BGH, Urt. v. 12.07.2010 – II ZR 292/06, NJW 2010, 3096: Vereinbarkeit der Lehre von der fehlerhaften Gesellschaft mit der Haustürgeschäfte-Richtlinie.
880 BGH, Urt. v. 29.11.2004 – II ZR 6/03, NZG 2005, 261, 262.
881 BGH, Urt. v. 25.04.2006 – XI ZR 193/04, NJW 2006, 1788, Rn. 12.
882 BGH, Urt. v. 16.11.1981 – II ZR 213/80, NJW 1982, 877, 879.
883 Rspr. zu § 134 BGB: BGH, Urt. v. 25.03.1974 – II ZR 63/72, BGHZ 62, 234, 241; BGH, Urt. v. 24.09.1979 – II ZR 95/78, BGHZ 75, 214, 217; BGH, Urt. v. 20.03.1986 – II ZR 75/85, BGHZ 97, 243, 250; zu § 138 BGB: BGH, Urt. v. 16.05.1988 – II ZR 316/87, NJW-RR 1988, 1379.
884 K. Schmidt AcP 186 (1986), 421, 448 ff.

Abs. 1 BGB), bei beschränkter Geschäftsfähigkeit schwebend unwirksam (§ 108 Abs. 1 BGB). Schwebende Unwirksamkeit tritt bei der Beteiligung an einer auf Erwerb gerichteten Gesellschaft auch dann ein, wenn die Beitrittserklärung zwar vom gesetzlichen Vertreter oder mit dessen Einwilligung abgegeben wird, es aber an der erforderlichen Genehmigung des Familiengerichts (§§ 1643 Abs. 1, 1822 Nr. 3 BGB) fehlt.

Eine Gesellschaft, an der ein Minderjähriger ohne die erforderlichen Genehmigungen beteiligt ist, ist eine fehlerhafte Gesellschaft. Der Minderjährige haftet nicht für Verbindlichkeiten der Gesellschaft. Umstritten ist, ob der Minderjährige Gesellschafter der fehlerhaften Gesellschaft wird und ob er an Gewinnen der Gesellschaft beteiligt ist.

> **Fall 6: Minderjähriger Motorradfan**
>
> Der 17-jährige M schließt mit Einwilligung seiner Eltern, aber ohne Genehmigung des Familiengerichts, mit dem 22-jährigen Automechaniker A und dem 27-jährigen Ingenieur B einen Gesellschaftsvertrag. Danach wollen sie eine Motorradreparaturwerkstatt als oHG betreiben und sich um die Vertretung zum Verkauf japanischer Motorräder bemühen. Die Eltern des M zahlen 20.000 € ein, A und B je 5.000 €. Es werden Maschinen gekauft und eine Halle als Reparaturwerkstatt angemietet. Die oHG wird im Handelsregister eingetragen. Später kommen den Eltern des M Bedenken. Sie wollen wissen, ob M für Schulden des Betriebs haftet und ob er am Gewinn und Verlust beteiligt ist.

A. Es kommt eine Haftung des M gemäß § 128 S. 1 HGB in Betracht. Danach haftet der Gesellschafter der oHG für Verbindlichkeiten der Gesellschaft.

  I. Erste Voraussetzung des § 128 HGB ist, dass eine Verbindlichkeit der oHG besteht. Dies setzt wiederum voraus, dass überhaupt eine Gesellschaft entstanden ist.

  1. Eine „fehlerfreie" Gesellschaft zwischen A, B und M bestünde nur dann, wenn M bei Abschluss des Gesellschaftsvertrages A und B gegenüber eine wirksame Willenserklärung abgegeben hätte. Da dieser Gesellschaftsvertrag zum Betrieb eines Erwerbsgeschäfts eingegangen wurde, bedurfte er zusätzlich zur Einwilligung der Eltern des M gemäß §§ 1643 Abs. 1, 1822 Nr. 3 BGB noch der Genehmigung des Familiengerichts. Diese lag nicht vor, sodass der Gesellschaftsvertrag schwebend unwirksam ist. Eine „fehlerfreie" Gesellschaft besteht zwischen A, B und M damit nicht.

  2. Es könnte jedoch eine fehlerhafte Gesellschaft entstanden sein.

   a) A, B und M haben einen fehlerhaften Gesellschaftsvertrag geschlossen und die Gesellschaft in Vollzug gesetzt, da bereits Einlagen geleistet, Maschinen gekauft und eine Halle als Reparaturwerkstatt angemietet worden sind.

   b) Der Annahme einer fehlerhaften Gesellschaft dürfen keine überwiegenden Interessen der Allgemeinheit oder einzelner schutzwürdiger Personen entgegenstehen. Hier ist M als Minderjähriger schutzwürdig. Wie im Einzelnen der Minderjährigenschutz zu gewährleisten ist, ist allerdings umstritten. Teilweise wird die Ansicht vertreten, der Minderjährige sei Mitglied einer fehlerhaften Gesellschaft geworden, nur könnten für ihn daraus keine Haftungsfolgen und sonstigen Rechtsnachteile entstehen.[885] Die herrschende Gegenansicht nimmt hingegen an, dass eine Gesellschaft, an der ein Minderjähriger (ohne die erforderlichen Genehmigungen) beteiligt ist, als fehlerhafte Gesellschaft entsteht, dass aber der Minderjährige nicht Gesellschafter geworden ist.[886] Im vorliegenden Kontext bedarf dieser Streit keiner Entscheidung, weil nach beiden Ansichten eine oHG entstanden ist, die Verbindlichkeiten eingehen kann (§ 124 Abs. 1 HGB).

II. Eine Haftung des M für diese Verbindlichkeiten gemäß § 128 S. 1 HGB scheidet in jedem Fall aus. Nach der h. M. ist M nicht Gesellschafter geworden; nach der Gegenansicht ist M zwar Gesellschafter geworden, die damit normalerweise verbundenen Haftungsfolgen treten aber nicht zu seinen Lasten ein.

B. Fraglich ist, ob M am Gewinn und Verlust der oHG zu beteiligen ist.

I. Eine Gewinnbeteiligung setzt voraus, dass M Gesellschafter geworden ist.

1. Nach der h. M. wird der Minderjährige nicht Mitglied der fehlerhaften Gesellschaft. Er kann daher auch nicht am Gewinn beteiligt sein.[887] Im Gesellschaftsrecht sei die Stellung eines „hinkenden", d.h. nur berechtigten, aber nicht verpflichteten Gesellschafters unbekannt und zum Schutz des Minderjährigen nicht erforderlich. Die Interessen des Minderjährigen an einer erfolgreichen Beteiligung könnten jedenfalls bei schwebend unwirksamen Verträgen durch eine Genehmigung der gesetzlichen Vertreter bzw. des Familiengerichts gewahrt werden.

2. Die Gegenansicht bejaht die Gesellschafterstellung des Minderjährigen. Aus dieser wird teilweise eine Gewinnbeteiligung des Minderjährigen abgeleitet, weil diese lediglich rechtlich vorteilhaft ist; zum Schutz des Minderjährigen genüge es, die ihn belastenden Rechtsfolgen zu vermeiden.[888] Andere wollen den Minderjährigen trotz angenommener Gesellschafterstellung von der Gewinnbeteiligung ausschließen, weil sich Gewinn- und Verlustbeteiligung nicht trennen ließen.[889] Letzteres ist konsequent. Den Minderjährigen an Gewinnen zu beteiligen und gleichzeitig Verluste nur den (volljährigen) Mitgesellschaftern zuzuweisen, wäre systemwidrig, nicht praktikabel und schlicht ungerecht („Rosinenpickerei"). Damit sprechen die besseren Gründe dafür, den M unabhängig davon, ob man seine Gesellschafterstellung bejaht oder verneint, nicht an den Gewinnen der oHG zu beteiligen.

II. Eine Verlustbeteiligung des M scheidet in jedem Fall aus, entweder weil er schon nicht Gesellschafter geworden ist (h. M.) oder weil ihn zumindest keine Nachteile aus der Gesellschafterstellung treffen (Gegenansicht).

---

[885] K. Schmidt JuS 1990, 517, 521.
[886] BGH, Urt. v. 30.04.1955 – II ZR 202/53, BGHZ 17, 160, 16 (zur KG); BGH, Urt. v. 30.09.1982 – III ZR 58/81, NJW 1983, 748 (zur GbR).
[887] MünchKomm-BGB/Ulmer/Schäfer § 705 Rn. 337.
[888] Windbichler § 13 Rn. 17.
[889] K. Schmidt JuS 1990, 517, 522.

B. Entstehung durch Umwandlung

242 Eine GbR kann auch durch Umwandlung entstehen. Die §§ 190 ff., 226, 228–237 UmwG erlauben insbesondere den **Formwechsel** einer AG, KGaA oder GmbH in eine GbR, sofern der Unternehmensgegenstand nicht handelsgewerblicher Natur ist (dann nämlich wäre die GbR qua Gesetz eine oHG oder KG).[890] Die umgekehrte Umwandlung einer GbR in eine AG, KGaA oder GmbH ermöglicht das UmwG hingegen nicht, da auf diesem Wege sonst die dort geltenden förmlichen Gründungsvorschriften umgangen werden könnten.

3. Abschnitt: Die Organisation der GbR

A. Das Gesellschaftsverhältnis

243 Der Abschluss des Gesellschaftsvertrages begründet zwischen den Gesellschaftern untereinander und zwischen den Gesellschaftern und der Gesellschaft ein Gesellschaftsverhältnis.[891] Die Mitgliedschaft des Gesellschafters bündelt alle persönlichen, vermögensrechtlichen und korporativen Rechte und Pflichten.[892] Anders als bei Kapitalgesellschaften, bei denen die Gesellschafter gleichzeitig mehrere Gesellschaftsanteile halten können, kann bei einer Personengesellschaft jeder Gesellschafter immer nur eine Mitgliedschaft halten (**Grundsatz der Einheitlichkeit des Gesellschaftsanteils**).

B. Rechte und Pflichten der Gesellschafter

244 Der Abschluss eines (wirksamen) Gesellschaftsvertrages begründet verschiedene Rechte und Pflichten der Gesellschafter.[893] Ebenso wie bei der GmbH[894] lassen sich die **Rechte der Gesellschafter** in Verwaltungs- und Vermögensrechte unterteilen:[895]

Verwaltungsrechte	Vermögensrechte
■ Teilnahme an der Gesellschafterversammlung und Stimmrecht ■ Kontrollrecht (§ 716 BGB) ■ Recht zur Geschäftsführung und Vertretung	■ Gewinnanspruch (§ 721 BGB) ■ Aufwendungsersatzanspruch bei für die GbR vorgenommenen Geschäften (§§ 713, 670 BGB) ■ Teilnahme am Liquidationserlös (§ 734 BGB)

---

890 Erman/Westermann § 705 Rn. 3.
891 Hier und zum Folgenden: Bitter/Heim § 5 Rn. 51.
892 Palandt/Sprau § 717 Rn. 1.
893 Bitter/Heim § 5 Rn. 65.
894 Siehe hierzu Rn. 153.
895 Zum Folgenden: Bitter/Heim § 5 Rn. 66.

Sind die Anteile der Gesellschafter am Gewinn[896] und Verlust[897] nicht durch gesellschaftsvertragliche Regelung anderweitig bestimmt, hat jeder Gesellschafter ohne Rücksicht auf die Art und die Größe seines Beitrags einen gleichen Anteil am Gewinn und Verlust der Gesellschaft (§ 722 Abs. 1 BGB). Aus dem Gesellschaftsvertrag ergibt sich für die Gesellschafter ein Anspruch auf Feststellung[898] und Verteilung des Gewinns.[899] Dieser Anspruch besteht bei Gelegenheitsgesellschaften erst nach deren Auflösung (§ 721 Abs. 1 BGB) und bei Dauergesellschaften vorbehaltlich einer abweichenden gesellschaftsvertraglichen Regelung[900] jährlich (§ 721 Abs. 2 BGB).[901] Verluste müssen erst nach Auflösung der Gesellschaft bzw. bei Ausscheiden eines einzelnen Gesellschafters ausgeglichen werden (§§ 735, 739 BGB); vorher besteht keine Nachschusspflicht der Gesellschafter.

245 Zu den wesentlichen **Pflichten der Gesellschafter** zählen die Förderungs- und Beitragspflicht (§ 705 BGB),[902] die Pflicht zur Geschäftsführung (§ 709 BGB), die Pflicht zur Herausgabe des Erlangten bei für die GbR vorgenommenen Geschäften (§§ 713, 667 BGB), die Auskunfts- und Rechenschaftspflicht (§§ 713, 666 BGB) und die allgemeine gesellschafterliche Treuepflicht.[903]

Die Treuepflichten in der GbR sind wegen deren regelmäßig personalistischer Struktur tendenziell stärker ausgeprägt als bei Kapitalgesellschaften.[904] Der Gesellschafter hat alles zu tun, was den Gesellschaftszweck fördert, und alles zu unterlassen, was ihm schadet. Auch hat er bei der Ausübung seiner gesellschaftsrechtlichen Rechte Rücksicht auf die GbR und seine Mitgesellschafter zu nehmen. Die Treuepflichten bestehen also gegenüber der Gesellschaft und den Mitgesellschaftern.[905]

Eine besondere Form des Beitrags (vgl. § 705 BGB) ist die **Einlage**.[906] Hierunter versteht man Beiträge, die in das Gesellschaftsvermögen (§ 718 BGB) zu leisten sind. Einlagefähig sind nur bewertungsfähige Vermögensgegenstände. Die Einbringung kann zu Eigentum („*quod dominium*"), zur Nutzung („*quod usum*") oder dem Werte nach („*quod sortem*")[907] erfolgen. In allen drei Fällen liegen Beiträge vor, aber nur die Einbringung zu Eigentum ist eine Einlage. Im Zweifel ist anzunehmen, dass diese Form der Einbringung geschuldet ist (§ 706 Abs. 2 BGB).

---

896 Der Gewinn ist der Betrag, um den das Gesellschaftsvermögen die Summe aus Einlagen und Verbindlichkeiten übersteigt (Hk-BGB/Saenger § 721 Rn. 1).

897 Verlust ist der Betrag, um den das Gesellschaftsvermögen hinter der Summe aus Einlagen und Verbindlichkeiten zurückbleibt (Hk-BGB/Saenger § 721 Rn. 1).

898 Jedem Gesellschafter steht zur Vorbereitung seines Gewinnauszahlungsanspruchs gegen die anderen Gesellschafter ein Anspruch auf Rechnungslegung zu, der der Gewinnermittlung dient; dieser Anspruch ist nicht zu verwechseln mit den Ansprüchen auf Auskunft und Rechnungslegung gegenüber dem Geschäftsführer aus § 713 BGB und dem Kontrollrecht aus § 716 BGB (Hk-BGB/Saenger § 721 Rn. 2).

899 Bitter/Heim § 5 Rn. 147.

900 In der Praxis verbreitet sind monatliche Zahlungen an die Gesellschafter vorsehen, die dann auf den Gewinnanteil und den Auszahlungsanspruch der Gesellschafter angerechnet werden (Bitter/Heim § 5 Rn. 147).

901 Der Jahresgewinn ist der Überschuss, der sich bei einem Vergleich der Vermögenslage am Schluss des laufenden Geschäftsjahres mit der Vermögenslage am Schluss des vorhergehenden Geschäftsjahres ergibt (Hk-BGB/Saenger § 721 Rn. 1).

902 Der Anspruch auf Beitragsleistung ist ein Sozialanspruch, Anspruchsinhaber ist die Gesellschaft (Hk-BGB/Saenger § 706 Rn. 2). Wenn der Gesellschaftsvertrag nichts Abweichendes regelt, sind die Beitragspflichten aller Gesellschafter identisch (§ 706 BGB).

903 Bitter/Heim § 5 Rn. 67.

904 Hier und zum Folgenden: Bitter/Heim § 5 Rn. 74.

905 BGH, Urt. v. 19.11.2013 – II ZR 150/12, NJW 2014, 1107 = RÜ 2014, 279 (Nissen), Rn. 16.

906 Zum Folgenden: Bitter/Heim § 5 Rn. 69 ff.

907 Bei der Einbringung „*quod sortem*" wird der Gesellschaft das „wirtschaftliche Eigentum" verschafft, während der Gesellschafter dinglicher Eigentümer bleibt. Der Gesellschafter hält den Gegenstand dann treuhänderisch für die Gesellschaft.

Hat ein Gesellschafter den von ihm versprochenen Beitrag bzw. seine Einlage geleistet, ist er zu **Nachschüssen** grundsätzlich nicht verpflichtet.[908] Zur Erhöhung des vereinbarten Beitrags oder zur Ergänzung der durch Verlust verminderten Einlage ist ein Gesellschafter nicht verpflichtet (§ 707 BGB), sofern der Gesellschaftsvertrag nichts Abweichendes regelt und nicht ausnahmsweise eine Nachschusspflicht gemäß § 735 BGB besteht.

Verletzt ein Gesellschafter schuldhaft seine aus dem Gesellschaftsverhältnis folgenden Pflichten, ist er der Gesellschaft und ggf. auch seinen Mitgesellschaftern zum Ersatz des dadurch entstandenen Schadens verpflichtet (§ 280 Abs. 1 BGB).[909] Der Gesellschafter hat jedoch bei der Erfüllung der ihm im Innenverhältnis obliegenden Pflichten nur die **eigenübliche Sorgfalt** anzuwenden (§ 708 BGB). Die Gesellschafter sollen sich „so nehmen, wie sie sind".[910] § 708 BGB greift allerdings nicht im Verhältnis zu Dritten ein und schließt nach § 277 BGB auch nicht die Haftung für grobe Fahrlässigkeit oder gar (bedingten) Vorsatz aus.

Bei Publikumsgesellschaften findet § 708 BGB keine Anwendung, weil dort aufgrund der Vielzahl an Gesellschaftern das für die GbR typische enge persönliche Verhältnis untereinander fehlt (teleologische Reduktion).[911] Die Vorschrift ist zudem abdingbar.[912]

C. Die Gesellschafterversammlung

246 Die innere Willensbildung der Gesellschaft erfolgt in der Gesellschafterversammlung. Da bei der GbR immer mindestens zwei Gesellschafter vorhanden sein müssen, handelt es sich bei der Gesellschafterversammlung um ein **Kollektivorgan**, also um ein Organ mit mehr als nur einem Mitglied. Dementsprechend wird durch Beschluss entschieden.

247 **Beschlüsse der Gesellschafterversammlung** sind mehrseitige Rechtsgeschäfte, bei denen jeder Gesellschafter durch Abgabe seiner Stimme sein Recht auf Mitgestaltung und -verwaltung der Angelegenheiten der Gesellschaft wahrnimmt.[913] Sie sind bei allen Grundlagengeschäften (z.B. Änderung des Gesellschaftsvertrags) sowie immer dann erforderlich, wenn sie vertraglich oder gesetzlich[914] vorgesehen sind.[915] Dabei sind grundsätzlich alle Gesellschafter zur Abstimmung befugt. Etwas anderes gilt dann, wenn das Gesetz für Maßnahmen aus wichtigem Grund gegen den betroffenen Gesellschafter eine Abstimmung allein der „übrigen" Gesellschafter anordnet (§§ 712 Abs. 1, 715, 737 S. 2 BGB). Es handelt sich bei diesen Vorschriften um Ausprägungen des allgemeinen Grundsatzes, dass niemand „Richter in eigener Sache" sein darf.[916] Über diese ausdrücklich geregelten Fällen hinaus kann sich ein **Stimmverbot** auch in sonstigen Fällen ergeben, in denen der Gesellschafter durch seine Teilnahme an der Abstimmung zum „Richter in eigener Sache" würde oder wenn ein Insichgeschäft[917] vorliegt.

---

908 Hier und zum Folgenden: Bitter/Heim § 5 Rn. 72.
909 Hier und zum Folgenden: Bitter/Heim § 5 Rn. 75.
910 Hk-BGB/Saenger § 708 Rn. 1.
911 BGH, Urt. v. 12.11.1979 – II ZR 174/77, NJW 1980, 589, Ls. 2; Bitter/Heim § 5 Rn. 77.
912 Erman/Westermann § 708 Rn. 9.
913 Bitter/Heim § 5 Rn. 80.
914 §§ 709, 710 S. 2, 712, 715, 737 BGB, 116 Abs. 2 HGB.
915 Hier und zum Folgenden: Bitter/Heim § 5 Rn. 79.
916 Siehe Rn. 168 zur GmbH.
917 Ein Insichgeschäft liegt insbesondere vor, wenn über ein Rechtsgeschäft der GbR mit einem ihrer Gesellschafter ein Beschluss gefasst wird. Ob dann ein Stimmverbot des betreffenden Gesellschafters besteht, ist umstritten (vgl. BGH, Urt. v. 07.02.2012 – II ZR 230/09, NZG 2012, 625 = RÜ 2012, 352 (Alpmann), Rn. 30 m. w. N. – dort allerdings offen gelassen).

Nach der gesetzlichen Grundkonzeption gilt bei Personengesellschaften in der Gesellschafterversammlung das **Einstimmigkeitsprinzip** (GbR: § 709 Abs. 1 BGB; oHG, KG: § 119 Abs. 1 HGB). Jeder Gesellschafter soll grundsätzlich nur an die Beschlüsse gebunden sein, denen er selbst zugestimmt hat.[918]

Allerdings sind die gesetzlichen Regeln dispositiv.[919] Der Gesellschaftsvertrag kann **Mehrheitsbeschlüsse** vorsehen; dann wird die Mehrheit im Zweifel[920] nach Köpfen berechnet (§§ 709 Abs. 2, 119 Abs. 2 HGB). Um einem Machtmissbrauch der Mehrheit vorzubeugen, sind Mehrheitsbeschlüsse bei der GbR – auch und insbesondere wegen der persönlichen Haftung ihrer Gesellschafter für die Verbindlichkeiten der GbR (§§ 128 ff. HGB analog)[921] – nur in engen Grenzen möglich. Eine Mehrheitsentscheidung der Gesellschafter ist nur dann wirksam, wenn sie (1) von einer Mehrheitsklausel im Gesellschaftsvertrag gedeckt ist und (2) sie sich nicht als treupflichtwidrige Ausübung der Mehrheitsmacht gegenüber der Minderheit darstellt.[922] Es bedarf also einer zweistufigen Prüfung:

248

Zunächst einmal muss der Gesellschaftsvertrag für den bestimmten Gegenstand eine Mehrheitsentscheidung vorsehen **(formelle Legitimation)**; dabei bedarf es keiner Einzelaufzählung, es genügt vielmehr, wenn sich durch Auslegung ergibt, dass der in Frage stehende Beschlussgegenstand von einer Mehrheitsklausel erfasst ist.[923] Eine allgemeine Mehrheitsklausel, die keine einzelnen Beschlussgegenstände aufzählt, aber auch keinerlei Ausnahmen zulässt, gilt für sämtliche Beschlussgegenstände,[924] insbesondere auch für Grundlagengeschäfte, ungewöhnliche Vertragsänderungen (z.B. zur Gewinnverteilung oder zu Nachschusspflichten) und Zustimmungsbeschlüsse zu Anteilsübertragungen.[925]

Auf einer zweiten Stufe erfolgt eine inhaltliche Überprüfung des konkreten Mehrheitsbeschlusses auf seine Rechtmäßigkeit **(materielle Wirksamkeits- und Rechtmäßigkeitsprüfung)**.[926] Diese kann ergeben, dass der konkrete Mehrheitsbeschluss trotz formeller Legitimation rechtswidrig und damit unwirksam ist, weil er die Grenzen der Mehrheitsmacht überschreitet und daher der Zustimmung[927] aller Gesellschafter oder zumindest derjenigen des betroffenen Gesellschafters oder eines wichtigen Grundes bedurft hätte.[928] Auf dieser zweiten Stufe geht es um den Schutz des (Minderheits-) Gesellschafters.

---

918 Bitter/Heim § 5 Rn. 81.
919 Hier und zum Folgenden: Bitter/Heim § 5 Rn. 82 ff.
920 Der Gesellschaftsvertrag der Personengesellschaft kann aber auch eine Kapitalmehrheit anordnen.
921 Dazu Rn. 268 ff.
922 BGH, Urt. v. 15.11.2011 – II ZR 266/09, NJW 2012, 1439, Rn. 23.
923 BGH, Urt. v. 15.01.2007 – II ZR 245/05, NJW 2007, 1685, Rn. 10 – Otto; BGH, Urt. v. 24.11.2008 – II ZR 116/08, NJW 2009, 669 Rn. 17, 25 – Schutzgemeinschaftsvertrag II; BGH, Urt. v. 15.11.2011 – II ZR 266/09, NJW 2012, 1439, Rn. 23.
924 K. Schmidt ZIP 2009, 737, 738: „umfassende Generalklausel".
925 BGH, Urt. v. 24.11.2008 – II ZR 116/08, NJW 2009, 669, Rn. 15, 16 – Schutzgemeinschaftsvertrag II; BGH, Urt. v. 15.11.2011 – II ZR 266/09, NJW 2012, 1439, Rn. 14 f.; BGH ZIP 2013, 65, Rn. 14; BGH, Urt. v. 21.10.2014 – II ZR 84/13, NJW 2015, 859 = RÜ 2014, 764 (Nissen), Rn. 18.
926 BGH, Urt. v. 15.01.2007 – II ZR 245/05, NJW 2007, 1685, Rn. 9 – Otto; BGH, Urt. v. 24.11.2008 – II ZR 116/08, NJW 2009, 669, Rn. 15 – Schutzgemeinschaftsvertrag II; BGH, Urt. v. 15.11.2011 – II ZR 266/09, NJW 2012, 1439, Rn. 16.
927 Zur antizipierten Zustimmung im Gesellschaftsvertrag siehe Bitter/Heim § 5 Rn. 89 f.
928 Hier und zum Folgenden: Bitter/Heim § 5 Rn. 87 f.

Unterschiedlich beurteilt wird die Frage, ob der BGH mit seiner Grundsatzentscheidung vom 15.01.2007[929] die bis dahin herrschende **Kernbereichslehre** aufgegeben hat.[930] Sie besagt, dass durch einen Mehrheitsbeschluss ohne die Zustimmung des betroffenen Gesellschafters nicht in den Kernbereich individueller Gesellschafterrechte eingegriffen werden kann.[931] Danach gibt es einen unentziehbaren/mehrheitsfesten Kern von Mitgliedschaftsrechten. Zum Kernbereich zählen etwa das Stimm-, Gewinn- und Informationsrecht, nicht hingegen die Feststellung des Jahresabschlusses[932] oder gesellschaftsvertragliche Regelungen zu Einstimmigkeitserfordernissen oder Sperrminoritäten.[933] Im Rahmen der materiellen Wirksamkeits- und Rechtmäßigkeitsprüfung auf der zweiten Stufe sollte in der Klausur nicht mit der (fehlenden) Zuordnung eines bestimmten Beschlussgegenstandes zum Kernbereich argumentiert werden. Vielmehr sollte eine von diesem (im Gesetz ohnehin nicht auftauchenden!) Begriff unabhängige inhaltliche Überprüfung des Mehrheitsbeschlusses vorgenommen werden. Führt diese zu dem Ergebnis, dass der Mehrheitsbeschluss wirksam ist, wird damit inzident auch eine Zuordnung des Beschlussgegenstandes zum Kernbereich von Mitgliedschaftsrechten verneint.[934] Wird die Wirksamkeit des Mehrheitsbeschlusses hingegen verneint, kann es letztlich dahinstehen, ob der Beschlussgegenstand dem Kernbereich zugeordnet wird oder die Wirksamkeit des Beschlusses auch ohne eine solche (rein begriffliche) Zuordnung zu verneinen ist.

249 Die stimmberechtigten Gesellschafter sind bei ihrer Stimmabgabe grundsätzlich nicht zu einem bestimmten Stimmverhalten verpflichtet; sie können ihre Stimme frei ausüben **(Grundsatz der Freiheit der Stimmausübung)**.[935] Die gesellschafterlichen Treuepflichten können jedoch **ausnahmsweise** eine **Zustimmungspflicht** begründen, wenn (1) der Beschluss Maßnahmen betrifft, die mit Rücksicht auf das bestehende Gesellschaftsverhältnis, den Gesellschaftszweck, das Interesse der Gesellschaft oder die bestehenden Rechtsbeziehungen der Gesellschafter untereinander dringend geboten sind und (2) dem Gesellschafter die Zustimmung unter Berücksichtigung seiner eigenen Belange zumutbar ist, weil ein vertretbarer Grund für die Ablehnung der betreffenden Maßnahme fehlt.[936]

250 **Fehlerhafte Beschlüsse** von Personengesellschaften sind nicht – wie bei Kapitalgesellschaften (§§ 241 ff. AktG) – zunächst wirksam und anfechtbar, sondern automatisch (ipso iure) unwirksam bzw. nichtig.[937] Formelle Fehler führen allerdings nur dann zur Unwirksamkeit des Beschlusses, wenn nicht ausgeschlossen werden kann, dass sein Zustandekommen durch den Fehler beeinflusst war.[938]

Will ein Gesellschafter die Unwirksamkeit eines Beschlusses geltend machen, muss er eine **Feststellungsklage (§ 256 Abs. 1 ZPO) gegen seine Mitgesellschafter** erheben, sofern der Gesellschaftsvertrag nicht anordnet, dass eine solche Klage gegen die GbR zu richten ist.[939]

---

929 BGH, Urt. v. 15.01.2007 – II ZR 245/05, NJW 2007, 1685 ff. – Otto.
930 Dies bejahend: Goette/Goette DStR 2016, 74, 76 ff.; verneinend hingegen Schäfer ZIP 2015, 1313 ff.
931 BGH, Urt. v. 10.10.1994 – II ZR 18/94, NJW 1995, 194, 195.
932 BGH, Urt. v. 15.01.2007 – II ZR 245/05, NJW 2007, 1685, Ls. 2 und Rn. 12 ff. – Otto.
933 Bitter/Heim § 5 Rn. 88.
934 So BGH, Urt. v. 21.10.2014 – II ZR 84/13, NJW 2015, 859 = RÜ 2014, 764 (Nissen), Rn. 18 für die Übertragung eines Kommanditanteils.
935 Hier und zum Folgenden: Bitter/Heim § 5 Rn. 91.
936 BGH, Urt. v. 19.10.2009 – II ZR 240/08, NJW 2010, 65, Rn. 23 – Sanieren oder Ausscheiden; BGH, Urt. v. 07.02.2012 – II ZR 230/09, NZG 2012, 625 = RÜ 2012, 352 (Alpmann), Rn. 44.
937 Hier und zum Folgenden: Bitter/Heim § 5 Rn. 92 m.w.N.
938 BGH, Urt. v. 11.03.2014 – II ZR 24/13, NZG 2014, 621 = RÜ 2014, 427 (Nissen), Ls.
939 BGH, Urt. v. 01.03.2011 – II ZR 83/09, NJW 2011, 2578 = RÜ 2011, 360 (Nissen), Rn. 19 (zur KG); BGH, Urt. v. 16.10.2012 – II ZR 251/10, NZG 2013, 57, Rn. 14 (zur KG).

D. Sozialansprüche und -verpflichtungen

In einem Zweipersonenverhältnis ist das Bestehen von Rechten und Pflichten in aller Regel mit einer eindeutigen Anspruchssituation verbunden. Der Berechtigte ist Anspruchsinhaber, der Verpflichtete Anspruchsgegner. Bei einer Gesellschaft entstehen aber nicht nur Rechtsbeziehungen zwischen zwei Personen, auch die Gesellschaft (die Gesellschafter in ihrer gesamthänderischen Verbundenheit) ist Zuordnungssubjekt von Rechten und Pflichten.

251

Es muss zwischen folgenden Ansprüchen unterschieden werden:

- Ansprüche der Gesellschaft gegen den einzelnen Gesellschafter aus dem Gesellschaftsverhältnis (**Sozialansprüche**),

    Beispiele: Anspruch auf Beitragsleistung, Erfüllung der Geschäftsführungspflicht, Einhaltung der Treuepflicht, Schadensersatz bei Verletzung dieser Pflichten.

- Ansprüche des Gesellschafters gegen die Gesellschaft sowie die sich dabei ggf. ergebenden Ausgleichsansprüche gegen die übrigen Gesellschafter (**Sozialverpflichtungen**).

    Beispiele: Anspruch auf Gewinnauszahlung, Erstattung der Aufwendungen, Beachtung des Stimmrechts.

- Ansprüche der Gesellschafter untereinander (**Individualansprüche und -verpflichtungen**).

    Beispiele: Ausgleichsansprüche sowie Ansprüche wegen Verletzung der gesellschaftlichen Treuepflicht. Die Sozialansprüche sind nicht zugleich auch Individualansprüche (dazu gleich).

- Gesellschafter können der Gesellschaft auch wie Dritte, d.h. nicht in ihrer Eigenschaft als Gesellschafter, gegenüberstehen (Drittbeziehungen),

    Beispiele: Kauf-, Miet- o. Werkverträge des Gesellschafters mit der Gesellschaft.

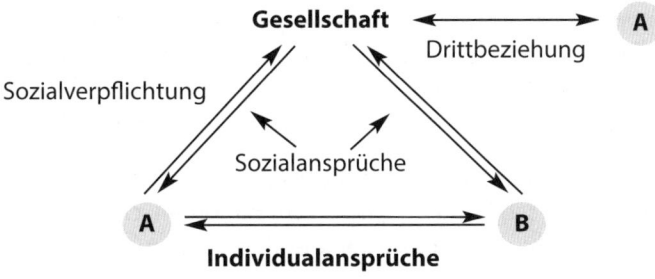

Die Begriffe des Sozialanspruchs und der Sozialverbindlichkeit leiten sich aus den lateinischen Worten *societas* (Gesellschaft) und *socius* (Gesellschafter, Partner) ab.[940] Sozialansprüche und -verpflichtungen sind von Drittansprüchen und -verpflichtungen abzugrenzen; bei solchen handelt es sich um Ansprüche gegen Gesellschafter bzw. Verpflichtungen von Gesellschaftern, die nicht aus dem Gesellschaftsverhältnis, sondern aus anderen zwischen der Gesellschaft und den Gesellschaftern abgeschlossenen Rechtsgeschäften stammen (z.B. Anspruch auf Kaufpreiszahlung aus einem zwischen der GbR und einem Gesellschafter geschlossenen Kaufvertrag). In einem solchen Fall tritt der Gesellschafter der Gesellschaft wie ein Dritter gegenüber.

---

940 Hier und zum Folgenden: Bitter/Heim § 5 Rn. 93.

Die Sozialansprüche bilden einen Teil des Gesamthandvermögens.⁹⁴¹ Für sie hat der verpflichtete Gesellschafter nach dem Maßstab des § 708 BGB einzustehen. Die Sozialansprüche sind von den geschäftsführungs- und vertretungsberechtigten Gesellschaftern (§§ 709, 714 BGB) geltend zu machen. Wenn die Geschäftsführung nicht handelt, kann die Erfüllung von Sozialansprüchen durch Leistung an die GbR auch von jedem sonstigen Gesellschafter im Wege der sog. *actio pro socio*⁹⁴² begehrt werden.⁹⁴³ Bei Ansprüchen der Gesellschaft gegen Gesellschafter aus Drittgeschäften besteht die Möglichkeit der *actio pro socio* hingegen grundsätzlich nicht; diese Ansprüche kann nur der geschäftsführungs- und damit vertretungsberechtigte Gesellschafter (vgl. § 709, 714 BGB) im Namen der Gesellschaft einklagen.⁹⁴⁴

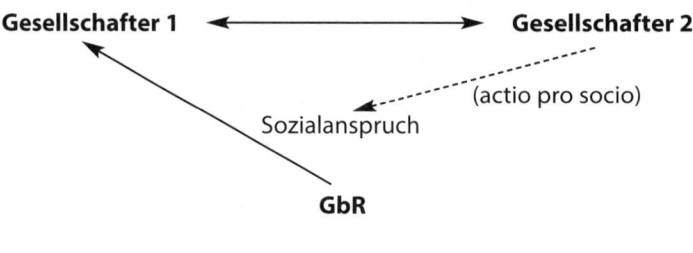

Exkurs: Die Gesellschafterklage (actio pro socio)⁹⁴⁵

252 Bei allen Gesellschaftsformen gibt es eine Zuständigkeitsordnung, die bestimmt, wer die Ansprüche der Gesellschaft geltend macht. Kommen die danach zuständigen Personen dieser Aufgabe nicht nach, kann es eine „Ersatzzuständigkeit" der von der Geschäftsführung und Vertretung ausgeschlossenen Gesellschafter geben. Es kann dann in bestimmten Konstellationen zu einer Durchbrechung der organisationsrechtlichen Zuständigkeitsordnung zu Gunsten eines einzelnen Gesellschafters kommen.

Unter dem Begriff der Gesellschafterklage (*actio pro socio*) wird die Geltendmachung eines Anspruchs der Gesellschaft durch einen nicht mit organschaftlicher oder rechtsgeschäftlicher Vertretungsmacht ausgestatten Gesellschafter im eigenen Namen mit Leistung an die Gesellschaft verstanden.

---

941 BGH, Urt. v. 01.12.1982 – VIII ZR 206/81, NJW 1983, 749; Erman/Westermann § 705 Rn. 53.
942 Die *actio pro socio* (= Klage als Gesellschafter; nicht: Klage für die Gesellschaft = *actio pro societate*) ermöglicht es einem Gesellschafter, unabhängig von seiner Geschäftsführungsbefugnis, Sozialansprüche der Gesellschaft gegen seine Mitgesellschafter einzuklagen (Bitter/Heim § 5 Rn. 95).
943 Hierzu Erman/Westermann § 705 Rn. 57 ff.
944 Bitter/Heim § 5 Rn. 97. Der einzelne Gesellschafter kann analog §§ 432, 2039 BGB ausnahmsweise dann auf Leistung an die GbR klagen, wenn der Gesellschaftsvertrag keine Vertretungsregelung enthält und damit Gesamtvertretungsbefugnis nach §§ 709, 714 BGB besteht (K. Schmidt, GesR, § 21 IV 7.).
945 Zum Folgenden: Mock JuS 2015, 590 ff.

Die Organisation der GbR — 3. Abschnitt

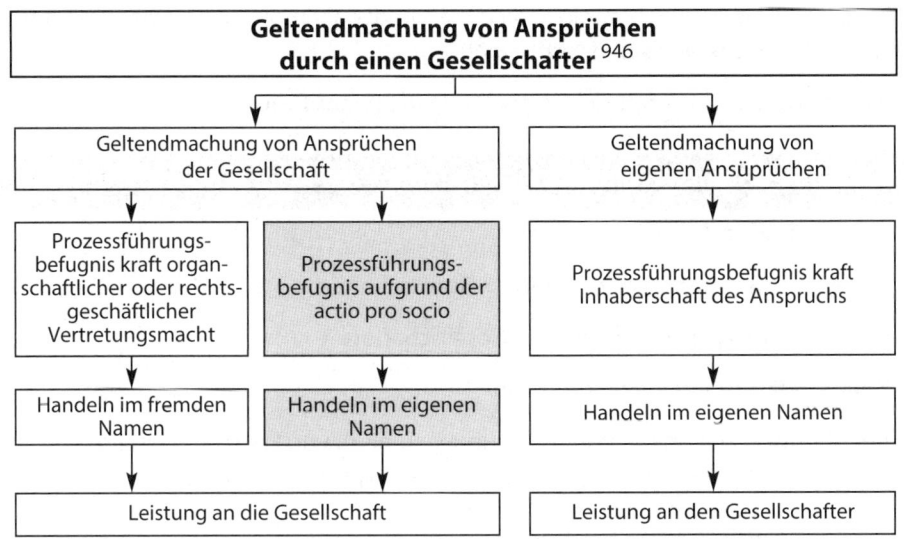

Es geht bei der actio pro socio um die Einräumung einer **Prozessführungsbefugnis** für den klagenden Gesellschafter, der damit eine (mangels Zuständigkeit eigentlich nicht bestehende) **Aktivlegitimation** erhält.

Hinweis: In der Klausur ist die *actio pro socio* sowohl im Rahmen der Zulässigkeit (Prozessführungsbefugnis) als auch – dann nach oben verweisend und kurz – bei der Begründetheit (Aktivlegitimation) anzusprechen.

Die *actio pro socio* hat einen normativen Niederschlag lediglich im Aktienrecht (§ 148 AktG) erhalten, ist aber als allgemeines Rechtsinstitut auch für andere Gesellschaftsformen anerkannt.[947] Gleichwohl hat sie für die verschiedenen Gesellschaftsformen unterschiedliche Ausprägungen erfahren. Zu differenzieren ist insbesondere zwischen Personen- und Kapitalgesellschaften:

Für die reine **Innen-GbR** kann sich die Problematik der *actio pro socio* nicht stellen, weil sie nicht als eigenständiges Rechtssubjekt am Rechtsverkehr teilnimmt und sich die durch einen Gesellschafter geltend zu machenden Ansprüche dementsprechend nur aus dem Innenverhältnis der Gesellschafter ergeben können; bei diesen Ansprüchen handelt es sich um eigene Ansprüche der Gesellschafter, die diese im eigenen Namen geltend machen.

Bei der **Außen-GbR** und den **Personenhandelsgesellschaften** (oHG, KG) kann es hingegen zu Fällen der actio pro socio immer dann kommen, wenn ein nicht geschäftsführungs- und vertretungsberechtigter Gesellschafter Ansprüche der Gesellschaft geltend machen möchte. Diese Gesellschaftsformen zeichnen sich durch eine gesetzlich oder gesellschaftsvertraglich vorgegebene Organisationsverfassung aus, nach der einzelne Gesellschafter von einer Geltendmachung von Ansprüchen der Gesellschaft oft ausgeschlossen sind. Die Annahme einer *actio pro socio* steht dazu im Widerspruch. Dieser

---

946 Mock JuS 2015, 590, 591.
947 Vgl. grundlegend BGH, Urt. v. 17.06.1953 – II ZR 205/52, BGHZ 10, 91, 103.

wird dadurch dogmatisch aufgelöst, dass man in der actio pro socio einen **Fall der gesetzlichen Prozessstandschaft** erblickt.[948]

Für die actio pro socio ergibt sich folgender **Prüfungsaufbau**:

Voraussetzungen und Rechtsfolge der actio pro socio

1. **Gesellschafterstellung** des Klägers
2. Bestehen eines **Sozialanspruchs** der Gesellschaft
3. **Fehlende Vertretungsmacht** des Gesellschafters
4. **Kein Ausschluss** der actio pro socio
5. **Rechtsfolge:** Liegen die Voraussetzungen 1. bis 4. vor, kann der Gesellschafter als gesetzlicher Prozessstandschafter den Sozialanspruch im eigenen Namen mit Leistung an die Gesellschaft geltend machen.

Die den Anspruch der Gesellschaft geltend machende Person muss **Gesellschafter** sein. Auf dessen persönliche Haftung für die Verbindlichkeiten der Gesellschaft kommt es nicht an. Auch der Kommanditist einer KG kann die actio pro socio erheben.

Gläubiger und Vertragspartner der Gesellschaft sind zur Erhebung einer *actio pro socio* nicht befugt. Gleiches gilt für den stillen Gesellschafter.[949]

Bei der Außen-GbR und den Personenhandelsgesellschaften ist die Geltendmachung von Ansprüchen der Gesellschaft auf **Sozialansprüche** beschränkt, also auf Ansprüche, die sich gegen die Gesellschafter richten und ihren Ursprung im Gesellschaftsverhältnis haben.

Diese Beschränkung ergibt sich daraus, dass die *actio pro socio* nur der Überwindung eines Interessenkonflikts der zuständigen Gesellschaftsorgane dient. Zudem soll vermieden werden, dass bei der Geltendmachung von Ansprüchen gegen gesellschaftsfremde Dritte gesellschaftsinterne Streitigkeiten auf diese ausgeweitet werden. In diesen Fällen kann vielmehr im Wege der *actio pro socio* ein Schadensersatzanspruch der Gesellschaft gegen das untätige Gesellschaftsorgan geltend gemacht und der Streit gesellschaftsintern ausgetragen werden.

Der Gesellschafter, der von der actio pro socio Gebrauch macht, darf selbst **keine Vertretungsmacht** haben. Hat der Gesellschafter selbst organschaftliche oder rechtsgeschäftliche Vertretungsmacht zur Geltendmachung des Anspruchs der Gesellschaft, kann er diese selbst im fremden Namen geltend machen und es bedarf der *actio pro socio* nicht.

Die *actio pro socio* darf schließlich **nicht ausgeschlossen** sein. Die gesellschafterliche Treuepflicht [950] verbietet eine actio pro socio immer dann, wenn die fehlende Geltendmachung des Sozialanspruchs durch den geschäftsführenden Gesellschafter sachlich

---

[948] BGH, Urt. v. 08.11.1999 – II ZR 197/98, NJW 2000, 505, 506; Mock JuS 2015, 590, 592.
[949] BGH, Urt. v. 14.11.1994 – II ZR 160/93 NJW 1995, 1353, 1355. Zur stillen Gesellschaft siehe Rn. 372 ff.
[950] Die actio pro socio hat ihre Grundlage im Gesellschaftsverhältnis und ist Ausfluss des Mitgliedschaftsrechts des Gesellschafters; die Ausübung der Klagebefugnis unterliegt daher der gesellschaftlichen Treuepflicht (BGH, Beschl. v. 26.04.2010 – II ZR 69/09, NZG 2010, 783 = RÜ 2010, 497 [Nissen], Ls.).

gerechtfertigt ist und der geschäftsführende Gesellschafter noch nicht ausdrücklich zur Geltendmachung aufgefordert worden ist.[951]

Liegen die vorstehenden Voraussetzungen der *actio pro socio* vor, kann der Gesellschafter als gesetzlicher Prozessstandschafter den Sozialanspruch außergerichtlich und gerichtlich **im eigenen Namen mit Leistung an die Gesellschaft** geltend machen. Ihm ist aber nicht gestattet, sich über den Anspruch zu vergleichen.

Für die **AG** ist die *actio pro socio* ausdrücklich in **§ 148 AktG** geregelt. In den dort behandelten Fällen des Klagezulassungsverfahrens wird die Prozessführungsbefugnis allerdings zunächst gerichtlich angeordnet, bevor der Gesellschafter die eigentlich *actio pro socio* erheben kann. Die aktienrechtliche actio pro socio vollzieht sich also in zwei Schritten.

Ferner ist die aktienrechtliche Besonderheit zu beachten, dass sich das Klagezulassungsverfahren nur auf die in § 147 Abs. 1 AktG genannten Ersatzansprüche beziehen darf.

Auch für die **GmbH** ist die *actio pro socio* anerkannt. Da die GmbH – im Gegensatz zur AG – regelmäßig personalistisch(er) geprägt ist, scheidet jedoch eine analoge Anwendung des § 148 AktG aus. Hinsichtlich der Voraussetzungen entspricht die *actio pro socio* bei der GmbH vielmehr derjenigen bei den Personengesellschaften. Ergänzend bedarf es eines Beschlusses der Gesellschafter, soweit es um die Einforderung von Einlagen oder die Geltendmachung von Ersatzansprüchen geht (vgl. § 46 Nr. 2 u. 8 GmbHG).

Exkurs Ende

Für die **Erfüllung von Sozialverpflichtungen** haftet grundsätzlich[952] nur die GbR und nicht die einzelnen Mitgesellschafter;[953] denn eine persönliche Haftung der Gesellschafter für diese aus dem Gesellschaftsvertrag folgenden Schulden liefe auf eine durch § 707 BGB ausgeschlossene Nachschusspflicht hinaus.[954] Zu den Sozialverbindlichkeiten zählen auch die Rechte der Gesellschafter, an der Willensbildung der Gesellschaft mitzuwirken (Mitverwaltungsrechte). Auch sie richten sich gegen die GbR. Da sich diesbezügliche Streitigkeiten auch und gerade unter den Gesellschaftern ergeben können, gestattet die Praxis eine Feststellungsklage gegen diejenigen Mitgesellschafter, die der Wahrnehmung des Rechts widersprechen.[955]

253

Nach **§ 717 S. 1 BGB** sind „Ansprüche, die den Gesellschaftern aus dem Gesellschaftsverhältnis gegeneinander zustehen", nicht übertragbar. Erkennt man mit dem BGH die

254

---

[951] BGH, Urt. v. 27.06.1957 – II ZR 15/56, NJW 1957, 1368.
[952] Eine Ausnahme von diesem Grundsatz besteht dann, wenn ein Gesellschafter einen Dritten wegen einer rechtsgeschäftlichen Schuld der GbR aus seinem Privatvermögen befriedigt hat. Der Ersatzanspruchs des Gesellschafters (§ 670 BGB) richtet sich zwar primär gegen die GbR; reicht deren Vermögen jedoch nicht aus, so wird dem Gesellschafter ein subsidiärer Ausgleichsanspruch gegen jeden Mitgesellschafter in Höhe des auf diesen entfallenden Anteils gewährt (so BGH, Urt. v. 02.07.1962 – II ZR 204/60, NJW 1962, 1863 zur KG; vgl. auch Jacoby/v. Hinden § 714 Rn. 7 m. w. N.).
[953] OLG Celle, Urt. v. 17.07.2001 – 9 U 172/00, WM 2001, 2444.
[954] BGH, Urt. v. 02.07.1962 – II ZR 204/60, NJW 1962, 1863, 1864; Bitter/Heim § 5 Rn. 98; Jacoby/v. Hinden § 714 Rn. 6; Hk-BGB/Saenger § 714 Rn. 9; Erman/Westermann § 705 Rn. 54.
[955] Hierzu Westermann NZG 2012, 1121 ff.

Rechtsfähigkeit der GbR an, greift der Wortlaut zu kurz. Erfasst sind eben nicht (nur) die Ansprüche der Gesellschafter untereinander, sondern auch und insbesondere die Sozialverpflichtungen der GbR.[956] Und auch die Beschränkung auf „Ansprüche" greift zu kurz; erfasst sind ferner die Mitverwaltungsrechte der Gesellschafter.[957] Grundsätzlich unübertragbar sind das Stimmrecht, das Recht auf Teilnahme an der Gesellschafterversammlung und auf Mitwirkung an der Geschäftsführung, ggf. das hieraus resultierende Widerspruchsrecht (§ 711 BGB), das Recht auf Mitwirkung an Abberufungsbeschlüssen (§§ 712, 715 BGB), das Informations- und Kontrollrecht (§ 716 BGB), das Kündigungsrecht sowie das Recht auf Teilhabe und Mitwirkung an der Auseinandersetzung.[958] In diesem Grundsatz kommt das sog. **Abspaltungsverbot** zum Ausdruck, wonach in der Gesamthandsgemeinschaft Mitverwaltungsrechte nur Personen zustehen können, die als Gesellschafter an Chancen und Risiken der Geschäfte teilnehmen und Miteigentümer des dem Gesellschaftszweck gewidmeten Vermögens sind. Ein Fremder soll nicht ohne Zustimmung der übrigen Gesellschafter in das Gesellschaftsverhältnis eindringen können.[959]

Nach § 717 S. 1 BGB nicht abtretbare Ansprüche sind grundsätzlich auch nicht pfändbar (§ 851 Abs. 1 ZPO).[960] Nur die in § 717 S. 2 BGB genannten Ansprüche kann ein Gläubiger des Gesellschafters aufgrund eines gegen ihn gerichteten Titels pfänden. Pfändbar ist aber stets der gesamte Gesellschaftsanteil (§§ 859 Abs. 1 ZPO, 725 BGB).

Die **§§ 241 ff. BGB** – insbesondere die §§ 275 ff. BGB –, die auch für einseitige Verpflichtungen gelten, sind grundsätzlich auch auf gesellschaftsrechtliche Einzelverpflichtungen anwendbar.

Beispiel: Der Gesellschafter, der als Beitrag die Übertragung eines Wagens schuldet, muss im Falle fehlender Vereinbarung den Wagen am Wohnsitz (§ 269 BGB) sofort (§ 271 BGB) übereignen. Wird der Wagen vor der Übereignung zerstört, so wird der Gesellschafter gemäß § 275 Abs. 1 BGB von seiner Leistungspflicht befreit. Leistet er verspätet, so muss er ggf. nach §§ 280 Abs. 1 u. 2, 286 BGB den Verzögerungsschaden ersetzen.

255 Gegen die Anwendung der **§§ 320 ff. BGB** auf die Verpflichtungen aus dem Gesellschaftsverhältnis bestehen hingegen Bedenken: Der Gesellschaftsvertrag ist zwar insofern ein gegenseitig verpflichtender Vertrag, als sich jeder Gesellschafter zur Förderung des Gesellschaftszwecks nur deshalb bereit erklärt, weil auch der andere diese Pflicht übernimmt. Im Gegensatz zum zweiseitigen Austauschvertrag, auf den die §§ 320 ff. BGB zugeschnitten sind, bestehen jedoch Besonderheiten: Zum einen wollen die Gesellschafter keinen Austausch von zwei Leistungen, sondern durch die Leistungen den gemeinsamen Zweck fördern. Die zur Zweckerreichung erforderlichen Leistungen kann die Gesellschaft (die Gesellschafter in ihrer gesamthänderischen Bindung) als Sozialanspruch von jedem einzelnen Gesellschafter verlangen. Auf dieses mehrseitige Verhältnis von Sozialansprüchen, Sozialverpflichtungen und Individualverpflichtungen sind die §§ 320 ff. BGB nicht zugeschnitten.

Nach h.M. sind die §§ 320–326 BGB jedenfalls insoweit unanwendbar, als es um den Bestand des Gesellschaftsverhältnisses, also insbesondere um die Rücktrittsbestimmun-

---

956 Die Sozialansprüche der GbR sind von § 717 BGB hingegen nicht erfasst (Erman/Westermann § 717 Rn. 2).
957 Erman/Westermann § 717 Rn. 2.
958 Hier und zum Folgenden: Erman/Westermann § 717 Rn. 3.
959 BGH, Urt. v. 10.11.1951 – II ZR 111/50, NJW 1952, 178, 179; Bitter/Heim § 5 Rn. 52.
960 Hier und zum Folgenden: Bitter/Heim § 5 Rn. 51.

gen geht. Für den Fortbestand oder die Abwicklung des Gesellschaftsverhältnisses sind die §§ 723 ff. BGB bzw. die §§ 131 ff. HGB jedenfalls Sondervorschriften. Die Anwendung der §§ 323–326 BGB mit der Rechtsfolge des Rücktritts scheidet daher aus.[961]

Umstritten ist die Anwendung des § 320 BGB auf die Beitragsleistung.

Beispiel: A, B, C und D sind Gesellschafter einer GbR. Als B von dem allein geschäftsführungsbefugten A auf Leistung des vereinbarten Beitrags von 5.000 € in Anspruch genommen wird, verweist er darauf, dass auch C und D ihre Beiträge noch nicht erbracht haben.
I. Einrede des § 320 BGB
1. Teilweise wird die Anwendung des § 320 BGB für die Gesellschaft insgesamt abgelehnt.[962]
2. Nach h.M. ist § 320 BGB nur bei einer zweigliedrigen Gesellschaft anwendbar.[963] Könnte sich bei einer mehrgliedrigen Gesellschaft ein Gesellschafter darauf berufen, dass auch nur einer der anderen Gesellschafter noch nicht erfüllt habe, so hätte es jeder einzelne Gesellschafter in der Hand, die Erfüllung des Vertrages unmöglich zu machen und die schon nach außen in den Rechtsverkehr getretene Gesellschaft lahmzulegen. Bei einer zweigliedrigen Gesellschaft besteht diese die Anwendung des § 320 BGB hindernde Interessenlage nicht.
Hier handelt es sich um eine mehrgliedrige Gesellschaft, sodass nach dieser Ansicht B nicht die Einrede aus § 320 BGB geltend machen kann.
3. Nach teilweise vertretener Ansicht kommt auch bei mehrgliedrigen Gesellschaften eine Anwendung des § 320 BGB für die Beitragsleistung in Betracht.[964] Im Gegenseitigkeitsverhältnis stehen danach aber nur die Ansprüche zwischen der Gesellschaft und den Gesellschaftern, d.h. der Anspruch auf Beitragsleistung und der Anspruch auf Gewinnausschüttung. Dabei ist zu beachten, dass der Gesellschafter in der Regel vorleistungspflichtig sein wird, da ein Gewinn zumeist erst erzielt werden kann, wenn die Beiträge geleistet sind. Im Verhältnis zwischen den Gesellschaftern ist § 320 BGB auch nach dieser Ansicht unanwendbar. Ein Gesellschafter kann sich nicht darauf berufen, dass ein anderer Gesellschafter die Leistung noch nicht erbracht hat. Auch nach dieser Ansicht scheidet § 320 BGB aus.
II. Wird ohne sachlich vertretbaren Grund die Einlage von einem Gesellschafter gefordert, von einem anderen aber nicht, so kann der in Anspruch Genommene einwenden, dass das Verlangen gegen den Grundsatz der Gleichbehandlung der Gesellschafter verstößt. Dieser Einwand führt aber im Gegensatz zu der Einrede des § 320 BGB im Prozess nicht zu einer Zug-um-Zug-Verurteilung; er entfällt vielmehr schon dann, wenn auch der andere Gesellschafter in Anspruch genommen wird.

E. Geschäftsführung und Vertretung

Geschäftsführung und Vertretung sind im Ausgangspunkt zwei unterschiedliche Dinge:[965] Bei der Geschäftsführungsbefugnis geht es darum, ob der Gesellschafter eine bestimmte Maßnahme im **Innenverhältnis** zu seinen Mitgesellschaftern treffen *darf*. Bei der Vertretungsbefugnis geht es hingegen um die Frage, ob der Gesellschafter die Gesellschaft durch sein rechtsgeschäftliches Handeln im **Außenverhältnis** gegenüber Dritten vertreten *kann*. Überschreitet ein Gesellschafter seine Befugnisse im Innenverhältnis, ist sein Handeln im Außenverhältnis aber von seiner Vertretungsbefugnis gedeckt, hat er die Gesellschaft grundsätzlich[966] wirksam verpflichtet. Überschreitet der Gesellschafter die Grenzen des rechtlichen Dürfens im Innenverhältnis, bewegt er sich dabei aber innerhalb der Grenzen des rechtlichen Könnens und verpflichtet er die Ge-

256

---

961 OLG München, Urt. vom 28.07.2000 – 23 U 4359/99, ZIP 2000, 2255, 2256.
962 Staudinger/Habermeier § 706 Rn. 24.
963 Windbichler § 6 Rn. 4; Palandt/Sprau § 705 Rn. 13.
964 Erman/Westermann § 705 Rn. 43.
965 Zum Folgenden: Bitter/Heim § 5 Rn. 53.
966 Etwas anderes gilt nur in den Ausnahmefällen der Kollusion und des evidenten Überschreitens der im Innenverhältnis bestehenden Beschränkungen (Missbrauch der Vertretungsmacht).

sellschaft dadurch wirksam im Außenverhältnis, so kann er sich der Gesellschaft gegenüber gemäß § 280 Abs. 1 BGB schadensersatzpflichtig machen. Bei diesem Anspruch handelt es sich um einen Sozialanspruch, den die anderen Gesellschafter im Wege der *actio pro socio* für die GbR geltend machen können.

I. Geschäftsführung

257 Die Geschäftsführung umfasst grundsätzlich alle **Tätigkeiten**, die **zur Förderung des Gesellschaftszwecks** bestimmt sind und für die Gesellschaft vorgenommen werden.[967] Sie erstreckt sich auf tatsächliche und rechtliche Handlungen zur Verwirklichung des Gesellschaftszwecks sowohl im Innenverhältnis (z.B. die Einberufung einer Gesellschafterversammlung) als auch im Außenverhältnis (z.B. der Abschluss von Verträgen mit Dritten). **Ausgenommen sind lediglich** sog. **Grundlagengeschäfte**, welche die Grundlage der Gesellschaft selbst oder die Beziehungen der Gesellschafter zueinander betreffen und stets der Zustimmung aller Gesellschafter bedürfen;[968] hierzu zählen etwa die Änderungen des Gesellschaftsvertrags oder -zwecks, der Geschäftsführungs- und Vertretungsverhältnisse, der Gewinnverteilung oder die Aufnahme eines neuen Gesellschafters.

Die Befugnis eines Gesellschafters im Verhältnis zu den anderen zur Wahrnehmung bestimmter Geschäftsführungsmaßnahmen heißt **Geschäftsführungsbefugnis.** Dieses „rechtliche Dürfen" in der Beziehung der Gesellschafter untereinander ist in den **§§ 709–713 BGB** geregelt. Diese Vorschriften sind dispositiv. Die vertragliche Gestaltungsfreiheit der Gesellschafter ist weit gefasst und lediglich durch den Grundsatz der Selbstorganschaft[969] in der Weise begrenzt, dass nicht sämtliche Gesellschafter von der Geschäftsführung (und auch Vertretung) der Gesellschaft ausgeschlossen werden dürfen.[970] Wenn der Gesellschaftsvertrag nichts Abweichendes regelt, steht den Gesellschaftern die Führung der Geschäfte der Gesellschaft gemeinschaftlich zu; dann ist für jedes Geschäft die Zustimmung aller Gesellschafter erforderlich (§ 709 Abs. 1 BGB).[971] Die Gesellschafter können alternativ dazu bestimmen, dass bei der gemeinschaftlichen Geschäftsführung Mehrheitsbeschlüsse genügen (§ 709 Abs. 2 BGB). Sie können die Geschäftsführungsbefugnis auch einem Gesellschafter oder mehreren Gesellschaftern übertragen und die übrigen von der Geschäftsführung ausschließen (§ 710 S. 1 BGB). Die Geschäftsführung durch mehrere Gesellschafter kann dabei dem Einstimmigkeits- oder dem Mehrheitsprinzip unterstellt werden (§ 710 S. 2 BGB). Es können aber auch mehrere oder alle Gesellschafter jeweils einzeln zur Geschäftsführung befugt sein (Einzelgeschäftsführungsbefugnis); dann steht den weiteren Geschäftsführern das Widerspruchsrecht nach § 711 BGB zu, während die von der Geschäftsführung ausgeschlossenen Gesellschafter lediglich nach §§ 712, 716 BGB die Möglichkeit haben, auf die Geschäftsführung Einfluss zu nehmen.[972]

---

[967] Hier und zum Folgenden: Hk-BGB/Saenger Vor § 709 Rn. 2.
[968] Hier und zum Folgenden: Bitter/Heim § 5 Rn. 55.
[969] Siehe hierzu Rn. 13.
[970] BGH, Urt. v. 20.09.1993 – II ZR 204/92, NJW-RR 1994, 98; Hk-BGB/Saenger Vor § 709 Rn. 3.
[971] Zum Folgenden: Hk-BGB/Saenger Vor § 709 Rn. 4.
[972] Hk-BGB/Saenger § 711 Rn. 1.

Das **Recht zur Geschäftsführung** folgt aus der Gesellschafterstellung (§ 709 BGB) und bedarf keiner gesonderten vertraglichen Vereinbarung. Die Rechte und Pflichten der geschäftsführenden Gesellschafter bestimmen sich, sofern nichts Abweichendes im Gesellschaftsvertrag geregelt ist, nach den für den Auftrag geltenden Vorschriften der §§ 664–670 BGB (§ 713 BGB), freilich unter Beachtung gesellschaftsrechtlicher Besonderheiten.[973] Daraus folgt, dass

- die Geschäftsführung grundsätzlich nicht auf Dritte übertragen werden darf (§§ 713, 664 BGB);
- Weisungen für den Geschäftsführer nur bindend sind, soweit sie sich aus dem Gesellschaftsvertrag, aus seiner Bestellung zum Geschäftsführer oder aus einem wirksamen Gesellschafterbeschluss ergeben (§§ 713, 665 BGB);
- der Geschäftsführer verpflichtet ist, der Gesellschaft[974] Auskunft zu geben und Rechenschaft[975] abzulegen (§§ 713, 666 BGB);
- der Geschäftsführer der Gesellschaft das aus der Geschäftsführung Erlangte herausgeben und herauszugebendes Geld im Falle der Verwendung für den Geschäftsführer verzinsen muss (§§ 713, 667, 668 BGB);
- der Geschäftsführer von der Gesellschaft die Erstattung von Aufwendungen, die er den Umständen nach für erforderlich halten durfte, bzw. einen entsprechenden Vorschuss hierfür verlangen kann (§§ 713, 669, 670 BGB).[976]

Die einem Gesellschafter durch den Gesellschaftsvertrag übertragene Befugnis zur Geschäftsführung kann ihm durch einstimmigen Beschluss oder, falls nach dem Gesellschaftsvertrag die Mehrheit der Stimmen entscheidet, durch Mehrheitsbeschluss der übrigen Gesellschafter **entzogen** werden, wenn ein wichtiger Grund vorliegt (§ 712 Abs. 1 BGB). Ein wichtiger Grund liegt vor, wenn den Gesellschaftern nach Treu und Glauben nicht zugemutet werden kann, die Geschäftsführungsbefugnis bei ihrem Mitgesellschafter zu belassen.[977] Dies ist insbesondere dann der Fall, wenn dem Geschäftsführer eine grobe Pflichtverletzung zur Last fällt oder wenn er zur ordnungsgemäßen Geschäftsführung unfähig ist (§ 712 Abs. 1 letzter Hs. BGB).

II. Vertretung

Die organschaftliche[978] Vertretung der Gesellschaft richtet sich gemäß § 714 BGB nach der Geschäftsführung. Die Vorschrift statuiert einen **Gleichlauf von Geschäftsführungsbefugnis** (Innenverhältnis, §§ 709–713 BGB) **und (aktiver) Vertretungsmacht** (Außenverhältnis).[979]

258

---

973 Hier und zum Folgenden: Hk-BGB/Saenger § 713 Rn. 1 ff.
974 Ein einzelner Gesellschafter kann den Anspruch aus §§ 713, 666 BGB nur für die Gesellschaft im Wege der *actio pro socio* geltend machen (Hk-BGB/Saenger § 713 Rn. 2).
975 Der Inhalt der Rechenschaftspflicht bestimmt sich nach § 259 BGB.
976 Die Arbeitsleistung des Geschäftsführers gilt nicht als Aufwendung nach § 670 BGB. Ein Anspruch auf Vergütung besteht nur, wenn er ausdrücklich oder konkludent vereinbart worden ist.
977 Hk-BGB/Saenger § 712 Rn. 1.
978 Neben der organschaftlichen, aus der Gesellschafterstellung resultierenden Vertretungsmacht ist auch eine rechtsgeschäftliche Vertretungsmacht durch Bevollmächtigung (§ 167 BGB) möglich. Dann stellt sich aber bei der Vollmachtserteilung die Frage der wirksamen (organschaftlichen) Vertretung der GbR (Bitter/Heim § 5 Rn. 64).
979 Bitter/Heim § 5 Rn. 60; Jacoby/v. Hinden § 714 Rn. 1.

5. Teil   Die Gesellschaft bürgerlichen Rechts (GbR)

Demgegenüber sind bei der oHG und der KG Geschäftsführungsbefugnis und Vertretungsmacht voneinander unabhängig und es besteht grundsätzlich Einzelvertretungsmacht (§§ 125 Abs. 1, 161 Abs. 2 HGB).

Sind – dem gesetzlichen Regelfall entsprechend – alle Gesellschafter gemeinschaftlich zur Geschäftsführung befugt (§ 709 Abs. 1 BGB), haben sie nach § 714 BGB auch gemeinschaftliche Vertretungsmacht i.S.v. §§ 164 ff. BGB (sog. **Gesamtvertretung**).[980] Schließt in einem solchen Fall ein einzelner Gesellschafter ein Geschäft im Namen der GbR alleine ab, wird die GbR nicht verpflichtet.[981]

Anderes gilt für die **Passivvertretung**: Ist der GbR gegenüber eine Willenserklärung abzugeben, genügt auch bei bestehender Gesamtvertretung ein Zugang der Willenserklärung bei einem vertretungsberechtigten Gesellschafter.[982]

Ist **Einzelgeschäftsführungsbefugnis** vereinbart (§ 710 BGB), gilt über § 714 BGB auch eine **Einzelvertretungsmacht** im Außenverhältnis. Ist die Geschäftsführungsbefugnis nach Geschäftsbereichen aufgeteilt, gilt dasselbe für die Vertretungsmacht.[983]

Möglich ist es auch, die Vertretungsmacht von der Geschäftsführungsbefugnis zu **entkoppeln**, also beispielsweise Einzelgeschäftsführung, aber Gesamtvertretung zu vereinbaren.[984]

Gerichtlich wird eine GbR durch alle Gesellschafter vertreten, denen die Geschäftsführungsbefugnis zusteht, soweit der Gesellschaftsvertrag keine abweichenden Regelungen enthält; die Gesellschafter können einen Vertretungsmangel durch Eintritt in den Prozess als gesetzliche Vertreter und Genehmigung der bisherigen Prozessführung genehmigen.[985]

259 **Besonderheiten** gelten, wenn das Vertretergeschäft eine **Verfügung über ein Grundstück** oder Grundstücksrecht ist, als dessen Eigentümer die GbR im Grundbuch eingetragen ist.[986] Nach § 899 a S. 1 BGB wird in Ansehung des eingetragenen Rechts vermutet, dass die gemäß § 47 Abs. 2 S. 1 GBO im Grundbuch eingetragenen Personen Gesellschafter der GbR sind (positive Vermutung) und dass darüber hinaus keine weiteren Gesellschafter vorhanden sind (negative Vermutung). Das Grundbuch verlautbart somit nicht nur den Berechtigten selbst (die GbR),[987] sondern auch dessen Gesellschafter und damit auch deren Vertretungsbefugnis nach §§ 709, 714 BGB.[988] Nach § 899 a S. 2 BGB gelten die §§ 892–899 BGB bezüglich der Eintragung der Gesellschafter entsprechend.[989] Dementsprechend wird die GbR gemäß §§ 899 a S. 2, 892 BGB bei der Verfü-

---

980 Hier und zum Folgenden: Bitter/Heim § 5 Rn. 61.
981 § 714 BGB spricht davon, dass ein Gesellschafter „die anderen Gesellschafter Dritten gegenüber" vertritt. Erkennt man jedoch die Rechtsfähigkeit der GbR an, wird diese als solche vertreten.
982 BGH, Urt. vom 23.11.2011 – XII ZR 210/09, ZIP 2012, 581, Rn. 34 u. 37: Allgemeiner Rechtsgedanke aus § 125 Abs. 2 S. 3 HGB, § 78 Abs. 2 S. 2 AktG, § 35 Abs. 2 S. 3 GmbHG, § 25 Abs. 1 S. 3 GenG und §§ 26 Abs. 2, 1629 Abs. 1 S. 2 BGB.
983 Bitter/Heim § 5 Rn. 61.
984 Bitter/Heim § 5 Rn. 62.
985 BGH, Urt. v. 19.07.2010 – II ZR 56/09, NJW 2010, 2886 = RÜ 2010, 631 (Nissen), Ls. 1 u. 2.
986 Hier und zum Folgenden: Bitter/Heim § 5 Rn. 63. Zur Teilungsversteigerung des Grundstücks einer GbR siehe BGH, Beschl. v. 16.05.2013 – V ZB 198/12, NZG 2013, 1338 = RÜ 2013, 769 (Nissen).
987 Auch die Existenz der GbR wird vermutet, weil es ohne existierende GbR auch keine vertretungsbefugten Gesellschafter geben kann (Jacoby/v. Hinden § 899 a Rn. 2; **a.A.** Krüger NZG 2010, 801, 805).
988 Jacoby/v. Hinden § 899 a Rn. 2.
989 Da auch auf § 894 BGB verwiesen wird, kann ein im Grundbuch zu Unrecht nicht als Gesellschafter der GbR Eingetragener Grundbuchberichtigung verlangen (Jacoby/v. Hinden § 899 a Rn. 2.).

gung über das Grundstück wirksam vertreten, wenn sämtliche als Gesellschafter eingetragenen Personen mitwirken, auch wenn die GbR in Wirklichkeit andere oder weitere Gesellschafter hat und daher wegen des Grundsatzes der gemeinschaftlichen Geschäftsführung und Vertretung eigentlich die Vertretungsmacht fehlt. Etwas anderes gilt nur dann, wenn der andere Teil die abweichenden Beteiligungsverhältnisse und damit die fehlende Vertretungsmacht kennt. **§ 899 a BGB schützt** somit **den guten Glauben an die Vertretungsmacht**. Hintergrund dieser Regelung ist, dass die Gesellschafter einer GbR – anders als diejenigen einer Personenhandelsgesellschaft (oHG, KG) – nicht in ein öffentliches Register eingetragen werden und ein Geschäftspartner der Gesellschaft daher ohne den Gutglaubensschutz wegen des Grundsatzes der gemeinschaftlichen Vertretung durch alle Gesellschafter niemals sicher sein könnte, ob die GbR bei der Verfügung wirksam vertreten wurde; dies erscheint dem Gesetzgeber bei Grundstücksgeschäften unzumutbar.

Unklar ist, ob § 899 a BGB auch das der Verfügung zugrunde liegende **schuldrechtliche Geschäft** erfasst bzw. – falls dies nicht der Fall sein sollte – ob sich aus allgemeinen Erwägungen ein Rechtsgrund dafür herleiten lässt, dass der Erwerber das gutgläubig erworbene Eigentum auch behalten darf.[990] Würde man die Vertretungsmacht der im Grundbuch eingetragenen Gesellschafter der GbR nur für das dingliche Verfügungsgeschäft, nicht aber zugleich für das diesem zugrunde liegende schuldrechtliche Verpflichtungsgeschäft vermuten, wäre das gutgläubig vom Dritten erworbene Eigentumsrecht immer dann, wenn es auf den guten Glauben ankommt (eben weil die im Grundbuch eingetragenen Gesellschafter nicht personenidentisch mit allen tatsächlichen Gesellschaftern sind), mangels Rechtsgrundes nach § 812 Abs. 1 S. 1 Var. 1 BGB kondizierbar. Die systematische Stellung des § 899 a BGB sowie ihre einschränkende Formulierung sprechen für dieses Ergebnis. Der Gesetzgeber wollte den Grundstücksverkehr mit einer GbR aber mittels Einführung des § 899 a BGB umfassend schützen, was wiederum eine weite Auslegung der Vorschrift und deren Erstreckung auch auf das Verpflichtungsgeschäft nahe legt. Je nach Gewichtung der einzelnen Auslegungskriterien erscheinen beide Ergebnisse vertretbar. Gut vertretbar (und zugleich dogmatisch sauber) erscheint eine Lösung, die dem Wortlaut und der Systematik des Gesetzes folgend eine Erstreckung des § 899 a BGB – und auch dessen analoge Anwendung[991] – auf das Verpflichtungsgeschäft verneint und eine Kondizierbarkeit des dinglich erworbenen Rechts zugleich unter Anwendung des Gedankens der Rechtsscheinshaftung ablehnt: Wenn die wahren Gesellschafter es entgegen §§ 47 Abs. 2, 82 GBO unterlassen, das Grundbuch entsprechend dem wahren (geänderten) Gesellschafterbestand berichtigen zu lassen, sind ihnen die aus dem falschen Grundbuch folgenden Rechtsnachteile zuzurechnen.[992]

Die Vermutungen des § 899 a BGB gelten „in Ansehung des eingetragenen Rechts", d.h. in Bezug auf die im Grundbuch eingetragenen Rechte an unbeweglichen Sachen.[993] Hinsichtlich anderer Rechtsverhältnisse soll das **Grundbuch nicht** zum **Ersatzregister**

---

990 Hier und zum Folgenden: Jacoby/v. Hinden § 899 a Rn. 3.
991 So aber Hk-BGB/Staudinger § 899 a Rn. 3.
992 Reymann, FS Reuter, 2010, S. 271, 285 f.
993 Die Verpfändung eines Anteils an einer Grundbesitz haltenden GbR ist nicht im Grundbuch einzutragen (BGH, Beschl. v. 20.05.2016 – V ZB 142/15, NZG 2016, 1223 = RÜ 2017, 14 (Nissen), Rn. 10 ff.

für die GbR werden.[994] Daher hilft die Regelung des § 899 a BGB nicht, wenn es um den Erwerb beweglicher Sachen geht, selbst wenn diese im Rahmen eines einheitlichen Geschäfts gemeinsam mit einer Immobilie veräußert wurden (z.B. Inventar eines Hauses). § 899 a BGB ermöglicht auch nicht den gutgläubigen Erwerb eines GbR-Anteils von einem im Grundbuch eingetragenen, in Wirklichkeit aber nicht berechtigten GbR-Gesellschafter.

Auch für den **Erwerb einer Immobilie durch eine bestehende GbR** gilt eine verfahrensrechtliche Erleichterung bezüglich des Nachweises der Existenz der GbR und der Vertretungsberechtigung ihrer Gesellschafter: Als Nachweis in grundbuchtauglicher Form (§ 29 GBO) reicht es aus, wenn die Gesellschafter der erwerbenden GbR in der notariellen Kaufvertragsurkunde bestätigen, dass sie die GbR gegründet haben und sich deren Gesellschafterbestand seither nicht verändert hat.[995]

> **Fall 7: Erwerb eines Grundstücks von der GbR**
>
> Die V-GbR ist Eigentümerin eines Grundstücks. Sie ist mit ihren Gesellschaftern A und B im Grundbuch eingetragen. Später tritt C in die Gesellschaft ein. Das Grundbuch bleibt unverändert. Im Namen der Gesellschaft verkaufen A und B in notarieller Form das Grundstück an K und erklären die Auflassung. Nachdem K das Grundstück in Besitz genommen hat und im Grundbuch eingetragen wurde, verlangt die V-GbR, vertreten durch ihre Gesellschafter A, B und C, das Grundstück von K heraus. K weigert sich, denn bei einer Grundbucheinsicht vor Abschluss des Kaufvertrags hätten nur A und B als Gesellschafter der V-GbR im Grundbuch gestanden. Hat die GbR gegen K einen Herausgabeanspruch?

I. Ein Herausgabeanspruch der GbR kann sich aus § 985 BGB ergeben. Dafür müsste die GbR Eigentümerin des Grundstücks sein. Ursprünglich war sie Eigentümerin. Sie könnte das Eigentum aber auf K übertragen haben.

1. A und B haben im Namen der GbR die Auflassung gemäß §§ 873, 925 BGB erklärt. Fraglich ist, ob sie mit Vertretungsmacht handelten. Nach §§ 714, 709 Abs. 1 BGB besteht bei der GbR mangels einer abweichenden Regelung Gesamtvertretungsmacht. Die GbR musste von allen Gesellschaftern vertreten werden.

    a) Da nur A und B, nicht aber C die Gesellschaft bei der Auflassung vertreten haben, haben nicht alle Gesellschafter gehandelt.

    b) Gemäß § 899 a S. 1 Hs. 2 BGB wird in Ansehung des eingetragenen Rechts vermutet, dass über die eingetragenen Gesellschafter hinaus keine weiteren Gesellschafter vorhanden sind. Wenn – wie im Grundbuch eingetragen – nur A und B Gesellschafter gewesen wären, wäre die Gesellschaft ordnungsgemäß vertreten worden. Die Vermutung des § 899 a S. 1 Hs. 2 BGB ist aber widerleglich. Im vorliegenden Fall steht fest, dass bei der Auflassung auch C Gesellschafter war. Die Vermutung des § 899 a S. 1 Hs. 2 BGB greift daher nicht ein.

    c) Nach § 899 a S. 2 BGB gilt auch § 892 BGB bezüglich der Eintragung der Gesellschafter entsprechend. Damit wird der gute Glaube an die Eintragung der Ge-

---

994 Hier und zum Folgenden: Jacoby/v. Hinden § 899 a Rn. 3.
995 BGH, Beschl. vom 28.04.2011 – V ZB 194/10, NJW 2011, 1958, Ls.

sellschafter und an die Vollständigkeit dieser Eintragung geschützt. Es müssten die Voraussetzungen des § 892 BGB bezüglich der Eintragung der Gesellschafter gegeben sein.

aa) Bei der Übertragung des Eigentums von der GbR auf K handelt es sich um ein Rechtsgeschäft im Sinne eines Verkehrsgeschäfts, da Veräußerer und Erwerber weder rechtlich noch wirtschaftlich identisch sind.

bb) Das Grundbuch war unrichtig, weil nicht alle Gesellschafter eingetragen waren.

cc) Aus dem Grundbuch muss sich die Legitimation des Verfügenden ergeben. Wenn, wie im Grundbuch angegeben, A und B die einzigen Gesellschafter gewesen wären, hätten alle Gesellschafter als Gesamtvertreter gehandelt und die Gesellschaft wäre ordnungsgemäß vertreten worden.

dd) K hatte keine Kenntnis von der Unrichtigkeit des Grundbuchs.

Gemäß §§ 899 a S. 2, 892 BGB gilt das Grundbuch zugunsten des K als richtig. Damit ist die Auflassung ihm gegenüber wirksam.

2. K ist im Grundbuch eingetragen worden.

3. Die GbR war verfügungsbefugte Eigentümerin des Grundstücks.

K hat das Eigentum von der GbR erworben. Die GbR hat deshalb keinen Herausgabeanspruch aus § 985 BGB.

II. Ein Herausgabeanspruch der GbR könnte sich aber aus § 812 Abs. 1 S. 1 Fall 1 BGB ergeben.

1. K hat Eigentum und Besitz an dem Grundstück erlangt.

2. Dies geschah durch Leistung zum Zweck der Erfüllung des Kaufvertrags.

3. Der Erwerb erfolgte ohne rechtlichen Grund, wenn der Kaufvertrag unwirksam ist und damit der Leistungszweck verfehlt wurde. A und B haben bei Abschluss des Kaufvertrags im Namen der GbR gehandelt. Das gemäß §§ 714, 709 Abs. 1 BGB bestehende Erfordernis der Gesamtvertretung ist nicht eingehalten worden, da C auch bei dem Kaufvertrag nicht beteiligt war.

a) Teilweise wird vertreten, die Vermutung des § 899 a S. 1 Hs. 2 BGB müsse auch für den Kaufvertrag gelten. Der mit dieser Regelung bezweckte Gutglaubensschutz dürfe nicht dadurch unterlaufen werden, dass der Erwerber das erlangte Eigentum nach dem Bereicherungsrecht zurückübertragen muss.[996] § 899 a BGB ist jedoch eine sachenrechtliche Regelung, die nicht auf das schuldrechtliche Grundgeschäft anwendbar ist.[997] Sie gilt nach ihrem Wortlaut nur „in Ansehung des eingetragenen Rechts". Das eingetragene Recht ist das Eigentum und nicht der Kaufvertrag. Die Vermutung des § 899 a S. 1 Hs. 2 BGB

---

[996] Lautner DNotZ 2009, 651, 671.
[997] Wellenhofer JuS 2010, 1048, 1050; Schmidt Jura 2012, 7, 9.

gilt daher nicht für den Abschluss des Kaufvertrags. Überdies ist die Vermutung des § 899 a S. 1 Hs. 2 BGB widerlegt, weil feststeht, dass bei der Auflassung auch C Gesellschafter war.

b) Gemäß § 899 a S. 2 BGB gilt § 892 BGB bezüglich der Eintragung der Gesellschafter. § 892 BGB setzt den Erwerb an einem Grundstück oder eines Rechts an einem Grundstücksrecht voraus. Aus dieser Regelung kann sich keine Legitimation für den Abschluss des Kaufvertrags ergeben.

c) Es kann aber eine Rechtsscheinsvollmacht gegeben sein. Ob die GbR – mit dem Gesellschafter C – das alleinige Auftreten von A und B bei Abschluss des Kaufvertrags geduldet hat und damit die Voraussetzungen einer Duldungsvollmacht gegeben sind, lässt sich dem Sachverhalt nicht entnehmen. Es kann aber eine Anscheinsvollmacht gegeben sein.

aa) Dadurch, dass im Grundbuch nur A und B als Gesellschafter eingetragen waren, bestand der Rechtsschein dafür, dass diese die einzigen Gesellschafter waren.

bb) Diesen Rechtsschein hat die GbR zurechenbar veranlasst, denn sie hat es versäumt, den C als weiteren Gesellschafter in das Grundbuch eintragen zu lassen.

cc) Der Rechtsschein muss zur Zeit des vollmachtlosen Vertretens noch bestanden haben und ursächlich geworden sein. K hat in das Grundbuch eingesehen und daraufhin den Kaufvertrag abgeschlossen.

dd) Da K gutgläubig war, liegen die Voraussetzungen einer Anscheinsvollmacht vor. Zwischen der GbR und K besteht ein wirksamer Kaufvertrag und damit ein Rechtsgrund.

Die GbR hat somit auch keinen Herausgabeanspruch aus § 812 Abs. 1 S. 1 Fall 1 BGB.

Beachte: Anders als die Vermutung des § 899 a S. 1 Hs. 2 BGB ist die Rechtsscheinsvollmacht von der Kausalität des Rechtsscheins abhängig. Liegt diese Voraussetzung nicht vor, wird der Erwerber zwar Eigentümer, muss aber das Erlangte gemäß § 812 Abs. 1 S. 1 Fall 1 BGB zurückübertragen.

Umstritten ist, ob § 899 a BGB auch dann eingreift, wenn aus einer zweigliedrigen GbR ein Gesellschafter ausgeschieden und damit die Gesellschaft erloschen ist.

III. Wissenszurechnung

260   Die GbR kann als solche keine Kenntnisse besitzen. Wenn es daher nach dem Gesetz auf die Kenntnisse eines Beteiligten ankommt und dieser eine GbR ist, stellt sich die Frage, wessen Kenntnisse der Gesellschaft zuzurechnen sind.[998]

Die Zurechnung von Kenntnissen hat Bedeutung insbesondere für die Feststellung arglistigen Handelns (§ 123 BGB) und für den gutgläubigen Erwerb (§§ 932, 892 BGB, § 366 HGB). Weitere Vorschriften, nach denen die Kenntnis bestimmter Umstände bedeutend ist, sind die §§ 122 Abs. 2, 142 Abs. 2, 179, 199, 311 a Abs. 2, 407 Abs. 1, 442, 626 Abs. 2, 640 Abs. 2, 819 Abs. 1, 990 BGB; § 15 HGB.

---

998 Zur Wissenszurechnung im Unternehmen siehe Reuter ZIP 2017, 310 ff.

Der Gesellschaft werden zunächst die Kenntnisse der **Gesellschafter** zugerechnet, die an dem konkreten Rechtsgeschäft als Vertreter beteiligt sind. Umstritten ist, ob diese Zurechnung analog § 166 Abs. 1 BGB[999] oder analog § 31 BGB[1000] erfolgt. Grundsätzlich werden auch die Kenntnisse der vertretungsberechtigten[1001] Gesellschafter zugerechnet, die an dem konkreten Rechtsgeschäft nicht beteiligt sind. Umstritten sind aber die Grundlage und der Umfang der Wissenszurechnung.

> **Fall 8: Ausgeschiedener Gesellschafter**
>
> A, B und C sind Gesellschafter einer GbR. Sie verkauften im Januar 2010 dem K ein bebautes Grundstück unter Ausschluss der Gewährleistung. K stellt im Juli 2010 fest, dass das Gebäude mit Hausschwamm befallen ist. K setzt eine angemessene Frist zur Beseitigung des Hausschwamms. A, B und C verweigern die Beseitigung unter Hinweis auf den Gewährleistungsausschluss. Nach Ablauf der Frist erklärt K den Rücktritt vom Kaufvertrag und verlangt Rückabwicklung. Wie ist zu entscheiden, wenn festgestellt wird, dass A, B und C keine Kenntnis vom Schwammbefall hatten, wohl aber der frühere Gesellschafter D, der das Haus 1998 erworben hatte und später aus der Gesellschaft ausschied?

Dem K könnte gegen die GbR ein Anspruch aus §§ 437 Nr. 2, 323, 440, 346 Abs. 1 BGB auf Rückzahlung des Kaufpreises Zug um Zug gegen Übereignung des Hausgrundstücks zustehen.

I. K hat mit der GbR einen wirksamen Kaufvertrag abgeschlossen. Der Befall mit Hausschwamm ist ein Fehler des gekauften Grundstücks i.S.d. § 434 Abs. 1 BGB.

II. Die GbR hat mit K einen Gewährleistungsausschluss vereinbart. Diese Abrede könnte gemäß § 444 BGB unwirksam sein. Die Gesellschaft müsste dann einen Fehler arglistig verschwiegen haben. Arglist liegt vor, wenn der Verkäufer das Vorhandensein eines Fehlers kennt oder wenigstens für möglich hält, außerdem weiß, dass der Mangel dem Käufer nicht bekannt ist und sich bewusst ist, dass der Käufer bei Kenntnis der wahren Sachlage den Vertrag nicht oder nicht mit dem vereinbarten Inhalt abgeschlossen hätte. Die am Vertragsschluss beteiligten (aktuellen) Gesellschafter hatten keine Kenntnis von dem Schwammbefall. Stellt man nur auf ihre Kenntnisse ab, scheidet ein arglistiges Verschweigen aus. Möglicherweise muss sich die Gesellschaft die Kenntnisse des früheren Gesellschafters D zurechnen lassen.

1. Teilweise wird angenommen, die Kenntnisse von Gesellschaftern seien den Personengesellschaften (oHG, KG und GbR) **analog § 31 BGB** zuzurechnen. Danach seien der Gesellschaft die Kenntnisse aller organschaftlichen Vertreter zuzurechnen, unabhängig davon, ob der Gesellschafter an dem konkreten Rechtsgeschäft mitgewirkt hat und unabhängig davon, ob das Organ im fraglichen Zeitpunkt

---

999 Hk-BGB/Dörner § 167 Rn. 7; Baumbach/Hopt § 125 Rn. 4 (für die oHG).
1000 K. Schmidt, GesR, § 10 V und § 60 II 5; Oetker/Boesche § 125 Rn. 11 (für die oHG).
1001 Zur Kenntniszurechnung, wenn nur einer von mehreren gesamtvertretungsberechtigten Gesellschaftern ein Rechtsgeschäft im Namen der GbR abgeschlossen hat, siehe BGH, Urt. v. 16.12.2009 – XII ZR 146/07, NJW 2010, 861 = RÜ 2010, 140 (Alpmann).

noch in der Gesellschaft war.¹⁰⁰² Nach dieser Ansicht sind der GbR die Kenntnisse des ausgeschiedenen Gesellschafters zuzurechnen.

2. Nach der Rechtsprechung beruht die Zurechnung der Kenntnisse von Personen, die nicht an dem konkreten Rechtsgeschäft beteiligt sind, nicht auf einer Organstellung oder einer vergleichbaren Position des Wissensvermittlers, sondern auf dem Gedanken des Verkehrsschutzes und der daran geknüpften **Pflicht zur ordnungsgemäßen Organisation** der gesellschaftsinternen Kommunikation.¹⁰⁰³ Die Gesellschaft muss sich das Wissen eines anderen als des konkret handelnden Gesellschafters jedenfalls dann zurechnen lassen, wenn die unterlassene Weitergabe dieses Wissens an den handelnden Gesellschafter eine Verletzung der Organisationspflichten darstellt.¹⁰⁰⁴

Kenntnisse von nicht am konkreten Rechtsgeschäft beteiligten Personen werden danach unter folgenden Voraussetzungen zugerechnet:

- Es muss sich um eine juristische Person oder um eine Organisation handeln, bei der typischerweise Wissen auf verschiedene Personen oder Abteilungen aufgespalten ist. Dabei kommt es auf die Organisationsform oder die Rechtsfähigkeit der am Rechtsverkehr teilnehmenden Struktureinheit nicht an.¹⁰⁰⁵

- Weiterhin muss die Verpflichtung bestehen, die Information über den Umstand zu speichern und den Informationsfluss (also die Informationsweitergabe) zu organisieren. Es ist das „typischerweise aktenmäßig festgehaltene" Wissen zuzurechnen.¹⁰⁰⁶ Zu beurteilen ist dies nach dem Zeitpunkt der Wahrnehmung. Informationen über Hausschwamm sind beim Erwerb eines Grundstücks durch eine Gesellschaft wegen drohender Vermögenseinbußen typischerweise aktenmäßig festzuhalten.

- Für die Wissenszurechnung bestehen zeitliche und persönliche Grenzen. Für die handelnden Personen müssen die tatsächliche Möglichkeit und ein besonderer Anlass bestehen, sich des fraglichen Umstands zu vergewissern. Für den vorliegenden Fall hat der BGH diese Voraussetzung verneint.¹⁰⁰⁷ Zwischen den beiden Verträgen liegen fast zehn Jahre. Für die heutigen Gesellschafter gab es keinen Hinweis auf früheren Schwammbefall. Sie hatten daher auch keinen Anlass, sich der Freiheit von Hausschwamm zu vergewissern.

3. In der Literatur wird teilweise angenommen, dass eine Wissenszurechnung keine Arglist begründen könne. Die vom BGH statuierte Pflicht liefe allein auf ein Kennenmüssen hinaus. Dies begründe jedoch lediglich einen Fahrlässigkeitsvorwurf, nicht aber den Vorwurf arglistigen Verschweigens. In jedem Fall fehle das zu dem Wissenselement für die Arglist zusätzlich erforderliche voluntative Merkmal der

---

1002 K. Schmidt, GesR, § 10 V 2 b.
1003 BGH, Urt. v. 10.12.2010 – V ZR 203/09, BeckRS 2011, 01685, Rn. 16.
1004 BGH, Urt. v. 12.11.1998 – IX ZR 145/98, NJW 1999, 284, 286. Der BGH lässt dabei offen, ob die Wissenszurechnung auf der Grundlage des § 31 BGB erfolgt oder auf einer ausdehnenden Anwendung des § 166 Abs. 2 BGB beruht.
1005 BGH, Urt. v. 13.10.2000 – V ZR 349/99, NJW 2001, 359, 360.
1006 BGH, Urt. v. 13.10.2000 – V ZR 349/99, NJW 2001, 359, 360.
1007 BGH, Urt. v. 02.02.1996 – V ZR 239/94, NJW 1996, 1339, 1340.

Manipulation. Mit einer Kenntniszurechnung würde der Vorwurf der Arglist ethisch neutralisiert.[1008]

4. Die letztgenannte Ansicht ist abzulehnen. Wird der Gesellschaft die Kenntnis des D zugerechnet, ist es so anzusehen, als ob die Gesellschaft als Verkäuferin des Grundstücks diese Kenntnis selbst gehabt hätte. Dann ist aber nicht lediglich der Vorwurf fahrlässigen Handelns begründet, sondern der der Arglist. Überdies entspricht es ständiger Rechtsprechung, dass mit der Feststellung der Arglist kein moralisches Unwerturteil verbunden sein muss.[1009] Die Zurechnung der Kenntnisse eines vertretungsberechtigten Gesellschafters analog § 31 BGB erscheint konsequent, wenn man die Rechtsfähigkeit der GbR betont. Da der GbR – wie bei anderen Personengesellschaften auch – unerlaubte Handlungen der Gesellschafter nach h.M. gemäß § 31 BGB analog zugerechnet werden, ist es naheliegend, diese Norm auch für die Wissenszurechnung anzuwenden. Mit der Zurechnungsnorm ist aber nicht notwendig auch der Umfang der Zurechnung festgelegt. Insoweit ist es nicht erforderlich, ohne jede Einschränkung alle Kenntnisse auch früherer Gesellschafter zuzurechnen. Kenntniszurechnung sollte nicht allein mit der Organstellung der Gesellschafter begründet werden, sondern mit einer mangelnden Organisation der Informationen. Es ist nicht gerechtfertigt, der Gesellschaft die Kenntnisse des ausgeschiedenen Gesellschafters D zuzurechnen, wenn die verbleibenden Gesellschafter keinen Anhaltspunkt für einen Schwammbefall hatten.

Der Gewährleistungsausschluss ist nicht nach § 444 BGB unwirksam. K hat keinen Anspruch auf Rückzahlung des Kaufpreises.

---

261 Die Kenntnisse anderer Personen werden analog § 166 Abs. 1 BGB zugerechnet, soweit diese Personen Wissensvertreter sind. **Wissensvertreter** ist derjenige, der zwar bei dem konkreten Rechtsgeschäft nicht als Vertreter der Gesellschaft auftritt, aber mit der Erledigung der betreffenden Angelegenheit in eigener Verantwortung betraut ist.[1010]

Beispiel: Für die A & B oHG bereitet der W als Verhandlungsgehilfe einen Vertragsschluss vor. Den Vertrag selbst schließt der vertretungsberechtigte Gesellschafter A. Die Gesellschaft muss sich analog § 166 Abs. 1 BGB die Kenntnisse des Wissensvertreters W zurechnen lassen.

Auch das Wissen sonstiger Personen (Organwalter/Mitarbeiter), die nicht Gesellschafter und nicht am konkreten Rechtsgeschäft beteiligt sind, wird der Gesellschaft zugerechnet, sofern dieses Wissen bei ordnungsgemäßer Organisation aktenmäßig festzuhalten, weiterzugeben und vor Vertragsschluss abzufragen war.[1011] Es gelten also die gleichen Kriterien wie bei Gesellschaftern.

1008 Dauner-Lieb, in FS Kraft, S. 43, 55; Koller JZ 1998, 75, 81.
1009 Vgl. statt vieler: BGH, Urt. v. 22.11.1996 – V ZR 196/95, NJW-RR 1997, 270.
1010 BGH, Urt. v. 25.06.1996 – VI ZR 117/95, BGHZ 133, 129, 139.
1011 BGH, Urt. v. 13.10.2000 – V ZR 349/99, NJW 2001, 359, 360.

F. Änderungen im Bestand der Gesellschafter

262 Auch bei der GbR können sich Änderungen im Gesellschafterbestand ergeben.[1012] Ein Gesellschafter kann neu in die Gesellschaft eintreten, durch einen anderen Gesellschafter ausgetauscht werden, automatisch aus der Gesellschaft ausscheiden oder von den anderen Gesellschaftern ausgeschlossen werden. Bei Personengesellschaften (GbR, oHG und KG), die in ihrer gesetzlichen Grundkonzeption auf einen unveränderten personellen Bestand angelegt sind, sind der Eintritt eines neuen Gesellschafters und der Gesellschafterwechsel **Grundlagengeschäfte**, die grundsätzlich der Zustimmung aller Gesellschafter bedürfen.[1013]

I. Beitritt eines neuen Gesellschafters

263 Der Beitritt eines neuen Gesellschafters erfolgt durch einen **Aufnahmevertrag** der bisherigen Gesellschafter mit dem Neugesellschafter. Leidet dieser an einem Fehler, finden die Grundsätze über die fehlerhafte Gesellschaft Anwendung.[1014] Der fehlerhaft vollzogene Beitritt ist damit regelmäßig nicht von Anfang an unwirksam, sondern kann nur mit Wirkung für die Zukunft durch eine von dem Gesellschafter erklärte Kündigung geltend gemacht werden. Der Gesellschafter, der sich auf den Mangel berufen will, hat aber das Recht, sich jederzeit im Wege der außerordentlichen Kündigung von seiner Beteiligung für die Zukunft zu lösen. Bis zum Zugang der Kündigungserklärung ist der vollzogene Beitritt grundsätzlich voll wirksam, sodass sich die Rechte und Pflichten der Gesellschafter nach dem Gesellschaftsvertrag richten.

II. Gesellschafterwechsel

264 Ein Gesellschafterwechsel erfolgt regelmäßig durch **Abtretung des Gesellschaftsanteils** des Altgesellschafters an den Neugesellschafter. Die Abtretung eines Gesellschaftsanteils gemäß §§ 413, 398 BGB ist ein Verfügungsgeschäft. Eine zunächst ohne eine erforderliche Zustimmung der übrigen Gesellschafter vorgenommene Verfügung ist solange schwebend unwirksam, bis der letzte Gesellschafter zugestimmt hat. Verweigert ein Gesellschafter seine Zustimmung, ist die Übertragung endgültig unwirksam. § 719 Abs. 1 BGB steht der Übertragung nicht entgegen, weil der Gesellschafter nicht über seinen Anteil am Gesellschaftsvermögen, sondern über die Mitgliedschaft als solche verfügt. Dem Verfügungsgeschäft liegt ein Verpflichtungsgeschäft zwischen dem alten und dem neuen Gesellschafter zugrunde, bei dem es sich entweder um einen Rechtskauf (§ 453 BGB) oder eine Schenkung (§ 516 BGB) handelt.

Der Gesellschafterwechsel kann sich auch durch eine **Kombination von Austritt** des alten **und Eintritt** des neuen Gesellschafters vollziehen: Zunächst wird ein Austrittsvertrag zwischen dem Altgesellschafter und den übrigen Gesellschaftern geschlossen, mit der Folge, dass der Gesellschaftsanteil des ausscheidenden Gesellschafters den verbleibenden Gesellschaftern nach § 738 Abs. 1 S. 1 BGB anwächst. Anschließend wird der neue Gesellschafter durch Aufnahmevertrag mit den verbliebenen Gesellschaftern in die Gesellschaft aufgenommen. Dieser Weg ist deutlich komplizierter als die Abtretung und kommt in der Praxis deshalb nur selten vor.

1012 Zum Folgenden: Bitter/Heim § 5 Rn. 107 ff.
1013 BGH, Urt. v. 21.10.2014 – II ZR 84/13, NJW 2015, 859 = RÜ 2014, 764 (Nissen), Rn. 18.
1014 Hier und zum Folgenden: BGH, Urt. v. 11.05.2016 – XII ZR 147/14, NJW 2016, 2492, Rn. 22.

Der Altgesellschafter haftet für die bis zu seinem Ausscheiden begründeten Altverbindlichkeiten weiterhin persönlich analog § 128 HGB (Nachhaftung).[1015] Altverbindlichkeiten sind alle Schuldverpflichtungen, deren Rechtsgrundlage bis zum Ausscheiden gelegt worden ist, auch wenn die einzelnen Verpflichtungen erst später fällig werden.[1016] Die Nachhaftung erlischt gemäß § 736 Abs. 2 BGB i.V.m. § 160 Abs. 1 HGB mit Ablauf einer Frist von fünf Jahren ab dem Zeitpunkt, in dem der Gläubiger vom Ausscheiden des Gesellschafters aus der GbR positive Kenntnis erlangt hat.[1017] Für nach seinem Ausscheiden begründete Neuverbindlichkeiten haftet der ausgeschiedene Gesellschafter nicht. Der neu in die Gesellschaft eingetretene Gesellschafter haftet für Altverbindlichkeiten analog § 130 HGB[1018] und für Neuverbindlichkeiten analog § 128 HGB.[1019]

III. Ausscheiden eines Gesellschafters

Nach der gesetzlichen Grundkonzeption wird eine GbR aufgelöst, wenn ein Gesellschafter kündigt, stirbt oder das Insolvenzverfahren über sein[1020] Vermögen eröffnet wird (§§ 723, 727 Abs. 1, 728 Abs. 2 S. 1 BGB).[1021] Die Gesellschafter können aber auch im Gesellschaftsvertrag vereinbaren, dass in diesen Fällen die Gesellschaft fortbesteht und der betroffene Gesellschafter aus der Gesellschaft ausscheidet (§ 736 Abs. 1 BGB, sog. **Fortsetzungsklausel**). Das Ausscheiden des Gesellschafters bewirkt, dass sein Gesellschaftsanteil[1022] den übrigen Gesellschaftern anwächst (§ 738 Abs. 1 S. 1 BGB). Die verbleibenden Gesellschafter führen die Gesellschaft unter Wahrung deren Identität fort. Als Ausgleich für die Anwachsung und den Verlust seiner Gesellschafterrechte[1023] steht dem ausgeschiedenen Gesellschafter – bei dessen Tod seinen Erben – gegen die Gesellschaft[1024] ein Abfindungsanspruch zu (§ 738 Abs. 1 S. 2 BGB).[1025] Dieser richtet sich umfassend gegen die Gesellschaft.[1026] Für Altverbindlichkeiten haftet er analog §§ 128, 160 HGB nach; allerdings steht ihm im Innenverhältnis ein Freistellungsanspruch gegen die Gesellschaft zu (§ 738 Abs. 1 S. 2 BGB).[1027] Eine Haftung für Neuverbindlichkeiten besteht nicht.

265

1015 Hier und zum Folgenden: Bitter/Heim § 5 Rn. 115.
1016 BGH, Urt. vom 17.01.2012 – II ZR 197/10, NZG 2012, 221, Rn. 14.
1017 BGH, Urt. v. 24.09.2007 – II ZR 284/05, NJW 2007, 3784 = RÜ 2008, 94 (Alpmann), Ls.
1018 BGH, Versäumnisurt. v. 07.04.2003 – II ZR 56/02, NJW 2003, 1803.
1019 BGH, Urt. v. 29.01.2001 – II ZR 331/00, NJW 2001, 1056 – „ARGE Weißes Ross".
1020 Die GbR wird auch durch die Eröffnung des Insolvenzverfahren über das Vermögen der Gesellschaft aufgelöst (§ 728 Abs. 1 S. 1 BGB).
1021 Hier und zum Folgenden: Bitter/Heim § 5 Rn. 117 f.
1022 § 738 Abs. 1 S. 1 BGB spricht von einer Anwachsung des „Anteil(s) am Gesellschaftsvermögen". Nach der vom BGH vertretenen Auffassung ist Träger dieses Vermögens aber die GbR, sodass kein Anteil an deren Vermögen, sondern vielmehr der Gesellschaftsanteil als solcher den verbleibenden Gesellschaftern anwächst.
1023 Hk-BGB/Saenger § 738 Rn. 4.
1024 Der Abfindungsanspruch des ausscheidenden Gesellschafters ist eine Sozialverpflichtung der GbR, für deren Erfüllung die verbleibenden Gesellschafter jedoch mit ihrem Privatvermögen einzustehen haben, § 128 HGB analog (Bitter/Heim § 5 Rn. 134; Hk-BGB/Saenger § 738 Rn. 5).
1025 Die Höhe des Abfindungsanspruch bestimmt sich nach einer Auseinandersetzungsbilanz zum Stichtag des Ausscheidens (Hk-BGB/Saenger § 738 Rn. 5). Dabei ist der wirkliche Wert des lebenden Unternehmens einschließlich aller stillen Reserven und des good will maßgeblich (BGH, Urt. v. 18.04.2002 – IX ZR 72/99, ZIP 2002, 1144, 1149).
1026 BGH, Urt. v. 12.07.2016 – II ZR 74/14, NJW 2016, 3597 = RÜ 2016, 772 (Nissen), Ls.
1027 Nach dem Wortlaut des § 738 Abs. 1 S. 2 BGB haben die verbleibenden Gesellschafter den ausscheidenden von den „gemeinschaftlichen Schulden" zu befreien. Tatsächlich handelt es sich aber um Schulden der GbR, sodass diese auch Schuldnerin des Freihalteanspruchs ist (Bitter/Heim § 5 Rn. 133; Erman/Westermann § 738 Rn. 9). Für dessen Erfüllung haften die verbleibenden Gesellschafter aber wiederum analog § 128 HGB.

Scheiden so viele Gesellschafter aus, dass nur noch ein Gesellschafter verbleiben würde, führt dies zwingend zum Erlöschen der GbR ohne Liquidation, weil es eine Personengesellschaft mit nur einem Gesellschafter nach deutschem Recht nicht gibt.[1028] Dann führt die Fortsetzungsklausel dazu, dass das bisherige Gesellschaftsvermögen im Wege der Gesamtrechtsnachfolge auf den letztverbleibenden Gesellschafter übergeht.[1029]

Für den **Tod eines Gesellschafters** kann der Gesellschaftsvertrag über eine reine Fortsetzungsklausel hinaus weitere Regelungen treffen.[1030] Er kann einem Dritten im Wege eines Vertrags zugunsten Dritter (§ 328 Abs. 1 BGB) das Recht einräumen, in die Gesellschafterstellung des Verstorbenen einzutreten (Eintrittsklausel). In diesem Fall sind die verbliebenen Gesellschafter verpflichtet, mit dem Eintrittsberechtigten einen Aufnahmevertrag abzuschließen. Die Nachfolge kann auch automatisch eintreten, indem alle Erben im Wege der Sonderrechtsnachfolge jeweils einzeln (einfache erbrechtliche Nachfolgeklausel) oder nur bestimmte Erben (qualifizierte erbrechtliche Nachfolgeklausel) anstelle des Verstorbenen Gesellschafter werden. Schließlich kann der Gesellschaftsvertrag vorsehen, dass ein Dritter automatisch in die Gesellschafterstellung des Verstorbenen einrückt (gesellschaftsvertragliche Nachfolgeklausel). Dies geht nur unter Beteiligung des Nachfolgers, da im Hinblick auf die mit der Gesellschafterstellung einhergehenden Pflichten ansonsten ein unzulässiger Vertrag zulasten Dritter vorläge.

IV. Ausschluss eines Gesellschafters

266 Betrifft eine Fortsetzungsklausel im Gesellschaftsvertrag (auch) den Fall der Kündigung und liegt in der Person eines Gesellschafters ein Umstand vor, der die übrigen Gesellschafter nach § 723 Abs. 1 S. 2 BGB zur Kündigung aus wichtigem Grund berechtigt, so eröffnet § 737 BGB den übrigen Gesellschaftern die Möglichkeit, den betreffenden Gesellschafter aus der Gesellschaft auszuschließen.[1031] Der Ausschluss eines Gesellschafters hat die Wirkungen des § 736 Abs. 1 BGB.

Bei der oHG erfolgt der Ausschluss eines Gesellschafters aus wichtigem Grund in der Weise, dass die übrigen Gesellschafter eine Ausschließungsklage erheben (§§ 140, 133 HGB).

4. Abschnitt: Die Haftungsverfassung der GbR

A. Die Haftung der Gesellschaft

267 Seit dem Grundsatzurteil des BGH vom 29.01.2001[1032] wird die (Außen-)GbR als eigenständiges Rechtssubjekt angesehen, das selbst Träger von Rechten und Pflichten ist und dementsprechend auch selbst Gläubiger und Schuldner sein kann. Wird die GbR beim Abschluss eines Vertrages wirksam vertreten, schuldet sie selbst dessen Erfüllung.

Zu Schadensersatz verpflichtendes Verhalten ihrer geschäftsführenden Gesellschafter muss sich die GbR nach h.M. **analog § 31 BGB** zurechnen lassen.[1033] „Verfassungsmäßig berufene Vertreter" der GbR ist zunächst jeder geschäftsführende und vertretungsbe-

---

1028 OLG Hamm, Urt. v. 11.04.2014 – I-12 U 142/13, ZIP 2014, 1426, 1428.
1029 BGH, Urt. v. 07.07.2008 – II ZR 37/07, NJW 2008, 2992, Ls. 1 („Anwachsung"); Bitter/Heim § 5 Rn. 120.
1030 Hier und zum Folgenden: Bitter/Heim § 5 Rn. 122 ff.
1031 Bitter/Heim § 5 Rn. 128.
1032 BGH, Urt. v. 29.01.2001 – II ZR 331/00, NJW 2001, 1056 – „ARGE Weißes Ross".
1033 BGH, Urt. v. 24.02.2003 – II ZR 385/99, NJW 2003, 1445.

rechtigte Gesellschafter, weiterhin aber auch jede sonstige Person (auch Nichtgesellschafter), dem für die Gesellschaft wesensmäßige Funktionen zur selbstständigen, eigenverantwortlichen Erfüllung zugewiesen sind. Auch das Handeln eines Sachbearbeiters kann der GbR analog § 31 BGB zugerechnet werden, wenn ihm eine wichtige Angelegenheit zur eigenverantwortlichen Erledigung übertragen worden ist.[1034] „In Ausführung der ihm zustehenden Verrichtungen" hat die betreffende Person gehandelt, wenn die Aufgabe in den ihr zugewiesenen Wirkungskreis fällt. Dabei ist nicht entscheidend, ob sie für die konkrete Aufgabe Vertretungsmacht hatte oder ob sie diese überschritten hat.

Das Verhalten von Erfüllungsgehilfen muss sich die GbR – wie jeder andere Rechtsträger auch – nach **§ 278 BGB** zurechnen lassen.

> **Fall 9: Nachlässiger Gesellschafter**
>
> Die Rechtsanwälte A, B, C und D haben sich zu einer Anwaltssozietät zusammengeschlossen. Da sich A beim Kauf eines Hauses finanziell übernommen hat, geht er dazu über, seinen Mandanten überhöhte, nach dem RVG nicht gerechtfertigte Rechnungen zu stellen. Auch Mandant M, der sich von A in einem Prozess hatte vertreten lassen, erhält eine überhöhte Rechnung. Später stellt er fest, dass er 4.300 € zu viel gezahlt hat. Da A mittlerweile vermögenslos ist, verlangt M Schadensersatz von B. B meint, er habe von den Unregelmäßigkeiten nichts gewusst und brauche dafür auch nicht einzustehen. Zu Recht?

A. M könnte gegen B einen Anspruch auf Schadensersatz gemäß § 128 S. 1 HGB analog i.V.m. § 280 Abs. 1 BGB haben.

Bei der Anwaltssozietät handelt es sich um eine GbR. Eine Verbindlichkeit der GbR liegt vor, weil die Verletzung der Pflichten aus dem Anwaltsvertrag durch A der GbR analog § 31 BGB (a.A. § 278 BGB) zugerechnet wird. Durch diese Pflichtverletzung ist dem M ein Schaden entstanden, sodass die GbR nach § 280 Abs. 1 BGB haftet. Für diese Verbindlichkeit haftet B analog § 128 S. 1 HGB.

B. M könnte gegen B ferner einen Anspruch gemäß § 128 S. 1 HGB analog i.V.m. §§ 823 Abs. 2 BGB, 352 StGB haben.

  I. Voraussetzung ist zunächst, dass eine Verbindlichkeit der Gesellschaft vorliegt. Die GbR haftet gegenüber M nach § 823 Abs. 2 BGB i.V.m. § 352 StGB, da ihr das schuldhafte Handeln des A analog § 31 BGB zugerechnet wird.

  II. Umstritten ist, ob ein Gesellschafter analog § 128 S. 1 HGB auch für Verbindlichkeiten der Gesellschaft haftet, die auf einer unerlaubten Handlung eines Mitgesellschafters beruhen und der Gesellschaft analog § 31 BGB zugerechnet werden.

    1. Teilweise wird die Haftung der Mitgesellschafter für deliktisches Verhalten eines Gesellschafters analog § 128 HGB abgelehnt.[1035] Diese Ansicht wird damit begründet, dass der Gesetzgeber an eine Delikthaftung der Gesellschafter

---

1034 BGH, Urt. v. 03.05.2007 – IX ZR 218/05, NJW 2007, 2490, Rn. 16.
1035 Altmeppen NJW 2003, 1553, 1557; Schäfer ZIP 2003, 1225, 1227 ff.

nach § 128 HGB nicht gedacht habe. Die Norm enthalte daher keine Begründung für eine Deliktshaftung. Zwar spreche der Wortlaut des § 128 HGB für eine persönliche Haftung der Gesellschafter der GbR. Der Rechtsgrundsatz, dass niemand für ein fremdes Delikt hafte, gebiete es aber, dass durch teleologische Reduktion die Haftung für Delikte nach § 128 HGB ausgenommen werde.[1036] Nach dieser Ansicht haftet B nicht analog § 128 S. 1 HGB für die Verbindlichkeit der Gesellschaft aus § 823 Abs. 2 BGB i.V.m. § 352 StGB.

2. Nach h.M. haften die Gesellschafter einer GbR auch für Verbindlichkeiten der Gesellschaft, die durch eine unerlaubte Handlung eines Mitgesellschafters entstanden sind.[1037] Es gebe keinen überzeugenden Grund, die Haftung, anders als bei der oHG, auf rechtsgeschäftlich begründete Verbindlichkeiten zu beschränken. Bei der oHG sei die Haftung der Gesellschaft auch für gesetzliche Verbindlichkeiten, insbesondere auch für ein zum Schadensersatz verpflichtendes Verhalten ihrer Gesellschafter und die analoge Anwendbarkeit des § 31 BGB allgemein anerkannt. Für die Ausdehnung der Haftung auf gesetzliche Verbindlichkeiten spreche insbesondere der Gedanke des Gläubigerschutzes. Anders als bei rechtsgeschäftlicher Haftungsbegründung könnten sich Gläubiger einer gesetzlichen Verbindlichkeit ihren Schuldner nicht aussuchen. Dann müsse erst recht das Privatvermögen der Gesellschafter als Haftungsmasse zur Verfügung stehen. Die persönliche Haftung sei den Gesellschaftern auch zuzumuten, weil sie in aller Regel auf die Auswahl und Tätigkeit der Organmitglieder entscheidenden Einfluss haben.[1038] Nach dieser Ansicht haftet B analog § 128 S. 1 HGB auch mit seinem Privatvermögen für die Verbindlichkeit der GbR.

3. Stellungnahme: Für die h.M. sprechen die Klarheit und Stimmigkeit des Haftungssystems bei der GbR im Vergleich mit der oHG. Denn eine GbR wird von Gesetzes wegen ohne jeden Publizitätsakt zu einer personen- und strukturgleichen oHG, sobald das Unternehmen nach Art und Umfang einen in kaufmännischer Weise eingerichteten Gewerbebetrieb erfordert (§§ 105 Abs. 1 S. 1 HGB). Da sich dieser Übergang oft gleitend vollzieht und die Erforderlichkeit kaufmännischer Einrichtungen nur durch eine wertende Betrachtung festzustellen ist, lässt sich der Zeitpunkt, ab dem es sich nicht mehr um eine GbR, sondern um eine oHG handelt, selten exakt bestimmen. Da sich zudem die Umwandlung auch in umgekehrter Richtung vollziehen kann, wäre es mit dem Grundsatz der Rechtssicherheit für die Gläubiger unvereinbar, oHG und GbR unterschiedlich zu beurteilen.[1039]

Somit haftet B analog § 128 S. 1 HGB. M hat einen Anspruch analog § 128 S. 1 HGB i.V.m. §§ 823 Abs. 2 BGB, 352 StGB gegen B.

[1036] Altmeppen NJW 2003, 1553, 1557.
[1037] BGH, Urt. v. 24.02.2003 – II ZR 385/99, NJW 2003, 1445; Hadding ZGR 2001, 712, 725; Ulmer ZIP 2003, 1113, 1115.
[1038] Ulmer ZIP 2003, 1113, 1114.
[1039] BGH, Urt. v. 24.02.2003 – II ZR 385/99, NJW 2003, 1445.

B. Die Haftung der Gesellschafter

Nach neuerer Rechtsprechung des BGH haften die Gesellschafter[1040] in analoger Anwendung der §§ 128–130 HGB persönlich, unbeschränkt und akzessorisch für die Verbindlichkeiten der GbR.[1041] Dabei ergibt sich folgendes Prüfungsschema für eine Gesellschafterhaftung gegenüber einem Gläubiger der GbR:[1042]

268

Haftung der Gesellschafter für Verbindlichkeiten der GbR
1. Es muss zunächst eine Verbindlichkeit der Gesellschaft bestehen (s. o. unter 1.)
2. Die Gesellschafter haften für vertragliche und gesetzliche Verbindlichkeiten der GbR analog §§ 128, 130 HGB.
3. Dabei stehen den Gesellschaftern neben eigenen Einwendungen und Einreden analog § 129 HGB auch die Einwendungen und Einreden der Gesellschaft zu.
4. Durch Individualvereinbarung mit dem jeweiligen Gläubiger kann die Haftung der Gesellschafter ausnahmsweise ausgeschlossen sein.
5. Liegen die unter 1. bis 4. genannten Voraussetzungen vor, sind die Gesellschafter grundsätzlich zur Erfüllung der Gesellschaftsschuld in Natur verpflichtet.
6. Dabei stellen sich Fragen des Regresses und der Freistellung.

I. Haftung für Neu- und Altverbindlichkeiten (§§ 128, 130 HGB analog)

Die GbR hat im Gegensatz zur AG und GmbH **kein Grund- bzw. Stammkapital**.[1043] Dementsprechend gibt es auch keine dem Recht der Kapitalgesellschaften vergleichbaren Regeln über die Kapitalaufbringung, -erhaltung, -erhöhung und -herabsetzung. Der Gläubigerschutz erfolgt über eine persönliche Haftung der Gesellschafter für die Verbindlichkeiten der Gesellschaft. Gläubiger, die einen Anspruch gegen die GbR haben, können nicht nur auf das Vermögen der Gesellschaft zugreifen; ihnen steht vielmehr grundsätzlich auch ein Anspruch gegen die Gesellschafter zu.

269

Früher wurde die Gesellschafterhaftung dadurch begründet, dass der geschäftsführende Gesellschafter neben dem Gesellschaftsvermögen auch alle Gesellschafter persönlich verpflichtete (sog. **Doppelverpflichtungstheorie**).[1044] Seit seinem Grundsatzurteil vom 29.01.2001[1045] geht der BGH hingegen davon aus, dass nur die (Außen-)GbR als eigenständiges Rechtssubjekt durch den geschäftsführenden Gesellschafter vertreten und verpflichtet wird und deren Gesellschafter analog § 128 HGB akzessorisch mithaf-

---

1040 Zur Rechtsscheinshaftung des Scheingesellschafters einer GbR siehe BGH, Urt. v. 31.07.2012 – X ZR 154/11, NJW 2012, 3368 = RÜ 2012, 693 (Alpmann).
1041 Zur Haftungsverfassung der GbR siehe Kliebisch, ZJS 2011, 445 ff.
1042 Zum Folgenden: Bitter/Heim § 5 Rn. 44.
1043 Hier und zum Folgenden: Bitter/Heim § 5 Rn. 142.
1044 BGH, Urt. v. 30.04.1979 – II ZR 137/78, BGHZ 74, 240, 242; BGH, Urt. v. 10.02.1992 – II ZR 54/91, BGHZ 117, 168, 176; BGH, Urt. v. 15.07.1997 – XI ZR 154/96, BGHZ 136, 254, 257 f.
1045 Grundlegend: BGH, Urt. v. 29.01.2001 – II ZR 331/00, NJW 2001, 1056 – „ARGE Weißes Ross".

ten (sog. **Akzessorietätstheorie**). Nach § 128 S. 1 HGB haften die Gesellschafter den Gläubigern für die Verbindlichkeiten der Gesellschaft als Gesamtschuldner persönlich.

Weiterhin hat der BGH durch Urteil vom 24.02.2003[1046] entschieden, dass sich die GbR zu Schadensersatz verpflichtendes (auch deliktisches!) Verhalten ihrer geschäftsführenden Gesellschafter analog § 31 BGB zurechnen lassen muss und ihre Gesellschafter deshalb **auch** für **gesetzlich begründete Verbindlichkeiten der GbR** analog § 128 S. 1 HGB persönlich und als Gesamtschuldner haften. Dies betrifft etwa deliktische Ansprüche und Leistungskondiktionen.[1047]

Mit Urteil vom 07.04.2003[1048] hat der BGH entschieden, dass auch der in eine GbR **eintretende Gesellschafter** neben den Altgesellschaftern grundsätzlich auch für vor seinem Eintritt begründete vertragliche und gesetzliche **(Alt-)Verbindlichkeiten** der GbR haftet. Dies ergibt sich aus einer analogen Anwendung des § 130 HGB.

Die Haftung für Altverbindlichkeiten analog § 130 HGB gilt im Grundsatz auch, wenn ein Gesellschafter einer GbR beigetreten ist, bevor der BGH die Rechtsfähigkeit der (Außen-)GbR anerkannt und sich für eine analoge Anwendung der §§ 128, 130 HGB ausgesprochen hat.[1049] Allerdings ist in jedem Einzelfall zu prüfen, ob dem Beitretenden ausnahmsweise Vertrauensschutz zu gewähren ist.[1050] Dabei kommt es vor allem darauf an, ob dem beitretenden Gesellschafter die Verbindlichkeit bekannt war oder er sie jedenfalls hätte erkennen können.[1051]

Scheidet ein Gesellschafter aus der GbR aus, so trifft ihn eine fünfjährige **Nachhaftung** für vor seinem Ausscheiden begründete Verbindlichkeiten (§ 736 Abs. 2 BGB i.V.m. § 160 HGB). Begründet ist eine Verbindlichkeit vor dem Ausscheiden, wenn ihr Rechtsgrund noch vorher gelegt wurde.[1052] Nach Ablauf von fünf Jahren erlischt die Nachhaftung (§ 736 Abs. 2 BGB i.V.m. § 160 Abs. 1 HGB). Da § 160 Abs. 1 HGB (für die oHG) hinsichtlich des Beginns der Enthaftungsfrist auf die Eintragung des Ausscheidens im Handelsregister abstellt und für die GbR ein vergleichbares Register nicht existiert, ist bei einem GbR-Gesellschafter auf den Zeitpunkt der Kenntniserlangung des Gläubigers vom Ausscheiden abzustellen.[1053]

II. Einwendungen und Einreden

270 Der Gesellschafter kann dem Gläubiger neben eigenen Einwendungen und Einreden in analoger Anwendung des § 129 HGB auch bestimmte Einwendungen und Einreden der Gesellschaft entgegenhalten. Insoweit gelten die diesbezüglichen Ausführungen zur oHG[1054] für die GbR entsprechend.

[1046] BGH, Urt. v. 24.02.2003 – II ZR 385/99, NJW 2003, 1445, Ls. 2.
[1047] BGH, Urt. v. 17.06.2008 – XI ZR 112/07, ZIP 2008, 1317, Rn. 17.
[1048] BGH, Versäumnisurt. v. 07.04.2003 – II ZR 56/02, NJW 2003, 1803.
[1049] BGH, Urt. v. 12.12.2005 – II ZR 283/03, NJW 2006, 765, Ls.; hier und zum Folgenden: Bitter/Heim § 5 Rn. 43.
[1050] BGH, Urt. v. 19.07.2011 – II ZR 300/08, NZG 2011, 1023, Rn. 40.
[1051] BGH, Urt. v. 19.07.2011 – II ZR 300/08, NZG 2011, 1023, Rn. 41 f.
[1052] BGH, Urt. v. 17.01.2012 – II ZR 197/10, NZG 2012, 221, Rn. 14.
[1053] BGH, Urt. v. 10.02.1992 – II ZR 54/91, NJW 1992, 1615, Ls. 2; Hk-BGB/Saenger § 736 Rn. 4.
[1054] Siehe hierzu Rn. 304.

III. Haftungsausschluss

271 Die Angleichung der Haftungsverfassung der GbR an diejenige der oHG im Wege der analogen Anwendung der §§ 128–130 HGB führt zu einer im Grundsatz umfassenden Haftung der Gesellschafter mit ihrem gesamten Privatvermögen für die Verbindlichkeiten der GbR. Dies ist gut für die Gläubiger der Gesellschaft, aber ebenso misslich für die Gesellschafter und wirft für Letztere die Frage auf, ob und ggf. wie sie sich dieser umfassenden persönlichen Haftung für die Gesellschaftsschulden entziehen können.

Noch auf der Grundlage der seinerzeit von ihm vertretenen Doppelverpflichtungstheorie hat der BGH entschieden, dass die Gesellschafterhaftung nicht dadurch ausgeschlossen werden kann, dass die GbR im Rechtsverkehr die Bezeichnung **„GbR mbH"** bzw. „Gesellschaft bürgerlichen Rechts mit beschränkter Haftung" führt.[1055] Die Gesellschafter haften für die im Namen der GbR begründeten Verpflichtungen kraft Gesetzes auch persönlich und eine solche Haftung könne nicht durch einen Namenszusatz oder einen anderen den Willen, nur beschränkt für diese Verpflichtungen einzustehen, verdeutlichenden Hinweis beschränkt werden. Diese Begründung lässt sich zwanglos – sogar im Wege eines Erst-Recht-Schlusses – auf die nunmehr vom BGH vertretene Akzessorietätstheorie übertragen.

Auch eine die Gesellschafterhaftung beschränkende oder ausschließende **Vereinbarung im Gesellschaftsvertrag** scheidet aus. Nach § 128 S. 2 HGB ist eine entgegenstehende Vereinbarung Dritten gegenüber unwirksam. In analoger Anwendung dieser Vorschrift gilt dies auch für die GbR.[1056]

Erforderlich ist eine **Individualvereinbarung mit dem betreffenden Gläubiger**.[1057] Eine Vereinbarung in AGB ist hingegen grundsätzlich unwirksam, weil ein Haftungsausschluss mit einem wesentlichen Grundgedanken des Rechtes der GbR unvereinbar ist (§ 307 Abs. 2 Nr. 1 BGB).[1058]

Etwas anderes gilt aber, wenn es sich bei der GbR um einen **geschlossenen Immobilienfonds** handelt, dem die Gesellschafter allein zum Zwecke der Kapitalanlage beigetreten sind.[1059] Die Übernahme der persönlichen Haftung des Kapitalanlegers für das gesamte Investitionsvolumen ist dem einzelnen Anleger nicht zumutbar und kann vom Rechtsverkehr auch nicht erwartet werden. Daher genügt in diesen Fällen ausnahmsweise eine formularmäßige Vereinbarung mit dem Gesellschaftsgläubiger.[1060] Auch ohne eine haftungsbeschränkende Klausel kann die persönliche Haftung der Gesellschafter eines in der Rechtsform der GbR geführten geschlossenen Immobilienfonds im Einzelfall gemäß § 242 BGB ausgeschlossen sein.[1061]

Schließlich kann die Haftung der Gesellschafter aufgrund der **Rechtsnatur der Verpflichtung** der GbR im Einzelfall ausgeschlossen sein.[1062] Dies ist etwa dann der Fall, wenn die GbR zur Abgabe einer Willenserklärung verurteilt wird.[1063] Auch Unterlas-

---

1055 BGH, Urt. v. 27.09.1999 – II ZR 371/98, NJW 1999, 3483, 3484 f.
1056 Bitter/Heim § 5 Rn. 44.
1057 BGH, Urt. v. 27.09.1999 – II ZR 371/98, NJW 1999, 3483, Ls.
1058 Bitter/Heim § 5 Rn. 44.
1059 Hier und zum Folgenden: Bitter/Heim § 5 Rn. 44.
1060 BGH, Urt. v. 21.01.2002 – II ZR 2/00, NJW 2002, 1642, Ls. 2.
1061 BGH, Urt. v. 17.06.2008 – XI ZR 112/07, ZIP 2008, 1317, Rn. 18 ff.
1062 Hier und zum Folgenden: Bitter/Heim § 5 Rn. 44.
1063 BGH, Urt. v. 25.01.2008 – V ZR 63/07, NJW 2008, 1378, Ls.

sungsverpflichtungen der GbR verpflichten deren Gesellschafter nicht gleichermaßen zur Unterlassung, sondern lediglich zur Haftung auf das Interesse des Gläubigers, falls die GbR das Unterlassungsgebot verletzt.[1064]

IV. Inhalt der Haftung

272 Mit der Qualifizierung der Schuld der Gesellschafter aus § 128 HGB (analog) als **selbstständiger akzessorischer Schuld** ist nicht bestimmt, wie die Gesellschafter haften, ob sie in gleicher Weise wie die Gesellschaft zur Erfüllung verpflichtet sind oder ob lediglich eine Haftung auf das Wertinteresse besteht. Nach heute einhelliger Auffassung sind die Gesellschafter aus § 128 S. 1 HGB (analog) **grundsätzlich** in gleicher Weise wie die Gesellschaft (GbR, oHG, KG) zur **Erfüllung** verpflichtet. **Ausnahmen** von der grundsätzlichen Erfüllungspflicht bestehen dann, wenn die Erfüllung dem Gesellschafter **unmöglich** oder **unzumutbar** ist. Einzelheiten hierzu werden bei der oHG dargestellt.[1065]

V. Regress und Freistellung

273 Die Gesellschafter haften nicht nur anteilig, sondern jeweils auf die ganzen Leistung und sind damit **untereinander Gesamtschuldner** i.S.v. §§ 421 ff. BGB.

Im Verhältnis der Gesellschafter **zur GbR** besteht **kein echtes Gesamtschuldverhältnis**, weil die Gesellschafterhaftung akzessorisch zur Haftung der Gesellschaft ist. Es ist aber zu prüfen, ob unter Berücksichtigung der jeweils verschiedenartigen Interessen der Beteiligten der Rechtsgedanke der §§ 420 ff. BGB im Einzelfall zur Anwendung kommt[1066] und GbR und Gesellschafter zumindest „wie Gesamtschuldner" haften. Zur Veranschaulichung dient das nachfolgende Schaubild:

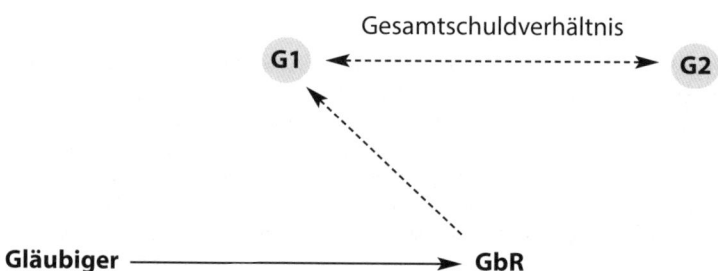

274 Wird ein Gesellschafter durch einen Gläubiger der GbR aus § 128 HGB analog persönlich in Anspruch genommen, hat er einen **Rückgriffsanspruch gegen die GbR** aus §§ 713, 670 BGB,[1067] weil die Zahlung an den Gläubiger im Verhältnis zur GbR eine erstattungsfähige Aufwendung ist.[1068] Ist die Gesellschaft nicht in der Lage, den Aufwendungsersatzanspruch zu erfüllen, kann ein (anteiliger) Ausgleichsanspruch gegen die Mitgesell-

---

1064 BGH, Urt. v. 20.06.2013 – I ZR 201/11, NZG 2013, 1095, Rn. 11 – Markenheftchen II.
1065 Siehe hierzu Rn. 307 ff.
1066 BGH, Urt. v. 29.01.2001 – II ZR 331/00, NJW 2001, 1056, 1061 – „ARGE Weißes Ross".
1067 Bei oHG und KG folgt der Anspruch aus § 110 HGB.
1068 Hier und zum Folgenden: Bitter/Heim § 5 Rn. 100.

schafter in Höhe deren jeweiligen Verlustanteils bestehen.[1069] Eine Gesellschafterhaftung analog § 128 HGB scheidet aber aus, weil es sich bei dem Aufwendungsersatzanspruch um eine Sozialverbindlichkeit[1070] der GbR handelt, für die die Mitgesellschafter nicht persönlich haften.

Ob auch der Anspruch des befriedigten Gläubigers gegen die GbR auf den zahlenden Gesellschafter übergeht, wird unterschiedlich beurteilt: Teilweise wird dies unter Anwendung von § 426 Abs. 2 BGB[1071] oder § 774 Abs. 1 BGB bejaht; die zutreffende Gegenauffassung lehnt die *cessio legis* hingegen ab und begründet dies damit, dass zwischen Gesellschaft und Gesellschafter ein Akzessorietäts- und eben kein Gesamtschuldverhältnis vorliegt.[1072] Bei fehlender Besicherung (nur) des Anspruchs gegen die Gesellschaft ist der Streit unbedeutend, weil jedenfalls zwischen den Gesellschaftern eine Gesamtschuld besteht und damit der Anspruch des Gläubigers gegen den Gesellschafter auf den Zahlenden übergeht.[1073]

275 Der durch den Gläubiger der GbR persönlich in Anspruch genommene Gesellschafter hat zudem einen **Ausgleichsanspruch gegen die weiteren Gesellschafter** gemäß § 426 Abs. 1 u. 2 BGB,[1074] weil unter den Gesellschaftern ein (echtes) Gesamtschuldverhältnis besteht.[1075] Danach kann der betroffene Gesellschafter subsidiär von seinen Mitgesellschaftern entsprechend ihrer Beteiligung am Verlust (vgl. § 722 BGB) anteilsmäßig Ersatz verlangen. Subsidiär bedeutet, dass der Gesellschafter sich zunächst mit seinem Aufwendungsersatzanspruch an die GbR wenden und die Gesellschaft in Regress nehmen muss, bevor er seine Mitgesellschafter in Anspruch nimmt. Er muss die Gesellschaft allerdings nicht gerichtlich in Anspruch nehmen; es reicht, dass die GbR auf Aufforderung nicht zahlt[1076] oder feststeht, dass die GbR nicht über ausreichende Mittel verfügt.[1077] Für den Regressanspruch im Innenverhältnis der Gesamtschuldner haften die Mitgesellschafter nicht gesamtschuldnerisch, sondern nur *pro rata*, also als Teilschuldner. Gesellschafter, die (ausnahmsweise) nicht im Außenverhältnis zur Zahlung verpflichtet sind, können auch im Innenverhältnis der Gesellschafter nicht in Anspruch genommen werden, weil dann insoweit kein Gesamtschuldverhältnis besteht.[1078]

Der Ausgleich gegen die Mitgesellschafter gemäß § 426 BGB entfällt, wenn den zahlenden Gesellschafter im Innenverhältnis die alleinige Verantwortung für die Gesellschaftsverbindlichkeit trifft.[1079] Dies gilt etwa dann, wenn es der zahlende Gesellschafter schuldhaft verursacht hat, dass die GbR durch einen Dritten auf Schadensersatz in Anspruch genommen worden ist.[1080]

Der Ausgleichsanspruch gemäß § 426 Abs. 1 BGB entsteht nicht erst mit der Befriedigung des Gläubigers, sondern als **Freistellungsanspruch** bereits mit der Entstehung der Gesamtschuld im Außenverhältnis.[1081]

1069 BGH, Beschl. v. 09.07.2008 – II ZR 286/07, NJW-RR 2010, 983 = RÜ 2008, 689 (Haack), Rn. 2; BGH, Urt. v. 22.02.2011 – II ZR 158/09, NJW 2011, 1730 = RÜ 2011, 349 (Nissen), Rn. 13.
1070 Siehe hierzu Rn. 253.
1071 So insbesondere BGH, Urt. v. 08.10.2013 – II ZR 310/12, NZG 2013, 1334 = RÜ 2014, 17 (Nissen), Rn. 35.
1072 Zum Streitstand: K. Schmidt, GesR, § 49 V. 1.
1073 Bitter/Heim § 5 Rn. 100.
1074 BGH, Urt. v. 08.10.2013 – II ZR 310/12, NZG 2013, 1334 = RÜ 2014, 17 (Nissen), Rn. 35.
1075 Hier und zum Folgenden: Bitter/Heim § 5 Rn. 101.
1076 BGH, Urt. v. 29.09.2015 – II ZR 403/13, NJW 2015, 3789, Rn. 19.
1077 OLG Düsseldorf, Urt. v. 18.07.2013 – I-6 U 147/12, ZIP 2013, 1860, Ls. – zur Kommanditistenhaftung
1078 Bitter/Heim § 5 Rn. 105.
1079 Bitter/Heim § 5 Rn. 103.
1080 BGH, Hinweisbeschl. v. 09.06.2008 – II ZR 268/07, NZG 2008, 777, Ls.: Heranziehung des Gedankens des § 254 BGB.
1081 BGH, Urt. v. 08.11.2016 – VI ZR 200/15, NZG 2017, 753 = RÜ 2017, 78 (Nissen), Ls. 1 und Rn. 11; BGH, Urt. v. 15.10.2007 – II ZR 136/06, ZIP 2007, 2313, Ls. 1; Bitter/Heim § 5 Rn. 104.

Zur Veranschaulichung der vorstehend beschriebenen Haftungsverhältnisse dient das folgende Schaubild:

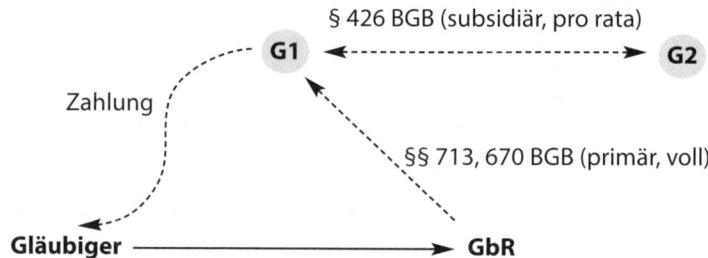

276 Ist ein Gesellschafter selbst Gläubiger der GbR (**Gesellschafter-Gläubiger**), ist für die Frage der Haftung der Mitgesellschafter zwischen Sozial- und Drittverpflichtungen der Gesellschaft zu differenzieren.[1082] Für Sozialverpflichtungen der GbR haften die Mitgesellschafter grundsätzlich nicht analog § 128 HGB persönlich, weil dies dem Grundgedanken des § 707 BGB widersprechen und faktisch auf eine Nachschusspflicht hinauslaufen würde. Für Verpflichtungen aus Drittgeschäften[1083] haften die Mitgesellschafter dem Gesellschafter-Gläubiger hingegen analog § 128 HGB persönlich als Gesamtschuldner.[1084] Allerdings muss der Gesellschafter-Gläubiger seinen eigenen Verlustanteil abziehen.[1085]

> **Fall 10: Rücksichtsloser Mitgesellschafter**
>
> Die A & Co. GbR ist in Geldverlegenheit. Daraufhin gewährt A der Gesellschaft ein Darlehen über 120.000 €. Bei Fälligkeit möchte er wissen, inwieweit er die GbR sowie seine Mitgesellschafter B und C auf Rückzahlung in Anspruch nehmen kann.

A. Der Anspruch auf Rückzahlung gegen die GbR ist aus § 488 Abs. 1 S. 2 BGB begründet und kann in voller Höhe durchgesetzt werden. Im Einzelfall kann es allerdings die Treuepflicht gebieten, auch bei Ansprüchen aus Drittbeziehungen gegen die Gesellschaft Rücksicht auf deren Interessen zu nehmen, insbesondere dann, wenn die Forderung durch Zuwarten mit der Beitreibung nicht gefährdet ist und andererseits durch rücksichtsloses Vorgehen der Gesellschaft erheblicher Schaden droht.[1086]

B. Ein Anspruch gegen B und C könnte sich aus § 128 S. 1 HGB analog ergeben.

   I. B und C sind Gesellschafter der GbR, die dem A 120.000 € schuldet (s.o.).

1082 Hier und zum Folgenden: Bitter/Heim § 5 Rn. 98.
1083 Ein Drittgeschäft ist jedes Geschäft, das seinen Rechtsgrund nicht im Gesellschaftsverhältnis, sondern in einem davon zu unterscheidenden Rechtsverhältnis hat (BGH, Urt. v. 08.10.2013 – II ZR 310/12, NZG 2013, 1334 = RÜ 2014, 17 [Nissen], Rn. 18).
1084 Vgl. BGH, Urt. v. 08.10.2013 – II ZR 310/12, NZG 2013, 1334 = RÜ 2014, 17 (Nissen), Rn. 18 – zur Kommanditistenhaftung.
1085 BGH, Urt. v. 08.10.2013 – II ZR 310/12, NZG 2013, 1334 = RÜ 2014, 17 (Nissen), Rn. 33. Andernfalls würde der Gesellschafter-Gläubiger etwas fordern, was er – in Höhe seines eigenen Verlustanteils – den in Regress genommenen Mitgesellschaftern über § 426 BGB wieder erstatten müsste (*„dolo agit, qui petit, quod statim redditurus est"*, § 242 BGB).
1086 MünchKomm-HGB/K. Schmidt § 105 Rn. 191.

II. § 128 HGB ist unanwendbar bei Sozialverpflichtungen. Hier ergibt sich die Verpflichtung der Gesellschaft jedoch aus einem anderen Rechtsgrund, nämlich aus dem Darlehensvertrag mit A. Verpflichtungen aus einer Drittbeziehung werden behandelt wie solche einem Dritten gegenüber. Demzufolge hat der Gesellschafter-Gläubiger bei einer Drittbeziehung grundsätzlich auch die gleiche Stellung wie jeder andere Gläubiger der Gesellschaft. Insbesondere kann er die anderen Gesellschafter nach § 128 S. 1 HGB in Anspruch nehmen. B und C haften damit grundsätzlich für die Darlehensschuld der GbR analog § 128 S. 1 HGB als Gesamtschuldner.

III. Bei der Geltendmachung des Anspruchs gegen seine Mitgesellschafter muss der Gesellschafter-Gläubiger jedoch gewisse Einschränkungen hinnehmen.

1. Umstritten ist, ob der Gesellschafter-Gläubiger zunächst versuchen muss, eine Befriedigung aus dem Gesellschaftsvermögen zu erlangen, bevor er gegen seine Mitgesellschafter vorgeht. Nach h.M. kann der **Gesellschafter-Gläubiger nicht auf die vorrangige Inanspruchnahme des Gesellschaftsvermögens verwiesen** werden.[1087] Eine generell nur subsidiäre Haftung der Gesellschafter für Verbindlichkeiten der Gesellschaft aus Drittgeschäften[1088] mit anderen Gesellschaftern lasse sich aus der Treuepflicht[1089] mangels Schutzbedürftigkeit der Mitgesellschafter nicht ableiten.[1090] Die Gegenauffassung geht von der Subsidiarität der Gesellschafterhaftung aus; der Gesellschafter-Gläubiger könne nur dann gegen seine Mitgesellschafter vorgehen, wenn eine Befriedigung aus dem Gesellschaftsvermögen nicht zu erwarten ist.[1091] Nach der zweitgenannten Ansicht müsste A zunächst versuchen, seinen Anspruch gegen die GbR geltend zu machen.

2. Wenn die Gesellschaft nicht zahlen kann, würden nach dem Wortlaut des § 128 S. 1 HGB dem A seine Mitgesellschafter auf das Ganze als Gesamtschuldner haften. Auch insoweit sind aber wegen der Gesellschafterstellung des A Einschränkungen zu machen, die im Einzelnen umstritten sind.

   a) Teilweise wird angenommen, die Mitgesellschafter würden dem Gesellschafter-Gläubiger nur **pro rata**, d.h. nur in Höhe des jeweils auf den einzelnen entfallenden Verlustanteils haften.[1092] Befriedigt ein Gesellschafter einen Dritten, so kann er Regress von seinen Mitgesellschaftern nur pro rata verlangen. Der Gesellschafter-Gläubiger solle nicht besser stehen als ein Gesellschafter im Regressfall. Überdies solle ein weiterer Regress zwischen den Mitgesellschaftern vermieden werden. Geht man hier von einer glei-

---

[1087] BGH, Urt. v. 08.10.2013 – II ZR 310/12, NZG 2013, 1334 = RÜ 2014, 17 (Nissen), Rn. 34; MünchKomm-BGB/Ulmer/Schäfer § 705 Rn. 220; Staudinger/Habermeier § 705 Rn. 43.

[1088] Ein Drittgeschäft ist jedes Geschäft, das seinen Rechtsgrund nicht im Gesellschaftsverhältnis, sondern in einem davon zu unterscheidenden Rechtsverhältnis hat (BGH, Urt. v. 08.10.2013 – II ZR 310/12, NZG 2013, 1334 = RÜ 2014, 17 [Nissen], Rn. 18).

[1089] Treuepflichten bestehen nicht nur zwischen der Gesellschaft und ihren Gesellschaftern, sondern obliegen auch den Gesellschaftern untereinander. Diese müssen auf die Belange ihrer Mitgesellschafter Rücksicht nehmen (BGH, Urt. v. 08.10.2013 – II ZR 310/12, NZG 2013, 1334 = RÜ 2014, 17 [Nissen], Rn. 37).

[1090] BGH, Urt. v. 08.10.2013 – II ZR 310/12, NZG 2013, 1334 = RÜ 2014, 17, Rn. 34.

[1091] K. Schmidt, GesR, § 49 I 2 b.

[1092] MünchKomm-HGB/K. Schmidt § 128 Rn. 18.

chen Verlustbeteiligung aus, so würde danach A von B und C jeweils nur deren Verlustanteil (40.000 €) verlangen können.

b) Nach h.M. muss sich der Gesellschafter-Gläubiger lediglich seinen **eigenen Verlustanteil abziehen** lassen.[1093] Andernfalls würde er nämlich etwas fordern, was er einerseits zurückgewähren müsste.[1094] Danach kann A – eine gleiche Verlustbeteiligung unterstellt – von seinen Mitgesellschaftern 80.000 € (120.000 € Darlehensschuld abzüglich 40.000 € eigener Verlustanteil) verlangen, wobei B und C als Gesamtschuldner haften.

VI. Geltendmachung der Gesellschafterhaftung in der Insolvenz der GbR

277   In der Insolvenz der GbR, die nach § 11 Abs. 2 Nr. 1 InsO insolvenzfähig ist, wird die persönliche Haftung der Gesellschafter analog §§ 128 ff. HGB[1095] für Altverbindlichkeiten, die bereits im Zeitpunkt der Eröffnung des Insolvenzverfahrens vorhanden waren,[1096] während der Dauer des Insolvenzverfahrens über das Vermögen der Gesellschaft durch den Insolvenzverwalter geltend gemacht (**§ 93 InsO**). § 93 InsO begründet – wie § 171 Abs. 2 HGB[1097] – eine Einziehungs- und Prozessführungsbefugnis, bildet aber keinen Fall eines gesetzlichen Forderungsübergangs.[1098] Zweck der Regelung des § 93 InsO ist es, einen Wettlauf der Gläubiger um die Abschöpfung der Haftsumme zu verhindern, den Haftungsanspruch der Masse zuzuführen und auf diese Weise den Grundsatz der gleichmäßigen Befriedigung der Insolvenzgläubiger auf die Gesellschafterhaftung auszudehnen.[1099]

C. Gesellschafts- und Gesellschafterhaftung im Prozess und in der Zwangsvollstreckung

278   Die (Außen-)GbR ist sowohl aktiv als auch passiv parteifähig (§ 50 ZPO).[1100] Die **Parteifähigkeit** der GbR ist die notwendige prozessrechtliche Konsequenz der Anerkennung der Rechtssubjektivität der Gesellschaft im Verhältnis zu Dritten.[1101] Die GbR selbst kann also klagen und verklagt werden.

Im Zivilprozess ist aktivlegitimiert, also „richtige" Partei, wer Inhaber des geltend gemachten Rechts ist; passivlegitimiert, also „richtiger" Beklagter, ist derjenige, der Ver-

---

1093 BGH, Urt. v. 01.12.1982 – VIII ZR 206/81, NJW 1983, 749; Erman/Westermann § 705 Rn. 61.
1094 Dies begründet die sog. Dolo-agit-Einrede aus § 242 BGB (BGH, Urt. v. 08.10.2013 – II ZR 310/12, NZG 2013, 1334= RÜ 2014, 17 [Nissen], Rn. 33 m.w.N.).
1095 § 93 InsO ist keine Anspruchsgrundlage (Uhlenbruck/Hirte § 93 Rn. 3).
1096 Uhlenbruck/Hirte § 93 Rn. 36; K. Schmidt/Bitter ZIP 2000, 1077, 1086. Für Neuverbindlichkeiten haftet der Gesellschafter einer im Insolvenzverfahren befindlichen Gesellschaft überhaupt nicht (Uhlenbruck/Hirte § 93 Rn. 37).
1097 Siehe hierzu Rn. 340.
1098 Uhlenbruck/Hirte § 93 Rn. 3
1099 BGH, Beschl. v. 12.07.2012 – IX ZR 217/11, NZG 2012, 1113 = RÜ 2012, 633 (Nissen), Rn. 7.
1100 Dies gilt nicht nur im Zivil-, sondern auch im Arbeitsgerichtsprozess (BAG, Urt. v. 01.12.2004 – 5 AZR 597/03, NJW 2005, 1004, Ls.). Die GbR ist auch als „parteifähige Vereinigung" im Sinne des Prozesskostenhilferechts (§ 116 S. 1 Nr. 2 ZPO) anzusehen (BGH, Beschl. v. 10.02.2011 – IX ZB 145/09, NJW 2011, 1595, Ls.).
1101 BGH, Urt. v. 29.01.2001 – II ZR 331/00, NJW 2001, 1056, 1058 ff. – „ARGE Weißes Ross".

pflichteter aus dem geltend gemachten Recht ist.[1102] Dieser Sachbefugnis entspricht – von den Fällen der Prozessstandschaft abgesehen – grundsätzlich auch die **Prozessführungsbefugnis**. Da nicht die einzelnen Gesellschafter, sondern die GbR als solche materiell Rechtsinhaberin oder Verpflichtete ist, ist diese „richtige" Partei eines Rechtsstreits um eine Gesellschaftsforderung oder Gesellschaftsverpflichtung und insoweit parteifähig und prozessführungsbefugt.

Aktivprozesse der GbR werden durch die geschäftsführenden Gesellschafter für die Gesellschaft betrieben.[1103] Die Prozessführungsbefugnis gehört zur Geschäftsführung; im Prozess müssen alle geschäftsführungsbefugten Gesellschafter für die Gesellschaft auftreten, falls nicht der Gesellschaftsvertrag – was dann vorgetragen werden muss – etwas anderes bestimmt.[1104] Es werden nur solche Prozesshandlungen wirksam, die mit den Vertretungsregeln der konkreten Gesellschaft übereinstimmen.[1105] Die GbR tritt im Prozess unter ihrem Namen[1106] mit Bezeichnung ihrer Vertreter auf; die Aufnahme der Gesellschafternamen ins Rubrum ist aber nicht erforderlich.[1107]

Im **Passivprozess** ist zwischen der Klage gegen die Gesellschaft aus der Gesellschaftsschuld und der Geltendmachung der Haftung der Gesellschafter zu unterscheiden.[1108] Dem Gläubiger steht es dabei grundsätzlich frei, ob er nur die GbR, nur die persönlich haftenden Gesellschafter oder sowohl die GbR als auch einen, mehrere oder alle persönlich haftenden Gesellschafter verklagt. Auch seit der GbR Rechts- und Parteifähigkeit zuerkannt wird, besteht keine Pflicht, diese und nicht die einzelnen Gesellschafter zu verklagen.[1109] In aller Regel ist es ratsam, neben der GbR auch die analog § 128 HGB persönlich haftenden Gesellschafter zu verklagen.[1110] Die Gesellschafter sind untereinander einfache Streitgenossen nach § 59 ZPO; dasselbe gilt auch für das Verhältnis der GbR und den gemäß § 128 HGB (analog) in Anspruch genommenen Gesellschaftern.[1111] Da zwischen GbR und Gesellschaftern kein echtes Gesamtschuldverhältnis besteht, sind sie „wie" Gesamtschuldner zu verklagen.[1112] Ergeht ein rechtskräftiges Urteil (nur) gegen die GbR, kann der anschließend in Anspruch genommene Gesellschafter analog § 129 Abs. 1 HGB all diejenigen Einwendungen nicht mehr geltend machen, die auch die GbR selbst infolge der Rechtskraft des Urteils verloren hat.[1113] Umgekehrt erstreckt sich jedoch die Rechtskraft eines Urteils (nur) gegen die Gesellschafter nicht auf einen Prozess gegen die GbR: Nimmt ein Dritter in einem Rechtsstreit die Gesellschafter einer GbR aus ihrer persönlichen Haftung für eine Gesellschaftsschuld in Anspruch, entfaltet die Rechtskraft eines in diesem Prozess ergangenen Urteils keine Wirkung in einem weiteren Prozess, in dem er nunmehr den Anspruch gegen die Gesellschaft verfolgt; dies gilt auch dann, wenn alle Gesellschafter am Vorprozess beteiligt waren.[1114]

1102 Hier und zum Folgenden: BGH, Urt. v. 29.01.2001 – II ZR 331/00, NJW 2001, 1056, 1058 – „ARGE Weißes Ross".
1103 Hier und zum Folgenden: Erman/Westermann § 718 Rn. 12.
1104 Erman/Westermann § 714 Rn. 7.
1105 Westermann NZG 2001, 89, 292.
1106 Zu diesem siehe Rn. 227.
1107 K. Schmidt NJW 2001, 993, 1000.
1108 Erman/Westermann § 718 Rn. 12a.
1109 BGH, Beschl. v. 02.05.2007 – XII ZB 156/06, NJW 2007, 2257, Rn. 16.
1110 BGH, Urt. v. 29.01.2001 – II ZR 331/00, NJW 2001, 1056, 1060 – „ARGE Weißes Ross".
1111 Oetker/Boesche, HGB, § 128 Rn. 83 (zur oHG).
1112 MünchKomm-HGB/K. Schmidt § 128 Rn. 23 (zur oHG).
1113 BGH, Urt. v. 03.04.2006 – II ZR 40/05, NZG 2006, 459, Rn. 15.
1114 BGH, Urt. v. 22.03.2011 – II ZR 249/09, ZIP 2011, 1143 = RÜ 2011, 501 (Nissen), Ls.

279 Die **Zwangsvollstreckung** in das Vermögen eines Schuldners setzt einen Titel voraus.[1115] Zur Zwangsvollstreckung in das Gesellschaftsvermögen einer GbR ist nach dem Wortlaut des **§ 736 ZPO** „ein gegen alle Gesellschafter ergangenes Urteil erforderlich." Dies ist missverständlich. Zunächst einmal legitimiert nicht nur ein „Urteil", sondern auch jeder andere Vollstreckungstitel (z.B. einer der in § 794 ZPO genannten) zur Zwangsvollstreckung. Zum anderen genügt – nach Anerkennung der Rechts- und Parteifähigkeit der (Außen-)GbR – auch ein (nur) gegen die GbR gerichteter Titel. Der Regelungsgehalt des § 736 ZPO, dessen Wortlaut der Anerkennung der Parteifähigkeit nicht entgegensteht,[1116] besteht darin festzulegen, dass für eine Vollstreckung in das Gesellschaftsvermögen (§ 718 ZPO) auch ein[1117] Titel (nur) gegen *alle*[1118] Gesellschafter genügt.[1119] Umgekehrt kann aber aus einem Titel (nur) gegen die GbR nicht zugleich in das Privatvermögen der Gesellschafter vollstreckt werden;[1120] hierzu bedarf es stets eines Titels gegen den jeweiligen Gesellschafter selbst.[1121]

5. Abschnitt: Die Auflösung und Abwicklung der GbR

280 Die Beendigung einer GbR verläuft – wie bei den anderen Gesellschaftsformen auch[1122] – in drei Schritten: Auflösung, Abwicklung (Liquidation) und Vollbeendigung.[1123]

Für die **Auflösung** der GbR kann es unterschiedliche Gründe geben. Sie erfolgt – vorbehaltlich abweichender Regelungen im Gesellschaftsvertrag – insbesondere

- durch Kündigung eines Gesellschafters (§ 723 BGB);[1124]

- durch Kündigung eines Gläubigers eines Gesellschafters, der dessen Anteil an der GbR gepfändet hat (§ 725 BGB);

- bei Erreichen oder Unmöglichkeit des Erreichens des Gesellschaftszwecks (§ 726 BGB);

- Eröffnung des Insolvenzverfahrens über das Vermögen der GbR (§ 728 Abs. 1 S. 1 BGB);

- Eröffnung des Insolvenzverfahrens über das Vermögen eines Gesellschafters (§ 728 Abs. 2 S. 1 BGB);

1115 Zum Folgenden: Bitter/Heim § 5 Rn. 48.
1116 BGH, Urt. v. 29.01.2001 – II ZR 331/00, NJW 2001, 1056, 1059 f. – „ARGE Weißes Ross".
1117 Es können auch mehrere Titel sein; ein einheitlicher Titel ist nicht erforderlich (OLG Schleswig, Beschl. v. 20.12.2005 – 2 W 205/05 WM 2006, 584; T/P-Seiler § 736 Rn. 2).
1118 Ein Titel gegen einzelne Gesellschafter berechtigt hingegen nur zur Zwangsvollstreckung in das Privatvermögen der betreffenden Gesellschafter, nicht aber zur Zwangsvollstreckung in das Gesellschaftsvermögen; zum Privatvermögen der Gesellschafter gehört indes auch der Gesellschaftsanteil (§ 859 Abs. 1 ZPO; T/P-Seiler § 736 Rn. 3).
1119 BGH, Urt. v. 29.01.2001 – II ZR 331/00, NJW 2001, 1056, 1060 – „ARGE Weißes Ross"; Bitter/Heim § 5 Rn. 49 mit Hinweis auf § 124 Abs. 2 HGB (analog). Daneben legitimiert ein Titel gegen alle Gesellschafter selbstverständlich auch die Vollstreckung in das Privatvermögen der Gesellschafter (T/P-Seiler § 736 Rn. 2).
1120 BGH, Beschl. v. 02.05.2007 – XII ZB 156/06, NJW 2007, 2257, Rn. 18. Bei einem Vollstreckungstitel nur gegen die GbR steht ausschließlich der GbR und nicht auch den Gesellschaftern die Befugnis zur Erhebung einer Vollstreckungsabwehrklage der Gesellschaft zu (BGH, Urt. v. 03.11.2015 – II ZR 446/13, NZG 2016, 221).
1121 Bitter/Heim § 5 Rn. 48 f. mit Hinweis auf § 129 Abs. 4 HGB (analog).
1122 Siehe zur AG Rn. 111 ff.; zur GmbH Rn. 209 ff.
1123 Bitter/Heim § 5 Rn. 150.
1124 Zur Kündigung einer zweigliedrigen GbR siehe OLG Koblenz, Urt. v. 15.07.2014 – 3 U 1462/12, ZIP 2014, 2086 = RÜ 2014, 702 (Alpmann).

Die Auflösung und Abwicklung der GbR — 5. Abschnitt

- Vereinigung aller Gesellschaftsanteile in einer Hand;[1125]
- Auflösungsbeschluss der Gesellschafter.

Durch die Auflösung wird die GbR nicht inexistent. Es ändert sich aber ihr Zweck, der nunmehr in der Vollbeendigung liegt. Die Gesellschaft wird von einer werbenden zu einer „sterbenden" (sog. Abwicklungsgesellschaft).[1126]

Die Gesellschafter haben aber während des gesamten Beendigungsvorgangs die Möglichkeit, die bereits aufgelöste Gesellschaft durch einen grundsätzlich einstimmig zu fassenden **Fortsetzungsbeschluss** wieder zu einer werbenden Gesellschaft zu machen.[1127]

281 Nach § 731 BGB richtet sich die **Abwicklung** (Liquidation) der Gesellschaft, d.h. die Auseinandersetzung des Gesellschaftsvermögens (vgl. § 730 Abs. 1 BGB) – vorbehaltlich einer anderen Vereinbarung – nach den §§ 732–735 BGB und subsidiär nach den Vorschriften über die Gemeinschaft.[1128] Schwebende Geschäfte sind zu beenden (§ 730 Abs. 2 S. 1 BGB). Gegenstände, die ein Gesellschafter der GbR zur Benutzung überlassen hat, sind ihm zurückzugeben (§ 732 S. 1 BGB). Die Gesellschaftsschulden[1129] sind aus dem Gesellschaftsvermögen zu berichtigen (§ 733 Abs. 1 u. 3 BGB); erst im Anschluss hieran sind den Gesellschaftern ihre Einlagen zurückzuerstatten (§ 733 Abs. 2 u. 3 BGB). Reicht das Gesellschaftsvermögen zur Berichtigung der Gesellschaftsschulden und zur Einlagenrückgewähr an die Gesellschafter nicht aus, so haben die Gesellschafter für den Fehlbetrag nach dem Verhältnis aufzukommen, nach welchem sie den Verlust zu tragen haben (§ 735 S. 1 BGB), also im Zweifel nach Kopfteilen (vgl. § 722 BGB); kann dabei von einem Gesellschafter der auf ihn entfallende Beitrag nicht erlangt werden, so haben die übrigen Gesellschafter den Ausfall nach dem gleichen Verhältnis zu tragen (§ 735 S. 2 BGB). Ist nach Schuldentilgung und Einlagenrückgewähr hingegen noch Vermögen der GbR übrig, so wird der Überschuss an die Gesellschafter nach dem Verhältnis ihrer Anteile am Gewinn verteilt (§ 734 BGB), also ebenfalls im Zweifel nach Kopfteilen (vgl. § 722 BGB). Geschäftsführer der Liquidationsgesellschaft sind alle Gesellschafter gemeinschaftlich, selbst wenn zuvor andere Geschäftsführungsregeln vereinbart waren (§ 730 Abs. 2 S. 2 BGB).[1130]

282 Die **Vollbeendigung** der Gesellschaft tritt erst ein, wenn die Abwicklung abgeschlossen ist.[1131] Der GbR dürfen keinerlei Rechte mehr zustehen. Auch nach der Vollbeendigung haften die Gesellschafter für unbeglichene (vergessene/unbekannte) Verbindlichkeiten der GbR persönlich (§§ 128 ff. HGB analog); die Ansprüche verjähren analog § 159 HGB in fünf Jahren ab Kenntnis des Gläubigers von der Auflösung.

1125 In diesem Fall erfolgt keine Abwicklung, da das Gesellschaftsvermögen im Wege der Gesamtrechtsnachfolge auf den letztverbleibenden Gesellschafter übergeht (Bitter/Heim § 5 Rn. 152).
1126 Bitter/Heim § 5 Rn. 151; vgl. auch § 730 Abs. 2 S. 1 BGB: „Zweck der Auseinandersetzung".
1127 Bitter/Heim § 5 Rn. 162.
1128 § 731 S. 2 BGB verweist insoweit auf die §§ 752–754, 756–758 BGB; für § 755 BGB ist neben § 733 BGB kein Raum (Hk-BGB/Saenger § 731 Rn. 1).
1129 Obgleich § 733 Abs. 1 BGB (ebenso wie die §§ 734, 735 S. 1 BGB) von „gemeinschaftlichen Schulden" spricht, sind nicht solche der Gesellschafter (persönlich), sondern vielmehr Schulden der rechtsfähigen GbR gemeint.
1130 Bitter/Heim § 5 Rn. 160; dies gilt auch für Publikumsgesellschaften (BGH, Urt. v. 05.07.2001 – II ZR 199/10, NJW 2011, 3087 = RÜ 2011, 697 [Nissen], Ls. 1).
1131 Hier und zum Folgenden: Bitter/Heim § 5 Rn. 161.

5. Teil — Zusammenfassende Übersicht

Die Gesellschaft bürgerlichen Rechts (GbR)

Grundlagen

- Keine juristische Person, mindestens zwei Gesellschafter
- Gesamthandsgemeinschaft
- Außengesellschaft ist rechtsfähig, reine Innengesellschaft nicht

Entstehung

- Gründung durch Abschluss des Gesellschaftsvertrages i.S.v. § 705 BGB
- Umwandlung

Organisation

- Der Abschluss des Gesellschaftsvertrages begründet zwischen den Gesellschaftern untereinander und zwischen den Gesellschaftern und der Gesellschaft ein Gesellschaftsverhältnis
- Gesellschafterversammlung: Willensbildungsorgan der Gesellschafter (Kollektivorgan, da immer mindestens zwei Gesellschafter vorhanden sein müssen)
- Geschäftsführungsbefugnis steht allen Gesellschaftern gemeinschaftlich zu, wenn Gesellschaftsvertrag nichts Abweichendes regelt (§ 709 I BGB)
- Vertretungsbefugnis entspricht grundsätzlich der Geschäftsführungsbefugnis, also grds. Gesamtvertretung (§ 714 BGB)

Haftungsverfassung

- Rechtsfähige (Außen-)GbR haftet für Gesellschaftsschulden mit ihrem eigenen Gesellschaftsvermögen
- Daneben haften die Gesellschafter für die Erfüllung der Gesellschaftsschulden persönlich, unbeschränkt und akzessorisch (§§ 128–130 HGB analog)
- Unter den Gesellschaftern besteht ein echtes Gesamtschuldverhältnis, im Verhältnis zwischen GbR und Gesellschaftern hingegen nicht.

Abwicklung, Auflösung und Abwicklung

- Auflösung (§§ 723 ff. BGB)
- Abwicklung (Liquidation, §§ 730 ff. BGB)
- Vollbeendigung: mit Abschluss der Abwicklung

6. Teil: Die offene Handelsgesellschaft (oHG)

Die offene Handelsgesellschaft (oHG) ist in den §§ 105 ff. HGB geregelt. Die oHG ist eine Personengesellschaft, deren Zweck auf den Betrieb eines Handelsgewerbes unter gemeinschaftlicher Firma gerichtet ist und bei der – im Gegensatz zur KG – bei keinem Gesellschafter die Haftung gegenüber den Gesellschaftsgläubigern beschränkt ist (§ 105 Abs. 1 HGB).

1. Abschnitt: Grundlagen

Da die oHG eine Personengesellschaft ist, müssen an ihr **wenigstens zwei Gesellschafter** beteiligt sein. Beteiligen können sich – wie die GbR – alle natürlichen und juristischen Personen sowie rechtsfähige Personengesellschaften i.S.v. § 14 BGB. Jeder Gesellschafter kann nur einen Gesellschaftsanteil an der GbR halten. Auch bei der oHG gilt – ebenso wie bei der GbR[1132] – der Grundsatz der Einheitlichkeit der Mitgliedschaft.[1133]

Die oHG ist – wie die GbR – **keine juristische Person**. Sie kann aber unter ihrer Firma Rechte erwerben und Verbindlichkeiten eingehen, Eigentum und andere dingliche Rechte an Grundstücken erwerben, vor Gericht klagen und verklagt werden (§ 124 Abs. 1 HGB). Zur Zwangsvollstreckung in das Gesellschaftsvermögen ist ein gegen die Gesellschaft gerichteter vollstreckbarer Schuldtitel erforderlich (§ 124 Abs. 2 HGB). Die oHG ist – wie die GbR – **teilrechtsfähig**[1134] sowie aktiv und passiv parteifähig und Trägerin eines vom Privatvermögen ihrer Gesellschafter zu trennenden Gesellschaftsvermögens, das einer gesamthänderischen Bindung unterliegt.[1135] Im Gegensatz zur GbR ist die oHG **immer Außengesellschaft**.[1136]

Die oHG ist per Definition **Kaufmann** i.S. des HGB (§ 105 Abs. 1 i.V.m. § 1 HGB).[1137] Eine Gesellschaft, deren Gewerbebetrieb nicht schon nach § 1 Abs. 2 HGB Handelsgewerbe ist („Ist-Kaufmann") oder nur eigenes Vermögen verwaltet, ist eine oHG, wenn die Firma des Unternehmens in das Handelsregister eingetragen ist (§ 105 Abs. 2 S. 1 HGB: „Kann-Kaufmann").

Strittig ist, ob auch die Gesellschafter der oHG Kaufleute sind. Der BGH bejaht die Kaufmanneigenschaft der oHG-Gesellschafter und der Komplementäre einer KG,[1138] verneint sie hingegen für die Kommanditisten einer KG.[1139] Teile der Literatur stellen hingegen auf den Einzelfall ab und lassen den Zweck der jeweiligen nur für Kaufleute geltenden Norm über deren Anwendbarkeit auf die Gesellschafter von Personenhandelsgesellschaften (oHG, KG) entscheiden.[1140] Klausurrelevant ist dieser Streit insbesondere dann, wenn sich ein oHG-Gesellschafter bzw. KG-Komplementär formlos für die Schuld eines Dritten verbürgt:[1141] Ist die Bürgschaftserteilung für den Gesellschafter kein Privatgeschäft (vgl. §§ 343 f. HGB), ist sie nach Auffassung des BGH wirksam, weil § 350 HGB anwendbar ist und die Formvorschrift des

---

[1132] Siehe hierzu Rn. 215.
[1133] Erman/Westermann § 705 Rn. 23.
[1134] Bitter/Heim § 6 Rn. 3.
[1135] Insoweit gelten die Ausführungen zur GbR (vgl. Rn. 215) entsprechend (Bitter/Heim § 6 Rn. 4).
[1136] Bitter/Heim § 6 Rn. 2.
[1137] Hier und zum Folgenden: Bitter/Heim § 6 Rn. 5.
[1138] BGH, Urt. v. 16.02.1961 – III ZR 71/60, NJW 1961, 1022: „Die Gesellschafter einer oHG sind stets Kaufmann, weil sie ein Handelsgewerbe betreiben."
[1139] BGH, Urt. v. 02.06.1966 – VII ZR 292/64, NJW 1966, 1960, Ls.
[1140] Baumbach/Hopt/Roth § 105 Rn. 19 ff.
[1141] Hier und zum Folgenden: Bitter/Heim § 6 Rn. 5.

§ 766 BGB ausschließt. Die Gegenauffassung kommt über § 350 HGB nur dann zum gleichen Ergebnis, wenn der sich verbürgende Gesellschafter auch organschaftlicher Vertreter und nicht von der Vertretung der Gesellschaft ausgeschlossen ist.[1142]

Bei der oHG existieren keine Kapitalerhaltungsvorschriften. Der Gläubigerschutz erfolgt über eine betragsmäßig unbegrenzte **Außenhaftung der Gesellschafter** gemäß §§ 128 ff. HGB.

2. Abschnitt: Die Entstehung der oHG

285 Auch die oHG entsteht durch Gründung oder Umwandlung.

A. Entstehung durch Gründung

286 Die oHG wird – wie die GbR – durch Abschluss des Gesellschaftsvertrags gegründet.[1143] Auf fehlerhafte oHG-Verträge finden die Grundsätze der fehlerhaften Gesellschaft[1144] Anwendung. Ist der Abschluss des Gesellschaftsvertrags wirksam, entsteht die oHG im **Innenverhältnis** der Gesellschafter untereinander.

Im **Außenverhältnis** zu Dritten tritt die Wirksamkeit der oHG mit der Eintragung der Gesellschaft in das Handelsregister (§ 123 Abs. 1 HGB) oder mit der einvernehmlichen[1145] Aufnahme der Geschäfte (§ 123 Abs. 2 HGB) ein. Letzteres gilt allerdings nur, wenn die oHG ein Handelsgewerbe mit kaufmännischem Geschäftsbetrieb i.S.v. § 1 Abs. 2 HGB betreibt („Ist-Kaufmann"), also nicht in den Fällen der §§ 2, 105 Abs. 2 HGB, in denen die Kaufmannseigenschaft nicht schon per Gesetz, sondern erst nach der (freiwilligen) Eintragung in das Handelsregister besteht („Kann-Kaufmann").[1146] Die Handelsregistereintragung wirkt also bei einer oHG, die bereits durch Geschäftsaufnahme aktiv ein Handelsgewerbe betreibt, deklaratorisch, andernfalls konstitutiv.[1147] In beiden Fällen sind die Gesellschafter aber verpflichtet, die oHG zur Eintragung in das Handelsregister anzumelden (§ 106 Abs. 1 HGB); es handelt sich um eine eintragungspflichtige Tatsache mit der Publizitätswirkung des § 15 HGB.[1148] Spätere Änderungen der eintragungspflichtigen Tatsachen (§ 106 Abs. 2 HGB) sind ebenfalls zur Eintragung in das Handelsregister anzumelden (§ 107 HGB).

B. Entstehung durch Umwandlung

287 Eine oHG kann – ebenso wie die GbR – auch durch Umwandlung entstehen. Relevant ist insbesondere der **Formwechsel** einer AG, KGaA oder GmbH in eine oHG (§§ 190 ff., 226, 228–237 UmwG).

[1142] Baumbach/Hopt/Roth § 105 Rn. 22.
[1143] Hier und zum Folgenden: Bitter/Heim § 6 Rn. 6.
[1144] Siehe hierzu Rn. 228 ff. – zur GbR.
[1145] Vgl. hierzu Bitter/Heim § 6 Rn. 7.
[1146] Bitter/Heim § 6 Rn. 7.
[1147] Bitter/Heim § 6 Rn. 8.
[1148] Bitter/Heim § 6 Rn. 9.

3. Abschnitt: Die Organisation der oHG

A. Grundlagen

Für das **Innenverhältnis** der oHG gelten die §§ 109–122 HGB.[1149] Dabei räumt das Gesetz den Gesellschaftern aber einen erheblichen Gestaltungsspielraum ein: Die Vorschriften der §§ 110–122 HGB finden nur insoweit Anwendung, als nicht durch den Gesellschaftsvertrag ein anderes bestimmt ist (§ 109 HGB). Die Gesellschafter können ihr Verhältnis untereinander und dasjenige der Gesellschafter zur Gesellschaft also weitestgehend privatautonom regeln. Dies ist dadurch gerechtfertigt, dass die Gläubiger der oHG durch die persönliche Haftung der Gesellschafter (§§ 128 ff. HGB) geschützt sind. Soweit der Gesellschaftsvertrag und das HGB keine abweichenden Bestimmungen treffen, ist nach § 105 Abs. 3 HGB ergänzend das Recht der GbR (§§ 705 ff. BGB) heranzuziehen.

288

Das **Außenverhältnis** der oHG zu Dritten ist in den §§ 123–130a HGB geregelt.[1150] Diese Vorschriften betreffen die Entstehung und Teilrechtsfähigkeit der oHG (§§ 123, 124 HGB), deren Vertretung (§§ 125–127 HGB) und Haftungsverfassung (§§ 128–130 HGB) sowie Sonderregeln für Gesellschaften, bei denen kein Gesellschafter eine natürliche Person ist (§ 130 a HGB). Anders als die §§ 109–122 HGB für das Innenverhältnis sind die meisten Regeln zum Außenverhältnis zwingend (z.B. §§ 123 Abs. 3, 126 Abs. 2, 128 S. 2, 130 Abs. 2 HGB).

289

B. Rechte und Pflichten der Gesellschafter

Die Rechte und Pflichten des Gesellschafters einer oHG entsprechen weitgehend denen eines GbR-Gesellschafters, sodass grundlegend auf die dortigen Ausführungen verwiesen werden kann.[1151] Auch bei der oHG lassen sich die **Rechte der Gesellschafter** in Verwaltungs- und Vermögensrechte unterteilen:

290

Verwaltungsrechte	Vermögensrechte
■ Teilnahme an der Gesellschafterversammlung und Stimmrecht (vgl. § 119 HGB) ■ Kontroll- und Einsichtsrecht (§ 118 HGB) ■ Recht zur Geschäftsführung und Vertretung (§§ 114, 125 HGB)	■ Gewinnanspruch (§§ 120–122 HGB) ■ Aufwendungsersatzanspruch bei für die oHG vorgenommenen Geschäften (§ 110 HGB) ■ Teilnahme am Liquidationserlös (§ 155 HGB)

Zu den wesentlichen **Pflichten der Gesellschafter** zählen die Förderungs- und Beitragspflicht (§ 105 Abs. 3 HGB i.V.m. § 705 BGB; vgl. auch § 11 HGB), die Pflicht zur Geschäftsführung (§ 114 HGB) und Vertretung (§ 125 HGB) und die allgemeine gesellschafterliche Treuepflicht.[1152]

291

[1149] Hier und zum Folgenden: Bitter/Heim § 6 Rn. 29.
[1150] Hier und zum Folgenden: Bitter/Heim § 6 Rn. 30.
[1151] Siehe Rn. 244 ff.
[1152] Bitter/Heim § 6 Rn. 47.

292 Ausfluss der allgemeinen Treuepflicht ist das für die oHG ausdrücklich in § 112 HGB normierte **Wettbewerbsverbot**.[1153] Danach darf ein Gesellschafter ohne Einwilligung der anderen Gesellschafter weder in dem Handelszweig der Gesellschaft Geschäfte machen noch an einer anderen gleichartigen Handelsgesellschaft als persönlich haftender Gesellschafter teilnehmen (§ 112 Abs. 1 HGB).[1154] Im Handelszweig der Gesellschaft betätigt sich ein Gesellschafter, wenn er innerhalb des für die Gesellschaft sachlich und räumlich relevanten Marktes, also im Betätigungsfeld der Gesellschaft, geschäftlich tätig wird.[1155] Eine Beteiligung an einer anderen „gleichartigen Handelsgesellschaft" setzt voraus, dass eine (rechtsformunabhängig) andere Handelsgesellschaft auf dem gleichen Geschäftsfeld wie die oHG und in dem für die oHG relevanten Markt tätig wird.[1156] Die Einwilligung der anderen Gesellschafter gilt als erteilt, wenn den übrigen Gesellschaftern bei Eingehung der Gesellschaft, also bei Abschluss des Gesellschaftsvertrages, bekannt war, dass der Gesellschafter an einer anderen Handelsgesellschaft als persönlich haftender Gesellschafter teilnimmt und gleichwohl nicht ausdrücklich auf der Aufgabe dieser Beteiligung bestanden haben (§ 112 Abs. 2 HGB). Ein Verstoß gegen das Wettbewerbsverbot löst die Rechtsfolgen des § 113 Abs. 1 HGB aus.[1157] Die oHG kann von dem Gesellschafter den Ersatz ihres durch die verbotene Tätigkeit entstandenen Schadens verlangen oder diesem gegenüber ein Eintrittsrecht ausüben, das den Gesellschafter im Innenverhältnis dazu verpflichtet, die oHG so zu stellen, als hätte der Gesellschafter das Geschäft nicht im eigenen Namen, sondern im Namen der oHG abgeschlossen. Parallel hierzu hat die oHG gegen den Gesellschafter einen Unterlassungsanspruch aus dem Gesellschaftsvertrag, der – im Gegensatz zu den Ansprüchen aus § 113 Abs. 1 HGB – verschuldensunabhängig ist.[1158] Die Entscheidung über die Verfolgung dieser Ansprüche obliegt den übrigen Gesellschaftern (§ 113 Abs. 2 HGB), d.h., der betroffene Gesellschafter ist von der Abstimmung ausgeschlossen.[1159]

293 Das in § 112 HGB geregelte Wettbewerbsverbot gilt nur während der Zeitspanne, in der der Betroffene Gesellschafter der oHG ist.[1160] Bei ausgeschiedenen Gesellschaftern ist die Vorschrift nicht einschlägig. Ein **nachvertragliches Wettbewerbsverbot** lässt sich auch nicht ohne Weiteres aus der nachvertraglichen gesellschaftsrechtlichen Treuepflicht ableiten. Deshalb sind entsprechende Klauseln in der Satzung im jeweiligen Einzelfall kritisch zu überprüfen. Eine Unwirksamkeit solcher Klauseln kann sich insbesondere aus § 138 BGB und § 1 GWB ergeben.

294 Mit dem Wettbewerbsverbot nach § 112 HGB eng verknüpft, von diesem aber zu unterscheiden ist die sog. **Geschäftschancenlehre**:[1161] Auch wenn dem Gesellschafter eine bestimmte eigennützige Tätigkeit nicht aufgrund eines Wettbewerbsverbots untersagt

---

1153 Zum Folgenden: Bitter/Heim § 5 Rn. 69 ff.
1154 § 112 Abs. 1 HGB ist dispositiv; das gesetzliche Wettbewerbsverbot kann durch den Gesellschaftsvertrag aufgehoben, abgeschwächt oder auch verschärft werden (Bitter/Heim § 6 Rn. 54).
1155 Bitter/Heim § 6 Rn. 50.
1156 Bitter/Heim § 6 Rn. 51.
1157 § 113 HGB ist dispositiv; der Gesellschaftsvertrag kann auch andere Rechtsfolgen von Wettbewerbsverstößen vorsehen, beispielsweise Vertragsstrafen gemäß §§ 340 f. BGB (Bitter/Heim § 6 Rn. 57).
1158 Bitter/Heim § 6 Rn. 55 f.
1159 Bitter/Heim § 6 Rn. 56.
1160 Zum Folgenden: Bitter/Heim § 6 Rn. 53.
1161 Hier und zum Folgenden: Bitter/Heim § 6 Rn. 58.

ist, darf er eine sich (auch) der oHG bietende Geschäftschance aus deren Betätigungsfeld nicht für eigene Rechnung wahrnehmen, sondern muss sie zugunsten der Gesellschaft nutzen.[1162] Dies folgt aus der allgemeinen gesellschaftsrechtlichen Treuepflicht, die die Gesellschafter in allen Angelegenheiten dazu verpflichtet, das Wohl der Gesellschaft zu beachten und diesem nicht eigene Interessen vorzuziehen. Verstößt ein Gesellschafter gegen diese Vorgabe, macht er sich gegenüber der Gesellschaft schadensersatzpflichtig.[1163]

Die Geschäftschancenlehre kann auf den geschäftsführenden Gesellschafter einer GbR analog anwendbar sein.[1164]

C. Geschäftsführung und Vertretung

Für das Verhältnis zwischen Geschäftsführung (= rechtliches Dürfen im Innenverhältnis) und Vertretung (= rechtliches Können im Außenverhältnis) gelten grundlegend die Ausführungen zur GbR entsprechend.[1165] Während jedoch bei der GbR im Grundsatz ein Gleichlauf von Geschäftsführungs- und Vertretungsbefugnis besteht (§§ 709, 714 BGB), können bei der oHG erhebliche Unterschiede bestehen, weshalb Innen- und Außenverhältnis gerade bei der oHG streng voneinander zu trennen sind.[1166]

295

I. Geschäftsführung

Für die Geschäftsführung im Innenverhältnis gilt bei der oHG – im Gegensatz zur GbR – der **Grundsatz der Einzelgeschäftsführungsbefugnis aller Gesellschafter** (§§ 114, 115 Abs. 1 HGB).[1167] Im Gesellschaftsvertrag der oHG kann die Geschäftsführung allerdings einem Gesellschafter oder mehreren Gesellschaftern übertragen werden, mit der Folge, dass die übrigen Gesellschafter von der Geschäftsführung ausgeschlossen sind (§ 114 Abs. 2 HGB). Ferner kann der Gesellschaftsvertrag vorsehen, dass die Gesellschafter, denen die Geschäftsführung zusteht, nur zusammen handeln können (§ 115 Abs. 2 Hs. 1 HGB).

296

Die Befugnis zur Geschäftsführung erstreckt sich auf alle Handlungen, die der gewöhnliche Betrieb des Handelsgewerbes der Gesellschaft mit sich bringt (§ 116 Abs. 1 HGB). Zur Vornahme von Handlungen, die darüber hinausgehen, ist ein Beschluss sämtlicher Gesellschafter erforderlich (§ 116 Abs. 2 HGB). Zur Bestellung eines Prokuristen bedarf es der Zustimmung aller geschäftsführenden Gesellschafter (§ 116 Abs. 3 S. 1 HGB). Ausgenommen von der Geschäftsführung sind sog. **Grundlagengeschäfte**, welche die Grundlage der Gesellschaft selbst oder die Beziehungen der Gesellschafter zueinander betreffen; sie bedürfen stets der Zustimmung aller Gesellschafter.[1168]

Sind mehrere einzelgeschäftsführungsbefugte Gesellschafter vorhanden, muss das von einem Gesellschafter beabsichtigte Geschäft unterbleiben, wenn einer der anderen ge-

---

1162 BGH, Urt. v. 04.12.2012 – II ZR 159/10, NZG 2013, 216, Rn. 21 – zur GbR.
1163 BGH, Urt. v. 04.12.2012 – II ZR 159/10, NZG 2013, 216, Rn. 33 – zur GbR.
1164 BGH, Urt. v. 04.12.2012 – II ZR 159/10 NZG 2013, 216 = RÜ 2013, 277 (Nissen).
1165 Siehe hierzu Rn. 256 ff.
1166 Bitter/Heim § 6 Rn. 31.
1167 Hier und zum Folgenden: Bitter/Heim § 6 Rn. 32.
1168 Bitter/Heim § 6 Rn. 33.

schäftsführungsbefugten Gesellschafter widerspricht (§ 115 Abs. 1 Hs. 2 HGB). Dieses **Widerspruchsrecht** kann im Gesellschaftsvertrag allerdings abbedungen werden.[1169]

Das **Überschreiten der Geschäftsführungsbefugnis ist kein Fall der Geschäftsführung ohne Auftrag**. Überschreitet ein geschäftsführender Gesellschafter seine Geschäftsführungsbefugnis, liegt eine – ggf. nach § 280 Abs. 1 BGB zum Schadensersatz verpflichtende – Verletzung der Pflichten aus dem Gesellschaftsvertrag, nicht aber eine GoA vor.[1170] Bei der Prüfung der Pflichtverletzung und des Verschuldens im Rahmen des § 280 Abs. 1 BGB ist dann allein auf die Überschreitung der Geschäftsführungsbefugnis abzustellen; unerheblich ist, ob das Geschäft selbst günstig ist oder nicht.[1171]

Das **Recht zur Geschäftsführung** folgt aus der Gesellschafterstellung (§ 114 Abs. 1 HGB) und bedarf – wie bei der GbR – keiner gesonderten vertraglichen Vereinbarung. Die Befugnis zur Geschäftsführung kann einem Gesellschafter aber auf Antrag der übrigen Gesellschafter durch gerichtliche Entscheidung entzogen werden, wenn ein wichtiger Grund vorliegt; ein solcher Grund ist insbesondere grobe Pflichtverletzung oder Unfähigkeit zur ordnungsgemäßen Geschäftsführung (§ 117 HGB). Anders als bei der GbR (§ 712 BGB) genügt ein Beschluss der übrigen Gesellschafter also nicht, wenn nicht der Gesellschaftsvertrag etwas anderes vorsieht.[1172]

II. Vertretung

297 Für die Vertretung der oHG im Außenverhältnis gilt – spiegelbildlich zur Geschäftsführung im Innenverhältnis – der **Grundsatz der Einzelvertretungsbefugnis jedes Gesellschafters** (§ 125 Abs. 1 HGB).[1173] Die Vertretungsmacht ist allerdings – im Gegensatz zur GbR[1174] – nicht an die Geschäftsführungsbefugnis gekoppelt. Sie erstreckt sich auf alle gerichtlichen und außergerichtlichen Geschäfte und Rechtshandlungen einschließlich der Veräußerung und Belastung von Grundstücken sowie der Erteilung und des Widerrufs der Prokura (§ 126 Abs. 1 HGB) und umfasst dementsprechend auch ungewöhnliche Geschäfte, die im Innenverhältnis nur sämtliche Gesellschafter gemeinsam führen dürfen (§ 116 Abs. 2 HGB).

Eine **Beschränkung des Umfangs der Vertretungsmacht** ist Dritten gegenüber grundsätzlich unwirksam (§ 116 Abs. 2 HGB). Lediglich in den Ausnahmefällen der Kollusion und des evidenten Missbrauchs der Vertretungsmacht schlägt das Innenverhältnis auf das Außenverhältnis durch.[1175] Von der Vertretungsmacht nicht umfasst sind zudem Grundlagengeschäfte[1176], da diese nicht das Außen-, sondern das Innenverhältnis der Gesellschaft(er) betreffen und dementsprechend nicht in die Zuständigkeit der durch einen Gesellschafter vertretenen Gesellschaft fallen.[1177]

[1169] Bitter/Heim § 6 Rn. 34.
[1170] BGH, Urt. v. 12.06.1989 – II ZR 334/87, NJW-RR 1989, 1255, 1256; MünchKomm-HGB/Rawert § 114 Rn. 63 f.
[1171] BGH, Urt. v. 04.11.1996 – II ZR 48/95, NJW 1997, 314.
[1172] Bitter/Heim § 6 Rn. 35.
[1173] Hier und zum Folgenden: Bitter/Heim § 6 Rn. 36.
[1174] Vgl. Rn. 258 zur GbR.
[1175] Bitter/Heim § 6 Rn. 37.
[1176] Siehe hierzu Rn. 257 zur GbR.
[1177] Bitter/Heim § 6 Rn. 38.

Im Gesellschaftsvertrag können **abweichende Bestimmungen** getroffen werden. Es kann insbesondere vereinbart werden, dass einzelne Gesellschafter von der Vertretung der oHG ausgeschlossen sind (§ 125 Abs. 1 HGB), dass alle oder mehrere Gesellschafter nur in Gemeinschaft zur Vertretung der oHG ermächtigt sein sollen (Gesamtvertretung, § 125 Abs. 2 HGB) oder dass die Gesellschafter, wenn nicht mehrere zusammen handeln, nur gemeinsam mit einem Prokuristen vertretungsberechtigt sind (unechte Gesamtvertretung, § 125 Abs. 3 S. 1 HGB). Bei allen abweichenden Regelungen zur Vertretung im Gesellschaftsvertrag der oHG ist der Grundsatz der Selbstorganschaft zu beachten.[1178] Danach ist eine Gestaltung unzulässig, in der eine Vertretung nur unter Mitwirkung eines Nichtgesellschafters möglich ist. Mindestens ein Gesellschafter muss entweder allein oder in Gesamtvertretung mit einem oder mehreren anderen Gesellschafter(n) handeln können. Es muss also mit anderen Worten immer eine Vertretung der oHG allein durch Gesellschafter möglich sein. Die persönlich haftenden Gesellschafter müssen die Geschicke der oHG selbständig kontrollieren können (Einheit von Herrschaft und Haftung).

Beachte: Aus diesem Grund ist bei Personengesellschaften auch die Bestellung eines Notgeschäftsführers in analoger Anwendung des § 29 BGB ausgeschlossen.[1179]

Das **Recht zur Vertretung** folgt aus der Gesellschafterstellung und bedarf keiner gesonderten vertraglichen Vereinbarung. Vielmehr muss umgekehrt der Ausschluss eines Gesellschafters von der Vertretung der oHG im Gesellschaftsvertrag vereinbart werden (§ 125 Abs. 1 HGB).[1180] Die Vertretungsmacht kann einem Gesellschafter aber auf Antrag der übrigen Gesellschafter durch gerichtliche Entscheidung entzogen werden, wenn ein wichtiger Grund vorliegt; ein solcher Grund ist insbesondere grobe Pflichtverletzung oder Unfähigkeit zur ordnungsgemäßen Vertretung der Gesellschaft (§ 127 HGB). Wie bei der Geschäftsführungsbefugnis (vgl. § 117 HGB) kann der Gesellschaftsvertrag einen Beschluss der übrigen Gesellschafter für ausreichend erklären.[1181]

Die Vertretungsmacht der Gesellschafter ist zur Eintragung in das Handelsregister anzumelden (§ 106 Abs. 2 Nr. 4 HGB). Sie ist eine **eintragungspflichtige Tatsache** und fällt als solche in den Anwendungsbereich der Publizitätsvorschrift des § 15 HGB. Eine von der Grundregel des § 125 Abs. 1 HGB abweichende Vertretungsregelung kann Dritten nicht entgegengehalten werden, wenn die entsprechende Eintragung im Handelsregister nicht erfolgt ist (negative Publizität gemäß § 15 Abs. 1 HGB).[1182]

Zusammengefasst ergibt sich für einen potenziellen Vertragspartner der oHG damit aus den §§ 125, 126 HGB folgende Situation:[1183] Er muss sich – insbesondere durch die Einsicht in das Handelsregister – vergewissern, wer die oHG wirksam vertreten kann. Ist nichts Abweichendes im Handelsregister eingetragen, kann er von der Einzelvertretungsbefugnis jedes Gesellschafters ausgehen (§ 15 Abs. 1 i.V.m. § 125 Abs. 1 HGB; negative Publizität). Ist eine falsche Vertretungsregel eingetragen oder bekannt gemacht,

---

1178 Hier und zum Folgenden: Bitter/Heim § 6 Rn. 41.
1179 BGH, Beschl. v. 23.09.2014 – II ZB 4/14, NJW 2014, 3779 = RÜ 2015, 15 (Nissen) – zur GbR.
1180 Dies entspricht spiegelbildlich der Regelung in § 114 Abs. 2 HGB zur Geschäftsführung im Innenverhältnis.
1181 Bitter/Heim § 6 Rn. 42.
1182 Bitter/Heim § 6 Rn. 40.
1183 Zum Folgenden: Bitter/Heim § 6 Rn. 43.

kann er auf diese vertrauen (§ 15 Abs. 3 HGB; positive Publizität). Daneben kann er sich auch auf die wahre Rechtslage berufen, wenn diese für ihn günstiger ist.

> **Fall 11: Alleiniger „Gesamtvertreter"?**
>
> A, B und C sind Gesellschafter einer oHG. Nach dem Gesellschaftsvertrag und ausweislich einer entsprechenden Eintragung im Handelsregister sind A und B gemeinschaftlich zur Vertretung ermächtigt. Außerdem kann jeder Gesellschafter die Gesellschaft zusammen mit dem Prokuristen P vertreten. C ist von der Geschäftsführung und Vertretung ausgeschlossen. Er hat sich damit nur deswegen einverstanden erklärt, weil A und B nicht auf einem Alleinvertretungsrecht bestanden haben. A stirbt. An seine Stelle tritt, wie im Vertrag vorgesehen, sein Sohn S, der entsprechend § 139 HGB auf Wunsch die Stellung eines Kommanditisten erhält. Vor Änderung des Handelsregisters verkauft B notariell ein Grundstück nebst Lagerhalle für 120.000 € an D. C hält den Kaufvertrag mangels Vertretungsmacht für unwirksam. Hat D einen Anspruch auf Übereignung?

D könnte gegen die oHG einen Anspruch auf Übereignung nach § 433 Abs. 1 BGB haben. Die Einigung des B mit D wirkt nach § 164 Abs. 1 BGB für und gegen die oHG, wenn B, der im Namen der oHG gehandelt hat, Vertretungsmacht hatte.

I. Der Gesellschaftsvertrag kann nach § 125 Abs. 2 HGB anordnen, dass alle oder mehrere Gesellschafter nur in Gemeinschaft zur Vertretung berechtigt sind (echte Gesamtvertretung). Vorliegend ist daneben noch entsprechend § 125 Abs. 3 HGB angeordnet worden, dass die Gesellschafter, wenn nicht mehrere zusammen handeln, nur in Gemeinschaft mit einem Prokuristen zur Vertretung ermächtigt sind (unechte Gesamtvertretung). Danach hätte B bei Abschluss des Kaufvertrages gemeinsam mit dem Prokuristen P handeln müssen, weil der andere zur Vertretung der Gesellschaft befugte Gesellschafter A gestorben ist und B nach dem Gesellschaftsvertrag nur gemeinsam mit diesem oder mit P vertretungsbefugt war.

II. Mit dem Tod des A könnte B jedoch ein Alleinvertretungsrecht erhalten haben.

1. Da der Gesellschafter C von der Vertretung ausgeschlossen und Sohn S des verstorbenen A als Kommanditist gemäß § 170 HGB nicht zur Vertretung der Gesellschaft berechtigt ist, besteht nach der im Gesellschaftsvertrag getroffenen Vereinbarung zwar eine unechte Gesamtvertretung des Gesellschafters B mit dem Prokuristen P. Nach dem Grundsatz der Selbstorganschaft muss es jedoch stets möglich sein, dass die persönlich haftenden Gesellschafter die Gesellschaft allein (auch ohne den Prokuristen) vertreten. Die organschaftliche Vertretung der Gesellschaft muss immer gewährleistet sein.[1184] Somit ist im vorliegenden Fall eine unechte Gesamtvertretung von B und P unzulässig und unwirksam. Danach wäre B alleinvertretungsberechtigt, weil A verstorben, der eingetretene S Kommanditist und C von der Vertretung ausgeschlossen ist.

1184 BGH, Urt. v. 20.09.1993 – II ZR 204/92, WM 1994, 237, 238; K. Schmidt, GesR, § 48 II 3 c.

2. C hatte sich jedoch mit dem Ausschluss von der Vertretungsmacht im Gesellschaftsvertrag nur deshalb einverstanden erklärt, weil den beiden anderen Gesellschaftern gleichzeitig ein Gesamtvertretungsrecht eingeräumt worden war. Den Fall, dass an die Stelle eines persönlich haftenden Gesellschafters ein Kommanditist tritt, hatten die Gesellschafter bei Vertragsschluss nicht bedacht. Diese Vertragslücke muss im Wege der **ergänzenden Vertragsauslegung** geschlossen werden, indem der hypothetische Wille der Parteien ermittelt wird. Es kann davon ausgegangen werden, dass die Parteien, falls sie diesen Fall bedacht hätten, den C als Gesamtvertreter bestimmt hätten. Somit kann festgestellt werden, dass nach dem Gesellschaftsvertrag eine Gesamtvertretung B/C besteht und B allein nicht berechtigt war, den Vertrag mit D abzuschließen. Der Vertrag ist von B als Vertreter ohne Vertretungsmacht abgeschlossen worden. Da sich C weigert, seine Genehmigung zu erteilen, ist der Vertrag endgültig unwirksam.

3. D kann sich insoweit auch nicht gemäß § 15 Abs. 1 HGB darauf berufen, dass C nach dem Handelsregister von der Vertretung der Gesellschaft ausgeschlossen ist: Aus dem Handelsregister ergibt sich, dass B nicht allein, sondern nur zusammen mit einer weiteren Person zur Vertretung befugt ist. Den guten Glauben des D daran, dass B nach dem Tod des A ihm gegenüber alleinvertretungsberechtigt ist, schützt § 15 Abs. 1 HGB nicht (§ 15 Abs. 2 S. 1 HGB).

D hat keinen Anspruch auf Übereignung des Grundstücks.

III. Wissenszurechnung

Die oHG muss sich das Wissen ihrer Gesellschafter und anderer Personen im gleichen Umfang wie eine GbR zurechnen lassen. Insoweit gilt das zur GbR Ausgeführte entsprechend.[1185]

298

D. Änderungen im Bestand der Gesellschafter

Auch bei der oHG können sich Änderungen im Gesellschafterbestand ergeben.[1186] Insoweit kann weitgehend auf die Ausführungen zur GbR verwiesen werden. Dies gilt namentlich für den Beitritt eines neuen Gesellschafters,[1187] für den Gesellschafterwechsel[1188] und den Ausschluss eines Gesellschafters.[1189] Einige Abweichungen im Vergleich zur GbR[1190] ergeben sich beim **Ausscheiden eines Gesellschafters**: Anders als bei der GbR führen die in § 131 Abs. 3 HGB genannten Gründe auch ohne gesellschaftsvertragliche Fortsetzungsklausel nicht zur Auflösung der Gesellschaft, sondern nur zum Ausscheiden des betroffenen Gesellschafters. Der Gesellschafter scheidet mit dem Ein-

299

1185 Vgl. Rn. 261 f.
1186 Zum Folgenden: Bitter/Heim § 6 Rn. 59 ff.
1187 Siehe hierzu für die GbR Rn. 263.
1188 Siehe hierzu für die GbR Rn. 264.
1189 Siehe hierzu für die GbR Rn. 266.
1190 Siehe hierzu für die GbR Rn. 265.

tritt des jeweilgen Ereignisses aus der Gesellschaft aus (§ 131 Abs. 3 S. 2 HGB). Sein Ausscheiden ist zur Eintragung in das Handelsregister anzumelden (§ 143 Abs. 2 HGB).[1191]

300 Für den **Tod eines Gesellschafters** kann der Gesellschaftsvertrag der oHG – ebenso wie derjenige einer GbR – eine von § 131 Abs. 3 Nr. 1 HGB abweichende Regelung treffen. Möglich ist insbesondere eine einfache erbrechtliche Nachfolgeklausel, die zur Fortsetzung der Gesellschaft mit den Erben des Verstorbenen führt. In diesem Fall kann jeder Erbe innerhalb einer Frist von drei Monaten ab Kenntnis des Anfalls der Erbschaft unabhängig vom Verhalten der übrigen Erben verlangen, dass ihm die Stellung eines Kommanditisten eingeräumt wird (§ 139 Abs. 1 u. 3 HGB). Hierdurch wird dem Erben die Möglichkeit eröffnet, der unbeschränkten Haftung eines oHG-Gesellschafters gemäß §§ 128 ff. HGB zu entgehen, ohne die Erbschaft insgesamt ausschlagen zu müssen. Die übrigen Gesellschafter können dieses Verlangen der Erben jedoch ablehnen, weil sich hierdurch die Gesellschaftsform von einer oHG hin zu einer KG verändern würde; in diesem Fall hat der Erbe dann nur die Möglichkeit, entweder (doch) oHG-Gesellschafter zu werden oder durch fristlose Kündigung aus der Gesellschaft auszuscheiden (§ 139 Abs. 3 HGB) und seinen Abfindungsanspruch (§ 105 Abs. 3 HGB i.V.m. § 738 Abs. 1 S. 2 BGB) zu realisieren.

Scheidet der Erbe aus der oHG aus oder wird er Kommanditist, haftet er als Erbe für die bis zum Erbfall und bis zu seinem Ausscheiden bzw. seiner Beteiligungsumwandlung begründeten Gesellschaftsschulden (§ 139 Abs. 4 HGB).[1192] Diese sind nämlich Nachlassverbindlichkeiten aus § 128 HGB, für die der Erbe auch mit seinem Privatvermögen einzustehen hat (§ 1967 BGB), wenn er aus der Gesellschaft ausscheidet bzw. die Kommanditistenstellung einnimmt. Insoweit bestehen aber die erbrechtlichen Möglichkeiten der Haftungsbeschränkung durch Beantragung einer Nachlassverwaltung oder -insolvenz (§§ 1975 ff. BGB). Für später begründete Gesellschaftsverbindlichkeiten haftet der Erbe nicht. Wird er Kommanditist, haftet er als solcher (§ 173 i.V.m. §§ 171, 172 HGB).

4. Abschnitt: Die Haftungsverfassung der oHG

A. Die Haftung der Gesellschaft

301 Die oHG ist ein rechtsfähiges Subjekt (vgl. § 124 Abs. 1 HGB) und haftet dementsprechend aus in ihrem Namen mit Vertretungsmacht abgeschlossenen Geschäften selbst mit ihrem eigenen Vermögen. Zu Schadensersatz verpflichtendes Verhalten ihrer „verfassungsmäßig berufenen Vertreter" muss sich die oHG analog § 31 BGB zurechnen lassen. Für das Verhalten von Erfüllungsgehilfen hat die oHG nach § 278 BGB einzustehen.

B. Die Haftung der Gesellschafter

302 Die Gesellschafter haften gemäß §§ 128–130 HGB persönlich, unbeschränkt und akzessorisch für die Verbindlichkeiten der GbR. Dabei gilt das Prüfungsschema für die persönliche Haftung des Gesellschafters einer GbR entsprechend:[1193]

[1191] Auch insoweit liegt eine eintragungspflichtige Tatsache vor, hinsichtlich derer bei fehlender Eintragung die negative Publizitätswirkung des § 15 Abs. 1 HGB entfaltet wird (Bitter/Heim § 6 Rn. 61).
[1192] Hier und zum Folgenden: Bitter/Heim § 6 Rn. 63.
[1193] Vgl. zur GbR: Rn. 268 ff.

> **Haftung der Gesellschafter für Verbindlichkeiten der oHG**
>
> 1. Es muss zunächst eine **Verbindlichkeit der Gesellschaft** bestehen (s. o. unter 1.)
> 2. **Die Gesellschafter haften** für vertragliche und gesetzliche Verbindlichkeiten der GbR **gemäß §§ 128, 130 HGB.**
> 3. Dabei stehen den Gesellschaftern neben eigenen **Einwendungen und Einreden nach § 129 HGB** auch die Einwendungen und Einreden der Gesellschaft zu.
> 4. Durch Individualvereinbarung mit dem jeweiligen Gläubiger kann die **Haftung der Gesellschafter ausnahmsweise ausgeschlossen** sein.
> 5. Liegen die unter 1. bis 4. genannten Voraussetzungen vor, sind die Gesellschafter grundsätzlich zur **Erfüllung** der Gesellschaftsschuld in Natur verpflichtet.
> 6. Dabei stellen sich Fragen des **Regresses** und der **Freistellung.**

I. Haftung der Gesellschafter für Neu- und Altverbindlichkeiten (§§ 128, 130 HGB)

Die Gesellschafter haften den Gläubigern der Gesellschaft für die Verbindlichkeiten der oHG persönlich (§ 128 S. 1 HGB). Diese Haftung ist eine primäre[1194] und unbeschränkte sowie unbeschränkbare[1195] (vgl. § 128 S. 2 HGB) **unmittelbare Außenhaftung.**[1196]

Die Gesellschafterhaftung ist **akzessorisch**, d.h., sie steht und fällt mit dem Bestand der Hauptforderung.[1197] Die Haftung des Gesellschafters ist auch vom Umfang der Verbindlichkeit der Gesellschaft dauerhaft abhängig und unterliegt der gleichen Verjährung wie die Gesellschaftsschuld.[1198] Das Erlöschen der Gesellschaftsschuld führt daher immer auch zum Erlöschen der Gesellschafterschuld.

Der in eine oHG **eintretende Gesellschafter** haftet neben den Altgesellschaftern grundsätzlich auch für vor seinem Eintritt begründete vertragliche und gesetzliche **(Alt-)Verbindlichkeiten** der Gesellschaft (§ 130 Abs. 1 HGB). Eine entgegenstehende Vereinbarung ist Dritten gegenüber unwirksam (§ 130 Abs. 2 HGB).

Scheidet ein Gesellschafter aus der oHG aus, so trifft ihn eine fünfjährige **Nachhaftung** für vor seinem Ausscheiden begründete Verbindlichkeiten (§ 160 HGB).[1199] Wird das Ausscheiden des Gesellschafters nicht in das Handelsregister eingetragen, beginnt die Enthaftungsfrist – wie bei der GbR – mit der positiven Kenntnis des Gläubigers vom Ausscheiden.[1200]

1194 Eine Einrede der Vorausklage wie bei der Bürgschaft (vgl. § 771 BGB) gibt es nicht. Der Gläubiger hat die Wahl, ob er erst die oHG, erst gegen einen oder mehrere Gesellschafter oder gleichzeitig gegen alle vorgeht.
1195 Damit ist aber nur gemeint, dass eine Haftungsbeschränkung im Innenverhältnis nicht im Außenverhältnis gegenüber den Gläubigern der Gesellschaft gilt.
1196 Bitter/Heim § 6 Rn. 14; Reichert/Ihrig § 42 Rn. 3.
1197 Hier und zum Folgenden: Oetker/Boesche § 128 Rn. 5.
1198 BGH, Urt. v. 12.01.2010 – XI ZR 37/09, NZG 2010, 264 = RÜ 2010,163 (Alpmann), Ls.
1199 Zur analogen Anwendung des § 160 HGB (und der §§ 26 HGB, 327 Abs. 4 AktG) auf § 303 AktG im Falle der Beendigung eines Beherrschungs- und Gewinnabführungsvertrages siehe BGH, Urt. v. 07.10.2014 – II ZR 361/13, NZG 2014, 1340 = RÜ 2015, 94 (Nissen).
1200 Bitter/Heim § 6 Rn. 19.

6. Teil: Die offene Handelsgesellschaft (oHG)

> **Fall 12: Mietforderung**
>
> A, B und C waren Gesellschafter der A-oHG, aus der C zum 31.12.2012 ausgeschieden ist. Das Ausscheiden wurde am 01.02.2013 in das Handelsregister eingetragen. Der Vermieter V nimmt C wegen der Miete für die Monate Januar bis Juni 2016 in Höhe von monatlich 5.000 € in Anspruch. Ist die am 01.03.2017 erhobene Klage des V begründet?

Ein Anspruch des V gegen C auf Zahlung der rückständigen Mieten könnte aus §§ 128, 124 HGB i.V.m. § 535 Abs. 2 BGB folgen.

I. Die A-oHG ist aufgrund des in ihrem Namen abgeschlossenen Mietvertrages gemäß § 535 Abs. 2 BGB zur Zahlung der Miete verpflichtet.

II. Ein ausgeschiedener Gesellschafter haftet gemäß § 128 S. 1 HGB für alle Gesellschaftsverbindlichkeiten, die bis zum Zeitpunkt des Ausscheidens **begründet** waren. Dies ist in § 160 Abs. 1 S. 1 HGB ausdrücklich klargestellt.

1. Teilweise wird angenommen, ein Anspruch sei nur dann begründet, wenn er nicht mehr von einer zukünftigen ungewissen Entwicklung abhängig sei. Bei Dauerschuldverhältnissen – wie dem hier vorliegenden Mietvertrag – sei deren Verlauf schon wegen der Kündigungsmöglichkeit ungewiss. Eine Nachhaftung des ausscheidenden Gesellschafters für Ansprüche aus Dauerschuldverhältnissen sei daher nicht gerechtfertigt.[1201]

2. Nach h.M. ist eine Verbindlichkeit schon dann vor dem Ausscheiden begründet, wenn ihre Rechtsgrundlage zu diesem Zeitpunkt bereits gelegt worden ist, auch wenn sie erst später vollständig erfüllt oder fällig wird. Auch für Ansprüche aus Dauerschuldverhältnissen besteht eine Nachhaftung, da deren Rechtsgrundlage bereits in dem Vertrag selber angelegt ist.[1202]

> Enthält ein Mietvertrag die Bestimmung, das Mietverhältnis, das zu einem festgelegten Zeitpunkt ende, verlängere sich jeweils um ein Jahr, wenn eine der Parteien dem nicht (fristgerecht) widerspreche, so wird der ursprüngliche Mietvertrag fortgesetzt, wenn ein solcher Widerspruch nicht erfolgt, nicht aber ein neuer Vertrag geschlossen. Wird nach dem Ausscheiden eines Gesellschafters ein Mietvertrag in dieser Weise verlängert, so ist die Mietzinsforderung ebenfalls schon vor dem Ausscheiden des Gesellschafters begründet.[1203]

Mit dem Abschluss des Mietvertrages ist die Rechtsgrundlage für die Mietansprüche gelegt, auch wenn die einzelnen Verpflichtungen erst später fällig werden. Die Ansprüche des V sind vor dem Ausscheiden des C begründet worden.

III. C kann keine Einwendungen gemäß § 129 HGB geltend machen.

IV. Zugunsten des C könnte jedoch eine Enthaftung gemäß § 160 HGB eingetreten sein.

[1201] Honsell/Harrer ZIP 1986, 341.
[1202] BGH, Urt. v. 27.09.1999 – II ZR 356/98, NJW 2000, 208, 209; BAG, Urt. v. 19.05.2004 – 5 AZR 405/03, NJW 2004, 3287, 3288.
[1203] BGH, Urt. v. 29.04.2002 – II ZR 330/00, NJW 2002, 2170.

§ 160 HGB ist zwar wie eine eigene Anspruchsgrundlage formuliert, enthält aber eine Enthaftungsregelung.[1204] Das bedeutet, dass für Ansprüche gegen den ausgeschiedenen Gesellschafter die Anspruchsgrundlage § 128 HGB ist und sich ein Anspruchsausschluss aus § 160 HGB ergeben kann.

Ansprüche gegen den ausgeschiedenen Gesellschafter sind grundsätzlich mit Ablauf von fünf Jahren nach der Eintragung des Ausscheidens des Gesellschafters ausgeschlossen.

1. Werden Ansprüche erst nach Ablauf von fünf Jahren fällig, sind sie gegen den ausgeschiedenen Gesellschafter auf jeden Fall ausgeschlossen.

2. Für Ansprüche, die vor Ablauf von fünf Jahren (oder schon vor dem Ausscheiden) fällig geworden sind, tritt Enthaftung ein, wenn der Anspruch gegen den Gesellschafter nicht in einer in § 197 Abs. 1 Nr. 3–5 BGB bezeichneten Art festgestellt worden ist, gerichtliche oder behördliche Vollstreckungshandlungen vorgenommen oder beantragt worden sind oder der Gesellschafter den Anspruch schriftlich anerkannt hat.

3. Die Ausschlussfrist beginnt grundsätzlich mit der Eintragung in das Handelsregister, bei positiver Kenntnis des Gläubigers vom Ausscheiden des Gesellschafters auch schon früher. Auch wenn der Gesellschafter nicht eingetragen ist, ist der Zeitpunkt der Kenntnis für den Fristbeginn entscheidend.[1205]

Im vorliegenden Fall ist das Ausscheiden am 01.02.2013 in das Handelsregister eingetragen worden. Da V am 01.03.2017 Klage erhoben hat, ist die Fünfjahresfrist gemäß § 160 Abs. 1 S. 3 HGB i.V.m. § 204 Abs. 1 Nr. 1 BGB gehemmt. Die Klage ist begründet.

II. Einwendungen und Einreden

304 Wird ein Gesellschafter wegen einer Verbindlichkeit der Gesellschaft nach § 128 HGB persönlich in Anspruch genommen, stehen ihm unterschiedliche Verteidigungsmittel zur Verfügung:

Zunächst einmal kann er dem Gläubiger **eigene**, in seiner Person begründete **Einwendungen und Einreden** entgegenhalten. Zu denken ist etwa an die Aufrechnung mit einer eigenen Gegenforderung des Gesellschafters.

Aufgrund der Akzessorietät der Gesellschafterhaftung kann der Gesellschafter dem Gläubiger daneben auch **Einwendungen und Einreden der Gesellschaft** entgegenhalten, soweit diese der Gesellschaft selbst (schon und noch) zustehen (**§ 129 Abs. 1 HGB**). Bei der Einrede der Verjährung (§ 214 Abs. 1 BGB) ist jedoch zu beachten, dass es – anders als bei der ebenfalls akzessorischen Bürgenhaftung[1206] – keine eigenständige Verjährung der Gesellschafterschuld gibt und die für die Gesellschaftsschuld maßgebli-

---

[1204] Häublein Jura 2008, 617, 618; K Schmidt ZIP 1994, 243, 244.
[1205] BGH, Urt. v. 24.09.2007 – II ZR 284/05, NJW 2007, 3784 = RÜ 2008, 94 (Alpmann).
[1206] BGH, Urt. v. 26.02.2013 – XI ZR 417/11, NJW 2013, 1803, Rn. 14 u. 28.

che Verjährungsfrist grundsätzlich auch für die Gesellschafterschuld gilt.[1207] Deshalb hemmt eine Klage des Gläubigers gegen die Gesellschaft nicht nur die Verjährung dieser gegenüber (§ 204 Abs. 1 Nr. 1 BGB), sondern auch gegenüber dem akzessorisch haftenden Gesellschafter.[1208] Klagt ein Gesellschafter nur gegen einen Gesellschafter und läuft die Verjährung gegenüber der Gesellschaft weiter, kann sich der Gesellschafter aber in teleologischer Reduktion des § 129 Abs. 1 HGB nicht auf die Verjährung der Gesellschaftsschuld berufen.[1209]

Der Gesellschafter kann die Befriedigung des Gläubigers verweigern, solange der Gesellschaft das Recht zusteht, das ihrer Verbindlichkeit zugrunde liegende Rechtsgeschäft anzufechten **(§ 129 Abs. 2 HGB)**. Diese Vorschrift gewährt dem Gesellschafter – ebenso wie § 770 Abs. 1 BGB dem Bürgen – eine aufschiebende Einrede.[1210]

Für andere Gestaltungsrechte (z.B. Rücktritt, Widerruf) gilt **§ 129 Abs. 2 HGB analog**. Dies entspricht der analogen Anwendung des § 770 Abs. 1 BGB auf andere Gestaltungsrechte bei der Bürgschaft.[1211]

Solange sich der Gläubiger durch Aufrechnung gegen eine fällige Forderung der Gesellschaft befriedigen kann, kann der Gesellschafter die Befriedigung des Gläubigers verweigern **(§ 129 Abs. 3 HGB)**. Trotz des mit § 770 Abs. 2 BGB übereinstimmenden Wortlauts ist der Anwendungsbereich dieser Norm exakt umgekehrt:[1212] Es kommt – trotz des entgegenstehenden Wortlauts – nicht auf die Aufrechnungsmöglichkeit des Gläubigers, sofern auch diejenige der Gesellschaft an. Dies ist dadurch begründet, dass dem akzessorisch haftenden Gesellschafter nicht mehr Rechte zustehen dürfen als der Gesellschaft selbst. § 129 Abs. 3 HGB greift also dann nicht ein, wenn nur der Gläubiger aufrechnen kann, nicht aber die Gesellschaft, für deren Schuld der Gesellschafter akzessorisch haftet.

§ 770 Abs. 2 BGB ist demgegenüber Ausdruck der Subsidiarität der Bürgenhaftung: Der Bürge soll nicht in Anspruch genommen werden können, wenn sich der Gläubiger durch Aufrechnung gegenüber dem Hauptschuldner selbst befriedigen kann (Vollstreckungsfunktion der Aufrechnung).[1213]

III. Haftungsausschluss

305 Eine der Gesellschafterhaftung nach § 128 S. 1 HGB entgegenstehende Vereinbarung ist Dritten gegenüber unwirksam (§ 128 S. 2 HGB).[1214] Damit sind aber nur Vereinbarungen der Gesellschafter untereinander – etwa im Gesellschaftsvertrag – gemeint.[1215] Zulässig sind hingegen haftungsbeschränkende – oder – ausschließende **Individualvereinbarungen des jeweiligen Gesellschafters mit dem betreffenden Gläubiger**.[1216] Solche

---

1207 BGH, Urt. v. 12.01.2010 – XI ZR 37/09, NZG 2010, 264 = RÜ 2010,163 (Alpmann), Ls.
1208 BGH, Urt. v. 10.05.2012 – IX ZR 125/10, NJW 2012, 2435 = RÜ 2012, 500 (Alpmann), Rn. 76.
1209 BGH, Urt. v. 22.03.1988 – X ZR 64/87, NJW 1988, 1976, Ls.; MünchKomm-HGB/K. Schmidt § 129 Rn. 9.
1210 Bitter/Heim § 6 Rn. 24.
1211 Bitter/Heim § 6 Rn. 25.
1212 Hier und zum Folgenden: Bitter/Heim § 6 Rn. 26.
1213 Bitter/Heim § 6 Rn. 26.
1214 Eine dennoch zwischen den Gesellschaftern getroffene Vereinbarung kann jedoch im Innenverhältnis Wirkung entfalten und dazu führen, dass der begünstigte Gesellschafter von den anderen Gesellschaftern freigestellt werden muss (Oetker/Boesche § 128 Rn. 25; MünchKomm-HGB/K. Schmidt § 128 Rn. 13).
1215 Hier und zum Folgenden: Oetker/Boesche § 128 Rn. 24.
1216 BGH, Urt. v. 27.09.1999 – II ZR 371/98, NJW 1999, 3483, Ls.

Vereinbarungen haben aber individuell zu erfolgen. Eine entsprechende Klausel in den AGB der Gesellschaft ist grundsätzlich[1217] unwirksam, weil ein Haftungsausschluss mit einem wesentlichen Grundgedanken des Rechtes der oHG unvereinbar ist (§ 307 Abs. 2 Nr. 1 BGB).

IV. Inhalt der Haftung

Mit der Qualifizierung der Schuld der Gesellschafter aus § 128 HGB als selbstständiger akzessorischer Verbindlichkeit ist nicht bestimmt, wie die Gesellschafter haften, ob sie in gleicher Weise wie die Gesellschaft zur Erfüllung verpflichtet sind oder ob lediglich eine Haftung auf ein Wertinteresse besteht. Der Inhalt der Gesellschafterhaftung ist dann problematisch, wenn die Gesellschaft nicht die Zahlung eines Geldbetrages schuldet – dann ist auch die Gesellschafterhaftung unzweifelhaft auf eine Geldzahlung gerichtet –, sondern eine andere Leistung (z.B. die Übereignung einer Sache aus einem im Namen der Gesellschaft als Verkäuferin geschlossenen Kaufvertrag, § 433 Abs. 1 BGB). Während früher teilweise die Auffassung vertreten wurde, dass ein Gesellschafter das Interesse des Gläubigers an der von der Gesellschaft geschuldeten Leistung immer nur in Geld auszugleichen hat (sog. Haftungstheorie),[1218] sind die Gesellschafter nach heute einhelliger Auffassung **grundsätzlich in gleicher Weise wie die Gesellschaft zur Erfüllung verpflichtet** (sog. Erfüllungstheorie).[1219]

306

Die schutzwürdigen Belange des einzelnen Gesellschafters werden in der Weise gewahrt, dass **Ausnahmen** von der grundsätzlichen Erfüllungspflicht dann bestehen, **wenn die Erfüllung dem Gesellschafter unmöglich oder unzumutbar ist**. Dabei kommen folgende Fallgruppen in Betracht:

307

Ausnahmen von der Erfüllungsverpflichtung des akzessorisch haftenden Gesellschafters

- Übereignung einer Sache aus dem Gesellschaftsvermögen
- Übereignung einer Sache aus dem Privatvermögen des Gesellschafters
- Personenbezogene Leistungen
- Unvertretbare Handlungen
- Unterlassungsverpflichtungen

Schuldet die oHG die **Übereignung einer Sache aus dem Gesellschaftsvermögen**, so kann der einzelne Gesellschafter diese Verpflichtung selbst (also im eigenen Namen) nicht erfüllen. Da in einem solchen Fall eine Erfüllungspflicht der Gesellschafter nicht bestehen kann, schuldet der Gesellschafter auch nach der Erfüllungstheorie nicht Übereignung, sondern er haftet auf das Erfüllungsinteresse.

308

[1217] Zur Ausnahme bei geschlossenen Immobilienfonds siehe Rn. 271 zur GbR.
[1218] Staub/Fischer, HGB, 3. Aufl. 1973, § 128 Anm. 6 ff.
[1219] BGH, Urt. v. 11.12.1978 – II ZR 235/77, NJW 1979, 1361; BGH, Urt. v. 22.03.1988 – X ZR 64/87, NJW 1988, 1976; Oetker/Boesche § 128 Rn. 26; Ensthaler/Ensthaler § 128 Rn. 13 f.

Beispiel: Der vertretungsberechtigte Gesellschafter A verkauft an den K notariell ein Grundstück der A-oHG. Als K Übereignung verlangt, antwortet A, Gesellschafter B sei mit dem Vertragsschluss nicht einverstanden, weil ein viel zu niedriger Preis vereinbart worden sei. Daraufhin verklagt K den B auf Übereignung des Grundstücks.
K könnte gegen den B einen Anspruch auf Übereignung des Grundstücks aus § 128 S. 1 HGB i.V.m. § 433 Abs. 1 BGB haben.
I. Eine Verbindlichkeit der A-oHG ist gegeben: A hat den Kaufvertrag mit K in Vertretung der Gesellschaft abgeschlossen. Die A-oHG ist damit gemäß § 433 Abs. 1 BGB i.V.m. § 124 HGB dem K zur Übereignung des Grundstücks verpflichtet.
II. Grundsätzlich haben die Gesellschafter gemäß § 128 S. 1 HGB eine mit der Schuld der Gesellschaft inhaltsgleiche Verpflichtung. Die A-oHG schuldet Übereignung, d.h. Auflassung und Eintragungsbewilligung. B selbst kann diese Verpflichtung aber nicht erfüllen. Er könnte lediglich die Auflassung im eigenen Namen erklären. Eine solche Erklärung wäre für K sinnlos, da nicht B, sondern die A-oHG Eigentümerin des Grundstücks ist. Überdies wäre die Auflassungserklärung des B im eigenen Namen nicht inhaltsgleich mit der Verpflichtung der A-oHG, denn diese schuldet eine Auflassungserklärung im Namen der Gesellschaft.[1220] Selbst wenn B vertretungsberechtigt und geschäftsführungsbefugt ist, besteht keine Erfüllungspflicht. Er kann dann zwar die Auflassung im Namen der Gesellschaft erklären. Dies würde aber nur zum Ausdruck bringen, dass B eine Schuld der Gesellschaft erfüllt.[1221] K hat daher gegen A persönlich nur einen Anspruch auf das Erfüllungsinteresse.

309 Ist die oHG zur **Herausgabe einer Sache aus dem Gesellschaftsvermögen** verpflichtet, so ist dem Gesellschafter die Herausgabe als tatsächliche Handlung grundsätzlich möglich; er haftet daher auf Herausgabe.

Beispiel: D hat der A-oHG, bestehend aus den Gesellschaftern A, B und C, eine Maschine unter Eigentumsvorbehalt verkauft und geliefert. Als die A-oHG mit der Zahlung des Kaufpreises in Verzug gerät, tritt D wirksam vom Vertrag zurück. Er verlangt Herausgabe von der A-oHG und den Gesellschaftern.
I. D hat einen Anspruch gegen die A-oHG aus § 985 BGB. D ist Eigentümer, die A-oHG Besitzerin der im Gesellschaftsvermögen befindlichen Maschine. Die für den Besitz erforderliche tatsächliche Sachherrschaft wird von den Organen ausgeübt, d.h., die tatsächliche Sachherrschaftsgewalt der zur Geschäftsführung berechtigten Gesellschafter begründet den Besitz der oHG.[1222] Infolge des wirksamen Rücktritts vom Kaufvertrag vermittelt dieser der A-oHG kein Besitzrecht i.S.v. § 986 BGB mehr.
II. Die Gesellschafter haften gemäß § 128 S. 1 HGB für die Erfüllung der Herausgabeverpflichtung der A-oHG aus § 985 BGB. Anders als bei der Übereignung ist dem Gesellschafter die Herausgabe als tatsächliche Handlung grundsätzlich möglich.

310 Schuldet die oHG die **Übereignung einer Sache, deren Eigentümer ein Gesellschafter ist**, so ist zu unterscheiden:

Ist der Gesellschafter nicht zur Einbringung der Sache in die Gesellschaft verpflichtet und weigert er sich, dies zu tun, ist der Gesellschaft die Leistung unmöglich (§ 275 Abs. 1 BGB). Ein Erfüllungsanspruch besteht dann schon gegenüber der Gesellschaft nicht. Die Gesellschaft ist nach § 311 a Abs. 2 BGB zum Schadensersatz verpflichtet. Für diese Verbindlichkeit der oHG haftet der Gesellschafter nach § 128 S. 1 HGB.

Beispiel: Der vertretungsberechtigte Gesellschafter A verkauft im Namen der A & B oHG ein dem Gesellschafter B gehörendes Grundstück formgerecht an K. Dieser verlangt von B Übereignung. B wendet zutreffend ein, er sei nach dem Gesellschaftsvertrag nicht zur Einbringung des Grundstücks in die Gesellschaft verpflichtet.

[1220] K. Schmidt, GesR, § 49 III 2 a.
[1221] BGH, Urt. v. 25.01.2008 – V ZR 63/07, NJW 2008, 1378, Rn. 8.
[1222] MünchKomm-HGB/K. Schmidt § 124 Rn. 7. Dabei ist rein dogmatisch umstritten, ob die „Organe" der oHG als Besitzdiener i.S.v. § 855 BGB anzusehen sind oder ob sich eine Zurechnung allein aus der Denkfigur des Organbesitzes ergibt (vgl. hierzu K. Schmidt, GesR, § 10 III 3 a).

I. Da A das Grundstück im Namen der A & B oHG verkauft hat, ist ein Kaufvertrag zwischen K und der A & B oHG zustande gekommen. Da der Gesellschafter B weder verpflichtet noch bereit ist, sein Grundstück in die Gesellschaft einzubringen, liegt aber eine anfängliche Unmöglichkeit nach § 275 Abs. 1 BGB vor. Daher besteht gegenüber der Gesellschaft kein Erfüllungsanspruch auf Übereignung des Grundstücks aus § 433 Abs. 1 BGB. Die Gesellschaft ist aber zum Schadensersatz gemäß § 311 a Abs. 2 verpflichtet.
II. Für die Erfüllung dieser Verbindlichkeit der A & B oHG haftet B gemäß § 128 S. 1 HGB persönlich.

Ist der Gesellschafter hingegen zur Einbringung der Sache in das Gesellschaftsvermögen verpflichtet, kann er von dem Gläubiger auch persönlich auf Übereignung in Anspruch genommen werden.

Beispiel: Der vertretungsberechtigte Gesellschafter A verkauft im Namen der A & B oHG ein dem Gesellschafter B gehörendes Grundstück formgerecht an K. B ist nach dem Gesellschaftsvertrag zur Einbringung des Grundstücks in das Gesellschaftsvermögen verpflichtet. K verlangt von B Übereignung.

Die Gesellschaft ist gemäß § 433 Abs. 1 BGB zur Übereignung des dem B gehörenden Grundstücks verpflichtet. Die Erfüllung dieser Verpflichtung ist ihr nicht unmöglich, da sie gegen B einen Anspruch auf Übereignung hat. Für die Schuld der Gesellschaft haftet B gemäß § 128 S. 1 HGB persönlich. Er ist zur Übereignung des Grundstücks an K verpflichtet.

311 Eine Ausnahme von der Verpflichtung des Gesellschafters zur Erfüllung der Gesellschaftsschuld kommt ferner in Betracht bei **personenbezogenen Leistungen,** deren Erbringung dem einzelnen Gesellschafter unzumutbar ist.

Ob dies der Fall ist, muss durch eine Interessenabwägung festgestellt werden: Einerseits hat der Gläubiger ein Interesse an der vertragsmäßigen Erfüllung auch durch die Gesellschafter. Andererseits soll der Gesellschafter durch die Erfüllung nicht wesentlich mehr als durch eine Geldleistung beeinträchtigt werden.[1223]

Überwiegt das Gläubigerinteresse, so besteht ein unmittelbarer Erfüllungsanspruch auch gegen den einzelnen Gesellschafter. Überwiegt das Interesse des Gesellschafters, so kann der Gläubiger Erfüllung nur von der Gesellschaft, vom einzelnen Gesellschafter hingegen nur sein Interesse in Geld verlangen.

312 Eine unvertretbare Handlung, z.B. die Rechnungslegung oder Auskunftserteilung, kann nur der Schuldner selbst, nicht ein Dritter vornehmen. **Schuldet** daher **eine oHG eine unvertretbare Handlung**, so kann diese jedenfalls durch einen nicht geschäftsführungsbefugten Gesellschafter nicht vorgenommen werden. Er haftet daher nicht auf Erfüllung. Umstritten ist allerdings, ob nicht bei unvertretbaren Handlungen der geschäftsführungsbefugte Gesellschafter gemäß § 128 HGB persönlich auf Erfüllung in Anspruch genommen werden kann, denn dieser kann die Handlung vornehmen.

Beispiel: Die A-oHG schuldet dem E aus der Verwaltung seiner Miethäuser Rechnungslegung. E nimmt insoweit den geschäftsführungsbefugten Gesellschafter A persönlich in Anspruch.
I. Der BGH[1224] hat in einem solchen Fall den geschäftsführungsbefugten Gesellschafter zur Erfüllung des Anspruchs auf Rechnungslegung verurteilt. Die Erfüllung sei diesem Gesellschafter weder unmöglich noch unzumutbar, da er der Gesellschaft gegenüber zur Geschäftsführung verpflichtet sei.
II. Nach der Gegenansicht kann die Geschäftsführungsbefugnis für den Inhalt der Haftung nach § 128 HGB nicht entscheidend sein. Es sei nicht einzusehen, warum der geschäftsführungsbefugte Gesellschafter weitergehend haften sollte als der nicht geschäftsführungsbefugte. Für den Gläubiger sei der

---

1223 BGH, Urt. v. 01.04.1987 – VIII ZR 15/86, NJW 1987, 2367, 2369.
1224 BGH, Urt. v. 14.02.1957 – II ZR 190/55, NJW 1957, 871.

Erfüllungsanspruch gegen die Gesellschaft ausreichend.[1225] Nehme der geschäftsführungsbefugte Gesellschafter die Handlung vor, handele durch ihn als Organ die Gesellschaft, nicht er selbst als persönlich Haftender.[1226]

313 Bei **Unterlassensverpflichtungen der oHG** stellt sich die Frage, ob sich diese ihrem Inhalt nach auf die Gesellschafter erstrecken können.

Beispiel: Die A-oHG, bestehend aus den Gesellschaftern A und B, verkaufte dem M einen Müllabfuhrbetrieb und verpflichtete sich wirksam, in einem bestimmten Gebiet keine Müllabfuhr zu betreiben. Als A und B die Z-oHG gründen und diese als Müllabfuhrbetrieb in dem Gebiet tätig wird, verlangt M Unterlassung.

I. Der BGH hat in diesem[1227] und in vergleichbaren Fällen[1228] einen Unterlassungsanspruch gegen die Gesellschafter und die neu gegründete Gesellschaft bejaht: „Nach der Rechtsprechung des BGH ist die Frage, inwieweit die Gesellschafter persönlich in Anspruch genommen werden können, danach zu beantworten, in welchem Umfang die Erbringung dieser Leistung zu den gesellschaftlichen Pflichten der Gesellschafter gehört. Im Streitfall ist eine solche Pflicht der Gesellschafter zur Einhaltung des Wettbewerbsverbots zu bejahen; denn auch nach den Grundsätzen des § 242 BGB wäre es ein unzulässiges widersprüchliches Verhalten der Gesellschafter, die Erfüllung des von der Gesellschaft abgeschlossenen Vertrages in einem wesentlichen Punkt zu verhindern. ... Diesem Anspruch können die Gesellschafter sich nicht dadurch entziehen, dass sie nicht persönlich, sondern als Gesellschafter einer anderen Gesellschaft tätig werden; der Unterlassungsanspruch kann daher gegen die Beklagte geltend gemacht werden."

II. In der Literatur wird demgegenüber die Auffassung vertreten, dass Unterlassungspflichten sich ihrem Inhalt nach nur von der Gesellschaft und nicht von einem Gesellschafter erbringen lassen. Eine Verpflichtung der Gesellschafter und der neuen Gesellschaft lässt sich danach nicht aus § 128 HGB herleiten.[1229]

V. Regress und Freistellung

314 Wird ein Gesellschafter durch einen Gläubiger der oHG aus § 128 HGB persönlich in Anspruch genommen, hat er einen **Rückgriffsanspruch gegen die oHG aus § 110 HGB**. Die Leistung an den Gläubiger ist im Verhältnis zur oHG eine erstattungsfähige Aufwendung. Voraussetzung des Aufwendungsersatzanspruchs ist, dass die Gesellschaftsverbindlichkeit tatsächlich bestand, der Gesellschafter die Leistung an den Gläubiger für erforderlich halten durfte und er sie auch tatsächlich an diesen erbracht hat.[1230] Die Mitgesellschafter des Leistenden haften für dessen Aufwendungsersatzanspruch nicht nach § 128 S. 1 HGB, weil es sich um eine Sozialverbindlichkeit der oHG handelt.

Ist die Gesellschaft nicht in der Lage oder bereit, den Aufwendungsersatzanspruch zu erfüllen, kann auch ein (anteiliger) Ausgleichsanspruch gegen die Mitgesellschafter nur unter den Voraussetzungen des § 426 Abs. 1 BGB und in den Grenzen der auf die in Anspruch genommenen Mitgesellschafter entfallenden Außenhaftung in Betracht kommen.[1231]

Ob daneben auch der Anspruch des befriedigten Gläubigers gegen die oHG auf den zahlenden Gesellschafter übergeht, wird unterschiedlich beurteilt: Teilweise wird dies unter Anwendung von **§ 426 Abs. 2 BGB** bejaht; die zutreffende Gegenauffassung lehnt die *cessio legis* hingegen ab und begründet dies damit, dass zwischen Gesellschaft und Gesellschafter ein Akzessorietäts- und eben kein Gesamtschuldverhältnis vor-

---

[1225] K. Schmidt, GesR, § 49 III 2 b.
[1226] MünchKomm-HGB/K. Schmidt § 128 Rn. 28.
[1227] BGH, Urt. v. 09.11.1973 – I ZR 83/72, BB 1974, 482.
[1228] BGH, Urt. v. 07.06.1972 – VIII ZR 175/70, NJW 1972, 1421; BGH, Urt. v. 28.05.1975 – VIII ZR 200/74, WM 1975, 777.
[1229] K. Schmidt, GesR, § 49 III 2 c.
[1230] Oetker/Boesche § 128 Rn. 37.
[1231] BGH, Urt. v. 29.09.2015 – II ZR 403/13, NJW 2015, 3789, Rn. 17.

liegt.¹²³² Bei fehlender Besicherung (nur) des Anspruchs gegen die Gesellschaft ist der Streit unbedeutend, weil jedenfalls zwischen den Gesellschaftern eine Gesamtschuld besteht und damit der Anspruch des Gläubigers gegen den Gesellschafter auf den Zahlenden übergeht.¹²³³

Die Gesellschafter sind Gesamtschuldner i.S.v. §§ 421 ff. BGB.¹²³⁴ Der durch den Gläubiger der oHG persönlich in Anspruch genommene Gesellschafter hat deshalb neben dem Regressanspruch gegen die Gesellschaft nach § 110 HGB einen **subsidiären Ausgleichsanspruch gegen die weiteren Gesellschafter** gemäß § 426 Abs. 1 u. 2 BGB.¹²³⁵ Subsidiär bedeutet, dass der Gesellschafter sich zunächst mit seinem Aufwendungsersatzanspruch nach § 110 HGB an die oHG wenden und die Gesellschaft in Regress nehmen muss, bevor er seine Mitgesellschafter in Anspruch nimmt.¹²³⁶ Er muss die Gesellschaft dabei allerdings nicht gerichtlich in Anspruch nehmen und erst recht nicht (fruchtlos) in das Gesellschaftsvermögen vollstreckt haben.¹²³⁷ Es reicht aus, dass der Gesellschafter die oHG zur Zahlung auffordert und dieser der Aufforderung nicht nachkommt.¹²³⁸ Es genügt auch, dass die Gesellschaft nicht die nötigen Mittel aufbringen kann.¹²³⁹ Sind diese Voraussetzungen erfüllt, kann der betroffene Gesellschafter von seinen Mitgesellschaftern Ersatz verlangen. Für dessen Regressanspruch haften die Mitgesellschafter nicht als Gesamtschuldner, sondern nur *pro rata*, also als Teilschuldner.

Der Ausgleichsanspruch gemäß § 426 Abs. 1 BGB entsteht nicht erst mit der Befriedigung des Gläubigers, sondern als **Freistellungsanspruch** bereits mit der Entstehung des Gesamtschuldverhältnisses.¹²⁴⁰

Zur Veranschaulichung der vorstehend beschriebenen Haftungsverhältnisse dient das folgende Schaubild:

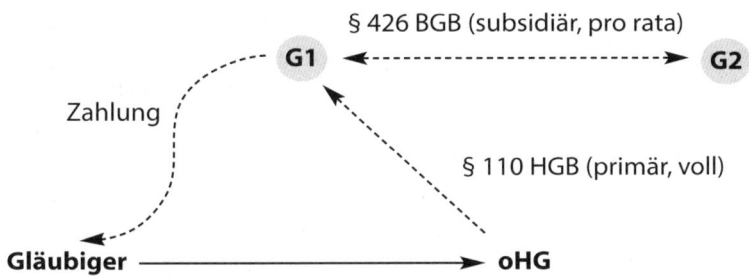

1232 Vgl. statt vieler: Oetker/Boesche § 128 Rn. 8 u. 36 m. w. N.
1233 Bitter/Heim § 5 Rn. 100 (zur GbR).
1234 Oetker/Boesche § 128 Rn. 7.
1235 Nach zutreffender Auffassung findet § 426 BGB schon deshalb Anwendung, weil im Innenverhältnis zwischen den Gesellschaftern ein (echtes) Gesamtschuldverhältnis i.S.v. §§ 421 ff. BGB vorliegt (Bitter/Heim § 5 Rn. 101 – zur GbR). Die Gegenauffassung verneint das Vorliegen einer echten Gesamtschuld, wendet aber gleichwohl die Grundsätze des § 426 BGB im Innenverhältnis der Gesellschafter an (Oetker/Boesche § 128 Rn. 38).
1236 Oetker/Boesche § 128 Rn. 38.
1237 BGH, Urt. v. 02.07.1979 – II ZR 132/78, NJW 1980, 339, Ls. 1.
1238 BGH, Urt. v. 17.12.2001 – II ZR 382/99, NJW-RR 2002, 455, Ls. 2; vgl. auch BGH, Urt. v. 29.09.2015 – II ZR 403/13, NJW 2015, 3789, Rn. 19.
1239 Oetker/Boesche § 128 Rn. 38; vgl. auch OLG Düsseldorf, Urt. v. 18.07.2013 – I-6 U 147/12, ZIP 2013, 1860, Ls. – zur Kommanditistenhaftung.
1240 BGH, Urt. v. 15.10.2007 – II ZR 136/06, ZIP 2007, 2313, Ls. 1; Bitter/Heim § 5 Rn. 104 (zur GbR).

6. Teil — Die offene Handelsgesellschaft (oHG)

> **Fall 13: Zahlender Gesellschafter**
>
> Der Gesellschafter A der G-oHG wird von dem Gesellschaftsgläubiger X auf Zahlung einer Kaufpreisschuld i. H. v. 12.000 €, für die X bereits einen rechtskräftigen Titel gegen die oHG erstritten hat, nach § 128 HGB in Anspruch genommen.
>
> 1. Kann A von der Gesellschaft Ersatz verlangen, wenn er an X zahlt?
> 2. Steht ihm nach Tilgung der Kaufpreisschuld ein Ausgleichsanspruch gegen seine Mitgesellschafter B und C zu?

A. Ansprüche des A **gegen die Gesellschaft**

I. Ein Ersatzanspruch des A gegen die Gesellschaft könnte sich aus § 110 HGB ergeben. Bei der Tilgung der Gesellschaftsschuld durch A könnte es sich um eine Aufwendung handeln. Fraglich ist, ob es sich um ein freiwilliges Vermögensopfer handelt, da A dem X gemäß § 128 HGB zur Zahlung verpflichtet ist. Die Freiwilligkeit beurteilt sich aber danach, ob der Gesellschafter nach dem Gesellschaftsvertrag oder einer sonstigen Abrede im Innenverhältnis zu den Aufwendungen verpflichtet ist. Nach dem Innenverhältnis besteht grundsätzlich keine Verpflichtung des Gesellschafters zur Tilgung von Gesellschaftsschulden. Diese ist als Aufwendung i.S.d. § 110 HGB anzusehen.[1241] Falls A an X zahlt, kann er somit von der Gesellschaft nach § 110 HGB Ersatz dieser Aufwendung verlangen. Dabei kann er in der Höhe Ersatz des gesamten Betrages von 12.000 € beanspruchen, ohne sich den Anteil abziehen lassen zu müssen, den er als Mitgesellschafter selbst zu tragen hätte. Die anteilige Verlusttragung ist erst bei der Auseinandersetzung der Gesellschaft vorzunehmen.

II. Ein Anspruch gegen die Gesellschaft kann sich auch aus einer kraft Gesetzes übergegangenen Forderung ergeben. Ob die Forderung des Dritten gegen die Gesellschaft kraft Gesetzes auf den Gesellschafter übergeht, ist umstritten. Nach teilweise vertretener Auffassung findet kein gesetzlicher Forderungsübergang statt. Insbesondere eine cessio legis gemäß § 426 Abs. 2 BGB sei abzulehnen, da zwischen der Gesellschaft und den Gesellschaftern kein Gesamtschuldverhältnis bestehe. Für eine entsprechende Anwendung bestehe keine Regelungslücke, da die Ausgleichsansprüche des Gesellschafters in § 110 HGB geregelt sind.[1242] Die Gegenansicht bejaht einen gesetzlichen Forderungsübergang in analoger Anwendung des § 774 Abs. 1 BGB.[1243] Wie die Bürgenhaftung sei auch die Haftung des Gesellschafters akzessorisch zu der Haftung der Gesellschaft. Dieser Akzessorietät müsse durch analoge Anwendung des § 774 Abs. 1 BGB Rechnung getragen werden. Je nachdem, welcher Auffassung man folgt, kann neben den Anspruch des A aus § 110 HGB auch ein solcher aus übergegangenem Anspruch des befriedigten Gesellschaftsgläubigers X aus § 433 Abs. 2 BGB treten.

Beachte: Diese Frage hat vor allem dann Bedeutung, wenn für die Forderung Sicherheiten bestehen. Diese gehen bei einem gesetzlichen Forderungsübergang gemäß §§ 412, 401 BGB mit

---

[1241] Oetker/Lieder § 110 Rn. 7.
[1242] BGH, Urt. v. 09.05.1963 – II ZR 124/61, NJW 1963, 1873, 1874 f.
[1243] MünchKomm-HGB/K. Schmidt § 128 Rn. 31.

auf den Gesellschafter über. Bei einem Forderungsübergang ist weiterhin die Umschreibung eines vom Dritten gegen die Gesellschaft erstrittenen Titels gemäß § 727 ZPO möglich.

B. Ansprüche des A **gegen die Mitgesellschafter**

I. Ein Anspruch aus §§ 110, 128 HGB scheidet aus. § 128 HGB ist auf Sozialverpflichtungen wie den Anspruch aus § 110 HGB nicht anwendbar. Von diesem Grundsatz wird auch dann keine Ausnahme gemacht, wenn der Gesellschafter eine Gesellschaftsschuld getilgt hat.[1244]

II. Es könnte aber ein Anspruch des A gegen seine Mitgesellschafter aus § 426 Abs. 1 BGB bestehen.

1. Dem Gesellschaftsgläubiger gegenüber haften die Gesellschafter nach § 128 HGB als Gesamtschuldner. Der Ausgleich im Verhältnis der Gesellschafter untereinander bestimmt sich nach § 426 BGB.[1245]

   Nach der Rechtsprechung des BGH kann nicht nur ein persönlich haftender Gesellschafter, sondern auch ein Kommanditist Ausgleich nach § 426 BGB verlangen. Zwar setzt § 426 BGB voraus, dass die Gesellschafter im Außenverhältnis den Gesellschaftsgläubigern gesamtschuldnerisch haften; der BGH hält einen Ausgleich nach § 426 BGB aber dennoch für geboten:[1246]

   „Ein Kommanditist, der ohne Verpflichtung im Außenverhältnis einen Gesellschaftsgläubiger freiwillig befriedigt hat, kann nicht nur die Gesellschaft nach § 110 HGB auf Aufwendungsersatz in Anspruch nehmen, sondern kann den Komplementär nach § 426 BGB in gleicher Weise in Anspruch nehmen, als hätte er selbst auch die Stellung eines Komplementärs."

2. Die Treuepflicht gebietet es dem Gesellschafter, zunächst den Anspruch gegen die Gesellschaft geltend zu machen. Die Gesellschafter haften nur subsidiär.[1247] Diese Haftung tritt aber nicht erst dann ein, wenn selbst eine Zwangsvollstreckung ins Gesellschaftsvermögen aussichtslos wäre. Es genügt, wenn die Gesellschaft nicht in der Lage oder nicht bereit ist, den Anspruch nach § 110 HGB zu erfüllen; dies ist bereits dann anzunehmen, wenn die Gesellschaft auf Aufforderung nicht zahlt.[1248]

3. Gemäß § 426 Abs. 1 BGB besteht ein Ausgleichsanspruch nur „zu gleichen Teilen", d.h., der Gesellschafter kann von seinen Mitgesellschaftern nur anteiligen Ausgleich entsprechend der Höhe der Verlustbeteiligung verlangen. Wenn die Verlustbeteiligung von A, B und C gleich groß ist, kann A von seinen Mitgesellschaftern jeweils 4.000 € beanspruchen.

III. Daneben könnte auch ein Anspruch des A gegen seine Mitgesellschafter aus kraft Gesetzes übergegangenem Anspruch des Dritten bestehen.

1. Nach einem Teil der Literatur geht der Anspruch des Dritten gegen die Mitgesellschafter aus § 128 HGB gemäß § 426 Abs. 2 BGB auf den tilgenden Gesellschafter über.[1249] Der Forderungsübergang findet gemäß § 426 Abs. 2 BGB

[1244] BGH, Urt. v. 17.12.2001 – II ZR 382/99, NJW-RR 2002, 455, 456; MünchKomm-HGB/K. Schmidt § 128 Rn. 34.
[1245] BGH, Urt. v. 17.12.2001 – II ZR 382/99, NJW-RR 2002, 455, 456; MünchKomm-HGB/K. Schmidt § 128 Rn. 34.
[1246] BGH, Urt. v. 17.12.2001 – II ZR 382/99, NJW-RR 2002, 455; kritisch K. Schmidt JuS 2003, 228 ff.
[1247] BGH, Urt. v. 17.12.2001 – II ZR 382/99, NJW-RR 2002, 455, 456.
[1248] BGH, Urt. v. 17.12.2001 – II ZR 382/99, NJW-RR 2002, 455.
[1249] MünchKomm-HGB/K. Schmidt § 128 Rn. 34.

nur in dem Umfang statt, in dem der tilgende Gesellschafter von seinen Mitgesellschaftern Ausgleich verlangen kann, d.h. nur anteilig.

2. Eine andere Ansicht begründet eine solche Forderung mit der Akzessorietät der Gesellschafterhaftung. Die auf eine analoge Anwendung des § 774 Abs. 1 BGB gestützte *cessio legis* führe dazu, dass gemäß §§ 412, 401 BGB die akzessorischen Sicherungsrechte auf den leistenden Gesellschafter übergingen. Damit erwerbe der in Anspruch genommene Gesellschafter auch die – im Verhältnis zur Forderung gegen die Gesellschaft akzessorischen – Forderungen des Gläubigers aus § 128 HGB gegen seine Mitgesellschafter.[1250] Nach dieser Ansicht ist auch § 774 Abs. 2 BGB analog anzuwenden. Die Forderung geht gemäß §§ 774 Abs. 2, 426 Abs. 2 BGB nur anteilig über.

---

315 § 128 S. 2 HGB findet auf die Regress- und Freistellungsansprüche keine Anwendung, weil diese lediglich das Innenverhältnis betreffen.[1251] Daher sind **abweichende Vereinbarungen** grundsätzlich möglich. Es können etwa Befreiungszusagen, Verlustausgleichszusagen, Verlustdeckungszusagen und andere Vereinbarungen getroffen werden.

Neben einem Ersatzanspruch des Gesellschafters für Aufwendungen, die er den Umständen nach für erforderlich halten durfte, enthält § 110 HGB auch einen **Ersatzanspruch für Verluste**, die der Gesellschafter durch die Geschäftsführung oder aus Gefahren, die mit ihr untrennbar verbunden sind, erleidet.

> **Fall 14: Finanzschwache oHG**
>
> Der Gesellschafter A der A & Co. oHG wird auf einer Geschäftsreise nach Hamburg bei einem Verkehrsunfall durch Verschulden des D erheblich verletzt. Der Wagen des A, der diesem selbst gehört, ist schrottreif. Da D seine Ersatzpflicht bestreitet, nimmt A die oHG in Anspruch. Diese verweigert wegen der angespannten Wirtschaftslage jegliche Zahlung.
>
> 1. Besteht ein Anspruch des A gegen die oHG?
> 2. Kann A von seinen Mitgesellschaftern B und C Ausgleich seiner Schäden verlangen?

A. Der Ersatzanspruch des A gegen die oHG könnte sich aus § 110 HGB ergeben.

   I. A müsste bei der Wahrnehmung einer Gesellschaftsangelegenheit den Umständen nach erforderliche Aufwendungen gemacht oder unmittelbar durch seine Geschäftsführung oder aus Gefahren, die mit dieser untrennbar verbunden sind, Verluste erlitten haben.

1250 Baumbach/Hopt § 128 Rn. 27.
1251 Hier und zum Folgenden: Oetker/Boesche § 128 Rn. 47.

1. **Aufwendungen** i.S.d. § 110 HGB sind freiwillige Vermögensopfer, die ein Gesellschafter im Interesse der Gesellschaft gemacht hat. Nicht zu den Aufwendungen i.S.d. § 110 HGB gehören danach einerseits Leistungen, die der Gesellschafter nach dem Gesellschaftsvertrag zu erbringen hat (z.B. Geld- oder Sacheinlagen, Tätigkeit als Geschäftsführer etc.), andererseits Vermögenseinbußen, die der Gesellschafter unfreiwillig (z.B. durch Zufall oder Einwirkungen Dritter) erleidet. Die durch die Körperverletzung sowie die Beschädigung seines Pkw erlittenen Vermögenseinbußen des A sind danach mangels Freiwilligkeit keine Aufwendungen i.S.d. § 110 HGB.

   Beachte: Im Rahmen des § 110 HGB besteht kein Bedürfnis, den Aufwendungsbegriff wie bei § 670 BGB auch auf Schäden zu erstrecken, da sich Schäden als Verluste einordnen lassen.

2. **Verluste** i.S.d. § 110 HGB sind unfreiwillige Vermögensnachteile jedweder Art, insbesondere Personen- oder Sachschäden, nicht jedoch immaterielle Schäden.[1252] Die Verluste müssen entweder „unmittelbar durch die Geschäftsführung" entstanden sein, ihre Ursache also in einer Handlung der Geschäftsführung haben, oder aus Gefahren herrühren, „die mit ihr untrennbar verbunden sind". Es ist ein unmittelbarer Zusammenhang zwischen den Verlusten und der Geschäftsführung erforderlich; der Verlust muss aufgrund einer tätigkeitsspezifischen Gefahrenlage (im Gegensatz zum allgemeinen Lebensrisiko) eingetreten sein.[1253]

   Hier standen die Körperverletzung sowie die Beschädigung des Pkw in einem unmittelbaren Zusammenhang mit der Geschäftsreise des A, die ihrerseits untrennbar mit dessen Stellung als geschäftsführendem Gesellschafter der oHG verbunden war. Es handelte sich bei den von A erlittenen Verlusten um solche, die aufgrund einer tätigkeitsspezifischen Gefahrenlage eingetreten sind. Die Voraussetzungen des § 110 HGB sind gegeben.

II. Die Tatsache, dass A Ansprüche gegen D als unmittelbar Verantwortlichen hat, hindert die Durchsetzung des Anspruchs gegen die Gesellschaft nicht. **§ 110 HGB beinhaltet keine nur subsidiäre Haftung der Gesellschaft.**[1254] Allenfalls dann, wenn der geschädigte Gesellschafter von einem Dritten ohne Weiteres Ersatz zu erhalten vermag – etwa, weil dieser die Ansprüche anerkannt hat –, kann die unmittelbare Inanspruchnahme der Gesellschaft unter Umständen gegen die Treuepflicht verstoßen. Wenn A die Gesellschaft in Anspruch nimmt, ist er ihr allerdings nach dem Rechtsgedanken des **§ 255 BGB** zur Abtretung aller ihm aus dem schädigenden Ereignis gegen Dritte zustehenden Ansprüche – hier also gegen D und dessen Kfz-Haftpflichtversicherung – verpflichtet.[1255]

B. Ein Ausgleichsanspruch des A gegen seine Mitgesellschafter B und C könnte sich aus § 128 HGB ergeben. Nach dem Wortlaut des § 128 HGB haften die Gesellschafter für

---

[1252] Schmerzensgeld kann folglich nach § 110 HGB nicht verlangt werden (MünchKomm-HGB/Langhein § 110 Rn. 17).
[1253] MünchKomm-HGB/Langhein § 110 Rn. 18 f.
[1254] MünchKomm-HGB/Langhein § 110 Rn. 9.
[1255] OLG Düsseldorf, Urt. v. 26.04.1956 – 6 U 308/55, NJW 1956, 1802, 1803.

alle Verbindlichkeiten der oHG persönlich als Gesamtschuldner. Auf die Sozialverpflichtungen – und damit auch auf den Anspruch aus § 110 HGB – ist § 128 HGB jedoch grundsätzlich unanwendbar. Die Bejahung einer Haftung aus § 128 HGB würde die Gesellschafter zu Leistungen für die Gesellschaft über die Einlage hinaus verpflichten und damit gegen das Verbot der Einlagenerhöhung aus § 707 BGB verstoßen.[1256] A hat gegen seine Mitgesellschafter B und C damit keinen Anspruch aus § 128 HGB i.V.m. § 110 HGB auf Ersatz seiner bei dem Verkehrsunfall erlittenen Schäden.

VI. Geltendmachung der Gesellschafterhaftung in der Insolvenz der oHG

316 In der Insolvenz der oHG wird die persönliche Haftung der Gesellschafter gemäß §§ 128 ff. HGB allein durch den Insolvenzverwalter geltend gemacht (**§ 93 InsO**). Insoweit gilt das zur GbR Ausgeführte entsprechend.[1257]

5. Abschnitt: Die Auflösung und Abwicklung der oHG

317 Die Beendigung einer oHG verläuft – wie bei den anderen Gesellschaftsformen auch – in drei Schritten: Auflösung, Abwicklung (Liquidation) und Vollbeendigung.[1258]

318 Für die **Auflösung** der oHG kann es unterschiedliche Gründe geben. Sie erfolgt – vorbehaltlich abweichender Regelungen im Gesellschaftsvertrag – nach § 131 Abs. 1 HGB[1259] insbesondere durch Zeitablauf (Nr. 1), Auflösungsbeschluss der Gesellschafter (Nr. 2), Eröffnung des Insolvenzverfahrens über das Vermögen der oHG (Nr. 3) oder gerichtliche Entscheidung (Nr. 4, § 133 HGB). Die oHG erlischt ferner ohne Liquidation und unter Gesamtrechtsnachfolge durch Vereinigung aller Gesellschaftsanteile in einer Hand.[1260] Die Auflösung der oHG ist grundsätzlich[1261] von sämtlichen Gesellschaftern zur Eintragung in das Handelsregister anzumelden (§ 143 Abs. 1 S. 1 HGB).[1262] Die oHG enthält im Handelsregister den Zusatz „i. L." (= „in Liquidation"). Durch die Auflösung wird die GbR nicht inexistent; es ändert sich aber ihr Zweck, der nunmehr in der Vollbeendigung liegt.

319 Die **Abwicklung** (Liquidation) der oHG richtet sich nach den §§ 145 ff. HGB. Danach haben die Liquidatoren – vorbehaltlich abweichender Vereinbarungen der Gesellschafter (vgl. § 145 Abs. 1 HGB) die laufenden Geschäfte zu beendigen, die Forderungen einzuziehen, das übrigen Vermögen der oHG in Geld umzusetzen und die Gläubiger zu befrie-

---

1256 BGH, Urt. v. 02.07.1962 – II ZR 204/60, NJW 1962, 1863, 1864; MünchKomm-HGB/K. Schmidt § 128 Rn. 33.
1257 Vgl. Rn. 277.
1258 Zum Folgenden: Bitter/Heim § 6 Rn. 70 ff.
1259 Für Gesellschaften, bei denen kein persönlich haftender Gesellschafter eine natürliche Person ist (z.B. GmbH & Co. oHG), ordnet § 131 Abs. 2 HGB weitere Auflösungsgründe an.
1260 Vgl. zur GbR: Rn. 280.
1261 Dies gilt nicht in den Fällen der § 131 Abs. 1 Nr. 3 und Abs. 2 Nr. 1 HGB (Eröffnung des Insolvenzverfahrens über das Vermögen der oHG oder Ablehnung mangels Masse); in diesen Fällen hat das Insolvenzgericht die Auflösung und ihren Grund von Amts wegen einzutragen (§ 143 Abs. 1 S. 2 u. 3 HGB). Im Falle der Löschung der Gesellschaft (§ 131 Abs. 2 Nr. 2 HGB) entfällt die Eintragung der Auflösung (§ 143 Abs. 1 S. 4 HGB).
1262 Es handelt sich also um eine eintragungspflichtige Tatsache, die die Publizitätswirkungen des § 15 HGB auslöst.

digen (§ 149 HGB). Das nach der Berichtigung der Schulden verbleibende Vermögen der Gesellschaft ist nach dem Verhältnis der Kapitalanteile unter die Gesellschafter zu verteilen (§ 155 Abs. 1 HGB). Über den Verweis in § 105 Abs. 3 HGB gilt für die oHG-Gesellschafter die Nachschusspflicht des § 735 BGB.

Die **Vollbeendigung** der oHG tritt erst ein, wenn die Abwicklung abgeschlossen ist. Dies ist der Fall, wenn die oHG infolge der Schlussverteilung an die Gesellschafter (§ 155 Abs. 1 HGB) kein Aktivvermögen mehr hat. Nach der Beendigung der Liquidation ist das Erlöschen der Firma in das Handelsregister anzumelden (§ 157 Abs. 1 HGB). Auch nach der Vollbeendigung haften die Gesellschafter für unbeglichene (vergessene/unbekannte) Verbindlichkeiten der oHG persönlich (§§ 128 ff. HGB); die Ansprüche verjähren gemäß § 159 HGB in fünf Jahren ab Kenntnis des Gläubigers von der Auflösung. **320**

7. Teil: Die Kommanditgesellschaft (KG)

321 Die Kommanditgesellschaft (KG) ist in den §§ 161 ff. HGB geregelt. Sie eine Abwandlung der oHG[1263] und wie diese eine Personengesellschaft, deren Zweck auf den Betrieb eines Handelsgewerbes unter gemeinschaftlicher Firma gerichtet ist. Im Gegensatz zur oHG haften bei der KG jedoch nur die Komplementäre unbeschränkt, während die Haftung bei den Kommanditisten auf eine bestimmte Vermögenseinlage beschränkt ist (§ 161 Abs. 1 HGB).

1. Abschnitt: Grundlagen

322 Auf die KG findet das Recht der oHG Anwendung, soweit sich nicht aus den §§ 161 ff. HGB etwas Abweichendes ergibt (§ 161 Abs. 2 HGB). Folglich gelten über §§ 161 Abs. 2, 105 Abs. 3 HGB auch die §§ 705 ff. BGB zur GbR.

Für das **Innenverhältnis** der Gesellschafter untereinander ist **primär der Gesellschaftsvertrag maßgebend**; nur soweit dieser keine abweichenden Regelungen enthält, gelten die §§ 164–169 HGB (§ 163 HGB).[1264] Die §§ 164–169 HGB befassen sich mit Ausnahme des § 168 HGB mit der Rechtsstellung der Kommanditisten. Dies verdeutlicht, dass diese den wesentlichen Unterschied der KG zur oHG ausmacht.

Für das **Außenverhältnis** der KG sind, soweit es um die Rechtsstellung der Komplementäre geht, über § 161 Abs. 2 HGB die Regeln zur oHG anwendbar.[1265] Die §§ 170–176 HGB enthalten ergänzende Vorschriften für die Kommanditisten. Diese Vorschriften sind **zwingend**.[1266]

2. Abschnitt: Die Entstehung der KG

323 Eine KG kann durch Gründung oder durch Umwandlung entstehen.

A. Entstehung durch Gründung

324 Bei der Gründung der KG ist – wie bei der oHG[1267] – zwischen ihrer Entstehung im Innenverhältnis und ihrer Wirksamkeit im Außenverhältnis zu unterscheiden.

Im **Innenverhältnis** entsteht die KG mit Wirksamwerden des Gesellschaftsvertrags i.S.v. § 705 BGB.[1268] Sie ist sogleich KG (vgl. § 161 Abs. 1 HGB: „ist eine Kommanditgesellschaft"), wenn der Gesellschaftsvertrag alle in § 161 Abs.1 HGB aufgezählten konstitutiven Merkmale einer KG erfüllt. Auf die Voraussetzungen des § 123 HGB, der nur das Verhältnis zu Dritten betrifft, kommt es dabei nicht an. Die Gesellschaft entsteht im Innenverhältnis nicht nur dann sogleich als KG (und nicht zunächst als GbR), wenn der Gesellschaftszweck auf den Betrieb eines Handelsgewerbes i.S.v. § 1 Abs. 2 HGB gerichtet ist, sondern auch dann, wenn ein Handelsgewerbe kraft Eintragung i.S.v. §§ 2, 3 Abs. 2 HGB bezweckt ist.

[1263] Bitter/Heim § 7 Rn. 1.
[1264] Insoweit bildet § 163 HGB das Gegenstück zu § 109 HGB bei der oHG (Ensthaler/Kluge/Kluge § 163 Rn. 2).
[1265] Hier und zum Folgenden: Bitter/Heim § 7 Rn. 28.
[1266] Ensthaler/Kluge/Kluge § 163 Rn. 2.
[1267] Vgl. Rn. 286.
[1268] Hier und zum Folgenden: Oetker/Oetker § 161 Rn. 23.

Für das **Außenverhältnis** findet über § 161 Abs. 2 HGB der § 123 HGB Anwendung.[1269] Danach wird die im Innenverhältnis entstandene und auf den Betrieb eines Handelsgewerbes gerichtete Gesellschaft auch im Außenverhältnis als KG „wirksam", sobald sie ihre Geschäftätigkeit aufnimmt (§§ 161 Abs. 2, 123 Abs. 2 HGB). Handelt es sich um eine kleingewerbliche Gesellschaft oder eine solche mit dem Zweck der Vermögensverwaltung (§§ 161 Abs. 2, 123 Abs. 2, 105 Abs. 2 HGB), ist deren Eintragung in das Handelsregister für ihre Qualifikation als KG im Außenverhältnis konstitutiv. Nimmt sie ihre Geschäftätigkeit schon vorher auf, ist sie als (Außen-)GbR gleichwohl rechtsfähig und unterliegt den §§ 705 ff. BGB. Im Verhältnis der Gesellschafter untereinander gelten dann, wenn und soweit dies dem Willen der Vertragspartner entspricht, neben den Bestimmungen des Gesellschaftsvertrages bereits die Vorschriften zur KG, obwohl die Gesellschaft gegenüber Dritten noch als GbR zu behandeln ist und deren Regeln unterliegt.

B. Entstehung durch Umwandlung

Die formwechselnde Umwandlung einer bereits bestehenden **Personengesellschaft** in die Rechtsform der KG ist im UmwG nicht geregelt, sondern findet **automatisch kraft Rechtsformzwangs** statt, wenn eine bisherige GbR, oHG oder PartG die konstitutiven Merkmale einer KG aufweist und die Gesellschaft dergestalt im Außenverhältnis wirksam wird.[1270] Hierfür muss die Gesellschaft ein Handelsgewerbe kraft Gesetzes (§ 1 Abs. 2 HGB) oder kraft Eintragung (§§ 2, 3 HGB) betreiben und nach dem Gesellschaftsvertrag mindestens ein Gesellschafter unbeschränkt, ein weiterer beschränkt haften. Die Eintragung in das Handelsregister bzw. deren Berichtigung haben in diesem Fall lediglich deklaratorische Bedeutung. Die Identität der Gesellschaft bleibt vom Formwechsel unberührt; ein Vermögensübergang findet selbst dann nicht statt, wenn sämtliche Gesellschafter ausgetauscht werden.[1271]

325

Die formwechselnde Umwandlung einer **Kapitalgesellschaft** in die Rechtsform einer KG regeln die **§§ 190 ff. 228 ff. UmwG**.[1272] Danach erfolgt die Umwandlung nicht kraft Rechtsformzwangs, sondern auf Grund eines Beschlusses der Anteilsinhaber (§§ 193 f., 233 UmwG). Die Identität des Rechtsträgers bleibt von der Umwandlung unberührt, sodass auch in dieser Konstellation kein Vermögensübergang stattfindet (§ 202 Abs. 1 Nr. 1 UmwG). Die KG zählt ferner zu denjenigen Rechtsformen, die im Rahmen einer Verschmelzung zur Neugründung (§§ 36 ff., 39 ff. UmwG) und einer Spaltung zur Neugründung (§ 124 i.V.m. § 3 Abs. 1 UmwG) neuer Rechtsträger sein können.

3. Abschnitt: Die Organisation der KG

A. Grundlagen

Für das **Innenverhältnis** der KG ist in erster Linie der Gesellschaftsvertrag maßgeblich (vgl. § 163 HGB).[1273] Nur soweit dieser keine (abweichenden) Regelungen enthält, gel-

326

[1269] Hier und zum Folgenden: Oetker/Oetker § 161 Rn. 24.
[1270] Hier und zum Folgenden: Oetker/Oetker § 161 Rn. 25.
[1271] BGH, Urt. v. 08.11.1965 – II ZR 223/64, NJW 1966, 499, 499 f.
[1272] Hier und zum Folgenden: Oetker/Oetker § 161 Rn. 26 f.
[1273] Hier und zum Folgenden: Bitter/Heim § 7 Rn. 27 f.

ten die §§ 164–169 HGB und über den Verweis in § 161 Abs. 2 HGB für die Komplementäre die oHG-Vorschriften.

Im **Außenverhältnis** finden für die Komplementäre über § 161 Abs. 2 HGB ebenfalls die oHG-Vorschriften Anwendung. Die §§ 170 – 176 HGB enthalten Ergänzungen für Kommanditisten, insbesondere für ihre Haftung.

B. Rechte und Pflichten der Gesellschafter

327 Die Rechte und Pflichten der Komplementäre entsprechen denjenigen der oHG-Gesellschafter.[1274] Dies gilt weitgehend auch für Kommanditisten, hinsichtlich derer allerdings einige Besonderheiten zu beachten sind.[1275]

Anders als Komplementäre (§ 161 Abs. 2 i.V.m. §§ 112, 113 HGB[1276]) unterliegen Kommanditisten **keinem Wettbewerbsverbot** (§ 165 HGB). Im Gegenzug haben sie **geringere Kontroll- und Einsichtsrechte** (§ 166 HGB) als die Komplementäre (§§ 161 Abs. 2, 118 HGB).[1277]

Dieser Regelungskomplex beruht auf dem gesetzlichen Grundmodell eines vornehmlich kapitalistisch beteiligten Kommanditisten und kann in der Weise abbedungen werden, dass im Gesellschaftsvertrag ein Wettbewerbsverbot auch für Kommanditisten angeordnet und diesen stärkere[1278] Kontroll- und Einsichtsrechte gewährt werden.

Hinsichtlich der **Gewinn- und Verlustverteilung** ergänzen die §§ 167–169 HGB die §§ 120 ff. HGB.[1279] Wie bei der oHG wird das Ergebnis der KG ermittelt, indem die geschäftsführungsbefugten Gesellschafter einen Jahresabschluss aufstellen (§§ 167 Abs. 1, 120 HGB).[1280] Für die anschließende Feststellung des Jahresabschlusses sind auch bei der KG alle Gesellschafter gemeinsam zuständig, also auch die Kommanditisten.[1281] Für die rechnerische Gewinn- und Verlustverteilung durch Zuschreibung zum bzw. Abschreibung vom Kapitalanteil gelten bei der KG allerdings Besonderheiten.

Bei einem **Gewinn** verbleiben zunächst jedem Gesellschafter (einschließlich der Kommanditisten) – wie bei der oHG – 4 % seines Kapitalanteils (§§ 168 Abs. 1, 121 Abs. 1 HGB). Der verbleibende Gewinn wird jedoch – anders als bei der oHG (§ 121 Abs. 3 HGB) – nicht nach Köpfen, sondern in einem „angemessenen Verhältnis" verteilt (§ 168 Abs. 2 HGB).[1282] Ferner gilt die Besonderheit, dass der einem Kommanditisten zukommende Gewinn seinem Kapitalanteil nur bis zur Höhe seiner bedungenen Pflichteinlage – nicht Haftsumme[1283] – zugeschrieben wird (§ 167 Abs. 2 HGB). Soweit der Kapitalan-

---

1274 Die Kommanditisten sind etwa durch Treuepflichten gebunden und in gleichem Maße wie die Komplementäre befugt, an der Gesellschafterversammlung der KG teilzunehmen und in ihr abzustimmen. Die Nichtigkeit von Beschlüssen der Gesellschafterversammlung einer KG wird durch Feststellungsklage gegen die Mitgesellschafter geltend gemacht, wenn nicht der Gesellschaftsvertrag bestimmt, dass der Streit mit der Gesellschaft auszutragen ist (BGH, Urt. v. 01.03.2011 – II ZR 83/09, NJW 2011, 2578 = RÜ 2011, 360 [Nissen], Rn. 19).
1275 Bitter/Heim § 7 Rn. 31.
1276 Vgl. Rn. 292.
1277 Informationsverpflichtet und damit Anspruchsgegner ist die KG (Ensthaler/Kluge/Kluge § 166 Rn. 2).
1278 Die Informationsrechte des § 166 HGB dürfen aber nicht abgeschwächt werden; insoweit ist das Gesetz zwingend (Ensthaler/Kluge/Kluge § 166 Rn. 2).
1279 Zur Gewinn- und Verlustverteilung bei der oHG siehe Rn. 319.
1280 Hier und zum Folgenden: Bitter/Heim § 7 Rn. 35 ff.
1281 K. Schmidt, GesR, § 53 III 2c.
1282 Dies ist dem Umstand geschuldet, dass Komplementäre mehr Arbeit für die KG leisten und größeren Haftungsgefahren unterliegen als die Kommanditisten.
1283 Ensthaler/Kluge/Kluge § 167 Rn. 4. Zur begrifflichen Unterscheidung zwischen der Pflichteinlage und der Haftsumme siehe Rn. 336 f.

teil durch eine Zuschreibung von Gewinnen den Einlagebetrag übersteigen würde, besteht stattdessen zwingend ein Anspruch des Kommanditisten auf Aufzahlung des Gewinnanteils (vgl. § 169 HGB).

Ein **Verlust** wird zwischen den Gesellschaftern angemessen verteilt (§ 168 Abs. 2 HGB) und entsprechend vom Kapitalanteil der Gesellschafter abgeschrieben. Auch für den Kapitalanteil des Kommanditisten gilt dabei keine Höchstgrenze. Sein Kapitalkonto kann negativ werden.[1284] Die Regelung des § 167 Abs. 3 HGB, nach der der Kommanditist an dem Verlust der KG nur bis zum Betrag seines Kapitalanteils und seiner noch rückständigen Einlage teilnimmt, steht dem nicht entgegen. Sie beschränkt nämlich nicht die Verlustzuschreibung, sondern ordnet (nur) an, dass der Kommanditist Verluste, die über diesen Betrag hinausgehen, nicht endgültig tragen muss. Der **Kommanditist** ist also in der Liquidation der KG – anders als der Komplementär (§§ 161 Abs. 2, 105 Abs. 3, 735 BGB) – **nicht nachschusspflichtig**.[1285] Dies führt für den Kommanditisten zu einer beachtlichen Risikobegrenzung und bewirkt, dass Verluste insoweit beim Komplementär verbleiben.[1286]

Die vorstehend beschriebene Verlustzuschreibung hat Auswirkungen auf das **Entnahmerecht** des Kommanditisten. Dieses besteht – anders als beim Komplementär (§§ 161 Abs. 2, 122 HGB) – nicht unabhängig vom Gewinn (§ 169 Abs. 1 S. 1 HGB). Der Kommanditist hat lediglich einen Anspruch auf die Auszahlung des ihm zukommenden Gewinns, soweit sein Kapitalanteil nicht durch Verlust unter den auf die bedungene Einlage geleisteten Betrag herabgemindert ist und durch Auszahlung auch nicht unter diesen Betrag herabgemindert würde (§ 169 Abs. 1 S. 2 HGB). Der Kommanditist muss seinen durch die Abschreibung von Verlusten verminderten Kapitalanteil als zunächst zwingend durch die Zuschreibung von Gewinnen bis zur Höhe der bedungenen Einlage auffüllen und kann erst danach Auszahlung verlangen. Entnahmen unter Verstoß gegen diese Vorgaben im Innenverhältnis zur KG und den Mitgesellschaftern können für den Kommanditisten im Außenverhältnis haftungsschädlich sein (§ 172 Abs. 4 S. 2 HGB).[1287]

C. Geschäftsführung und Vertretung

Die **Geschäftsführung** der KG obliegt gemäß § 161 Abs. 2 i.V.m. §§ 114 ff. HGB den persönlich haftenden Gesellschaftern (Komplementären). Dabei gilt – wie bei der oHG[1288] – das Prinzip der Einzelgeschäftsführung. Die Kommanditisten sind hingegen nach dem gesetzlichen Leitbild[1289] von der Geschäftsführung ausgeschlossen (§ 164 S. 1 Hs. 1 HGB). Sie können den Geschäftsführungsmaßnahmen der Komplementäre auch nicht widersprechen, es sei denn, dass die Handlung über den gewöhnlichen Betrieb des Handelsgewerbes der Gesellschaft hinausgeht (§ 164 S. 1 Hs. 2 HGB).

328

1284 Ensthaler/Kluge/Kluge § 167 Rn. 5.
1285 K. Schmidt, GesR, § 53 III 5b.
1286 Ensthaler/Kluge/Kluge § 167 Rn. 5.
1287 Siehe hierzu Rn. 343.
1288 Vgl. Rn. 296.
1289 Der Gesellschaftsvertrag kann eine von § 164 HGB abweichende Regelung treffen und die Geschäftsführung einem Kommanditisten übertragen. Man spricht dann von einer atypischen KG (Bitter/Heim § 7 Rn. 29).

329 Die **Vertretung** der KG richtet sich über § 161 Abs. 2 HGB ebenfalls im Grundsatz nach dem Recht der oHG. Es gilt also im Grundsatz die Einzelvertretung durch jeden persönlich haftenden Gesellschafter (§§ 161 Abs. 2, 125 Abs. 1 HGB). Die Kommanditisten sind demgegenüber zur Vertretung der Gesellschaft nicht ermächtigt (§ 170 HGB). Diese das Außenverhältnis betreffende Regelung ist im Gegensatz zur korrespondierenden Vorschrift des § 164 HGB für das Innenverhältnis (Geschäftsführung) nicht abdingbar. Mit der „Vertretung" ist in § 170 HGB allerdings nur die organschaftliche Vertretung gemeint.[1290] Nur die den Komplementären qua Gesetz zugewiesene organschaftliche Vertretungsbefugnis kann einem Kommanditisten nicht übertragen werden. Den Gesellschaftern steht es aber frei, Kommanditisten rechtsgeschäftlich zur Vertretung der KG zu ermächtigen. Eine rechtsgeschäftliche Vertretungsmacht der Kommanditisten kann sich aus dem Gesellschaftsvertrag oder aus der persönlichen Ermächtigung namens der KG durch einen persönlich haftenden Gesellschafter ergeben.[1291] Neben einer Handlungsvollmacht (§ 54 HGB) kann einem Kommanditisten auch Prokura (§ 48 HGB) erteilt werden. Im Hinblick auf den Grundsatz der Selbstorganschaft[1292] muss allerdings zusätzlich immer auch die Möglichkeit der Vertretung durch einen Komplementär allein bestehen, weil der vertretungsberechtigte Kommanditist wegen seiner beschränkten persönlichen Haftung für die Gesellschaftsschulden wie ein außenstehender Dritter behandelt wird.[1293]

Beachte: § 170 HGB ist eine Schutzvorschrift zugunsten der persönlich haftenden Gesellschafter, die im Hinblick auf ihr persönliches Haftungsrisiko organisatorisch abgesichert sein sollen.[1294] Dem einzigen persönlich haftenden Gesellschafter einer KG kann zwar die Geschäftsführungsbefugnis, nicht aber die Vertretungsbefugnis entzogen werden.[1295]

D. Änderungen im Bestand der Gesellschafter

330 Die Regelungen zur Änderung des Bestands der Gesellschafter bei eine oHG gelten für die KG weitestgehend entsprechend.[1296] Eine Besonderheit ist aber beim Tod eines Kommanditisten zu beachten:[1297] Auch ohne einfache erbrechtliche Klausel im Gesellschaftsvertrag wird die KG mit den Erben des verstorbenen Kommanditisten fortgesetzt, wenn der Gesellschaftsvertrag nichts anderes regelt (§ 177 HGB). Im vom Gesetz vorausgesetzten Normalfall wird die KG also auch nach dem Tod eines ihrer Kommanditisten als werbende Gesellschaft mit allen Erben fortgesetzt; soweit von den Gesellschaftern etwas anderes gewollt ist, bedarf es zwingend einer Todesfallregelung im Gesellschaftsvertrag (und in der Regel einer entsprechenden erbrechtlichen Verfügung).[1298]

Für Komplementäre gilt hingegen über § 161 Abs. 2 HGB die Regelung des § 131 Abs. 3 Nr. 1 HGB. Beide Regelungen – diese für die Komplementäre und die in § 177 HGB für Kommanditisten – sind jedoch dis-

---

1290 Ensthaler/Kluge/Kluge § 170 Rn. 3.
1291 Ensthaler/Kluge/Kluge § 170 Rn. 5.
1292 Siehe hierzu Rn. 13.
1293 Bitter/Heim § 7 Rn. 30.
1294 Ensthaler/Kluge/Kluge § 170 Rn. 2.
1295 BGH, Urt. v. 09.12.1968 – II ZR 33/67, NJW 1969, 507, Ls.
1296 Vgl. Rn. 299 f.
1297 Zum Folgenden: Bitter/Heim § 7 Rn. 32.
1298 Ensthaler/Kluge/Kluge § 177 Rn. 5.

positiv.[1299] Es kann also beispielsweise für den Todesfall eines Gesellschafters auch die Auflösung der Gesellschaft vereinbart werden; für die Abwicklung gelten dann die §§ 145 ff. HGB.[1300]

Eine Änderung des Gesellschafterbestandes kann sich zudem auf die Haftungsverfassung der KG auswirken.[1301]

4. Abschnitt: Die Haftungsverfassung der KG

Die Haftungsverfassung der KG entspricht insoweit derjenigen der oHG, als für Verbindlichkeiten der Gesellschaft diese selbst (§ 161 Abs. 2 i.V.m. § 124 HGB) und daneben akzessorisch die persönlich haftenden Gesellschafter (§ 161 Abs. 2 i.V.m. §§ 128 ff. HGB) haften. Besonderheiten ergeben sich aus den §§ 171 ff. HGB für die (beschränkte) Haftung der Kommanditisten. 331

A. Die Haftung der KG

Für die Haftung der KG gelten die gleichen Grundsätze wie bei der oHG.[1302] Die KG haftet für in ihrem Namen (§ 161 Abs. 2 i.V.m. § 124 HGB) abgeschlossene Geschäfte, für das Verschulden von Erfüllungsgehilfen (§ 278 BGB), für die Handlungen von Verrichtungsgehilfen (§ 831 BGB)[1303] und für das Verschulden ihrer „verfassungsmäßig berufenen Vertreter" (§ 31 BGB analog).[1304] 332

B. Die Haftung der Komplementäre

Die Komplementäre haften wie die Gesellschafter einer oHG[1305] persönlich mit ihrem gesamten Privatvermögen für die Erfüllung der Gesellschaftsschulden (§ 161 Abs. 2 i.V.m. §§ 128 ff. HGB). Die Gläubiger können sie also gesamtschuldnerisch, unbeschränkt, unmittelbar und primär in Anspruch nehmen.[1306] 333

C. Die Haftung der Kommanditisten

Die Haftung der Kommanditisten ist deutlich komplizierter ausgestaltet. Dies sei zunächst anhand eines Beispiels illustriert:[1307] 334

Schließt ein vertretungsberechtigter Komplementär im Namen der KG als Käuferin einen wirksamen Kaufvertrag, kommen für den Anspruch des Verkäufers (Gläubigers) auf Kaufpreiszahlung aus § 433 Abs. 2 BGB drei verschiedene Rechtssubjekte als Anspruchsgegner in Betracht: die KG, der Komplementär und der Kommanditist. Die KG haftet als Vertragspartner des Gläubigers selbst auf Zahlung des Kaufpreises (§ 433 Abs. 2 i.V.m.

1299 Ensthaler/Kluge/Kluge § 177 Rn. 3.
1300 Daneben kommen auch Fortsetzungs- und qualifzierte Nachfolgeklauseln sowie Eintritts- und Kündigungsklauseln in Betracht (Ensthaler/Kluge/Kluge § 177 Rn. 5).
1301 Bitter/Heim § 7 Rn. 16 ff.
1302 Siehe hierzu Rn. 301.
1303 Zur Stellung einer Konzernschwestergesellschaft als Verrichtungsgehilfe i.S.v. § 831 BGB siehe BGH, Urt. v. 06.11.2012 – VI ZR 174, 11, NJW 2013, 1002 = RÜ 2013, 80 (Nissen).
1304 Bitter/Heim § 7 Rn. 4.
1305 Siehe hierzu Rn. 302 ff.
1306 Bitter/Heim § 7 Rn. 5.
1307 Zum Folgenden: Bitter/Heim § 7 Rn. 25 f.

§§ 161 Abs. 2, 124 HGB). Für die Erfüllung dieses Anspruchs haftet der Komplementär unbeschränkt persönlich (§ 433 Abs. 2 BGB i.V.m. §§ 161 Abs. 2, 128 HGB). Eine (Außen-)Haftung des Kommanditisten kann sich aus §§ 171, 172 HGB ergeben; allerdings ist der Kommanditist von einer Außenhaftung gegenüber den Gläubigern der KG befreit, soweit er eine werthaltige Einlage in Höhe der Haftsumme geleistet hat (§ 171 Abs. 1 Hs. 2 HGB).

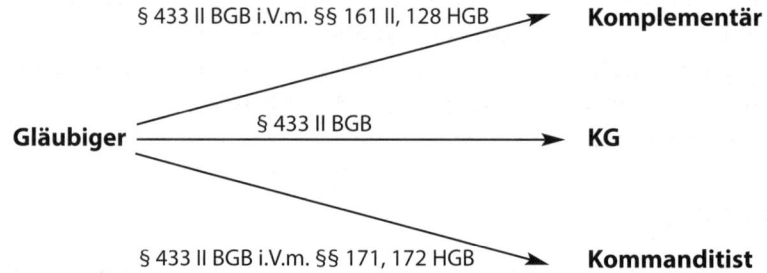

I. Die Haftung des Kommanditisten nach § 171 Abs. 1 HGB

335 § 171 Abs. 1 HGB regelt die (Außen-)Haftung des Kommanditisten mit seinem vom Gesellschaftsvermögen zu trennenden Privatvermögen gegenüber den Gläubigern der KG.[1308] Bis zu dem Moment, in dem der Kommanditist seine (Pflicht-)Einlage in das Gesellschaftsvermögen erbringt, haftet er den Gesellschaftsgläubigern wert- und summenmäßig bis zur Höhe seiner (Haft-)Einlage beschränkt (Hs. 1). Nach Leistung und nicht zurück erhaltener Einlage haftet der Kommanditist grundsätzlich[1309] nicht (Hs. 2).

1. Außenhaftung nach § 171 Abs. 1 Hs. 1 HGB

336 Nach § 171 Abs. 1 Hs. 1 HGB haftet der Kommanditist den Gläubigern der Gesellschaft bis zur Höhe seine Einlage unmittelbar. Sie gewährt den Gläubigern der KG das Recht, zur Begleichung einer Forderung, die gegenüber der KG besteht, auf das private Vermögen des Kommanditisten zuzugreifen. Dabei unterscheidet sich der **Inhalt der Haftung** des Kommanditisten von der Haftung des Komplementärs dadurch, dass der Kommanditist den Gläubigern stets nur auf eine Geldleistung haftet.[1310] Die für den Komplementär geltende Erfüllungstheorie[1311] gilt für den Kommanditisten nicht.

Der Begriff der Einlage ist dabei als Synonym für die Hafteinlage oder Haftsumme[1312] zu begreifen und von der Pflichteinlage zu unterscheiden.[1313] Da § 171 Abs. 1 HGB ausschließlich das Außenverhältnis des Kommanditisten zu den Gesellschaftsgläubigern betrifft, ist für den Umfang seiner Haftung allein die Höhe der im Handelsregister einge-

---

[1308] Zum Folgenden: Oetker/Oetker § 171 Rn. 2.
[1309] Eine Ausnahme von diesem Grundsatz bildet die Haftung vor Eintragung der KG gemäß § 176 HGB.
[1310] Bitter/Heim § 7 Rn. 14.
[1311] Vgl. Rn. 306.
[1312] BGH, Urt. v. 29.03.1973 – II ZR 25/70, NJW 1973, 1036, 1037; OLG Schleswig, Urt. v. 30.10.2008 – 5 U 66/08, NZG 2009, 256, 257; Ensthaler/Kluge/Kluge § 171 Rn. 8; MünchKomm-HGB/K. Schmidt §§ 171, 172 Rn. 21 ff.
[1313] BGH, Urt. v. 10.10.1994 – II ZR 220/93, NJW 1995, 197, 198; Oetker/Oetker § 171 Rn. 6.

tragen und damit nach außen kundgegebenen Hafteinlage i.S.v. § 162 Abs. 1 HGB (**"Haftsumme"**) relevant.[1314] Diese ist ein im Gesellschaftsvertrag frei bestimmbarer Geldbetrag, der denjenigen Geldbetrag aufzeigt, bis zu dem der Kommanditist den Gläubigern der KG **im Außenverhältnis** – außer in den Fällen des § 176 HGB – maximal haftet.[1315]

Von der in § 171 Abs. 1 Hs. 1 HGB maßgeblichen Einlage im haftungsrechtlichen Sinne, der sog. Haftsumme, ist die Einlage im technischen Sinne zu unterscheiden, zu deren Leistung sich der Kommanditist **im Innenverhältnis** zur Gesellschaft verpflichtet hat (**"Pflichteinlage"**) und die es im Rahmen des § 171 Abs. 1 Hs. 2 HGB zu berücksichtigen gilt.[1316] Die Pflichteinlage muss – anders als die Haftsumme – nicht in einem Geldbetrag ausgedrückt sein; sie unterliegt der freien Verfügung der Gesellschafter. Wertmäßig können[1317] Pflichteinlage und Haftsumme voneinander abweichen.[1318] Für die Gesellschaftsgläubiger ist die Pflichteinlage nur von nachgeordneter Bedeutung.[1319] In Ermangelung eines Anspruchs auf Leistung der Pflichteinlage ist eine unmittelbare persönliche Inanspruchnahme der Kommanditisten grundsätzlich[1320] nur in Höhe der Haftsumme möglich.

337

Die im Innenverhältnis geschuldete Pflichteinlage kann höher oder auch niedriger als die im Außenverhältnis über die Haftung entscheidende Haftsumme sein.[1321]

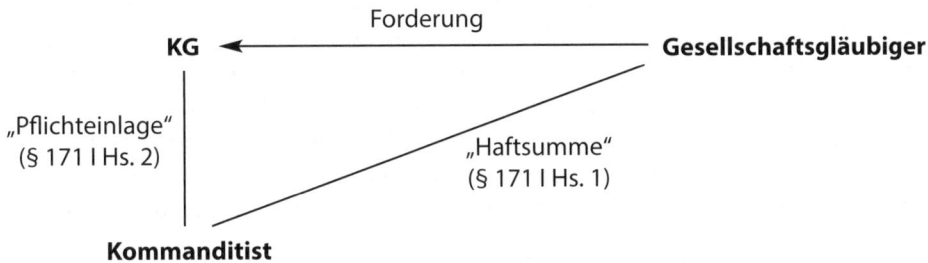

Die Haftung des Kommanditisten nach § 171 Abs. 1 Hs. 1 HGB **beginnt** in dem Zeitpunkt, in dem die KG als solche in das Handelsregister eingetragen wird oder einen kaufmännischen Gewerbebetrieb aufnimmt (§ 161 Abs. 2 i.V.m. § 123 Abs. 1 und 2 HGB). Bei einer bestehenden KG ist der Eintritt des Kommanditisten in die Rechte und Pflichten des Gesellschaftsvertrages das haftungsauslösende Moment.[1322] Umgekehrt **endet** die Haftung des Kommanditisten aber nicht automatisch dadurch, dass er aus der KG

338

1314 Oetker/Oetker § 171 Rn. 7.
1315 Eine Mindesthaftsumme kennt das Gesetz hingegen nicht (Oetker/Oetker § 171 Rn. 7).
1316 Hier und zum Folgenden: Oetker/Oetker § 171 Rn. 8.
1317 Die beiden Einlagen müssen aber nicht voneinander abweichen. Wenn im Gesellschaftsvertrag eine getrennte Ausweisung fehlt und dieser nur die Höhe der "Einlage" festlegt, werden Pflichteinlage und Haftsumme einander im Zweifel entsprechen (BGH, Urt. v. 28.03.1977 – II ZR 230/75, NJW 1977, 1820, 1821; Oetker/Oetker § 171 Rn. 8).
1318 OLG Schleswig, Urt. v. 30.10.2008 – 5 U 66/08, NZG 2009, 256, 257.
1319 Hier und zum Folgenden: Oetker/Oetker § 171 Rn. 10.
1320 Eine Inanspruchnahme des Kommanditisten in Höhe der Pflichteinlage ist dem Gesellschaftsgläubiger ausnahmsweise dann möglich, wenn er die Einlageforderung von der Gesellschaft unter Berücksichtigung der §§ 404 ff. BGB durch Abtretung erwirbt oder auf diese durch eine Pfändung zugreift (Oetker/Oetker § 171 Rn. 10.)
1321 Bitter/Heim § 7 Rn. 8.
1322 Oetker/Oetker § 171 Rn. 15.

austritt oder diese aufgelöst wird.[1323] Sowohl das Ausscheiden des Kommanditisten als auch die Auflösung der Gesellschaft haben unabhängig von der Art der Auseinandersetzung[1324] den Untergang der Pflichteinlageansprüche, nicht aber die Beendigung der Haftung des Kommanditisten im Außenverhältnis zur Folge. Statt dieser legt das Gesetz in § 161 Abs. 2 i.V.m. §§ 159 Abs. 1 und 2, 160 Abs. 1 HGB eine (maximal) fünfjährige Ausschluss- bzw. Verjährungsfrist für die Haftung des Kommanditisten in Bezug auf Altverbindlichkeiten der Gesellschaft fest. Unter der Voraussetzung, dass der Kommanditist seine Pflichteinlage noch nicht erbracht oder wieder zurück erhalten hat, kann er innerhalb dieser Frist gesamtschuldnerisch und summenmäßig beschränkt für jede Verbindlichkeit in Anspruch genommen werden, die bis zum eintragungspflichtigen Ausscheidens- bzw. Auflösungszeitpunkt begründet worden ist.[1325] Damit garantiert das Gesetz dem Gesellschaftsgläubiger, dass weder das Ausscheiden eines Gesellschafters noch die Auflösung der KG seine Rechtsposition schmälert.[1326]

2. Haftungsausschluss nach § 171 Abs. 1 Hs. 2 HGB

339   Die (Außen-)Haftung des Kommanditisten gegenüber Gesellschaftsgläubigern gemäß § 171 Abs. 1 Hs. 1 HGB ist nach § 171 Abs. 1 Hs. 2 HGB ausgeschlossen, soweit die Einlage geleistet ist. Die Einlageleistung ist ein Beitrag i.s.v. §§ 161 Abs. 2, 105 Abs. 3 HGB i.V.m. § 705 BGB, der unabhängig von seinem Gegenstand auf verschiedenen Wegen in das haftende Vermögen der KG überführt werden kann (Einlage im technischen Sinne).[1327] In diesem Punkt wird der funktionelle Zusammenhang zwischen Pflicht- und Hafteinlage deutlich: Um eine Haftungsbefreiung i.S.v. § 171 Abs. 1 Hs. 2 HGB zu erreichen, muss der Kommanditist mit seinem Beitrag der KG ein der Haftsumme objektiv entsprechendes Vermögen tatsächlich zur Verfügung stellen (**Kapitalaufbringungsprinzip**).[1328] In diesem Kontext ist die „Einlage" als bedungene Einlage (§ 167 HGB) und damit als Pflichteinlage in Abgrenzung zur Haftsumme (§ 171 Abs. 1 Hs. 1 HGB) zu verstehen.[1329]

Die Haftungsbefreiung tritt ein, **„soweit"** die Pflichteinlage geleistet wurde.[1330] Sollte die Pflichteinlage hinter dem Betrag der Haftsumme zurückbleiben, kann sich der Kommanditist, um nicht dauerhaft Außenansprüchen ausgesetzt zu sein, durch Zahlung des Differenzbetrages an die Gesellschaft befreien.[1331]

Die **Befriedigung eines Gesellschaftsgläubigers durch einen Kommanditisten** ist genau genommen keine Leistung der Pflichteinlage.[1332] Der Kommanditist wird jedoch in Höhe des objektiven Leistungswertes von seiner persönlichen Haftung befreit, weil er die KG insoweit von einer Verbindlichkeit gegenüber dem Gläubiger befreit hat und die-

---

1323 Hier und zum Folgenden: Oetker/Oetker § 171 Rn. 16.
1324 MünchKomm-HGB/K. Schmidt §§ 171, 172 Rn. 21.
1325 Für Neuverbindlichkeiten haftet der Kommanditist im Übrigen nur dann, wenn es an einem Ausscheidens- bzw. Rechtsnachfolgevermerk im Handelsregister fehlt und der Vertragspartner auf den vom Handelsregister ausgewiesenen Rechtsschein gutgläubig vertraut hat (§§ 162 Abs. 3, 15 Abs. 1 HGB; Oetker/Oetker § 171 Rn. 17).
1326 BGH, Urt. v. 09.05.1963 – II ZR 124/61, NJW 1963, 1873, 1876; Oetker/Oetker § 171 Rn. 15.
1327 Hier und zum Folgenden: Oetker/Oetker § 171 Rn. 36.
1328 BGH, Urt. v. 08.07.1985 – II ZR 269/84, NJW 1985, 2947, 2949.
1329 Ensthaler/Kluge/Kluge § 171 Rn. 18.
1330 Hier und zum Folgenden: Ensthaler/Kluge/Kluge § 171 Rn. 19.
1331 BGH, Urt. v. 09.12.1971 – II ZR 33/68, NJW 1972, 480, 481.
1332 BGH, Urt. v. 30.04.1984 – II ZR 132/83, NJW 1984, 2290, 2291; Oetker/Oetker § 171 Rn. 39.

se um die ihr ersparten Aufwendungen bereichert ist.[1333] Die Schuldbefreiung führt unabhängig von dem Rechtsgrund der Forderung im Innenverhältnis zur KG zu einer Minderung der Haftungsschuld des Kommanditisten im Werte der von ihm aufgewendeten Auslagen.[1334]

II. Haftung in der Insolvenz, § 171 Abs. 2 HGB

Ist über das Vermögen der KG das Insolvenzverfahren eröffnet, so wird während der Dauer des Insolvenzverfahrens das den Gesellschaftsgläubigern nach § 171 Abs. 1 InsO zustehende Recht durch den Insolvenzverwalter (§ 56 InsO) oder – in Fällen der Eigenverwaltung – durch den Sachwalter (§ 270 InsO) ausgeübt (§ 171 Abs. 2 InsO). Die in dieser Regelung enthaltene Vorgabe an den Kommanditisten,[1335] fortan nur noch an die Insolvenzmasse der KG zu leisten, dient der gleichmäßigen Befriedigung der Gesellschaftsgläubiger.[1336] Die **insolvenzrechtliche Bindung der Haftsumme** verhindert eine Ausschöpfung der summenmäßig beschränkten Haftung des Kommanditisten durch einen Gesellschaftsgläubiger zum Nachteil der anderen.[1337]

340

Dem Ausnahmetatbestand des § 171 Abs. 2 HGB wird eine Doppelfunktion zugeschrieben:[1338] Zum einen eine **„Sperrfunktion"**[1339] für die einzelnen Gläubiger, zum anderen eine – der insolvenzrechtlichen Vorschrift des § 93 InsO artverwandte[1340] – **„Ermächtigungsfunktion"**[1341] für den Insolvenz- bzw. Sachwalter. Sperrfunktion bedeutet dabei einerseits, dass die Gläubiger der KG den Kommanditisten nicht mehr in Anspruch nehmen können[1342] und andererseits, dass der Kommanditist nicht mehr haftungsbefreiend an den Gläubiger leisten kann.[1343] Hierzu sei auf die Ausführungen des BGH in einem Urteil vom 17.12.2015 zu § 93 InsO verwiesen:[1344]

„Von dieser Regelung gehen zwei Wirkungen aus, die Sperrwirkung und die Ermächtigungswirkung. Die Sperrwirkung besteht darin, dass die Gläubiger nicht mehr gegen persönlich haftende Gesellschafter vorgehen und diese nicht mehr befreiend an den Gläubiger der Gesellschaft leisten können. Die Ermächtigungswirkung verleiht dem Insolvenzverwalter über das Vermögen der Gesellschaft die treuhänderisch gebundene Befugnis, die Forderungen

---

1333 BGH, Urt. v. 08.07.1985 – II ZR 269/84, NJW 1985, 2947, 2948; Oetker/Oetker § 171 Rn. 39.
1334 BGH, Urt. v. 09.12.1971 – II ZR 33/68, NJW 1972, 480, 481; Oetker/Oetker § 171 Rn. 39.
1335 Da sich § 171 Abs. 2 HGB nur auf den Kommanditisten bezieht, bleibt den Gesellschaftsgläubigern die Möglichkeit erhalten, den Komplementär auch in der Insolvenz für die Verbindlichkeit der KG in Anspruch zu nehmen (BAG, Urt. v. 06.05.1986 – 1 AZR 553/84, NJW 1987, 92; Oetker/Oetker § 171 Rn. 3).
1336 BGH, Urt. v. 28.10.1981 – II ZR 129/80, NJW 1982, 883, 885; BGH, Urt. v. 09.12.1971 – II ZR 33/68, NJW 1972, 480, 482; Oetker/Oetker § 171 Rn. 3.
1337 BGH, Urt. v. 02.07.1990 – II ZR 139/89, NJW 1990, 3145, 3146; BGH, Urt. v. 17.09.1964 – II ZR 162/62, NJW 1964, 2407, 2409; Oetker/Oetker § 171 Rn. 55.
1338 Hier und zum Folgenden: Ensthaler/Kluge/Kluge § 171 Rn. 23.
1339 MünchKomm-HGB/K. Schmidt §§ 171, 172 Rn. 107.
1340 Die Ermächtigungsfunktion ist eine Ergänzung zu § 93 InsO (vgl. BGH, Urt. v. 17.12.2015 – IX ZR 143/13, NZG 2016, 430 = RÜ 2016, 158 [Nissen], Rn.10). § 171 Abs. 2 HGB ist gegenüber der allgemeinen Vorschrift des § 93 InsO eine Spezialregelung (Uhlenbruck/Hirte § 93 Rn. 7). Während § 93 InsO jedoch für Fälle unbeschränkter persönlicher Gesellschafterhaftung gilt (Hirte, a.a.O.; **a.A.:** Ensthaler/Kluge/ Kluge § 171 Rn. 23: beschränkte und unbeschränkte Gesellschafterhaftung), ist der Anwendungsbereich des § 171 HGB auf letztere beschränkt).
1341 MünchKomm-HGB/K. Schmidt §§ 171, 172 Rn. 108.
1342 BGH, Urt. v. 28.10.1981 – II ZR 129/80, NJW 1982, 883, 885.
1343 BGH, Urt. v. 09.12.1971 – II ZR 33/68, NJW 1972, 480, 482.
1344 BGH, Urt. v. 17.12.2015 – IX ZR 143/13, NZG 2016, 430 = RÜ 2016, 158 (Nissen), Rn. 10.

der Gesellschaftsgläubiger gegen die Gesellschafter gebündelt einzuziehen. Hierbei handelt es sich wie bei § 171 Abs. 2 HGB nicht um einen gesetzlichen Forderungsübergang. Der in Anspruch genommene Gesellschafter tilgt durch die Zahlung an den Insolvenzverwalter der Gesellschaft konkrete Gläubigerforderungen, deren Selbständigkeit durch die Verfahrenseröffnung unangetastet bleibt. Zweck der Regelung des § 93 InsO ist es, einen Wettlauf der Gläubiger um die Abschöpfung der Haftsummen zu verhindern, den Haftungsanspruch der Masse zuzuführen und auf diese Weise den Grundsatz der gleichmäßigen Befriedigung der Insolvenzgläubiger auf die Gesellschafterhaftung auszudehnen. Zugleich wird ein Beitrag zur Überwindung der Massearmut geleistet (…). Im Gegenzug ist der Verwalter verpflichtet, im Rahmen der finanziellen Möglichkeiten der Gesellschafter alle bestehenden Haftungsansprüche rechtzeitig geltend zu machen, soweit dies zur Befriedigung der Gläubiger voraussichtlich erforderlich ist. Denn die Vorschrift des § 93 InsO soll der gleichmäßigen Befriedigung aller Gläubiger dienen. Keiner der Gläubiger soll sich einen Sondervorteil aus dem Gesellschaftervermögen verschaffen können (…)."

Mit dem Zugriff auf das Vermögen des Kommanditisten nimmt der Insolvenzverwalter gemäß § 171 Abs. 2 HGB im eigenen Namen ein fremdes Recht, nämlich das der Gesellschaftsgläubiger für deren Rechnung wahr.[1345] Dabei darf er nur diejenigen Gläubiger berücksichtigen, die ihre Forderungen zur Insolvenztabelle angemeldet haben.[1346] Bei der gerichtlichen Geltendmachung der Gesellschafterhaftung wird der **Insolvenzverwalter als gesetzlicher Prozessstandschafter der Gläubiger** tätig.[1347]

Hinsichtlich des materiellen Gehalts der Ansprüche bewirkt der Übergang der Einziehungsbefugnis auf den Insolvenzverwalter hingegen keine Änderungen.[1348] § 171 Abs. 2 HGB bewirkt insbesondere keinen gesetzlichen Forderungsübergang.[1349] Die Gesellschaftsgläubiger sind nach wie vor Inhaber der Haftungsansprüche gegen die Kommanditisten; sie haben nach § 171 Abs. 2 HGB lediglich das Recht verloren, ihre Forderungen selbst geltend zu machen ("Sperrwirkung").[1350] Hieraus wird abgeleitet, dass eine Abtretung der Haftungsansprüche nach §§ 171 Abs. 1 und 2, 172 Abs. 4 HGB an den Insolvenzverwalter zulässig ist.[1351] Ein Abtretungsverbot nach § 399 BGB besteht nicht.

Der Verwalter ist verpflichtet, im Rahmen der finanziellen Möglichkeiten der Gesellschafter alle bestehenden Haftungsansprüche rechtzeitig geltend zu machen, soweit dies zur Befriedigung der Gläubiger voraussichtlich erforderlich ist.[1352] Die Haftung der Kommanditisten ist dementsprechend insgesamt auf denjenigen Betrag begrenzt, der erforderlich ist, um eine Vollbefriedigung aller Insolvenzgläubiger herbeizuführen.[1353] Abzustellen ist dabei auf die zur Insolvenztabelle angemeldeten[1354] und auch festge-

---

[1345] BGH, Urt. v. 20.03.1958 – II ZR 2/57, NJW 1958, 787, 788.
[1346] BGH, Urt. v. 19.05.1958 – II ZR 83/57, NJW 1958, 1139; Oetker/Oetker § 171 Rn. 59.
[1347] BGH, Urt. v. 17.12.2015 – IX ZR 143/13, NZG 2016, 430 = RÜ 2016, 158 (Nissen), Rn. 13 (zu § 93 InsO).
[1348] BGH, Urt. v. 17.09.1964 – II ZR 162/62, NJW 1964, 2407, 2408; OLG Koblenz, Urt. v. 11.12.2008 – 6 U 1353/07, BeckRS 2009, 05607, dort unter II.3.; Oetker/Oetker § 171 Rn. 62.
[1349] BGH, Urt. v. 17.12.2015 – IX ZR 143/13, NZG 2016, 430 = RÜ 2016, 158 (Nissen), Rn. 10.
[1350] OLG Koblenz, Urt. v. 11.12.2008 – 6 U 1353/07, BeckRS 2009, 05607, dort unter II.3.
[1351] OLG Köln, Beschl. v. 21.08.2008 – 18 U 63/08, BeckRS 2009, 09117, dort unter I.3.a); ebenso LG Dortmund, Urt. v. 01.07.2015 – 5 O 35/15, BeckRS 2015, 17951, dort unter I.1.b)aa)); LG Wuppertal, Urt. v. 11.06.2015 – 4 O 47/15, BeckRS 2015, 17966.
[1352] BGH, Urt. v. 17.12.2015 – IX ZR 143/13, NZG 2016, 430 = RÜ 2016, 158 (Nissen), Rn. 10 (zu § 93 InsO).
[1353] BGH, Urt. v. 20.03.1958 – II ZR 2/57, BGHZ 27, 51, 56 f.; BGH, Urt. v. 11.12.1989 – II ZR 78/89, BGHZ 109, 334, 344; BGH, Urt. v. 22.03.2011 – II ZR 271/08, NJW 2011, 2351, Rn. 18.
[1354] Der Insolvenzverwalter kann bei der Durchsetzung der Haftungsansprüche nur die angemeldeten Forderungen der Insolvenzgläubiger berücksichtigen (BGH, Urt. v. 17.12.2015 – IX ZR 143/13, NZG 2016, 430= RÜ 2016, 158 [Nissen], Rn. 17).

stellten Forderungen der Insolvenzgläubiger, die nicht aus der Insolvenzmasse befriedigt werden können.[1355] Dies betrifft nicht nur Gläubiger mit (vorrangigen) Insolvenzforderungen i.S.v. § 38 InsO, sondern auch solche mit Nachrangforderungen i.S.v. § 39 InsO. Bevor es zu Ausschüttungen an die Insolvenzgläubiger (§§ 38, 39 InsO) kommt, bedarf es jedoch einer vorrangigen Deckung der Masseverbindlichkeiten. Hierzu zählen die Kosten des Insolvenzverfahrens (§ 54 InsO) und die sonstigen Masseverbindlichkeiten (§ 55 InsO). Dies wirft im Rahmen der Haftung nach §§ 171 Abs. 1, 172 Abs. 4 HGB die Frage auf, ob die Kommanditisten auch für diese Masseverbindlichkeiten haften. Für eine Haftung speziell für die Verfahrenskosten (§ 54 InsO) könnte insbesondere der Umstand sprechen, dass die Gesellschafterhaftung nach der Vorstellung des Gesetzgebers einen Beitrag zur Überwindung der Massearmut leisten soll.[1356] Dieser Wille könnte durchkreuzt werden, wenn der Verwalter von den persönlich haftenden Gesellschaftern nicht auch die Verfahrenskosten einziehen könnte.[1357] Der BGH ist diesem Argument aber nicht gefolgt; er hat vielmehr eine persönliche Haftung der Gesellschafter jedenfalls für die Verfahrenskosten (§ 54 InsO) und auch für sonstige Masseverbindlichkeiten nach § 55 Abs. 1 Nr. 1 Var. 1 InsO) verneint.[1358] Offen gelassen hat er dabei jedoch die Frage, ob die von den Gesellschaftern aufgrund ihrer Haftung für die Insolvenzforderungen gemäß § 93 InsO eingezogenen Mittel zur Deckung der Verfahrenskosten verwendet dürfen.[1359]

Die Darlegungs- und Beweislast dafür, dass größeres Gesellschaftsvermögen vorhanden ist, als der Verwalter behauptet, trägt der Kommanditist.[1360]

Mit Eröffnung des Insolvenzverfahrens geht nicht nur die Befugnis zur Inanspruchnahme des Kommanditisten aus § 171 Abs. 1 Hs. 1 HGB auf den Insolvenzverwalter über (§ 171 Abs. 2 HGB i.V.m. § 93 InsO).[1361] Gleichzeitig oder alternativ kann er von dem Kommanditisten die (noch ausstehende) Leistung der Pflichteinlage verlangen (§ 80 InsO).

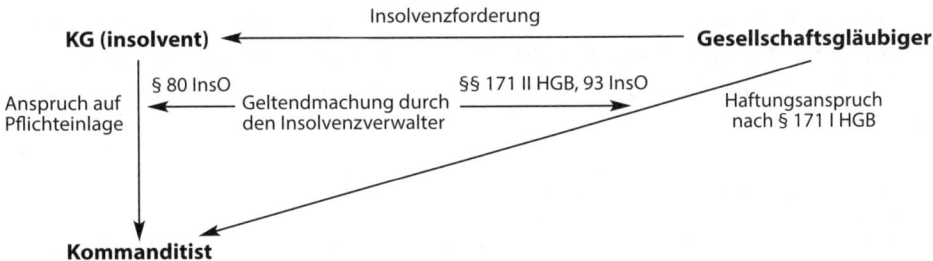

1355 BGH, Urt. v. 22.03.2011 – II ZR 271/08, NJW 2011, 2351, Rn. 18.
1356 Vgl. BT-Drucks. 12/2443, S. 140 f.
1357 H.-F. Müller, Der Verband in der Insolvenz (2002), S. 247 (zu § 93 InsO).
1358 Grundlegend BGH, Teilurt. v. 24.09.2009 – IX ZR 234/07, NJW 2010, 69 = RÜ 2010, 15 (Nissen), Rn. 10 ff.; vgl. auch BGH, Urt. v. 17.12.2015 – IX ZR 143/13, NZG 2016, 430 = RÜ 2016, 158 (Nissen), Rn. 11.
1359 BGH, Teilurt. v. 24.09.2009 – IX ZR 234/07, NJW 2010, 69 = RÜ 2010, 15 (Nissen), Rn. 25; BGH, Urt. v. 17.12.2015 – IX ZR 143/13, NZG 2016, 430, Rn. 11.
1360 OLG Köln, Beschl. v. 21.08.2008 – 18 U 63/08, BeckRS 2009, 09117, dort unter I.1.b): „rechtsvernichtende Einwendung"; OLG Stuttgart, Urt. v. 02.12.1998 – 20 U 29/98, NZG 1999, 113, 115 f.; Oetker/Oetker § 171 Rn. 64.
1361 Hier und zum Folgenden: Oetker/Oetker § 171 Rn. 57 f.

III. Haftung nach § 172 Abs. 4 HGB

341 Grundsätzlich entfällt die persönliche Haftung des Kommanditisten, wenn dieser die im Innenverhältnis zur KG zu erbringende Pflichteinlage, deren objektiver Wert der Haftsumme entsprechen muss, erbracht hat (§ 171 Abs. 1 Hs. 2 HGB).[1362] § 172 Abs. 4 HGB tritt ergänzend hinzu und betrifft Sachverhalte, bei denen sich die im Außenverhältnis des Kommanditisten zu den Gesellschaftsgläubigern ausgeschlossene Haftung wieder in eine summenmäßig beschränkte Kommanditistenhaftung zurückverwandelt.[1363] Der Umfang, in dem die Haftung nach § 172 Abs. 4 HGB wieder auflebt, ist dabei in dreifacher Hinsicht begrenzt, nämlich durch (i) die Haftsumme, (ii) die Höhe des ausgezahlten Betrags und (iii) das Ausmaß der dadurch ggf. entstehenden Haftsummenunterdeckung.[1364] Die Haftung nach §§ 171 Abs. 1, 172 Abs. 4 HGB soll nur gewährleisten, dass die Haftsumme im Gesellschaftsvermögen gedeckt ist; auf mehr können die Gläubiger nicht vertrauen.[1365]

1. § 172 Abs. 4 S. 1 HGB

342 Soweit die Einlage eines Kommanditisten zurückbezahlt wird, gilt sie den Gläubigern gegenüber als nicht geleistet (§ 172 Abs. 4 S. 1 HGB). Die Auszahlung ist hierdurch aber nicht verboten;[1366] das Gesetz knüpft daran lediglich bestimmte Rechtsfolgen,[1367] nämlich die Reanimation der Außenhaftung. Diese lässt aber nicht automatisch auch einen Rückgewähranspruch der KG bei Rückzahlung der Einzahlung entstehen,[1368] denn § 172 Abs. 4 HGB ist nicht mit den Kapitalerhaltungsregeln der §§ 30, 31 GmbHG vergleichbar.[1369]

Das Gesetz spricht in § 172 Abs. 4 S. 1 HGB davon, dass die Einlage des Kommanditisten „zurückbezahlt" wird. Dieser Gesetzeswortlaut, der vermuten lässt, dass nur Geldzahlungen an den Kommanditisten erfasst wären, ist zu eng.[1370] Eine Beschränkung auf Zahlungen würde dem Zweck der Vorschrift und ihrem Regelungszusammenhang mit § 171 HGB nicht gerecht, sodass ein weites Verständnis angezeigt ist.[1371] Entscheidend ist, dass der Gesellschaft Vermögenswerte ohne (adäquate) Kompensation entzogen wurden.[1372] Eine Beseitigung der reanimierten Außenhaftung ist dem Kommanditisten

---

1362 Hier und zum Folgenden: Oetker/Oetker § 172 Rn. 16.
1363 Ensthaler/Kluge/Kluge § 172 Rn. 12.
1364 BGH, Urt. v. 22.03.2011 – II ZR 271/08, NJW 2011, 2351, Rn. 19; LG Dortmund, Urt. v. 01.07.2015 – 5 O 35/15, BeckRS 2015, 17951, dort unter I.1.b)bb)); MünchKomm-HGB/K. Schmidt §§ 171, 172 Rn. 65.
1365 BGH, Urt. v. 22.03.2011 – II ZR 271/08, NJW 2011, 2351, Rn. 19; BGH, Urt. v. 12.07.1982 – II ZR 201/81, BGHZ 84, 383, 387; MünchKomm-HGB/K. Schmidt §§ 171, 172 Rn. 64.
1366 Den Kommanditisten ist eine Einlagenrückgewähr im Verhältnis zur KG – anders als bei §§ 30, 31 GmbHG – nicht verboten (Oetker/Oetker § 172 Rn. 16; K. Schmidt, JuS 2013, 846, 847).
1367 Ensthaler/Kluge/Kluge § 172 Rn. 12.
1368 LG Hamburg, 23.01.2014 – 413 HKO 127/13, juris, Rn. 22 f.; Ensthaler/Kluge/Kluge § 172 Rn. 13.
1369 Ensthaler/Kluge/Kluge § 172 Rn. 13; MünchKomm-HGB/K. Schmidt §§ 171, 172 Rn. 62; vgl. auch BGH, Urt. v. 12.03.2013 – II ZR 73/11, NJW 2013, 2278, Rn. 12 und BGH, Versäumnisurt. v. 01.07.2014 – II ZR 73712, BeckRS 2014, 16417, Rn. 15: „Es gibt bei der Kommanditgesellschaft keinen im Innenverhältnis wirkenden Kapitalerhaltungsgrundsatz."; hierzu krit. Bitter/Heim § 7 Rn. 39.
1370 MünchKomm-HGB/K. Schmidt §§ 171, 172 Rn. 63.
1371 Ensthaler/Kluge/Kluge § 172 Rn. 15.
1372 BGH, Urt. v. 09.05.1963 – II ZR 124/61, NJW 1963, 1873, 1876; OLG Hamburg, Urt. v. 14.08.2015 – 11 U 42/15, NZI 2015, 987, 988; OLG Hamm, Urt. v. 07.07.2010 – 8 U 106/09, NZG 2010, 1298, 1299; Ensthaler/Kluge/Kluge, § 172 Rn. 15

jederzeit durch erneute Einlageleistung möglich.[1373] Eine ausdrückliche Deklarierung als „Einlage" ist hierbei nicht vonnöten.[1374]

2. § 172 Abs. 4 S. 2 HGB

Die Außenhaftung des Kommanditisten lebt – ebenso wie in Fällen der „Einlagenrückzahlung" nach § 172 Abs. 4 S. 1 HGB – auch wieder auf, soweit ein Kommanditist Gewinnanteile entnimmt, während sein Kapitalanteil durch Verlust unter den Betrag der geleisteten Einlage herabgemindert ist, oder soweit durch die Entnahme der Kapitalanteil unter den bezeichneten Betrag herabgemindert wird (§ 172 Abs. 4 S. 2 HGB). „Gewinn" meint in diesem Kontext den in der Handelsbilanz der Gesellschaft ausgewiesenen Jahresgewinn,[1375] der anhand von Buchwerten – ohne Berücksichtigung bilanziell nicht ausgewiesener stiller Reserven sowie der in § 268 Abs. 8 HGB genannten Beträge (vgl. § 172 Abs. 4 S. 3 HGB) – zu ermitteln ist.[1376]

343

§ 172 Abs. 4 S. 2 HGB betrifft das Wiederaufleben der Außenhaftung des Kommanditisten bei der Entnahme von Gewinnanteilen, die den gesetzgeberischen Vorgaben des § 169 Abs. 1 HGB widersprechen.[1377] Dem Kommanditisten ist es nach § 169 Abs. 1 S. 2 Hs. 2 HGB im Innenverhältnis zur Gesellschaft versagt, die Auszahlung des auf ihn entfallenden Gewinns zu fordern, sofern sein Kapitalanteil durch Verluste bereits unter den Betrag der im Innenverhältnis aufgrund gesellschaftsvertraglicher Vereinbarung zu erbringenden Pflichteinlage gesunken ist oder die Auszahlung zu einer derartigen Unterdeckung führen würde.[1378] § 172 Abs. 4 S. 2 HGB behandelt spiegelbildlich die Haftungsverhältnisse im Außenverhältnis[1379] und ordnet in entsprechender Höhe eine reanimierte Außenhaftung des Kommanditisten gegenüber den Gläubigern der Gesellschaft an. Deshalb meint der Begriff der „Einlage" – anders als in § 169 Abs. 1 S. 2 Hs. 2 HGB – im Anwendungsbereich des § 172 Abs. 4 S. 2 HGB die im Außenverhältnis zu den Gesellschaftsgläubigern maßgebliche Haftsumme, nicht aber die im Innenverhältnis zur Gesellschaft maßgebliche Pflichteinlage (Einlage im technischen Sinne).[1380]

Die Außenhaftung des Kommanditisten ist immer auf die im Handelsregister eingetragene Haftsumme beschränkt; § 172 Abs. 4 S. 2 HGB führt nicht zu einer Ausweitung der Haftung, sondern regelt lediglich, unter welchen Umständen die bereits nach § 171 Abs. 1 Hs. 2 HGB ausgeschlossene persönliche Haftung wieder auflebt.[1381]

Die in § 172 Abs. 4 HGB beschriebene Wirkung tritt zudem nur gegenüber den Gläubigern ein, d.h. das Innenverhältnis zur Gesellschaft ist davon nicht berührt.[1382] Ein Rückgewähranspruch der Gesellschaft entsteht bei einer Rückzahlung der Einlage somit

---

1373 LG Köln, Urt. v. 08.05.2012 – 21 O 300/11, BeckRS 201300022, Rn. 50; Ensthaler/Kluge/Kluge § 172 Rn. 14.
1374 OLG München, Urt. v. 27.07.1990 – 23 U 2030/90, ZIP 1990, 1226; Ensthaler/Kluge/Kluge § 172 Rn. 14.
1375 Oetker/Oetker § 172 Rn. 34.
1376 Oetker/Oetker § 172 Rn. 34 m.w.N.; **a.A.** Priester, BB 1976, 1004, 1008.
1377 Ensthaler/Kluge/Kluge, § 172 Rn. 14 (Fn. 3), § 172 Rn. 20.
1378 Oetker/Oetker § 172 Rn. 31.
1379 BGH, Urt. v. 12.03.2013 – II ZR 73/11, NJW 2013, 2278, Rn. 10 – dazu EWiR 2013, 579 (Knof).
1380 Oetker/Oetker § 172 Rn. 31; MünchKomm-HGB/K. Schmidt §§ 171, 172 Rn. 79.
1381 Oetker/Oetker § 172 Rn. 33.
1382 BGH, Urt. v. 12.03.2013 – II ZR 73/11, NJW 2013, 2278, Rn. 11; BGH, Versäumnisurt. v. 01.07.2014 – II ZR 73712, BeckRS 2014, 16417, Rn. 13 f.; BGH, Urt. v. 16.02.2016 – II ZR 348/14, NZG 2016, 424, Rn. 10 f.

nicht automatisch, sondern kann sich nur aus anderen Rechtsgründen ergeben, insbesondere aus einer entsprechenden (gesellschafts-)vertraglichen Abrede.[1383]

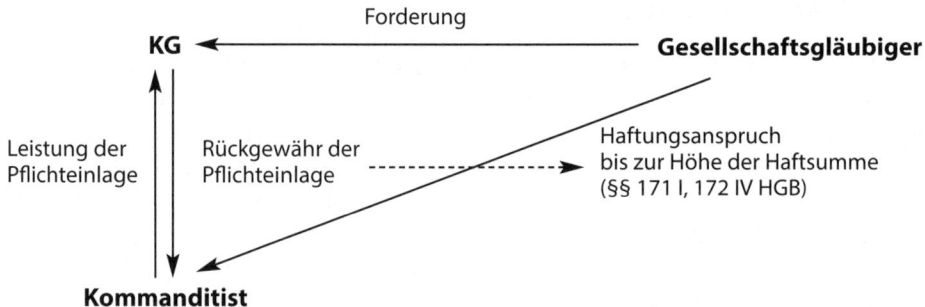

3. § 172 Abs. 5 HGB

344 Kommt es zur Entnahme von Gewinnen, die im Rahmen der Bilanzaufstellung fälschlicherweise ermittelt, tatsächlich jedoch nie oder nicht so erzielt worden sind, ist hierin eine Einlagenrückgewähr an den Kommanditisten i.S.v. § 172 Abs. 4 HGB zu sehen.[1384] Dies kann zu einem Wiederaufleben der Haftung führen. Bliebe es bei diesem Grundsatz, müsste der Kommanditist vor jeder Ausschüttung von (vermeintlichen) Gewinnen Unsicherheiten über seine Bezugsberechtigung beseitigen, was im Ergebnis auf eine umfassende Bilanzprüfung hinausliefe. Dem trägt das Gesetz in § 172 Abs. 5 HGB Rechnung, indem es eine **Vertrauensschutzregel zugunsten des gutgläubigen Kommanditisten** aufstellt. Danach muss der Kommanditist den auf Grund einer im guten Glauben errichteten unrichtigen[1385] Bilanz bezogenen Gewinn nicht zurückzahlen, wenn er bei Bezug des Gewinns[1386] gutgläubig gewesen ist. § 172 Abs. 5 HGB enthält mithin eine Ausnahme von der Regel des § 172 Abs. 4 HGB, und zwar unter der Voraussetzung, dass die Bilanz einen Gewinn ausweist, obwohl – bei richtiger Bilanzierung – kein Gewinn entstanden ist („Scheingewinn") und sowohl der Kommanditist als auch die Personen, die die Bilanz errichtet haben, gutgläubig von der Richtigkeit der Bilanz ausgehen.[1387] „Gewinn" meint dabei den auf den jeweiligen Kommanditisten entfallenden, in der Handelsbilanz der KG ausgewiesenen Gewinnanteil.[1388]

4. Sonderfall: Ausschüttung von Liquiditätsüberschüssen als Darlehen

345 Ist die Ausschüttung von Liquiditätsüberschüssen durch die KG an ihre Kommanditisten nach Auslegung des Gesellschaftsvertrages rechtlich als ein (unverzinsliches) Darlehen

---

1383 BGH, Urt. v. 20.06.2005 – II ZR 252/03, ZIP 2005, 1552, 1553; BGH, Urt. v. 12.03.2013 – II ZR 73/11, NJW 2013, 2278, Rn. 11.
1384 Hier und zum Folgenden: Oetker/Oetker § 172 Rn. 35.
1385 BGH, Urt. v. 20.04.2009 – II ZR 88/08, NJW 2009, 2126, Rn. 13. Ist die Bilanz zutreffend errichtet worden, kommt es für die Haftung des Kommanditisten nach § 172 Abs. 4 HGB allein auf den Inhalt der Bilanz an (BGH, a.a.O.).
1386 Der gute Glaube muss bis zur Auszahlung gegeben sein. Erkennen die Gesellschafter nach Errichtung der Bilanz, aber noch vor Auszahlung des Scheingewinns, die Fehlerhaftigkeit der Bilanzierung, so hat eine dennoch erfolgte Auszahlung haftungsschädliche Wirkung nach § 172 Abs. 4 S. 2 HGB (Oetker/Oetker § 172 Rn. 43).
1387 BGH, Urt. v. 20.04.2009 – II ZR 88/08, NJW 2009, 2126, Rn. 11.
1388 Oetker/Oetker § 172 Rn. 36; MünchKomm-HGB/K. Schmidt §§ 171, 172 Rn. 84.

zu qualifizieren,[1389] begründet dies einen Rückzahlungsanspruch der Gesellschaft gegen den Kommanditisten. Die inhaltliche Ausgestaltung dieses Anspruchs richtet sich dann nach den Regelungen des Gesellschaftsvertrages. Hiervon zu trennen ist die Außenhaftung des Kommanditisten gegenüber den Gläubigern der KG nach §§ 171 Abs. 1, 172 Abs. 4 HGB. Diese Außenhaftung unterliegt nicht der Disposition der Gesellschafter.[1390] Dementsprechend hat die rechtliche Einordnung von Ausschüttungen der KG an die Kommanditisten als Darlehen Auswirkungen nur auf die Innenhaftung, nicht aber auf die Außenhaftung nach §§ 171 Abs. 1, 172 Abs. 4 HGB. Für die Außenhaftung ist entscheidend, ob die Darlehensgewährung durch die KG an den Kommanditisten als „Rückzahlung" der Einlage i.S.v. § 172 Abs. 4 HGB zu qualifizieren ist. Bei „bilanzieller Betrachtungsweise" ist dies zu verneinen, wenn die Darlehensgewährung durch einen vollwertigen Rückgewähranspruch gegen den darlehensnehmenden Kommanditisten bilanziell neutralisiert wird.[1391]

IV. Haftung der Kommanditisten nach § 176 HGB

Vor Eintragung der Haftungsbeschränkung im Handelsregister haftet der Kommanditist nach § 176 HGB unbeschränkt. § 176 Abs. 1 HGB regelt die Haftung vor Eintragung einer neu gegründeten KG, während § 176 Abs. 2 HGB die Haftung vor Eintragung bei Eintritt in eine bereits bestehende Handelsgesellschaft betrifft.

346

1. Haftung vor Eintragung der KG (§ 176 Abs. 1 HGB)

Hat die Gesellschaft ihre Geschäfte begonnen, bevor sie in das Handelsregister eingetragen ist, so haftet jeder Kommanditist, der dem Geschäftsbeginn[1392] – ausdrücklich oder konkludent[1393] – zugstimmt hat, für die bis zur Eintragung begründeten Verbindlichkeiten der Gesellschaft wie ein persönlich haftender Gesellschafter (vgl. §§ 161 Abs. 2, 128 HGB), es sei denn[1394], dass seine Beteiligung[1395] als Kommanditist dem Gläubiger positiv[1396] bekannt war (§ 176 Abs. 1 S. 1 HGB). Diese „Zwischenhaftung" erstreckt sich auf Verbindlichkeiten, die zwischen Geschäftsbeginn und Handelsregistereintragung begründet wurden; dabei entbindet die spätere Eintragung – im Unterschied zur Handelndenhaftung aus § 11 Abs. 2 GmbHG[1397] – nicht von der unbeschränkten persönlichen Haftung.[1398] Durch diese Regelung will der Gesetzgeber Druck auf die Gesellschafter ausüben, die Eintragung der KG im Handelsregister voranzutreiben.[1399] Da § 176 Abs. 1 HGB einen **abstrakten Vertrauensschutz** vermittelt,[1400] erstreckt sich die unbe-

347

1389 Vgl. hierzu ausführlich BGH, Urt. v. 16.02.2016 – II ZR 348/14, NZG 2016, 424, Rn. 12 ff.
1390 Dubois/Schmiegel NZI 2013, 913, 915.
1391 So BGH, Urt. v. 01.12.2008 – II ZR 102/07, NJW 2009, 850, Rn. 12 („MPS") zu § 57 Abs. 1 S. 3 AktG.
1392 Hinsichtlich des Geschäftsbeginns kann über § 161 Abs. 2 HGB auf § 123 Abs. 2 HGB verwiesen werden.
1393 Ensthaler/Kluge/Kluge § 176 Rn. 5.
1394 In dieser Formulierung ist die Beweislast des Kommanditisten zum Ausdruck gebracht (BGH, Urt. v. 28.10.1981 – II ZR 129/80, NJW 1982, 883, 884; Ensthaler/Kluge/Kluge § 176 Rn. 7).
1395 Auf die Kenntnis des Gläubigers von der Höhe der Einlage kommt es hingegen nicht an (Ensthaler/Kluge/Kluge § 176 Rn. 7).
1396 Ein Kennenmüssen der Beteiligung reicht nicht (Ensthaler/Kluge/Kluge § 176 Rn. 7).
1397 Siehe hierzu Rn. 142 ff.
1398 Ensthaler/Kluge/Kluge § 176 Rn. 2.
1399 Hier und zum Folgenden: Bitter/Heim § 7 Rn. 15.
1400 BGH, Urt. v. 28.10.1981 – II ZR 129/80, NJW 1982, 883, 885 (m. Anm. K. Schmidt).

schränkte Haftung der Kommanditisten vor Eintragung der Gesellschaft allerdings nur auf Verbindlichkeiten aus bzw. im Zusammenhang mit Rechtsgeschäften und rechtsgeschäftsähnlichen Handlungen; ausgenommen sind hingegen insbesondere Deliktsansprüche, da Vertrauen hier typischerweise keine Rolle spielt.[1401]

Der strengen Haftungsfolge des § 176 HGB kann der Kommanditist dadurch entgehen, dass er seinen Beitritt unter die **aufschiebende Bedingung** (§ 158 Abs. 1 BGB) der Handelsregistereintragung stellt.[1402] Stimmt er allerdings trotz einer solchen Bedingung der Geschäftsaufnahme zu, lebt die unbeschränkte persönliche Haftung wieder auf.[1403]

Bei einer Schein-KG kommt § 176 HGB nicht zur Anwendung;[1404] stattdessen kann es hier zu einer Rechtsscheinshaftung des Scheinkommanditisten kommen.[1405] Ebenfalls unanwendbar ist § 176 HGB bei der GmbH & Co. KG, weil dem Rechtsverkehr dann bereits aufgrund der Firmierung der Gesellschaft verdeutlicht wird, dass sämtliche involvierten natürlichen Personen nur Kommanditisten sein können.[1406]

2. Haftung bei nicht eingetragenem Neueintritt (§ 176 Abs. 2 HGB)

348 Tritt eine Person als Kommanditist in eine bestehende Handelsgesellschaft ein, so gilt nach § 176 Abs. 2 HGB der § 176 Abs. 1 S. 1 HGB entsprechend für die Zeit zwischen Eintritt und der Eintragung als Kommanditist in das Handelsregister.

- Es muss eine **Handelsgesellschaft** bestehen. Dies kann entweder eine KG sein oder eine oHG, die durch den Eintritt eines Kommanditisten zur KG wird.

- Der in Anspruch Genommene muss als **Kommanditist** in die KG eingetreten sein. Der Eintritt ist grundsätzlich mit Abschluss des Eintrittsvertrages wirksam. Der Kommanditist kann die Haftung des § 176 Abs. 2 HGB aber verhindern, wenn er vereinbart, dass der Eintritt erst mit Eintragung wirksam werden soll.[1407]

  Auch bei Abtretung eines Kommanditanteils greift § 176 Abs. 2 HGB ein.[1408] Die Vorschrift gilt nicht für die Anteilsumwandlung sowie die Nachfolge von Todes wegen.[1409]

- Das **Geschäft**, aus dem der Anspruchsteller Rechte geltend macht, muss **in der Zeit zwischen Eintritt und Eintragung getätigt** worden sein. Eine Zustimmung des Kommanditisten zu der Fortführung der Geschäfte ist nicht erforderlich.

- Die Haftung tritt **nicht** ein, wenn dem Gläubiger die Beteiligung als Kommanditist **bekannt** war (§ 176 Abs. 2 i.V.m. Abs. 1 letzter Hs. HGB).

1401 BGH, Urt. v. 28.10.1981 – II ZR 129/80, NJW 1982, 883, 885.
1402 BGH, Urt. v. 28.10.1981 – II ZR 129/80, NJW 1982, 883, 885; Ensthaler/Kluge/Kluge § 176 Rn. 6.
1403 BGH, Urt. v. 28.10.1981 – II ZR 129/80, NJW 1982, 883, 885; Ensthaler/Kluge/Kluge § 176 Rn. 6.
1404 BGH, Urt. v. 11.12.1978 – II ZR 235/77, BGHZ 73, 217, 220.
1405 Ensthaler/Kluge/Kluge § 176 Rn. 3.
1406 Ensthaler/Kluge/Kluge § 176 Rn. 8.
1407 K. Schmidt NJW 1982, 886.
1408 BGH, Urt. v. 21.03.1983 – II ZR 113/82, NJW 1983, 2259.
1409 K. Schmidt, GesR, § 55 II 2 b.

V. Die Haftung bei Änderungen des Gesellschafterbestandes

Tritt ein Kommanditist neu in die KG ein, scheidet er aus oder überträgt er seine Mitgliedschaft, stellen sich besondere Haftungsfragen.[1410]

349

1. Eintritt (§ 173 HGB)

§ 173 HGB regelt die **Haftung des Neukommanditisten für Altschulden der Gesellschaft**. Es handelt sich um eine Parallelnorm zu § 130 HGB, die in direkter Anwendung für oHG-Gesellschafter und über den Verweis in § 161 Abs. 2 HGB entsprechend für die Komplementäre einer KG gilt.[1411] Tritt jemand als Kommanditist[1412] in eine bestehende Handelsgesellschaft (oHG und KG[1413]) ein, haftet er nach Maßgabe der §§ 171, 172 HGB für die (Neu-)Verbindlichkeiten der Gesellschaft, die nach seinem Eintritt entstehen. Die Haftung erstreckt sich aber auch auf die (Alt-)Verbindlichkeiten der Gesellschaft, die vor seinem Eintritt entstanden sind (§ 173 Abs. 1 HGB). Eine hiervon abweichende Vereinbarung ist Dritten gegenüber unwirksam (§ 173 Abs. 2 HGB).

350

Der in § 173 Abs. 1 HGB angesprochene Haftungsadressat muss in die Gesellschaft eingetreten sein. Neben dem originären Anteilserwerb durch **Aufnahmevertrag** werden im Rahmen des § 173 HGB – im Gegensatz zu § 176 HGB – auch andere Modalitäten als „Eintritt" gewertet.[1414] Der Eintritt kann sich auch durch Einzelrechtsnachfolge mittels **Anteilsübertragung** vollziehen. Da es in diesem Fall einer Eintragung nach § 162 Abs. 3 HGB nicht bedarf, hat sich in der Praxis aus Transparenzgründen und zur Beweissicherung die Hinzufügung eines Sonderrechtsnachfolgevermerks etabliert.[1415] Für die Haftung des Neukommanditisten aus § 173 HGB bedeutet dies, dass im Verhältnis zum Gläubiger die ursprüngliche Haftsumme (§ 172 Abs. 1 HGB) relevant ist und eine Verdopplung der Haftungssumme[1416] ausscheidet.[1417] Bei Fehlen eines Sonderrechtsnachfolgevermerks kommt eine Rechtsscheinshaftung in der Weise in Betracht, dass sowohl der Altkommanditist (wenn auch beschränkt auf die Nachhaftungsspanne des § 160 HGB) als auch der Neukommanditist von den Gläubigern der Gesellschaft zur Erfüllung ihrer Forderungen bis zur Höhe der im Handelsregister eingetragenen Haftsumme herangezogen werden können. Schließlich sind auch die in § 160 Abs. 3 HGB formulierte Anteilsumwandlung des persönlich haftenden Gesellschafters und die Rechtsnachfolge von Todes wegen als Eintrittsvariante i.S.v. § 173 Abs. 1 HGB zu werten. Im letzteren Fall tritt neben die zivilrechtliche Erbenhaftung gemäß §§ 1967 ff. BGB (i.V.m. §§ 171, 172 HGB) zusätzlich die gesellschaftsrechtliche Eigenhaftung aus § 173 HGB, mit der Folge, dass der angesprochene Neukommanditist für Altverbindlichkeiten nach Maßgabe der §§ 171, 172 HGB haftet.

1410 Bitter/Heim § 7 Rn. 16.
1411 Ensthaler/Kluge/Kluge § 173 Rn. 1.
1412 Für den Eintritt als unbeschränkt persönlich haftender Gesellschafter (Komplementär) gelten die §§ 161 Abs. 2, 130, 128 HGB (Ensthaler/Kluge/Kluge § 173 Rn. 12).
1413 Ensthaler/Kluge/Kluge § 173 Rn. 2. Eine analoge Anwendung des § 173 HGB auf die GbR und die stille Gesellschaft (zu Recht verneinend) Ensthaler/Kluge/Kluge § 173 Rn. 6 m.w.N.
1414 Hier und zum Folgenden: Ensthaler/Kluge/Kluge § 173 Rn. 7 ff.
1415 BGH, Beschl. v. 19.09.2005 – II ZB 11/04, NZG 2006, 15, Rn. 7.
1416 Zu dieser siehe BGH, Beschl. v. 19.09.2005 – II ZB 11/04, NZG 2006, 15, Rn. 6.
1417 MünchKomm-HGB/K. Schmidt § 173 Rn. 29.

Besonderheiten gelten für Verbindlichkeiten, die zwischen dem Eintritt des Kommanditisten und dessen Eintragung im Handelsregister begründet werden.[1418] Für diese Gesellschaftsschulden haftet der Kommanditist nicht beschränkt (§§ 171, 172 HGB), sondern nach Maßgabe des § 176 Abs. 1 HGB unbeschränkt (§ 176 Abs. 2 HGB). Die unbeschränkte Haftung ist nur dann ausgeschlossen, wenn der Gläubiger die Beteiligung als Kommanditist und damit die Haftungsbeschränkung kennt (vgl. § 176 Abs. 1 HGB).

2. Ausscheiden (§ 160 HGB)

351 Scheidet ein Kommanditist aus der Gesellschaft aus, trifft ihn gemäß §§ 171, 172, 161 Abs. 2, 160 HGB eine Nachhaftung für die bis dahin begründeten (Alt-)Verbindlichkeiten der KG; für nach seinem Ausscheiden begründete (Neu-)Verbindlichkeiten haftet er hingegen nicht.[1419]

Regelmäßig wird dem Kommanditisten bei seinem Ausscheiden durch die KG eine **Abfindung** gezahlt. Eine solche Zahlung **gilt als Einlagenrückgewähr i.S.v. § 172 Abs. 4 HGB**, mit der Folge, dass die Gesellschaftsgläubiger den Ausgeschiedenen im Rahmen der Nachhaftung noch fünf Jahre lang für vor seinem Ausscheiden begründete Verbindlichkeiten bis zur Höhe der Haftsumme persönlich in Anspruch nehmen können. Die Einlage eines Kommanditisten steht den Gläubigern der Gesellschaft auch nach seinem Ausscheiden als Haftungsmasse zur Verfügung; erhält er sie (als Abfindung) zurück, lebt seine Haftung in Höhe des Abfindungsbetrags und begrenzt auf die Höhe der Haftsumme wieder auf.

Dies gilt auch, wenn das Ausscheiden des alten Kommanditisten mit dem Eintritt eines neuen Kommanditisten verbunden ist, wenn also ein Gesellschafterwechsel im Wege der **Kombination von Aus- und Eintritt** erfolgt. Der durch einen Aufnahmevertrag neu in die Gesellschaft eintretende Kommanditist, der auch für vor seinem Eintritt begründete Verbindlichkeiten haftet, muss eine Einlage in Höhe der für ihn eingetragenen Haftsumme erbringen, um in den Genuss der Haftungsbefreiung nach § 171 Abs. 1 Hs. 2 HGB zu kommen. Da die Einlage des eintretenden nicht mit derjenigen des ausscheidenden Kommanditisten identisch ist, muss zudem auch die Einlage des Eintretenden für den Gläubigerzugriff erhalten bleiben. Die **Haftungsmasse** wird also bei einer Kombination von Aus- und Eintritt **erweitert**. Es müssen beide Einlagen – diejenige des ausscheidenden und diejenige des eintretenden Kommanditisten – erbracht und erhalten sein, damit beide nicht mehr bzw. wieder haften.

Sofern nicht die Gesellschaft selbst, sondern der Neukommanditist die Abfindung an den Ausscheidenden zahlt, liegt eine Zahlung des Eintretenden auf die Abfindungsverpflichtung der KG vor (§§ 362 267 BGB). Der Neukommanditist erbringt dann seine Einlage durch Tilgung einer Gesellschaftsverbindlichkeit und ist von seiner Haftung befreit (§ 171 Abs. 1 Hs. 2 HGB). Der Altkommanditist hat seine Einlage zurückerhalten; seine Haftung lebt gemäß § 172 Abs. 4 HGB wieder auf.

3. Übertragung des Kommanditanteils

352 Die beim Kommanditistenwechsel durch Kombination von Aus- und Eintritt entstehenden Haftungsfolgen lassen sich vermeiden, indem der Gesellschafterwechsel durch eine

---

1418 Hier und zum Folgenden: Bitter/Heim § 7 Rn. 18.
1419 Hier und zum Folgenden: Bitter/Heim § 7 Rn. 19 ff.

Abtretung des Kommanditanteils gemäß §§ 413, 398 BGB vollzogen wird.[1420] In diesem Fall erhält der ausscheidende Kommanditist für die Übertragung seines Kommanditanteils von dem eintretenden Neugesellschafter aufgrund des der Anteilsübertragung zugrundeliegenden Kaufvertrags zwischen dem Alt- und dem Neugesellschafter einen Kaufpreis, während die KG an ihn nichts zahlt. In der **Kaufpreiszahlung** liegt **keine Einlagenrückgewähr i.S.v. § 172 Abs. 4 HGB**. Der eintretende Neukommanditist zahlt auf eine eigene (Kaufpreis-)Schuld und nicht auf eine Abfindungsverpflichtung der KG. Sofern der Altkommanditist zuvor eine Einlage in Höhe der Haftsumme erbracht hat, haftet er gegenüber den Gesellschaftsgläubigern nicht (§ 171 Abs. 1 Hs. 2 HGB). Da der Neukommanditist unmittelbar in die Rechtsstellung des Altkommanditisten eintritt (vgl. § 398 S. 2 BGB) und dieser eine Einlage in Höhe der Haftsumme bereits geleistet hat, gilt die Haftungsbefreiung nach § 171 Abs. 1 Hs. 2 HGB auch zu Gunsten des Neukommanditisten. Im Gegensatz zum Kommanditistenwechsel durch Ein- und Austritt wird bei der Abtretung kein neuer Kommanditanteil gebildet und dementsprechend auch keine neue Einlageverpflichtung des Eintretenden begründet. Die Haftungsmasse der Gesellschaft bleibt bei der Abtretung eines vorhandenen Kommanditanteils unverändert. Damit im Rechtsverkehr nicht der falsche Eindruck entsteht, die Haftungsmasse der Gesellschaft habe sich erweitert, muss ein entsprechender **Sonderrechtsnachfolgevermerk** in das Handelsregister eingetragen werden. Dieser kann z.B. lauten: „Der Kommanditanteil des A ist im Wege der Sonderrechtsnachfolge auf den Kommanditisten B übergegangen."[1421]

> **Fall 15: Einrückende Kommanditisten**
>
> A, B und C betreiben eine Buchhandlung in der Form der KG. A ist Komplementär, B und C sind Kommanditisten. Ihre Einlage beträgt jeweils 20.000 € und ist erbracht. Nach einiger Zeit scheidet C durch Veräußerung seines Gesellschaftsanteils an X mit Zustimmung der übrigen Gesellschafter aus der KG aus. X zahlt an C für den Anteil 36.000 €. Im Handelsregister werden das Ausscheiden des C und der Eintritt des X als Rechtsnachfolger des C eingetragen. Gläubiger G, der der KG vor dem Gesellschafterwechsel ein Darlehen in Höhe von 20.000 € gewährt hatte, nimmt bei Fälligkeit C und X persönlich auf Rückzahlung in Anspruch. Zu Recht?

A. Die Haftung des ausgeschiedenen Kommanditisten C für die bei seinem Ausscheiden begründete Verbindlichkeit der KG aus § 488 Abs. 1 S. 2 BGB richtet sich nach den §§ 171 ff. (i.V.m. § 160) HGB.

  I. Da C seine Einlage erbracht hat, haftet er für die Darlehensverbindlichkeit der KG gemäß § 171 Abs. 1 Hs. 2 HGB grundsätzlich nicht mehr.

  II. Die entgeltliche Übertragung des Kommanditanteils an X könnte allerdings als Rückzahlung der Einlage zu werten sein. Gemäß §§ 172 Abs. 4, 171 Abs. 1 Hs. 1 HGB würde dann die persönliche Haftung des C wieder aufleben. Rückzahlung i.S.d. § 172 Abs. 4 HGB ist jede Zuwendung an den Kommanditisten, durch die

---

[1420] Hier und zum Folgenden: Bitter/Heim § 7 Rn. 23 f.
[1421] Bitter/Heim § 7 Rn. 24 Fn. 1076.

dem Gesellschaftsvermögen Vermögenswerte ohne angemessene Gegenleistung entzogen werden.[1422] C hat jedoch aus dem Gesellschaftsvermögen keine Leistung erhalten; die 36.000 € stammten als Kaufpreis aus dem Vermögen des X. Da die Rechtsnachfolge des X eingetragen wurde, ist auch nach außen nicht der Eindruck erweckt worden, dass Zahlungen aus dem Gesellschaftsvermögen erfolgt seien. Eine Rückzahlung der Einlage ist damit nicht erfolgt. Eine persönliche Haftung des C für die Darlehensverbindlichkeit der KG entfällt.

B. Der eingetretene Kommanditist X haftet gemäß § 173 HGB für die Verbindlichkeiten der Gesellschaft nach Maßgabe der §§ 171, 172 HGB. Bei der Abtretung eines Kommanditanteils tritt der Abtretungsempfänger auch hinsichtlich der Einlageschuld in die Rechtsstellung des früheren Kommanditisten ein. Hat dieser seine Einlage voll erbracht, ist auch eine Haftung des neuen Kommanditisten ausgeschlossen.[1423] Durch die Übertragung des Kommanditanteils ist X in die Rechtsstellung des C eingetreten. Die von C erbrachte Einlage wirkt auch für den X. X haftet nicht.

> **Abwandlung:**
> Das Ausscheiden des C und der Eintritt des X werden im Handelsregister eingetragen, ohne dass die Rechtsnachfolge kenntlich gemacht wird.

A. Anspruch des G gegen den ausgeschiedenen C gemäß §§ 171 ff. HGB

  I. Da C seine Einlage erbracht hat, haftet er gemäß § 171 Abs. 1 Hs. 2 HGB grundsätzlich nicht mehr.

  II. Die Haftung des C lebt wieder auf, wenn ihm seine Einlage zurückgezahlt worden ist. Eine Rückzahlung setzt voraus, dass Zuwendungen aus dem Gesellschaftsvermögen erfolgt sind. Wie im Ausgangsfall sind aus dem Gesellschaftsvermögen keine Zahlungen an C erfolgt; er hat die 36.000 € von X erhalten. Anders als im Ausgangsfall ist jedoch der Rechtsnachfolgevermerk nicht im Handelsregister eingetragen. Gemäß § 15 Abs. 1 HGB kann die Tatsache der Rechtsnachfolge gutgläubigen Dritten nicht entgegengehalten werden, d.h. diesen gegenüber besteht eine Rechtslage wie bei einem „normalen" Gesellschafterwechsel. Dann würde die Einlage des Ausgeschiedenen den Gläubigern zur Verfügung stehen, und zwar als Haftungssumme im Gesellschaftsvermögen, soweit sie noch nicht zurückgezahlt wurde, oder als Anspruch gegen den Ausgeschiedenen, wenn sie zurückgezahlt ist. Auch die Einlage des neuen Gesellschafters würde den Gläubigern zur Verfügung stehen; als Anspruch gegen den Neugesellschafter, soweit er sie noch nicht erbracht hat, oder als Haftungsmasse im Gesellschaftsvermögen, wenn sie erbracht ist. Es wäre zu einer „Verdoppelung" der Haftsumme gekommen. Da aber eine Einlage sich im Gesellschaftsvermögen befindet, können nicht beide, der Alt- und der Neugesellschafter, haften. Die Frage ist, wem das Recht zusteht, sich auf die im Gesellschaftsvermögen befindliche Einlage zu berufen. Nach

---

1422 MünchKomm-HGB/K. Schmidt §§ 171, 172 Rn. 66.
1423 BGH, Urt. v. 29.06.1981 – II ZR 142/80, NJW 1981, 2747, 2748.

h.M. wirkt die im Gesellschaftsvermögen befindliche Einlage zugunsten des neuen Kommanditisten. Mit der Abtretung des Kommanditanteils geht auf den neuen Kommanditisten auch das Recht über, sich auf die Einlageleistung des Rechtsvorgängers und die Wirkung des § 171 Abs. 1 Hs. 2 HGB zu berufen. Zulasten des alten Gesellschafters wird § 172 Abs. 4 HGB analog angewandt, sodass seine Einlage „den Gläubigern gegenüber als nicht (mehr) geleistet gilt". Danach kann sich C nicht auf § 171 Abs. 1 Hs. 2 HGB berufen, sondern muss die Darlehensverbindlichkeit der KG persönlich erfüllen.[1424]

B. Ein Anspruch gegen den Neugesellschafter X besteht nicht. X hat mit der Abtretung des Kommanditanteils auch das Recht erworben, sich auf die Einlageleistung des C und die Wirkung des § 171 Abs. 1 Hs. 2 HGB zu berufen.

5. Abschnitt: Auflösung und Abwicklung der KG

Für die Auflösung, Abwicklung und Vollbeendigung der KG gelten die Ausführungen zur oHG grundsätzlich entsprechend.[1425] Zusätzlich gibt es bei der KG einen besonderen Auflösungsgrund:[1426] Weil die KG zwingend einen Komplementär haben muss, ist sie aufgelöst, wenn der einzige bzw. letzte Komplementär aus der Gesellschaft ausscheidet. Die Gesellschaft kann allerdings wieder in eine werbende Gesellschaft umgewandelt werden, indem ein verbleibende Gesellschafter oder eine dritte (auch juristische) Person mit Zustimmung aller Gesellschafter die Stellung des Komplementärs übernimmt. Führen die Gesellschafter die Gesellschaft hingegen als werbende fort, ohne einen neuen Komplementär zu installieren, gilt sie als oHG, sodass die Gesellschafter nunmehr unbeschränkt haften.

353

6. Abschnitt: Sonderformen

In der Praxis häufig anzutreffen sind zwei Sonderformen der KG, nämlich die GmbH & Co. KG und die Publikums-KG.

354

A. Die GmbH & Co. KG

I. Grundlagen

Die GmbH & Co. KG ist eine Sonderform der KG.[1427] Bei ihr nimmt eine **GmbH** die Stellung **als Komplementär** ein. Gleichwohl ist die KG weiterhin eine Personen- und keine Kapitalgesellschaft. Da aber neben der KG (§§ 161 Abs. 2, 124 HGB) im Außenverhältnis nur die GmbH persönlich haftet (§§ 161 Abs. 2, 128 S. 1 HGB) und dies beschränkt auf ihr Gesellschaftsvermögen (§ 13 Abs. 2 GmbHG), während die Kommanditistenhaftung auf

355

1424 BGH, Urt. v. 29.06.1981 – II ZR 142/80, NJW 1981, 2747, 2748; MünchKomm-HGB/K. Schmidt § 173 Rn. 36.
1425 Vgl. Rn. 317 ff.
1426 Zum Folgenden: Bitter/Heim § 7 Rn. 41.
1427 Hier und zum Folgenden: Bitter/Heim § 7 Rn. 49.

die Einlage beschränkt ist (§§ 171, 172 HGB), gibt es keine natürliche Person, die im Außenverhältnis unbeschränkt für die Erfüllung der Verbindlichkeiten der KG haftet. Damit ist die GmbH & Co. KG letztlich eine **Personengesellschaft mit beschränkter Haftung**.

Die GmbH & Co. KG kann auch als **„Einpersonen-GmbH & Co. KG"** ausgestaltet sein.[1428] Damit ist gemeint, dass der Gesellschafter der GmbH zugleich alleiniger Kommanditist der KG ist. Die GmbH & Co. KG hat dann zwar formal zwei Gesellschafter – die GmbH als Komplementär und daneben einen Kommanditisten –; hinter dem Unternehmen steht aber tatsächlich nur eine natürliche Person.

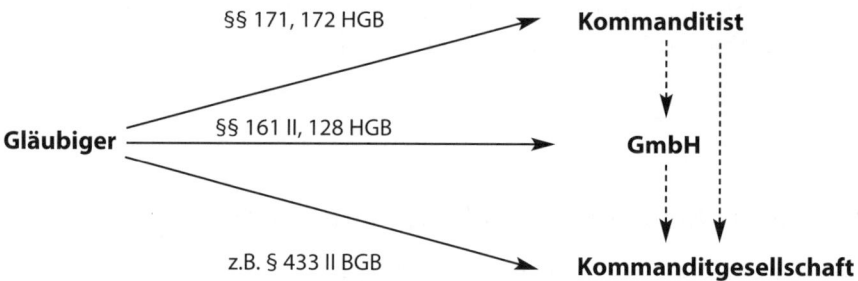

Bei der wechselseitig beteiligten GmbH & Co. KG **(Einheitsgesellschaft)** besteht die nach dem Gesellschaftsvertrag zu erbringende Einlage der Kommanditisten in ihren Anteilen an der GmbH; es ist somit denkbar, dass die KG Alleingesellschafterin der GmbH, also ihres eigenen Komplementärs wird (§ 172 Abs. 6 HGB). Es erfolgt im Regelfall zuerst die Gründung der GmbH. Im Zuge der Gründung der KG legen die Gesellschafter der Komplementär-GmbH dann ihre Anteile an der GmbH zu 100% in die KG ein, die dann zu 100% Gesellschafterin ihrer Komplementärin ist. Hierdurch können gesellschafts- und steuerrechtliche Verzahnungsprobleme zwischen Personen- und Kapitalgesellschaft vereinfacht werden. Ist Komplementärin der GmbH & Co. KG eine weitere GmbH & Co. KG, so spricht man schließlich von einer mehrstufigen oder **doppelstöckigen GmbH & Co. KG**.[1429]

Für die **Wahl der Rechtsform einer GmbH & Co. KG** sind insbesondere steuer-, gesellschafts- und bilanzrechtliche Überlegungen maßgebend:

- Anders als die GmbH hat die GmbH & Co. KG bei der Gewerbesteuer einen Freibetrag von 24.500 € (§ 11 Abs. 1 S. 1 Nr. 1 GewStG). Den Kommanditisten wird der ihnen zustehende Gewinnanteil zugerechnet. Dort unterliegt er der individuellen Einkommensteuer. Da die durch die KG entrichtet Gewerbesteuer nicht das zu versteuernde Einkommen des Kommanditisten mindert, erfolgt eine pauschalierte Anrechnung der Gewerbesteuer. Verluste der GmbH & Co. KG können auf Gesellschafterebene grundsätzlich[1430] mit Gewinnen anderer Einkünfte verrechnet werden.

- Der Grundsatz der Selbstorganschaft bei den Personengesellschaften wird umgangen, weil die GmbH als Komplementärin die Geschäftsführung der KG übernimmt und bei der Komplementär-GmbH als Körperschaft der Grundsatz der Fremdorganschaft gilt. Die Geschäfte der KG (Personengesellschaft) werden mittelbar durch den bzw. die Geschäftsführer der Komplementär-GmbH (Körperschaft) geführt. Auf die-

---

[1428] Hier und zum Folgenden: Bitter/Heim § 7 Rn. 52.
[1429] K. Schmidt, GesR, § 56 II 3 f.
[1430] Ausnahme: Der Verlustanteil des Kommanditisten darf nicht mit anderen Einkünften ausgeglichen werden, soweit ein negatives Kapitalkonto des Kommanditisten entsteht oder sich erhöht.

sem Wege können bei der GmbH & Co. KG auch außenstehende Fachleute (als Geschäftsführer der Komplementär-GmbH) mit der Geschäftsleitung betraut werden.

Beachte: Die KG ist in den Schutzbereich des Anstellungsvertrags zwischen der Komplementär-GmbH und deren Geschäftsführern einbezogen; deshalb kann auch die KG den Geschäftsführer aus § 43 Abs. 2 GmbHG persönlich in Anspruch nehmen.[1431] Ebenso wie die Haftung des Geschäftsführers aus § 43 Abs. 2 GmbHG gegenüber der GmbH entfällt, wenn er im Einverständnis mit den GmbH-Gesellschaftern handelt,[1432] entfällt die Haftung gegenüber der KG bei einem Einverständnis aller KG-Gesellschafter.[1433]

- Ein Entnahmerecht der Kommanditisten besteht auch, wenn kein Gewinn erwirtschaftet wird. Den Gläubigern einer KG steht haftungsrechtlich primär der Komplementär mit seinem Vermögen zur Verfügung. Wenn bei einer GmbH & Co. KG der Komplementär eine GmbH ist, kann der Gläubiger aber lediglich auf das Gesellschaftsvermögen der GmbH zugreifen. Die eventuelle Haftung der Kommanditisten richtet sich nach den §§ 171 ff. HGB, sodass grundsätzlich deren Haftung erlischt, wenn die Einlage eingebracht ist.

- Bilanzrechtlich fällt ins Gewicht, dass die GmbH & Co. KG nicht in die erweiterte Rechnungslegung der §§ 264 ff. HGB einbezogen ist. Allerdings gelten die Bilanzierungsregeln der §§ 264 ff. HGB nach § 264 a HGB grundsätzlich (Ausnahme: § 264 b HGB) auch für Personengesellschaften, bei denen kein persönlich haftender Gesellschafter eine natürliche Person ist (und damit insbesondere für die GmbH & Co. KG).

II. Die Entstehung der GmbH & Co. KG

Die GmbH & Co. KG entsteht im **Innenverhältnis** mit Abschluss der Gesellschaftsverträge von GmbH und KG. Besteht noch keine Gesellschaft zwischen den beteiligten Gesellschaftern, so ist zum Entstehen der GmbH & Co. KG der Abschluss eines GmbH-Gesellschaftsvertrages nach den Regeln des GmbH-Gesetzes sowie eines KG-Vertrages zwischen der GmbH und den Kommanditisten gemäß §§ 161 ff. HGB erforderlich. 356

Im **Außenverhältnis** wirksam wird die GmbH & Co. KG zum einen durch Eintragung beider Gesellschaften (GmbH und KG) in das Handelsregister (§ 11 Abs. 1 GmbHG; §§ 123 Abs. 1 i.V.m. 161 Abs. 2 HGB). Darüber hinaus tritt unter den Voraussetzungen des § 1 HGB die Wirksamkeit der GmbH & Co. KG bereits durch Aufnahme der Geschäfte ein (§ 123 Abs. 2 HGB), denn die noch nicht eingetragene Vor-GmbH[1434] kann bereits persönlich haftender Gesellschafter der KG sein. Erfüllt der Geschäftsbetrieb der Gesellschaft die Voraussetzungen von § 1 HGB nicht, handelt es sich bis zur Eintragung um eine Gesellschaft bürgerlichen Rechts.[1435] Besteht bereits eine – wirksame – Personenhandelsgesellschaft (oHG, KG), so kann die bestehende bzw. noch einzutragende GmbH durch Eintritt die Komplementärstellung in der Gesellschaft erwerben und diese so zur GmbH & Co. KG werden.

1431 BGH, Urt. v. 18.06.2013 – II ZR 86/11, NJW 2013, 3636, Ls. 1 u. Rn. 15 ff.
1432 Siehe hierzu Rn. 173 ff.
1433 BGH, Urt. v. 18.06.2013 – II ZR 86/11, NJW 2013, 3636, Ls. 2 u. Rn. 33.
1434 Zu dieser siehe Rn. 136 ff.
1435 BGH, Urt. v. 17.03.1980 – II ZR 11/79, NJW 1980, 1630.

III. Die Organisation der GmbH & Co. KG

357 Da sich die GmbH & Co. KG vom gesetzlichen Leitbild der KG gemäß §§ 161 ff. HGB allein dadurch unterscheidet, dass es sich bei dem (zumeist) einzigen Komplementär um eine GmbH und mithin um keine natürliche, sondern eine juristische Person handelt, gelten auch für die Rechtsbeziehungen innerhalb der Gesellschaft grundsätzlich die dortigen Regeln.

358 Die **Willensbildung** innerhalb der GmbH & Co. KG erfolgt zumeist in einer Gesellschafterversammlung,[1436] wobei die Stimmrechte der Komplementär-GmbH durch die Geschäftsführer wahrgenommen werden. Bezüglich des Stimmrechts wird zumeist eine besondere Regelung getroffen. Es wird nicht, wie in § 119 Abs. 2 HGB bestimmt, nach Köpfen abgestimmt, sondern, wie bei der AG, nach Kapitalanteilen. Darüber hinaus wird in der Praxis der GmbH, sofern sie einzige Komplementärin ist, häufig kein Stimmrecht zuerkannt. Ist nämlich der GmbH-Geschäftsführer zugleich Kommanditist, so würde ihm ein Stimmrecht in beiden Eigenschaften zustehen. Interessenkonflikte können aber auch dadurch verursacht werden, dass der GmbH-Geschäftsführer weder GmbH- noch KG-Gesellschafter, sondern Dritter ist. Um eine Stimmrechtsausübung im Interesse eines Nichtgesellschafters zu vermeiden, wird auch in diesem Fall häufig das Stimmrecht der GmbH vertraglich ausgeschlossen.

Erforderlich für einen solchen Stimmrechtsausschluss ist also immer die Zustimmung der Komplementär-GmbH. Auch ohne vertragliche Vereinbarung besteht ein Stimmrechtsausschluss, wenn nach dem Inhalt des zu fassenden Beschlusses die Gefahr der Interessenkollision zwischen den Interessen eines Gesellschafters und denen der KG besteht. In den Fällen der §§ 134, 136 AktG, § 47 GmbHG, § 43 GenG, die auf die GmbH & Co. KG entsprechende Anwendung finden, ist ein solcher Interessenkonflikt immer gegeben.

359 Die Gesellschafter der GmbH haben ein **Auskunfts- und Einsichtsrecht** aus § 51 a GmbHG. Dieses Informationsrecht besteht unabhängig davon, ob ein GmbH-Gesellschafter zugleich Gesellschafter der KG (Kommanditist) ist. Es erstreckt sich auch auf die Angelegenheiten der KG, da diese zugleich Angelegenheiten der Komplementär-GmbH sind.[1437]

360 Da die Kommanditisten gemäß § 164 HGB von der **Geschäftsführung** ausgeschlossen sind, werden die gewöhnlichen Geschäftsführungsaufgaben gemäß §§ 114 ff. HGB von der Komplementär-GmbH und damit mittelbar durch deren Geschäftsführer erledigt.[1438] Ein Widerspruchsrecht steht den Kommanditisten insoweit grundsätzlich nicht zu; nur außergewöhnliche Geschäftsführungsaufgaben müssen im Einvernehmen mit den Kommanditisten erledigt werden (§ 164 S. 1 Hs. 2 HGB). Möglich ist es aber auch, die Geschäftsführungsbefugnis einem oder mehreren Kommanditisten zu übertragen.

Beachte: Die Vertretungsmacht kann der (alleinigen) Komplementär-GmbH allerdings nicht entzogen werden, weil die organschaftliche Vertretung der Gesellschaft jederzeit gewährleistet sein muss.[1439]

[1436] K. Schmidt, GesR, § 56 IV 2.
[1437] OLG Düsseldorf, Beschl. v. 02.03.1990 – 17 W 40/89 u. 43/89, NJW-RR 1991, 620; **a.A.** Binz/Freudenberg/Sorg BB 1991, 785, 788.
[1438] Zur Befreiung des Geschäftsführers einer GmbH & Co. KG vom Verbot des Insichgeschäfts (§ 181 BGB) siehe BGH, Urt. v. 19.04.2016 – II ZR 123/15, NZG 2016, 826 = RÜ 2016, 632 (Nissen).
[1439] BGH, Urt. v. 09.12.1968 – II ZR 33/67, NJW 1969, 507, Ls.

Regelmäßig steht der Geschäftsführer der GmbH im Dienstverhältnis zu dieser; eine Anstellung und Bezahlung von der GmbH & Co. KG sind eher selten, aber zulässig. Besteht die wesentliche Aufgabe des GmbH-Geschäftsführers in der Geschäftsführung der GmbH & Co. KG, so haftet er auch dieser gegenüber gemäß § 43 Abs. 2 GmbHG aus dem Dienstvertrag mit der GmbH als Vertrag mit Schutzwirkung zugunsten der GmbH & Co. KG.[1440]

Da es sich bei der GmbH & Co. KG sowie der Komplementär-GmbH um rechtlich voneinander getrennte, jeweils eigenständige Rechtssubjekte mit jeweils eigenem Vermögen handelt, richtet sich auch ein **Gesellschafterwechsel** nach dem Recht der jeweiligen Gesellschaft. Für einen Gesellschafterwechsel in der Komplementär-GmbH gilt grundsätzlich § 15 Abs. 1 GmbHG, wonach die Gesellschaftsanteile der GmbH frei veräußerlich und vererblich sind. Doch kann die Abtretung der Gesellschaftsanteile gemäß § 15 Abs. 5 GmbHG gesellschaftsvertraglich an besondere Voraussetzungen geknüpft werden („Vinkulierung"). So wird häufig im Gesellschaftsvertrag die Anteilsabtretung generell ausgeschlossen, von einer Genehmigung der Gesellschaft oder der übrigen Gesellschafter (ggf. auch der Kommanditisten der GmbH & Co. KG) abhängig gemacht oder jedenfalls erheblich erschwert, um den Eintritt missliebiger Personen in die Gesellschaft zu verhindern. Der Wechsel in der Person eines Kommanditisten unterliegt den Regeln des Personengesellschaftsrechts, ist also gemäß § 719 BGB i.V.m. §§ 105 Abs. 3, 161 Abs. 2 HGB nur im Einverständnis aller Gesellschafter möglich. Bei zweifelsfreier Bestimmung im Gesellschaftsvertrag genügt jedoch ein entsprechender Mehrheitsbeschluss.

361

Schreiben die Gesellschaftsverträge der KG und der Komplementär-GmbH eine **Koppelung der Übertragung** der Gesellschaftsanteile eines Gesellschafters an beiden Gesellschaften (KG und GmbH) vor, so gilt § 158 BGB: Bei Unwirksamkeit der einen ist auch die ansonsten ordnungsgemäße andere Übertragung unwirksam.[1441] Bei der Verpflichtung zur Übertragung der Gesamtbeteiligung wird auch die Verpflichtung zur Übertragung des KG-Anteils von der Formvorschrift des § 15 Abs. 4 GmbHG erfasst.[1442]

Die **Vertretung** der KG ist, wenn eine GmbH ihr einziger Komplementär ist, notwendigerweise **zweistufig**. Die GmbH & Co. KG wird vertreten durch die Komplementär-GmbH. Der Umfang der Vertretungsmacht bestimmt sich insoweit nach §§ 125 ff. HGB. Vertreter der Komplementär-GmbH ist (sind) ihr(e) Geschäftsführer (§§ 35 ff. GmbHG). Bei der Komplementär-GmbH hat eine Beschränkung der Vertretungsmacht im Außenverhältnis gegenüber Dritten keine rechtliche Wirkung (§ 37 Abs. 2 S. 1 GmbHG); unter den Voraussetzungen des § 35 Abs. 3 GmbHG gilt für den Alleingeschäftsführer allerdings das Selbstkontrahierungsverbot des § 181 BGB. Die Vertretung durch den Geschäftsführer der GmbH ist folglich keine unmittelbar organschaftliche Vertretung der KG. Vielmehr vertritt dieser die KG nur mittelbar über die Komplementär-GmbH, also zweistufig.

362

Beispiel: A und B sind Gesellschafter der X-GmbH, deren Geschäftsführer der A ist. Die X-GmbH ist Komplementärin der X-GmbH & Co. KG, A und B sind Kommanditisten. A schließt im Namen der KG einen Kaufvertrag mit V ab, der nunmehr von diesem nichts mehr wissen will und sich auf die fehlende Vertretungsmacht des A beruft. Zu Recht?

A hat eine eigene Willenserklärung abgegeben und sich im Namen der KG mit V geeinigt. Fraglich ist, ob A Vertretungsmacht hatte. Eine KG wird gemäß §§ 161 Abs. 2, 125 ff. HGB durch ihren Komplementär

---

1440 BGH, Urt. v. 17.03.1980 – II ZR 11/79, BGHZ 76, 326, 337; K. Schmidt, GesR, § 56 IV 3 b.
1441 Baumbach/Hopt Anh. § 177 a Rn. 47 f.
1442 BGH, Urt. v. 14.04.1986 – II ZR 155/85, NJW 1986, 2642.

vertreten. Vorliegend handelt es sich hierbei um eine GmbH, die selbst als solche nach außen nur durch ihr Vertretungsorgan, also durch ihren Geschäftsführer (§ 35 GmbHG), handeln kann. Demnach konnte A als Geschäftsführer die GmbH und diese wiederum die KG wirksam vertreten (zweistufige Vertretung). Problematisch ist hier allerdings, dass es sich bei A gleichzeitig um einen Kommanditisten der KG handelt, der nach § 170 HGB von der Vertretung der KG ausgeschlossen ist. **§ 170 HGB verbietet jedoch nur die unmittelbare organschaftliche Vertretung durch den Kommanditisten, nicht aber seine Vertretertätigkeit als Organ der Komplementär-GmbH.** Somit hat A die KG wirksam vertreten. Der Kaufvertrag zwischen der KG und V ist wirksam zustande gekommen.

IV. Die Finanzverfassung der GmbH & Co. KG

363 Bei der GmbH & Co. KG gibt es Besonderheiten bei der Kapitalaufbringung und -erhaltung, weil es sich um eine Kombination aus einer KG (Personengesellschaft) und einer GmbH (Kapitalgesellschaft) handelt.

1. Kapitalaufbringung

364 Die Kapitalaufbringung in der GmbH & Co. KG setzt sich aus zwei Aspekten zusammen, die zunächst anhand eines Schaubilds visualisiert werden sollen:[1443]

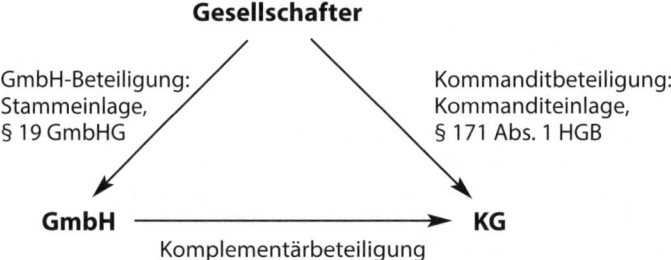

Die hinter der GmbH & Co. KG stehende Person ist zunächst Alleingesellschafter einer mit dem Mindeststammkapital nach § 5 Abs. 1 GmbH (25.000 €) ausgestatteten GmbH. In dieser Eigenschaft unterliegt der Gesellschafter den Kapitalaufbringungsvorschriften des GmbH-Rechts (§§ 7, 19 GmbHG).[1444] Er hat also eine Stammeinlage an die GmbH zu leisten. Die GmbH gibt den Betrag, weil sie lediglich die Geschäftsführungs- und Haftungsfunktion bei der GmbH & Co. KG übernehmen und nicht selbst unternehmerisch tätig sein soll, regelmäßig als Kredit an die KG weiter.[1445] Dies wirft die Frage auf, ob die Stammeinlage wirksam erbracht ist, wenn die eingezahlten Gelder umgehend als „Darlehen" an die von den GmbH-Gesellschaftern beherrschte KG weiterfließen. Nach altem Recht wurde dies verneint.[1446] Seit Einführung des MoMiG[1447] kann dies nicht mehr gelten, wenn die Vorgaben des § 19 Abs. 5 GmbHG eingehalten sind.[1448]

1443 Hier und zum Folgenden: Bitter/Heim § 7 Rn. 54 ff.
1444 Zur Kapitalaufbringung in der GmbH Rn. 182 ff.
1445 Denkbar ist auch eine vermögensmäßige Beteiligung der GmbH an der KG durch eine entsprechende Einlage der GmbH in die KG. In aller Regel ist die GmbH aber ohne Einlage mit „0 %" an der KG beteiligt.
1446 BGH, Urt. v. 10.12.2007 – II ZR 180/06, NZG 2008, 143, Ls. 1.
1447 Gesetz zur Modernisierung des GmbH-Rechts und zur Bekämpfung von Missbräuchen (MoMiG) vom 23.10.2008, BGBl. I S. 2026.
1448 Siehe hierzu Rn. 190 ff.

Beachte: Wird eine UG (haftungsbeschränkt) als Komplementärin eingesetzt, erübrigt sich infolge deren geringen Kapitals die Problematik der Darlehensgewährung an die KG, weil diese für die hinter der UG & Co. KG stehenden Personen keine wirtschaftliche Bedeutung hat.[1449]

Der Gesellschafter der GmbH ist zugleich Kommanditist der KG. In dieser Eigenschaft kann er sich zur Erbringung einer Kommanditeinlage in beliebiger Höhe verpflichten. Entspricht die Haftsumme der Höhe der Pflichteinlage,[1450] wird er durch die Einzahlung von seiner Außenhaftung gegenüber den Gläubigern der KG befreit (§ 171 Abs. 1 Hs. 2 HGB).

2. Kapitalerhaltung

Auch die Kapitalerhaltung in der GmbH & Co. KG wirft Probleme auf.[1451] Werden dem Kommanditisten Gelder aus der KG „zurückgezahlt", lebt seine Außenhaftung gegenüber den Gläubigern der KG (lediglich) bis zur Höhe der Haftsumme wieder auf (§ 172 Abs. 4 HGB). Für die Verbindlichkeiten der KG haftet aber auch die Komplementär-GmbH persönlich (§§ 161 Abs. 2, 128 S. 1 HGB), und zwar – im Gegensatz zu den Kommanditisten – unbeschränkt mit ihrem gesamten Vermögen. Ist das KG-Vermögen durch Auszahlungen an den Kommanditisten aufgebraucht, führen weitere Auszahlungen zu einer Überschuldung der KG. Dies kann zugleich eine Überschuldung der Komplementär-GmbH nach sich ziehen. Auszahlungen aus dem KG-Vermögen an den Kommanditisten schmälern also mittelbar auch das Stammkapital der GmbH. Deshalb wendet der BGH die Kapitalerhaltungsvorschriften des GmbH-Rechts (§§ 30, 31 GmbHG) entsprechend auf Auszahlungen der KG an einen Gesellschafter der Komplementär-GmbH oder einen Kommanditisten an. Eine Zahlung aus dem Vermögen der KG an einen Gesellschafter der Komplementär-GmbH oder einen Kommanditisten ist eine nach § 30 Abs. 1 GmbHG verbotene Auszahlung, wenn dadurch das Vermögen der GmbH unter die Stammkapitalziffer sinkt oder eine bilanzielle Überschuldung vertieft wird.[1452] Sinkt also das Vermögen der mbH durch die Belastung mit den Verbindlichkeiten der KG unter die Stammkapitalziffer, lösen weitergehende Auszahlungen an den GmbH-Gesellschafter und/oder den Kommanditisten einen Anspruch der KG gegen den Empfänger auf Rückgewähr der ausgezahlten Beträge aus **(§§ 30, 31 GmbHG analog)**.[1453] Diese Haftung ist nicht absolut auf die Stammkapitalziffer der GmbH beschränkt, sondern kann diesen Betrag um ein Vielfaches übersteigen.

Beachte: Die Grundsätze der Kapitalerhaltung bei der GmbHG & Co. KG gelten nicht nur gegenüber einem Kommanditisten, der zugleich GmbH-Gesellschafter ist, sondern auch gegenüber einem sog. **„Nur-Kommanditisten"**.[1454] Dessen Haftung setzt allerdings voraus, dass neben der GmbH keine natürliche Person unbeschränkt für die Verbindlichkeiten der KG haftet, während dies für den „Auch-GmbH-Gesellschafter" ohne Bedeutung ist.[1455]

1449 Dazu Römermann/Passarge ZIP 2009, 1497.
1450 Zur begrifflichen Unterscheidung zwischen der Haftsumme und der Pflichteinlage siehe Rn. 335 ff.
1451 Hier und zum Folgenden: Bitter/Heim § 7 Rn. 58 ff.
1452 BGH, Urt. v. 21.03.2017 – II ZR 93/16, NZG 2017, 658 = RÜ 2017, 776 (Nissen), Rn. 12 m. w. N.
1453 Die weiteren Gesellschafter unterliegen analog § 31 Abs. 3 GmbHG einer anteiligen Ausfallhaftung.
1454 BGH, Urt. v. 19.02.1990 – II ZR 268/88, NJW 1990, 1725, 1728 f.
1455 BGH, Urt. vom 09.12.2014 – II ZR 360/13, NZG 2015, 225, Ls. 1 u. Rn. 9 ff.

7. Teil Die Kommanditgesellschaft (KG)

> **Fall 16: Kapitalerhaltung in der GmbH & Co. KG**
> (BGH, Urt. v. 21.03.2017 – II ZR 93/16, NZG 2017, 658 = RÜ 2017, 776 (Nissen))
>
> K ist Insolvenzverwalter über das Vermögen der S-GmbH & Co. KG (im Folgenden: Schuldnerin). B ist Kommanditistin und Gesellschafterin der Komplementär-GmbH.
>
> Zum Betriebsvermögen der Schuldnerin gehörte ein Grundstück. Dieses war zugunsten der G-Bank mit einer im Jahre 2003 bestellten Grundschuld belastet. Die Grundschuld besicherte eine Darlehensforderung der G-Bank gegen B. Im Juni 2011 kündigte die G-Bank das Darlehen. Nach Insolvenzeröffnung im Dezember 2011 meldete sie eine Forderung zur Tabelle an und verlangte abgesonderte Befriedigung aus der Grundschuld. K verkaufte das Grundstück im Oktober 2013 im Einvernehmen mit der G-Bank und schüttete den Verwertungserlös abzüglich eines vereinbarten Massekostenbeitrags an die G-Bank aus.
>
> Mit seiner am 31.12.2014 bei Gericht eingegangen Klage verlangt K von B die Erstattung des an die G-Bank ausgekehrten Verwertungserlöses. B lehnt dies mit der Begründung ab, sie habe (was zutrifft) im Zeitpunkt der Bestellung der Grundschuld noch über ausreichende Bonität verfügt, um das ihr gewährte Darlehen der G-Bank zurückzuzahlen; dies habe sich erst später geändert. Im Übrigen beruft sich B auf Verjährung.
>
> Ist die Klage begründet?

I. Der von K gegen B geltend gemachte Erstattungsanspruch könnte sich aus § 31 Abs. 1 i.V.m. § 30 Abs. 1 S. 1 GmbHG ergeben.[1456]

1. Es stellt sich zunächst einmal die Frage, ob die §§ 30, 31 GmbH auf die GmbH & Co. KG anwendbar sind.

   a) Eine unmittelbare Anwendung scheidet aus. Die §§ 30, 31 GmbH gelten unmittelbar für die (Komplementär-) GmbH, nicht aber für die KG.

   b) Die §§ 30, 31 GmbHG sind auf eine GmbH & Co. KG aber analog anzuwenden. Ist das KG-Vermögen durch Auszahlungen an den Kommanditisten aufgebraucht, führen weitere Auszahlungen zu einer Überschuldung der KG.[1457] Dies kann zugleich eine Überschuldung der Komplementär-GmbH nach sich ziehen. Bei einer GmbH & Co. KG schmälern Auszahlungen aus dem KG-Vermögen an den Kommanditisten also mittelbar auch das Stammkapital der Komplementär-GmbH. Aus diesem Grund wendet der BGH die Kapitalerhaltungsvorschriften des GmbH-Rechts (§§ 30, 31 GmbHG) entsprechend auf Auszahlungen der KG an einen Gesellschafter der Komplementär-GmbH oder einen Kommanditisten an. Eine Zahlung aus dem Vermögen der KG an einen Gesellschafter der Komplementär-GmbH oder an einen Kommanditisten ist eine

---

[1456] K ist als Insolvenzverwalter nicht Inhaber eines etwaigen Erstattungsanspruchs nach § 31 Abs. 1 GmbHG (dies bleibt auch nach Eröffnung des Insolvenzverfahrens die Schuldnerin), aber als Partei kraft Amtes und gesetzlicher Prozessstandschafter gemäß § 80 Abs. 1 InsO prozessführungsbefugt (BGH, Urt. v. 18.04.2013 – IX ZR 165/12, NZI 2013, 641, Rn. 11; Hk-InsO/Kayser § 80 Rn. 23).

[1457] Hier und zum Folgenden: Bitter/Heim § 7 Rn. 59.

nach § 30 Abs. 1 GmbHG verbotene Auszahlung, wenn dadurch das Vermögen der GmbH unter die Stammkapitalziffer sinkt oder eine bilanzielle Überschuldung vertieft wird.[1458]

2. Die Bestellung der Grundschuld am Grundstück der Schuldnerin ist eine Auszahlung i.S.v. § 30 Abs. 1 S. 1 GmbHG, wenn B im Zeitpunkt der Bestellung voraussichtlich zur Rückzahlung des Darlehens an die G-GmbH nicht in der Lage gewesen ist und deshalb eine Unterbilanz der S-GmbH entstanden oder vertieft worden ist.[1459] Das Auszahlungsverbot nach § 30 Abs. 1 S. 1 GmbHG betrifft nicht nur Geldleistungen an Gesellschafter, sondern Leistungen aller Art. Auch mit der Überlassung einer Grundschuld für Zwecke der Kreditbeschaffung wird dem Gesellschafter Vermögen der Gesellschaft zur Verfügung gestellt. Die übrigen Gläubiger haben im Umfang der Sicherheit keinen Zugriff mehr auf das Vermögen der Gesellschaft, die die Verwertung zugunsten des Sicherungsnehmers bei Fälligkeit auch nicht verhindern kann. Aus diesem Grund liegt eine „Auszahlung" bereits im Zeitpunkt der Bestellung der Sicherheit und nicht erst mit deren späterer Verwertung vor.

3. Gegen das Kapitalerhaltungsgebot des § 30 Abs. 1 S. 1 GmbHG würde diese „Auszahlung" allerdings nur dann verstoßen, wenn durch die Bestellung der Grundschuld das zur Erhaltung des Stammkapitals der Komplementär-GmbH erforderliche Vermögen berührt worden ist. Ob dies der Fall ist, hängt davon ab, ob der durch die Grundschuldbestellung ausgelöste Freistellungsanspruch der Schuldnerin gegen B im Zeitpunkt der Bestellung (s.o.) werthaltig gewesen ist.

a) War der Freistellungsanspruch ist diesem Zeitpunkt nicht werthaltig, liegt bereits darin die Auszahlung i.S.v. § 30 Abs. 1 S. 1 GmbHG. Dann sind nachfolgende Verschlechterungen ohne Bedeutung. Führt der Vermögensabfluss dagegen nicht zu einer Unterbilanz oder vertieft er eine bestehende Unterbilanz nicht, ist die Auszahlung an den Gesellschafter erlaubt und es entsteht kein Erstattungsanspruch.

b) Ist der Freistellungsanspruch bei der Bestellung der Sicherheit hingegen werthaltig, ist eine spätere Verschlechterung der Vermögenslage des Gesellschafters für das Vorliegen einer Auszahlung i.S.v. § 30 Abs. 1 S. 1 GmbHG ebenfalls nicht von Bedeutung. Hierzu führt der BGH wörtlich aus:[1460]

„Bei einem werthaltigen Freistellungsanspruch gegen den Gesellschafter bei der Bestellung der Sicherheit, also wenn der das Darlehen in Anspruch nehmende Gesellschafter aus der ex-ante-Sicht zur Rückzahlung in der Lage sein wird, d.h. seine Bonität ausreichend ist, ist die Inanspruchnahme der Sicherheit unwahrscheinlich. Dann liegt nach § 30 Abs. 1 Satz 2 GmbHG ein bei wirtschaftlicher Betrachtungsweise bilanzneutraler Aktiventausch vor, der nach dem ausdrücklichen Willen des Gesetzgebers unabhängig vom Bestehen oder dem Entstehen einer Unterbilanz

---
[1458] BGH, Urt. v. 21.03.2017 – II ZR 93/16, NZG 2017, 658 = RÜ 2017, 776 (Nissen), Rn. 12.
[1459] Zum Folgenden: BGH, Urt. v. 21.03.2017 – II ZR 93/16, NZG 2017, 658 = RÜ 2017, 776 (Nissen), Rn. 13 ff.
[1460] BGH, Urt. v. 21.03.2017 – II ZR 93/16, NZG 2017, 658 = RÜ 2017, 776 (Nissen), Rn. 21.

keine verbotene Auszahlung ist. Wenn sich der Wert des Freistellungsanspruchs danach wider Erwarten verschlechtert, führt nicht allein diese Verschlechterung zu einer verbotenen Auszahlung (…). Eine negative Entwicklung lässt die ex ante bestehende Vollwertigkeit des Freistellungsanspruchs nicht rückwirkend entfallen."

Danach besteht kein Erstattungsanspruch der Schuldnerin gegen B nach §§ 30, 31 BGB analog. Der Freistellungsanspruch der Schuldnerin infolge der Bestellung der Grundschuld war 2003 noch werthaltig. Zu diesem Zeitpunkt war B noch in der Lage, das Darlehen der G-Bank zurückzuzahlen.

4. Im Übrigen wäre ein etwaiger Erstattungsanspruch der Schuldnerin infolge der durch K erhobenen Verjährungseinrede (§ 214 Abs. 1 BGB) jedenfalls nicht durchsetzbar. Ansprüche der Gesellschaft nach § 31 Abs. 1 GmbHG verjähren in zehn Jahren ab der „Zahlung" (§ 31 Abs. 5 S. 1 u. 2 GmbHG). Für den Beginn der Verjährungsfrist kommt es den vorstehenden Ausführungen entsprechend auf die Bestellung der Grundschuld im Jahr 2003 und nicht erst auf deren spätere Verwertung im Jahr 2013 an. Deshalb konnte die Verjährung durch die erst am 31.12.2014 bei Gericht eingegangene Klage nicht (mehr) gemäß § 204 Abs. 1 Nr. 1 BGB gehemmt werden. Auch die 6-Monats-Frist nach §§ 31 Abs. 5 S. 3, 19 Abs. 6 S. 2 GmbHG war bereits abgelaufen, da das Insolvenzverfahren über das Vermögen der Schuldnerin bereits im Dezember 2011 eröffnet wurde.

II. Ergebnis: Die Klage ist unbegründet.

V. Die Haftungsverfassung der GmbH & Co. KG

366 Die Ansprüche Dritter können gerichtet sein

- gegen die GmbH & Co. KG als solche, also gegen die KG (§ 124 HGB), und
- gegen die einzelnen Gesellschafter, nämlich
  - gegen die Komplementär-GmbH (§ 128 S. 1) HGB und
  - gegen die Kommanditisten (§§ 171 ff. HGB).

Vor der Eintragung der KG in das Handelsregister haftet diese nur unter den Voraussetzungen des § 123 HGB. Die Kommanditisten können nach § 176 HGB haften. Vor Eintragung der GmbH gelten die Haftungsgrundsätze der Vor-GmbH.[1461]

VI. Die Auflösung und Abwicklung der GmbH & Co. KG

367 Der **Tod eines Kommanditisten** ist kein Auflösungsgrund für die GmbH & Co. KG, die Gesellschaft wird mit den Erben fortgesetzt (§ 177 HGB).

Bei **„Tod" der Komplementär-GmbH**, also im Falle ihrer Auflösung gemäß §§ 60 ff. GmbHG, wird die GmbH & Co. KG nicht notwendigerweise mit aufgelöst: Die GmbH be-

---

1461 Zu diesen siehe Rn. 136 ff.

steht auch nach ihrer Auflösung fort. Erst die Vollbeendigung der (vermögenslosen) GmbH durch Löschung im Handelsregister bewirkt die Auflösung der GmbH & Co. KG.[1462]

Anders ist die Rechtslage im Falle der **Eröffnung des Insolvenzverfahrens über das Vermögen der (einzigen) Komplementär-GmbH** (§ 60 Abs. 1 Nr. 4 GmbHG). Diese führt zum Ausscheiden der Komplementär-GmbH aus der KG (§§ 161 Abs. 2, 131 Abs. 3 Nr. 2 HGB) und zur liquidationslosen Vollbeendigung der KG unter einer Gesamtrechtsnachfolge des (einzigen) Kommanditisten; dieser haftet für die Gesellschaftsverbindlichkeiten nur mit dem übergegangenen Vermögen.[1463] Umgekehrt wird die GmbH durch die Auflösung der GmbH & Co. KG im Zweifel nicht aufgelöst; sie nimmt vielmehr an der Auseinandersetzung teil.[1464]

B. Die Publikums-KG

Publikumsgesellschaften sind Personengesellschaften, die entgegen der gesetzlichen Konzeption nicht auf einen kleinen, sich persönlich bekannten Gesellschafterkreis, sondern auf eine **Vielzahl einander unbekannter Gesellschafter** angelegt sind und deren Gesellschafterstruktur daher eher derjenigen einer Kapitalgesellschaft entspricht.[1465]

368

Ziel einer Publikumsgesellschaft ist regelmäßig die **Ansprache eines breiten Publikums für bestimmte Geldanlageprojekte**. Diesem Zweck kann insbesondere durch die Gründung einer AG und den Erwerb der Aktien durch die Anleger entsprochen werden. Eine AG hat ein bestimmtes in der Satzung festzusetzendes Grundkapital, das nur durch Satzungsänderung modifizierbar ist. Mit der Höhe des Grundkapitals steht auch die Zahl der Aktien fest und begrenzt die Zahl der Anleger. Steht bei einem neuen unternehmerischen Projekt der Investitionsbedarf noch nicht fest, eignet sich die Gründung einer AG dafür wenig. Genau an diesem Punkt kommen die Publikumspersonengesellschaften ins Spiel. Auch sie sind Kapitalanlagegesellschaften, da sie sich an ein breites Publikum von Anlegern wenden.[1466] Das Kapital der Publikumspersonengesellschaft kann aber – insbesondere im Gegensatz zur AG – problemlos den Bedürfnissen der Gesellschaft angepasst werden. Kapitalerhöhungen bzw. -herabsetzungen bedürfen nicht des komplizierten Verfahrens nach den §§ 182 ff. AktG.[1467] Auch ist die Zahl der Anleger nicht begrenzt – wie sie es bei der AG durch die feste Zahl der Aktien faktisch ist. Die einfachste Art der Kapitalerhöhung ist die Aufnahme neuer Gesellschafter.

Publikumsgesellschaften können unterschiedliche **Rechtsformen** aufweisen. In aller Regel werden Publikumspersonengesellschaften als Kommanditgesellschaften, insbesondere in Form einer GmbH & Co. KG errichtet.[1468] Dies hat den Vorteil, dass keine natürliche Person haftet und die Stellung eines Kommanditisten sich für eine kapitalistische Beteiligung besonders eignet. Es kann sich aber auch um eine „normale" KG mit ei-

---

1462 BGH, Urt. v. 08.10.1979 – II ZR 257/78, NJW 1980, 233.
1463 BGH, Urt. v. 15.03.2004 – II ZR 247/01, NZG 2004, 611, Ls. 1
1464 K. Schmidt, GesR, § 56 VI 2.
1465 Bitter/Heim § 7 Rn. 43.
1466 Die Gesellschaftsanteile einer Publikumsgesellschaft werden i.d.R. öffentlich auf dem Kapitalmarkt angeboten.
1467 Siehe hierzu Rn. 110.
1468 Aus diesem Grund wird die Publikumsgesellschaft auch an dieser Stelle behandelt.

ner natürlichen Person als Komplementär handeln.[1469] Publikumsgesellschaften werden teilweise auch als GbR gegründet, sie sind insbesondere bei Immobilienfonds anzutreffen.[1470] Auch die Form der stillen Gesellschaft ist für Publikumsgesellschaften geeignet.[1471] Häufig sind auch Mischformen zwischen (GmbH & Co.) KG und stiller Gesellschaft anzutreffen: Der Anleger leistet eine Einlage als Kommanditist und zusätzlich einen bestimmten Betrag als stille Einlage oder Darlehen (gesplittete Einlage). Eine weitere Organisationsform ist die der Treuhandgesellschaft. Die Publikumsgesellschaft wird gegründet, die Anleger treten aber nicht selbst als Gesellschafter bei, sondern bilden mit einem Treuhänder eine Innengesellschaft. Gesellschafter ist in diesem Fall nicht der Anleger, sondern allein der Treuhänder, der seine Gesellschafterrechte im Interesse des Treugebers wahrzunehmen hat. Einen unmittelbaren Einfluss auf die Ausübung des Stimmrechts hat der Anleger bei der echten Treuhand nicht.[1472] Da nur der Treuhänder Gesellschafter ist, haftet der Anleger (Treugeber) regelmäßig nicht im Außenverhältnis.[1473] Im Innenverhältnis ist er allerdings verpflichtet, den Treuhänder von seiner Haftung freizustellen. Wird der Freistellungsanspruch abgetreten, haftet der Anleger (Treugeber) auch im Außenverhältnis gegenüber dem Abtretungsempfänger.[1474] Ausnahmsweise kann die Auslegung des Treuhandvertrags ergeben, dass der Anleger als Gesellschafter beteiligt ist und damit direkt auch im Außenverhältnis haftet.[1475] Bei der unechten Treuhand sind die Kapitalanleger selbst Gesellschafter und schalten für die Wahrnehmung ihrer eigenen Gesellschafterrechte einen Treuhänder ein, der selbst Gesellschafter sein kann, aber nicht sein muss.

369 Bei einer Publikumspersonengesellschaft wird zunächst der **Gesellschaftsvertrag** bzw. werden die Gesellschaftsverträge zwischen den Gründungsgesellschaftern geschlossen. Im Regelfall der Gründung einer GmbH & Co. KG wird eine GmbH errichtet, an der die Gründungsgesellschafter ebenso beteiligt sind wie an der KG. Da die Gesellschaft aber Kapital benötigt, müssen ihr eine Vielzahl von Anlegern – regelmäßig als Kommanditisten – beitreten. Normalerweise erfolgt der Eintritt eines Gesellschafters durch Vertragsschluss des Eintretenden mit allen Gesellschaftern. Dieses Verfahren ist wegen der Vielzahl der beteiligten Personen bei einer Publikumspersonengesellschaft tatsächlich nicht durchführbar. Es kann daher die Komplementär-GmbH bevollmächtigt werden, im Namen und mit Wirkung für die übrigen Gesellschafter Aufnahmeverträge abzuschließen. Darüber hinaus ist es auch möglich, dass die KG oder die Komplementär-GmbH ermächtigt wird, in eigenem Namen die Gesellschaftsverträge mit den neu Eintretenden zu schließen. Die Gesellschaft handelt im letzteren Fall nicht als Vertreter der anderen Gesellschafter, sondern in eigenem Namen mit Wirkung für alle Gesellschafter.[1476]

1469 So z.B. BGH, Urt. v. 17.05.1982 – II ZR 16/81, NJW 1982, 2253.
1470 So z.B. BGH v. 19.07.2011 – II ZR 300/08, NZG 2011, 1023.
1471 Vgl. etwa BGH, Urt. v. 14.11.1994 – II ZR 160/93, NJW 1995, 1353.
1472 BGH, Urt. v. 24.05.1982 – II ZR 124/81, BGHZ 84, 141, 144.
1473 BGH, Urt. v. 11.11.2008 – XI ZR 468/07, NZG 2009, 57, Ls. 1; BGH, Urt. v. 22.03.2011 – II ZR 100/09, BeckRS 2011, 09689 = RÜ 2011, 356 (Alpmann).
1474 BGH, Urt. v. 22.03.2011 – II ZR 100/09, BeckRS 2011, 09689 = RÜ 2011, 356 (Alpmann); BGH, Urt. v. 11.10.2011 – II ZR 242/09, NZG 2011, 1432, Rn. 35.
1475 BGH, Urt. v. 19.07.2011 – II ZR 300/08, NZG 2011, 1023, Rn. 37.
1476 K. Schmidt, GesR, § 57 II 1 a.

Der Gesellschaftsvertrag einer Publikumsgesellschaft wird regelmäßig nicht zwischen den beteiligten Personen im Einzelnen ausgehandelt, sondern von den Initiatoren vorformuliert und einseitig gestellt.[1477] Der Großteil der Gesellschafter tritt der Publikumsgesellschaft erst bei, wenn der Text des Gesellschaftsvertrages bereits feststeht.[1478] Einfluss auf die inhaltliche Ausgestaltung des Gesellschaftsvertrages üben diese Gesellschafter nicht aus. Aus diesem Grund ergeben sich für den Gesellschaftsvertrag einer Publikumspersonengesellschaft drei Besonderheiten:

- Gesellschaftsverträge von Publikumspersonengesellschaften sind nur **nach ihrem objektiven Erklärungsbefund anhand des schriftlichen Vertrags auszulegen**; die Vorstellungen und der Wille der Gründungsgesellschafter, die in dem Gesellschaftsvertrag keinen Niederschlag gefunden haben, sind nicht zu berücksichtigen.[1479]

- Es findet eine **Inhaltskontrolle** der Gesellschaftsverträge **gemäß § 242 BGB** statt.[1480]

   Diese Inhaltskontrolle gemäß § 242 BGB geht über eine solche nach § 138 Abs. 1 BGB deutlich hinaus.[1481] Vertragsbestimmungen, die einzelne Gesellschafter unangemessen benachteiligen, sind unwirksam.[1482] Beachtlich dabei ist, dass auf diesem Wege der Rechtsgedanke des § 307 BGB über § 242 BGB zur Anwendung kommt, obwohl § 310 Abs. 4 S. 1 BGB Gesellschaftsverträge gerade nicht den AGB-Bestimmungen unterstellt.[1483]

   Bei einer Treuhand-Publikumspersonengesellschaft unterliegt „das zusammengehörende Bündel von Gesellschaftsvertrag und Treuhandabrede" genauso der Inhaltskontrolle, als wenn eine unmittelbare Beteiligung der Anleger an der Publikumspersonengesellschaft ohne Zwischenschaltung des Treuhänders vorläge.[1484]

- **Ungewöhnliche Klauseln**, die den Kapitalanleger besonders belasten, sind **einschränkend auszulegen**.

   Mehrheitsklauseln sind bei Publikumsgesellschaften praktisch unverzichtbar.[1485] Selbst wenn eine weit gefasste Mehrheitsklausel jedoch die formelle Legitimation für eine Mehrheitsentscheidung begründet, sind die Gesellschafter im Rahmen der materiellen Wirksamkeitsprüfung vor der Mehrheitsmacht geschützt. So können etwa Nachschusspflichten nicht ohne die (zumindest antizipierte) Zustimmung des betroffenen Gesellschafters begründet werden. Zudem sind Nachschussklauseln i.d.R. in der Weise auszulegen, dass ein Nachschuss nur dann geschuldet wird, wenn er nicht der Drittgläubigerbefriedigung, sondern der Förderung des Gesellschaftszwecks dient.[1486]

Der Umstand, dass es sich bei einer Personengesellschaft um eine Publikumsgesellschaft handelt, kann sich aber auch zum Nachteil der Gesellschafter auswirken. Die den Verschuldensmaßstab auf die eigenübliche Sorgfalt des Gesellschafters reduzierende Vorschrift des **§ 708 BGB gilt bei Publikumsgesellschaften nicht**.[1487] Der Grundge-

370

1477 Hier und zum Folgenden: Bitter/Heim § 7 Rn. 45.
1478 Auf den fehlerhaften Beitritt zu einer Publikumsgesellschaft finden die Grundsätze der fehlerhaften Gesellschaft Anwendung (BGH, Urt. v. 02.07.2001 – II ZR 304/00, NJW 2001, 2718, Ls. 4: Widerruf des Beitritts zu einer Publikums-GbR).
1479 BGH, Urt. v. 16.02.2016 – II ZR 348/14, NZG 2016, 424, Rn. 13
1480 BGH, Urt. v. 27.11.2000 – II ZR 218/00, NJW 2001, 1270, Ls. 1.
1481 Bitter/Heim § 7 Rn. 45.
1482 BGH, Urt. v. 14.04.1975 – II ZR 147/73, NJW 1975, 1318.
1483 Bitter/Heim § 7 Rn. 45.
1484 BGH, Urt. v. 21.03.1988 – II ZR 135/87, NJW 1988, 1903.
1485 Hier und zum Folgenden: Bitter/Heim § 7 Rn. 46.
1486 BGH, Urt. v. 28.09.1978 – II ZR 218/77, NJW 1979, 419.
1487 BGH, Urt. v. 12.11.1979 – II ZR 174/77, NJW 1980, 589.

danke dieser Vorschrift passt nicht, da die Gesellschafter nicht ihre Arbeitskraft, sondern lediglich ihr Kapital in die Gesellschaft einbringen.[1488]

371 Für unrichtige und unvollständige Angaben beim Vertrieb der Beteiligungen haften die Vermittler und Initiatoren des Projekts nach den Grundsätzen der **Prospekthaftung**.[1489] Für Wertpapiere ist die Prospekthaftung seit 2012 allgemein in den §§ 21 ff. des Wertpapierprospektgesetzes (WpPG) geregelt.[1490] Für Vermögensanlagen, die nicht in Wertpapieren bestehen, wurde das Vermögensanlagegesetz (VermAnlG) geschaffen, das in den §§ 20 ff. die Haftung für fehlerhafte und fehlende[1491] Prospekte regelt. Eine Prospekthaftung kann auch auf eine Haftung wegen einer vorvertraglichen Pflichtverletzung (§§ 280 Abs. 1, 311 Abs. 2 u. 3, 241 Abs. 2 BGB) gestützt werden (sog. Prospekthaftung im weiteren Sinne). Der Personenkreis der Haftenden wird durch § 311 Abs. 2, Abs. 3 BGB bestimmt. Gehaftet wird für die Verletzung von Aufklärungspflichten. Diese können durch die Vorlage eines fehlerhaften oder unvollständigen Prospekts, unterlassene Aufklärung über nach der Prospektveröffentlichung eingetretene Umstände oder falsche Informationen außerhalb des Prospekts verletzt werden.[1492] Neben der Prospekthaftung und der Haftung wegen Verschuldens bei den Vertragsverhandlungen kann schließlich eine Haftung aus einem (zumindest stillschweigend geschlossenen) Auskunfts- oder Beratungsvertrag in Betracht kommen.[1493]

1488 Bitter/Heim § 7 Rn. 47.
1489 Zur Prospekthaftung bei einer Publikumsgesellschaft siehe BGH, Urt. v. 09.05.2017 – II ZR 344/15, NZG 2017, 858 = RÜ 2017, 551 (Nissen).
1490 Hier und zum Folgenden: Bitter/Heim § 7 Rn. 48.
1491 Eine Prospektpflicht besteht für das öffentliche Angebot von Wertpapieren (§ 3 Abs. 1 WpPG), die Börsenzulassung (§ 3 Abs. 4 WpPG) und das öffentliche Angebot von Vermögensanlagen (§ 61 VermAnlG).
1492 Bohlken/Lange DB 2005, 1259, 1262; Reinelt NJW 2009, 1 ff.
1493 BGH, Urt. v. 22.03.1979 – VII ZR 259/77, BGHZ 74, 103, 106.

Die offene Handelsgesellschaft (oHG) und die Kommanditgesellschaft (KG)

Grundlagen

- Keine juristischen Personen, mindestens zwei Gesellschafter
- Gesamthandsgemeinschaften
- Rechtsfähigkeit folgt aus § 124 Abs. 1 HGB

Entstehung

- Gründung
    - Entstehung im Innenverhältnis durch Abschluss des Gesellschaftsvertrages i.S.v. § 705 BGB
    - Entstehung im Außenverhältnis durch Eintragung in das Handelsregister (§ 123 Abs. 1 HGB) oder mit der einvernehmlichen Aufnahme der Geschäfte (§ 123 Abs. 2 HGB)
- Umwandlung

Organisation

- **oHG**
    - Es gilt der Grundsatz der Einzelgeschäftsführungsbefugnis aller Gesellschafter (§§ 114, 115 Abs. 1 HGB). Sind mehrere einzelgeschäftsführungsbefugte Gesellschafter vorhanden, muss das von einem Gesellschafter beabsichtigte Geschäft unterbleiben, wenn einer der anderen geschäftsführungsbefugten Gesellschafter widerspricht (§ 115 Abs. 1 Hs. 2 HGB). All dies kann gesellschaftsvertraglich abbedungen werden.
    - Für die Vertretung im Außenverhältnis gilt der Grundsatz der Einzelvertretungsbefugnis jedes Gesellschafters (§ 125 Abs. 1 HGB). Eine Beschränkung des Umfangs der Vertretungsmacht ist Dritten gegenüber grundsätzlich unwirksam (§ 116 Abs. 2 HGB). Im Gesellschaftsvertrag können abweichende Bestimmungen getroffen werden.
- **KG**
    - Die Geschäftsführung der KG obliegt den Komplementären (§ 161 Abs. 2 i.V.m. §§ 114 ff. HGB). Dabei gilt – wie bei der oHG – das Prinzip der Einzelgeschäftsführung. Die Kommanditisten sind von der Geschäftsführung ausgeschlossen (§ 164 S. 1 Hs. 1 HGB).
    - Die Vertretung richtet sich über § 161 Abs. 2 HGB ebenfalls im Grundsatz nach dem Recht der oHG. Es gilt also im Grundsatz die Einzelvertretung durch jeden persönlich haftenden Gesellschafter (§§ 161 Abs. 2, 125 Abs. 1 HGB). Die Kommanditisten sind zur Vertretung der Gesellschaft nicht ermächtigt (§ 170 HGB).

Haftungsverfassung

- Rechtsfähige oHG/KG haftet für Gesellschaftsschulden mit ihrem eigenen Gesellschaftsvermögen
- Daneben haften die oHG-Gesellschafter/Komplementäre für die Erfüllung der Gesellschaftsschulden persönlich, unbeschränkt und akzessorisch (§§ 128–130 HGB analog)
- Die Haftung der Kommanditisten ist nach Maßgabe der §§ 171 ff. HGB auf deren Einlage beschränkt

Abwicklung, Auflösung und Abwicklung

- Auflösung (§§ 131 ff. HGB)
- Abwicklung (Liquidation, §§ 145 ff. HGB)
- Vollbeendigung: mit Abschluss der Abwicklung; dies ist der Fall, wenn die oHG infolge der Schlussverteilung an die Gesellschafter (§ 155 Abs. 1 HGB) kein Aktivvermögen mehr hat.

8. Teil: Die stille Gesellschaft

1. Abschnitt: Grundlagen

372 Die stille Gesellschaft ist eine **reine Innengesellschaft** bürgerlichen Rechts, also eine besondere Form der (Innen-)GbR.[1494] Als solche tritt sie im Handelsverkehr nicht in Erscheinung; nur der Inhaber des Handelsgeschäfts tut dies im Außenverhältnis gegenüber Dritten (Kunden, Lieferanten, Arbeitnehmer etc.), vgl. § 230 Abs. 2 HGB.

Die stille Gesellschaft ist **nicht rechtsfähig**[1495] und damit auch nicht parteifähig (§ 50 Abs. 1 ZPO) und prozessfähig.[1496] Als reine Innengesellschaft führt die stille Gesellschaft keine eigene Firma und sie ist auch nicht im Handelsregister eingetragen (und deshalb „still").[1497]

Eine gesetzliche **Definition der stillen Gesellschaft** gibt es nicht; ihr Typus ergibt sich aber mittelbar aus den Regelungen in §§ 230 ff. HGB und §§ 705 ff. BGB.[1498] Danach ist die stille Gesellschaft eine Gesellschaft, in der sich der „Stille" an dem Handelsgewerbe eines anderen (§ 230 Abs. 1 HGB) mit einer Einlage, die in das Vermögen des anderen übergeht,[1499] beteiligt und dafür zwingend am Gewinn beteiligt wird (§ 231 Abs. 2 Hs. 2 HGB).

2. Abschnitt: Voraussetzungen der stillen Gesellschaft

373 Eine stille Gesellschaft liegt nur vor, wenn folgende Mindestvoraussetzungen erfüllt sind:[1500]

Mindestanforderungen an eine stille Gesellschaft i.S.v. §§ 230 ff. HGB
1. Der eine Vertragspartner muss **Kaufmann i.S.v. §§ 1 ff. HGB** sein.
2. Die andere Partei muss **stiller Gesellschaft** sein.
3. Zwischen den Parteien muss ein **Gesellschaftsvertrag** geschlossen sein.
4. Kraft des Gesellschaftsvertrages muss der stille Gesellschafter **mit einer Einlage** am Unternehmen des anderen **beteiligt** sein.
5. Der stille Gesellschafter muss **am Unternehmensgewinn beteiligt** werden.

A. Kaufmann

374 Nach § 230 Abs. 1 HGB muss sich die stille Gesellschaft auf ein Handelsgewerbe beziehen, das ein anderer betreibt.[1501] Daher muss ein Kaufmann i.S.v. **§ 1 ff. HGB** am Gesell-

---

[1494] Zimmer/Bueren NZG 2011, 405, 406.
[1495] Beuthien NZG 2011, 161, 165.
[1496] Oetker/Wedemann § 230 Rn. 96.
[1497] Ensthaler/Fahse/Gesmann-Nuissl § 230 Rn. 4.
[1498] Hier und zum Folgenden: Ensthaler/Fahse/Gesmann-Nuissl § 230 Rn. 1.
[1499] Aus diesem Grund entsteht bei der typischen stillen Gesellschaft kein Gesamthandsvermögen.
[1500] Ensthaler/Fahse/Gesmann-Nuissl § 230 Rn. 8.
[1501] Hier und zum Folgenden: Ensthaler/Fahse/Gesmann-Nuissl § 230 Rn. 9 ff.

schaftsvertrag beteiligt sein. In Betracht kommen Istkaufleute (§ 1 Abs. 1 HGB), eingetragene Kaufleute (§§ 2, 3 Abs. 2 HGB), Handelsgesellschaften gemäß § 6 Abs. 1 HGB (oHG, KG) und Formkaufleute gemäß § 6 Abs. 2 HGB (AG: § 3 AktG; KGaA: §§ 278, 3 AktG; GmbH: § 13 GmbHG; VVaG: § 16 VAG; Genossenschaft: § 42 Abs. 1 GenG) sowie Kaufleute kraft Eintragung (§ 5 HGB).

Beachte: Ist der Geschäftsinhaber nicht Kaufmann, besteht eine Innengesellschaft in der Form einer stillen BGB-Gesellschaft.[1502]

B. Stiller Gesellschafter

375 Stiller Gesellschafter kann jede natürliche oder juristische Personen des Privatrechts oder des öffentlichen Rechts sein, darüber hinaus auch nicht eingetragene Vereine und Genossenschaften sowie Körperschaften des öffentlichen Rechts.[1503] Auch rechtsfähige Personengesellschaften (GbR, oHG, KG, PartG) können sich als stille Gesellschafter beteiligen.[1504] Die Gesellschafter einer Personen- und Kapitalgesellschaft können zugleich als stille Gesellschafter an der Gesellschaft beteiligt sein (z.B. KG & Still, GmbH & Still), nicht aber der Unternehmensträger selbst (Einzelkaufmann, Handelsgesellschaft etc.), da **nur ein Dritter** stiller Gesellschafter sein kann. Auch einer stillen Gesellschaft ist als nichtrechtsfähige Innengesellschaft die Möglichkeit einer stillen Teilhaberschaft versperrt.[1505]

C. Gesellschaftsvertrag

376 Es muss ein Gesellschaftsvertrag (§ 705 BGB) zwischen dem Inhaber des Handelsgeschäfts und dem stillen Gesellschafter vorliegen. **Vertragspartner** des Stillen ist immer der Kaufmann.[1506] Handelt es sich bei dem Kaufmann um eine Gesellschaft, kommt die stille Gesellschaft mit dieser selbst und nicht mit deren Gesellschaftern zustande.[1507] Der Stille wird nicht Gesellschafter, sondern steht grundsätzlich in einem Schuldverhältnis zur Gesellschaft.[1508] Auch an einer Vor-Gesellschaft (z.B. Vor-AG[1509], Vor-GmbH[1510]) ist eine stille Beteiligung möglich.[1511]

Eine stille Beteiligung an einer stillen Gesellschaft ist hingegen nicht möglich, weil diese als bloße Innengesellschaft nicht Unternehmensträger und damit auch nicht Vertragspartner sein kann.[1512]

Die §§ 230 ff. HGB gehen **im Grundsatz** von einer **Zweipersonengesellschaft** aus. Beteiligen sich mehrere Personen als stille Gesellschafter am Handelsgeschäft eines ande-

---

[1502] MünchKomm-BGB/Ulmer/Schäfer § 705 Rn. 286.
[1503] Hier und zum Folgenden: Ensthaler/Fahse/Gesmann-Nuissl § 230 Rn. 16.
[1504] BGH, Urt. v. 13.03.1989 – II ZR 193/88, NJW-RR 1989, 993, 994.
[1505] Oetker/Wedemann § 230 Rn. 25.
[1506] Hier und zum Folgenden: Ensthaler/Fahse/Gesmann-Nuissl § 230 Rn 9.
[1507] BGH, Urt. v. 29.06.1970 – II ZR 158/69, NJW 1971, 375, 376.
[1508] OLG Frankfurt a.M., Urt. v. 26.10.2000 – 1 U 65/99, NZG 2001, 270, 271.
[1509] Zu dieser siehe Rn. 82.
[1510] Zu dieser siehe Rn. 136 ff.
[1511] Oetker/Wedemann § 230 Rn. 18.
[1512] MünchKomm-HGB/K. Schmidt § 230 Rn. 32.

ren, entstehen grundsätzlich mehrere stille Gesellschaften. Es sind aber auch mehrgliedrige stille Gesellschaften, insbesondere Publikumsgesellschaften, möglich.[1513]

Ein Gesellschaftsvertrag liegt nur vor, wenn die Parteien einen **gemeinsamen Zweck** festlegen. Hierfür bedarf es nicht nur eines gemeinsamen Ziels, sondern einer Verpflichtung zum koordinierten gemeinsamen Handeln und zur Förderung durch jeweilige Beiträge.[1514] Ausreichender gemeinsamer Zweck ist die Förderung des Handelsgewerbes durch Begründung einer Einlage. Die Förderung eines ideellen Zwecks führt demgegenüber zur GbR.[1515]

Beachte: Das Merkmal der gemeinsamen Zweckverfolgung unterscheidet die stille Gesellschaft von den partiarischen Rechtsverhältnissen.[1516] Bei der Abgrenzung ist die Einigung unter Würdigung aller Umstände des Einzelfalles gemäß §§ 133, 157 BGB auszulegen. Hierbei sprechen als Indizien die Vereinbarung einer Verlustbeteiligung sowie die Einräumung von Kontroll- und Mitwirkungsrechten für eine (stille) Gesellschaft.

Der Gesellschaftsvertrag der stillen Gesellschaft ist **grundsätzlich formfrei** und kann auch durch schlüssiges Verhalten abgeschlossen werden, sofern ein nachweisbarer Vertragswille vorhanden ist.[1517] Sind jedoch besondere Formbestimmungen aus Gründen außerhalb der §§ 230–236 BGB zu beachten, muss auch der Gesellschaftsvertrag einer stillen Gesellschaft solche Formvoraussetzungen erfüllen.[1518] Dies ist insbesondere dann der Fall, wenn durch den Stillen ein Grundstück (§ 311 b Abs. 1 BGB) oder ein GmbH-Geschäftsanteil (§ 15 Abs. 4 GmbHG) eingelegt wird. Bei einem Gesellschaftsvertrag, durch den die stille Beteiligung unentgeltlich versprochen wird, ist gemäß § 518 Abs. 1 S. 1 BGB eine notarielle Beurkundung des Schenkungsversprechens erforderlich.

Eine **Heilung des Formmangels** erfolgt nach § 311 b Abs. 1 S. 2 BGB durch Auflassung und Eintragung des Geschäftsinhabers als Eigentümer des Grundstücks im Grundbuch, nach § 15 Abs. 4 S. 2 GmbHG durch formgerechte Abtretung des GmbH-Anteils bzw. nach § 518 Abs. 2 BGB durch Bewirken der Einlage.[1519] Die Einlage ist bewirkt, wenn der Dritte sie geleistet oder wenn der Geschäftsinhaber sie zunächst dem Stillen zugewendet hat, damit dieser sie daraufhin einbringen kann.[1520] Heilung tritt auch ein, wenn sich das Schenkungsversprechen auf eine bestehende stille Beteiligung bezieht und diese an den Beschenkten übertragen wird. Streitig ist die Heilung des Formmangels, wenn der Geschäftsinhaber dem stillen Gesellschafter die Einlage gewährt, indem er die Einlage auf dessen Einlagenkonto bucht. Der BGH hatte eine Heilung des unwirksamen Schenkungsversprechens gemäß § 518 Abs. 2 BGB zunächst abgelehnt, da weder durch Abschluss des Gesellschaftsvertrags noch durch buchmäßige, steuerliche oder sonstige Führung des Anteils des Stillen als dessen Vermögen ein Vollzug der Schenkung eingetreten und lediglich eine schuldrechtliche Verpflichtung (aus dem Schenkungsvertrag) durch eine andere (aus dem Gesellschaftsvertrag) ersetzt worden sei,[1521] mittlerweile aber eine Heilung bei Einräumung von Mitwirkungsrechten im Falle einer atypischen Unterbeteiligung bejaht.[1522]

1513 BGH, Urt. v. 16.05.2017 – II ZR 284/15, NZG 2017, 907.
1514 Hier und zum Folgenden: Ensthaler/Fahse/Gesmann-Nuissl § 230 Rn. 17.
1515 BGH, Urt. v. 02.06.1997 – II ZR 81/96, NZG 1998, 25 (zu § 738 Abs. 1 S. 2 BGB).
1516 Zu diesen siehe Rn. 223.
1517 BGH, Urt. v. 28.09.2005 – XII ZR 189/02, NJW 2006, 1268, Ls. 2 und Rn. 13 ff. (zur eheähnlichen Lebensgemeinschaft).
1518 Hier und zum Folgenden: Ensthaler/Fahse/Gesmann-Nuissl § 230 Rn. 19.
1519 Hier und zum Folgenden: Oetker/Wedemann § 230 Rn. 58 f.
1520 Herrmann ZHR 147 (1983), 329, 332.
1521 BGH, Urt. v. 24.09.1952 – II ZR 136/51, BGHZ 7, 174, 179; **a.A.** Blaurock NZG 2012, 521, 524; Oetker/Wedemann § 230 Rn. 59.
1522 BGH, Urt. v. 29.11.2011 – II ZR 306/09, NZG 2012, 222, Rn. 22 ff.: Schenkung einer atypischen Unterbeteiligung ist mit Abschluss des Gesellschaftsvertrages i.S.v. §§ 2301, 518 Abs. 2 BGB vollzogen.

2. Abschnitt | Voraussetzungen der stillen Gesellschaft

Ist ein **Minderjähriger als Geschäftsinhaber** beteiligt, muss sich dieser gemäß §§ 107 ff. BGB bei dem Abschluss des Gesellschaftsvertrages durch seinen gesetzlichen Vertreter[1523] vertreten lassen.[1524] Wegen der zwingenden Gewinnbeteiligung (§ 231 Abs. 2 Hs. 2 BGB) ist die Aufnahme eines Stillen für den (minderjährigen) Geschäftsinhaber nicht lediglich rechtlich vorteilhaft. Sollen die Eltern am Handelsgewerbe des Minderjährigen still beteiligt werden, ist ein Ergänzungspfleger zu bestellen (§§ 181, 1629 Abs. 2, 1795 Abs. 2, 1909 BGB). Der Genehmigung des Familiengerichts gemäß §§ 1643 Abs. 1, 1822 Nr. 3 BGB bedarf es grundsätzlich[1525] nicht.

Will sich ein **Minderjähriger als stiller Gesellschafter** beteiligen, ist die Zustimmung seines gesetzlichen Vertreters nur erforderlich, wenn das Geschäft nicht lediglich rechtlich vorteilhaft ist. Das ist der Fall, wenn er eine Einlage erbringen muss oder wenn seine Verlustbeteiligung nicht gemäß § 231 Abs. 2 Hs. 1 HGB ausgeschlossen ist. Die Schenkung der stillen Beteiligung ist hingegen nur rechtlich vorteilhaft, wenn eine bereits erbrachte Einlage für den Minderjährigen eingebucht wird und seine Verlustbeteiligung ausgeschlossen ist.[1526] Eine Genehmigung des Familiengerichts gemäß § 1822 Nr. 3 BGB ist dann erforderlich, wenn man die atypische stille Beteiligung auf der Seite des stillen Gesellschafters mit der (wohl) h.M. als „Gesellschaftsvertrag zum Betriebs eines Handelsgewerbes" ansieht.[1527]

377 Bei Mängeln des Gesellschaftsvertrages finden die **Grundsätze der fehlerhaften Gesellschaft** nach h.M. auch auf (typische und atypische) stille Gesellschaften Anwendung.[1528] Danach kann eine bereits in Vollzug gesetzte stille Gesellschaft grundsätzlich nur durch außerordentliche Kündigung gemäß § 723 Abs. 1 S. 2 BGB *ex nunc* aufgelöst und anschließend nach § 235 HGB auseinandergesetzt werden.[1529] Bis dahin wird die Gesellschaft so behandelt, als sei der Gesellschaftsvertrag wirksam. Mithin treffen den Inhaber und den Stillen alle Rechte und Pflichten, die sich ergeben würden, wenn der Gesellschaftsvertrag wirksam wäre.[1530] Da die stille Gesellschaft eine Innengesellschaft ist, kommt es für den Vollzug auf die Wahrnehmung der Rechte bzw. die Erfüllung der Pflichten aus der stillen Gesellschaft im Innenverhältnis an.[1531] In Vollzug gesetzt ist die stille Gesellschaft jedenfalls mit dem (teilweisen) Leisten der Einlage,[1532] der Ausübung gesellschaftsvertraglicher Rechte durch den stillen Gesellschafter,[1533] oder durch die

---

1523 Grundsätzlich sind dies die Eltern, §§ 1626, 1629 BGB.
1524 Hier und zum Folgenden: Ensthaler/Fahse/Gesmann-Nuissl § 230 Rn. 21.
1525 Zu Ausnahmen siehe Ensthaler/Fahse/Gesmann-Nuissl § 230 Rn. 22.
1526 MünchKomm-HGB/K. Schmidt § 230 Rn. 105; **a.A.** BFH, Urt. v. 28.11.1973 – I R 101/72, BeckRS 1973, 22002389; im Hinblick auf die Rechtsprechung des BFH ist die vorsorgliche Bestellung eines Ergänzungspflegers sinnvoll (Rust DStR 2005, 1942, 1944).
1527 Zum Meinungsstand siehe MünchKomm-HGB/K. Schmidt § 230 Rn. 105 m.w.N.
1528 BGH, Urt. v. 29.11.2004 – II ZR 6/03, NZG 2005, 261, 262; BGH, Urt. v. 21.05.2005 – II ZR 140/03, NZG 2005, 472, Ls. 1 – Göttinger Gruppe; **a.A.** Hey NZG 2004, 1097, 1098 f.; MünchKomm-BGB/Ulmer/Schäfer § 705 Rn. 359 differenzierend zwischen zwei- und mehrgliedrigen Gesellschaften Bayer/Riedel NJW 2003, 2567, 2571 f.; nur für stille Gesellschaften mit verbandsmäßiger Struktur (insbesondere „Innen-KGs") bejahend: Schäfer GWR 2014, 25, 26 f.; MünchKomm-HGB/K. Schmidt § 230 Rn. 134; Oetker/Wedemann § 230 Rn. 65.
1529 Ensthaler/Fahse/Gesmann-Nuissl § 230 Rn. 32. Grundsätzlich hat der stille Gesellschafter nur einen Anspruch auf das Auseinandersetzungsguthaben nach § 235 HGB und nicht auf Rückgewähr der Einlage; etwas anderes kann sich nur unter dem Gesichtspunkt eines auf den Ersatz des negativen Interesses gerichteten Schadensersatzanspruchs (z.B. aus §§ 280 Abs. 1, 311 Abs. 2 u. 3, 241 Abs. 2 BGB) ergeben (BGH, Urt. v. 26.09.2005 – II ZR 314/03, NZG 2005, 57, Ls. 1).
1530 Ensthaler/Fahse/Gesmann-Nuissl § 230 Rn. 32.
1531 Hier und zum Folgenden: Ensthaler/Fahse/Gesmann-Nuissl § 230 Rn. 30.
1532 BGH, Urt. v. 21.03.2005 – II ZR 310/03, NJW 2005, 1784, 1785; BGH, Urt. v. 29.11.2004 – II ZR 6/03, NJW-RR 2005, 627, 628.
1533 BGH, Urt. v. 27.06.2000 – XI ZR 174/99, NJW 2000, 3558, 3560.

Auszahlung von Gewinnanteilen oder deren Gutschrift auf dem Einlagen- oder Privatkonto des stillen Gesellschafters.[1534]

> **Fall 17: Fehlerhafte stille Gesellschaft**
>
> Die S-AG beschäftigt sich mit dem Erwerb und der Verwaltung von Immobilien. Das erforderliche Kapital bringt sie auf, indem sie mit zahlreichen Kleinanlegern stille Gesellschaften gründet. Der G beteiligte sich als stiller Gesellschafter an der S-AG mit einer Einlage von 20.000 €. Der Anlagevermittler A, der im Auftrag der S-AG tätig wurde, unterließ es jedoch aus leichter Fahrlässigkeit, zuvor G darüber aufzuklären, dass er an etwaigen Verlusten beteiligt und verpflichtet sein werde, erforderlichenfalls auch Nachschüsse in erheblichem Umfang zu leisten. Das Risiko, dass je nach Geschäftslage die S-AG das Recht hat, die versprochenen Gewinnausschüttungen einseitig einzustellen, wurde ebenfalls nicht erwähnt. Als G von diesen Gegebenheiten erfährt, verlangt er von der S-AG, die über hinreichendes Vermögen verfügt, um sowohl die (hypothetischen) Abfindungs- und Auseinandersetzungsansprüche aller stillen Gesellschafter als auch den Schadensersatzanspruch des G zu befriedigen, die Rückzahlung der Einlage. Zu Recht?

G könnte gegen die S-AG einen Anspruch auf Rückzahlung der Einlage wegen der Verletzung einer vorvertraglichen Aufklärungspflicht gemäß §§ 280 Abs. 1, 311 Abs. 2 Nr. 1, 241 Abs. 2 BGB haben.

I. Durch die Aufnahme von Vertragsverhandlungen über die Beteiligung an der S-AG zwischen G und A als Vertreter der S-AG ist gemäß § 311 Abs. 2 Nr. 1 BGB ein vorvertragliches Schuldverhältnis zustande gekommen.

II. Die S-AG müsste eine Pflicht aus diesem vorvertraglichen Schuldverhältnis verletzt haben. In Betracht kommt vorliegend die Verletzung einer Aufklärungspflicht. Zwar besteht grundsätzlich keine allgemeine Pflicht, den jeweiligen Vertragspartner aufzuklären. Allerdings sind die dem Anleger zur Verfügung stehenden Informationsmöglichkeiten nur begrenzt. Die Anlagegesellschaft selbst hingegen wird in der Regel die erforderlichen Informationen haben. Daher wird nach ständiger Rechtsprechung des BGH gefordert, dass einem Anleger für seine Beitrittsentscheidung ein zutreffendes Bild über das Beteiligungsobjekt vermittelt werden muss. Er muss über alle Umstände, die für seine Anlageentscheidung von wesentlicher Bedeutung sind oder sein können, insbesondere über die mit der angebotenen Beteiligungsform verbundenen Nachteile und Risiken, zutreffend, verständlich und vollständig aufgeklärt werden.[1535] Vorliegend war G vor allem darüber aufzuklären, dass er an den Verlusten der S-AG beteiligt werde und eventuell auch die Gefahr besteht, dass er in hohem Maße zu Nachschüssen verpflichtet sein kann. Auch die einseitige Möglichkeit der S-AG, Ausschüttungen einzustellen, war für die Risikoabschätzung des G von wesentlicher Bedeutung. Da der Anlagevermittler A diese Aspekte nicht erwähnt hat und sich die S-AG dessen Verhalten zurechnen lassen muss, liegt eine Pflichtverletzung der S-AG vor.

1534 Oetker/Wedemann § 330 Rn. 68.
1535 Vgl. statt vieler: BGH, Urt. v. 21.03.2005 – II ZR 310/03, NJW 2005, 1784, 1787.

III. Da die S-AG den Anlagevermittler als Erfüllungsgehilfen eingeschaltet hat, muss sie sich ein diesem vorwerfbares Verschulden nach § 278 BGB zurechnen lassen. Die S-AG kann sich also nicht i.S.v. § 280 Abs. 1 S. 2 BG exkulpieren.

IV. G hat somit nach den §§ 249 ff. BGB einen Anspruch auf Ersatz solcher Schäden, die ihm aufgrund der Nichtaufklärung entstanden sind. Wäre er aufgeklärt worden, hätte er mit an Sicherheit grenzender Wahrscheinlichkeit seine Anlageentscheidung nicht (so) getroffen. Folglich ist er so zu stellen, wie er stehen würde, wenn er den stillen Gesellschaftsvertrag nicht geschlossen und somit seine Einlage nicht geleistet hätte. Der Anspruch auf Rückzahlung der Einlage ist damit gegeben.

V. Fraglich ist allerdings, ob dieses Ergebnis mit den Grundsätzen zur fehlerhaften Gesellschaft in Einklang gebracht werden kann. Hiernach sind grundsätzlich Ansprüche, die auf Rückabwicklung gerichtet sind, ausgeschlossen. Stattdessen wird dem stillen Gesellschafter ein Kündigungsrecht zugestanden, mit der Folge, dass mit Kündigungserklärung eine ex-nunc-Auflösung und eine Auseinandersetzung der stillen Beteiligung nach § 235 HGB erfolgen.[1536] Dann müssten allerdings die Grundsätze über die fehlerhafte Gesellschaft auch auf die hier vorliegende stille Gesellschaft anwendbar sein.

1. Teilweise wird eine Anwendung der Grundsätze über die fehlerhafte Gesellschaft auf eine stille Gesellschaft generell abgelehnt.[1537] Zur Begründung wird darauf verwiesen, dass die stille Gesellschaft kein Gesellschaftsvermögen bildet, ein solches aber zwingende Voraussetzung für die Anwendbarkeit der Regeln über die fehlerhafte Gesellschaft sei. Nach dieser Auffassung kann G die Rückzahlung der Einlage als Schadensersatzforderung verlangen.

2. Der BGH wendet die Grundsätze über die fehlerhafte Gesellschaft hingegen auch auf stille Gesellschaften an.[1538] Allerdings stehe die Anwendbarkeit dieser Grundsätze einem Anspruch auf Rückgewähr der Einlage bei einer zweigliedrigen stillen Gesellschaft nicht entgegen, wenn der Vertragspartner des stillen Gesellschafters verpflichtet ist, diesen im Wege des Schadensersatzes so zu stellen, als hätte er den Gesellschaftsvertrag nicht geschlossen und seine Einlage nicht geleistet.[1539] Der Anspruch des Gesellschafters auf Rückgewähr der Einlage richte sich gegen die stille Gesellschaft in ihrer Doppeleigenschaft als Vertragspartner des Gesellschafters und als „Gesellschaft". Adressat des gesellschaftsrechtlichen Rückabwicklungsanspruchs sei der Inhaber des Handelsgewerbes i.S.d. § 230 HGB, mit dem allein der stille Gesellschaftsvertrag zustande gekommen und der zugleich im Wege des Schadensersatzes verpflichtet sei, etwaige Minderungen der gesellschaftsrechtlichen Einlage auszugleichen. Demjenigen, der sich aufgrund einer Verletzung einer Aufklärungspflicht schadensersatzpflichtig gemacht habe, dürfe es nicht zugutekommen, dass er gleichzeitig auch an dem mit dem geschädigten Anleger geschlossenen Gesellschaftsvertrag beteiligt sei.

[1536] Armbrüster/Joos ZIP 2004, 189, 199.
[1537] Hey NZG 2004, 1097, 1098 f.; MünchKomm-BGB/Ulmer/Schäfer § 705 Rn. 359; zweifelnd auch OLG Schleswig, Urt. v. 13.06.2002 – 5 U 78/01, ZIP 2002, 1244, 1247.
[1538] BGH, Urt. v. 29.11.2004 – II ZR 6/03, NZG 2005, 261, 262; BGH, Urt. v. 21.05.2005 – II ZR 140/03, NZG 2005, 472, Ls. 1 – Göttinger Gruppe.
[1539] BGH, Urt. v. 26.09.2005 – II ZR 314/03, NZG 2006, 57, Ls. 1.

Im vorliegenden Fall ist jedoch zu beachten, dass die S-AG mit zahlreichen Anlegern stille Gesellschaften gebildet hat (mehrgliedrige stille Gesellschaft) und als am Kapitalmarkt tätige AG eine verbandsmäßige Struktur aufweist. Bei stillen Gesellschaften mit verbandsmäßiger Struktur unterliegt der Schadensersatzanspruch Beschränkungen, denn ein über den Auseinandersetzungsanspruch hinausgehender Schadensersatzanspruch darf die gleichmäßige Befriedigung der Abfindungs- und Auseinandersetzungsansprüche der übrigen Gesellschafter nicht gefährden.[1540] Vor Beendigung der Auseinandersetzung besteht ein durchsetzbarer Schadensersatzanspruch in diesen Konstellationen daher nur, „wenn und soweit das Vermögen des Geschäftsinhabers im Zeitpunkt der Entscheidung über den Schadensersatzanspruch eines einzelnen Anlegers sowohl die zu diesem Zeitpunkt bestehenden (hypothetischen) Abfindungs- und Auseinandersetzungsansprüche aller stillen Gesellschafter als auch den Schadensersatzanspruch des betreffenden Anlegers deckt".[1541]

Da die S-AG über ein in diesem Sinne hinreichendes Vermögen verfügt, kann G auch im Falle einer Anwendbarkeit der Grundsätze über die fehlerhafte Gesellschaft die Rückzahlung seiner Einlage verlangen. Einer Streitentscheidung bedarf es demnach nicht. Dem G steht gegen die S-AG ein Anspruch auf Rückzahlung seiner Einlage nach §§ 280 Abs. 1, 311 Abs. 2 Nr. 1, 241 Abs. 2 BGB zu.

D. Beteiligung mit einer Einlage

378 Die Einlage des stillen Gesellschafters ist gemäß § 230 Abs. 1 HGB so zu leisten, dass sie **in das Vermögen des Geschäftsinhabers** übergeht. Dies bedeutet regelmäßig eine Übereignung an den Geschäftsinhaber.[1542] Die Einlage ist regelmäßig auf eine Geldleistung gerichtet, kann aber auch in bestimmten Sachen oder sonstigen Vermögenswerten sowie noch zu erbringenden (nicht früheren) Dienstleistungen[1543] bestehen.

Soll die Einlage nach den Vorstellungen der Parteien nicht in das alleinige Vermögen des Inhabers übergehen, sondern vielmehr gemeinschaftliches Vermögen werden, liegt keine stille Gesellschaft, sondern eine GbR vor.[1544]

Fehlt es an einer abweichende Regelung im Gesellschaftsvertrag, ist die Einlage mit Abschluss des Gesellschaftsvertrages **fällig** (§ 271 BGB).[1545] Der Anspruch auf die Einlage **verjährt** bei typischen und atypischen Gesellschaften nach den §§ 195, 199 BGB;[1546] § 159 HGB findet mangels planwidriger Regelungslücke keine analoge Anwendung.[1547]

1540 BGH, Urt. v. 19.11.2013 – II ZR 383/12, NZG 2013, 1422, Rn. 16 ff.; BGH, Urt. v. 29.07.2014 – II ZR 170/13, BeckRS 2014, 16769, Rn. 9; Schäfer/Fallak, FS Kübler, 2015, 607, 610 f.; K. Schmidt ZIP 2014, 1457, 1462 f.
1541 BGH, Urt. v. 19.11.2013 – II ZR 383/12, NZG 2013, 1422, Rn. 29 f. Zur näheren Ausformung mit diesen Leitlinien Schäfer/Fallak, FS Kübler, 2015, 607, 611 ff.; K. Schmidt ZIP 2014, 1457, 1462 f.
1542 Ensthaler/Fahse/Gesmann-Nuissl § 230 Rn. 35.
1543 Ensthaler/Fahse/Gesmann-Nuissl § 230 Rn. 37.
1544 OLG Hamm, Urt. v. 10.01.1994 – 8 U 106/93, NJW-RR 1994, 1382, 1183.
1545 Ensthaler/Fahse/Gesmann-Nuissl § 230 Rn. 36.
1546 BGH, Urt. v. 01.03.2010, NZG 2010, 823, Rn. 9.
1547 OLG Schleswig, Urt. v. 30.10.2008 – 5 U 66/08, NZG 2009, 256, 258. Zu denken ist aber an eine analoge Anwendung des § 54 Abs. 4 AktG im Falle einer „AG & Still" bzw. des § 19 Abs. 6 GmbHG im Falle einer „GmbH & Still" (Berninger DStR 2010, 2359, 2362 f.; K. Schmidt NZG 2009, 361, 363; **a.A.** BGH, Beschl. v. 01.03.2010 – II ZR 249/08, NZG 2010, 823, Rn. 9).

Wenn der stille Gesellschafter seine Einlage erbracht hat, kann er grundsätzlich nicht zu weiteren Zahlungen an den Inhaber verpflichtet werden.[1548] Der stille Gesellschafter nimmt nämlich an dem Verlust nur bis zum Betrage seiner eingezahlten oder rückständigen Einlage teil (§ 232 Abs. 2 S. 1 HGB). Dies gilt aber nur, soweit im Gesellschaftsvertrag für das Innenverhältnis nicht ausdrücklich oder konkludent eine **Nachschusspflicht** des stillen Gesellschafters vereinbart ist.[1549] Ist die stille Gesellschaft als Publikumsgesellschaft organisiert, müssen etwaige Nachschusspflichten aus dem Gesellschaftsvertrag eindeutig hervorgehen und der Höhe nach zumindest objektiv bestimmbar sein.[1550]

Durch eine stille Beteiligung an einer Kapitalgesellschaft entsteht grundsätzliche keine Verpflichtung des Stillen zur **Aufbringung und Erhaltung des Grund- bzw. Stammkapitals**, da er nicht Gesellschafter der Kapitalgesellschaft, sondern Gesellschafter der stillen (Personen-)Gesellschaft wird.[1551] Nur wenn der stille Teilhaber im Rahmen einer atypischen stillen Gesellschaft durch den Gesellschaftsvertrag einem Gesellschafter der Kapitalgesellschaft hinsichtlich seiner vermögensmäßigen Beteiligung und seines Einflusses auf die Geschicke der Kapitalgesellschaft weitgehend gleich gestellt ist, sind die Kapitalerhaltungsvorschriften ausnahmsweise dennoch anzuwenden.[1552]

E. Gewinnbeteiligung

Der stille Gesellschafter muss zwingend an dem Gewinn des Handelsgewerbes beteiligt werden (§ 231 Abs. 2 Hs. 2 HGB). Andernfalls liegt keine stille Gesellschaft vor;[1553] die Gewinnbeteiligung begründet ein konstitutives Merkmal der stillen Gesellschaft.[1554] Vom Ausschluss der Gewinnbeteiligung zu unterscheiden ist die – für die Einstufung als stille Gesellschaft unschädliche – zulässige Begrenzung der Gewinnbeteiligung.[1555]

379

3. Abschnitt: Rechte und Pflichten des Geschäftsinhabers

Die Rechte und Pflichten des Geschäftsinhabers ergeben sich aus dem Gesellschaftsvertrag und den gesetzlichen Regelungen, soweit diese nicht abbedungen sind.[1556] Zu den Rechten eines Personengesellschafters gehören im Allgemeinen Teilnahme-, Informations- und Vermögensrechte sowie Lösungs- und Klagerechte; seine Pflichten setzen sich aus der Beitrags- und der Treuepflicht zusammen.[1557]

380

Die Beitragspflicht des Geschäftsinhabers besteht im **Betrieb des Handelsgewerbes**.[1558] Er ist dem Stillen gegenüber verpflichtet, im gemeinsamen Interesse und auf gemeinsame Rechnung tätig zu werden.[1559]

Dabei hat der Inhaber das Recht und die Pflicht zur **Geschäftsführung** (§ 709 BGB), die ihm bei einer typischen Gesellschaft allein zusteht. Da es sich hierbei um eine gesellschafterliche Beitragspflicht des Inhabers handelt, erhält er hierfür keine Vergütung, sofern im Gesellschaftsvertrag nichts anderes vorgesehen ist.[1560] Aufwendungen sind ge-

---

1548 Hier und zum Folgenden: Ensthaler/Fahse/Gesmann-Nuissl § 230 Rn. 39.
1549 OLG Schleswig, Urt. v. 09.07.2009 – 5 U 22/09, DStR 2009, 2329,.
1550 BGH, Urt. v. 19.03.2007 – II ZR 73/06 NZG 2007, 382, Ls. 1.
1551 Ensthaler/Fahse/Gesmann-Nuissl § 230 Rn. 40.
1552 BGH, Urt. v. 13.02.2006 – II ZR 62/04, NZG 2006, 341, Rn. 24.
1553 BFH, Urt. v. 30.10.2001 – VIII R 15/01, DStR 2002, 123, 124; Ensthaler/Fahse/Gesmann-Nuissl § 230 Rn. 41.
1554 Oetker/Wedemann § 232 Rn. 9.
1555 Oetker/Wedemann § 232 Rn. 10.
1556 Ensthaler/Fahse/Gesmann-Nuissl § 230 Rn. 42.
1557 Oetker/Wedemann § 230 Rn. 71.
1558 Hier und zum Folgenden: Oetker/Wedemann § 730 Rn. 71 f.
1559 BFH, Urt. v. 30.10.2001 – VIII R 15/01, DStR 2002, 123, 124; Ensthaler/Fahse/Gesmann-Nuissl § 230 Rn. 42.
1560 Ensthaler/Fahse/Gesmann-Nuissl § 230 Rn. 51; Oetker/Wedemann § 230 Rn. 81.

winnmindernd bei der Abrechnung der stillen Gesellschaft nach § 232 HGB zu berücksichtigen;[1561] ein selbstständiger Anspruch gemäß §§ 713, 670 BGB besteht nicht.[1562] Im Rahmen der Geschäftsführung steht ihm ein weiter Handlungsspielraum zu: Er kann nicht nur alle gewöhnlichen, sondern auch alle außergewöhnlichen Geschäfte vornehmen, die zum Betrieb des Handelsgewerbes gehören.[1563] Allerdings ist die Geschäftsführung auf die Fortführung des Geschäftsbetriebs zur gemeinsamen Zweckverfolgung beschränkt.[1564] Insbesondere ist der Geschäftsinhaber dazu verpflichtet, sowohl die Einlage des Stillen bestimmungsgemäß, also nur zur Förderung des Handelsgewerbes und nicht für gesellschaftsfremde Zwecke, zu verwenden als auch dem Unternehmen nicht bestimmungswidrig Vermögen zu entziehen.[1565] Ferner ist der Inhaber ohne Zustimmung des stillen Teilhabers nicht berechtigt, die wesentlichen Grundlagen des Handelsgewerbes zu verändern.[1566] Eine Verletzung von Geschäftsführungsbefugnissen berührt allerdings nur das Innenverhältnis zwischen dem Inhaber und dem stillen Gesellschafter, im Außenverhältnis bleibt das Rechtsgeschäft wirksam. Der Stille erhält lediglich einen Schadensersatzanspruch oder ggf. ein Recht zur außerordentlichen Kündigung (§ 234 HGB).[1567] Dabei ist zu berücksichtigen, dass wegen des Vertrauensverhältnisses zwischen dem Inhaber und dem stillen Gesellschafter der Sorgfaltsmaßstab für die Geschäftsführung – auch für Erfüllungsgehilfen (§ 278 BGB)[1568] – grundsätzlich[1569] gemäß §§ 708, 277 BGB auf die Sorgfalt in eigenen Angelegenheiten begrenzt ist.[1570]

Aus der **Treuepflicht** ergibt sich bei der stillen Gesellschaft insbesondere die Pflicht des Inhabers, das Gesellschaftsverhältnis mit dem Stillen geheim zu halten.[1571] Das in den §§ 112 f. HGB geregelte Wettbewerbsverbot findet bei der typischen stillen Beteiligung keine Anwendung.[1572]

Der Geschäftsinhaber ist dem stillen Gesellschafter schließlich **rechenschaftspflichtig** (§§ 713, 666 BGB).

Teilnahme- und Informationsrechte spielen für den Geschäftsinhaber aufgrund seines Rechts zur Geschäftsführung keine Rolle. Das Gleiche gilt für die Vermögensrechte, da bei der stillen Gesellschaft kein Gesamthandsvermögen gebildet wird.[1573]

1561 K. Schmidt JuS 2003, 228, 231.
1562 MünchKomm-HGB/K. Schmidt § 230 Rn. 180; Oetker/Wedemann § 230 Rn. 81; **a.A.** Ensthaler/Fahse/Gesmann-Nuissl § 230 Rn. 51.
1563 Ensthaler/Fahse/Gesmann-Nuissl § 230 Rn. 44.
1564 Hier und zum Folgenden: Ensthaler/Fahse/Gesmann-Nuissl § 230 Rn. 45.
1565 BFH, Urt. v. 30.10.2001 – VIII R 15/01, DStR 2002, 123, 124.
1566 Zu solchen **Grundlagengeschäften** können die Änderung des Gegenstandes des Unternehmens, die Verpachtung oder die Veräußerung des Unternehmens oder gar die Einstellung des Geschäftsbetriebes zählen (BGH, Urt. v. 21.04.1980 – II ZR 144/79, BB 1980, 958, 959; BGH, Urt. v. 29.06.1987 – II ZR 173/86, NJW 1988, 413, 414).
1567 BGH, Urt. v. 29.06.1987 – II ZR 173/86, NJW 1988, 413, 414; Oetker/Wedemann § 230 Rn. 79.
1568 Oetker/Wedemann § 230 Rn. 84.
1569 Agiert der Inhaber außerhalb des Gesellschaftsverhältnisses oder tritt er dem stillen Gesellschafter wie ein Dritter gegenüber, gilt der allgemeine Sorgfaltsmaßstab des § 276 BGB (Ensthaler/Fahse/Gesmann-Nuissl § 230 Rn. 53; Oetker/Wedemann § 230 Rn. 84); dieser gilt auch bei Publikumsgesellschaften, weil bei diesen kein besonderes Vertrauensverhältnis besteht (BGH, Urt. v. 14.11.1994 – II ZR 160/93, NJW 1995, 1353, 1357 – zur Publikums-KG. Ist Geschäftsinhaber eine GmbH, findet § 43 Abs. 1 GmbHG Anwendung, sodass der Geschäftsführer die Geschäfte wie ein „ordentlicher Kaufmann" zu führen hat (BGH, a.a.O.).
1570 Ensthaler/Fahse/Gesmann-Nuissl § 230 Rn. 52.
1571 Ensthaler/Fahse/Gesmann-Nuissl § 230 Rn. 49; Oetker/Wedemann § 230 Rn. 83.
1572 Ensthaler/Fahse/Gesmann-Nuissl § 230 Rn. 49.
1573 Oetker/Wedemann § 230 Rn. 71.

4. Abschnitt: Rechte und Pflichten des stillen Gesellschafters

Die Rechte des typischen stillen Gesellschafters setzen sich aus den **Informationsrechten** (Kontrollrecht, § 233 HGB) und den **Vermögensrechten**, nämlich dem unabdingbaren (§ 231 Abs. 2 HGB) Anspruch auf den Gewinnanteil gemäß § 232 Abs. 1 HGB und dem Anspruch auf das Auseinandersetzungsguthaben nach § 235 HGB zusammen. Zudem hat der stille Gesellschafter ein **Lösungsrecht** in Gestalt eines Rechts zur ordentlichen bzw. außerordentlichen Kündigung (§ 234 Abs. 1 HGB). 381

Die Pflichten des stillen Gesellschafters bestehen im Wesentlichen im Leisten seiner **Einlage** und in der **Treuepflicht**.[1574] Eine Verlustbeteiligung hat er nur zu tragen, sofern dies vereinbart ist. Eine Nachschusspflicht besteht grundsätzlich nicht.[1575]

5. Abschnitt: Verfügung über Gesellschafterrecht

Die stille Beteiligung, d.h. die **Mitgliedschaft**, kann nur mit Zustimmung des Geschäftsinhabers durch Abtretung gemäß §§ 413, 398 BGB übertragen werden. Bei einer solchen Übertragung wird kein neuer Gesellschaftsvertrag geschlossen, sondern die Mitgliedschaft geht auf den Erwerber unter Wahrung der Identität der bestehenden stillen Gesellschaft über, ohne dass § 399 BGB entgegensteht.[1576] Die stille Beteiligung lässt sich auch verpfänden (§§ 1273, 1274 Abs. 1 BGB).[1577] An ihr lässt sich auch ein Nießbrauch bestellen (§§ 1068, 1069 Abs. 1 BGB), soweit die Mitgliedschaft übertragbar ist (§ 1069 Abs. 2 BGB).[1578] 382

Einzelne Gesellschafterrechte sind grundsätzlich[1579] nicht übertragbar (§ 717 Abs. 1 BGB). Abweichendes gilt für Ansprüche aus der Gewinnbeteiligung sowie Ansprüche auf das künftige Auseinandersetzungsguthaben, die ohne Weiteres abtretbar sind (§ 717 S. 2 BGB). Die übertragbaren Rechte lassen sich verpfänden (§§ 1273, 1274 Abs. 1 BGB), die unübertragbaren nicht (§ 1274 Abs. 2 BGB).[1580]

6. Abschnitt: Das Außenverhältnis zu Dritten

Die stille Gesellschaft ist als Innengesellschaft nicht rechts-, partei- und prozessfähig.[1581] Im Außenverhältnis gegenüber Dritten handelt der Geschäftsinhaber. Er ist Träger des Unternehmens. Deshalb wird aus den in dem Betrieb geschlossenen Geschäften allein der Inhaber berechtigt und verpflichtet (§ 230 Abs. 2 HGB). 383

Die **Haftung im Außenverhältnis** trifft, sofern nicht im Einzelfall mit dem jeweiligen Dritten etwas anderes vereinbart ist,[1582] nur den Inhaber, nicht den stillen Gesellschaf-

---

1574 Die Treuepflicht ist bei einer typischen stillen Gesellschaft nur schwach ausgeprägt (Oetker/Wedemann § 230 Rn. 92). Ein Wettbewerbsverbot des Stillen lässt sich aus ihr i.d.R. nicht ableiten, Oetker/Wedemann § 230 Rn. 94).
1575 Ensthaler/Fahse/Gesmann-Nuissl § 230 Rn. 55.
1576 Oetker/Wedemann § 230 Rn. 99.
1577 Oetker/Wedemann § 230 Rn. 103.
1578 Oetker/Wedemann § 230 Rn. 102.
1579 § 717 Abs.1 BGB kann aber abbedungen werden (Ensthaler/Fahse/Gesmann-Nuissl § 230 Rn. 60.)
1580 Oetker/Wedemann § 230 Rn. 103.
1581 Hier und zum Folgenden: Oetker/Wedemann § 230 Rn. 96.
1582 Blaurock NZG 2010, 974, 974 f. mit den Beispielen Bürgschaft und Schuldbeitritt.

ter.[1583] Dies gilt auch bei der atypischen stillen Gesellschaft und selbst dann, wenn der Stille den Geschäftsbetrieb wirtschaftlich beherrscht und als eigentlicher Geschäftsherr anzusehen ist.[1584] Gläubiger des Inhabers können sich also nur an diesen wenden, nicht an den stillen Gesellschafter.[1585]

7. Abschnitt: Die Beendigung der stillen Gesellschaft

384 Die Beendigung der stillen Gesellschaft erfolgt durch ihre Auflösung nach § 234 HGB sowie §§ 132, 134 f. HGB und §§ 723, 726–728 BGB.[1586]

§ 234 Abs. 1 HGB enthält Regelungen zur **Auflösung** der stillen Gesellschaft **durch Kündigung**. Für die ordentliche Kündigung verweist § 234 Abs. 1 S. 1 HGB auf die §§ 132, 134, 135 HGB. Den Regeln des oHG-Rechts kommt damit Vorrang gegenüber § 723 BGB zu, mit der Folge, dass der stille Gesellschafter nicht jederzeit kündigen kann.[1587] Für die außerordentliche Kündigung nimmt § 234 Abs. 1 S. 2 HGB hingegen auf § 723 BGB Bezug; anders als bei der oHG bedarf es somit keiner gerichtlichen Entscheidung über die Auflösung aus wichtigem Grund.[1588]

Durch den **Tod des stillen Gesellschafters** wird die Gesellschaft nicht aufgelöst (**§ 234 Abs. 2 HGB**). In diesem Punkt unterscheidet sich das Recht der stillen Gesellschaft von demjenigen der GbR (§ 727 Abs. 1 BGB) und entspricht demjenigen der KG für Kommanditisten (§ 177 HGB). Es erfolgt allerdings keine Sondererbfolge wie bei oHG- oder KG-Anteilen; die stille Beteiligung wird vielmehr als Teil des Nachlasses vom Erben oder der Erbengemeinschaft fortgeführt.[1589]

Der **Tod des Geschäftsinhabers** führt demgegenüber nach § 727 Abs. 1 BGB zur Auflösung der stillen Gesellschaft, sofern im Gesellschaftsvertrag keine abweichende Regelung getroffen wurde.[1590]

Die stille Gesellschaft ist nicht rechtsfähig und hat kein eigenes (Gesamthands-)Vermögen. Sie ist deshalb auch nicht insolvenzfähig.[1591] Durch die **Insolvenz** des Geschäftsinhabers wird die stille Gesellschaft gemäß § 728 Abs. 2 S. 1 HGB zwingend (also unabdingbar) aufgelöst.[1592] Das Gleiche gilt für die Insolvenz des stillen Gesellschafters.[1593]

Bei einer stillen Gesellschaft bedarf es anders als bei der (Außen-GbR) keiner Abwicklung.[1594] Ihre **Auflösung zieht zugleich die Vollbeendigung nach sich**.[1595] Da bei ei-

---

1583 Hier und zum Folgenden: Oetker/Wedemann § 230 Rn. 97.
1584 BGH, Beschl. v. 01.03.2010 – II ZR 249/08, NZG 2010, 823, Rn. 10.
1585 Die Gläubiger können jedoch Ansprüche des Geschäftsinhabers gegen den stillen Gesellschafter pfänden und sich zur Einziehung überweisen lassen (Ensthaler/Fahse/Gesmann-Nuissl § 230 Rn. 5).
1586 Ensthaler/Fahse/Gesmann-Nuissl § 230 Rn. 106.
1587 Hier und zum Folgenden: Oetker/Wedemann § 234 Rn. 1.
1588 Bei der oHG bedarf es einer Auflösungsklage gemäß § 133 HGB. Diese Vorschrift wird in § 234 Abs. 1 HGB gerade nicht für entsprechend anwendbar erklärt.
1589 Oetker/Wedemann § 234 Rn. 39.
1590 Ensthaler/Fahse/Gesmann-Nuissl § 234 Rn. 7; Oetker/Wedemann § 234 Rn. 29 f.
1591 Oetker/Wedemann § 234 Rn. 26.
1592 BAG, Urt. v. 19.03.2009, ZIP 2009, 1533, 1538.
1593 K. Schmidt KTS 1977, 1, 8; Ensthaler/Fahse/Gesmann-Nuissl § 234 Rn. 6; Oetker/Wedemann § 234 Rn. 26.
1594 Oetker/Wedemann § 234 Rn. 2.
1595 Hier und zum Folgenden: BGH, Urt. v. 08.12.2015 – II ZR 33/14, NZG 2016, 422, Rn. 9.

ner bloßen Innengesellschaft kein gesamthänderisch gebundenes Gesellschaftsvermögen vorhanden ist, kommt eine Liquidation wie bei einer (teil)rechtsfähigen Personen(handels)gesellschaft nicht in Betracht. Insbesondere hat die stille Gesellschaft keine Verbindlichkeiten, die im Rahmen einer Liquidationsphase vorrangig zu erfüllen sein könnten. Die Abwicklung einer stillen Gesellschaft ähnelt nur insoweit der Liquidation einer rechtsfähigen Personen(handels)gesellschaft, als der stille Gesellschafter nach der Auflösung lediglich noch einen schuldrechtlichen Anspruch gegen den Inhaber des Handelsgeschäfts auf Auszahlung seines Abfindungsguthabens hat, bei dem die Einzelansprüche der Gesellschafter aus dem stillen Gesellschaftsverhältnis unselbstständige Rechnungsposten der nach § 235 Abs. 1 HGB vorzunehmenden Auseinandersetzungsrechnung sind und daher grundsätzlich[1596] nicht mehr selbstständig geltend gemacht werden können. Der Anspruch auf Zahlung eines Auseinandersetzungsguthabens des stillen Gesellschafters entsteht ebenso wie der Verlustausgleichsanspruch mit der Beendigung der stillen Gesellschaft und kann nach seiner Fälligkeit geltend gemacht bzw. mit einer Klage durchgesetzt werden (§ 271 BGB).[1597] Wird eine stille Gesellschaft aufgelöst, sind die stillen Gesellschafter zur Rückzahlung der ihnen zugeflossenen gewinnunabhängigen Ausschüttungen an den Geschäftsinhaber verpflichtet, wenn dieser Rückzahlungsanspruch im Gesellschaftsvertrag geregelt ist.[1598]

Mit der Auflösung der stillen Gesellschaft enden die Mitgliedschaft und alle damit verbundenen Rechte und Pflichten. Der stille Teilhaber partizipiert noch an den Gewinnen aus schwebenden Geschäften (§ 235 Abs. u. 3 HGB), nicht aber an künftigen Gewinnen.[1599] Die Abwicklung der schwebenden Geschäfte erfolgt außerhalb der auf den Auflösungszeitpunkt zu erstellenden Auseinandersetzungsrechnung, wie sich aus § 235 Abs. 2 und 3 HGB ergibt.[1600]

Nach Beendigung der stillen Gesellschaft hat der stille Gesellschafter eine rückständige Einlage im Allgemeinen nur bis zur Höhe seines Verlustanteils zu erbringen (§§ 232 Abs. 2, 236 Abs. 2 HGB).[1601] Anderes gilt jedoch dann, wenn die vom stillen Gesellschafter übernommene Einlage nach den getroffenen Vereinbarungen Eigenkapitalcharakter für den Geschäftsinhaber hat und deshalb auch bei Auflösung der stillen Gesellschaft erbracht werden muss, soweit sie für die Befriedigung der Gläubiger des Geschäftsinhabers benötigt wird. In diesem Fall ist die Einlage auch bei Beendigung der stillen Gesellschaft noch in vollem Umfang zu entrichten, weil sie als Teil der Eigenkapitalgrundlage des Geschäftsinhabers dessen Gläubigern als Haftungsmasse zur Verfügung stehen muss.

In der Insolvenz des Geschäftsinhabers stehen die Forderungen des stillen Gesellschafters in einem solchen nach § 39 Abs. 1 Nr. 5 InsO einem Gesellschafterdarlehen im Nachrang gleich, mit der Folge, dass Auszahlungen an ihn im Falle der Insolvenz des Geschäftsherrn (insbesondere nach § 135 InsO) anfechtbar sein können.[1602]

1596 Ausnahmsweise können Einzelansprüche separat geltend gemacht werden, wenn dadurch das Ergebnis der Auseinandersetzung (teilweise) in zulässiger Weise vorweggenommen wird und insbesondere die Gefahr von Hin- und Herzahlungen nicht besteht (BGH, Urt. v. 03.02.2015 – II ZR 335/13, NZG 2015, 674, Ls.).
1597 BGH, Urt. v. 06.12.2016 – II ZR 140/15, NZG 2017, 339, Rn. 14.
1598 BGH, Urt. v. 20.09.2016 – II ZR 120/15, NZG 2016, 1380, Ls.
1599 Oetker/Wedemann § 234 Rn. 2.
1600 BGH, Urt. v. 08.12.2015 – II ZR 33/14, NZG 2016, 422, Rn. 10.
1601 Hier und zum Folgenden: BGH, Urt. v. 16.05.2017 – II ZR 284/15, NZG 2017, 907, Rn. 10.
1602 BGH, Urt. v. 20.09.2016 – II ZR 139/15, BeckRS 2016, 19733, Rn. 16; Haas/Vogel, NZI 2012, 875, 877; Mylich, WM 2013, 1010, 1013 f.

8. Abschnitt: Die atypische stille Gesellschaft

385 Nach §§ 231, 232 HGB nimmt der Stille als reiner Kapitalgeber im Zweifel am Gewinn und Verlust des Handelsgeschäfts teil (typische stille Gesellschaft).[1603] Das stille Gesellschaftsverhältnis kann aber nach § 311 Abs. 1 BGB **vom gesetzlichen Leitbild der §§ 230 ff. HGB abweichend** auch in der Weise ausgestaltet werden, dass dem stillen Teilhaber **weitergehende Rechte und Pflichten** eingeräumt werden. Dann spricht man von einer atypischen stillen Gesellschaft.

Dem stillen Teilhaber können beispielsweise über die Kontrollrechte des § 233 HGB hinausgehende Informations- und Mitspracherechte (z.B. Widerspruchsrechte, Zustimmungsvorbehalte) eingeräumt werden. Er kann auch an der Geschäftsführung beteiligt werden. Weiterhin kann vereinbart werden, dass das gesamte (auch das vor der Einlage des Stillen vorhandene) Geschäftsvermögen obligatorisch – nicht dinglich! – als gemeinsames Vermögen von Inhaber und Stillem behandelt wird.[1604]

[1603] Hier und zum Folgenden: Ensthaler/Fahse/Gesmann-Nuissl § 230 Rn. 2, 62.
[1604] Der Stille ist dann bei der Auseinandersetzung so zu stellen, als wäre er am ganzen Geschäftsvermögen gesamthänderisch beteiligt gewesen.

9. Teil: Die Partnerschaftsgesellschaft (PartG)

Die Angehörigen freier Berufe üben kein Gewerbe i.S.d. HGB aus. Schon aus diesem Grund können sie keine oHG oder KG zum Zweck der gemeinsamen Berufsausübung gründen. Auch aus berufsständischen Gründen scheidet häufig die Gründung einer Handelsgesellschaft aus.[1605] Angehörige freier Berufe können sich aber zu einer Partnerschaft zusammenschließen. Die Partnerschaftsgesellschaft (PartG) ist eine **Personengesellschaft**, in der sich Angehörige freier Berufe (vgl. hierzu § 1 Abs. 2 PartGG) zur Ausübung ihrer freien Berufe zusammenschließen (§ 1 Abs. 1 S. 1 PartGG). Die PartG übt kein Handelsgewerbe aus (§ 1 Abs. 1 S. 2 PartGG). **Gesellschafter**[1606] einer PartG **können nur natürliche Personen sein.** 386

Auf die PartG finden, soweit im PartGG nichts anderes bestimmt ist, die Vorschriften zur GbR (§§ 705 ff. BGB) Anwendung (§ 1 Abs. 4 PartGG). Deshalb kann zunächst grundlegend auf die vorstehenden Ausführungen zur GbR verwiesen werden.[1607] Im Übrigen gelten für die PartG insbesondere folgende Besonderheiten:

Die Partnerschaft entsteht mit dem Abschluss des Gesellschaftsvertrages. Das Gesetz nennt ihn **Partnerschaftsvertrag**. Dieser bedarf der Schriftform (§ 3 Abs. 1 PartGG) und muss den Namen (§ 2 PartGG) und den Sitz der PartG, den Namen, ausgeübten Beruf und Wohnort jedes Partners sowie den Gegenstand der PartG enthalten (§ 3 Abs. 2 PartGG). Die PartG ist bei dem zuständigen Amtsgericht zur Eintragung in das Partnerschaftsregister anzumelden (vgl. §§ 4, 5 PartGG). Mit der Eintragung in das Partnerschaftsregister entsteht die PartG im Verhältnis zu Dritten (§ 7 Abs. 1 PartGG). Die Eintragung wirkt also konstitutiv.[1608] 387

Dem **Rechtsverhältnis der Partner untereinander** widmet sich § 6 PartGG. Die Partner erbringen ihre beruflichen Leistungen unter Beachtung des für sie geltenden Berufsrechts (§ 6 Abs. 1 PartGG). Einzelne Partner können im Partnerschaftsvertrag nur von der Führung der sonstigen Geschäfte ausgeschlossen werden (§ 6 Abs. 2 PartGG). Damit ist gemeint, dass die Partner nur insoweit von der Geschäftsführung ausgeschlossen werden dürfen, wie nicht ihre eigenen freiberuflichen Leistungen betroffen sind.[1609] Im Übrigen richtet sich das Rechtsverhältnis der Partner nach dem Partnerschaftsvertrag (§ 6 Abs. 3 S. 1 PartGG). Soweit dieser keine Bestimmungen enthält, sind die §§ 110–116 Abs. 2, 117–119 HGB aus dem Recht der oHG entsprechend anzuwenden (§ 6 Abs. 3 HGB). 388

Auf das **Außenverhältnis der Partnerschaft zu Dritten** findet § 124 HGB entsprechende Anwendung (§ 7 Abs. 2 PartGG). Die Partnerschaft ist damit zwar keine juristische Person, sie kann aber unter ihrem Namen Rechte erwerben, Verbindlichkeiten eingehen und vor Gericht klagen und verklagt werden. Die Vertretung der Partnerschaft entspricht im Wesentlichen der der oHG; § 7 Abs. 3 PartGG verweist auf die §§ 125 Abs. 1, 2 389

[1605] Auch die Berufsausübung in der Partnerschaft kann in Vorschriften über einzelne Berufe ausgeschlossen oder von weiteren Voraussetzungen abhängig gemacht werden (§ 1 Abs. 3 PartGG).
[1606] § 1 Abs. 1 S. 3 PartG spricht von „Angehörigen". Im Übrigen werden die Gesellschafter der PartG im PartGG als „Partner" bezeichnet.
[1607] Siehe Rn. 116 ff.
[1608] Bitter/Heim § 8 Rn. 1. Vor Eintragung ist die Partnerschaft eine GbR.
[1609] Bitter/Heim § 8 Rn. 1.

und 4 sowie die §§ 126 und 127 HGB. Danach besteht grundsätzlich Einzelvertretungsmacht jedes Partners.

Für die Verbindlichkeiten der Partnerschaft **haften** den Gläubigern neben dem Vermögen der rechtsfähigen PartG die Partner als Gesamtschuldner (§ 8 Abs. 1 PartGG). Die §§ 129, 130 HGB sind entsprechend anzuwenden (§ 8 Abs. 1 S. 2 PartGG). Im Grundsatz entspricht die Haftungsverfassung der PartG damit derjenigen der GbR und der oHG.[1610] Das PartGG enthält jedoch hiervon abweichende Modifikationen. Nach § 8 Abs. 2 PartGG haften die Partner nur dann für berufliche Fehler, wenn sie selbst mit der Bearbeitung eines Auftrags der PartG befasst waren („Handelndenhaftung"[1611]); dabei ist eine „Befassung" zu verneinen, wenn der Partner nur Bearbeitungsbeträge von untergeordneter Bedeutung geleistet hat. Darauf, ob ein Partner selbst fehlerhaft gehandelt bzw. eine Überwachungspflicht verletzt hat, kommt es nicht für die verschuldensunabhängige Handelndenhaftung im Außenverhältnis, sondern ausschließlich für das Innenverhältnis der Haftenden nach § 426 BGB an.[1612]

Nach § 8 Abs. 3 PartGG besteht die Möglichkeit, die Haftung der Partner für Ansprüche aus Schäden wegen fehlerhafter Berufsausübung auf einen bestimmten Höchstbetrag zu beschränken, wenn durch Gesetz zugleich eine Pflicht zum Abschluss einer Berufshaftpflichtversicherung der Partner oder der Partnerschaft begründet wird. § 8 Abs. 4 S. 1 PartGG ermöglicht zudem eine Beschränkung der Haftung für Verbindlichkeiten der PartG aus Schäden wegen fehlerhafter Berufsausübung auf das Gesellschaftsvermögen, wenn die Partnerschaft eine zu diesem Zweck durch Gesetz vorgegebene Berufshaftpflichtversicherung unterhält.[1613] Der Name der PartG muss dann den Zusatz „mit beschränkter Haftung" oder „mbB" oder eine andere allgemein verständliche Abkürzung dieser Bezeichnung enthalten (§ 8 Abs. 4 S. 3 Hs. 1 PartGG). Die gesamtschuldnerische Haftung der Partner für sonstige, nicht auf beruflichen Fehlern beruhende Verbindlichkeiten der PartG (Büromiete, Arbeitsverhältnisse etc.) bleibt jedoch bestehen.

390 Für den Fall des **Ausscheidens eines Partners** gilt grundsätzlich das oHG-Recht (§ 9 Abs. 1 PartGG i.V.m. §§ 131–144 HGB). Es bestehen nur wenige Abweichungen: Der Partner scheidet gemäß § 9 Abs. 3 PartGG auch dann aus der PartG aus, wenn er die für die Ausübung seines freien Berufs erforderliche Zulassung verliert. Die Beteiligung an der Partnerschaft ist grundsätzlich nicht vererblich; im Partnerschaftsvertrag kann sie jedoch an einen Dritten vererblich gestellt werden, wenn dieser einen freien Beruf i.S.d. PartGG ausübt (§ 9 Abs. 4 S. 1 PartGG). § 139 HGB ist dann nur insoweit anzuwenden, als der Erbe der Beteiligung befugt ist, seinen Austritt aus der Gesellschaft zu erklären (§ 9 Abs. 4 S. 2 PartGG). Die Nachhaftung des Ausscheidenden richtet sich nach den §§ 159, 160 HGB (§ 10 Abs. 2 PartGG).

391 Die **Auflösung und Liquidation der Partnerschaft** erfolgen nach dem Recht der oHG (§§ 9 Abs. 1, 10 Abs. 1 PartGG). Insoweit kann auf die dortigen Ausführungen verwiesen werden.[1614]

1610 Vgl. Rn. 267 ff. für die GbR und Rn. 301 ff. für die oHG.
1611 MünchKomm-BGB/Ulmer/Schäfer § 8 PartGG Rn. 1 u. 14 ff.
1612 MünchKomm-BGB/Ulmer/Schäfer § 8 PartGG Rn. 19.
1613 § 51 a BRAO enthält beispielsweise die Anforderungen an eine Berufshaftpflichtversicherung einer Partnerschaft von Rechtanwälten. Die Mindestversicherungssumme beträgt danach 2,5 Mio. € für jeden Versicherungsfall (§ 51a Abs. 2 S. 1 BRAO). Entsprechende Regelungen gibt es für Patentanwälte (§ 45 a PatAO), Wirtschaftsprüfer (§ 54 Abs. 1 WPO) und Steuerberater (§ 76 Abs. 2 StBerG).
1614 Vgl. Rn. 317 ff.

10. Teil: Die Grundzüge des Umwandlungsrechts

Die bei Gründung einer Gesellschaft gewählte Rechtsform kann im Laufe der Zeit nicht mehr zu den Bedürfnissen der Gesellschafter passen. Aus unterschiedlichsten Gründen kann es sinnvoll erscheinen, das Unternehmen neu auszurichten und beispielsweise die Rechtsform zu ändern und/oder sich mit anderen Unternehmen zusammenzuschließen. Dem dient das Umwandlungsrecht. Es regelt die Reorganisation und Umstrukturierung von Unternehmen.[1615] Umwandlungen sind definiert als Vorgänge, bei denen sich die Vermögenszuordnung und/oder die Rechtsform des Vermögensträgers ändern. Hierzu zählen zunächst die im Umwandlungsgesetz (UmwG) aufgeführten Vorgänge. Es existieren jedoch auch außerhalb des UmwG weitere rechtliche Möglichkeiten, Umwandlungen herbeizuführen.

392

1. Abschnitt: Umwandlungen nach dem UmwG

A. Umwandlungsarten nach dem UmwG

Das UmwG erfasst nur diejenigen Umwandlungsvorgänge, die dort enumerativ aufgeführt sind (vgl. § 1 Abs. 2 UmwG: **numerus clausus** der Umwandlungsvorgänge nach dem UmwG). Nach § 1 Abs. 1 UmwG können Rechtsträger mit Sitz im Inland umgewandelt werden durch

393

- Verschmelzung (Zusammenlegung mehrerer Rechtsträger, §§ 2–122 UmwG);
- Spaltung (Aufteilung eines Rechtsträgers, §§ 123–173 UmwG);
- Vermögensübertragung (§§ 174–189 UmwG);
- Formwechsel (Änderung der Rechtsform eines Rechtsträgers, §§ 190–304 UmwG).

An jeder dieser Umwandlungsarten dürfen Rechtsträger nur in bestimmten Kombinationen als Ausgangs- und Zielrechtsträger beteiligt sein (vgl. §§ 3, 124, 175, 191 UmwG).

I. Verschmelzung

Bei der Verschmelzung werden mehrere Rechtsträger zusammengelegt. Es handelt sich um eine **übertragende Umwandlung**, bei der alle erfassten Vermögensgegenstände des oder der übertragenden Rechtsträger (Ausgangsrechtsträger) im Zeitpunkt der Eintragung der Umwandlung im Wege der **Gesamtrechtsnachfolge** (Universalsukzession) auf den übernehmenden Rechtsträger (Zielrechtsträger) übergehen (§ 20 Abs. 1 Nr. 1 UmwG).

394

Im Unterschied zur Spaltung geht das gesamte Vermögen der Ausgansrechtsträger auf den Zielrechtsträger über („totale Gesamtrechtsnachfolge"). Aus diesem Grund findet **keine Abwicklung der Ausgangsrechtsträger** statt; sie werden vielmehr im Zuge der Umwandlung ohne Weiteres aufgelöst.

Die Gegenleistung für die Vermögensübertragung besteht bei der Verschmelzung darin, dass den Anteilsinhabern der Ausgangsrechtsträger Anteile oder Mitgliedschaften am Zielrechtsträger gewährt werden. Das **Umtauschverhältnis** (der „Preis") orientiert

---

[1615] Hier und zum Folgenden: Hofmann/Riethmüller, JA 2009, 481 ff.

sich dabei an den jeweiligen Unternehmenswerten und ist grundsätzlich zwischen den Parteien frei verhandelbar.

Um die Gegenleistung an die Anteilsinhaber der Ausgangsrechtsträger erbringen zu können, muss der Zielrechtsträger ggf. eine Kapitalerhöhung unter Ausschluss des Bezugsrechts durchführen (vgl. §§ 66–69 UmwG, 182 ff. AktG, 55 ff. GmbHG).

Die Verschmelzung existiert in zwei Formen:

Bei der **Verschmelzung zur Aufnahme** (§ 2 Nr. 1 UmwG) existiert der Zielrechtsträger bereits.

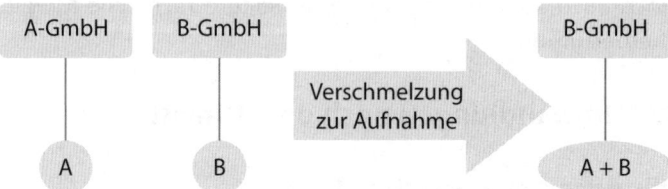

Die Gesellschafter der A-GmbH werden im Gegenzug an der B-GmbH beteiligt.

Bei der **Verschmelzung zur Neugründung** (§ 2 Nr. 2 UmwG) wird der Zielrechtsträger im Zuge der Umwandlung neu gegründet.

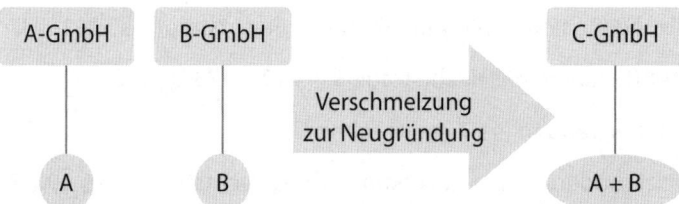

Die Gesellschafter der A-GmbH und der B-GmbH werden im Gegenzug an der neu gegründeten C-GmbH beteiligt.

II. Spaltung

395 Bei der Spaltung wird das Vermögen des Ausgangsrechtsträgers oder Teile davon auf den oder die Zielrechtsträger übertragen. Ebenso wie die Verschmelzung ist auch die Spaltung eine **übertragende Umwandlung**.

Der Vermögensübergang erfolgt im Wege der **partiellen Gesamtrechtsnachfolge**: Nicht das gesamte Vermögen des Ausgangsrechtsträgers wird übertragen, sondern nur ein Teil, der hinreichend genau bestimmt sein muss (vgl. § 126 Abs. 1 Nr. 9 UmwG).

Die **Gegenleistung** für die Vermögensübertragung besteht auch bei der Spaltung darin, dass den Anteilsinhabern der Ausgangsrechtsträger oder dem Ausgangsträger selbst Anteile oder Mitgliedschaften am Zielrechtsträger gewährt werden.

Es gibt drei Unterarten der Spaltung, die wiederum jeweils zur Aufnahme und zur Neugründung durchgeführt werden können:

1. Aufspaltung

Bei der Aufspaltung (§ 123 Abs. 1 UmwG) wird das gesamte Vermögen des Ausgangsrechtsträgers auf mehrere Zielrechtsträger aufgeteilt und der Ausgangsrechtsträger ohne Abwicklung aufgelöst.

Bei der **Aufspaltung zur Aufnahme** geht das Vermögen des Ausgangsrechtsträgers zu Teilen auf verschiedene bereits existierende Zielrechtsträger über.

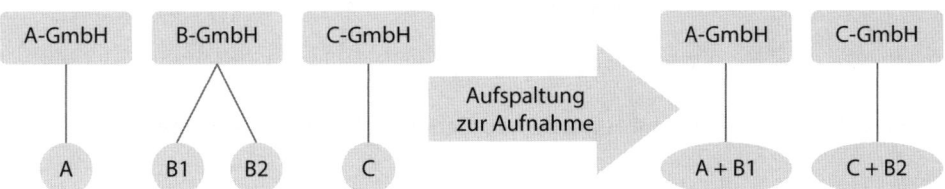

Die Gesellschafter der B-GmbH werden im Gegenzug sowohl an der A-GmbH als auch an der C-GmbH beteiligt.

Bei der **Aufspaltung zur Neugründung** geht das Vermögen des Ausgangsrechtsträgers zu Teilen auf verschiedene neu gegründete Zielrechtsträger über.

Die Gesellschafter der A-GmbH werden im Gegenzug sowohl an der B-GmbH als auch an der C-GmbH beteiligt.

2. Abspaltung

Bei der Abspaltung (§ 123 Abs. 2 UmwG) bleibt der Ausgangsrechtsträger in seiner Existenz bestehen. Es werden lediglich Teile seines Vermögens auf einen oder mehrere Zielrechtsträger übertragen. Die Gegenleistung besteht darin, dass Anteile oder Mitgliedschaften am Zielrechtsträger an die Anteilseigner des Ausgangsrechtsträgers gewährt werden.

Bei der **Abspaltung zur Aufnahme** geht ein Teil des Vermögens des Ausgangsrechtsträgers auf den bereits existierenden Zielrechtsträger über.

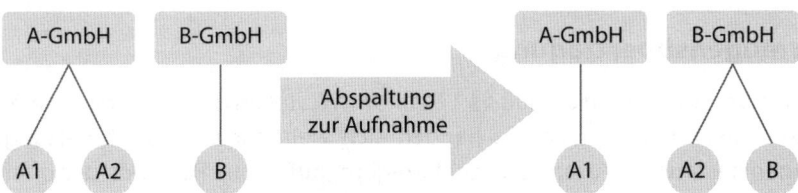

Die Gesellschafter der A-GmbH werden im Gegenzug an der B-GmbH beteiligt.

401 Bei der **Abspaltung zur Neugründung** geht ein Teil des Vermögens des Ausgangsrechtsträgers auf einen neu gegründeten Zielrechtsträger über.

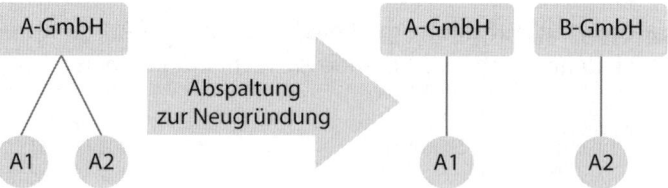

Die Gesellschafter der A-GmbH werden im Gegenzug an der B-GmbH beteiligt.

3. Ausgliederung

402 Bei der Ausgliederung (§ 123 Abs. 3 UmwG) bleibt der Ausgangsrechtsträger in seiner Existenz bestehen. Es werden lediglich Teile seines Vermögens auf einen oder mehrere Zielrechtsträger übertragen. Der Ausgangsrechtsträger erhält hierfür selbst die Anteile am Zielrechtsträger.

403 Bei der **Ausgliederung zur Aufnahme** geht ein Teil des Vermögens des Ausgangsrechtsträgers auf den bereits existierenden Zielrechtsträger über.

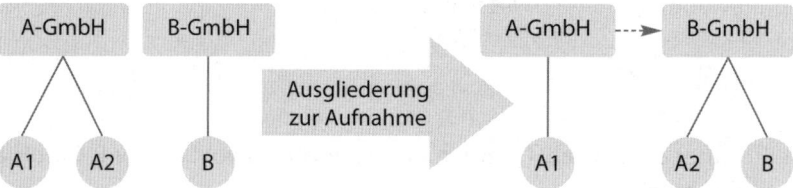

404 Bei der **Ausgliederung zur Neugründung** geht ein Teil des Vermögens des Ausgangsrechtsträgers auf einen neu gegründeten Zielrechtsträger über.

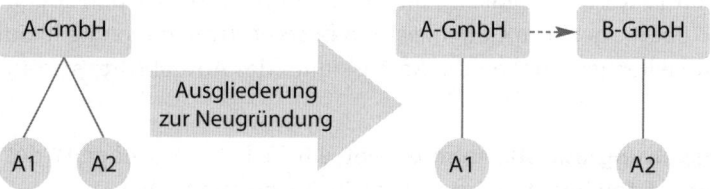

III. Vermögensübertragung

405 Vermögensübertragungen gemäß §§ 174 ff. UmwG stellen der Sache nach keine eigenständige Umwandlungsart dar. Es handelt sich vielmehr um Verschmelzungen und Spaltungen bestimmter Arten von Rechtsträgern (juristische Personen des öffentlichen

Rechts und Versicherer), denen für die Vermögensübertragung im Ganzen keine Anteile oder Mitgliedschaften am Zielrechtsträger, sondern nur anderweitige Gegenleistungen gewährt werden dürfen (vgl. § 174 Abs. 1 UmwG). Eine Vermögensübertragung zur Neugründung ist ebenfalls nicht möglich.

IV. Formwechsel

Beim Formwechsel (§§ 190 ff. UmwG) handelt es sich um die **einzige nicht übertragende Umwandlungsart**. Der Rechtsträger bleibt erhalten. Er wechselt lediglich sein „Rechtskleid".

406

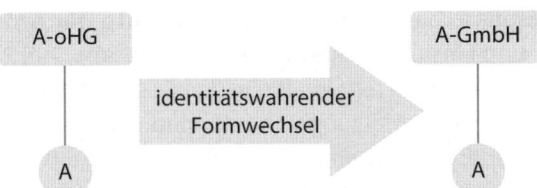

Der Rechtsträger bleibt erhalten, eine Vermögensübertragung findet nicht statt. Es wird unter Wahrung der Identität die Gesellschaftsform gewechselt.

B. Das Verfahren nach dem UmwG

Bei allen Umwandlungsarten lässt sich das Umwandlungsverfahren in **drei Phasen** unterteilen: Die Vorbereitungsphase, die Beschlussfassung und den Vollzug.

407

Bei den übertragenden Umwandlungsarten der Verschmelzung und Spaltung ist das Umwandlungsverfahren weitgehend identisch ausgestaltet. Das Verfahren des Formwechsels weicht hiervon insbesondere in der Vorbereitungsphase ab: Ein Umwandlungsvertrag und eine Umwandlungsprüfung gibt es hier grundsätzlich nicht.

I. Vorbereitungsphase

Die Vorbereitungsphase besteht aus **vier Elementen**: Abschluss des Umwandlungsvertrages, Erstellung des Umwandlungsberichts, Durchführung der Umwandlungsprüfung und Information der Anteilsinhaber.

408

Bei Verschmelzungen und Spaltungen muss zunächst ein **Umwandlungsvertrag** zwischen den an der Umwandlung beteiligten Rechtsträgern geschlossen und notariell beurkundet werden (§§ 4, 5, 36 Abs. 1, 126 UmwG). Dieser Vertrag legt die Konditionen der Umwandlung im Verhältnis zwischen den an der Umwandlung beteiligten Rechtsträgern fest.

Bei der Spaltung zur Neugründung ist der Umwandlungsvertrag mangels Vertragspartners gemäß § 136 UmwG durch einen Spaltungsplan ersetzt.

Bei Verschmelzungen und Spaltungen ist von den Vertretungsorganen der beteiligten Rechtsträger ein schriftlicher **Umwandlungsbericht** anzufertigen. Dieser soll den Umwandlungsvorgang aufzeigen und erklären. Außerdem sind bei Verschmelzungen, Aufspaltungen und Abspaltungen das Umtauschverhältnis der Anteile und ein etwaiges

Abfindungsgebot (§§ 29 ff. UmwG) rechtlich und wirtschaftlich darzulegen. All dies dient der Information der Anteilseigner.

Der Umwandlungsvorgang muss durch unabhängige Sachverständige (Verschmelzungs- bzw. Spaltungsprüfer) darauf geprüft werden, ob das Umtauschverhältnis der Anteile angemessen ist (§§ 9–12 UmwG). Eine **Umwandlungsprüfung** ist allerdings nicht in allen Verschmelzungs- und Spaltungsfällen vorzunehmen. Bei der Ausgliederung ist sie entbehrlich (§ 125 S. 2 UmwG); im Übrigen findet sie für die an der Verschmelzung, Aufspaltung oder Abspaltung beteiligten Rechtsträger nur statt, soweit dies rechtsformspezifisch in den besonderen Vorschriften des zweiten bzw. dritten Buches des UmwG vorgesehen ist.

In der Vorbereitungsphase bestehen **Informationsrechte der Anteilsinhaber**, insbesondere Auskunfts- und Einsichtsrechte (vgl. etwa §§ 49 Abs. 2 u. 3 UmwG). Umwandlungsverträge und -berichte sind regelmäßig in den Geschäftsräumen der betreffenden Gesellschaft auszulegen. Die Verletzung von Informationsrechten kann zur Angreifbarkeit des Umwandlungsbeschluss führen.

II. Beschlussfassung

409 Der Umwandlungsvertrag wird nur wirksam und damit bindend, wenn die Anteilsinhaber der beteiligten Rechtsträger ihm durch einen **notariell zu beurkundenden Beschluss** zustimmen. Dieser Beschluss kann nur **in einer Versammlung der Anteilsinhaber** gefasst werden (§§ 13 Abs. 1 u. 3, 36 Abs. 1 UmwG). Die Mehrheitserfordernisse sind rechtsformabhängig (§§ 50 Abs. 1, 65 Abs. 1, 73, 84, 96, 103 UmwG).

Ein **Schutz überstimmter Anteilsinhaber** kommt im Barabfindungsangebot um Ausdruck (§§ 29 ff., 36 Abs. 1, 125, 135 Abs. 1 UmwG). Ein Recht auf Abfindung hat jeder betroffene Anteilsinhaber, der gegen den Umwandlungsbeschluss des übertragenden Rechtsträgers Widerspruch zur Niederschrift erklärt oder an einem solchen Widerspruch unverschuldet gehindert ist. Dem Minderheitenschutz dient ferner die Möglichkeit der Klage gegen die Wirksamkeit des Umwandlungsbeschlusses gemäß §§ 14 Abs. 1, 36 Abs. 1, 125, 135 Abs. 1 UmwG. Eine solche Klage kann allerdings nicht darauf gestützt werden, dass das Umtauschverhältnis der Anteile zu niedrig bemessen ist oder dass die Mitgliedschaft bei dem übernehmenden Rechtsträger kein ausreichender Gegenwert für die Anteile bzw. Mitgliedschaft an dem übertragenden Rechtsträger ist (vgl. § 14 Abs. 2 UmwG); in diesen Fällen kann (nur) in einem besonderen Spruchverfahren nach dem Spruchverfahrensgesetz (SpruchG) ein Ausgleich durch bare Zuzahlung gefordert werden (§ 15 Abs. 1 UmwG).

III. Vollzugsphase

410 Sind die vorgenannten Verfahrensschritte durchlaufen, können die zuständigen Vertretungsorgane der beteiligten Rechtsträger in einem Registerverfahren die erforderliche **Anmeldung zur Registereintragung** vornehmen (§§ 16, 129 UmwG). Hierfür bedarf es grundsätzlich einer sog. Negativerklärung, mit der die Vertretungsorgane dem Registergericht versichern, dass eine Klage gegen die Wirksamkeit des Umwandlungsbeschlusses nicht, nicht fristgerecht oder nicht erfolgreich erhoben worden ist. Ohne eine solche Erklärung trägt der Registerrichter die Umwandlung nur dann ein, wenn alle klageberechtigten Anteilsinhaber durch notariell beurkundete Erklärung auf eine Klage verzichten.

Einer Negativerklärung der Vertretungsorgane steht ein Unbedenklichkeitsbeschluss des Prozessgerichts gleich (§§ 16 Abs. 3, 36 Abs. 1, 125, 135 Abs. 1 UmwG).

IV. Wirkungen der Eintragung

Die Umwandlung wird mit ihrer **Eintragung** wirksam, und zwar bei der Verschmelzung mit der Eintragung in das Register am Sitz des übernehmenden Rechtsträgers und bei der Spaltung mit der Eintragung in das Register am Sitz des übertragenden Rechtsträgers (§§ 20 Abs. 1, 131 Abs. 1 UmwG).

411

Der **Vermögensübergang** vollzieht sich im Zeitpunkt der Eintragung: Bei der Verschmelzung gehen die Aktiva und Passiva des übertragenden Rechtsträgers im Wege der totalen Gesamtrechtsnachfolge, bei der Spaltung entsprechend der im Umwandlungsvertrag bzw. Spaltungsplan vorgesehenen Verteilung im Wege der partiellen Gesamtrechtsnachfolge auf den übernehmenden Rechtsträger über.

Verbindlichkeiten des übertragenden Rechtsträgers gehen durch eine Umwandlung also nicht verloren. Bei einer Sanierungsverschmelzung, bei der der aufnehmende für die Verpflichtungen des sanierungsbedürftigen aufgenommenen Rechtsträgers mit aufkommen muss, oder beim Formwechsel können sich aber Nachteile für die Gläubiger durch Veränderungen in den Haftungsbedingungen ergeben. Diesen Risiken wird zum **Schutz der Altgläubiger** dadurch begegnet, dass Gläubiger ggf. Ansprüche auf Sicherheitsleistung gemäß § 22 UmwG erhalten.

Dem **Arbeitnehmerschutz** dienen die §§ 322 ff. UmwG. Über den Verweis des § 324 UmwG findet insbesondere § 613 a Abs. 1 u. 4 BGB Anwendung, wodurch sichergestellt wird, dass die Arbeitnehmer in Umwandlungsfällen nicht schlechter gestellt sind als bei Betriebsübergängen durch Einzelrechtsübertragung.

Ein **Schutz der Neugläubiger**, deren Forderungen erst nach der Umwandung entstehen, wird dadurch erzielt, dass bei einer Verschmelzung oder Spaltung zur Neugründung das für den neu gegründeten Rechtsträger jeweils geltende Gründungsrecht anzuwenden ist (§§ 36 Abs. 2, 135 Abs. 2 UmwG).

2. Abschnitt: Umwandlungen außerhalb des UmwG

Es gibt auch außerhalb des UmwG Möglichkeiten, Umwandlungen herbeizuführen.

412

A. Gesetzliche Umwandlungstatbestände außerhalb des UmwG

Gesetzliche Umwandlungen außerhalb des UmwG sind zulässig (§§ 1 Abs. 2, 190 Abs. 2 UmwG).

413

Der häufigste Fall ist der **Formwechsel von GbR, oHG und KG untereinander**. Eine kleingewerbliche GbR, die nicht im Handelsregister eingetragen ist,[1616] wandelt sich unter Wahrung ihrer Identität in eine oHG oder KG um, sobald sie die Voraussetzungen eines vollkaufmännischen Handelsgewerbes[1617] erfüllt. Fallen diese Voraussetzungen weg, wandelt sich die oHG bzw. KG (wieder) in eine GbR. Diese gesetzliche Umwandlung erfolgt unabhängig vom Willen der Gesellschafter und ohne Publizitätsakt.

Beachte: Diese gesetzliche Umwandung ist Ausdruck des gesellschaftsrechtlichen Typenzwangs.[1618]

1616 Wäre dies der Fall, läge schon nach § 105 Abs. 2 HGB (i.V.m. § 161 Abs. 2 HGB) eine oHG oder KG vor (Kannkaufmann).
1617 Entscheidend ist, ob das Unternehmen nach Art oder Umfang einen in kaufmännischer Weise eingerichteten Geschäftsbetrieb erfordert oder nicht (vgl. § 1 Abs. 2 HGB).
1618 Siehe hierzu Rn. 4 ff.

In gleicher Weise wandelt sich eine KG in eine oHG um, wenn sämtliche Kommanditisten ausscheiden und mindestens zwei Komplementäre in der Gesellschaft verbleiben oder durch eine Änderung des Gesellschaftsvertrages die Haftungsbeschränkung aufgehoben wird. Umgekehrt wandelt sich eine oHG in eine KG um, wenn eine Haftungsbeschränkung für einzelne Gesellschafter eingeführt wird oder mindestens ein Kommanditist neu in die Gesellschaft eintritt.

Beachte: Ein gesetzlich geregelter Sonderfall der Umwandlung einer oHG in eine KG ist die Fortsetzung der Gesellschaft mit den Erben eines Gesellschafters, wenn diesen die Kommanditistenstellung eingeräumt wird (§ 139 Abs. 1 HGB).

Ein weiterer gesetzlicher Umwandlungstatbestand greift ein beim **Wegfall des vorletzten Gesellschafters einer Personengesellschaft**, soweit dieser nicht zur Liquidation führt. Da es im deutschen Recht eine Personengesellschaft mit nur einem Gesellschafter nicht gibt, erlischt die Gesellschaft und ihr Vermögen geht auf den letztverbleibenden Gesellschafter im Wege der Gesamtrechtsnachfolge über.

Beachte: Ein wichtiger Sonderfall ist die Verschmelzung einer GmbH & Co. KG auf ihre Komplementär-GmbH. Sobald der letzte Kommanditist ausscheidet, geht das Vermögen der KG kraft Gesetzes auf die als letzte Gesellschafterin der KG verbleibende GmbH über.

B. Umwandlungen mit den Mitteln des allgemeinen Gesellschafts- und Sachenrechts

414 Neben den gesetzlich ausdrücklich geregelten Umwandlungsvorgängen sind auch solche Umwandlungen zulässig, die sich mit den allgemeinen Mitteln des Gesellschafts- und Sachenrechts im Wege von **Einzelrechtsübertragungen** vollziehen. Das UmwG entfaltet insoweit keine Sperrwirkung. Nach allgemeinen Regeln können auch sämtliche Vermögensgegenstände eines Rechtsträgers einzeln auf einen anderen Rechtsträger übertragen werden. Dabei ist allerdings der sachenrechtliche Bestimmtheitsgrundsatz zu beachten, weil im Gegensatz zu den Umwandlungsfällen nach dem UmwG keine Gesamtrechtsnachfolge stattfindet. Zudem lassen sich die Verbindlichkeiten und Dauerschuldverhältnisse des übertragenden Rechtsträgers dann nur mit Zustimmung des jeweiligen Gläubigers bzw. Vertragspartners übertragen (§§ 414, 415 BGB).

Beachte: An dieser Stelle wird die **Vereinfachungsfunktion des gesetzlichen Umwandlungsrechts** deutlich. Bei übertragenden Umwandlungen nach dem UmwG erfolgt der Vermögensübergang im Wege der Gesamtrechtsnachfolge; alle erfassten Vermögensgegenstände gehen – ohne Einzelrechtsübertragungen – im Zeitpunkt der Eintragung der Umwandlung in das Register ohne Weiteres auf den Zielrechtsträger über. Beim Formwechsel (= nicht übertragende Umwandlung nach dem UmwG) findet die Umwandlung unter Wahrung der Identität des Rechtsträgers statt, sodass es auch hier keiner Einzelrechtsübertragungen bedarf.

C. Grenzüberschreitende Umwandlungen

415 Umwandlungen sind auch unter Beteiligung von Rechtsträgern unterschiedlicher Rechtsordnungen möglich. Zu diesen grenzüberschreitenden Umwandlungen zählen etwa die Gründung einer Societas Europaea (SE, auch „Europäische Aktiengesellschaft" genannt) durch Verschmelzung von mindestens zwei in verschiedenen europäischen Staaten ansässigen Kapitalgesellschaften (vgl. Art. 2 Abs. 1, 17–31 SE-VO[1619] und §§ 5–1

[1619] VO (EG) Nr. 2157/2001 v. 08.10.2001 über das Statut der Europäischen Gesellschaft, ABl. Nr. L 294 v. 10.11.2001, S. 1 ff.

SEAG[1620]). Auch die Gründung eine Europäischen Genossenschaft (Societas Cooperativa Europaea, SCE) kann durch grenzüberschreitende Verschmelzung erfolgen (Art. 2 Abs. 1, 19–34 SCE-VO[1621], §§ 5–9 SCEAG[1622]). Die §§ 122 a ff. UmwG ermöglichen – in Umsetzung einer europäischen Richtlinie[1623] – die Verschmelzung von Kapitalgesellschaften aus verschiedenen Mitgliedstaaten. Die Niederlassungsfreiheit[1624] ermöglicht auch grenzüberschreitende Spaltungen und Formwechsel.[1625]

1620 Deutsches SE-Ausführungsgesetz (SEAG) v. 22.12.2004, BGBl. 2004, S. 3675 ff.
1621 VO (EG) Nr. 1435/2003 v. 22.07.2003 über das Statut der Europäischen Genossenschaft (SCE), ABl. Nr. L 207 v. 18.08.2003, S. 1–24.
1622 Deutsches SCE-Ausführungsgesetz (SCEAG) v. 14.08.2006, BGBl. I 2006, S. 1911 ff.
1623 RL 2005/56/EG des Europäischen Parlaments und des Rates v. 26.10.2005, ABl. Nr. L 310 v. 25.11.2005, S. 1 ff.; vgl. dazu Oechsler NZG 2006, 161 ff.
1624 Siehe hierzu EuGH, Urt. v. 13.12.2005 – Rs. 411/03, ZIP 2005, 2311 – SEVIC.
1625 EuGH, Urt. v. 16.12.2008 – Rs. C-210/06, ZIP 2009, 24 – Cartesio.

Stichwortverzeichnis

Die Zahlen verweisen auf die Randnummern.

Abspaltung	399 ff.
Abspaltung zur Aufnahme	400
Abspaltung zur Neugründung	401
Actio pro socio	173, 252
Agio	102
Aktie	68 ff.
Aktiengesellschaft (AG)	63 ff.
Abwicklung	113
Abwicklungsgesellschaft	112
Agio	102
Aktie	68 ff.
Aktienurkunde	73
Aktionäre	85 ff.
Amtsniederlegung	93
Anfechtungsklage	92
Anrechnungslösung	104
Anstellungsvertrag	93
Auflösung	112
Auflösungsklage	129
Aufsichtsrat	97 ff.
Ausschüttungsverbot	108
Betriebsvermögen	65
Bilanzgewinn	108
Börsennotierung	78
Business Judgement Rule	95
Deutscher Corporate Governance Kodex (DCGK)	78
Differenzhaftung	103
effektive Kapitalerhöhung	110
effektive Kapitalherabsetzung	110
Einlageverpflichtung	101
Entstehung	81 ff.
Fehlerhafte Beschlüsse	92 ff.
Finanzverfassung	100 ff.
Flexiquote	97
Formkaufmann	77
Geldeinlagen	102
Gesamtvertretung	93
Gesellschaftsvermögen	65
Gleichbehandlungsgebot	88
Grundkapital	64 ff.
Gründung	82
Gründungsprüfung	82
Haftung der Aufsichtsratmitglieder	99 ff.
Haftung der Vorstandsmitglieder	94 ff.
Haftungskonzentration	100
Hauptversammlung	89 ff.
Her- und Hinzahlen	106
Hin- und Herzahlen	105
Holzmüller-Entscheidung	90
Indossament	74, 76
Inferenten	101
Inhaberpapier	74
Inhaltsfehler	92
Juristische Person	63
Kapitalaufbringung	101
Kapitalerhaltung	67, 107
Kapitalgesellschaft	64 ff.
Kapitalschnitt	110
Kommanditgesellschaft auf Aktien (KGaA)	115
Legitimationspapier	74
Liquidation	113
Mehrbetrag	102
Mitgliedschaftspapier	73
Namenspapier	74
Nennbetragsaktien	70
Nichtigkeitsklage	92
nominelle Kapitalerhöhung	110
nominelle Kapitalherabsetzung	110
ordentliche Hauptversammlung	91
Orderpapier	74
Reflexschaden	96
Resteinzahlung	102
Sacheinlagen	103
Sachübernahmen	103
Sammelurkunde	73
Satzungsstrenge	79
Stammaktien	88
Stückaktien	71
Trennungsprinzip	63
Umwandlung	83
Unterpariemission	70
Verbriefung	73
verdeckte Sacheinlage	104
Verfahrensfehler	92
Vollbeendigung	114
Vor-AG	82
Vorgründungsgesellschaft	82
Vorstand	93 ff.
Vorzugsaktien	88
Wertpapier	74
Willensbildungsorgan	89
Zeichnung	82
Zwischenschein	73
Aktionäre	85 ff.
Akzessorietätstheorie	269
Anfechtungsklage	169
Auflösungsklage	129
Aufspaltung	396 ff.
zur Aufnahme	397
zur Neugründung	398

Stichworte

Ausgliederung .... 402 ff.
   zur Aufnahme 403
   zur Neugründung 404
Außengesellschaft 215, 221, 284
Außenhaftung, Wiederaufleben 343

Betriebsvermögen 65
Bürgschaft 178, 181
Business Judgement Rule 95, 173

Differenzhaftung 103
Doppelstöckige GmbH & Co. KG 355
Doppelverpflichtungstheorie 269

Effektive Kapitalerhöhung 110, 204
Effektive Kapitalherabsetzung 110, 206
Ehegatteninnengesellschaft 224
Einheitsgesellschaft 335
Einlage 245
Einmann-GmbH 15
Einpersonengesellschaft 15, 116
Einpersonen-GmbH & Co. KG 335
Erfüllungstheorie 306
Europäische Wirtschaftliche Interessen-
   vereinigung (EWIV) 9
Existenzvernichtungshaftung 122

Formkaufmann 123
Formwechsel 150, 242, 406
Fremdorganschaft 13

Gesamthandsgemeinschaft 215
Gesellschaft bürgerlichen Rechts (GbR) ...... 214 ff.
   Abspaltungsverbot 254
   Abwicklung 281
   actio pro socio 252
   Aktivprozesse 278
   Akzessorietätstheorie 269
   Anfechtung 238
      arglistige Täuschung 238
      Drohung 238
   Auflösung 280
   Ausscheiden 265
   Ausschluss 266
   Außengesellschaft 215, 221
   Beitritt 263
   Bruchteilsgemeinschaft 222
   Dissens 236
   Doppelverpflichtungstheorie 269
   Ehegatteninnengesellschaft 224
   Einheitlichkeit der Mitgliedschaft 215
   Einigungsmangel 236
   Einlage 245
   Einreden 270
   Einwendungen 270

Einzelgeschäftsführungsbefugnis 258
Einzelvertretungsmacht 258
Entstehung .... 218 ff.
fehlerhafte Beschlüsse 250
fehlerhafte Gesellschaft .... 228 ff.
formelle Legitimation 248
Formverstoß 237
Formwechsel 242
Fortsetzungsbeschluss 280
Fortsetzungsklausel 265
Freistellung .... 273 ff.
Freistellungsanspruch 275
Gesamthandsgemeinschaft 215
Geschäftsfähigkeit 241
Geschäftsführung .... 256 ff.
Geschäftsführungsbefugnis 258
Gesellschafter-Gläubiger 276
Gesellschafterversammlung .... 246 ff.
Gesellschafterwechsel 264
Gesellschaftsverhältnis 243
Gesellschaftsvermögen 217
Gesellschaftsvertrag 220
Gesetzesverstoß 240
Gewinnanspruch 244
Grundlagengeschäft 257
Haftungsverfassung .... 267 ff.
Innengesellschaft 215, 221
Insolvenz 277
Kernbereichslehre 248
Liquidation 281
Mehrheitsbeschluss 248
Mitgliedschaft 243
Nachhaftung 269
Nachschuss 245
Nichteheliche Lebensgemeinschaft 225
Parteifähigkeit 216, 278
Partiarisches Rechtsverhältnis 223
Passivprozess 278
Passivvertretung 258
Prozessführungsbefugnis 278
Rechtsfähigkeit 216
Rechtmäßigkeitsprüfung 248
Regress .... 273 ff.
Scheingeschäft 235
Scheingesellschaft 229
Sittenwidrigkeit 240
Sozialansprüche .... 251 ff.
Sozialverpflichtungen .... 251 ff.
Umwandlung 242
Verbraucherdarlehensvertrag 239
Verlustbeteiligung 223
Vertretung .... 256 ff.
Verwaltungs- und Vermögensrechte 244
Widerruf 239
   Haustürgeschäft 239

Stichworte

verbundene Verträge 239
Wissensvertreter 261
Wissenszurechnung .... 260 f.
Zustimmungspflicht 249
Zweck 221
Gesellschaft mit beschränkter Haftung
(GmbH) .... 116 ff.
Abfindung 160, 164
Abtretung .... 157 f.
Abwicklung .... 209 ff., 211
actio pro socio 173
Amortisation .... 159 f.
Anfechtungsklage 169
Auflösung .... 209 f.
Auflösungsklage 129
Ausfallhaftung 138, 195
Ausschluss .... 161 ff.
Ausschlussklage 162
Austritt 165
Auszahlungsverbot 194
Beherrschungsvertrag 197
Bürgschaft 178, 181
Business Judgement Rule 173
causa societatis 194
Differenzhaftung 142
Durchgriff 122
effektive Kapitalerhöhung 204
effektive Kapitalherabsetzung 206
Einziehung .... 159 f.
Einziehungsklausel 161
Entstehung .... 131 ff.
Erstattungsanspruch 195
Erwerb eigener Anteile 157
Erwerb eigener Geschäftsanteile ..... 200 ff.
existenzvernichtender Eingriff 122
Existenzvernichtungshaftung 122
fehlerhafte Gesellschafterbeschlüsse 169
Feststellungsverfügung 129
Finanzverfassung .... 181 ff.
Firma 125
Formkaufmann 123
Formwechsel 150
Fremdgeschäftsführer 170
Garantieversprechen 178
Gegenstand des Unternehmens 127
Geschäftsanteil 119
Geschäftsführer 170
Gesellschafter .... 152 ff.
Gesellschafterdarlehen 197
Gesellschafter-Geschäftsführer 170
Gesellschafterklage 173
Gesellschafterliste 158
Gesellschafterversammlung 166
Gesellschafterwechsel 157
Gestaltungsfreiheit 128
Gewinnabführungsvertrag 197
Gleichbehandlungsgebot 155
GmbH-Stafette 199
Gründung .... 132 ff.
Gründungsentschluss 133
Haftungsdurchgriff 122
Haftungskonzentration 177, 181
Handelndenhaftung ....142 f.
Handelsgesellschaft 123
Her- und Hinzahlen 191
Hin- und Herzahlen 190
Innengesellschaft 135
Innenhaftung 138
Insichgeschäft 168
Insolvenzverursachung 175
Insolvenzverursachungshaftung 175
Juristische Person 116
Kaduzierung 182, 201
Kapitalaufbringung ....182 ff.
Kapitalerhaltung 202
Kapitalgesellschaft ....117 ff.
Kapitalschnitt 208
Kontinuitätsprinzip 137
Lehre vom Doppeltatbestand 212
Liquidation 211
Mantel 144
Mantelkauf 144, 147
Mantelverwendung 144, 147
materielle Unterkapitalisierung 122
Mindesteinzahlung 183
MoMiG 120
Nachschusspflicht 154
Nichtigkeitsfeststellungsklage 169
Nichtigkeitsklage 129
nominelle Kapitalerhöhung 205
nominelle Kapitalherabsetzung 207
offene Ausschüttung 194
offene Vorratsgründung 145
pro-rata-Haftung 138, 140
Resteinzahlung 184
Richter in eigener Sache 168
Sachübernahme 188
Sanierung 147
Satzung 124
Satzungssitz 126
Schutzgesetz 179
Selbstorganschaft 170
Selbstzeichnung 119
Sitz 126
Sonderrechte 128
Stammeinlage 120
Stammkapital 118
Stimmverbot 168
Trennungsprinzip 121, 181
Überschuldung 175

Stichworte

Umwandlung ... 150
„unechte" Vor-GmbH ... 141
Unterbilanz ... 138
unternehmensbezogenes Geschäft ... 135
Unternehmergesellschaft (haftungsbeschränkt) ... 213
verdeckte Ausschüttung ... 194
verdeckte Sacheinlage ... 189
Verlustdeckungshaftung ... 140 f.
Vermögensbindung ... 198
Verwaltungssitz ... 126
Vinkulierung ... 157
Vollbeendigung ... 212
Vorbelastungshaftung ... 138
Vor-GmbH ... 133, 136 ff.
Vorgründungsgesellschaft ... 133, 135
Vorratsgesellschaft ... 144
Vorratsgründung ... 144
Vorzugsrechte ... 155
Willensbildungsorgan ... 166
Zahlungsunfähigkeit ... 175
Zurechnungsdurchgriff ... 122
Gesellschafterwechsel ... 157, 264, 299, 352
Gesellschaftsvermögen ... 65, 217
GmbH-Stafette ... 199
GmbH & Co. KG ... 355 ff.
   Auflösung und Abwicklung ... 367
   doppelstöckige GmbH & Co. KG ... 355
   Einheitsgesellschft ... 355
   Einpersonen-GmbH & Co. KG ... 355
   Finanzverfassung ... 363
   Haftungsverfassung ... 366
   Kapitalaufbringung ... 364
   Kapitalerhaltung ... 365
   Willensbildung ... 358
Gründungsfreiheit ... 4

Haftungstheorie ... 306
Hauptversammlung ... 91
Haustürgeschäft ... 239
Her- und Hinzahlen ... 106, 191
Hin- und Herzahlen ... 105, 190

Idealverein ... 21
Insolvenz ... 277

Juristische Person ... 63, 116

Kapitalaufbringung ... 66, 182 ff., 339, 364 ff.
Kapitalerhöhung ... 110, 203 ff.
Kapitalgesellschaft ... 64 ff., 117 ff.
Kapitalherabsetzung ... 110, 203 ff.
Kaufmann ... 284
Kernbereichslehre ... 248
Kommanditgesellschaft (KG) ... 321 ff.

Abwicklung ... 353
Anteilsübertragung ... 350
Auflösung ... 353
Aufnahmevertrag ... 350
Ausscheiden ... 351
Einsichtsrecht ... 327
Eintritt ... 350
Entnahmerecht ... 327
Entstehung ... 323 ff.
Ermächtigungsfunktion ... 340
Geschäftsführung ... 328
Gesellschafterwechsel ... 351
Gewinn ... 327
Gewinn- und Verlustverteilung ... 327
GmbH & Co. KG ... 355 ff.
Gründung ... 324
Haftsumme ... 336
Kapitalaufbringung ... 339
Kommanditgesellschaft auf Aktien (KGaA) ... 115
Nur-Kommanditisten ... 365
Pflichteinlage ... 337
Prospekthaftung ... 371
Prozessstandschafter ... 340
Publikumsgesellschaft ... 368
Publikums-KG ... 368
Rechtsformzwang ... 325
Selbstorganschaft ... 329
Sonderrechtsnachfolgevermerk ... 352
Sperrfunktion ... 340
Umwandlung ... 325
Verlust ... 327
Vertretung ... 329
Vollbeendigung ... 353
Wettbewerbsverbot ... 327
Wiederaufleben der Außenhaftung ... 343
Kommanditgesellschaft auf Aktien (KGaA) ... 115
Kontinuitätsprinzip ... 137
Körperschaft ... 7

Mantelkauf ... 144 f.
MoMiG ... 120

Nachhaftung ... 269
Nichteheliche Lebensgemeinschaft ... 225
Nominelle Kapitalerhöhung ... 110, 205
Nominelle Kapitalherabsetzung ... 110, 207
Numerus clausus ... 4

Offene Handelsgesellschaft (oHG) ... 283 ff.
   Abwicklung ... 317 ff.
   Auflösung ... 317 ff.
   Ausscheiden ... 299
   Ausschluss ... 299
   Außengesellschaft ... 284

Außenhaftung	303
Beitragspflicht	291
Beitritt	299
Einheitlichkeit der Mitgliedschaft	284
Einzelgeschäftsführungsbefugnis	296
Einzelvertretungsbefugnis	297
Entstehung	285 ff.
Erfüllungstheorie	306
Freistellung	314 f.
Geschäftschancenlehre	294
Geschäftsführung	295 ff.
Geschäftsführungsbefugnis	296
Gesellschafterwechsel	299
Gewinnanspruch	290
Grundlagengeschäfte	296 f.
Haftungstheorie	306
Haftungsverfassung	301 ff.
Kaufmann	284
Liquidation	319
Nachhaftung	303
nachvertragliches Wettbewerbsverbot	293
Regress	314 f.
Teilrechtsfähigkeit	284
Umwandlung	287
unvertretbare Handlung	312
vertragliches Wettbewerbsverbot	293
Vertretung	295 ff.
Vertretungsmacht	297
Wettbewerbsverbot	292
Widerspruchsrecht	296
Wissenszurechnung	298

Partenreederei	8
Partiarisches Rechtsverhältnis	223
Partnerschaftsgesellschaft (PartG)	386 ff.
Personengesellschaften	7
Prospekthaftung	371
Publikumsgesellschaft	368
Publikums-KG	368
Publikumspersonengesellschaften	15

Rechtsformwahl	5
Rechtsformzwang	5

Scheingesellschaft	229
Selbstorganschaft	13, 329, 355
Societas Cooperative Europaea (SCE)	9
Societas Europaea (SE)	9
Spaltung	395
Stammeinlage	120
Stammkapital	118
Stille Gesellschaft	372 ff.
Auflösung	384
Geschäftsführung	380
Innengesellschaft	372

Mitgliedschaft	382
Stimmverbot	168

Teilrechtsfähigkeit	11
Trennungsprinzip	121, 181

Umwandlung	150, 242, 325
Umwandlungsbericht	408
Umwandlungsprüfung	408
Umwandlungsrecht	392
Umwandlungsvertrag	408
Unternehmen	3
Unternehmergesellschaft (haftungsbeschränkt)	213

Verbraucherdarlehensvertrag	239
Verdeckte Sacheinlage	104
Verein	20 ff.
Anstellungsverhältnis	48
Aufnahmezwang	38
Beitragspflichten	40
Drittorganschaft	46
Durchgriffshaftung	58
ehrenamtliche Tätigkeit	56 f.
Eintragung	24
Entlastung	56
Gemeinnützigkeit	28
Geschäftsführung	50
Grundsatz der Gleichbehandlung	42
Gründung	23
Haftungsverfassung	54 ff.
Idealverein	50
Konzession	29
Mitgliederversammlung	44
Mitgliedschaft	34
Mitgliedschaftspflichten	40
Mitgliedschaftsrechte	39
Mitverwaltungspflichten	40
Mitverwaltungsrechte	39
Monopolverband	38
Nebenzweckprivileg	27
nichtrechtsfähiger Verein	30
nichtwirtschaftlicher Verein	21
Organverschulden	59
Publikumspersonengesellschaften	15
Repräsentantenhaftung	60
Sportverein	27
Stimmrecht	45
supranationale Rechtsformen	9
Teilhaberechte	39
Treuepflichten	41
Vereinsregister	24, 53
Vereinsstrafen	57
Vereinsvermögen	58
Vermögenstrennung	58

Stichworte

Vorstand 47
Vorverein 25
Willensbildungsorgan 44
wirtschaftlicher Geschäftsbetrieb 26
wirtschaftlicher Verein 21
Wissenszurechnung 52
Vereinsregister 24, 53
Verlustdeckungshaftung 140
Vermögensübertragung 405
Verschmelzung 395
Vollrechtsfähigkeit 11
Vor-AG 82

Vorbelastungshaftung 138
Vor-GmbH .... 133, 136 ff.
Vorgründungsgesellschaft 82, 135
Vorratsgesellschaft 144

Wertpapier 74
Wettbewerbsverbot 327
   nachvertragliches 293
   vertragliches 293
Widerruf 239
   Haustürgeschäft 239
   verbundene Verträge 239

Für Ihren Erfolg im Examen!

Jetzt neu:
Skripten und Karteikarten im Paket günstiger!

Beim Kauf eines S-Skriptes und zugehöriger KK-Karteikarten sparen Sie bis zu 3,90 € gegenüber den Einzelpreisen!

Erhältlich bei jedem teilnehmenden Buchhändler!

Zusammen günstiger!

Bundle Skripten und Karteikarten:
Wissen erwerben und wiederholen.

ALPMANN SCHMIDT

RÜ
RechtsprechungsÜbersicht

Ihre Examensfälle von morgen

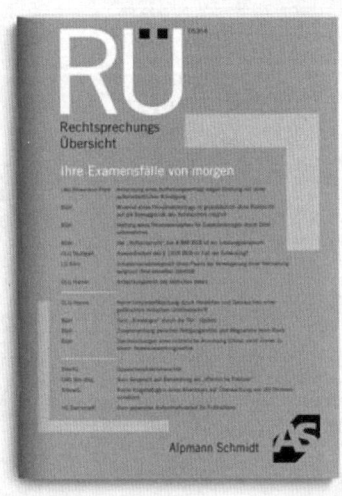

RÜ

- Darstellung aktueller examensrelevanter Gerichtsentscheidungen so, wie sie im 1. Examen gefordert werden – im **Gutachtenstil**.

- Der Erfolg gibt uns Recht. Die **Examenstreffer** der RÜ finden Sie in unserem Blog: blog.alpmann-schmidt.de/rue-hitlist.

Abonnentenservice: Die komplette RÜ ab dem 20. des Vormonats online lesen

ALPMANN SCHMIDT